KB145262

파이썬으로 배우는
금융 분석 2/e

Korean edition copyright ⓒ 2018 by acorn publishing Co. All rights reserved.

Copyright ⓒ Packt Publishing 2017.
First published in the English language under the title
'Python for Finance - Second Edition - (9781787125698)'

이 책은 Packt Publishing과 에이콘출판㈜가 정식 계약하여 번역한 책이므로
이 책의 일부나 전체 내용을 무단으로 복사, 복제, 전재하는 것은 저작권법에 저촉됩니다.

파이썬으로 배우는 금융 분석 2/e

금융의 기초 개념 이해부터
예제를 통한 계산 활용까지

유씽 얀 지음
이병욱 옮김

i!i
에이콘

| 지은이 소개 |

유씽 얀^{Yuxing Yan}

맥길대학교^{McGill University}에서 금융학으로 박사 학위를 받았고, 8개 대학교(맥길 대학교, 캐나다의 윌프리드 로리어 대학교^{Wilfrid Laurier University}, 싱가포르의 난양 기술 대학교^{Nanyang Technological University}, 미국의 메릴랜드 로욜라 대학교^{Loyola University of Maryland}, HMUC, 호프스트라 대학교^{Hofstra University}, 버팔로 대학교^{University at Buffalo}, 캐니서스 대학^{Canisius College})에서 다년간 금융 관련 강의를 하고 있다.

시장 미시 구조론^{market microstructure}, 오픈소스 금융^{open-source finance}, 금융 데이터 분석학에서 다양한 연구 활동과 강의를 하고 있다. <회계 금융 저널^{Journal of Accounting and Finance}>, <은행 금융 저널^{Journal of Banking and Finance}>, <실증 금융 저널^{Journal of Empirical Finance}>, <부동산 리뷰^{Real Estate Review}>, <환태평양 금융 저널^{Pacific Basin Finance Journal}>, <응용 금융 경제학^{Applied Financial Economics}>, <오퍼레이션 리서치 학회지^{Annals of Operations Research}> 등에 실린 논문을 포함해 22개의 저작물을 기고하고 있다.

SAS, R, 파이썬, 매트랩^{MATLAB}, 그리고 C 언어 등의 여러 컴퓨터 언어에 능하다. 금융에 R과 파이썬 두 가지 오픈소스 소프트웨어를 적용해 4권을 집필했다. 『Python for Finance』(packt, 2014), 『Python for Finance – Second Edition』(packt, 2017), 『Python for Finance(Chinese)』(人民邮电出版社, 2017), 『Financial Modeling using R』(Tate, 2016)이다.

또한 데이터 분야에서도 금융 데이터베이스의 전문가다. 2003년부터 2010년까지 와튼 스쿨에서 컨설턴트로 일하면서 연구원들의 프로그래밍과 데이터 관련 작업을 도왔다.

최근 『R-지원 러닝 환경에서 액셀을 이용한 금융 모델링』이란 책을 집필 중이다. 'R-지원'이라는 점이 액셀로 금융 모델링을 다룬 다른 유사한 책들과 구분된다. 2판은 경제, 금융, 회계에 관련된 방대한 데이터를 활용하는 기법을 소개한다. 즉, 데이터를 효율적으로 검색(각 시계열당 3초)하는 방법, 무료 금융 계산기, 50개의 금융 공식, 300개 웹사이트, 100개 유튜브 비디오, 80개의 참고문헌이 제공되고, 과제, 중간고사, 기말고사로도 적합하다. 강의 자료로 확장이 용이하며, 특히 R을 배울 필요가 없다.

벤 아모아코-아두[Ben Amoako-Adu]와 브라이언 스미스[Brian Smith](나에게 첫 금융 두 과목을 가르쳐 주시고 졸업 후에도 수년 동안 아낌없는 지원을 해 주셨다), 조지 아사나사코스[George Athanassakos](그의 과제 덕에 C 언어를 배우게 됐다)와 진-춘 두안[Jin-Chun Duan]에게도 감사의 말을 전한다.

웨이-헝 마오[Wei-Hung Mao], 제롬 디템플[Jerome Detemple], 빌 실리[Bill Sealey], 크리스 제이콥[Chris Jacobs], 모 차우두리[Mo Chaudhury], 서몬 마줌다[Summon Mazumdar](맥길 대학교의 은사님), 로렌스 크리자노브스키[Lawrence Kryzanowski](그의 멋진 강의 덕에 실증 금융에 집중할 수 있었고 지도교수님이 아닌데도 불구하고 나의 박사 논문을 단어 하나까지 검토해주셨다)에게도 감사드린다. 와튼에서의 경험이 나의 사고와 기술을 다듬어 준 사실은 두말할 필요가 없다. 지금의 일자리를 준 크리스 스컬[Chris Schull]과 마이클 볼딘[Michael Boldin]에게도 감사한다. 와튼에서의 2년을 잘 보낼 수 있게 도와 준 나의 동료 마크 케인츠[Mark Keintz], 동쉬[Dong Xu], 스티븐 크리스피[Steven Crispi]와 데이브 로빈슨[Dave Robinson]에게도 감사한다. 그리고 많은 도움을 준 에릭 추[Eric Zhu], 폴 라트나라즈[Paul Ratnaraj], 프리멀 보라[Premal Vora], 수구앙 창[Shuguang Zhang], 미셸 두안[Michelle Duan], 니콜 맥니스[Nicholle Mcniece], 러스 네이[Russ Ney], 로빈 너스바움-골드[Robin Nussbaum-Gold], 미레이아 진[Mireia Gine]에게 감사한다. 또 샤보 지[Shaobo Ji], 통위[Tong Yu], 샤오밍 황[Shaoming Huang], 씽 창[Xing Zhang]에게도 감사한다.

먼저 나의 책『파이썬으로 배우는 금융 분석 2/e』을 선택해준 에이콘출판사에 감사드린다. 특히 이 책을 한국어로 번역하는 데 대단한 헌신과 책임감을 보여주신 이병욱 전무님께 감사드린다. 그의 뛰어난 기량을 통한 교정으로 많은 오류와 오자를 수정할 수 있었다. 그의 전문성과 노고에 감사드린다. 미국에서 2판이 나온 지 불과 6개월 만에 한국어판이 나온다는 것은 실로 놀라운 일이다!

이 책을 한 문장으로 요약하자면 '금융 교수가 쓴 프로그래밍 책'으로, 금융 이론, 프로그래밍, 금융 데이터를 유기적으로 결합했다. 파이썬은 오픈소스 소프트웨어다. 이 책은 경제, 금융, 회계에 관련된 방대한 양의 미국 공공 데이터를 사용한다. 게다가 https://github.com/PacktPublishing/Python-for-Finance-Second-Edition에서는 연관된 400여 개의 파이썬 프로그램을 다운로드할 수 있다.

이 책의 대상 독자는 금융, 회계, 경제를 전공한 졸업생이나 고학년 학부생, 또는 금융 기관의 연구원들이다. 이 책은 한 학기 교재로 충분하다. 미국의 두 학교가 이미 교재로 채택했고, 비즈니스 분석 프로그램이나 데이터 분석 프로그램을 전공한 학생들도 이 책을 활용할 수 있다. 내가 재직 중인 학교에서는 2018년에 데이터 분석 석사 과정 프로그램을 개설한다. 관련 사항은 http://catalog.canisius.edu/graduate/college-arts-sciences/data-analytics/에서 볼 수 있다.

이 책의 한 가지 단점은 한국 시장의 경제, 금융, 회계 데이터를 사용하지 못했다는 점이다. 관련 데이터를 가진 누구나 파이썬이나 다른 컴퓨터 프로그램 언어(R, SAS, Matlab, C 등)를 사용해 데이터를 활용하기를 바라며, 도움이 필요하다면 연락하기 바란다.

미국 뉴욕 주 버팔로에서 **유씽 얀**

파람 지트 박사^{Dr. Param Jeet}

인도의 명문 IIT 마드라스^{Madras} 공대에서 수학 전공으로 박사 학위를 받았다. 파람 박사는 데이터 분석 분야에서 십년 이상의 경험이 있다. 뱅크 오브 아메리카에서 직장 생활을 시작했으며, 그 후 줄곧 여러 회사에서 데이터 과학자로 일했다. 또한 자본 시장, 교육, 통신, 헬스케어 등 다른 분야에서도 일했다. 정량 금융^{Quantitative finance}, 데이터 분석, 머신 러닝, R, 파이썬, 매트랩, SQL, 빅데이터 기술 등에 조예가 깊다. 저명한 국제 학술지에 다수의 연구 논문을 발표했으며, 『R고 하는 금융 분석』(에이콘, 2018)이라는 책을 저술했다.

나비 이브라힘 바와지르^{Nabih Ibrahim Bawazir}

싱가포르 디지털 알파 그룹에서 지원하는 스타트업 회사인 인도네시아의 금융기술 회사에서 데이터 과학자로 일하고 있다. 금융 모델링에서부터 데이터 기반 심사에 이르기까지 그의 업적 대부분은 개발 단계의 연구다. 이전엔 CIGNA에서 계리사로 근무했다. 인도네시아 가자 마다^{Gadjah Mada} 대학에서 금융 수학으로 석사 학위를 받았다.

조란 비슬리^{Joran Beasley}

아이다호 대학교^{University of Idaho}에서 전산학으로 학위를 받았다. 지난 7년간 농업용 대규모 센서 네트워크를 감시하는 데스크탑 애플리케이션을 wx 파이썬으로 프로그래밍해오고 있다. 최근에는 아이다호 주 모스코우^{Moscow Idaho}의 디카곤 디바이스 사^{Decagon Devices Inc.}에서 소프트웨어 기술자로 일하고 있다.

장시간 키보드에서 구부린 채 일에 매달린 나를 묵묵히 견뎌주고, 멋진 두 아이를 변함없이 아껴주고 잘 키워준 나의 아내 니콜에게 감사한다.

| 옮긴이 소개 |

이병욱(craslab@daum.net)

- 주식회사 크라스랩 대표이사
- 한국외국어대학교 겸임교수
- 과기정통부 우정사업본부 정보센터/네트워크 & 블록체인 자문위원

한국과학기술원^{KAIST} 전산학과 계산이론 연구실에서 학사 학위와 석사 학위를 취득했다. 공학을 전공한 금융 전문가다. 세계 최초의 핸드헬드 PC^{Handheld-PC} 개발에 참여해 한글 윈도우 CE 1.0과 2.0을 마이크로소프트에서 공동 개발했다. 1999년에는 국내 최초로 전 보험사 보험료 실시간 비교 서비스를 제공한 ㈜보험넷을 창업해 업계에 큰 반향을 불러일으켰다. 이후 삼성생명을 비롯한 생명 및 손해 보험사에서 CMO(마케팅 총괄 상무), CSMO(영업 및 마케팅 총괄 전무) 등을 역임해 혁신적인 상품과 서비스를 개발 및 총괄했다. 세계 최초로 파생 상품 ELS를 기초 자산으로 한 변액 보험을 개발해 단일 보험 상품으로 5,000억 원 이상 판매되는 돌풍을 일으켰고, 매일 분산 투자하는 일분산 투자^{daily averaging} 변액 보험을 세계 최초로 개발해 상품 판매 독점권을 획득했다. 최근에는 머신 러닝 기반의 금융 분석과 블록체인에 관심을 갖고 다양한 활동을 하고 있다. 저서로는『비트코인과 블록체인, 탐욕이 삼켜버린 기술』(에이콘, 2018),『블록체인 해설서』(에이콘, 2019)가 있다.

금융이 어렵게 느껴질 수도 있지만 현대를 살아가다 보면 직간접적으로 금융 지식이 필요하다. 또한 우리가 흔히 이용하는 은행의 예금, 적금부터 주식 가격의 분석까지 금융은 알게 모르게 생활 일부가 됐다. 그러나 막상 금융을 배워보려 하면 항상 어려운 용어와 현란한 수학 기호가 걸림돌이 된다.

정량 금융은 응용 수학의 한 분야로, 금융을 수학으로 해석해 수치화한다. 따라서 미분이 등장하고 로그가 등장하며 통계 지식이 등장해, 그렇지 않아도 어렵게 생각되는 금융을 더욱 멀게 느끼게 한다. 특히 실 응용과 상관없이 이론만 설명된 책을 읽다 보면 더욱 멀어질 수밖에 없다.

이 책은 정량 금융에서 다루는 대부분의 개념을 설명하면서 동시에 직접 실습해볼수 있는 해당 파이썬 코드를 같이 제공한다. 또한 많은 코드 예제는 IBM이나 마이크로소프트처럼 실생활에서 직접 접하는 실제 기업의 주가 데이터를 다운로드해 과제를 풀이한다. 실제 기업의 데이터를 사용해 과제를 해결하다 보면 딱딱하고 어렵게 느껴질 수 있는 금융이 한결 쉽게 다가온다.

이 책을 통해 금융을 전공한 사람들의 경우는 파이썬 학습을 통해 이미 알고 있는 개념을 실제로 시각화하거나 주식이나 선물 가격을 실제 기업들의 데이터를 통해 계산해 봄으로써 좀 더 확실한 개념을 이해할 수 있게 될 것이고, 금융 비전공자의 경우에는 파이썬 실습을 따라 하다 보면 복잡해보이는 금융 개념을 좀 더 쉽게 이해할 수 있게 되는 계기가 될 것이다.

모쪼록 정량 금융을 배워보고자 하는 일반인들과 금융 개념을 파이썬으로 직접 실습해보고자 하는 금융 전공자 모두에게 이 책이 도움이 되었으면 한다.

| 차례 |

4장   데이터 소스   175

5장   채권 및 주식 가치 평가   225

9장　포트폴리오 이론　　　　405

| 들어가며 |

금융을 전공하는 야심찬 학생이라면 최소한 하나 이상의 컴퓨터 언어를 배워야 한다고 확신한다. 우리는 소위 빅데이터의 시대를 살고 있고, 특히 금융에는 무료로 공개된 방대한 양의 데이터가 넘쳐난다. 이렇게 풍부한 데이터를 효과적으로 활용하려면 적절한 도구가 반드시 필요하다. 가용한 여러 도구 중 파이썬은 단연 최고라고 할 수 있다.

▌ 2판에 대해

2판을 내면서 금융 부분에 더 많은 장을 할애하도록 책을 재구성했다. 이는 많은 독자들의 피드백에 따른 여러 가지 중 하나였다. 2판의 처음 두 장은 파이썬 관련 내용으로만 구성돼 있고, 나머지 장들은 모두 금융에 대한 내용이다. 다시 강조하지만 이 책은 금융에 관한 책이며, 파이썬은 금융 이론을 더 잘 이해하고 습득하기 위한 도구일 뿐이다. 정량 프로그램, 비즈니스 프로그램, 금융 공학 등 다양한 분야의 모든 데이터 형식을 이용하고자 하는 요구에 맞추기 위해 4장을 새로 추가했다. 이러한 재구성 덕분에 2판은 정량 금융이나 파이썬을 활용한 금융 분석과 비즈니스 분석학 등의 한 학기 교재에 한층 더 가까워졌다. 펜실베니아 주립대학교의 프리말 보라Premal P. Vora 교수와 웨스트미니스터의 셍 시아오Sheng Xiao 교수는 초판을 교재로 채택했다. 2판은 좀 더 많은 금융이나 회계 교수님들이 다양한 분야의 학생들 특히 금융 공학 프로그램이나 비즈니스 분석, 그리고 다양한 정량 분야를 전공하는 학생들을 가르치기 위한 교재로 적합하다는 것을 이해할 수 있기를 바란다.

■ 왜 파이썬이어야 하는가?

파이썬을 선택해야만 하는 몇 가지 이유가 있다. 우선 파이썬은 무료 라이선스다. 파이썬은 윈도우, 리눅스, 유닉스, OS/2, 맥, 아미가 등 대부분의 운영체제에서 사용할 수 있다. 무료라는 점은 많은 장점이 있다. 학생들은 졸업 후 어떤 환경에서 일하든 배운 것을 바로 적용할 수 있다. 이는 금융 커뮤니티에서도 마찬가지다. 이런 환경은 SAS나 매트랩^{MATLAB}을 사용했다면 거의 불가능한 것이다. 두 번째로 파이썬은 강력하고 유연하며, 쉽게 배울 수 있다. 파이썬을 사용하면 대부분의 금융이나 경제학 계산을 해결할 수 있다. 세 번째로 파이썬은 빅데이터에 적용 가능하다. 다스굽타^{Dasgupta}(2013)는 R과 파이썬은 데이터 분석을 위한 가장 보편적인 두 개의 오픈소스 프로그래밍 언어라고 주장한 바 있다. 네 번째로 파이썬에는 유용한 모듈이 아주 많다. 각각의 모듈은 특정한 목적으로 만들어졌다. 이 책은 NumPy, SciPy, Matplotlib, Statsmodels, Pandas 모듈에 대해 주로 다룬다.

■ 금융학 교수가 쓴 프로그래밍 책

대부분의 프로그래밍 책은 대개 전산학 교수들이 썼다. 금융학 교수가 프로그래밍 책을 쓴다는 것이 왠지 낯설어 보일 수도 있다. 그러나 주된 논점이 상당히 다를 수 있음을 생각하면 이해가 될 것이다. 전산학 교수가 이 책을 쓴다면 주된 논점이 금융임에도 불구하고 자연스럽게 파이썬에 더 집중했을 것이다. 이런 점은 책의 제목만 보더라도 명확하다. 이 책에는 그간 금융 분야의 수많은 프로그래밍 책들이 언어 자체에만 집중하고 정작 금융에는 소홀했던 점을 바꾸려는 노력이 담겨있다. 또 다른 이 책만의 특징은 경제학, 금융, 그리고 회계와 관련된 방대한 양의 공개 데이터를 활용했다는 점이다. 여기에 대한 더 많은 정보는 4장을 참고하기 바란다.

▌ 이 책의 구성

1장, 파이썬 기초에서는 파이썬에 대한 간단한 소개와 설치 방법, 실행과 종료, 변수 대입, 벡터, 행렬, 배열, 내장 함수[embedded functions] 호출, 프로그램 직접 만들어보기, 파일로부터 데이터 읽기, 간단한 데이터의 조작, 데이터 및 결과 출력, 피클[pickle] 형식으로 된 파이썬 데이터의 생성에 대해 알아본다.

2장, 파이썬 모듈 소개에서는 모듈의 의미, 모듈 작성법, 임포트[import]된 모듈 내 모든 함수의 출력, 임포트된 모듈의 단축 이름 설정, `import math`와 `from math import`의 차이, 임포트된 모듈의 삭제, 모듈의 일부 함수만 임포트하기, NumPy, SciPy, matplotlib, statsmodels, pandas, Pandas_reader 모듈 소개, 내장 모듈과 가용한(설치된) 모든 모듈 찾아보기, 삭제된 특정 모듈 찾기 등에 대해 알아본다.

3장, 화폐의 시간 가치에서는 단일 미래 현금 흐름에 대한 현재가치, (성장형) 영구 연금의 현재가치, 연금의 현재가치 및 미래가치, 영구 연금[perpetuity]과 기초 지급 영구 연금[perpetuity due], 연금과 기초 지급 연금, SciPy와 `numpy.lib.financial` 서브모듈에 있는 함수들, 파이썬으로 만든 무료 금융 계산기, 순 현재가치[NPV, Net Present Value]의 정의와 관련 법칙, 내부 수익률[Internal Rate of Return]과 관련 법칙, 화폐의 시간 가치를 파이썬으로 도식화하기, 순 현재가치 프로필[NPV profile] 등에 대해 다룬다.

4장, 데이터 소스에서는 야후 금융, 구글 금융, 연방 준비은행 경제 데이터 라이브러리[FRED, Federal Reserve Bank's Economics Data Library], 프렌치 교수의 데이터 라이브러리[Prof. French's Data Library], 노동 통계청[Bureau of Labor Statistics], 통계청[Census Bureau] 등 여러 공개 데이터를 검색하는 방법을 알아본다. 그 후 csv, txt, pkl, Matlab, SAS, Excel 등 다양한 형식으로 된 데이터를 읽는 방법을 배운다.

5장, 채권과 주식 평가에서는 APR[Annual Percentage Rate, 연이율], EAR[Effective Annual Rate, 실 연이율], 복리주기, 하나의 실 이율을 다른 실 이율로 변환하는 방법, 금리의 기간 구조[term structure of interest rate], 채권의 판매 가격 산정, 배당 할인 모델을 이용한 주가 산정 등의 금리와 관련 개념을 알아본다.

6장, 자본자산 가격 결정모델에서는 야후 금융에서 데이터를 다운로드하는 방법을 배우고 다운로드한 데이터를 이용해 CAPM(자본자산 가격 결정모델) 회귀 분석을 실행해본다. 롤링 베타[rolling beta], 여러 주식의 베타를 계산하는 파이썬 프로그램, 수정 베타[adjusted beta]와 포트폴리오의 베타 계산, 스콜[Scholes]-윌리엄스[Williams](1977)-딤슨[Dimson](1979)의 두 베타 수정 기법에 대해 알아본다.

7장, 다요인 모델과 성과 척도에서는 6장에서 다룬 단일 요인 모델을 다요인 모델 및 좀 더 복잡한 모델로 확장하는 방법과 여러 가지 성과 척도를 알아본다. 파마-프렌치 3요인 모델[Fama-French three-factor model], 파마-프렌치-카하트 4요인 모델[Fama-French-Carhart four-factor model], 파마-프렌치 5요인 모델[Fama-French five-factor model] 등의 복잡한 모델과 샤프 지수[Sharpe ratio], 트레이너 지수[Treynor ratios], 소르티노 지수[Sortino ratio], 젠센 알파[Jensen's alpha] 등의 성과 척도 지수를 알아본다.

8장, 시계열 분석에서는 좋은 날짜 변수를 설계하는 방법, 날짜 변수에 대해 데이터셋 병합하기, 정규 분포, 정규성 검정, 금리의 기간 구조, 52주 최고 최저가 거래 전략, 수익률 계산, 일 수익률의 월 수익률 혹은 연 수익률로의 변환, T-검정[T-test], F-검정[F-test], 더빈-와슨 자기 상관관계 테스트[Durbin-Watson test for autocorrelation], 파마-맥베스 회귀[Fama-MacBeth regression], 롤(1984) 스프레드[Roll spread], 아미후드(2002)의 비유동성[Amihud's illiquidity], 파스터 스탬보우(2003)의 유동성 측정[Pastor and Stambaugh's liquidity measure], 1월 효과, 주중 효과, 구글 금융과 하스브러 교수[Prof. Hasbrouck]의 TORQ[Trade, Order, Report and Quotation] 데이터베이스, CRSP[Center for Research in Security Prices, 증권 가격연구소]의 데이터베이스에서 다빈도 데이터를 검색하는 방법 등에 대해 알아본다.

9장, 포트폴리오 이론에서는 2-주식 포트폴리오와 N-주식 포트폴리오의 평균과 위험 계산, 상관관계[correlation]와 다각화 효과[diversification effect], 수익률 행렬을 생성하는 방법, 샤프 지수[Sharpe ratio], 트레이너 지수[Treynor ratio], 소르티노 지수[Sortinor ratio]를 이용한 최적 포트폴리오의 생성, 효율적 경계선^{efficient frontier} 구축, 모딜리아니와 모딜리아니^{Modigliani and Modigliani} 성과 척도(M2 척도), 가치 가중과 균등 가중 기법을 이용한 포트폴리오 수익률 계산법 등을 알아본다.

10장, 옵션과 선물에서는 콜과 풋의 수익과 이익/손실 함수 및 이의 그래프 표현, 유럽식과 미국식 옵션, 정규 분포, 표준 정규 분포, 누적 정규 분포, 배당금 유무에 따른 블랙-스콜스-머톤^{Black-Scholes-Merton} 옵션 모델, 커버드 콜^{covered call}, 스트래들^{straddle}, 버트플라이^{butterfly}와 캘린더 스프레드^{calendar spread} 등 다양한 거래 전략과 이의 도식화, 그릭스^{Greeks}, 풋-콜 패리티^{put-call parity}와 이의 도식화, 일단계와 이단계 이항 트리 모델^{binomial tree model}의 도식화, 유럽식과 미국식 옵션 가격 결정을 위한 이항트리의 활용, 내재적 변동성^{implied volatility}, 변동성 미소^{volatility smile}, 왜도^{skewness} 등을 알아본다.

11장, 최대 예상 손실액(VaR)에서는 우선 정규 분포의 밀도와 누적 함수를 알아보고 정규성 가정에 기반을 두고 VaR을 계산하는 첫 번째 방법, 1일 리스크의 n일 리스크로의 변환, 1일 VaR을 n일 VaR로 변환하는 방법, 정규성 검정, 왜도^{skewness}와 첨도^{kurtosis}의 영향, 왜도와 첨도를 포함한 VaR 척도의 수정, 과거 수익률에 기반을 둔 VaR을 계산하는 두 번째 방법, 몬테카를로^{Monte Carlo} 시뮬레이션, 백테스트^{backtesting}와 스트레스 테스트를 통한 두 방법의 연계 등을 알아본다.

12장, 몬테카를로 시뮬레이션에서는 몬테카를로 시뮬레이션을 이용한 π 값 계산, 로그 정규 분포를 이용한 주가 변동 시뮬레이션, 효율적 포트폴리오와 경계선 구성, 시뮬레이션을 통한 블랙-스콜스-머톤 옵션의 복제, 변동 행사 가격^{floating strikes}을 가진 룩백 옵션^{lookback option}과 같은 변형 옵션^{exotic option}의 가격 산정, 복원 및 비복원 부트스트래핑^{bootstrapping}, 장기 기대 수익률 추정과 유관 효율성, 모의 몬테카를로 시뮬레이션^{quasi Monte Carlo simulation}과 소볼 수열^{Sobol sequence}에 대해 알아본다.

13장, 신용 리스크 분석에서는 무디스, 스탠더드앤푸어스, 피치의 신용 평가, 신용 스프레드, 1년과 5년 신용도 변화 행렬^{migration matrices}, 금리의 기간 구조, 회사의 디폴트를 예측하는 알트만의 Z-스코어^{Altman's Z-score}, 총자산과 변동성을 계산하는 KMV 모델, 디폴트 확률과 디폴트 거리^{distance to default}, 신용 디폴트 스왑^{credit default swap}에 대해 알아본다.

14장, 변형 옵션에서는 먼저 10장에서 배운 유럽식과 미국식 옵션을 버뮤다식 옵션^{Bermudan option}과 비교해본다. 그리고 나서 간단한 선택 옵션^{chooser option}의 가격 산정, 샤우트^{shout} 옵션, 레인보우^{rainbow} 옵션, 바이너리 옵션^{binary option}, 평균 가격 옵션^{average price option}을 알아보고 업인^{up-and-in}, 업아웃^{up-and-out}, 다운인^{down-and-in}, 다운아웃^{down-and-out} 같은 배리어 옵션^{barrier options}에 대해 알아본다.

15장, 변동성, 내재적 변동성, ARCH, GARCH에서는 변동성 척도와 ARCH/GARCH에 대해 알아본다.

▌ 작은 프로그램 중심

맥길 대학교^{McGill University}, 캐나다의 윌프리드 로리어 대학교^{Wilfrid Laurier University}, 싱가포르의 난양 기술 대학교^{Nanyang Technological University}, 미국의 메릴랜드 로욜라 대학교^{Loyola University of Maryland}, HMUC, 호프스트라 대학교^{Hofstra University}, 버팔로 대학교^{University at Buffalo}, 캐니서스 대학^{Canisius College} 등 7개 대학에서 제자들을 가르친 필자의 경험과 와튼 스쿨의 8년간 컨설팅 경험으로부터 많은 금융 학도들은 특정 과제를 해결할 때 단순한 프로그램을 선호한다는 사실을 알게 됐다. 대부분의 프로그램 책은 복잡하고 완벽한 프로그램 몇 개만 제공할 뿐더러 프로그램 수도 필요한 것에 비하면 턱없이 부족하다. 이런 방식에는 2가지 부작용이 있다. 첫째, 금융 학도들이 프로그램의 세부 내용에서 허우적대고 질려서 결국 프로그래밍 언어에 흥미를 잃어버린다. 둘째, 배운 것을 바로 실행해보지 않으면 얻는 것이 없다. 이 책은 1990년부터

2013년까지 IBM의 베타를 계산하기 위해 자본자산 가격 결정모델^{CAPM}을 적용해 보는 예제 등 여러 금융 과제에 관련된 300가지 완성된 파이썬 프로그램을 제공한다.

▌ 실제 데이터의 활용

프로그래밍을 다룬 많은 책들의 또 다른 단점은 주로 가상 데이터를 사용한다는 점이다. 이 책은 여러 금융 주제에 관한 실 데이터를 활용한다. 예를 들면 베타(시장 리스크)를 계산하기 위해 CAPM 방법을 설명하는 대신, IBM, 애플, 월마트의 베타를 직접 계산해본다. 포트폴리오의 수익률과 위험을 계산하는 공식을 단순히 보여주는 대신 파이썬 프로그램을 제공하고, 실제 데이터를 다운로드해 다양한 포트폴리오를 직접 구성하고 그들의 수익률과 최대 예상 손실액$^{Value\ at\ Risk}$을 비롯한 리스크를 계산해보게 했다. 필자는 박사 과정 학생이었을 때 변동성 미소$^{volatility\ smile}$를 배웠다. 그러나 이 책을 쓰고 나서야 비로소 IBM의 실제 데이터를 다운로드하고 변동성 미소를 직접 그려봤다.

▌ 이 책의 학습 방법

이제 이 책을 꼼꼼히 읽고 났을 때 어떤 성취를 얻을 수 있는지 구체적인 예를 제시하겠다.

첫째, 처음 두 장을 읽고 나면 파이썬을 사용해 현재가치, 미래가치, 연금의 현재가치, 내부 수익률과 여러 금융 공식을 계산할 수 있게 된다. 바꿔 말해 여러 금융 문제를 해결할 때 파이썬을 마치 무료 범용 계산기처럼 쓸 수 있게 된다. 둘째, 처음 세 장을 읽고 나면 수십 개의 작은 파이썬 프로그램을 합쳐 하나의 대형 무료 금융 계산기 프로그램을 만들 수 있게 된다. 이 대형 프로그램은 다른 사람들이 만든

여타 모듈과 동일하게 작동한다. 셋째, 야후 금융, 구글 금융, 연방 준비제도 데이터 라이브러리, 프렌치 교수의 데이터 라이브러리 같은 다양한 오픈소스로부터 데이터를 다운로드하고 가공하는 파이썬 프로그램을 작성하는 방법을 배우게 된다.

넷째, 전문가는 물론 불특정 다수, 심지어 우리 자신을 포함한 많은 사람들이 특정 목적을 위해 제작한 패키지인 모듈의 개념을 이해하게 된다. 다섯째, Matplotlib 모듈을 이해하고 나면 다양한 그래프를 직접 그릴 수 있게 된다. 예를 들어 주가와 여러 옵션을 조합한 다양한 투자 전략을 손익 그래프로 그릴 수 있게 된다. 여섯째, 야후 금융에서 IBM의 일별 주가, S&P500 지수 데이터를 다운로드하고 CAPM을 적용해 시장 리스크(베타)를 계산할 수 있게 될 것이다. 또한 무위험 자산, 채권, 주식 등 여러 증권을 한데 묶어 포트폴리오를 직접 구성할 수 있게 된다. 그러고 나서 마르코비츠의 평균-분산 모델을 적용해 포트폴리오를 최적화할 수 있게 된다. 게다가 구성한 포트폴리오의 VaR(최대 예상 손실액)을 계산하는 방법 또한 알게 될 것이다.

일곱째, 블랙-스콜스-머톤 모델을 통해 유럽식 옵션 모델 가격을 계산하고 몬테카를로 시뮬레이션을 써서 미국식과 유럽식 옵션의 가격을 계산할 수 있게 될 것이다. 끝으로 변동성을 측정하는 몇 가지 방법을 배운다. 특히 ARCH[AutoRegressive Conditional Heteroscedasticity, 자기 회귀 조건 이분산성]와 GARCH(일반화 ARCH) 모델의 사용법을 배운다.

▌ 이 책의 대상 독자

금융 분야 중에서도 계산 금융학, 금융 모델링, 금융 공학 또는 비즈니스 분석학을 전공한 졸업생들이라면 이 책으로부터 많은 도움을 얻을 것이다. 2가지 예를 들어 보겠다. 펜실바니아 주립대[Penn State University]의 프리말 보라[Premal P. Vora] 교수는 금융 데이터 과학을 가르치면서 이 책을 교재로 사용했다. 웨스터 민스터 대학의 셍 샤오

^{Sheng Xiao} 교수도 금융 분석 과목을 가르치면서 이 교재를 사용했다. 학생, 교수, 개별 투자가 모두 수많은 금융 프로젝트에 파이썬을 응용해 큰 도움을 얻게 될 것이다.

▌ 편집 규약

이 책에서는 다른 종류의 정보를 구분하기 위해 여러 글꼴 스타일을 사용한다. 여기서 각 스타일에 대한 예시와 의미를 설명한다. 문장 중에 사용된 코드, 데이터베이스 테이블 이름, 사용자 입력, 트위터 핸들^{Twitter Handle}은 다음과 같이 표기한다.

"제곱근 함수인 sqrt( )는 math 모듈에 들어 있다."

코드 블록은 다음과 같이 표기한다.

```
>>> sqrt(2)
NameError: name 'sqrt' is not defined
>>> Traceback (most recent call last):
File "<stdin>", line 1, in <module>
>>> math.sqrt(2)
1.4142135623730951
>>>
```

명령의 입출력은 다음과 같이 표기한다.

```
help(pv_f)
```

새로운 용어나 중요한 용어는 고딕체로 표기한다. 메뉴나 대화상자와 같은 화면에 보이는 단어들은 다음의 텍스트처럼 고딕체로 보여준다.

"파이썬 프로그램을 작성하려면 File을 클릭한 다음 New File을 선택한다."

경고나 중요한 내용은 이와 같이 나타낸다.

 팁이나 요령은 이와 같이 나타낸다.

▌독자 의견

독자로부터의 피드백은 항상 환영한다. 이 책에 대해 무엇이 좋았는지 또는 좋지 않았는지 소감을 알려주길 바란다. 독자 피드백은 앞으로 더 좋은 책을 발행하는 데 매우 중요하다.

일반적인 피드백을 우리에게 보낼 때는 간단하게 feedback@packtpub.com으로 이메일을 보내면 되고, 메시지의 제목에 책 이름을 적으면 된다.

여러분이 전문 지식을 가진 주제가 있고, 책을 내거나 책을 만드는 데 기여하고 싶다면 www.packtpub.com/authors에서 저자 가이드를 참고하길 바란다.

▌고객 지원

팩트출판사의 구매자가 된 독자에게 도움이 되는 몇 가지를 제공하고자 한다.

예제 코드 다운로드

이 책에 사용된 예제 코드는 http://www.packtpub.com의 계정을 통해 다운로드할 수 있다. 다른 곳에서 구매한 경우에는 http://www.packtpub.com/support를 방문해 등록하면 파일을 이메일로 직접 받을 수 있다.

코드를 다운로드하려면 다음과 같이 한다.

1. 팩트출판사 웹사이트(http://www.packtpub.com)에서 이메일 주소와 암호를 이용해 로그인하거나 계정을 등록한다.
2. 맨 위에 있는 SUPPORT 탭으로 마우스 포인터를 이동한다.
3. Code Downloads & Errata 항목을 클릭한다.
4. Search 입력란에 책 이름을 입력한다.
5. 코드 파일을 다운로드하려는 책을 선택한다.
6. 드롭다운 메뉴에서 이 책을 구매한 위치를 선택한다.
7. Code Download 항목을 클릭한다.

파일을 다운로드한 후에는 다음과 같은 압축 프로그램의 최신 버전을 이용해 파일의 압축을 해제한다.

* **윈도우** WinRAR, 7-Zip
* **맥** Zipeg, iZip, UnRarX
* **리눅스** 7-Zip, PeaZip

이 책을 위한 코드 번들은 깃 허브 https://github.com/PacktPublishing/Python-for-Finance-Second-Edition에서도 제공된다.

다음 주소에서 팩트출판사의 다른 책과 동영상 강좌의 코드도 다운로드할 수 있다.

https://github.com/PacktPublishing/

또한 에이콘출판사의 도서정보 페이지인 http://www.acornpub.co.kr/book/
python-finance-2e에서도 예제 코드를 다운로드할 수 있다.

정오표

내용을 정확하게 전달하기 위해 최선을 다했지만, 실수가 있을 수 있다. 팩트출판사
의 도서에서 문장이든 코드든 간에 문제를 발견해서 알려준다면 매우 감사하게 생
각할 것이다. 그런 참여를 통해 그 밖의 독자에게 도움을 주고, 다음 버전의 도서를
더 완성도 높게 만들 수 있다. 오탈자를 발견한다면 http://www.packtpub.com/
submit-errata를 방문해 책을 선택하고, 구체적인 내용을 입력해주길 바란다. 보내
준 오류 내용이 확인되면 웹사이트에 그 내용이 올라가거나 해당 서적의 정오표
부분에 그 내용이 추가될 것이다. http://www.packtpub.com/support에서 해당 도
서명을 선택하면 기존 정오표를 확인할 수 있다.

한국어판은 에이콘출판사 도서정보 페이지 http://www.acornpub.co.kr/book/
python-finance-2e에서 찾아볼 수 있다.

저작권 침해

인터넷에서의 저작권 침해는 모든 매체에서 벌어지고 있는 심각한 문제다. 팩트출
판사에서는 저작권과 사용권 문제를 매우 심각하게 인식한다. 어떤 형태로든 팩트
출판사 서적의 불법 복제물을 인터넷에서 발견한다면 적절한 조치를 취할 수 있도
록 해당주소나 사이트명을 알려주길 부탁한다.

의심되는 불법 복제물의 링크는 copyright@packtpub.com으로 보내주길 바란다.
저자와 더 좋은 책을 위한 팩트출판사의 노력을 배려하는 마음에 깊은 감사의 뜻을
전한다.

질문

이 책과 관련해 질문이 있다면 questions@packtpub.com으로 문의하길 바란다. 최선을 다해 질문에 답하겠다. 한국어판에 관한 질문은 이 책의 옮긴이나 에이콘출판사 편집 팀(editor@acornpub.co.kr)으로 문의해주길 바란다.

01

파이썬 기초

1장에서는 파이썬의 기본 개념과 함께 자주 사용되는 함수를 알아본다. 1장과 2장은 모두 파이썬 설명으로만 구성돼 있다. 이 두 개의 장은 파이썬 기초 지식이 있는 독자를 위한 리뷰용으로 만들어졌다. 파이썬 선행 지식이 없는 초보자가 1, 2장만 읽고 파이썬을 마스터할 수는 없다. 파이썬을 더 공부하고 싶은 독자는 다른 좋은 책을 참고하기 바란다. 3장부터 경제, 금융, 회계와 관련된 여러 개념과 회귀 분석, 그리고 데이터 처리 등에 관해 예시를 설명하면서 본격적으로 파이썬을 사용한다. 이제 앞으로 각 장별로 더 많은 파이썬 관련 기술과 사용법을 접하게 될 것이다.

1장에서 다루는 내용은 다음과 같다.

- 파이썬 설치
- 변수 대입, 공백, 프로그램 작성

- 파이썬 함수 작성
- 데이터 입력
- 데이터 조작
- 데이터 출력

▌ 파이썬 설치

이 절에서는 파이썬을 설치하는 방법을 설명한다. 파이썬을 설치하려면 보통 두 가지 방법을 사용하는데, 하나는 아나콘다를 통해 설치하는 것이고 다른 하나는 직접 설치하는 것이다.

그중 아나콘다를 통한 설치 방식이 더 선호되는데, 그 이유는 다음과 같다.

- 첫째, 파이썬 프로그램의 작성과 편집에 아주 유용한 스파이더^{Spyder}라는 문서 편집기가 제공된다. 스파이더는 여러 개의 창^{window}을 제공하는데, 직접 명령을 입력할 수 있는 콘솔 창과 프로그램을 편집할 수 있는 편집 창, 변수와 그 값을 볼 수 있는 변수 탐색 창, 그리고 각종 도움말을 찾아볼 수 있는 도움말 창을 제공한다.
- 둘째, 코드와 주석^{comment}의 글자가 각각 다른 색으로 표시돼 오자 등 기초적인 실수를 쉽게 발견할 수 있다.
- 셋째, 아나콘다 설치 때 여러 유용한 모듈^{module}이 함께 설치된다. 모듈이란 전문가 혹은 불특정 다수가 특정 주제 해결을 위해 만든 프로그램 모음이다. 즉, 모듈은 특정 작업을 위한 일종의 도구상자로 볼 수 있다. 새로운 툴을 신속히 개발하기 위해 새 모듈을 작성할 때는 보통 기존 모듈 내의 함수를 많이 활용한다. 이것을 모듈 종속성$^{module\ dependency}$이라 한다. 모듈 종속성의 단점 중 하나는 프로그램 설치 시 종속된 모듈도 같이 설치해야 한다는 것인

데, 여기에 대해서는 2장에서 좀 더 자세히 설명한다.

아나콘다를 이용한 파이썬 설치

파이썬을 설치할 수 있는 방법은 여러 가지가 있다. 그 결과 설치 방법에 따라 파이썬 프로그램을 작성하고 실행하는 환경도 매우 다양하다.

다음에 소개하는 방법은 2단계만으로 파이썬을 설치할 수 있는 아주 간단한 방식이다. 우선 http://continuum.io/downloads에 접속해 적절한 패키지를 찾는다. 다음 화면을 살펴보자.

파이썬 다운로드 페이지에는 여러 버전이 있다. 앞 화면의 경우에는 3.5 버전과 2.7 버전이 함께 있다.

책을 읽는 동안 버전은 크게 중요치 않다. 새로운 버전에서는 수정된 문제점들이 이전 버전에는 그대로 남아있을 것이고, 새로운 버전은 이전 버전에 비해 다소 개선돼 있을 것이다. 앞에서 잠깐 언급했지만 모듈 종속성은 경우에 따라 골칫덩어리가 될 수 있다. 이에 대해서는 2장에서 좀 더 자세히 살펴본다. 앞 화면의 아나콘다 버전은 4.2.0이다. 파이썬은 스파이더를 통해 실행할 것이므로 이 버전도 다를 수 있다.

스파이더를 통한 파이썬 실행

아나콘다를 통해 파이썬을 설치하고 나면 다음 화면에 보이는 것처럼 Start ❯ All Programs ❯ Anaconda3(32-bit) 메뉴가 생성돼 있을 것이다(윈도우 버전일 경우).

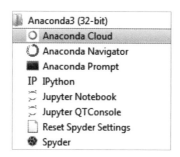

앞 그림의 마지막 메뉴인 스파이더spyder를 클릭하면 다음 그림과 같이 4개의 창이 나타난다.

왼쪽 상단이 프로그램을 작성하는 프로그램 편집기다. 오른쪽 맨 아래 창은 간단한 명령을 입력할 수 있는 IPython 콘솔 창이다. IPython이 기본 설정으로 돼 있다. IPython에 대해 더 알고 싶다면 간단히 물음표 명령만 입력하면 된다. 다음 스크린 샷을 살펴보자.

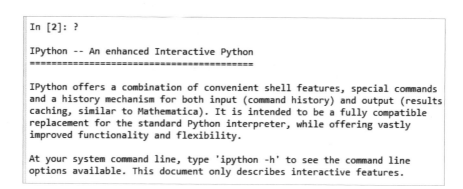

```
In [2]: ?

IPython -- An enhanced Interactive Python
=========================================

IPython offers a combination of convenient shell features, special commands
and a history mechanism for both input (command history) and output (results
caching, similar to Mathematica). It is intended to be a fully compatible
replacement for the standard Python interpreter, while offering vastly
improved functionality and flexibility.

At your system command line, type 'ipython -h' to see the command line
options available. This document only describes interactive features.
```

파이썬 콘솔을 실행시키는 또 다른 방법은 메뉴 바에서 consoles를 클릭해 Open a Python console을 선택하면 된다. 다음과 같은 창이 나타난다.

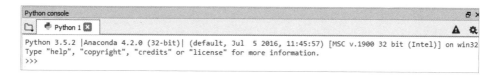

Python console
```
Python 3.5.2 |Anaconda 4.2.0 (32-bit)| (default, Jul  5 2016, 11:45:57) [MSC v.1900 32 bit (Intel)] on win32
Type "help", "copyright", "credits" or "license" for more information.
>>>
```

4개의 창이 있던 그림에서 오른쪽 상단 부분이 도움말을 볼 수 있는 창이다. 가운데 창은 변수 탐색기로 변수의 이름과 값을 볼 수 있다. 창은 사용자의 기호에 따라 크기를 변경하거나 재구성할 수 있다.

파이썬 직접 설치

대부분의 사용자는 아나콘다를 통한 파이썬의 설치 방법만 알아도 충분하다. 하지만 전부 소개하는 차원에서 파이썬을 설치하는 두 번째 방법도 살펴보자.

다음과 같은 단계를 따르면 된다.

1. 먼저 http://www.python.org/download에 접속한다.

2. 컴퓨터 환경에 맞춰 적절한 패키지를 선택한다. 이 책에서 파이썬의 버전은
   그렇게 중요하지 않다. 신규 사용자는 다운로드 시점의 최신 버전을 설치하
   면 된다. 설치를 하고 나면 윈도우 버전일 경우 다음과 같은 메뉴를 볼 수
   있을 것이다.

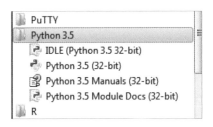

3. 파이썬을 실행하기 위해 IDLE(Python 3.5. 32-bit)을 클릭하면 다음과 같은
   화면이 나타난다.

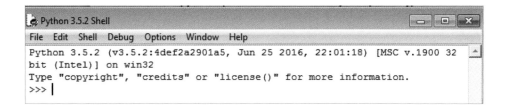

4. 4개의 창 그림이 있던 화면의 IPython 창이나 파이썬 콘솔 창 혹은 앞 스크린샷의 파이썬 셸^{shell} 중 어디든 다양한 명령을 입력할 수 있다.

```
>>> pv=100
>>> pv*(1+0.1)**20
672.7499949325611
>>> import math
>>> math.sqrt(3)
1.7320508075688772
>>>
```

5. 새로운 파이썬 프로그램을 만들려면 File을 클릭한 후 New File을 선택하면 된다.

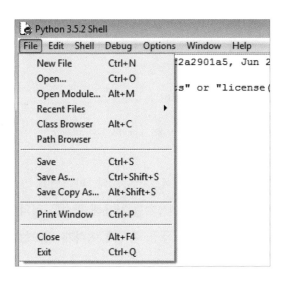

6. 다음 코드를 입력 후 저장한다.

```
File  Edit  Format  Run  Options  Window  Help
def dd(x):
    return 2*x
```

7. Run을 클릭한 후 Run module을 선택한다. 에러가 발생하지 않으면 다른
내장 함수들처럼 사용하면 된다.

```
File  Edit  Shell  Debug  Options  Window  Help
Python 3.5.2 (v3.5.2:4def2a2901a5, Jun 25 2016, 22:01:18) [MSC v.1900 32 bit (In
tel)] on win32
Type "copyright", "credits" or "license()" for more information.
>>>
 RESTART: C:/Users/yany/AppData/Local/Programs/Python/Python35-32/double_f.py
>>> dd(2)
4
>>> dd(2.5)
5.0
>>>
```

▌ 변수 값 입력, 공백, 프로그램 작성

파이썬 언어의 경우 공백은 아주 중요하다. 예를 들어 **pv=100**을 입력하기 전에 실수
로 공백을 넣으면 다음과 같은 오류 메시지가 나타난다.

```
>>>   pv=100
  File "<stdin>", line 1
    pv=100
    ^
IndentationError: unexpected indent
>>>
```

오류의 명칭은 IndentationError(들여쓰기 오류)다. 파이썬에 있어 들여쓰기는 무척
중요하다. 1장 후반부에 적절한 들여쓰기를 사용해 함수를 정의하는 방법과 하나의
코드 그룹을 루프[loop]나 함수 혹은 특정 주제에 속하게 만드는 방법을 배우게 될
것이다.

오늘 은행에 100달러를 예금했다고 가정하자. 은행의 예금 금리가 연이율 1.5%라면 3년 뒤 총예금은 얼마가 될까? 다음 코드를 사용해 답을 구할 수 있다.

```
>>> pv=100
>>> pv
100
>>> pv*(1+0.015)**3
104.56783749999997
>>>
```

앞 예제 코드에서 **는 지수 승을 의미한다. 예를 들어 2**3의 값은 8이 된다. 변수의 값을 출력하려면 단순히 변수 이름만 입력하면 된다. 앞 예제를 참고하라. 예제에 사용된 공식은 다음과 같다.

$$FV = PV(1 + R)^n \quad \text{.................} \quad (1)$$

여기서 FV는 미래가치, PV는 현재가치, R은 기간별 금리, n은 총 기간 수다. 예제의 경우 R은 연이율 0.015이고, n은 3이다. 당분간은 수식의 의미보다 간단한 파이썬 개념과 연산 코드에만 집중하자.

3장에서 식 (1)에 대해 자세히 설명할 것이다. 파이썬은 대소문자를 구별하므로 현재가치를 pv라 쓰지 않고 PV라 입력하면 다음과 같은 오류 메시지가 나타날 것이다.

```
>>> PV
Traceback (most recent call last):
    File "<stdin>", line 1, in <module>
NameError: name 'PV' is not defined
```

C나 포트란 계열의 언어와는 달리 파이썬은 변수에 값을 대입하기 전에 해당 변수

를 미리 정의할 필요가 없다. dir() 함수를 사용하면 모든 변수나 함수를 볼 수 있다.

```
>>> dir()
['__builtins__', '__doc__', '__loader__', '__name__', '__package__',
'__spec__', 'pv']
>>>
```

내장 함수를 모두 보려면 dir(__builtins__)를 입력하면 된다. 출력 결과는 다음과 같다.

```
>>> dir(__builtins__)
['ArithmeticError', 'AssertionError', 'AttributeError', 'BaseException', 'BlockingIOError', 'BrokenPipeErr
or', 'BufferError', 'BytesWarning', 'ChildProcessError', 'ConnectionAbortedError', 'ConnectionError', 'Con
nectionRefusedError', 'ConnectionResetError', 'DeprecationWarning', 'EOFError', 'Ellipsis', 'EnvironmentEr
ror', 'Exception', 'False', 'FileExistsError', 'FileNotFoundError', 'FloatingPointError', 'FutureWarning',
'GeneratorExit', 'IOError', 'ImportError', 'ImportWarning', 'IndentationError', 'IndexError', 'Interrupted
Error', 'IsADirectoryError', 'KeyError', 'KeyboardInterrupt', 'LookupError', 'MemoryError', 'NameError', '
None', 'NotADirectoryError', 'NotImplemented', 'NotImplementedError', 'OSError', 'OverflowError', 'Pending
DeprecationWarning', 'PermissionError', 'ProcessLookupError', 'RecursionError', 'ReferenceError', 'Resourc
eWarning', 'RuntimeError', 'RuntimeWarning', 'StopAsyncIteration', 'StopIteration', 'SyntaxError', 'Syntax
Warning', 'SystemError', 'SystemExit', 'TabError', 'TimeoutError', 'True', 'TypeError', 'UnboundLocalError
', 'UnicodeDecodeError', 'UnicodeEncodeError', 'UnicodeError', 'UnicodeTranslateError', 'UnicodeWarning',
'UserWarning', 'ValueError', 'Warning', 'WindowsError', 'ZeroDivisionError', '_', '__build_class__', '__de
bug__', '__doc__', '__import__', '__loader__', '__name__', '__package__', '__spec__', 'abs', 'all', 'any',
'ascii', 'bin', 'bool', 'bytearray', 'bytes', 'callable', 'chr', 'classmethod', 'compile', 'complex', 'cop
yright', 'credits', 'debugfile', 'delattr', 'dict', 'dir', 'divmod', 'enumerate', 'eval', 'evalsc', 'exec'
, 'exit', 'filter', 'float', 'format', 'frozenset', 'getattr', 'globals', 'hasattr', 'hash', 'help', 'hex'
, 'id', 'input', 'int', 'isinstance', 'issubclass', 'iter', 'len', 'license', 'list', 'locals', 'map', 'ma
x', 'memoryview', 'min', 'next', 'object', 'oct', 'open', 'open_in_spyder', 'ord', 'pow', 'print', 'proper
ty', 'quit', 'range', 'repr', 'reversed', 'round', 'runfile', 'set', 'setattr', 'slice', 'sorted', 'static
method', 'str', 'sum', 'super', 'tuple', 'type', 'vars', 'zip']
>>>
```

▍ 파이썬 함수 작성

이제 식 (1)을 구현하는 파이썬 함수를 직접 만들어보자

스파이더를 실행한 후 File을 클릭하고 New File을 선택한다. 다음 왼쪽 창에 보이는 것처럼 두 줄을 입력한다. def라는 키워드는 함수 선언을 위한 것이고, fv_f는 함수 이름이며, 괄호 속 3개의 값 pv, r, n은 입력 변수들이다.

콜론(:)은 함수가 아직 완성되지 않았다는 것을 의미한다. Enter 키를 누르면 그다음 줄은 자동으로 들여쓰기가 된다.

return pv*(1+r)**n이라고 입력한 후 Enter 키를 두 번 입력하면 간단한 프로그램이 완성된다. 여기서 두 번째 줄의 **는 지수 승을 의미한다.

예제 프로그램은 c:/temp/temp.py에 저장한다고 가정하자.

프로그램을 실행하거나 디버깅하려면 메뉴 바의 Run 아래에 있는 화살표를 누르면 된다. 앞 이미지에서 오른쪽 상단 부분을 보라. 컴파일된 결과는 오른쪽 하단 이미지에 있다(오른쪽 상단의 두 번째 이미지). 이제 세 가지 입력 변수와 함께 호출하면 이 함수를 손쉽게 사용할 수 있다.

```
>>> fv_f(100,0.1,2)
121.00000000000001
>>> fv_f(100,0.02,20)
148.59473959783548
```

주석을 이용해 변수의 의미와 함께 어떤 수식을 사용했는지 설명하고 예제 몇 가지를 같이 제공한다면 다른 사용자나 프로그래머에게 큰 도움이 될 것이다. 주석을 첨가한 새로운 프로그램을 살펴보자.

```
def pv_f(fv,r,n):
    """Objective: 현재가치를 계산
                          fv
    formula : pv=-------------
                        (1+r)^n
             fv: 미래가치
             r : 기간별 할인율
             n : 총 기간 수

    예제 #1: >>>pv_f(100,0.1,1)
             90.9090909090909

    예제 #2: >>>pv_f(r=0.1,fv=100,n=1)
             90.9090909090909
    """
    return fv/(1+r)**n
```

주석이나 설명은 3개의 큰따옴표 속에 쓴다("""와 """). 주석 안의 들여쓰기는 중요하지 않다. 컴파일 때 주석 속의 문장은 모두 무시된다. 주석의 또 다른 장점은 다음 예처럼 help(pv_f)를 통해 검색할 수 있다는 점이다.

```
>>> help(pv_f)
>>>
>>>
>>>
Help on function pv_f in module __main__:

pv_f(fv, r, n)
    Objective: estimate present value
                          fv
    formula  : pv=-------------
                        (1+r)^n
        fv: fture value
        r : discount periodic rate
        n : number of periods

    Example #1   >>>pv_f(100,0.1,1)
                    90.9090909090909

    Example #2: >>>pv_f(r=0.1,fv=100,n=1)
                    90.9090909090909
>>>
```

2장에서는 파이썬으로 만든 금융계산기를 업로드하는 방법을 살펴보고 3장에서는 금융계산기를 직접 만드는 방법을 설명한다.

▌ 파이썬 루프

이 절에서는 루프loop라는 아주 중요한 개념에 대해 알아본다. 루프란 동일한 작업을 입력 값이나 다른 요인을 조금씩 변경시켜가며 반복적으로 수행하고자 할 때 사용한다.

파이썬 루프, if...else 조건문

배열 속에 담긴 모든 아이템을 표시하는 간단한 루프의 사용 예를 살펴보자.

```
>>> import numpy as np
>>> cashFlows=np.array([-100,50,40,30])
>>> for cash in cashFlows:
...     print(cash)
...
-100
50
40
30
```

데이터 형식 중 튜플tuple이 있는데, 괄호를 사용해서 모든 입력 값을 지정한다. 튜플 변수는 최초에 값을 대입하고 나면 변경할 수 없다는 특징이 있다. 이런 특별한 성질 때문에 변수 값이 절대 바뀌어서는 안 되는 경우에 아주 유용하게 사용할 수 있다. 튜플은 데이터를 키key와 값value의 쌍으로 저장하는 딕셔너리dictionary 데이터 형식과는 다르다. 딕셔너리 값은 순서가 없고 키 값이 모두 해시 가능hashable 해야 한다. 튜플과는 달리 딕셔너리의 값은 언제든지 수정할 수 있다.

파이썬에서는 벡터나 튜플의 인수가 0부터 시작한다는 점에 주목하자. 즉 길이가 3인 벡터 x의 경우 인수는 0, 1, 2가 된다.

```
>>> x=[1, 2, 3]
>>> x[0]=2
>>> x
[2, 2, 3]
>>> y=(7,8,9)
>>> y[0]=10
Traceback (most recent call last):
    File "<stdin>", line 1, in <module>
TypeError: 'tuple' object does not support item assignment

>>> type(x)
<class'list'>
>>> type(y)
<class'tuple'>
>>>
```

오늘 100달러를 투자하고 이듬해 30달러를 더 투자한다고 가정하자. 미래의 현금 수입은 2년째 기말부터 5년 동안 매년 각각 10달러, 40달러, 50달러, 45달러, 20달러다. 타임라인과 해당 현금 흐름은 다음 도표와 같다.

```
 -100      -30        10         40         50          45         20
  |--------|----------|----------|----------|-----------|--------|
  0         1          2          3          4           5         6
```

할인율이 3.5%라면 순 현재가치^{NPV, Net Present Value}는 어떻게 될까? NPV는 모든 편익(수입)의 현재가치에서 모든 비용의 현재가치를 차감하는 것으로 정의된다. 현금 유입은 플러스로 표기하고 현금 유출은 마이너스로 표기하면 NPV는 이제 간단히 모든 현금 흐름의 현재가치를 더하면 된다. 단일 미래가치 값의 현재가치를 구하는 식은 다음과 같다.

$$PV = \frac{FV}{(1+R)^n} \qquad \cdots\cdots\cdots\cdots\cdots (2)$$

여기서 PV는 현재가치, FV는 미래가치, R은 기간별 금리, n은 총 기간 수를 의미한다. 이 식의 의미에 대해서는 3장에서 자세히 설명한다. 지금은 위 식을 계산하기 위해 단순히 n번 반복 연산하는 npv_f( ) 함수를 만드는 것에만 신경을 쓰겠다. 여기서 n은 총 현금 흐름의 개수다. NPV를 구하는 최종 프로그램은 다음과 같다.

```
def npv_f(rate, cashflows):
    total = 0.0
    for i in range(0,len(cashflows)):
        total += cashflows[i] / (1 + rate)**i
    return total
```

이 프로그램은 for 루프를 사용했다. 다시 강조하지만 정확한 들여쓰기는 파이썬에 있어 아주 중요하다. 두 번째 줄에서 다섯 번째 줄까지는 모두 한 단위(이상) 들여쓰기를 했으므로 전부 npv_f 함수에 속한다. 같은 맥락으로 넷째 줄은 두 단위만큼 들여쓰기가 돼 있고 두 번째 콜론(:) 다음이므로 for 루프에 속한다는 것을 알 수 있다. total +=a라고 쓴 명령은 total = total + a와 같은 의미다.

NPV 함수의 경우 for 루프를 사용했다. 파이썬의 경우 벡터의 인수는 0부터 시작하므로 중간 변수 i 역시 0부터 시작한다. 이제 변수 2개를 정의하고 이 변수를 입력으로 해 함수를 호출해보자. 다음 코드에 변수를 정의하고 함수를 호출한 결과가 나타나있다.

```
>>> r=0.035
>>> cashflows=[-100,-30,10,40,50,45,20]
>>> npv_f(r,cashflows)
```

14.158224763725372

다음은 enumerate() 함수를 사용한 또 다른 버전의 npv_f() 함수의 예다. 이 함수는 0부터 시작해서 인수와 인수에 해당하는 값의 쌍을 생성한다.

```
def npv_f(rate, cashflows):
    total = 0.0
    for i, cashflow in enumerate(cashflows):
        total += cashflow / (1 + rate)**i
    return total
```

다음은 enumerate() 함수의 사용법을 보여주는 예제 프로그램이다.

```
x=["a","b","z"]
for i, value in enumerate(x):
    print(i, value)
```

앞서 설명한 npv_f 함수와 달리 마이크로소프트 엑셀의 NPV 함수는 실제로는 PV 함수이고, 미래가치 계산에만 적용할 수 있다. 파이썬으로 엑셀과 동일한 역할을 하는 npv_Excel 함수를 만들면 다음과 같다.

```
def npv_Excel(rate, cashflows):
    total = 0.0
    for i, cashflow in enumerate(cashflows):
        total += cashflow / (1 + rate)**(i+1)
    return total
```

다음 표에 두 함수를 비교했다. 파이썬 프로그램을 사용한 결과는 왼쪽 창에 있고 엑셀의 NPV 함수 결과는 오른쪽 창에 있다. 앞서 설명한 프로그램의 내용과 각 함수의 호출 방법에 대해 충분히 숙지하기 바란다.

```
>>>r=0.035
>>>cashflows=[-100,-30,10,40,50,45,20]
>>>npv_Excel(r,cashflows[1:7])+cashflows[0]
14.158224763725372
```

	f_x	=NPV(0.035,D2:D7)+D1	
C		D	E
	0	-100	14.1582
	1	-30	
	2	10	
	3	40	
	4	50	
	5	45	
	6	20	

루프를 사용하면 입력 값을 바꿔가며 동일한 작업을 반복할 수 있다. 예를 들어 여러 값을 출력하는 경우를 생각해보자. 다음 예제는 while 루프를 활용해 출력 작업을 반복적으로 수행하는 코드다.

```
i=1
while(i<10):
    print(i)
    i+=1
```

다음은 주어진 현금 흐름에 대해 그 NPV를 0으로 만드는 할인율(혹은 할인율들)을 계산하는 프로그램이다. 시각 0에서 시작해서 향후 4년 동안 매년 기말의 현금 흐름이 각각 550, -500, -500, -500, 1000이라고 가정하자. 3장에서 이 예제의 개념에 대해 자세히 설명한다.

이제 NPV를 0으로 만드는 할인율을 계산하는 파이썬 프로그램을 만들어보자. 현금 흐름의 방향이 두 번 바뀌므로 NPV를 0으로 만드는 값이 2개가 있을 수 있다.

```
cashFlows=(550,-500,-500,-500,1000)
r=0
```

```
while(r<1.0):
    r+=0.000001
    npv=npv_f(r,cashFlows)
    if(abs(npv)<=0.0001):
        print(r)
```

출력 결과는 다음과 같다.

```
0.07163900000005098
0.33673299999790873
```

수학 함수를 사용해야 할 필요가 있을 때는 먼저 math 모듈을 임포트^{import}해야 한다.

```
>>> import math
>>> dir(math)
['__doc__', '__loader__', '__name__', '__package__', '__spec__',
'acos', 'acosh', 'asin', 'asinh', 'atan', 'atan2', 'atanh', 'ceil',
'copysign', 'cos', 'cosh', 'degrees', 'e', 'erf', 'erfc', 'exp',
'expm1', 'fabs', 'factorial', 'floor', 'fmod', 'frexp', 'fsum',
'gamma', 'gcd', 'hypot', 'inf', 'isclose', 'isfinite', 'isinf',
'isnan', 'ldexp', 'lgamma', 'log', 'log10', 'log1p', 'log2', 'modf',
'nan', 'pi', 'pow', 'radians', 'sin', 'sinh', 'sqrt', 'tan', 'tanh',
'trunc']
>>> math.pi
3.141592653589793
>>>
```

제곱근 함수 sqrt( )는 math 모듈에 들어 있다. 따라서 sqrt( ) 함수를 사용하려면
반드시 math.sqrt( )처럼 사용해야 한다. 다음 코드를 살펴보자.

```
>>> sqrt(2)
```

```
Traceback (most recent call last):
    File "<stdin>", line 1, in <module>
NameError: name 'sqrt' is not defined
>>> math.sqrt(2)
1.4142135623730951
```

이런 함수들을 직접 호출하고 싶다면 from math import *를 쓰면 된다. 다음 코드를 살펴보자.

```
>>> from math import *
>>> sqrt(3)
1.7320508075688772
>>>
```

개별 내장 함수에 대해 더 자세한 내용은 help( ) 함수를 사용해 얻을 수 있다. 다음 코드를 살펴보자.

```
>>> help(len)
Help on built-in function len in module builtins:
len(obj, /)
    Return the number of items in a container.
>>>
```

▌ 데이터 입력

테스트를 위해 아주 간단한 입력 데이터셋을 만들어보자. 파일의 이름과 저장 위치는 c:/temp/test.txt다. 데이터셋의 형식은 텍스트다.

```
a b
1 2
3 4
```

데이터셋을 읽어 들이는 코드는 다음과 같다:

```
>>> f=open("c:/temp/test.txt","r")
>>> x=f.read()
>>> f.close()
```

(파일 위치를 지정할 때 /를 사용하지 않고 윈도우 형식에 맞추기 위해 \를 사용하려면
"c:\\temp\\test.txt"처럼 \를 두 번 입력해야 한다. – 옮긴이)

x 값을 보기 위해서는 print( ) 함수를 사용하면 된다.

```
>>> print(x)
a b
1 2
3 4
>>>
```

두 번째 예제를 위해 먼저 야후 금융에 접속해서 IBM의 일별 주가 추이를 다운로드
해보자. 그러기 위해 http://finance.yahoo.com에 접속해보자.

관련 웹 페이지를 찾기 위해 IBM을 입력해보자. 그런 다음 Historical Data를 클릭한
후 Download를 클릭하면 된다.

International Business Machines Corporation (IBM) ☆ Add to watchlist
NYSE - NYSE Delayed Price. Currency in USD

152.43 +0.06 (+0.04%)
At close: November 4 4:00 PM EDT

| Summary | Conversations | Statistics | Profile | Financials | Options | Holders | Historical Data | Analysts |

일별 데이터 ibm.csv를 c:/temp/에 저장했다고 가정하자. 첫 다섯 개의 줄을 표시하면 다음과 같다.

```
Date,Open,High,Low,Close,Volume,Adj Close
2016-11-04,152.399994,153.639999,151.869995,152.429993,2440700,152.429993
2016-11-03,152.509995,153.740005,151.800003,152.369995,2878800,152.369995
2016-11-02,152.479996,153.350006,151.669998,151.949997,3074400,151.949997
2016-11-01,153.50,153.910004,151.740005,152.789993,3191900,152.789993
```

첫 번째 줄은 변수 이름이다. 날짜, 시가, 고가, 저가, 종가, 거래량, 조정 종가의 변수가 있다. 구분자는 쉼표다. 텍스트 파일을 로딩하는 다양한 방법이 있는데, 몇 가지만 정리하면 다음과 같다.

- **방법** I: pandas 모듈에 있는 read_csv 함수를 쓰면 된다.

```
>>> import pandas as pd
>>> x=pd.read_csv("c:/temp/ibm.csv")
>>> x[1:3]
        Date      Open       High       Low      Close   Volume \
1 2016-11-02 152.479996 153.350006  151.669998  151.949997  3074400
2 2016-11-01 153.500000 153.910004  151.740005  152.789993  3191900

Adj.Close
1 151.949997
2 152.789993
```

- **방법** II: pandas 모듈에 있는 read_table을 사용한다. 다음 코드를 살펴 보자.

```
>>> import pandas as pd
>>> x=pd.read_table("c:/temp/ibm.csv",sep=',')
```

또 다른 방법으로 IBM의 일별 주가를 필자의 웹사이트에서 직접 받아오는 방법이 있다. 다음 코드를 살펴보자.

```
>>> import pandas as pd
>>> url='http://canisius.edu/~yany/data/ibm.csv'
>>> x=pd.read_csv(url)
>>> x[1:5]
        Date      Open      High       Low      Close  Adj Close  Volume
1 1962-01-03  7.626667  7.693333  7.626667  577.000000   2.240472  288000
2 1962-01-04  7.693333  7.693333  7.613333  571.250061   2.218143  256000
3 1962-01-05  7.606667  7.606667  7.453333  560.000000   2.174461  363200
4 1962-01-08  7.460000  7.460000  7.266667  549.500061   2.133691  544000
```

pandas 모듈의 ExcelFile( ) 함수를 사용하면 엑셀 파일에서 데이터를 검색할 수 있다. 먼저 몇 가지 관측 값만을 가진 엑셀 파일을 생성한다. 다음의 스크린샷을 살펴보자.

	A	B	C	
1	date	returnA	returnB	
2	2001	0.1	0.12	
3	2002	0.03	0.05	
4	2003	0.12	0.15	
5	2004	0.2	0.22	

이 엑셀 파일 이름이 stockReturns.xlxs이고 c:/temp/에 저장돼 있다고 가정하자. 해당 데이터를 검색하는 파이썬 코드는 다음과 같다.

58

```
>>> infile=pd.ExcelFile("c:/temp/stockReturns.xlsx")
>>> x=infile.parse("Sheet1")
>>> x
date returnA  returnB
0 2001   0.10    0.12
1 2002   0.03    0.05
2 2003   0.12    0.15
3 2004   0.20    0.22
>>>
```

.pkl 혹은 .pickle 확장자로 저장돼 있는 데이터셋을 검색하려면 다음에 소개된 코드를 사용하면 된다. 먼저 필자의 웹 페이지 http://www3.canisius.edu/~yany/python/ffMonthly.pkl에 접속해 파이썬 데이터셋을 다운로드하자.

다운로드한 데이터셋은 c:/temp/에 저장돼 있다고 가정한다. pandas 모듈에 있는 read_pickle() 함수를 사용해 .pkl 혹은 .pickle 확장자를 가진 데이터를 로드할 수 있다.

```
>>> import pandas as pd
>>> x=pd.read_pickle("c:/temp/ffMonthly.pkl")
>>> x[1:3]
Mkt_RF       SMB       HML       RF
196308    0.0507   -0.0085   0.0163      0.0042
196309   -0.0157   -0.0050   0.0019     -0.0080
>>>
```

다음 코드는 금리가 마이너스일 경우 경고 메시지를 출력하는 매우 간단한 if 함수다.

```
if(r<0):
   print("interest rate is less than zero")
```

논리 함수 AND와 OR에 연계된 조건문 예제는 다음과 같다.

```
>>> if(a>0 and b>0):
        print("both positive")
>>> if(a>0 or b>0):
        print("at least one is positive")
```

다음 프로그램은 여러 개의 if...elif 조건문을 사용하는 예로, 숫자로 등급을 입력받아 해당하는 문자로 변환한다.

```
grade=74
if grade>=90:
    print('A')
elif grade >=85:
    print('A-')
elif grade >=80:
    print('B+')
elif grade >=75:
    print('B')
elif grade >=70:
    print('B-')
elif grade>=65:
    print('C+')
else:
    print('D')
```

여러 개의 if...elif 함수를 사용할 경우 마지막은 항상 else 조건문으로 끝냄으로써 어떤 조건도 맞지 않았을 경우의 작업을 명시적으로 지정해두는 편이 좋다.

▍ 데이터 조작

데이터는 정수, 실수, 문자열 등 서로 다른 여러 가지 형식이 있다. 다음 표에 여러 데이터 유형을 간략히 정리해 놓았다.

표 1.1 데이터 형식 리스트

데이터 형식	설명
Bool	불리언(참 혹은 거짓); 바이트로 저장
Int	(시스템에 따른) 정수(통상 int32 혹은 int64)
int8	바이트(−128부터 127)
int16	정수(−32768부터 32767)
int32	정수(−2147483648부터 2147483647)
int64	정수(9223372036854775808부터 9223372036854775807)
unit8	0과 양의 정수(0부터 255)
unit16	0과 양의 정수(0부터 65535)
unit32	0과 양의 정수(0부터 4294967295)
unit64	0과 양의 정수(0부터 18446744073709551615)
float	float64의 축약
float16	실수: 부호, 5비트 지수, 10비트 가수(mantissa)
float32	단일 정밀도 실수: 부호, 8비트 지수, 23비트 가수
float64	부호, 11비트 지수, 52비트 가수
complex	complex128의 축약
complex64	복소수: 2개의 32비트 float(실수와 허수)
complex128	복소수: 2개의 64비트 float(실수와 허수)

다음 예는 변수 r에는 스칼라scalar 값을 담고 있고 변수 pv에는 여러 값을 담고 있는 배열(벡터)을 대입하는 것을 보여준다. type( ) 함수를 사용하면 각각의 데이터 형식을 볼 수 있다.

```
>>> import numpy as np
>>> r=0.023
>>> pv=np.array([100,300,500])
>>> type(r)
<class'float'>
>>> type(pv)
<class'numpy.ndarray'>
```

소수점 이하 자리 수를 지정하려면 round( ) 함수를 사용하면 된다. 다음 예제를 살펴보자.

```
>>> 7/3
2.3333333333333335
>>> round(7/3,5)
2.33333
>>>
```

데이터 조작을 위해 몇 가지 간단한 연산의 예를 살펴보자.

```
>>> import numpy as np
>>> a=np.zeros(10)              # 10개의 0으로 된 배열
>>> b=np.zeros((3,2),dtype=float)   # 0으로 채워진 3 x 2 행렬
>>> c=np.ones((4,3),float)       # 1로 채워진 4 x 3 행렬
>>> d=np.array(range(10),float)   # 0, 1, 2, 3, ..., 9
>>> e1=np.identity(4)           # 4 x 4 단위행렬
>>> e2=np.eye(4)               # 위와 동일
>>> e3=np.eye(4,k=1)           # 4 x 4, 1은 k열부터
```

```
>>> f=np.arange(1,20,3,float)          # 1부터 19까지 3의 간격으로
>>> g=np.array([[2,2,2],[3,3,3]])      # 2 x 3 행렬
>>> h=np.zeros_like(g)                 # 모두 0
>>> i=np.ones_like(g)                  # 모두 1
```

모듈 이름 뒤에 '.'과 함께 사용되는 함수들은 매우 간편하면서도 유용하다.

```
>>> import numpy as np
>>> x=np.array([10,20,30])
>>> x.sum( )
60
```

뒤에 오는 모든 것은 주석으로 간주된다. 배열은 또 다른 중요한 데이터 형식 중 하나다.

```
>>> import numpy as np
>>> x=np.array([[1,2],[5,6],[7,9]])    #  3 x 2 행렬
>>> y=x.flatten( )
>>> x2=np.reshape(y,[2,3])             #  2 x 3 행렬
```

변수에는 문자열도 입력할 수 있다.

```
>>> t="This is great"
>>> t.upper( )
'THIS IS GREAT'
>>>
```

문자열과 연관된 함수를 보려면 dir(' ')을 사용하면 된다. 다음 코드를 살펴보자.

```
>>> dir('')
['__add__', '__class__', '__contains__', '__delattr__', '__dir__',
'__doc__', '__eq__', '__format__', '__ge__', '__getattribute__',
'__getitem__', '__getnewargs__', '__gt__', '__hash__', '__init__',
'__iter__', '__le__', '__len__', '__lt__', '__mod__', '__mul__',
'__ne__', '__new__', '__reduce__', '__reduce_ex__', '__repr__',
'__rmod__', '__rmul__', '__setattr__', '__sizeof__', '__str__',
'__subclasshook__', 'capitalize', 'casefold', 'center', 'count',
'encode', 'endswith', 'expandtabs', 'find', 'format', 'format_
map', 'index', 'isalnum', 'isalpha', 'isdecimal', 'isdigit',
'isidentifier', 'islower', 'isnumeric', 'isprintable', 'isspace',
'istitle', 'isupper', 'join', 'ljust', 'lower', 'lstrip', 'maketrans',
'partition', 'replace', 'rfind', 'rindex', 'rjust', 'rpartition',
'rsplit', 'rstrip', 'split', 'splitlines', 'startswith', 'strip',
'swapcase', 'title', 'translate', 'upper', 'zfill']
```

예를 들어 앞 출력 결과 중 하나인 split 함수에 대해 알고 싶다면 help(''.split)
이라고 입력하면 연관된 도움말을 얻을 수 있다.

```
>>> help(''.split)
Help on built-in function split:

split(...) method of builtins.str instance
S.split(sep=None, maxsplit=-1) -> list of strings

    Return a list of the words in S, using sep as the
delimiter string. If maxsplit is given, at most maxsplit
splits are done. If sep is not specified or is None, any
whitespace string is a separator and empty strings are
removed from the result.
>>>
```

다음 예제도 실행해보자.

```
>>> x="this is great"
>>> x.split()
['this', 'is', 'great']
>>>
```

다양한 행렬을 다루려면 행렬 연산도 매우 중요하다.

$$C = A + B \quad \dots\dots\dots\dots\dots\dots\dots(3)$$

식 (3)에서 한 가지 지켜야 할 조건은 행렬 A와 B의 차원이 서로 같아야 한다는 점이다. 두 행렬의 곱에 대한 식은 다음과 같다.

$$C = A * B \dots\dots\dots\dots\dots..(4)$$

여기서 A는 $n \times k$ 행렬(n행과 k열)이고, B는 $k \times m$ 행렬이다. 첫 번째 행렬의 열과 두 번째 행렬의 행 크기가 일치해야 한다는 사실을 기억하라. 예제의 경우는 k다. 각 행렬 C, A, B 내의 데이터에 대해 각각 $C_{i,j}$(i번째 행과 j번째 열), $A_{i,j}$, $B_{i,j}$로 표기하면 다음과 같은 관계가 성립된다.

$$C_{i,j} = \sum_{i=1}^{n} \sum_{j=1}^{m} \sum_{p=1}^{k} a_{i,p} b_{p,j} \dots\dots\dots\dots\dots\dots\dots\dots(5)$$

NumPy 모듈에 있는 dot( ) 함수는 행렬의 곱셈 연산을 할 때 사용한다.

```
>>> a=np.array([[1,2,3],[4,5,6]],float)      # 2 by 3
>>> b=np.array([[1,2],[3,3],[4,5]],float)    # 3 by 2
>>> np.dot(a,b)                              # 2 by 2
>>> print(np.dot(a,b))
array([[ 19., 23.],
```

```
   [ 43., 53.]])
>>>
```

c(1,1)를 수작업으로 계산해보면 1 × 1 + 2 × 3 + 3 × 4 = 19와 같다.

데이터를 검색했거나 인터넷에서 다운로드했으면 이를 가공해야 한다. 다양한 형식
의 원시 데이터를 가공하는 기술은 금융을 공부하는 학생이나 금융계에 종사하는
전문가들에게 매우 중요하다. 다음 예제는 일련의 값을 다운로드한 뒤 수익률을
추정한다.

n개의 값 x_1, x_2, ……, x_n이 있다. 평균에는 산술 평균과 기하 평균의 2가지가 있다.
이에 대한 정의는 각각 다음과 같다(평균에는 산술, 기하 이외에도 조화 평균, 가중 평균
등 여러 가지가 더 있다. 이 책에서는 산술 평균과 기하 평균의 두 가지만 사용된다. -
옮긴이).

$$산술\ 평균 = \frac{\sum_{i=1}^{n} x_i}{n} \qquad\qquad\qquad\qquad\text{(6)}$$

$$기하\ 평균 = \left(\prod_{i=1}^{n} x_i\right)^{1/n} \qquad\qquad\qquad\text{(7)}$$

예를 들어 세 개의 숫자 2, 3, 4에 대한 산술 평균과 기하 평균은 각각 다음과 같이
계산한다.

```
>>> (2+3+4)/3.
3.0
>>> geo_mean=(2*3*4)**(1./3)
>>> round(geo_mean,4)
2.8845
```

수익률의 경우 산술 평균의 정의는 동일하지만 기하 평균의 정의는 조금 다르다.

다음 식을 살펴보자.

$$\text{산술 평균} = \frac{\sum_{i=1}^{n} R_i}{n} \quad \dots\dots\dots\dots\dots \quad (8)$$

$$\text{기하 평균} = \left[\prod_{i=1}^{n} (1 + R_i) \right]^{\frac{1}{n}} - 1 \quad \dots\dots\dots\dots \quad (9)$$

3장에서 2가지 평균에 대해 다시 살펴본다.

NumPy가 기본 모듈이라면 SciPy는 고급 모듈이라고 볼 수 있다. NumPy는 이전 버전 모듈에 있던 속성들을 대부분 그대로 갖고 있는 반면, 새로 생긴 속성들은 대부분 SciPy에 속한다. 한편 금융 관련 함수에 있어서는 NumPy와 SciPy의 속성이 서로 많이 겹친다. 서로 다른 두 가지 평균의 정의에 따른 다음 예제를 살펴보자.

```
>>> import scipy as sp
>>> ret=sp.array([0.1,0.05,-0.02])
>>> sp.mean(ret)
0.043333333333333342
>>> pow(sp.prod(ret+1),1./len(ret))-1
0.042163887067679262
```

두 번째 예제는 파마-프렌치 3요인Fama-French 3 factor 시계열을 처리하는 방법이다. 두 번째 예제는 첫 번째에 비해 난이도가 있으므로 잘 이해가 되지 않는 독자는 이 예제를 생략하고 지나쳐도 무방하다. 먼저 프렌치 교수의 데이터 라이브러리 Prof. French's Data Library에서 압축 형식 파일 F-F_Research_Data_Factor_TXT.zip을 다운로드한다. 압축을 푼 후에 처음 몇 줄과 연간 데이터를 삭제하면 월간 파마-프렌치 인자 시계열이 보일 것이다. 처음과 마지막의 몇 줄을 표시하면 다음과 같다.

DATE	MKT_RF	SMB	HML	RF
192607	2.96	-2.30	-2.87	0.22
192608	2.64	-1.40	4.19	0.25
192609	0.36	-1.32	0.01	0.23
201607	3.95	2.90	-0.98	0.02
201608	0.49	0.94	3.18	0.02
201609	0.25	2.00	-1.34	0.02

최종 파일 이름이 ffMonthly.txt이고 c:/temp/에 저장된다고 가정하자. 다음 프로그램은 데이터를 검색하고 가공하는 프로그램이다.

```
import numpy as np
import pandas as pd
file=open("c:/temp/ffMonthly.txt", "r")
data=file.readlines()
f=[]
index=[]
for i in range(1,np.size(data)):
    t=data[i].split()
    index.append(int(t[0]))
    for j in range(1,5):
        k=float(t[j])
        f.append(k/100)
n=len(f)
f1=np.reshape(f, [int(n/4),4])
ff=pd.DataFrame(f1, index=index, columns=['Mkt_Rf', 'SMB', 'HML', 'Rf'])
```

ff로 이름을 붙인 데이터셋으로부터 처음과 마지막 관찰 값 몇 줄을 보려면 .head()
와 .tail() 함수를 쓰면 된다.

```
>>> ff.head()                              >>> ff.tail()
>>>                                        >>>
        Mkt_Rf      SMB      HML                   Mkt_Rf      SMB      HML
Rf                                         Rf
192607    0.0296  -0.0230  -0.0287         201605    0.0178  -0.0027  -0.0179
0.0022                                     0.0001
192608    0.0264  -0.0140   0.0419         201606   -0.0004   0.0061  -0.0149
0.0025                                     0.0002
192609    0.0036  -0.0132   0.0001         201607    0.0395   0.0290  -0.0098
0.0023                                     0.0002
192610   -0.0324   0.0004   0.0051         201608    0.0049   0.0094   0.0318
0.0032                                     0.0002
192611    0.0253  -0.0020  -0.0035         201609    0.0025   0.0200  -0.0134
0.0031                                     0.0002
>> >                                       >> >
```

▌ 데이터 출력

간단한 예는 다음과 같다.

```
>>> f=open("c:/temp/out.txt","w")
>>> x="This is great"
>>> f.write(x)
>>> f.close()
```

다음은 주가 추이 데이터를 다운로드한 다음 출력 파일에 저장하는 프로그램이다.

```
import re
from matplotlib.finance import quotes_historical_yahoo_ochl
ticker='dell'
outfile=open("c:/temp/dell.txt", "w")
begdate=(2013, 1, 1)
enddate=(2016, 11, 9)
```

```
p=quotes_historical_yahoo_ochl
(ticker, begdate, enddate, asobject=True, adjusted=True)
outfile.write(str(p))
outfile.close()
```

파일을 검색하려면 다음과 같이 하면 된다.

```
>>> infile=open("c:/temp/dell.txt","r")
>>> x=infile.read()
```

한 가지 고려할 사항은 저장된 텍스트 파일을 살펴보면 '['나 ']' 같은 불필요한 글자
가 많이 섞여 있다는 점이다. 이런 문제를 해결하기 위해 파이썬 모듈의 sub( ) 함수
를 활용해 볼 수 있다. 간단한 예제는 다음과 같다.

```
>>> import re
>>> re.sub("a","9","abc")
'9bc'
>>>
```

앞 예제는 글자 a를 숫자 9로 바꾸는 것이다. 관심 있는 독자들은 주가를 다운로드
한 앞 예제에서 불필요한 글자를 없애는 다음 두 줄 코드를 실행해보라.

```
p2= re.sub('[\(\)\{\}\.<>a-zA-Z]','', p)
outfile.write(p2)
```

파이썬 데이터는 .pickle 확장자를 가진 형태로 생성하는 것이 나중에 효율적으로
검색할 수 있어서 좋다. 다음은 ffMonthly.pickle을 생성하는 완성된 프로그램이다.
여기서는 주가 데이터를 다운로드한 다음 수익률을 계산하는 방법을 보여준다.

```python
import numpy as np
import pandas as pd
file=open("c:/temp/ffMonthly.txt", "r")
data=file.readlines()
f=[]
index=[]
for i in range(1,np.size(data)):
    t=data[i].split()
    index.append(int(t[0]))
    for j in range(1, 5):
        k=float(t[j])
        f.append(k/100)
    n=len(f)
    f1=np.reshape(f, [n/4, 4])
    ff=pd.DataFrame(f1, index=index, columns=['Mkt_Rf', 'SMB', 'HML', 'Rf'])
    ff.to_pickle("c:/temp/ffMonthly.pickle")
```

▌ 연습문제

1. 파이썬을 다운로드하고 설치하려면 어디에 접속해야 하는가?

2. 파이썬은 대소문자를 구분하는가?

3. pv에 튜플 형태의 값을 입력하는 방법을 설명하라. 입력된 값은 나중에 변경할 수 있는가?

4. 지름이 9.7인 원의 면적을 파이썬을 써서 구해보라.

5. 새로운 변수에 값을 입력하는 방법을 설명해보라.

6. 파이썬 관련 예제들은 어디서 구할 수 있는가?

7. 파이썬의 도움말 함수를 사용하려면 어떻게 해야 하는가?

8. print( ) 같은 특정 함수에 대해 더 많은 정보를 얻으려면 어떻게 해야 하는가?

9. 내장 함수란 무엇인가?

10. pow( )는 내장 함수인가? 사용법은 어떻게 되는가?

11. 내장 함수를 모두 보려면 어떻게 하면 되는가? 내장 함수는 모두 몇 개인가?

12. 3의 제곱근을 구하려면 파이썬의 어떤 함수를 사용해야 하는가?

13. 영구 연금의 현재가치가 124달러이고 연간 현금 흐름이 50달러라고 가정하자. 해당 할인율은 얼마인가? 산출 식은 다음과 같다.

$$PV = \frac{C}{R}$$

14. 13번 문제에서 기간별 할인율은 얼마인가?

15. 영구 연금의 경우 현금 흐름은 동일 기간에 동일 금액으로 영원히 발생한다. 성장형 영구 연금은 다음과 같이 정의된다. "미래의 현금 흐름은 동일한 비율로 영원히 증가한다." 첫 번째 현금 흐름이 최초 기간의 기말에 발생한다면 해당 식은 다음과 같다.

$$PV_{(성장형\ 영구\ 연금)} = \frac{C}{R - g}$$

여기서 *PV*는 현재가치, *C*는 다음 기간의 현금 흐름, *g*는 성장률, *R*은 할인율이다. 첫 번째 현금 흐름이 12.5달러이고 고정 성장률이 2.5%이며 할인율은 8.5%일 때 이 성장형 영구 연금의 현재가치를 구하라.

16. n일 동안의 분산과 관련된 다음 식이 있다.

$$\sigma^2_{ndays} = n\sigma^2_{daily}$$

여기서 σ^2_{ndays}는 n일 분산이고, σ^2_{days}는 일 분산(변동성)이다. 주식의 변동성 (일 분산)이 0.2일 때 10일의 주가 변동성은 어떻게 되는가?

17. 5년 동안 25,000달러를 모으려고 한다. 연 예금 이율이 4.5%라면 오늘 얼마를 예치해야 하는가?

18. 치환 함수 sub( )는 파이썬의 모듈에 들어있다. 그 모듈 내에 몇 개의 함수가 들어있는지 알아보라.

19. 다음 수식을 사용해서 일 혹은 월간 표준 편차를 연간으로 변환하는 파이썬 프로그램을 만들어보라.

$$\sigma_{annual} = \sqrt{252}\sigma_{daily}$$

$$\sigma_{annual} = \sqrt{12}\sigma_{monthly}$$

20. 샤프 지수는 포트폴리오 투자에서 수익과 비용의 트레이드오프$^{trade-off}$를 측정하는 지수다. 다음 식을 써서 샤프 지수를 계산하는 파이썬 프로그램을 작성해보라.

$$\text{샤프 지수} = \frac{\bar{R} - \bar{R}_f}{\sigma}$$

여기서 $\bar{R}$은 포트폴리오 평균 수익률이고 $\bar{R}_f$는 무위험 평균 금리, σ는 포트폴리오의 리스크다. 다시 말하지만 현 시점에서는 샤프 지수의 경제적 의미는 이해하지 못해도 무방하다. 7장에서 더 상세히 다룬다.

▌ 요약

1장에서는 여러 기본 개념과 함께 몇 가지 자주 사용되는 파이썬 함수를 알아봤다. 2장에서는 파이썬의 핵심 요소인 모듈에 대해 알아보고 관련 이슈를 살펴본다. 모듈이란 전문가 혹은 불특정 다수가 특정 주제 해결을 위해 작성한 프로그램의 모음이다. 즉, 모듈은 특정 작업을 수행할 때 사용할 수 있는 일종의 도구상자로 생각하면 된다. 2장에서는 5대 주요 모듈인 NumPy, SciPy, matplotlib, statsmodels, pandas에 대해 집중적으로 알아본다.

02

파이썬 모듈 소개

2장에서는 파이썬의 핵심 요소 중 하나인 모듈과 관련된 주제를 다룬다. 모듈이란 전문가 혹은 불특정 다수의 프로그래머가 특정 과제 해결을 위해 작성한 패키지다. 이 책은 수십 개의 모듈을 사용한다. 파이썬을 이해하고 금융 분야에 응용하려면 모듈에 대한 지식이 절대적으로 필요하다. 2장에서 다루는 주제는 다음과 같다.

- 파이썬 모듈 소개
- NumPy 소개
- SciPy 소개
- matplotlib 소개
- statsmodels 소개
- pandas 소개

- 금융에 관련된 파이썬 모듈
- pandas_reader 모듈 소개
- 파이썬으로 만든 2개의 금융계산기
- 파이썬 모듈 설치 방법
- 모듈 종속성

▋ 파이썬 모듈이란?

모듈이란 전문가는 물론 일반 사용자 심지어 일정 분야에 뛰어난 파이썬 초보자까지도 포함해 특정 문제 해결을 위해 제작한 패키지나 일련의 프로그램들이다.

예를 들어 quant라는 파이썬 모듈은 정량 금융 분석을 위해 만들어진 모듈로서 SciPy와 DomainModel 모듈을 합친 것이다. quant에 포함된 도메인 모델$^{domain\ model}$은 환율, 주식 종목명, 거래 시장, 주가 추이 등을 지원한다. 모듈은 파이썬에 있어 매우 중요하다. 이 책은 수십 개의 모듈을 직간접적으로 다룬다. 특히 5개의 모듈, 즉 NumPy, SciPy, matplotlib, statsmodels, pandas는 아주 상세히 알아본다.

 파이썬 패키지 인덱스(Python Package Index)에 따르면 2016년 11월 16일 현재 모두 92,872개의 파이썬 모듈(패키지)이 등록돼 있다.
그중 금융과 보험 분야에 관련된 모듈은 384개다.

sqrt( ) 함수를 사용해 3의 제곱근을 구해보자. 다음처럼 입력하면 오류 메시지가 나타난다.

```
>>> sqrt(3)
SyntaxError: invalid syntax
```

```
>>>
```

오류가 발생한 이유는 sqrt( )가 내장 함수가 아니기 때문이다. 내장 함수는 파이썬
실행 시 같이 실행되는 기본 함수의 집합으로 생각하면 된다. sqrt( ) 함수를 사용하
려면 math 모듈을 먼저 임포트해야 한다. 다음 코드를 살펴보자.

```
>>> import math
>>> x=math.sqrt(3)
>>> round(x,4)
1.7321
```

sqrt( ) 함수를 사용하려면 import math 명령을 통해 math 모듈을 임포트하거나 업
로드하고 나서 math를 반드시 함수 이름 앞에 붙여 math.sqrt( )와 같은 식으로
사용해야 한다. 앞 예제에서 소수점 이하 자리를 지정하기 위해 round( ) 함수를
사용했다. 한편 dir( ) 명령을 사용하면 다음 출력의 제일 마지막에 표시된 것처럼
math 모듈이 잘 업로드됐는지 확인할 수 있다.

```
>>> dir( )
['__builtins__', '__doc__', '__name__', '__package__', 'math']
```

어떤 모듈이 이미 설치돼 있다면 import x_module 명령을 통해 해당 모듈을 바로
업로드할 수 있다. 앞 예제의 math 모듈은 이미 설치돼 있는 모듈 중 하나다. 2장의
후반부에 모든 내장 함수를 검색하는 방법을 배운다. 앞 예제의 dir() 출력 결과
중 __builtins__라는 것이 보일 것이다. builtins 앞뒤로 2개의 밑줄 표시가 있음
에 유의하라. 이 __builtins__ 모듈은 math 계열의 다른 모듈과는 구별된다.
__builtins__는 모든 내장 함수 및 객체를 의미한다. 모든 내장 함수를 보려면
dir(__builtins__) 명령을 실행하면 된다.

```
>>> dir(__builtins__)
['ArithmeticError', 'Assertion Error', 'Attribute Error','Base Exception',
'BlockingIOError', 'BrokenPipeError', 'BufferError','BytesWarning',
'ChildProcessError', 'ConnectionAbortedError',
'ConnectionError', 'ConnectionRefusedError', 'ConnectionResetError',
'DeprecationWarning', 'EOFError', 'Ellipsis', 'EnvironmentError',
'Exception', 'False', 'FileExistsError', 'FileNotFoundError',
'FloatingPointError', 'FutureWarning', 'GeneratorExit',
'IOError', 'ImportError', 'ImportWarning', 'IndentationError',
'IndexError', 'InterruptedError', 'IsADirectoryError', 'KeyError',
'KeyboardInterrupt', 'LookupError', 'MemoryError', 'NameError',
'None', 'NotADirectoryError', 'NotImplemented', 'NotImplementedError',
'OSError', 'OverflowError', 'PendingDeprecationWarning',
'PermissionError', 'ProcessLookupError', 'RecursionError',
'ReferenceError', 'ResourceWarning', 'RuntimeError', 'RuntimeWarning',
'StopAsyncIteration', 'StopIteration', 'SyntaxError', 'SyntaxWarning',
'SystemError', 'SystemExit', 'TabError', 'TimeoutError',
'True', 'TypeError', 'UnboundLocalError', 'UnicodeDecodeError',
'UnicodeEncodeError', 'UnicodeError', 'UnicodeTranslateError',
'UnicodeWarning', 'UserWarning', 'ValueError', 'Warning',
'WindowsError', 'ZeroDivisionError', '_', '__build_class__', '__
debug__', '__doc__', '__import__', '__loader__', '__name__', '__
package__', '__spec__', 'abs', 'all', 'any', 'ascii', 'bin', 'bool',
'bytearray', 'bytes', 'callable', 'chr', 'classmethod', 'compile',
'complex', 'copyright', 'credits', 'debugfile', 'delattr', 'dict',
'dir', 'divmod', 'enumerate', 'eval', 'evalsc', 'exec', 'exit',
'filter', 'float', 'format', 'frozenset', 'getattr', 'globals',
'hasattr', 'hash', 'help', 'hex', 'id', 'input', 'int', 'isinstance',
'issubclass', 'iter', 'len', 'license', 'list', 'locals', 'map',
'max', 'memoryview', 'min', 'next', 'object', 'oct', 'open', 'open_in_
spyder', 'ord', 'pow', 'print', 'property', 'quit', 'range', 'repr',
'reversed', 'round', 'runfile', 'set', 'setattr', 'slice', 'sorted',
'staticmethod', 'str', 'sum', 'super', 'tuple', 'type', 'vars', 'zip']
```

예제의 출력 중 pow( )라는 함수가 눈에 띈다. help(pow) 명령을 통해 pow( )가 어떤 일을 수행하는 함수인지 더 자세히 살펴보자. 다음처럼 도움말을 찾아보면 된다.

```
>>> help(pow)
Help on built-in function pow in module builtins:
pow(x, y, z=None, /)
Equivalent to x**y (with two arguments) or x**y % z
with three arguments)
Some types, such as ints, are able to use a more
efficient algorithm when invoked using the three argument form.
>>>
```

편의상 임포트된 모듈에 짧은 새 이름을 할당하는 게 좋을 때가 많다. 다음 예처럼 import x_module as short_name 명령을 써서 특정 모듈에 짧은 새 이름을 부여하면 프로그래밍 시 타이핑하는 노력을 줄일 수 있다.

```
>>> import sys as s
>>> import time as tt
>>> import numpy as np
>>> import matplotlib as mp
```

모듈에 짧은 이름을 새로 부여하면 함수 호출 시 새로 부여한 짧은 이름을 사용할 수 있다. 다음 코드를 살펴보자.

```
>>> import time as tt
>>> tt.localtime( )
time.struct_time(tm_year=2016, tm_mon=11, tm_mday=21, tm_hour=10, tm_
min=58, tm_sec=33, tm_wday=0, tm_yday=326, tm_isdst=0)
>>>
```

임포트하는 모듈의 새 이름은 무엇이든 정할 수 있지만 나름대로 규칙을 따르는 게 좋다. 예컨대 NumPy는 np로, SciPy는 sp라는 식으로 말이다. 이렇게 해두면 다른 사람이 프로그램을 살펴볼 때 좀 더 쉽게 코드를 이해할 수 있을 것이다. 임포트된 모듈 내의 모든 함수를 검색하려면 dir(module) 명령을 실행하면 된다. 다음 코드를 살펴보자.

```
>>> import math
>>> dir(math)
['__doc__', '__loader__', '__name__', '__package__', 'acos', 'acosh',
'asin', 'asinh', 'atan', 'atan2', 'atanh', 'ceil', 'copysign', 'cos',
'cosh', 'degrees', 'e', 'erf', 'erfc', 'exp', 'expm1', 'fabs',
'factorial', 'floor', 'fmod', 'frexp', 'fsum', 'gamma', 'hypot',
'isfinite', 'isinf', 'isnan', 'ldexp', 'lgamma', 'log', 'log10',
'log1p', 'log2', 'modf', 'pi', 'pow', 'radians', 'sin', 'sinh',
'sqrt', 'tan', 'tanh', 'trunc']
>>>
```

1장에서 import math와 from math import *에 대해 비교했던 것을 떠올려보자. 프로그램 코드를 더 간단히 하려면 from math import *를 사용하면 된다. 이 방법은 특히 이제 막 파이썬을 배우기 시작한 초보자들에게는 더욱 유용하다. 다음 코드를 살펴보자.

```
>>> from math import *
>>> sqrt(3)
1.7320508075688772
```

이제 math 모듈 내의 모든 함수를 바로 호출할 수 있다. 반면 import math를 사용하면 호출 시마다 sqrt() 대신 math.sqrt()처럼 함수 앞에 모듈 이름을 반드시 붙여야 한다. 그러나 어느 정도 파이썬이 익숙해졌다면 from module import *를 사용하는 대신 import module 형식을 사용하는 것을 권한다. 그 이유는 다음과 같은 2가지다.

- 첫째 사용자는 함수가 속한 모듈이 무엇인지 정확히 알 수 있다.
- 둘째 함수를 직접 만들다보면 만들려는 함수의 이름과 다른 모듈에 포함된 함수의 이름이 서로 겹칠 가능성이 있다. 다음 예처럼 함수 앞에 붙어있는 모듈 이름이 직접 만든 함수와 구분해준다.

```
>>> import math
>>> math.sqrt(3)
    1.7320508075688772
```

del( ) 함수는 임포트된 모듈이 더 이상 쓸모없어지면 삭제하는 함수다. 다음 예를 살펴보자.

```
>>> import math
>>> dir( )
['__builtins__', '__doc__', '__loader__', '__name__', '__package__',
'math']
>>> del math
>>> dir( )
['__builtins__', '__doc__', '__loader__', '__name__', '__package__']
```

반면 from math import *를 사용했을 경우에는 del math 명령을 실행한다고 해서 math 내의 모든 함수가 지워지는 것이 아니라 각 함수를 개별적으로 지워야 한다. 다음의 두 명령을 보면 이해가 될 것이다.

```
>>> from math import *
>>> del math
Traceback (most recent call last):
File "<pyshell#23>", line 1, in <module>
del math NameError: name 'math' is not defined
```

편의상 필요로 하는 함수 몇 개만 임포트할 수도 있다. 유럽식 콜옵션가를 계산하려면 log( ), exp( ), sqrt( ), cdf( )의 4개 함수가 필요하다. cdf( )는 누적 표준 정규 분포 함수다. 이 4개 함수를 사용하려면 다음처럼 이름을 모두 나열해주면 된다.

```
From scipy import log, exp, sqrt, stats
```

블랙-스콜스-머톤[Black-Scholes-Merton] 콜옵션가를 계산하는 전체 코드는 다음과 같다.

```
def bsCall(S,X,T,r,sigma):
    from scipy import log,exp,sqrt,stats
    d1=(log(S/X)+(r+sigma*sigma/2.)*T)/(sigma*sqrt(T))
    d2 = d1-sigma*sqrt(T)
    return S*stats.norm.cdf(d1)-X*exp(-r*T)*stats.norm.cdf(d2)
```

bsCall 함수를 호출하는 예는 다음과 같다.

```
>>> bsCall(40,40,0.1,0.05,0.2)
1.1094616585675574
```

가용한 모든 모듈을 보려면 도움말 창이 먼저 활성화돼 있어야 한다. 그 후에 모듈 이름을 입력하면 된다. 출력 결과는 다음과 같다.

```
>>> help( )
Welcome to Python 3.5's help utility!
If this is your fi rst time using Python, you should definitely check out the
tutorial on the internet at http://docs.python.org/3.5/tutorial/.

Enter the name of any module, keyword, or topic to get help on writing Python
programs and using Python modules. To quit this help utility and return to the
interpreter, just type quit.
```

To get a list of available modules, keywords, symbols, or topics, type modules, keywords, symbols, or topics. Each module also comes with a one-line summary of what it does; to list the modules whose name or summary contain a given string such as spam, type modules spam:

help>

이제 다음 그림처럼 파이썬 help> 프롬프트에 modules라고 입력하면 된다(지면 절약을 위해 첫 부분만 표시했다).

```
help> modules

Please wait a moment while I gather a list of all available modules...

__future__          aifc              html              setuptools
_ast                antigravity       http              shelve
_bisect             argparse          idlelib           shlex
_bootlocale         array             imaplib           shutil
_bz2                ast               imghdr            signal
_codecs             asynchat          imp               site
_codecs_cn          asyncio           importlib         smtpd
_codecs_hk          asyncore          inspect           smtplib
_codecs_iso2022     atexit            io                sndhdr
_codecs_jp          audioop           ipaddress         socket
_codecs_kr          base64            itertools         socketserver
_codecs_tw          bdb               json              sqlite3
_collections        binascii          keyword           sre_compile
_collections_abc    binhex            lib2to3           sre_constants
_compat_pickle      bisect            linecache         sre_parse
_compression        builtins          locale            ssl
_csv                bz2               logging           stat
_ctypes             cProfile          lzma              statistics
_ctypes_test        calendar          macpath           string
_datetime           cgi               macurl2path       stringprep
_decimal            cgitb             mailbox           struct
_dummy_thread       chunk             mailcap           subprocess
_elementtree        cmath             marshal           sunau
_functools          cmd               math              symbol
```

특정 모듈에 대해 찾아보려면 modules 뒤에 찾고자 하는 모듈 이름을 입력하면 된다. cmd라는 모듈을 검색하려면 다음 예제처럼 도움말 창에서 modules cmd라고 입력하면 된다. 다음 화면을 살펴보자.

```
help> modules cmd

Here is a list of modules whose name or summary contains 'cmd'.
If there are any, enter a module name to get more help.

cmd - A generic class to build line-oriented command interpreters.
distutils.cmd - distutils.cmd
pip._vendor.cachecontrol._cmd
pip.cmdoptions - shared options and groups

help>
```

모듈에 대한 더 많은 정보는 All Programs ❯ Python 3.5 ❯ Python 3.5 Module Docs 메뉴를 실행하면 된다.

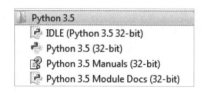

Python 3.5 Module Docs (32-bit)를 클릭하면 더 많은 정보를 얻게 될 것이다.

▌ NumPy 소개

다음 예제는 NumPy에 있는 함수 np.size( )를 사용해서 배열에 들어 있는 아이템의 개수를 알아낸다. 또한 표준 편차를 계산하기 위해 np.std( ) 함수를 사용했다.

```
>>> import numpy as np
>>> x= np.array([[1,2,3],[3,4,6]])       # 2 x 3 행렬
>>> np.size(x)                            # 데이터의 개수
6
>>> np.size(x,1)                          # 열의 개수 출력
3
>>> np.std(x)
```

```
1.5723301886761005
>>> np.std(x,1)
array([ 0.81649658, 1.24721913])
>>> total=x.sum( )                       # 형식에 주의
>>> z=np.random.rand(50)                 # 0부터 1사이의 50개 난수 발생
>>> y=np.random.normal(size=100)         # 정규 분포로부터
>>> r=np.array(range(0,100),float)/100  # 0부터 0.99까지 .01씩 증가
```

파이썬의 리스트와 비교하면 NumPy의 배열은 기억 장치의 연속된 공간에 저장돼 선형 대수 소프트웨어 라이브러리인 LAPACK에 바로 전달되므로 파이썬의 행렬 연산은 매우 빠르다. NumPy의 배열은 매트랩^MATLAB의 행렬과 유사하다. 한 가지 주의할 점은, 파이썬 리스트는 서로 다른 데이터 형식을 동시에 담을 수 있지만 배열의 원소는 모두 동일한 데이터 형식이어야 한다는 점이다. 다음 코드를 살펴보자.

```
>>> np.array([100,0.1,2],float)
```

실수 데이터 형식은 float64이고 수치의 디폴트 값도 float64로 설정돼 있다.

앞 예제에서 np.array( ) 함수를 써서 동일한 데이터 형식(예제에서는 정수)으로 구성된 리스트를 배열로 변환하는 것을 살펴봤다. 데이터 형식을 변환하려면 다음 코드처럼 두 번째 매개변수 값 dtype을 적절히 지정해주면 된다.

```
>>> x=[1,2,3,20]
>>> y=np.array(x1,dtype=float)
>>> y
array([ 1., 2., 3., 20.])
```

dtype은 데이터 형식을 지정하는 키워드다. 리스트의 경우에는 서로 다른 데이터 형식이 아무 문제없이 공존할 수 있다. 그러나 서로 다른 데이터 형식을 가진 값들

로 이뤄진 리스트를 그대로 배열로 변환하려고 시도하면 다음과 같은 오류 메시지가 나타난다.

```
>>> x2=[1,2,3,"good"]
>>> x2
[1, 2, 3, 'good']
>>> y3=np.array(x2,float)
Traceback (most recent call last):
File "<pyshell#25>", line 1, in <module>
ValueError: could not convert string to float: 'good'
>>>
```

Numpy에 포함된 모든 함수를 보려면 Numpy 모듈을 임포트한 후 dir(np)를 실행하면 된다.

다음은 결과의 처음 몇 줄이다.

```
>>> import numpy as np
>>> dir(np)
['ALLOW_THREADS', 'BUFSIZE', 'CLIP', 'ComplexWarning', 'DataSource',
'ERR_CALL', 'ERR_DEFAULT', 'ERR_IGNORE', 'ERR_LOG', 'ERR_PRINT',
'ERR_RAISE', 'ERR_WARN', 'FLOATING_POINT_SUPPORT', 'FPE_DIVIDEBYZERO',
'FPE_INVALID', 'FPE_OVERFLOW', 'FPE_UNDERFLOW', 'False_', 'Inf',
'Infinity', 'MAXDIMS', 'MAY_SHARE_BOUNDS', 'MAY_SHARE_EXACT',
'MachAr', 'ModuleDeprecationWarning', 'NAN', 'NINF', 'NZERO', 'NaN',
'PINF', 'PZERO', 'PackageLoader', 'RAISE', 'RankWarning', 'SHIFT_
DIVIDEBYZERO', 'SHIFT_INVALID', 'SHIFT_OVERFLOW', 'SHIFT_UNDERFLOW',
'ScalarType', 'Tester', 'TooHardError', 'True_', 'UFUNC_BUFSIZE_
DEFAULT', 'UFUNC_PYVALS_NAME', 'VisibleDeprecationWarning', 'WRAP', '_
NoValue', '__NUMPY_SETUP__', '__all__', '__builtins__', '__cached__',
'__config__', '__doc__', '__file__', '__git_revision__', '__loader__',
'__mkl_version__', '__name__', '__package__', '__path__', '__spec__',
'__version__', '_import_tools', '_mat', 'abs', 'absolute', 'absolute_
```

```
import', 'add', 'add_docstring', 'add_newdoc', 'add_newdoc_ufunc',
'add_newdocs', 'alen', 'all', 'allclose', 'alltrue', 'alterdot',
'amax', 'amin', 'angle', 'any', 'append', 'apply_along_axis', 'apply_
over_axes', 'arange', 'arccos', 'arccosh', 'arcsin', 'arcsinh',
'arctan', 'arctan2', 'arctanh', 'argmax', 'argmin', 'argpartition',
'argsort', 'argwhere', 'around', 'array', 'array2string', 'array_
equal', 'array_equiv', 'array_repr', 'array_split', 'array_str',
'asanyarray',
```

사실 다음 코드처럼 모든 함수의 이름을 그 값으로 갖는 배열을 생성하면 좀 더 유연하게 함수 이름을 검색할 수 있다.

```
>>> x=np.array(dir(np))
>>> len(x)
598
```

200번 함수부터 250번 함수까지 보려면 x[200:250]을 입력하면 된다. 다음 코드를 살펴보자.

```
>>> x[200:250]
array(['disp', 'divide', 'division', 'dot', 'double', 'dsplit', 'dstack',
    'dtype', 'e', 'ediff1d', 'einsum', 'emath', 'empty', 'empty_like',
    'equal', 'errstate', 'euler_gamma', 'exp', 'exp2', 'expand_dims',
    'expm1', 'extract', 'eye', 'fabs', 'fastCopyAndTranspose','fft',
    'fill_diagonal', 'find_common_type', 'finfo', 'fix', 'flatiter',
    'flatnonzero', 'flexible', 'fliplr', 'flipud', 'float','float16',
    'float32', 'float64', 'float_', 'floating', 'floor', 'floor_divide',
    'fmax', 'fmin', 'fmod', 'format_parser', 'frexp', 'frombuffer','fromfile'],
    dtype='<U25')
>>>
```

특정 함수에 대해 더 많은 정보를 얻는 방법은 간단하다. 예를 들어 np에 있던 여러 함수 중 std() 함수를 더 알아보려면 help(np.std)를 실행하면 된다. 출력 결과 중 처음 몇 줄만 간단히 소개하면 다음과 같다.

```
>>> import numpy as np
>> help(np.std)
Help on function std in module numpy.core.fromnumeric:

std(a, axis=None, dtype=None, out=None, ddof=0, keepdims=False)
    Compute the standard deviation along the specified axis.
    The function returns the standard deviation, a measure of the spread of a
    distribution, of the array elements. The standard deviation is computed for
    the flattened array by default, otherwise over the specified axis:

    Parameters
    ----------
    a : array_like
        Calculate the standard deviation of these values.
    axis : None or int or tuple of ints, optional
        Axis or axes along which the standard deviation is computed. The
        default is to compute the standard deviation of the flattened array.

        .. versionadded: 1.7.0
```

▌ SciPy 소개

지금부터 소개하는 몇 가지 예제는 SciPy 모듈에 포함된 함수를 사용한다. sp.npv() 함수는 주어진 현금 흐름들의 현재가치를 계산해주는데, 첫 번째 현금 흐름이 시각 0에 발생한다고 가정한다. 매개변수의 첫 번째 입력 값은 할인율이고, 두 번째 입력 값은 전체 현금 흐름을 갖고 있는 배열이다.

다음 예제를 살펴보자. sp.npv( ) 함수는 엑셀의 npv( ) 함수와는 다르다는 점에 주의하라. 이 점은 3장에서 다시 설명한다.

```
>>> import scipy as sp
>>> cashflows=[-100,50,40,20,10,50]
>>> x=sp.npv(0.1,cashflows)
>>> round(x,2)
>>> 31.41
```

이제 sp.pmt( ) 함수를 사용해 다음 문제를 풀어보자.

금리가 월 복리 연이율[APR, Annual Percentage Rate] 4.5%일 때 30년 만기 모기지 대출 25만 달러를 모두 갚으려면 매달 얼마씩 갚아 나가야 하는가? 다음 코드를 써서 답을 구해보자.

```
>>> payment=sp.pmt(0.045/12,30*12,250000)
>>> round(payment,2)
-1266.71
```

계산 결과 매달 갚아야 하는 돈은 1,266.71달러다 결과가 음수로 나온 것에 대해 다소 의아할 수 있다. 사실 sp.pmt( ) 함수는 엑셀의 동일한 함수를 따라 한 것이다. 다음 스크린샷을 살펴보자.

입력 값 3개는 각 기간별 실이율, 총 기간 수, 현재가치다. 한편 숫자가 괄호 안에 있으면 음수를 의미한다.

당분간 이 음수 기호는 무시하자. 3장에서 소위 엑셀 부호 규칙에 대해 좀 더 자세히 설명한다.

유사하게 sp.pv( ) 함수는 엑셀의 PV( ) 함수를 복제한 것이다. sp.pv( ) 함수의 경우 입력 형식은 sp.pv(rate, nper, pmt, fv=0.0, when='end')다. 여기서 rate는 할인율, nper는 총 기간 수, pmt는 기간별 지급액, fv는 디폴트 값이 0인 미래가치를 의미한다. 마지막 입력 변수는 각 현금 흐름이 기초인지 기말인지를 지정한다. 디폴트 값은 기말로 설정돼 있다. 다음 코드를 통해 함수의 사용법을 잠깐 살펴보자.

```
>>> pv1=sp.pv(0.1,5,0,100) # 단일 미래 현금 흐름에 대한 pv
>>> round(pv1,2)
-62.09
>>> pv2=sp.pv(0.1,5,100)  # 연금의 pv
>>> round(pv2,2)
-379.08
```

sp.fv( )는 sp.pv( )와 비슷한 설정을 갖고 있다. 금융에서는 산술 평균$^{arithmetic\ mean}$과 기하 평균$^{geometric\ mean}$을 모두 사용하는데, 두 평균에 대한 정의는 다음과 같다.

n개의 숫자 x, 즉, x_1, x_2, x_3, x_n에 대해

$$\text{산술 평균} = \frac{\sum_{i=1}^{n} x_i}{n} \quad \dots\dots\dots\dots\dots\dots\dots\dots\dots\dots (1)$$

$$\text{기하 평균} = \left[\prod_{i=1}^{n} x_i) \right]^{1/n} \quad \dots\dots\dots\dots\dots\dots\dots\dots (2)$$

여기서 $\sum_{i=1}^{n} x_i = x_1 + x_2 + \cdots + x_n$이고 $\prod_{i=1}^{n} x_i = (x_1 * x_2 * \cdots * x_n)$이다. 3개의 숫자 a, b, c가 있다. 이 3개의 수에 대한 산술 평균은 $(a+b+c)/3$이지만, 기하 평균은 $(a*b*c)^{1/3}$이다. 3개의 숫자 2, 3, 4에 대해 다음처럼 2개의 평균을 구해보자.

```
>>> (2+3+4)/3.
>>> 3.0
>>> geo_mean=(2*3*4)**(1./3)
>>> round(geo_mean,4)
2.8845
```

n개의 수익률이 주어졌을 때 이들의 산술 평균을 구하는 식은 동일하지만, 기하 평균을 산출하는 식은 조금 다르다. 다음 식을 살펴보자.

$$산술\ 평균\ = \frac{\sum_{i=1}^{n} R_i}{n} \quad \dots\dots\dots\dots\dots\dots (3)$$

$$기하\ 평균\ = \left[\prod_{i=1}^{n}(1 + R_i) \right]^{\frac{1}{n}} - 1 \quad \dots\dots\dots\dots\dots\dots\dots (4)$$

기하 평균을 구하기 위해서는 sp.prod( ) 함수를 활용하면 된다. sp.prod( ) 함수는 모든 값의 곱을 계산한다. 다음 코드를 살펴보자.

```
>>> import scipy as sp
>>> ret=sp.array([0.1,0.05,-0.02])
>>> sp.mean(ret)                        # 산술 평균
0.04333
>>> pow(sp.prod(ret+1),1./len(ret))-1   # 기하 평균
0.04216
```

사실 단 2줄만으로 주어진 수익률들의 기하 평균을 구하는 함수를 파이썬으로 만들 수 있다. 다음 코드를 살펴보자.

```
def geoMeanReturn(ret):
    return pow(sp.prod(ret+1),1./len(ret))-1
```

앞에 정의된 함수를 호출하는 것은 간단하다. 다음 코드를 참고하라.

```
>>> import scipy as sp
>>> ret=sp.array([0.1,0.05,-0.02])
>>> geoMeanReturn(ret)
0.042163887067679262
```

다른 2개의 유용한 함수로는 sp.unique( )와 sp.median( )이 있다. 다음 코드를 살펴보자.

```
>>> sp.unique([2,3,4,6,6,4,4])
Array([2,3,4,6])
>>> sp.median([1,2,3,4,5])
3.0
```

파이썬에 있는 sp.pv( ), sp.fv( ), sp.pmt( ) 함수는 각각 엑셀에 있는 pv( ), fv( ), pmt( ) 함수와 동일하다. 그리고 엑셀의 부호 표기와 마찬가지로 현재가치의 부호는 항상 미래가치의 부호와 반대다.

다음 예제처럼 양수의 미래가치가 입력되면 음수의 부호를 가진 현재가치가 결과로 출력될 것이다.

```
>>> import scipy as sp
>>> round(sp.pv(0.1,5,0,100),2)
-62.09
>>> round(sp.pv(0.1,5,0,-100),2)
62.09
```

SciPy 모듈에 포함돼 있는 모든 함수를 검색할 수 있는 몇 가지 방법이 있다.

우선 관련된 매뉴얼을 찾아보면 된다. 다른 방법으로는 다음 코드처럼 dir 함수를 활용하면 된다.

```
>>> import numpy as np
>>> dir(np)
```

지면을 아끼기 위해 실제 출력의 처음 몇 줄만 표시하면 다음과 같다.

```
>>> import scipy as sp
>>> dir(sp)
['ALLOW_THREADS', 'BUFSIZE', 'CLIP', 'ComplexWarning', 'DataSource',
'ERR_CALL', 'ERR_DEFAULT', 'ERR_IGNORE', 'ERR_LOG', 'ERR_PRINT',
'ERR_RAISE', 'ERR_WARN', 'FLOATING_POINT_SUPPORT', 'FPE_DIVIDEBYZERO',
'FPE_INVALID', 'FPE_OVERFLOW', 'FPE_UNDERFLOW', 'False_', 'Inf',
'Infinity', 'MAXDIMS', 'MAY_SHARE_BOUNDS', 'MAY_SHARE_EXACT',
'MachAr', 'ModuleDeprecationWarning', 'NAN', 'NINF', 'NZERO', 'NaN',
'PINF', 'PZERO', 'PackageLoader', 'RAISE', 'RankWarning', 'SHIFT_
DIVIDEBYZERO', 'SHIFT_INVALID', 'SHIFT_OVERFLOW', 'SHIFT_UNDERFLOW',
'ScalarType', 'Tester', 'TooHardError', 'True_', 'UFUNC_BUFSIZE_
DEFAULT', 'UFUNC_PYVALS_NAME', 'VisibleDeprecationWarning', 'WRAP',
'__SCIPY_SETUP__', '__all__', '__builtins__', '__cached__', '__
config__', '__doc__', '__file__', '__loader__', '__name__', '__numpy_
version__', '__package__', '__path__', '__spec__', '__version__',
'_lib', 'absolute', 'absolute_import', 'add', 'add_docstring', 'add_
newdoc', 'add_newdoc_ufunc', 'add_newdocs', 'alen', 'all', 'allclose',
'alltrue', 'alterdot', 'amax', 'amin', 'angle', 'any', 'append',
'apply_along_axis', 'apply_over_axes', 'arange', 'arccos', 'arccosh',
'arcsin', 'arcsinh', 'arctan', 'arctan2', 'arctanh', 'argmax',
'argmin', 'argpartition', 'argsort', 'argwhere', 'around', 'array',
'array2string', 'array_equal', 'array_equiv', 'array_repr', 'array_
split', 'array_str', 'asanyarray', 'asarray', 'asarray_chkfinite',
'ascontiguousarray', 'asfarray', 'asfortranarray', 'asmatrix',
'asscalar', 'atleast_1d', 'atleast_2d', 'atleast_3d', 'average',
'bartlett',
```

비슷한 방법으로 모든 함수 이름을 배열(벡터)에 저장할 수도 있다. 다음 코드를
살펴보자.

```
>>> import scipy as sp
>>> x=dir(sp)
>>> len(x)
588
>>>
```

▌ matplotlib 소개

그래프 등 여러 시각적 표현 방법은 복잡한 금융 개념, 투자 전략, 공식 등의 설명을
위해 갈수록 중요해지고 있다.

이 절에서는 다양한 그래프를 그릴 때 사용되는 matplotlib 모듈에 대해 알아본다.
10장에서 그 유명한 블랙-스콜스-머톤 옵션 모델과 여러 거래 전략들에 대해 설명
할 때 matplotlib 모듈을 집중적으로 사용한다. 이 모듈은 출판물 수준의 그림과
그래프를 생성할 수 있게 설계돼 있다. matplotlib 모듈은 이전 절에서 배운
NumPy와 SciPy 모듈에 종속돼 있다. 출력된 그래프의 저장은 PDF, Postscript,
SVG, PNG 등 다양한 포맷을 모두 지원한다.

matplotlib 설치

아나콘다 슈퍼 패키지를 이용해 파이썬을 설치했다면 matplotlib는 이미 설치돼
있다. 테스트를 위해 스파이더를 실행한 뒤 다음 명령을 입력해보자. 오류 메시지가
없다면 모듈이 성공적으로 임포트/업로드됐다는 뜻이다. 이런 편리성이 아나콘다
같은 슈퍼 패키지를 사용할 때 또 하나의 장점이다.

```
>>> import matplotlib
```

matplotlib 모듈이나 다른 모듈을 별도로 설치하려면 '모듈 종속성: 모듈 설치 방법'
절을 참고하라.

matplotlib을 활용한 그래픽 출력

matplotlib 모듈의 사용법을 익히는 가장 좋은 방법은 예제를 통해 배우는 것이다.
다음 코드는 파이썬 코드를 단 3줄만 사용해서 그래프를 그리는 아주 간단한 예제
다. 코드는 몇 개의 점을 직선으로 서로 연결한다. matplotlib 모듈은 디폴트로
x축이 0부터 시작해서 배열을 따라가며 하나씩 증가하는 것으로 설정돼 있다.

다음 화면에 코드와 결과 그래프가 있다.

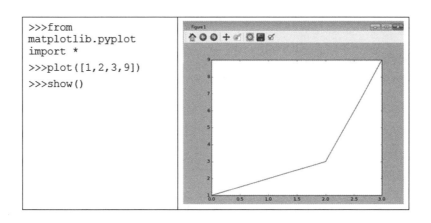

마지막 명령 show( )를 입력한 후 Enter 키를 누르면 그림 오른쪽의 그래프가 나타난
다. 그래프 상단에는 일련의 아이콘(기능 버튼)들이 나타난다. 이 아이콘들을 클릭하
면 이미지를 수정하거나 저장할 수 있다. 앞의 이미지 창을 닫으면 파이썬 명령
창으로 돌아간다. 명령 창으로 돌아간 후 show( ) 명령을 다시 실행해도 아무런 일도
일어나지 않을 것이다. 그래프를 한 번 더 그리려면 plot([1,2,3,9])와 show( )를
모두 다시 입력해야 한다. 다음 예제처럼 하면 x축과 y축에 원하는 레이블을 붙일
수 있다.

해당 그래프는 다음 스크린샷의 우측에 있다.

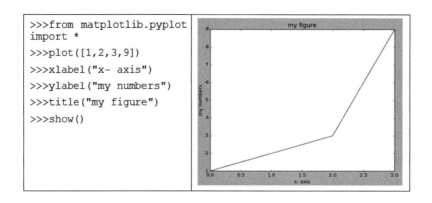

```
>>>from matplotlib.pyplot
import *
>>>plot([1,2,3,9])
>>>xlabel("x- axis")
>>>ylabel("my numbers")
>>>title("my figure")
>>>show()
```

이제 2개의 코사인 함수를 그리는 예제를 살펴보자.

```
>>>from pylab import *
>>>x=np.linspace(-np.pi,np.pi,256,endpoint=True)
>>>C,S = np.cos(x), np.sin(x)
>>>plot(x,C),plot(x,S)
>>>show()
```

linspace( ) 함수에는 4개의 입력 변수 start, stop, num, endpoint가 있다. 앞 예제의 경우 -3.1415916(start)에서 시작해서 256(num) 단계의 중간 값을 거친 후 3.1415926(stop)에서 멈춘다. 그리고 마지막 점까지 포함(endpoint=True)해서 그래프를 그린다. 한편 num의 디폴트 값은 50이다. 그다음 예제는 산포도다. np.random.normal( ) 함수를 사용해 난수를 발생시킨다. n을 1024로 설정해 X와 Y에 각각 1024개의 난수를 대입해서 (X,Y) 쌍을 만든다. 그 후 핵심 함수인 scatter(X,Y)를 이용해 각 점의 산포도를 그린다.

```
>>>from pylab import scatter
>>>n = 1024
>>>X = np.random.normal(0,1,n)
>>>Y = np.random.normal(0,1,n)
>>>scatter(X,Y)
>>>show()
```

다음은 주가의 움직임을 보여주는 좀 더 복잡한 그래프의 예다. 코드를 먼저 살펴보자.

```
from pandas_datareader import data
import pandas as pd
import matplotlib.pyplot as plt
#
# 입력 부분------------------- #
ticker =['MSFT']
begdate = '2016-11-10'
enddate = '2016-12-31'
# 입력 부분 끝--------- #
data_source = 'google'
mydata = data.DataReader(ticker, data_source, begdate, enddate)
price = mydata.ix['Close']
all_weekdays = pd.date_range(start=begdate, end=enddate, freq='B')
price = price.reindex(all_weekdays)
price = price.fillna(method='ffill')
stock = price.ix[:, ticker]

moving_average =stock.rolling(window=10).mean()
fig = plt.figure()
ax = fig.add_subplot(1,1,1)
```

```
ax.plot(stock.index, stock, label=ticker)
ax.plot(moving_average.index, moving_average, label='10-day moving average')
ax.set_xlabel('Date')
ax.set_ylabel('Closing price')
ax.legend()
fig.autofmt_xdate()
plt.show()
```

해당 그래프는 다음과 같다.

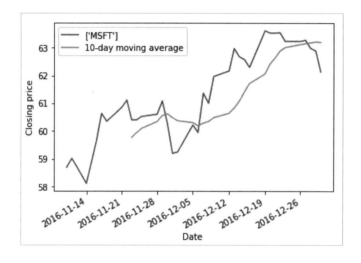

▌ Statsmodels 소개

Statsmodels는 통계 분석에 쓰이는 매우 강력한 파이썬 패키지다. 다시 말하지만 아나콘다를 통해 파이썬을 설치했다면 이 모듈은 이미 설치돼 있다. 통계학에서 최소자승OLS, Ordinary Least Square 회귀 분석은 선형 회귀 모델에서 미지의 매개변수를 추정하는 방법이다. OLS 기법은 관찰 값과 선형 예측 값 사이의 수직 거리를 제곱한 뒤 그 전체의 합을 최소로 만드는 선형 예측 값을 구하는 것이다. OLS 기법은 금융에 널리 활용된다. 다음과 같은 식이 주어졌다 하자. 여기서 y는 $n \times 1$ 벡터(배열)이고, x는 $n \times (m+1)$ 행렬인데, $n \times m$ 행렬과 1로만 구성된 하나의 열로 이뤄진다. n은 관찰 값의 개수, m은 독립 변수의 개수다.

$$y_t = \alpha + \beta * x_t + \varepsilon_t \quad \dots\dots\dots\dots\dots\dots\dots\dots\dots\dots\dots\dots(5)$$

다음 프로그램은 x와 y 벡터를 생성 후 OLS 회귀 분석(선형 회귀 분석)을 실행한다. x와 y는 가공의 데이터다. 마지막 줄은 계수만 출력한다(절편은 1.28571420이고, 기울기는 0.35714286이다).

```
>>> import numpy as np
>>> import statsmodels.api as sm
>>> y=[1,2,3,4,2,3,4]
>>> x=range(1,8)
>>> x=sm.add_constant(x)
>>> results=sm.OLS(y,x).fit()
>>> print(results.params)
[ 1.28571429 0.35714286]
```

이 모듈에 대한 더 많은 정보는 dir( ) 함수를 수행하면 된다.

```
>>> import statsmodels as sm
>>> dir(sm)
['CacheWriteWarning', 'ConvergenceWarning', 'InvalidTestWarning',
'IterationLimitWarning', 'NoseWrapper', 'Tester', '__builtins__',
'__cached__', '__doc__', '__docformat__', '__file__', '__init__',
'__loader__', '__name__', '__package__', '__path__', '__spec__',
'__version__', 'api', 'base', 'compat', 'datasets', 'discrete',
'distributions', 'duration', 'emplike', 'errstate', 'formula',
'genmod', 'graphics', 'info', 'iolib', 'nonparametric', 'print_
function', 'regression', 'robust', 'sandbox', 'simplefilter', 'stats',
'test', 'tools', 'tsa', 'version']
```

여러 서브모듈에 대한 정보도 dir( ) 명령을 이용할 수 있다. 다음 예를 살펴보자.

```
>>> import statsmodels.api as api
>>> dir(api)
['Categorical', 'CategoricalIndex', 'DataFrame', 'DateOffset',
'DatetimeIndex', 'ExcelFile', 'ExcelWriter', 'Expr', 'Float64Index',
'Grouper', 'HDFStore', 'Index', 'IndexSlice', 'Int64Index',
'MultiIndex', 'NaT', 'Panel', 'Panel4D', 'Period', 'PeriodIndex',
'RangeIndex', 'Series', 'SparseArray', 'SparseDataFrame',
'SparseList', 'SparsePanel', 'SparseSeries', 'SparseTimeSeries',
'Term', 'TimeGrouper', 'TimeSeries', 'Timedelta', 'TimedeltaIndex',
'Timestamp', 'WidePanel', '__builtins__', '__cached__', '__doc__',
'__docformat__', '__file__', '__loader__', '__name__', '__package__',
'__path__', '__spec__', '__version__', '_np_version_under1p10',
'_np_version_under1p11', '_np_version_under1p12', '_np_version_
under1p8', '_np_version_under1p9', '_period', '_sparse', '_testing',
'_version', 'algos', 'bdate_range', 'compat', 'computation', 'concat',
'core', 'crosstab', 'cut', 'date_range', 'datetime', 'datetools',
'dependency', 'describe_option', 'eval', 'ewma', 'ewmcorr', 'ewmcov',
'ewmstd', 'ewmvar', 'ewmvol', 'expanding_apply', 'expanding_corr',
'expanding_count', 'expanding_cov', 'expanding_kurt', 'expanding_max',
'expanding_mean', 'expanding_median', 'expanding_min', 'expanding_
quantile', 'expanding_skew', 'expanding_std', 'expanding_sum',
'expanding_var', 'factorize', 'fama_macbeth', 'formats', 'get_
dummies', 'get_option', 'get_store', 'groupby', 'hard_dependencies',
'hashtable', 'index', 'indexes', 'infer_freq', 'info', 'io',
'isnull', 'json', 'lib', 'lreshape', 'match', 'melt', 'merge',
'missing_dependencies', 'msgpack', 'notnull', 'np', 'offsets', 'ols',
'option_context', 'options', 'ordered_merge', 'pandas', 'parser',
'period_range', 'pivot', 'pivot_table', 'plot_params', 'pnow', 'qcut',
'read_clipboard', 'read_csv', 'read_excel', 'read_fwf', 'read_gbq',
'read_hdf', 'read_html', 'read_json', 'read_msgpack', 'read_pickle',
'read_sas', 'read_sql', 'read_sql_query', 'read_sql_table', 'read_
stata', 'read_table', 'reset_option', 'rolling_apply', 'rolling_
corr', 'rolling_count', 'rolling_cov', 'rolling_kurt', 'rolling_max',
```

```
'rolling_mean', 'rolling_median', 'rolling_min', 'rolling_quantile',
'rolling_skew', 'rolling_std', 'rolling_sum', 'rolling_var', 'rolling_
window', 'scatter_matrix', 'set_eng_float_format', 'set_option',
'show_versions', 'sparse', 'stats', 'test', 'timedelta_range', 'to_
datetime', 'to_msgpack', 'to_numeric', 'to_pickle', 'to_timedelta',
'tools', 'tseries', 'tslib', 'types', 'unique', 'util', 'value_
counts', 'wide_to_long']
```

앞의 출력 결과 화면을 살펴보면 모두 16개 함수가 read라는 이름으로 시작된다.
다음 표를 살펴보자.

표 2.1 데이터 입력을 위한 함수

이름	설명
read_clipboard	클립보드에서 데이터 읽어오기
read_csv	csv(comma separated value) 형식에서 데이터 읽어오기
read_excel	엑셀에서 데이터 읽어오기
read_fwf	같은 간격으로 데이터 읽어오기
read_gbq	구글 빅쿼리(BigQuery)에서 데이터 로드하기
read_hdf	HDF5 형식 데이터 읽어오기
read_html	웹 페이지에서 데이터 읽어오기
read_json	JSON(JavaScript Object Notation) 데이터 읽어오기
read_msgpack	MessagePack은 빠르고 간편한 이진 포맷이다. JSON과 비슷한 데이터에 적합하다.
read_pickle	피클(pickle) 데이터 읽어오기
read_sas	SAS 데이터 읽어오기
read_sql	SQL 데이터 읽어오기
read_sql_query	쿼리(query)로 데이터 읽어오기

(이어짐)

이름	설명
read_sql_table	SQL DB 테이블을 데이터프레임(DataFrame)으로 읽어오기
read_stata	Stata 데이터 읽어오기
read_table	텍스트 파일 읽어오기

▌ pandas 소개

pandas 모듈은 경제, 금융, 회계 데이터를 비롯한 다양한 형식의 데이터를 가공할 때 사용되는 강력한 툴이다. 아나콘다를 이용해 파이썬을 설치했다면 pandas 모듈은 이미 설치돼 있다. 다음 명령이 오류 없이 수행된다면 pandas 모듈이 성공적으로 설치된 것으로 볼 수 있다.

```
>>>import pandas as pd
```

다음 예제는 2016년 1월부터 시작하는 2개의 시계열 데이터를 생성한다. 2개의 시계열 데이터(열) 이름은 A와 B다.

```
import numpy as np
import pandas as pd
dates=pd.date_range('20160101',periods=5)
np.random.seed(12345)
x=pd.DataFrame(np.random.rand(5,2),index=dates,columns=('A','B'))
```

우선 NumPy와 pandas 모듈을 임포트한다. 인덱스 배열을 생성하기 위해 pd.date_range() 함수를 사용했다. 변수 x는 날짜를 인덱스로 하는 pandas의 데이터프레임 DataFrame이다. 2장의 후반부에 pd.DataFrame() 함수에 대해 더 자세히 설명한다.

columns 변수는 열의 이름을 정의한다. 프로그램에서는 seed() 함수가 사용됐으므로 누구나 동일한 난수를 생성할 수 있다. describe() 함수는 두 열의 평균과 표준편차 등의 속성을 보여준다. 다음 코드를 살펴보자.

```
>>> x
                 A          B
2016-01-01   0.929616   0.316376
2016-01-02   0.183919   0.204560
2016-01-03   0.567725   0.595545
2016-01-04   0.964515   0.653177
2016-01-05   0.748907   0.653570
>>>
>>> x.describe()
                A          B
count   5.000000   5.000000
mean    0.678936   0.484646
std     0.318866   0.209761
min     0.183919   0.204560
25%     0.567725   0.316376
50%     0.748907   0.595545
75%     0.929616   0.653177
max     0.964515   0.653570
>>>
```

pandas 모듈에 있는 모든 함수를 검색하려면 모듈을 임포트한 후 dir(pd)를 실행하면 된다. 다음 코드와 해당 결과물을 참고하라.

```
>>> import pandas as pd
>>> dir(pd)
['Categorical', 'CategoricalIndex', 'DataFrame', 'DateOffset',
 'DatetimeIndex', 'ExcelFile', 'ExcelWriter', 'Expr', 'Float64Index',
 'Grouper', 'HDFStore', 'Index', 'IndexSlice', 'Int64Index',
 'MultiIndex', 'NaT', 'Panel', 'Panel4D', 'Period', 'PeriodIndex',
```

'RangeIndex', 'Series', 'SparseArray', 'SparseDataFrame',
'SparseList', 'SparsePanel', 'SparseSeries', 'SparseTimeSeries',
'Term', 'TimeGrouper', 'TimeSeries', 'Timedelta', 'TimedeltaIndex',
'Timestamp', 'WidePanel', '__builtins__', '__cached__', '__doc__',
'__docformat__', '__file__', '__loader__', '__name__', '__package__',
'__path__', '__spec__', '__version__', '_np_version_under1p10',
'_np_version_under1p11', '_np_version_under1p12', '_np_version_
under1p8', '_np_version_under1p9', '_period', '_sparse', '_testing',
'_version', 'algos', 'bdate_range', 'compat', 'computation', 'concat',
'core', 'crosstab', 'cut', 'date_range', 'datetime', 'datetools',
'dependency', 'describe_option', 'eval', 'ewma', 'ewmcorr', 'ewmcov',
'ewmstd', 'ewmvar', 'ewmvol', 'expanding_apply', 'expanding_corr',
'expanding_count', 'expanding_cov', 'expanding_kurt', 'expanding_max',
'expanding_mean', 'expanding_median', 'expanding_min', 'expanding_
quantile', 'expanding_skew', 'expanding_std', 'expanding_sum',
'expanding_var', 'factorize', 'fama_macbeth', 'formats', 'get_
dummies', 'get_option', 'get_store', 'groupby', 'hard_dependencies',
'hashtable', 'index', 'indexes', 'infer_freq', 'info', 'io',
'isnull', 'json', 'lib', 'lreshape', 'match', 'melt', 'merge',
'missing_dependencies', 'msgpack', 'notnull', 'np', 'offsets', 'ols',
'option_context', 'options', 'ordered_merge', 'pandas', 'parser',
'period_range', 'pivot', 'pivot_table', 'plot_params', 'pnow', 'qcut',
'read_clipboard', 'read_csv', 'read_excel', 'read_fwf', 'read_gbq',
'read_hdf', 'read_html', 'read_json', 'read_msgpack', 'read_pickle',
'read_sas', 'read_sql', 'read_sql_query', 'read_sql_table', 'read_
stata', 'read_table', 'reset_option', 'rolling_apply', 'rolling_
corr', 'rolling_count', 'rolling_cov', 'rolling_kurt', 'rolling_max',
'rolling_mean', 'rolling_median', 'rolling_min', 'rolling_quantile',
'rolling_skew', 'rolling_std', 'rolling_sum', 'rolling_var', 'rolling_
window', 'scatter_matrix', 'set_eng_float_format', 'set_option',
'show_versions', 'sparse', 'stats', 'test', 'timedelta_range', 'to_
datetime', 'to_msgpack', 'to_numeric', 'to_pickle', 'to_timedelta',
'tools', 'tseries', 'tslib', 'types', 'unique', 'util', 'value_
counts', 'wide_to_long']

앞의 리스트를 자세히 관찰해보면 표 2.1에서 read_로 시작하는 이름을 가진 statsmodels 함수와 동일한 함수 이름이 보일 것이다. 이런 중복은 프로그램을 좀 쉽게 해준다. 시계열 중 값이 비어 있는 부분(NaN)을 시계열 전체의 평균값으로 채우는 프로그램을 만들어보자. mean()과 fillna() 두 함수를 사용하면 원하는 결과를 얻을 수 있다.

```
>>> import pandas as pd
>>> import numpy as np
>>> x=pd.Series([1,4,-3,np.nan,5])
>>> x
0 1.0
1 4.0
2 -3.0
3 NaN
4 5.0
dtype: float64
>>> m=np.mean(x)
>>> m
1.75
>>> x.fillna(m)
0 1.00
1 4.00
2 -3.00
3 1.75
4 5.00
dtype: float64
```

앞 출력 결과에서 4번째 관찰 값이 NaN에서 1.75로 바뀐 것을 확인할 수 있다. 다음 코드는 pandas 모듈에 있는 dataFrame() 함수를 사용해 데이터프레임을 생성한다.

```
import pandas as pd
import numpy as np
```

```
np.random.seed(123)
df = pd.DataFrame(np.random.randn(10, 4))
```

프로그램에서는 numpy.random.seed( ) 함수를 사용했으므로 모든 사용자가 동일한 난수를 얻을 수 있다.

```
>>> df
          0          1          2          3
0  -1.085631   0.997345   0.282978  -1.506295
1  -0.578600   1.651437  -2.426679  -0.428913
2   1.265936   0.866740  -0.678886  -0.094709
3   1.491390   0.638902  -0.443982  -0.434351
4   2.205930   2.186786   1.004054   0.386186
5   0.737369   1.490732  -0.935834   1.175829
6  -1.253881  -0.637752   0.907105  -1.428681
7  -0.140069  -0.861755  -0.255619  -2.798589
8  -1.771533  -0.699877   0.927462  -0.173636
9   0.002846   0.688223  -0.879536   0.283627
>>>
```

지금쯤 독자들은 난수를 발생시키면서 왜 동일한 난수가 생성되게 하는지 궁금해 할 것이다. 이 주제는 12장에서 좀 더 자세히 설명한다. 다음 코드에서 비어있는 값을 보간interpolation하는 몇 가지 방법을 소개한다.

```
import pandas as pd
import numpy as np
np.random.seed(123)                     # 난수 고정
x=np.arange(1, 10.1, .25)**2
n=np.size(x)
y = pd.Series(x + np.random.randn(n))
bad=np.array([4,13,14,15,16,20,30])     # 값을 비울 인덱스를 생성
x[bad] = np.nan                         # 숫자가 비어있는 부분은 np.nan으로 채움
```

```
methods = ['linear', 'quadratic', 'cubic']
df = pd.DataFrame({m: x.interpolate(method=m) for m in methods})
df.plot()
```

출력 결과는 다음 스크린샷에 있다

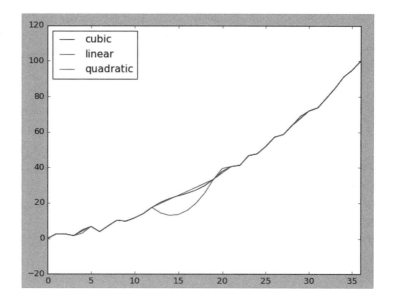

대개 언어가 다르면 각기 자신만의 고유한 데이터 형식을 가진다.

예를 들어 SAS의 경우 .sas7bdat 확장자를 가진 데이터 형식을 가진다.

R은 .RData, .rda, .rds 확장자를 가진다. 파이썬 역시 고유의 데이터셋 형식을 갖고 있다. 그중 하나는 확장자가 .pickle이나 .pkl로 된 피클 파일이다. 다음 코드를 이용해 피클 데이터를 직접 만들어보자.

```
import numpy as np
import pandas as pd
np.random.seed(123)
```

```
df=pd.Series(np.random.randn(100))
df.to_pickle('test.pkl')
```

마지막 명령이 변수에 들어 있는 값을 test.pkl 파일에 피클 데이터셋으로 현재 디렉터리에 저장한다. 파일을 절대 주소를 가진 특정 장소에 저장하려면 다음 코드처럼 하면 된다.

```
df.to_pickle('c:/temp/test.pkl')
```

피클 데이터를 읽으려면 pd.read_pickle( ) 함수를 사용하면 된다.

```
>>> import pandas as pd
>>> x=pd.read_pickle("c:/temp/test.pkl")
>>> x[:5]
0   -1.085631
1    0.997345
2    0.282978
3   -1.506295
4   -0.578600
dtype: float64
```

2개의 서로 다른 집합을 합치는 것은 일을 하다 보면 늘 반복하게 되는 작업 중 하나다. 다음 프로그램은 key라는 이름의 공용 변수에 대해 2개의 데이터셋을 합치는 작업을 한다.

```
import numpy as np
import pandas as pd
x = pd.DataFrame({'key':['A','B','C','D'],'value': [0.1,0.2,-0.5,0.9]})
y = pd.DataFrame({'key':['B','D','D','E'],'value': [2, 3, 4, 6]})
z = pd.merge(x, y, on='key')
```

x와 y의 원래 값과 이를 합친 후의 값 z가 다음에 나타나 있다.

```
>>> x
   key   value
0   A     0.1
1   B     0.2
2   C    -0.5
3   D     0.9
>>> y
   key   value
0   B      2
1   D      3
2   D      4
3   E      6
>>>z
   key   value_x   value_y
0   B      0.2        2
1   D      0.9        3
2   D      0.9        4
>>>
```

금융에는 주가 추이, 수익률 등 많은 데이터가 시계열로 표시되므로 시계열은 매우 중요하다. 따라서 날짜 함수를 정의하는 방법과 날짜 관련 함수에 관한 연구는 경제, 금융, 회계 데이터 가공에 있어 필수적이다. 몇 가지 예를 살펴보자.

```
>>> date1=pd.datetime(2010,2,3)
>>> date1
datetime.datetime(2010, 2, 3, 0, 0)
```

두 날짜 사이의 간격은 쉽게 계산할 수 있다. 다음 코드를 살펴보자.

```
>>> date1=pd.datetime(2010,2,3)
```

```
>>> date2=pd.datetime(2010,3,31)
>>> date2-date1
datetime.timedelta(56)
```

pandas 모듈의 서브모듈인 datetools는 매우 유용하게 활용된다. 어떤 함수를 갖고
있는지 살펴보자.

```
>>> dir(pd.datetools)
['ABCDataFrame', 'ABCIndexClass', 'ABCSeries', 'AmbiguousTimeError',
'BDay', 'BMonthBegin', 'BMonthEnd', 'BQuarterBegin', 'BQuarterEnd',
'BYearBegin', 'BYearEnd', 'BusinessDay', 'BusinessHour',
'CBMonthBegin', 'CBMonthEnd', 'CDay', 'CustomBusinessDay',
'CustomBusinessHour', 'DAYS', 'D_RESO', 'DateOffset',
'DateParseError', 'Day', 'Easter', 'FY5253', 'FY5253Quarter',
'FreqGroup', 'H_RESO', 'Hour', 'LastWeekOfMonth', 'MONTHS', 'MS_
RESO', 'Micro', 'Milli', 'Minute', 'MonthBegin', 'MonthEnd',
'MutableMapping', 'Nano', 'OLE_TIME_ZERO', 'QuarterBegin',
'QuarterEnd', 'Resolution', 'S_RESO', 'Second', 'T_RESO',
'Timedelta', 'US_RESO', 'Week', 'WeekOfMonth', 'YearBegin',
'YearEnd', '__builtins__', '__cached__', '__doc__', '__file__',
'__loader__', '__name__', '__package__', '__spec__', 'algos',
'bday', 'bmonthBegin', 'bmonthEnd', 'bquarterEnd', 'businessDay',
'byearEnd', 'cache_readonly', 'cbmonthBegin', 'cbmonthEnd', 'cday',
'com', 'compat', 'customBusinessDay', 'customBusinessMonthBegin',
'customBusinessMonthEnd', 'datetime', 'day', 'deprecate_kwarg',
'format', 'getOffset', 'get_base_alias', 'get_freq', 'get_freq_code',
'get_freq_group', 'get_legacy_offset_name', 'get_offset', 'get_offset_
name', 'get_period_alias', 'get_standard_freq', 'get_to_timestamp_
base', 'infer_freq', 'isBMonthEnd', 'isBusinessDay', 'isMonthEnd',
'is_subperiod', 'is_superperiod', 'lib', 'long', 'monthEnd',
'need_suffix', 'normalize_date', 'np', 'offsets', 'ole2datetime',
'opattern', 'parse_time_string', 'prefix_mapping', 'quarterEnd',
'range', 're', 'thisBMonthEnd', 'thisBQuarterEnd', 'thisMonthEnd',
'thisQuarterEnd', 'thisYearBegin', 'thisYearEnd', 'time', 'timedelta',
```

```
'to_datetime', 'to_offset', 'to_time', 'tslib', 'unique', 'warnings',
'week', 'yearBegin', 'yearEnd', 'zip']
>>>
```

다음은 pandas 모듈에 있는 weekday( ) 함수를 활용한 예다. 이 함수는 소위 주중
효과^{Weekday-Effect}를 검증하는 테스트를 수행할 때 필수적이다. 주중 효과 검증은 4장
에서 자세히 설명한다. 다음 코드를 살펴보자.

```
>>> import pandas as pd
>>> date1=pd.datetime(2010,10,10)
>>> date1.weekday()
6
```

경우에 따라 데이터의 모든 열을 행에 따라 순서대로 쌓아두거나 그 반대로 할 필요
가 있을 때가 있다. 다음 코드와 해당 결과를 살펴보면 이해가 쉬울 것이다.

```
import pandas as pd
import numpy as np
np.random.seed(1256)
df=pd.DataFrame(np.random.randn(4,2),columns=['Stock A','Stock B'])
df2=df.stack()
```

다음 코드에서 원시 데이터셋과 스택^{stack}된 데이터셋을 비교할 수 있다.

```
>>> df
     Stock A    Stock B
0   0.452820  -0.892822
1  -0.476880   0.393239
2   0.961438  -1.797336
3  -1.168289   0.187016
```

```
>>> df2
0    Stock A     0.452820
     Stock B    -0.892822
1    Stock A    -0.476880
     Stock B     0.393239
2    Stock A     0.961438
     Stock B    -1.797336
3    Stock A    -1.168289
     Stock B     0.187016
dtype: float64
```

스택의 반대 작업은 unstack() 함수가 한다. 다음 코드를 살펴보자.

```
>>> k=df2.unstack()
>>> k
      Stock A     Stock B
0    0.452820   -0.892822
1   -0.476880    0.393239
2    0.961438   -1.797336
3   -1.168289    0.187016
```

이 연산은 주식 아이디와 날짜로 정렬(즉 주식 종목 단위로 날짜별로 정렬)된 입력 데이터로부터 수익률 행렬을 생성하고자 할 때 응용할 수 있다.

▌ 금융에 관련된 파이썬 모듈

이 책은 금융 관련 문제를 해결하기 위해 파이썬을 사용하므로 금융에 관련된 모듈(패키지)이 무엇보다 중요하다. 다음 표는 금융에 관련된 십여 개의 파이썬 모듈이나 서브모듈을 보여준다.

표 2.2 금융에 관련된 모듈과 서브모델 리스트

이름	설명
Numpy.lib.financial	기업 재정 혹은 재무 관리에 관련된 함수들
pandas_datareader	구글, 야후 금융, FRED, 파마-프렌치 인자 데이터 탐색
googlefinance	구글 금융 API로부터 실시간 주식 데이터를 얻는 파이썬 모듈
yahoo-finance	야후 금융에서 주식 정보를 얻는 모듈
Python_finance	매매 기법 개발을 위한 야후 금융 데이터의 다운로드 및 분석, 매매 전략을 개발
tstockquote	야후 금융에서 주가 데이터 검색
finance	금융 리스크 계산기, 클래스 구성과 연산자 오버로딩을 통해 사용 편의성이 최적화됨
quant	금융의 정량 분석을 위한 기업 정보기술 구조(Enterprise architecture)
tradingmachine	금융 알고리즘을 위한 백테스터(backtester)
economics	경제 데이터를 위한 함수와 데이터 조작. 다음에 접속하면 좀 더 자세한 내용이 있다. https://github.com/tryggvib/economics.
FinDates	금융과 관련해서 날짜를 다루는 패키지

경제, 금융, 회계에 관련된 더 많은 정보를 원하면 다음 웹 페이지를 방문해보기를 권한다.

표 2.3 파이썬 모듈(패키지)에 연관된 웹사이트

이름	위치
Python Module Index (v3.5)	https://docs.python.org/3/py-modindex.html
PyPI - Python Package Index	https://pypi.python.org/pypi
Python Module Index (v2.7)	https://docs.python.org/2/py-modindex.html

pandas_reader 모듈 소개

이 모듈을 사용하면 여러 경제 및 금융 데이터를 야후 금융, 구글 금융, 연방준비위원회 경제 데이터FRED, Federal Reserve Economics Data, 프렌치 교수의 데이터 라이브러리Prof. French's Data Library 등을 통해 다운로드할 수 있다.

이 절은 pandas_reader 모듈이 설치돼 있다고 가정하고 설명한다. 모듈을 설치하는 자세한 방법은 '파이썬 모듈 설치하는 방법' 절을 참고하면 된다. 우선 코드 단 2줄만으로 IBM의 거래 정보를 읽어오는 간단한 예제부터 살펴보자.

```
import pandas_datareader.data as web
df=web.get_data_google("ibm")
```

결과의 일부분만 검색하려면 .head( )와 .tail( ) 함수를 쓰면 된다. 다음 코드를 살펴보자.

```
>>> df.head( )
                 Open        High         Low       Close    Volume
Date
2010-01-04  131.179993  132.970001  130.850006  132.449997  6155300
2010-01-05  131.679993  131.850006  130.100006  130.850006  6841400
2010-01-06  130.679993  131.490005  129.809998  130.000000  5605300
2010-01-07  129.869995  130.250000  128.910004  129.550003  5840600
2010-01-08  129.070007  130.919998  129.050003  130.850006  4197200

            Adj Close
Date
2010-01-04  112.285875
2010-01-05  110.929466
2010-01-06  110.208865
2010-01-07  109.827375
2010-01-08  110.929466
```

```
>>> df.tail()
                 Open        High         Low       Close     Volume
Date
2016-11-16  158.460007  159.550003  158.029999  159.289993  2244100
2016-11-17  159.220001  159.929993  158.850006  159.800003  2256400
2016-11-18  159.800003  160.720001  159.210007  160.389999  2958700
2016-11-21  160.690002  163.000000  160.369995  162.770004  4601900
2016-11-22  163.000000  163.000000  161.949997  162.669998  2707900

             Adj Close
Date
2016-11-16  159.289993
2016-11-17  159.800003
2016-11-18  160.389999
2016-11-21  162.770004
2016-11-22  162.669998
>>>
```

이 모듈은 4장에서 다시 자세히 설명한다.

█ 2개의 금융계산기

3장은 여러 기초 금융 개념과 공식을 소개하고 설명한다. 기업 금융이나 재무 관리 과목을 들을 때 학생들은 보통 엑셀이나 금융계산기를 이용해 계산한다. 파이썬도 계산 툴이므로 파이썬으로 작성한 금융계산기는 금융과 파이썬 모두에 대한 이해를 한층 깊게 해 줄 것이다.

다음은 파이썬으로 제작된 첫 번째 금융계산기인 Numpy.lib.financial이다. 코드를 살펴보자.

```
>>> import numpy.lib.financial as fin
>>> dir(fin)
['__all__', '__builtins__', '__cached__', '__doc__', '__file__', '__
loader__', '__name__', '__package__', '__spec__', '_convert_when',
'_g_div_gp', '_rbl', '_when_to_num', 'absolute_import', 'division',
'fv', 'ipmt', 'irr', 'mirr', 'np', 'nper', 'npv', 'pmt', 'ppmt',
'print_function', 'pv', 'rate']
>>>
```

앞에서 나열된 여러 함수 중 fv( ), irr( ), nper( ), npv( ), pmt( ), pv( ), rate( ) 등은 3장에서 직접 사용해보면서 설명한다. 다음은 pv( ) 함수를 사용한 예제다.

```
>>> import numpy.lib.financial as fin
>>> fin.pv(0.1,1,0,100)
-90.909090909090907
>>>
```

두 번째 금융계산기는 필자가 제공한다. 두 번째 계산기를 사용하면 얻을 수 있는 몇 가지 장점이 있다. 첫째 모든 함수가 책에서 사용한 공식과 동일한 형식을 가진다.

다시 말해 엑셀 함수와 같은 부호 규칙이 없다.

예를 들어 pv_f( ) 함수는 다음 공식을 사용해 구현했다.

$$pv = \frac{fv}{(1+R)^n} \quad \dots\dots\dots\dots\dots\dots\dots\dots\dots\dots(6)$$

pvAnnuity( )라 불리는 함수는 다음 공식을 사용했다.

$$pv(연금) = \frac{pmt}{R}\left[1 - \frac{1}{(1+R)^n}\right] \quad \dots\dots\dots\dots\dots\dots(7)$$

둘째, 단일 미래 현금 흐름에 대한 현재가치를 계산하는 공식이 연금의 현재가치를 계산하는 공식과 분리돼 있다. 이 점은 학생, 특히 초보자들에게 불필요한 혼란을 피하게 해준다.

비교를 하자면 `numpy.lib.financial.pv()` 함수는 식 (6)과 (7)을 한꺼번에 합쳐 놓은 것이다. 이 부분은 3장에서 더 자세히 살펴본다. 셋째, 각 함수는 다양한 예제를 제공해서 사용자가 개별 함수 이해를 위해 소비하는 시간을 줄여 준다. 넷째, 이 두 번째 금융계산기는 `numpy.lib.financial` 서브모듈보다 더 많은 함수를 제공한다. 마지막으로 사용자들은 스스로 파이썬 금융계산기 만드는 방법을 익히게 된다. 좀 더 자세한 사항은 3장의 마지막 절을 참고하라.

이 금융계산기를 사용하려면 필자의 웹사이트(http://canisius.edu/~yany/fincal. cpython-35.pyc)에 접속해 cpython-35.pyc 파일을 다운로드하면 된다.

실행 파일은 c:/temp에 저장돼 있다고 가정한다. c:/temp/를 파이썬 실행 경로[path]에 추가하려면 메뉴 바의 오른쪽 끝에 보이는 파이썬 로고를 클릭하면 된다. 다음 스크린샷을 살펴보자.

앞 스크린 화면에서 파이썬 로고를 클릭하면 다음과 같은 화면을 보게 될 것이다.

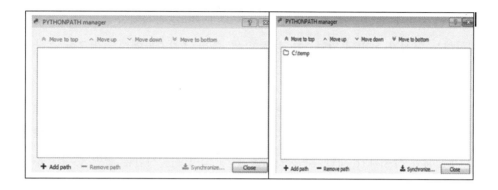

Add path를 클릭한 후 c:/temp/를 입력하면 된다. 오른쪽 창을 보라. 이제 import fincal을 실행하면 모듈에 있는 모든 함수를 사용할 수 있게 된다. 3장에서 `fincal` 모듈 작성법을 더 알아본다.

```
>>> import fincal
>>> dir(fincal)
['CND', 'EBITDA_value', 'IRR_f', 'IRRs_f', 'NPER', 'PMT', 'Rc_f',
'Rm_f', '__builtins__', '__cached__', '__doc__', '__file__', '__
loader__', '__name__', '__package__', '__request', '__spec__',
'bondPrice', 'bsCall', 'convert_B_M', 'duration', 'exp', 'fincalHelp',
'fvAnnuity', 'fv_f', 'get_200day_moving_avg', 'get_50day_moving_
avg', 'get_52week_high', 'get_52week_low', 'get_EBITDA', 'get_all',
'get_avg_daily_volume', 'get_book_value', 'get_change', 'get_
dividend_per_share', 'get_dividend_yield', 'get_earnings_per_share',
'get_historical_prices', 'get_market_cap', 'get_price', 'get_price_
book_ratio', 'get_price_earnings_growth_ratio', 'get_price_earnings_
ratio', 'get_price_sales_ratio', 'get_short_ratio', 'get_stock_
exchange', 'get_volume', 'log', 'market_cap', 'mean', 'modified_
duration', 'n_annuity', 'npv_f', 'payback_', 'payback_period', 'pi',
'pvAnnuity', 'pvAnnuity_k_period_from_today', 'pvGrowPerpetuity',
'pvGrowingAnnuity', 'pvPerpetuity', 'pvPerpetuityDue', 'pv_excel',
'pv_f', 'r_continuous', 're', 'sign', 'sqrt', 'urllib']
```

각 함수의 사용법을 알아보려면 help( ) 함수를 사용하면 된다. 다음 예제를 보라.

```
>>> import fincal
>>> help(fincal.pv_f)
Help on function pv_f in module fincal:

pv_f(fv, r, n)
    Objective : estimate present value
            fv : fture value
            r  : discount period rate
            n  : number of periods
    formula : fv/(1+r)**n
        e.g.,
        >>> pv_f(100,0.1,1)
        90.9090909090909
        >>> pv_f(r=0.1,fv=100,n=1)
        90.9090909090909
        >>> pv_f(n=1,fv=100,r=0.1)
        90.9090909090909
    >>>
```

앞 출력 결과처럼 help( ) 함수를 사용하면 함수의 목적, 입력 변수의 정의, 사용된 수식, 예제들을 파악할 수 있다.

▌ 파이썬 모듈 설치 방법

아나콘다를 통해 파이썬을 설치했다면 이 책에 설명된 대부분의 모듈은 같이 설치됐을 것이다. 파이썬이 개별적으로 설치됐다면 사용자들은 PyPi를 사용해 모듈을 설치하거나 업데이트해야 한다.

예를 들어 NumPy를 설치하려면 윈도우 환경에서 다음 코드를 입력하면 된다.

```
python -m pip install -U pip numpy
```

Python.exe가 실행 경로에 있다면 도스 창을 열어 위 명령을 실행하면 된다. Python.exe가 실행 경로에 없으면 도스 창을 통해 Python.exe 파일이 있는 곳으로 경로를 옮기면 된다. 다음 스크린샷을 살펴보자.

```
C:\Users\yany\AppData\Local\Programs\Python\Python35-32>python -m pip install nu
mpy
Collecting numpy
  Using cached numpy-1.11.2-cp35-none-win32.whl
Installing collected packages: numpy
Successfully installed numpy-1.11.2
```

맥 OS의 경우에는 다음 코드처럼 하면 된다. 어떤 경우에는 앞의 명령을 수행한 후 pip를 업데이트하라는 메시지가 보일 때도 있다.

```
You are using pip version 8.1.1, however version 9.0.1 is available.
You should consider upgrading via the 'python -m pip install --upgrade pip' comm
and.
```

pip를 업데이트하는 명령은 다음과 같다.

```
python -m pip install -upgrade pip
```

다음 스크린샷에 결과 화면이 있다.

```
C:\Users\yany\AppData\Local\Programs\Python\Python35-32>python -m pip install --
upgrade pip
Collecting pip
  Downloading pip-9.0.1-py2.py3-none-any.whl (1.3MB)
    100% |████████████████████████████████| 1.3MB 787kB/s
Installing collected packages: pip
  Found existing installation: pip 8.1.1
    Uninstalling pip-8.1.1:
      Successfully uninstalled pip-8.1.1
Successfully installed pip-9.0.1

C:\Users\yany\AppData\Local\Programs\Python\Python35-32>
```

리눅스나 OS X에 NumPy를 개별적으로 설치하려면 다음 명령을 실행하면 된다.

```
pip install -U pip numpy
```

아나콘다를 위한 새로운 파이썬 모듈을 설치하려면 다음 표를 참고하면 된다. 또한 http://conda.pydata.org/docs/using/pkgs.html도 참고하기 바란다.

표 2.4 아나콘다를 통해 패키지를 관리하기 위한 명령

명령	설명
conda list	현재 활성화돼 있는 환경(environment) 내의 모든 패키지를 나열한다 (환경은 다양한 버전의 파이썬과 패키지를 관리하고 사용하는 단위를 말한다. 버전이 다른 여러 환경을 만들어 두면 같은 컴퓨터에서 서로 다른 버전을 사용할 수 있다. 좀 더 자세한 사항은 https://conda.io/docs/user-guide/tasks/manage-environments.html을 참고하면 된다 - 옮긴이).
conda list -n env_name	env_name이라는 이름의 환경에 설치된 모든 패키지를 나열
conda search beautiful-soup	Beautiful-soup 패키지에 대한 정보를 검색한다.
conda install --name env_name pkg_name	pkg_name이라는 이름의 패키지를 env_name이라는 이름의 환경에 설치한다.
conda info	현재 사용 중인 conda에 대한 자세한 정보를 보여준다.

다음은 conda info 명령을 실행한 결과 화면이다.

```
C:\Users\yany> C:\Users\yany\AppData\Local\Continuum\Anaconda3\Scripts\conda info
Current conda install:

             platform : win-32
        conda version : 4.2.9
     conda is private : False
    conda-env version : 4.2.9
  conda-build version : 2.0.2
       python version : 3.5.2.final.0
     requests version : 2.11.1
     root environment : C:\Users\yany\AppData\Local\Continuum\Anaconda3  (writable)
  default environment : C:\Users\yany\AppData\Local\Continuum\Anaconda3
     envs directories : C:\Users\yany\AppData\Local\Continuum\Anaconda3\envs
        package cache : C:\Users\yany\AppData\Local\Continuum\Anaconda3\pkgs
          channel URLs : https://repo.continuum.io/pkgs/free/win-32/
                         https://repo.continuum.io/pkgs/free/noarch/
                         https://repo.continuum.io/pkgs/pro/win-32/
                         https://repo.continuum.io/pkgs/pro/noarch/
                         https://repo.continuum.io/pkgs/msys2/win-32/
                         https://repo.continuum.io/pkgs/msys2/noarch/
          config file : None
         offline mode : False
```

pandas_datareader 파이썬 모듈을 설치하는 예는 다음과 같다.

```
C:\Users\yany> c:\Users\yany\AppData\local\Continuum\Anaconda3\Scripts\conda.ex
 install pandas-datareader
Fetching package metadata .........
Solving package specifications: ...........

Package plan for installation in environment c:\Users\yany\AppData\local\Contin
um\Anaconda3:

The following packages will be downloaded:

    package                    |            build
    ---------------------------|-----------------
    conda-env-2.6.0            |                0          488 B
    conda-4.2.13              |           py35_0          444 KB
    requests-file-1.4         |           py35_0            5 KB
    pandas-datareader-0.2.1   |           py35_0           49 KB
    ---------------------------------------------------------
                                           Total:          499 KB

The following NEW packages will be INSTALLED:

    conda-env:         2.6.0-0
    pandas-datareader: 0.2.1-py35_0
    requests-file:     1.4-py35_0

The following packages will be UPDATED:

    conda:             4.2.9-py35_0 --> 4.2.13-py35_0

Proceed ([y]/n)?
```

물음에 y를 입력하고 모듈 설치가 끝나면 다음 화면이 보일 것이다.

```
Proceed ([y]/n)? y

Fetching packages ...
conda-env-2.6. 100% |###############################| Time: 0:00:00 243.99 kB/s
conda-4.2.13-p 100% |###############################| Time: 0:00:00   1.76 MB/s
requests-file- 100% |###############################| Time: 0:00:00   2.30 MB/s
pandas-datarea 100% |###############################| Time: 0:00:00   1.29 MB/s
Extracting packages ...
[      COMPLETE      ]|###############################################| 100%
Unlinking packages ...
[      COMPLETE      ]|###############################################| 100%
Linking packages ...
[      COMPLETE      ]|###############################################| 100%

C:\Users\yany>
```

모듈의 버전을 알아보려면 다음과 같은 코드를 사용하면 된다.

```
>>> import numpy as np
>>> np.__version__
'1.11.1'
```

```
>>> import scipy as sp
>>> sp.__version__
'0.18.1'
>>> import pandas as pd
>>> pd.__version__
'0.18.1'
```

▌ 모듈 종속성

책 서두에서 파이썬의 장점 중 하나가 모듈이라 불리는 수백 개의 풍부한 패키지를 활용할 수 있는 것이라고 설명했다.

새로운 모듈을 개발할 때 중복을 피하고 시간을 절약하기 위해 자연스럽게 먼저 개발된 모듈의 기능을 활용하게 됐다. 즉, 앞서 개발된 모듈에 종속되게 된 것이다.

장점은 당연히 새로운 모듈을 개발하고 테스트하는 시간과 노력을 현저히 줄일 수 있는 것이지만, 반면에 종속성으로 인해 설치가 까다로워진다.

이를 해결하기 위한 2가지 방법이 있다.

- 첫 번째 방법은 필요한 모든 것을 한꺼번에 묶어 설치함으로써 n개의 패키지를 따로 설치해야 하는 번거로움을 없애버리는 것이다. 잘 작동만 된다면야 환상적인 방법이 될 것이다. 그러나 한 가지 문제점은 각 개별 모듈이 업데이트될 때마다 이 슈퍼 패키지에 들어있던 해당 모듈이 함께 업데이트된다는 보장이 없다는 것이다.
- 두 번째 방식은 종속성을 최소화하는 것이다. 이 방법은 패키지 유지를 위한 노력을 최소화할 수 있지만, 여러 개의 컴포넌트를 설치해야 하는 사용자의 경우에는 악몽이 될 수 있다. 리눅스에는 좀 더 좋은 방법이 있다. 바로

패키지 설치자package installer를 이용하는 것이다. 패키지 게시자는 종속성 관계를 선언하고 시스템은 패키지들이 리눅스 저장소Linux repository에 존재한다는 가정하에 게시된 종속성 관계를 추적한다. SciPy, NumPy, quant는 모두 이 방식으로 설치되는데, 매우 잘 작동하고 있다.

▌ 연습문제

1. 아나콘다를 이용해 파이썬을 설치한 경우 NumPy를 별도로 설치해야 하는가?

2. 많은 모듈을 동시에 설치할 수 있는 슈퍼 패키지를 활용할 경우의 장점은 무엇인가?

3. NumPy나 SciPy에 있는 모든 함수를 보려면 어떻게 해야 하는가?

4. SciPy에 있는 특정 함수를 임포트할 수 있는 방법은 모두 몇 가지인가?

5. 다음 연산에서 잘못된 점은 무엇인가?

```
>>> x=[1,2,3]
>>> x.sum( )
```

6. 주어진 배열의 모든 데이터를 출력하는 방법을 설명하라.

7. 다음 코드에서 잘못된 점은 무엇인가?

```
>>> import np
>>> x=np.array([True,false,true,false],bool)
```

8. stats의 서브모듈 SciPy에 있는 **skewtest**의 용법을 찾아보고 이 함수를 사용한 예제를 작성하라.

9. 산술 평균과 기하 평균의 차이는 무엇인가?

10. 주어진 수익의 기하 평균을 구하는 다음 코드를 디버그해보라.

```
>>> import scipy as sp
>>> ret=np.array([0.05,0.11,-0.03])
>>> pow(np.prod(ret+1),1/len(ret))-1
```

11. 주어진 수익의 산술 평균과 기하 평균을 구하는 프로그램을 파이썬으로 만들어보라.

12. stats의 서브모듈 SciPy에 있는 **zscore( )**의 의미를 찾아보고 이 함수를 활용하는 간단한 예제를 작성하라.

13. 다음 코드에서 잘못된 곳은 어디인가?

```
>>> c=20
>>> npv=np.npv(0.1,c)
```

14. 모듈 종속성은 무엇이며 어떻게 대처해야 하는가?

15. 다른 모듈에 종속된 모듈을 만드는 것의 장점과 단점은 각각 무엇인가?

16. pv( )나 fv( )처럼 NumPy에 포함돼 있는 금융 함수를 사용할 수 있는 방법은 무엇인가?

17. numpy.lib.financial에 포함된 함수의 경우 SciPy에도 비슷한 함수가 존재하는가?

18. 필자가 만든 fincal 모듈에 있는 함수를 사용하려면 어떻게 해야 하는가?

19. 파이썬의 모듈 전부에 대한 리스트를 볼 수 있는 방법은 무엇인가?

20. 금융에 관련된 파이썬 모듈에 관해 더 많은 정보를 얻을 수 있는 방법은 무엇인가?

▌ 요약

2장에서 파이썬의 가장 중요한 특성 중 하나인 모듈에 대해 알아봤다. 모듈은 전문가 혹은 불특정 다수가 특정 목적 달성을 위해 작성한 패키지다. 모듈에 대한 지식은 파이썬에 대한 이해와 파이썬의 금융 분야 응용을 위해 필수적이다. 특히 NumPy, SciPy, matplotlib, statsmodels, pandas, pandas_reader 같은 가장 중요한 모듈을 소개하고 설명했다. 거기에 모듈의 종속성과 그에 따른 이슈를 알아봤다. 파이썬으로 작성된 두 개의 금융계산기도 소개했다. 3장에서는 단일 미래 현금 흐름에 대한 현재가치의 계산, 영구 연금의 현재가치, 성장형 영구 연금의 현재가치, 연금의 현재가치, 미래가치와 관련된 공식 등 금융에 관련된 기초 개념을 알아본다. 여기에 더해 순 현재가치[NPV, Net Present Value], 내부 수익률[IRR, Internal Rate of Return], 회수 기간[payback period]에 대해 알아본다. 그 후 몇 가지 투자 결정 법칙을 설명한다.

03

화폐의 시간 가치

금융이란 측면만 보면 3장은 1, 2장과 연관이 없다. 다만 이 책은 여러 금융 과제 해결을 위한 계산 도구로 파이썬을 사용하므로 독자들은 파이썬과 함께 최소한 NumPy 및 SciPy를 설치해야 한다. 어떤 의미에서는 아나콘다를 통해 파이썬을 설치한 독자는 1, 2장을 읽지 않아도 무방하다. 대신 파이썬 설치 방법을 다룬 부록 A를 바로 보는 것도 한 방법이다.

3장에서는 금융에 관한 여러 개념과 공식을 좀 더 자세히 다룬다. 소개할 개념은 기초적인 것이어서 금융 과목을 한 과목 이상 수강했거나 금융 쪽에서 몇 년간 일한 전문가라면 빨리 훑고 지나갈 수 있을 것이다. 다시 말하지만 이 책은 파이썬을 계산 툴로 활용했다는 점에서 다른 일반적인 금융 교과서와 상당히 구별된다. 3장에서는 특히 다음과 같은 내용을 다룬다.

- 단일 미래 현금 흐름에 대한 현재가치와 영구 연금의 현재가치
- 성장형 영구 연금의 현재가치
- 연금의 현재가치 및 미래가치
- 영구 연금과 기초 지급 영구 연금, 연금과 기초 지급 연금
- SciPy와 `numpy.lib.financial` 서브모듈에 있는 함수
- 파이썬으로 만든 무료 금융계산기 `fincal`
- NPV의 정의와 NPV 법칙
- IRR의 정의와 IRR 법칙
- 파이썬을 이용한 화폐의 시간 가치 시각화와 NPV 프로파일
- 회수 기간의 정의 및 회수 기간 법칙
- 파이썬을 사용해 자신만의 금융계산기를 만드는 방법

▌ 화폐의 시간 가치 소개

간단한 예를 하나 살펴보자. 연 금리 10%짜리 은행 예금에 100달러를 예금하면 1년 뒤 얼마가 될까? 다음 그림은 날짜와 현금 흐름 타임라인이다.

```
$100        10%         FV=?
|------------------------------------|
0                                    1
```

연 금리가 10%이므로 연간 이자소득은 $100 \times 0.1 = 10$달러가 된다. 따라서 전체 예금액은 100 + 10인 110달러로 늘어난다. 여기서 100달러는 원금이다. 달리 표현하면 다음과 같다.

$$100 + 100 \times 0.1 = 100 \times (1 + 0.1)$$

이제 동일한 연 금리 10%짜리 예금에 100달러를 넣고 2년간 예치하면 2년째 되는 해 기말의 미래가치는 어떻게 될까?

```
$100    10%          10%      FV=?
|---------------|---------------|
0               1               2
```

첫해 기말에 110달러가 되므로 여기에 동일한 식을 한 번 더 적용하면 2년째 기말의 미래가치를 다음과 같이 구할 수 있다.

$$110 + 110 \times 0.1 = 110 \times (1 + 0.1) = 121$$

$110 = 100 \times (1 + 0.1)$이므로 다음 식을 얻을 수 있다.

$$FV(\text{2차년도 기말}) = 100 \times (1 + 0.1)^2$$

동일한 가정하에서 100달러를 5년간 예금하면 미래가치는 어떻게 될까? 앞에서 배운 논리를 그대로 이용하면 식은 다음과 같이 된다.

$$FV(\text{5차년도 기말}) = 100 \times (1 + 0.1)^5$$

이제 이 식을 일반화하면 단일 현재가치에 대한 미래가치를 계산하는 첫 번째 공식이 다음과 같이 완성된다.

$$FV = PV(1 + R)^n \quad \dots\dots\dots\dots(1)$$

여기서 FV는 미래가치, PV는 현재가치, R은 기간별 금리, n은 전체 기간 수를 의미한다. 앞 예제의 경우 R은 연 금리가 되고, n은 총 햇수가 된다. R과 n은 서로 주기가 같아야만 한다. 즉 R이 연(월/분기/일) 금리면 n은 총 햇수(월수/분기 수/일수)이어야만 한다. 미래가치를 구하려면 SciPy 모듈의 fv( ) 함수를 이용할 수도 있다. 다음 코드를 살펴보자. 연 금리가 10%일 때 2년 후 기말의 미래가치는 다음과 같이 구할 수 있다.

```
>>> import scipy as sp
>>> sp.fv(0.1,2,0,100)
-121.00000000000001
```

fv( ) 함수의 입력 매개변수 형식은 sp.fv(rate,nper,pmt,pv=0,when='end')다. 당분간 마지막 입력 변수 when은 무시해도 무방하다. 식 (1)에는 fv( ) 함수의 매개변수 중 pmt에 해당하는 항목이 없으므로 세 번째 매개변수는 0으로 설정하면 된다. 앞의 계산 결과가 음수라는 점에 주목하자. 이는 scipy.fv( ) 함수가 엑셀의 부호 규칙을 따르기 때문이다. 즉 양수의 현재가치는 음수의 미래가치를 도출하고, 음수의 현재가치는 양수의 미래가치를 도출한다. 함수에 대한 좀 더 자세한 정보는 help(sp.fv)를 참고하면 되는데, 그 출력 결과 처음 몇 줄을 살펴보면 다음과 같다.

```
>>> help(sp.fv)
Help on function fv in module numpy.lib.financial:
fv(rate, nper, pmt, pv, when='end')
Compute the future value.
```

실수로 입력 매개변수를 sp.fv(0.1,2,100,0)와 같이 잘못 입력했다면 다음과 같은 결과를 얻게 된다.

```
>>> import scipy as sp
>>> sp.fv(0.1,2,100,0)
-210.0000000000002
>>>
```

3장 후반에 sp.fv(0.1,2,100,0)의 의미가 첫해와 둘째 해 기말에 각각 100달러씩 현금 흐름이 발생하는 미래 현금 흐름의 현재가치를 계산한 것과 같다는 것을 배우게 될 것이다. 식 (1)에서 다음의 두 번째 공식을 쉽게 유도할 수 있다.

130

$$PV = \frac{FV}{(1+R)^n} \qquad \text{.............}(2)$$

PV, *FV*, *R*, *n*의 의미는 식 (1)과 동일하다. 연 금리가 1.45%일 때 5년째 기말에 234달러를 얻으려면 오늘 얼마를 예금해야 할까? 식 (2)를 수작업으로 적용한 결과는 다음과 같다.

```
>>> 234/(1+0.0145)**5
217.74871488824184
```

또 다른 방법은 sp.pv( ) 함수를 이용하는 것이고, 결과는 다음과 같다.

```
>>> sp.pv(0.0145,5,0,234)
-217.74871488824184
```

sp.pv( ) 함수에 관한 더 많은 정보를 얻으려면 help(sp.pv) 함수를 이용하면 된다. 다음에 실행 결과의 일부가 있다.

```
>>> import scipy as sp
>>> help(sp.pv)
```

```
Help on function pv in module numpy.lib.financial:

pv(rate, nper, pmt, fv=0.0, when='end')
    Compute the present value.

    Given:
     * a future value, `fv`
     * an interest `rate` compounded once per period, of which
       there are
     * `nper` total
     * a (fixed) payment, `pmt`, paid either
     * at the beginning (`when` = {'begin', 1}) or the end
       (`when` = {'end', 0}) of each period

    Return:
        the value now

    Parameters
    ----------
    rate : array_like
        Rate of interest (per period)
    nper : array_like
        Number of compounding periods
    pmt : array_like
        Payment
    fv : array_like, optional
        Future value
    when : {{'begin', 1}, {'end', 0}}, {string, int}, optional
        When payments are due ('begin' (1) or 'end' (0))

    Returns
    -------
    out : ndarray, float
        Present value of a series of payments or investments.
```

scipy.fv( ) 함수와 scipy.pv( )의 네 번째 입력 변수는 그 동작이 조금 다른 점에 주의해야 한다. scipy.pv(0.1,1,100)은 원하는 결과를 출력하지만 spicy.fv (0.1,1,100)은 오류 메시지가 발생할 것이다. 이는 scipy.pv( ) 함수의 네 번째 매개변수는 디폴트 값이 0으로 설정돼 있어 별도로 입력을 지정하지 않아도 되지만, scipy.fv( ) 함수의 네 번째 매개변수는 디폴트 값이 없기 때문이다. 이 점은 파이썬 프로그래밍 중 일관성이 결여된 예 중 하나다.

금융에 있어 오늘 가진 100달러가 1년 뒤 100달러보다 더 가치가 있고, 2년 뒤의 100달러보다는 더더욱 가치가 있다는 것은 지극히 상식적이다. 이 상대적 가치 차이를 크기로 표현한다면 다음과 같은 그림을 얻게 될 것이다. 첫 번째 푸른 원이 오늘 가진 100달러를 의미하고, 두 번째 원이 1년 뒤 기말의 100달러, 그다음 원이 또 그다음 1년 뒤 기말을 나타낸다. 다음 이미지를 생성하는 파이썬 프로그램 코드는 부록 B에 있다.

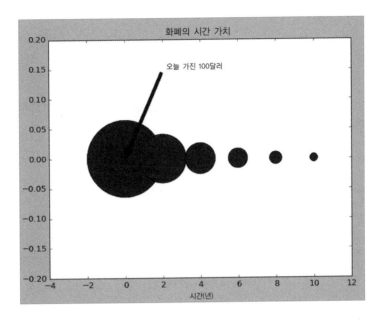

다음 소개할 개념은 '동일한 간격으로 동일 금액(현금 흐름)이 영원히 지급'되는 영구 연금perpetuity이다. 이 개념은 다음 그림에 타임라인과 현금 흐름이 도식화돼 있다.

첫 번째 현금 흐름이 첫 기간의 기말에 발생한다는 점에 주목하자. 첫 번째 현금 흐름이 첫 기간이 아닌 다른 기간에 발생하는 영구 연금도 있을 수 있다. 우선은 첫 기말에 발생하는 일반적인 경우를 먼저 살펴보고 3장 후반부에서 간단한 확장에 대해 알아본다. 기간별 할인율이 R일 때 영구 연금의 현재가치는 어떻게 될까?

식 (2)를 미래에 발생할 현금 흐름에 각각 적용한 다음 계산된 현재가치를 모두 더하면 해답을 얻을 수 있다. 다음 식을 살펴보자.

$$PV(\text{영구 연금}) = \frac{C}{(1+R)} + \frac{C}{(1+R)^2} + \frac{C}{(1+R)^3} + \dots$$

편의상 PV(영구 연금)를 PV로 표기하고 이 식을 식 (I)이라 하자.

$$PV = \frac{C}{(1+R)} + \frac{C}{(1+R)^2} + \frac{C}{(1+R)^3} + \dots \quad \dots\dots(I)$$

식 (I)의 양변에 1/(1+R)을 곱하면 식 (I)은 다음과 같이 된다. 이 식을 식 (II)라 하자.

$$PV\left(\frac{1}{(1+R)}\right) = \frac{C}{(1+R)^2} + \frac{C}{(1+R)^3} + \dots \quad \dots\dots(II)$$

식 (I)에서 식(II)를 빼면 다음 식을 얻게 된다.

$$PV - PV\left(\frac{1}{(1+R)}\right) = \frac{C}{(1+R)}$$

이제 양변에 (1+R)을 곱해서 다음과 같이 만든다.

$$PV(1+R) - PV = C$$

결과를 정리하면 영구 연금의 현재가치를 계산하는 간단한 공식을 다음과 같이 얻을 수 있다.

$$PV(\text{영구 연금}) = \frac{C}{R} \quad \dots\dots(3)$$

영구 연금에 관한 예를 하나 들어보자. 존은 모교의 연말 MBA 학생 환영 파티를 지원하기 위해 매년 3,000달러를 영원히 기부하고자 한다. 연 할인율이 2.5%이고 첫 번째 파티 일정이 첫해 말이라고 할 때 오늘 얼마를 기부해야 할까? 앞 수식을 이용해 계산하면 결과는 120,000달러다.

```
>>> 3000/0.025
120000.0
```

첫 번째 현금 흐름이 C라고 하고 향후 현금 흐름이 일정한 비율 g로 늘어나는 경우를 가정해보자. 이 경우에 해당하는 타임라인과 현금 흐름은 다음 그림과 같다.

$$
\begin{array}{ccccc}
 & C & C*(1+g) & C\,(1+g)^2 & ->\infty \\
\vdash\!-\!-\!-\!-\!-\!-\!-\!-\!+\!-\!-\!-\!-\!-\!-\!-\!-\!+\!-\!-\!-\!-\!-\!-\!-\!-\!\dashv \\
0 & 1 & 2 & 3 & ->\infty
\end{array}
$$

할인율이 R인 경우 성장형 영구 연금의 현재가치를 계산하는 식은 다음과 같다.

$$PV(성장형 영구 연금) = \frac{C}{R-g} \quad ....(4)$$

C, R, g의 빈도는 일치해야 한다. 즉 동일한 주기와 횟수를 가져야 한다. 3장 끝에 식 (4)를 증명하는 연습문제가 있다. 앞 예에서 존의 MBA 환영 파티 기부금 3,000달러는 매년 인플레이션이 0이라는 가정하에서 계산한 것이다. 연간 인플레이션이 1%라고 가정하면 오늘 얼마를 기부해야 할까? 매년 필요한 금액은 다음과 같다.

$$
\begin{array}{ccccc}
 & 3000 & 3000(1+0.01) & 3000(1+0.01)^2 & ->\infty \\
\vdash\!-\!-\!-\!-\!-\!-\!-\!-\!+\!-\!-\!-\!-\!-\!-\!-\!-\!+\!-\!-\!-\!-\!-\!-\!-\!-\!\dashv \\
0 & 1 & 2 & 3 & ->\infty
\end{array}
$$

식 (4)를 이용해 계산해보면 존은 오늘 200,000달러를 기부해야 한다는 것을 알 수 있다.

```
>>> 3000/(0.025-0.01)
199999.99999999997
```

영구 연금에서 첫 번째 현금 흐름이 첫 기말에 발생하는 일반적인 경우가 아니라 k번째 기간에 처음 발생하는 경우는 식이 다음과 같이 된다.

$$PV(\text{영구 연금}, \text{첫 번째 현금 흐름}@k\text{번째 기말}) = \frac{1}{(1+R)^{k-1}} \frac{C}{R-g} \quad \cdots\cdots\cdots (5)$$

식 (5)에 $k=1$, $g=0$을 대입하면 첫 기말에 최초 현금 흐름이 발생하고 인플레이션이 0인 경우가 돼서 식 (5)가 곧 식 (3)과 같아진다는 것을 쉽게 알 수 있다. 연금이란 'n번의 기간 동안 동일 간격 동일 금액으로 발생하는 현금 흐름'으로 정의된다. 첫 번째 현금 흐름이 첫 기말에 발생한다면 연금의 현재가치는 다음의 공식으로 계산할 수 있다.

$$PV(\text{연금}) = \frac{C}{R}\left[1 - \frac{1}{(1+R)^n}\right] \quad \cdots\cdots\cdots (6)$$

C는 각 기말에 반복적으로 일어나는 현금 흐름이고 R은 기간별 할인율, n은 총 기간 수다. 식 (6)은 다른 식에 비해 상당히 복잡해보인다. 그러나 약간의 상상력을 동원하면 식 (2)와 (3)을 조합해서 식 (6)을 도출할 수 있음을 알 수 있다. 자세한 내용은 부록 C를 참고하기 바란다.

연금의 미래가치를 계산하려면 다음 수식을 사용하면 된다.

$$FV(\text{연금}) = \frac{C}{R}\left[(1+R)^n - 1\right] \quad \cdots\cdots\cdots (7)$$

개념적으로 식 (7)은 식 (6)과 (1)의 조합으로 볼 수 있다. 앞의 모든 산술식은 현금 흐름이 모두 기말에 발생한다고 가정했다. 연금이나 영구 연금에서 현금 흐름이 기초에 일어날 경우 이를 각각 기초 지급 연금annuity due과 기초 지급 영구 연금perpetuity due이라고 부른다. 이 경우 현재가치를 계산하는 방법은 세 가지가 있다.

첫 번째는 `scipy.pv()` 함수나 `numpy.lib.financial.pv()` 함수의 마지막 매개변수에 1을 입력하는 것이다.

연 할인율이 1%라고 가정하자. 향후 10년간 연간 현금 흐름은 매년 20달러다. 첫 번째 현금 흐름은 오늘 지급된다. 이 현금 흐름들의 현재가치는 어떻게 될까? 결과는 다음과 같다.

```
>>> import numpy.lib.financial as fin
>>> fin.pv(0.01,10,20,0,1)
-191.32035152017377
```

numpy.lib.financial.pv( ) 함수의 입력 매개변수는 순서대로 rate, nper, pmt, fv, when이었음을 떠올려보자. 마지막 변수 when의 디폴트 값은 0이고 이는 기말을 의미한다. when의 값이 1이면 기초 지급 연금을 의미한다.

두 번째 방법은 다음 수식들을 이용하는 것이다.

$$PV(\text{기초 지급 연금}) = \frac{C}{R}[1 - \frac{1}{(1+R)^n}] \times (1+R) \quad \text{.......(8)}$$

$$FV(\text{기초 지급 연금}) = \frac{C}{R}[(1+R)^n - 1] \times (1+R) \quad \text{.......(9)}$$

방법은 이렇다. 기초 지급 연금을 기말 지급 연금(일반 연금)과 비교하면 기초 지급은 모든 기간의 현금 흐름이 기말 지급에 비해 한 기간 동안씩 이자를 더 받는 것과 같으므로 기초 지급 연금을 마치 일반 연금인 것처럼 계산한 후 그 결과에 (1+R)을 곱하면 되는 것이다. 이 방법을 사용한 프로그램 코드는 다음과 같다.

```
>>> import numpy.lib.financial as fin
>>> fin.pv(0.01,10,20,0)*(1+0.01)
-191.3203515201738
```

세 번째 방법은 파이썬으로 만든 금융계산기인 fincal 패키지에 들어 있는 fincal.pvAnnuityDue( ) 함수를 사용하는 것이다. 다음 코드를 살펴보자.

```
>>> import fincal
>>> fincal.pvAnnuityDue(0.01,10,20)
191.32035152017383
```

fincal 모듈을 다운로드하는 방법은 부록 D를 보기 바란다. 이 함수에 대한 더 많은 정보는 help( ) 함수를 통해 얻을 수 있다. 다음 코드를 살펴보자.

```
>>> import fincal
>>> help(fincal.pvAnnuityDue)
Help on function pvAnnuityDue in module __main__:
pvAnnuityDue(r, n, c)
    Objective : estimate present value of annuity due
        r  : period rate
        n  : number of periods
        c  : constant cash flow

                                    c               1
     formula    : pvAnnuityDue = -- *[ 1 -  ------- ] * (1+r)
                                    r            (1+r)**n

    Example #1: >>> pvAnnuityDue(0.1,10,20)
                    135.1804763255031

    Example #2: >>> pvAnnuityDue(c=20,n=10,r=0.1)
                    135.1804763255031
>>>
```

금융계산기 fincal에 대한 더 많은 정보는 다음 절을 참고하라. 현금 흐름이 같은 비율 g로 증가한다면 성장형 연금에 대한 다음과 같은 수식을 얻을 수 있다.

$$PV(성장형 연금) = \frac{C}{R-g}[1 - \frac{(1+g)^n}{(1+R)^n}] \qquad \cdots\cdots(10)$$

$$FV(성장형 연금) = \frac{C}{R-g}[(1+R)^n - (1+g)^n] \qquad \cdots\cdots(11)$$

SciPy나 numpy.lib.financial에는 성장형에 해당하는 함수가 없다. 다행히 금융계산기 fincal에는 pvGrowingAnnuity( )와 fvGrowingAnnuity( ) 함수가 있다. 좀 더 자세한 것은 다음 코드를 살펴보라.

```
>>> import fincal
>>> fincal.pvGrowingAnnuity(0.1,10,20,0.03)
137.67487382555464
```

이 함수에 대한 더 상세한 정보는 help(fincal.pvGrowingAnnuity)를 실행하면 된다. 다음은 그 출력 결과다.

```
>>> import fincal
>>> help(fincal.pvGrowingAnnuity)
Help on function pvGrowingAnnuity in module fincal:
pvGrowingAnnuity(r, n, c, g)
    Objective: estimate present value of a growting annuity
        r  : period discount rate
        n  : number of periods
        c  : period payment
        g  : period growth rate (g<r)

                                     c              (1+g)**n
        formula   : pv(growing annuity) = ----- *[ 1 -  -----------   ]
                                     R              (1+r)**n

    Example #1: >>> pvGrowingAnnuity(0.1,30,10000,0.05)
                    150463.14700582038
    Example #2: >>> pvGrowingAnnuity(g=0.05,r=0.1,c=10000,n=30)
                    150463.14700582038
```

▌ 파이썬으로 금융계산기 만들기

화폐의 시간 가치에 대한 다양한 개념을 논하다 보면 여러 유관 문제를 해결하기 위해 금융계산기나 엑셀이 필요하다.

앞 예를 통해 scipy.pv( ) 같은 몇몇 함수들을 사용하면 단일 미래 현금 흐름에 대한 현재가치 혹은 연금의 현재가치를 구할 수 있음을 살펴봤다. 사실 SciPy 모듈에 있는 금융 관련 함수들은 numpy.lib.financial의 서브모듈로부터 온 것이다.

```
>>> import numpy.lib.financial as fin
>>> dir(fin)
['__all__', '__builtins__', '__cached__', '__doc__', '__file__', '__
loader__', '__name__', '__package__', '__spec__', '_convert_when',
'_g_div_gp', '_rbl', '_when_to_num', 'absolute_import', 'division', 'fv',
'ipmt', 'irr', 'mirr', 'np', 'nper', 'npv', 'pmt','ppmt', 'print_function',
'pv', 'rate']
>>>
```

몇 가지 사용 예를 간단히 살펴보자

```
>>> import numpy.lib.financial as fin
>>> fin.pv(0.1,3,0,100)          # 단일 현금 흐름의 pv
-75.131480090157751
>>> fin.pv(0.1,5,100)            # 연금의 pv
-379.07867694084507
>>> fin.pv(0.1,3,100,100)        # 연금의 pv와 단일 fv의 pv
-323.81667918858022
>>>
```

우선 여러 금융 함수와 연계된 두 개의 모듈을 임포트한다.

```
>>> import scipy as sp
```

```
>>> import numpy.lib.financial as fin
```

다음 표에 관련 함수들이 정리돼 있다.

표 3.1 Scipy와 numpy.lib.financial에 있는 함수

함수		입력 형식
sp.fv()	fin.fv()	fv(rate, nper, pmt, pv, when='end')
sp.pv()	fin.pv()	pv(rate, nper, pmt, fv=0.0, when='end')
sp.pmt()	fin.pmt()	pmt(rate, nper, pv, fv=0, when='end')
sp.npv()	fin.npv()	npv(rate, values)
sp.rate()	fin.rate()	rate(nper, pmt, pv, fv, when='end', guess=0.1, tol=1e-06, maxiter=100)
sp.nper()	fin.nper()	nper(rate, pmt, pv, fv=0, when='end')
sp.irr()	fin.irr()	irr(values)
sp.mirr()	fin.mirr()	mirr(values, finance_rate, reinvest_rate)
sp.ipmt()	fin.ipmt()	ipmt(rate, per, nper, pv, fv=0.0, when='end')
sp.ppmt()	fin.ppmt()	ppmt(rate, per, nper, pv, fv=0.0, when='end')

또 다른 금융계산기는 필자가 만든 것이다. 부록 D에 해당 모듈을 다운로드하는
방법이 나와 있다. 다음은 모듈에 들어 있는 모든 함수의 리스트를 보여준다.

```
>>> import fincal
>>> dir(fincal)
['CND', 'EBITDA_value', 'IRR_f', 'IRRs_f', 'NPER', 'PMT', 'Rc_f',
'Rm_f', '__builtins__', '__cached__', '__doc__', '__file__',
'__loader__', '__name__', '__package__', '__request', '__spec__',
'bondPrice', 'bsCall', 'convert_B_M', 'duration', 'exp', 'fincalHelp',
'fvAnnuity', 'fv_f', 'get_200day_moving_avg', 'get_50day_moving_avg',
```

```
'get_52week_high', 'get_52week_low', 'get_EBITDA', 'get_all',
'get_ avg_daily_volume', 'get_book_value', 'get_change',
'get_dividend_per_share','get_dividend_yield', 'get_earnings_per_share',
'get_ historical_prices',
'get_market_cap', 'get_price', 'get_price_book_ ratio',
'get_price_earnings_growth_ratio', 'get_price_earnings_ratio',
'get_price_sales_ratio', 'get_short_ratio', 'get_stock_exchange',
'get_volume', 'log', 'market_cap', 'mean', 'modified_duration', 'n_ annuity',
'npv_f', 'payback_', 'payback_period', 'pi', 'pvAnnuity', 'pvAnnuityDue',
'pvAnnuity_k_period_from_today', 'pvGrowingAnnuity', 'pvGrowingPerpetuity',
'pvPerpetuity', 'pvPerpetuityDue', 'pv_excel', 'pv_f', 'r_continuous', 're',
'sign', 'sqrt', 'urllib']
```

SciPy 모듈이나 numpy.lib.financial 서브모듈 함수에 비해 필자가 제공하는 fincal 금융계산기 모듈을 사용할 때 얻을 수 있는 몇 가지 장점이 있다. 첫째, 3가지 현재 가치 pv(단일 현금 흐름), pv(연금), pv(기초 지급 연금) 값을 구하기 위한 별도의 함수 pv_f( ), pvAnnuity( ), pvAnnuityDue( )가 각각 존재한다. 따라서 금융에 기초가 부족한 초보자의 혼선을 줄여 줄 수 있다. 둘째, 단일 미래 현금 흐름의 현재가치 계산에서 본 것처럼 각각 함수들의 결과 값 부호가 일반 교과서의 값과 일치한다. 다음 공식을 살펴보자.

$$PV = \frac{FV}{(1+R)^n}$$

다시 말하면 엑셀 부호 규칙 같은 것이 없다. fv=100, R=0.1, n=1일 때 위 수식을 계산하면 결과는 90.91이다. 다음 코드를 살펴보면 부호 규칙이 있는 경우와 없는 경우를 비교할 수 있다.

```
>>> import fincal
>>> fincal.pv_f(0.1,1,100)
90.9090909090909
```

```
>>> import scipy as sp
>>> sp.pv(0.1,1,0,100)
-90.909090909090907
```

셋째, fincal 내의 각 함수는 사용한 수식과 관련된 예제 몇 가지를 도움말로 제공한다.

```
>>> import fincal
>>> help(fincal.pv_f)
Help on function pv_f in module __main__:
Pv_f(r, n, fv)
   Objective: estimate present value
       r  : period rate
       n  : number of periods
       fv : future value

                              tv
       formula used : pv = --------
                            (1+r)**n

   Example #1: >>> pv_f(0.1,1,100)        # meanings of input variables
       90.9090909090909                   # based on their input order
   Example #2 >>>pv_f(r=0.1,fv=100,n=1)   # meanings based on keywords
       90.9090909090909

>>>
```

마지막으로 초보자들도 자신만의 금융계산기를 만들 수 있다는 점이다. 좀 더 자세한 내용은 '파이썬으로 만드는 나만의 금융계산기' 절과 부록 G를 참고하라.

앞에서 연금의 현재가치는 다음 식을 사용해 구할 수 있다는 것을 배웠다.

$$PV(연금) = \frac{C}{R}[1 - \frac{1}{(1+R)^n}]$$

위 공식에는 *PV*, *C*, *R*, *n*의 4개 변수가 사용됐다. 현재가치 *PV*를 구하기 위해서는

C, R, n 값이 주어진다. 사실 어떤 조합이든 3개의 변수 값만 주어지면 나머지 네 번째 변수는 바로 계산할 수 있다. 이제 SciPy 및 NumPy에서 입력 변수에 사용한 이름을 그대로 따라서 앞의 식을 다시 써보자.

$$PV(연금) = \frac{pmt}{rate}[1 - \frac{1}{(1+rate)^{nper}}]$$

위 식에서 사용한 4개의 변수에 해당하는 4개의 함수는 각각 sp.pv( ), sp.pmt( ), sp.rate( ), sp.nper( )이다. 예를 들어 살펴보자. 존은 5,000달러 가격표가 붙어있는 중고차를 구입하고자 한다. 1,000달러는 계약금으로 지급하고 나머지는 할부로 지불하기로 했다. 연이율은 1.9%며 월 복리로 계산된다. 할부 기간이 3년이라면 매달 얼마씩 내야 할까? 수작업으로 이를 계산할 수 있다. 다음 코드를 살펴보자.

```
>>> r=0.019/12
>>> pv=4000
>>> n=3*12
>>> pv*r/(1-1/(1+r)**n)
114.39577546409993
```

연이율이 월 복리로 계산된다고 가정했으므로 실 월이율은 0.019/12다. 5장에서 서로 다른 실 이율 간의 변환 방법을 자세히 설명한다. 계산 결과 존은 매달 114.4달러를 지불해야 한다. 다른 방법으로는 scipy.pmt( ) 함수를 사용하면 된다. 다음 코드를 살펴보자.

```
>>> import scipy as sp
>>> sp.pmt(0.019/12,3*12,4000)
-114.39577546409993
```

비슷한 방법으로 scipy.rate( )와 numpy.lib.rate( ) 함수를 써서 이율을 구할 수도 있다. 예를 들어 살펴보자. 어떤 회사가 사장이 탈 리무진을 리스하려고 한다. 3년간 월비용이 2,000달러이고 현 시점의 차량 구매가가 50,000달러라면 내재된 연이율은 얼마로 볼 수 있는가?

```
>>> import scipy as sp
>>> r=sp.rate(3*12,2000,-50000,0)          # 실 월이율
>>> r
0.021211141641636025
>>> r*12
0.2545336996996323                          # 연이율
```

실 월이율은 2.12%이고, 연이율로 환산하면 25.45%가 된다.

같은 맥락으로 위 식의 nper 값을 구하려면 scipy.nper()과 numpy.lib. financial.nper() 함수를 사용하면 된다.

예를 들어보자. 피터는 파이썬 자격증 취득을 위해 5,000달러를 빌렸다. 월이율이 0.25%이고 매달 200달러씩 갚아 나간다면 대출을 모두 갚으려면 몇 달이 소요될까?

```
>>> import scipy as sp
>>> sp.nper(0.0025,200,-5000,0)
25.8476642869
```

계산 결과 피터가 대출을 모두 갚으려면 26개월이 소요된다. 앞의 두 예제에서 미래가치 값은 0이다. 같은 맥락으로 연금의 미래가치는 다음의 식을 사용해서 계산할 수 있다.

$$FV(연금) = \frac{C}{R}[(1+R)^n - 1]$$

여기서도 SciPy와 numpy.lib.financial의 입력 변수 표기법을 따라 식을 다시 쓰면 다음과 같다.

$$FV(연금) = \frac{pmt}{rate}[(1+rate)^{nper}-1]$$

식에 있는 변수들의 값을 구하려면 scipy.pmt( ), scipy.rate( ), scipy.nper( ), numy.lib.financial.pmt( ), numpy.lib.financial.rate( ), numpy.lib.financial. nper( ) 함수를 사용하면 된다. 이 함수들에 대해서는 '여러 함수를 위한 2가지 일반식' 절에서 다룬다.

▌ NPV 정의와 NPV 법칙

순 현재가치[NPV, Net Present Value]는 다음과 같이 정의된다.

$$NPV = PV(총수입) - PV(총비용)$$

예를 들어 살펴보자. 최초에 100달러를 투자하면 이후 5년 동안 첫해부터 시작해서 해마다 현금 수입[cash inflows]이 들어오는 투자 계획이 있다. 각 해의 수입이 차례대로 50, 60, 70, 100, 20달러라고 가정하고 할인율이 11.2%라면 이 투자 계획의 NPV 값은 얼마인가? 현금 흐름 값이 6개밖에 없으니 우선 수작업으로 직접 한 번 구해보자.

```
>>> r=0.112
>>> -100+50/(1+r)+60/(1+r)**2+70/(1+r)**3+100/(1+r)**4+20/(1+r)**5
121.55722687966407
```

scipy.npv( ) 함수를 사용하면 계산 과정은 획기적으로 간단해진다.

```
>>> import scipy as sp
>>> cashflows=[-100,50,60,70,100,20]
>>> sp.npv(0.112,cashflows)
121.55722687966407
```

계산 결과 NPV 값은 121.56달러다. 정상 투자[normal project]란 다음과 같이 정의된다. "현금 유출[cash outflow]이 먼저 발생하고 그 뒤 현금 유입[cash inflow]이 일어나는 투자" 이 정의에서 벗어난 모든 경우는 비정상 투자[abnormal project]다. 정상 투자에서 NPV와 할인율은 서로 역상관관계에 있다. 다음 그래프를 살펴보자. 할인율이 커짐에 따라 미래 현금 흐름(대부분의 경우 수입)의 현재가치는 점점 감소하고, 경우에 따라 최초의 현금 흐름(대부분의 경우 비용)보다도 오히려 더 감소하게 된다. NPV 프로파일은 다음 그래프처럼 NPV와 할인율과의 관계를 나타내는 그래프다. 그래프를 그리는 프로그램 코드는 부록 E를 참고하기 바란다. y축은 NPV고, x축은 할인율이다.

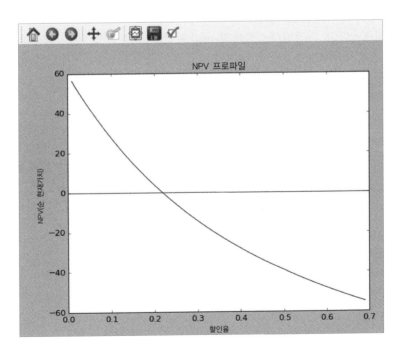

특정 투자에 대한 NPV를 계산하려면 SciPy나 `numpy.lib.financial`에 있는 `npv()` 함수를 사용하면 된다. 다음 코드를 살펴보자.

```
>>> import scipy as sp
>>> cashflows=[-100,50,60,70]
>>> rate=0.1
>>> npv=sp.npv(rate,cashflows)
>>> round(npv,2)
47.62
```

`scipy.npv()`는 주어진 현금 흐름의 현재가치를 계산한다. 첫 번째 입력 변수는 할 인율이고 두 번째는 현금 흐름 값을 가진 배열이다. 배열 내의 현금 흐름 중 첫 번째 현금 흐름은 시각 0에서 발생한다는 점에 유의하라. `scipy.npv()` 함수는 엑셀의 NPV 함수와는 다른데, 엑셀의 함수는 실제로는 NPV가 아니라 사실 PV 함수다. 엑셀은 미래 현금 흐름의 현재가치를 계산할 때 첫 번째 현금 흐름이 첫 주기의 기말에 일어난다고 가정한다. 엑셀의 `npv()` 함수를 사용한 예는 다음과 같다.

	D2	▼		f_x	=NPV(0.1,B1:D1)+A1	
	A	B	C	D	E	F
1	-100	50	60	70		
2				47.63		

미래 현금 흐름이 단 한 번만 있는 경우를 계산해보면 다음 코드처럼 `scipy.npv()` 함수의 의미는 더욱 명확해진다.

```
>>> c=[100]
>>> x=np.npv(0.1,c)
>>> round(x,2)
>>> 100.0
```

해당 엑셀 함수와 출력은 다음과 같다.

148

단일 미래 현금 흐름에 대한 엑셀 npv( ) 함수의 결과가 앞에 나타나 있다. numpy. lib.financial.npv( ) 함수는 단일 현금 흐름 100달러가 오늘(시각 0) 발생한 것으로 계산하지만, 엑셀의 npv( ) 함수는 100달러의 현금 흐름이 기말에 발생하는 것으로 계산한다. 따라서 100/(1+0.1)이 돼 결과가 90.91이 된다.

NPV 법칙은 다음과 같다.

$$\begin{cases} \text{if } NPV > 0 & \text{승인} \\ \text{if } NPV < 0 & \text{기각} \quad \cdots\cdots(12) \end{cases}$$

▌ IRR의 정의와 IRR 법칙

내부 수익률[IRR, Internal Rate of Return]은 NPV를 0으로 만드는 할인율로 정의된다. 오늘 100달러를 투자하고 향후 4년간 현금 흐름이 각각 30, 40, 40, 50달러라고 가정하자. 모든 현금 흐름은 해당년도의 기말에 발생한다고 가정하면 이 투자의 IRR은 어떻게 될까? 다음 프로그램은 scipy.irr( ) 함수를 사용한다.

```
>>> import scipy as sp
>>> cashflows=[-100,30,40,40,50]
>>> sp.irr(cashflows)
0.2001879105140867
```

구해진 할인율이 실제로 NPV를 0으로 만드는지 다음 식을 통해 확인해보자.

```
>>> r=sp.irr(cashflows)
```

```
>>> sp.npv(r,cashflows)
1.7763568394002505e-14
>>>
```

계산 결과 NPV가 0이므로 20.02%는 IRR의 정의에 부합한다.

정상 투자의 경우 IRR 법칙은 다음과 같다.

$$\begin{cases} \text{if } IRR > R_c & \text{승인} \\ \text{if } IRR < R_c & \text{기각} \end{cases} \quad \cdots\cdots(13)$$

여기서 R_c는 자본 비용이다. IRR 법칙은 정상 투자에만 유효하다. 다음과 같은 투자 기회가 있다고 가정해보자. 초기 투자비용은 오늘 100달러이고 이듬해 50달러다. 투자 완료 후 5년간 현금 수입은 각각 50, 70, 100, 90, 20달러다. 자본 비용이 10%라면 이 기회는 투자 가치가 있는 것인가? 타임라인과 해당 현금 흐름은 다음과 같다.

```
-100   -50    50    70    100    90     20
|-------|-------|-------|-------|-------|-------|
0       1       2       3       4       5       6
```

이 투자에 대한 IRR을 구하는 파이썬 코드는 다음과 같다.

```
>>> import scipy as sp
>>> cashflows=[-100,-50,50,70,100,90,20]
>>> sp.irr(cashflows)
0.25949919326073245
```

IRR이 25.9%고 이것은 자본 비용 10%보다 크므로 IRR 법칙에 따라 이 투자는 승인 돼야 한다. 위 예제는 정상 투자의 경우다. 비정상 투자 혹은 복수의 IRR이 있는 경우 IRR 법칙을 적용할 수 없다. 현금 흐름의 방향성이 한 번 이상 변경되면 여러 개의 IRR이 있을 수 있다. 시각 0에서 시작해서 현금 흐름이 각각 504, -432, -432, -432, 843이라고 가정해보자

```
>>> import scipy as sp
>>> cashflows=[504, -432,-432, -432,843]
>>> sp.irr(cashflows)
0.14277225152187745
```

관련 그래프는 다음과 같다.

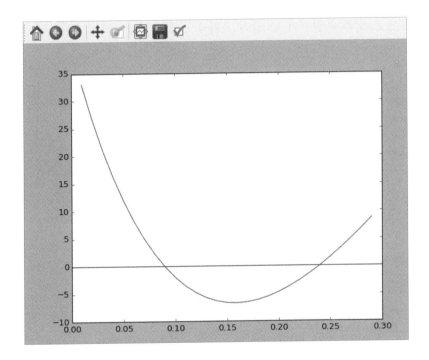

현금 흐름의 방향성이 두 번 바뀌므로 투자는 2개의 서로 다른 IRR을 가질 수 있다. 위 그래프가 그 경우를 보여준다. 위 NPV 프로파일을 그리는 파이썬 프로그램은 부록 F를 참고하라. spicy.npv( ) 함수는 오직 하나의 IRR 값만 계산한다. fincal. IRRs_f( ) 함수를 이용하면 두 IRR을 모두 구할 수 있다. 다음 코드를 살펴보자.

```
>>> import fincal
>>> cashflows=[504, -432,-432, -432,843]
>>> fincal.IRRs_f(cashflows)
[0.143, 0.192]
```

▌ 회수 기간의 정의 및 회수 기간 법칙

회수 기간$^{payback\ period}$이란 초기 투자를 모두 회복하는 데 소요되는 햇수로 정의된다. 예를 들어 초기 투자 금액이 100달러고 회사가 매년 30달러씩 회수한다면 100달러를 모두 회수하는 데 필요한 회수 기간은 3.3년이 된다.

```
>>> import fincal
>>> cashflows=[-100,30,30,30,30,30]
>>> fincal.payback_period(cashflows)
3.3333333333333335
```

회수 기간 법칙은 다음과 같다.

$$\begin{cases} \text{if } T > T_c & \text{승인} \\ \text{if } T < T_c & \text{기각} \end{cases} \quad \text{.........(14)}$$

여기서 T는 투자 회수 기간이고, T_c는 초기 투자 회수를 위한 최대 허용 기간이다. 따라서 위 예제에서 T_c가 4라면 실제 회수 기간이 3.3이므로 투자는 승인됐을 것이다.

회수 기간 법칙을 사용할 때의 가장 큰 장점은 매우 간단하다는 것이다. 그러나 이 법칙에는 많은 단점이 있다. 우선 이 방식은 화폐의 시간 가치를 고려하지 않는다. 예제에서 오늘 받은 30달러와 1년 후 받은 30달러의 가치가 동일하게 취급됐다. 두 번째는 회수 기간 이후의 현금 흐름은 모두 무시된다. 이 방식은 기간이 긴 미래 현금 흐름을 가진 투자에 대해서는 상대적으로 좋지 않은 지표를 도출한다. 마지막으로 T_c 값을 합리적으로 설정할 이론적 근거가 없다. 다시 말해 최대 회수 허용 기간이 왜 5년이 아니라 4년이 더 적합한지의 질문에 대한 합리적 설명이 불가능하다.

▌ 파이썬으로 만드는 나만의 금융계산기

신규 파이썬 학습자가 금융계산기를 직접 제작해본다면 이는 크나큰 성취가 될 것이다. 계산기를 만들기 위해 필요한 기초 지식은 다음과 같다.

- 파이썬 함수를 만드는 방법에 대한 지식
- 관련 금융 수식에 대한 지식

금융 관련 수식의 경우는 이전 절에서 단일 미래 현금 흐름에 대한 현재가치의 계산법 공식 등에 대해 배웠으니 파이썬 함수에 대해 알아보자. 우선 입력 값을 배수로 만드는 가장 간단한 파이썬 함수부터 시작해보자.

```python
def dd(x):
    return 2*x
```

def는 파이썬 함수를 정의할 때 쓰는 키워드다. dd는 함수의 이름, 괄호 내의 x는 입력 매개변수다. 파이썬의 경우 들여쓰기는 매우 중요하다. 위 예제의 경우 들여쓰기는 둘째 줄이 dd 함수의 일부라는 의미로 사용됐다. 이 함수를 호출하는 방법은 내장 함수를 호출하는 방식과 같다.

```python
>>> dd(5)
10
>>> dd(3.42)
```

6.84

자, 이제 간단한 금융계산기를 한번 만들어보자. 먼저 파이썬을 실행한 후 편집기를 써서 다음 코드를 입력해보자.

```
def pvFunction(fv,r,n):
    return fv/(1+r)**n
def pvPerpetuity(c,r):
    return c/r
def pvPerpetuityDue(c,r):
    return c/r*(1+r)
```

단순한 예를 위해 각 함수는 2줄로만 구성했다. 전체 프로그램을 실행해 전체 함수를 활성화한 뒤 dir() 함수를 이용하면 각 함수의 존재를 확인할 수 있다.

```
>>> dir()
['__builtins__', '__doc__', '__loader__', '__name__', '__package__',
'__spec__','pvFunction', 'pvPerpetuity','pvPerpetuityDue']
>>>
```

직접 제작한 금융계산기를 호출하는 방식은 아주 간단하다. 다음 코드를 살펴보자.

```
>>> pvFunction(100,0.1,1)
90.9090909090909
>>> pvFunction(n=1,r=0.1,fv=100)
90.9090909090909
>>> pvFunction(n=1,fv=100,r=0.1)
90.9090909090909
```

매개변수를 입력하는 방식은 두 가지가 있다. 키워드 없이 매개변수만 입력할 때는 순서가 중요하다는 점에 유의하자. 첫 번째는 함수 호출 때 키워드 없이 매개변수를 그냥 입력한 예이고, 두 번째와 세 번째는 키워드와 함께 매개변수를 사용한 예다.

좀 더 진보된 금융계산기에 대한 예는 부록 G를 참고하라.

▍여러 함수를 위한 2가지 일반식

이 절은 매우 복잡한 수학식을 포함하고 있으므로 반드시 읽지 않아도 된다. 이 절을 그냥 지나치더라도 전체 장을 이해하는 데 아무런 지장이 없다. 따라서 이 절은 고급 사용자를 위한 것으로 보면 된다. 3장에서는 지금까지 SciPy 모듈이나 `numpy.lib.financial` 서브모듈에 있는 pv( ), fv( ), nper( ), pmt( ), rate( ) 등의 함수들을 배웠다. 첫 번째 설명할 일반식은 현재가치에 관한 것이다.

$$PV = -\left\{ \frac{FV}{(1+R)^n} + \frac{C}{R}\left[1 - \frac{1}{(1+R)^n} \right] \times (1+R \times type) \right\} \quad ....(15)$$

위 수식의 우변을 자세히 들여다보면 첫 항은 단일 미래 현금 흐름에 대한 현재가치이고, 두 번째 항은 연금의 현재가치인 것을 알 수 있다. 변수 type이 0값(디폴트값)을 가지면 일반 연금의 현재가치가 되고, 1이면 기초 지급 연금의 현재가치가 된다. 마이너스 부호는 부호 규칙에 따른 것이다. SciPy나 `numpy.lib.financial`의 함수에 사용된 변수 이름 표기법을 따르면 다음과 같은 수식을 얻을 수 있다.

$$PV = -\left\{ \frac{FV}{(1+rate)^{nper}} + \frac{pmt}{rate}\left[1 - \frac{1}{(1+rate)^{nper}} \right] \times (1+rate \times when) \right\} \quad ....(16)$$

이제 수식 (14)와 SciPy에 있는 pv( ) 함수를 사용한 예제 몇 개를 들어보자. 제임스는 오늘 x달러를 향후 10년간 투자하려고 한다. 연간 수익률은 5%다. 그리고 10년 동안 매년 초에 5,000달러를 인출할 계획이다. 또한 투자 기간이 종료되는 시점에 7,000달러를 받고자 한다. 이 경우 오늘 얼마를 투자해야 하는가? 즉 x 값은 얼마인가? 앞의 수식을 써서 수작업으로 계산하면 다음과 같은 결과를 얻는다. 부호가 음수라는 점에 주목하라.

```
>>> -(7000/(1+0.05)**10 + 5000/0.05*(1-1/(1+0.05)**10)*(1+0.05))
-44836.501153005614
```

이 결과는 scipy.pv( ) 함수를 사용한 것과 동일하다. 다음 코드를 살펴보자.

```
>>> import scipy as sp
>>> sp.pv(0.05,10,5000,7000,1)
-44836.5011530056
```

식 (16)을 일반 연금인 경우와 기초 지급 연금인 경우로 구분하기 위해 2개의 식으로 분리하면 다음과 같다 일반 연금은 다음 수식을 사용한다.

$$PV = -\left\{ \frac{FV}{(1+rate)^{nper}} + \frac{pmt}{rate}\left[1 - \frac{1}{(1+rate)^{nper}}\right]\right\} \quad \text{........(16B)}$$

기초 지급 연금의 경우 다음 식을 사용한다.

$$PV = -\left\{ \frac{FV}{(1+rate)^{nper}} + \frac{pmt}{rate}\left[1 - \frac{1}{(1+rate)^{nper}}\right] \times (1+rate)\right\} \quad \text{........(16C)}$$

유사하게 미래가치에 대해 다음의 일반 수식을 사용할 수 있다.

$$FV = 1\left\{ PV(1+R)^n + \frac{C}{R}[(1+R)^n - 1] \times (1+R \times type)\right\} \quad \text{.......(17)}$$

SciPy와 numpy.lib.financial의 함수에 사용된 변수 이름을 따르면 다음과 같은 공식을 얻을 수 있다.

$$FV = -\left\{ PV(1+rate)^{nper} + \frac{pmt}{rate}[(1+rate)^{nper}-1] \times (1+rate \times when) \right\} \quad \text{.......(18)}$$

같은 방식으로 일반 연금과 기초 지급 연금을 분리할 수 있다. 일반 연금에 대한 수식은 다음과 같다.

$$FV = -\left\{ PV(1+rate)^{nper} + \frac{pmt}{rate}[(1+rate)^{nper}-1] \right\} \quad \text{.......(18B)}$$

기초 지급 연금의 경우 수식은 다음과 같다.

$$FV = -\left\{ PV(1+rate)^{nper} + \frac{pmt}{rate}[(1+rate)^{nper}-1] \times (1+rate) \right\} \quad \text{.......(18C)}$$

다음 식에서 현재가치^{PV}가 두 번 나타난다. 그러나 그 의미는 사뭇 다르다. 마찬가지로 미래가치도 서로 다른 의미로 두 번 나타난다.

$$PV = -\left\{ \frac{FV}{(1+R)^n} + \frac{C}{R}\left[1 - \frac{1}{(1+R)^n}\right] \times (1+R \times type) \right\}$$

$$FV = -\left\{ PV(1+R)^n + \frac{C}{R}[(1+R)^n-1] \times (1+R \times type) \right\}$$

이 두 식에 대한 연관성을 설명하기 위해 간단한 예제를 하나 들어보자. 우선 함수를 단순히 하기 위해 부호 규칙 부분을 없애고 기초 지급 연금이 아닌 일반 연금이라고 가정하자.

$$PV = \frac{FV}{(1+R)^n} + \frac{C}{R}\left[1 - \frac{1}{(1+R)^n}\right] \quad \text{........(19)}$$

$$FV = PV(1+R)^n + \frac{C}{R}[(1+R)^n-1] \quad \text{........(20)}$$

실제로 3개의 PV(현재가치)와 3개의 FV(미래가치)가 구해진다. 100달러를 3년 동안 투자한다고 하자. 거기에 향후 3년간 각 연도의 기말에 20달러씩 더 투자한다고 가정하자. 투자 수익률이 연간 4%라면 투자의 미래가치는 어떻게 되는가?

```
$100          20          20          20    FV=?
|-------------|-------------|-------------|
0             1             2             3
```

답을 구하기 위해 식 (20)을 사용하면 다음과 같다.

```
>>> 100*(1+0.04)**3+20/0.04*((1+0.04)**3-1)
174.91840000000005
>>> import scipy as sp
>>> sp.fv(0.04,3,20,100)
-174.91840000000005
```

실제로 위 계산식에는 3개의 다른 의미의 미래가치가 들어있다. 각각을 FV(총합), FV(연금), FV(단일 PV)이라고 하면 3개 미래가치의 관계는 다음과 같다.

$$FV(총합) = FV(연금) + FV(단일\ PV)$$

다음 코드는 연금의 미래가치 및 단일 현재가치에 대한 미래가치를 계산하는 방법을 보여준다.

```
>>> fv_annuity=20/0.04*((1+0.04)**3-1)
>>> fv_annuity
62.432000000000045
>>> fv_one_PV=100*(1+0.04)**3
>>> fv_one_PV
112.4864
```

총 미래가치는 두 미래가치를 합친 값, 즉 62.4320+112.4864=174.92다. 이에 상응하는 3개의 현재가치를 구하는 방법을 알아보자. 각각을 PV(총합), PV(연금), PV(단일 FV)라고 하자. 이들 간의 관계는 다음과 같다.

$$PV(총합) = PV(연금) + PV(단일\ FV)$$

현금 흐름은 앞 예제와 동일하다고 가정하자. 최초 100달러는 그 자체가 현재가치다. 이 후 세 번의 20달러에 대한 현재가치는 다음 코드처럼 수작업으로 구할 수 있다. 다음 코드를 살펴보자.

```
>>> 20/0.04*(1-1/(1+0.04)**3)
55.501820664542564
```

계산 결과 총 현재가치는 100 + 55.51=155.51이 된다. 다른 방법으로는 scipy.pv( ) 함수를 사용할 수 있다. 다음 코드를 살펴보자.

```
>>> import scipy as sp
>>> sp.pv(0.04,3,20)
-55.501820664542592
>>> import fincal
>>> fincal.pvAnnuity(0.04,3,20)
55.501820664542564
```

총 미래가치(174.92)와 총 현재가치(155.51) 사이는 다음과 같은 관계가 있다.

```
>>> 174.92/(1+0.04)**3
155.5032430587164
```

요약하면 scipy.pv( )와 scipy.fv( ) 함수를 사용할 때 scipy.pv( ) 함수에서 사용하는 입력 변수 fv와 scipy.fv( ) 함수의 결과 값은 서로 의미가 다르다. 독자들은 총 미래가치, 단일 현재가치에 대한 미래가치, 그리고 연금의 미래가치를 구분할 수 있어야 한다. 이는 scipy.fv( ) 함수의 pv 값과 scipy.pv( ) 함수의 결과 값에 대해서도 동일하다.

부록 A: 파이썬, NumPy, SciPy 설치

아나콘다를 통해 파이썬을 설치하려면 다음과 같은 단계를 따르면 된다.

1. http://continuum.io/downloads에 접속한다.
2. 적절한 패키지를 찾는다. 다음 화면을 살펴보자.

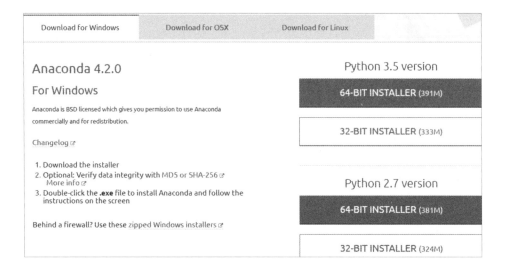

파이썬의 경우 여러 버전이 같이 존재한다. 앞 스크린샷의 경우 3.5와 2.7이 함께 있다. 이 책을 읽는 동안 버전은 그다지 중요치 않다. 이전 버전은 기존 문제점들이 그대로 존재하고, 신규 버전은 기능이 개선된 정도의 차이가 있다. 아나콘다를 통해 파이썬을 설치하면 NumPy와 SciPy가 동시에 같이 설치된다. 스파이더를 통해 파이썬을 실행한 후 다음의 코드 두 줄을 입력해보자. 오류가 발생하지 않는다면 두 모듈은 잘 설치된 것이다.

160

```
>>> import numpy as np
>>> import scipy as sp
```

또 다른 방식은 파이썬을 직접 설치하는 것이다.

http://www.python.org/download에 접속한다. 컴퓨터 환경에 따라 적절한 패키지를 선택한다. 모듈의 설치에 관해서는 파이썬 문서를 참고하라. 다음 명령을 실행하면 최신 버전의 모듈을 설치할 때 파이썬 패키지 인덱스$^{PIP, Python Package Index}$를 참조해 종속된 모듈을 함께 설치한다.

```
python -m pip install SomePackage
```

POSIX 사용자들을 위한(맥 OS X, 리눅스 사용자를 포함) 예제들은 가상 환경을 가정했다. 특정한 버전을 설치하려면 다음 코드를 참고하라.

```
python -m pip install SomePackage==1.0.4          # 특정 버전
python -m pip install "SomePackage>=1.0.4"      # 최소 버전
```

대개 모듈이 이미 잘 설치됐다면 모듈을 재설치해도 아무런 영향이 없다. 기존 모듈을 업그레이드하려면 다음과 같이 명시적으로 명령을 실행해야 한다.

```
python -m pip install --upgrade SomePackage
```

부록 B: 화폐의 시간 가치에 대한 시각적 표현

다음 코드가 어렵다고 느껴지는 독자가 있다면 이 부분은 무시해도 된다. 금융에 있어 오늘의 100달러가 1년 후의 100달러보다 더 가치가 있다는 것은 누구나 알고

있다. 크기를 통해 이 차이를 시각화하려면 다음과 같은 파이썬 프로그램을 이용하면 된다.

```
from matplotlib.pyplot import *
fig1 = figure(facecolor='white')
ax1 = axes(frameon=False)
ax1.set_frame_on(False)
ax1.get_xaxis().tick_bottom()
ax1.axes.get_yaxis().set_visible(False)
x=range(0,11,2)
x1=range(len(x),0,-1)
y = [0]*len(x);
name="Today's value of $100 received today"
annotate(name,xy=(0,0),xytext=(2,0.001),arrowprops=dict(facecolor='black',
shrink=0.02))
s = [50*2.5**n for n in x1];
title("Time value of money ")
xlabel("Time (number of years)")
scatter(x,y,s=s);
show()
```

그래프는 다음과 같다. 첫 번째 푸른 원이 현재가치를 의미하고, 두 번째 원은 두 번째 해 기말의 100달러를 의미한다.

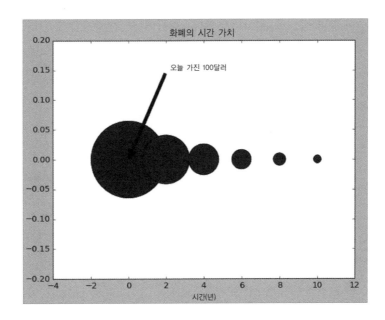

화폐의 시간 가치

오늘 가진 100달러

시간(년)

부록 C: 단일 미래 현금 흐름과 영구 연금의 현재가치로부터 연금의 현재가치 도출

우선 다음의 두 식을 살펴보자.

$$PV = \frac{FV}{(1+R)^n} \quad \cdots\cdots(1)$$

$$PV(\text{영구 연금}) = \frac{C}{R} \quad \cdots\cdots(2)$$

여기서 FV는 미래가치, R은 기간별 할인율, n은 총 기간 수, C는 첫 기말에 처음으로 현금 흐름이 발생해 매 기말에 동일 금액으로 발생하는 현금 흐름을 의미한다.

연금은 '미래에 발생하는 동일 금액의 현금 흐름의 집합'으로 정의된다. 첫 번째 현금 흐름이 첫 기말에 일어난다면 연금의 현재가치는 다음의 공식으로 계산된다.

$$PV(\text{연금}) = \frac{C}{R}\left[1 - \frac{1}{(1+R)^n}\right] \quad \cdots\cdots(3)$$

C는 각 기말에 반복적으로 일어나는 현금 흐름이고, R은 기간별 할인율, n은 총 기간 수다. 식 (3)은 다른 식에 비해 매우 복잡해보인다. 그러나 약간의 상상력을 동원하면 식 (1)과 (2)를 조합하면 식 (3)이 도출됨을 알 수 있다. 이는 연금을 2개의 영구 연금으로 분할해서 생각해보면 쉽다.

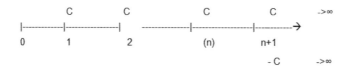

위 연금은 아래의 영구 연금 2개를 합친 것과 같다.

개념적으로 다음과 같이 정리해보자. 메리는 향후 10년간 매년 20달러씩 연금을 받는다. 이 말을 조금 바꾸면 메리가 다음과 같은 2개의 영구 연금을 동시에 받는 것으로 설명할 수 있다. 첫 번째 영구 연금은 메리에게 매년 20달러를 영원히 지급한다. 두 번째 영구 연금은 11년 되는 해부터 시작해서 메리에게서 매년 20달러를 받아간다. 이렇게 하면 연금의 현재가치는 첫 영구 연금과 두 번째 영구 연금의 현재가치를 차감한 것으로 구할 수 있게 된다.

$$PV(연금) = PV(첫\ 번째\ 영구\ 연금) - PV(두\ 번째\ 영구\ 연금)$$

동일한 간격을 두고 동일 금액의 현금 흐름이 영원히 발생하는 것을 영구 연금이라 한다. 할인율이 일정하고 첫 번째 현금 흐름이 첫 기말에 발생하면 현재가치는 다음과 같다.

$$PV(영구\ 연금) = \frac{C}{R}$$

부록 D: 파이썬으로 제작한 무료 금융계산기 다운로드

http://canisius.edu/~yany/fincal.pyc에서 접속해서 실행 파일을 다운로드하자. 다운로드한 파일들은 c:/temp/에 저장돼 있다고 가정한다. 작업 경로를 변경해보자. 다음 스크린샷을 보라.

다음은 그 예다.

```
>>> import fincal
>>> fincal.pv_f(0.1,1,100)
90.9090909090909
```

모듈 내의 모든 함수를 보려면 dir( ) 함수를 이용하면 된다. 다음 코드를 참고하라.

```
>>> import fincal
>>> dir(fincal)
['CND', 'EBITDA_value', 'IRR_f', 'IRRs_f', 'NPER', 'PMT', 'Rc_f',
'Rm_f', '__builtins__', '__cached__', '__doc__', '__file__', '__loader__',
'__name__', '__package__', '__request', '__spec__',
'bondPrice', 'bsCall', 'convert_B_M', 'duration', 'exp', 'fincalHelp',
'fvAnnuity', 'fvAnnuityDue', 'fv_f', 'get_200day_moving_avg',
'get_50day_moving_avg', 'get_52week_high', 'get_52week_low', 'get_EBITDA',
'get_all', 'get_avg_daily_volume', 'get_book_value','get_change',
'get_dividend_per_share', 'get_dividend_yield', 'get_earnings_per_share',
'get_historical_prices', 'get_market_cap','get_price',
'get_price_book_ratio',
'get_price_earnings_growth_ratio', 'get_price_earnings_ratio',
'get_price_sales_ratio', 'get_short_ratio', 'get_stock_exchange',
'get_volume','log', 'market_cap', 'mean', 'modified_duration', 'n_annuity',
'npv_f','payback_','payback_period', 'pi', 'pvAnnuity', 'pvAnnuityDue',
```

```
'pvAnnuity_k_period_from_today', 'pvGrowingAnnuity', 'pvGrowingPerpetuity',
'pvPerpetuity', 'pvPerpetuityDue', 'pv_excel', 'pv_f', 'r_continuous',
're', 'sign', 'sqrt', 'urllib']
```

각 함수의 사용법을 보려면 help( ) 함수를 활용하면 된다.

```
>>> help(fincal.pv_f)
Help on function pv_f in module fincal:
pv_f(r, n, fv)
    Objective: estimate present value
        r  : period rate
        n  : number of period
        fv : future value

                                 fv
        formula used : pv = --------
                             (1+r)**n

    Example #1: >>>pv_f(0.1,1,100)          # meanings of input variables
                90.9090909090909            # based on their input order
    Example #2 >>>pv_f(r=0.1,fv=100,n=1)    # meanings based on keywords
                90.9090909090909
>>>
```

부록 E: NPV와 할인율과의 관계 도식화

NPV 프로파일은 투자의 NPV와 그 할인율(자본 비용) 사이의 관계다. 현금 유출이
먼저 일어나고 현금 유입이 발생하는 정상 투자의 경우 NPV는 할인율에 대한 감소
함수다. 다음 코드를 살펴보자.

```
import scipy as sp
from matplotlib.pyplot import *
cashflows=[-120,50,60,70]
```

166

```
rate=[]
npv =[]
for i in range(1,70):
    rate.append(0.01*i)
    npv.append(sp.npv(0.01*i,cashflows))

plot(rate,npv)
show( )
```

결과 그래프는 다음과 같다.

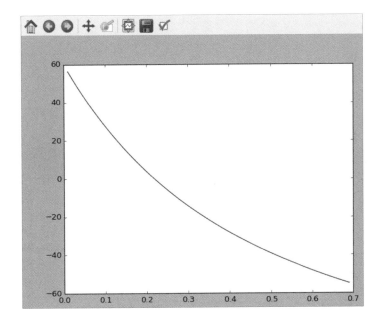

그래프를 좀 더 꾸미려면 제목, 레이블, 가로선 등도 첨가할 수 있다. 다음 코드를
살펴보자.

```
import scipy as sp
from matplotlib.pyplot import *
cashflows=[-120,50,60,70]
```

```
rate=[]
npv=[]
x=(0,0.7)
y=(0,0)
for i in range(1,70):
    rate.append(0.01*i)
    npv.append(sp.npv(0.01*i,cashflows))

title("NPV profile")
xlabel("Discount Rate")
ylabel("NPV (Net Present Value)")
plot(rate,npv)
plot(x,y)
show()
```

출력 결과는 다음과 같다

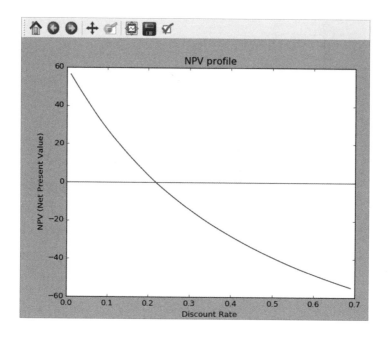

부록 F: 두 개의 IRR을 가진 NPV 프로파일의 도식화

현금 흐름의 방향이 두 번 바뀌면 2개의 IRR이 존재할 수 있다.

```
import scipy as sp
import matplotlib.pyplot as plt
cashflows=[504,-432,-432,-432,832]
rate=[]
npv=[]
x=[0,0.3]
y=[0,0]
for i in range(1,30):
    rate.append(0.01*i)
    npv.append(sp.npv(0.01*i,cashflows))

plt.plot(x,y),plt.plot(rate,npv)
plt.show()
```

해당 그래프는 다음과 같다.

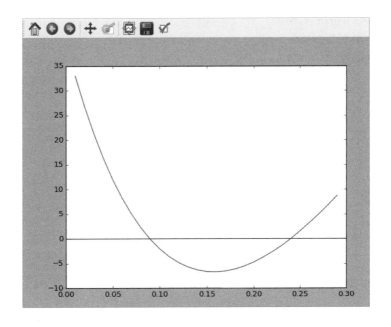

부록 G: 파이썬으로 직접 금융계산기 제작

이제 간단한 금융계산기를 직접 만들어보자. 파이썬을 실행 후 편집기를 써서 다음 코드를 입력해보자. 단순한 예제를 위해 다음 10개 함수는 모두 2줄로만 구성했다. 다시 말하지만 적절한 들여쓰기는 매우 중요하다. 따라서 각 함수의 두 번째 줄은 모두 들여쓰기를 해야 한다.

```python
def pvFunction(fv,r,n):
    return fv/(1+r)**n
def pvPerpetuity(c,r):
    return c/r
def pvPerpetuityDue(c,r):
    return c/r*(1+r)
def pvAnnuity(c,r,n):
    return c/r*(1-1/(1+r)**n)
def pvAnnuityDue(c,r,n):
    return c/r*(1-1/(1+r)**n)*(1+r)
def pvGrowingAnnuity(c,r,n,g):
    return c/(r-g)*(1-(1+g)**n/(1+r)**n)
def fvFunction(pv,r,n):
    return pv*(1+r)**n
def fvAnnuity(cv,r,n):
    return c/r*((1+r)**n-1)
def fvAnnuityDue(cv,r,n):
    return c/r*((1+r)**n-1)*(1+r)
def fvGrowingAnnuity(cv,r,n):
    return c/(r-g)*((1+r)**n-(1+g)*n)
```

이 프로그램 이름을 myCalculator라고 하자.

다음 프로그램은 myCalculator.cpython-35.py라고 불리는 실행 파일을 생성한다.

```python
>>> import py_compile
```

```
>>> py_compile.compile('myCalculator.py')
'__pycache__\\myCalculator.cpython-35.pyc'
>>> __pycache__
py_compile.compile('c:/temp/myCalculator.py')
```

▌연습문제

1. 연이율이 2.5%일 때 10년 뒤에 받게 되는 206달러의 현재가치는 어떻게 되는가?

2. 매년 1달러씩 지급하고 연 할인율이 2.4%인 영구 연금의 현재가치는 얼마인가?

3. 정상 투자의 경우 NPV가 할인율과 역상관관계인 이유를 설명하시오.

4. 존은 5,000달러를 25년 동안 은행에 예금하기로 했다. 연이율이 0.25%라면 미래가치는 어떻게 되는가?

5. 20년 동안 매년 55달러를 지급하는 연금이 있다. 연 할인율이 5.41%이고 반년 단위로 복리 계산될 경우 현재가치는 얼마인가?

6. 메리는 5년 후 기말까지 2,400달러를 모으고자 한다. 연이율이 3.12%라면 해마다 얼마를 예금해야 하는가?

7. 다음 코드에서 기간 값이 음수가 나오는 이유는 무엇인가?

```
>>> import scipy as sp
>>> sp.nper(0.012,200,5000,0)
-21.99461003591637
```

8. 회사의 주당 이익이 과거 9년 동안 2달러에서 4달러로 성장했다면(전체 성장률이 100%), 연 성장률은 얼마인가?

9. 3장에서 현재가치를 구하는 함수 pv_f( )를 만들 때 다음의 공식을 사용했다. pv( )는 동일한 다음과 같은 공식을 왜 사용하지 않았는가?

$$PV = \frac{FV}{(1+R)^n}$$

여기서 PV는 현재가치, FV는 미래가치, R은 기간별 금리, n은 총 기간 수를 의미한다.

10. 첫해와 둘째 해 기말에 각각 5,000달러와 8,000달러의 현금 유입이 있는 투자가 있다. 초기 비용은 3,000달러다. 첫해와 둘째 해의 적절 할인율은 각각 10%와 12%다. 이 투자의 NPV는 얼마인가?

11. A 회사는 액면가가 1,000달러고 연 쿠폰 80달러를 지급하는 새로운 채권을 발행하려고 한다. 이자는 반년 단위로 지급하고 채권의 만기는 2년이다. 첫해의 현물 이자율$^{\text{spot rate}}$은 10%이다. 첫해 기말에 1년 만기 현물 이자율은 12%로 기대된다.

* 채권의 현재가치는 어떻게 되는가?
* 2년째 기말에 받게 되는 총액은 얼마인가?

12. 피터의 부자 삼촌은 피터가 4년 내에 대학을 마치면 4,000달러를 주겠다고 약속했다. 피터는 최근 금융 과목을 포함한 매우 힘든 2학년을 마쳤다. 피터는 장기 방학을 갖고 싶어한다. 할인율은 반년 복리로 계산해서 10%다. 피터가 오늘부터 방학을 가게 되면 얼마를 포기하는 셈이 되는가?

13. 당신에게는 지금 투자 여유자금 5,000달러가 있고 총 25년간 투자할 생각이 있다고 가정하자. 최초 10년 동안 6%의 이자를 지급하고 나머지 15년간 9%를 지급하는 투자 제안이 들어왔다. 제안된 투자의 경우 25년이 되는 해에 얼마를 얻게 되는가? 연평균 수익률은 몇 %가 되는가?

14. 입력 매개변수에 디폴트 값을 사용할 때의 장단점에 대해 설명하라.

15. 영구 연금의 현재가치를 계산하는 공식은 다음과 같다. 이를 증명해보라.

$$PV(\text{성장형 영구 연금}) = \frac{C}{R-g}$$

16. 제인은 오늘 날짜로 32살이 됐다. 그녀는 65세가 되는 해까지 250만 달러를 저축하고 은퇴하려고 한다. 월 복리로 연이율 3.41%일 때 제인은 매달 얼마를 적립해야 되는가?

17. 작은 프로그램 여러 개를 모은 집합 fin101.py가 있다고 가정하자. 파이썬 명령 import fin101과 from fin101 import *의 차이는 무엇인가?

18. 금리를 음수로 잘못 입력하는 등의 입력 오류를 방지할 수 있는 방법은 무엇인가?

19. 회수 기간을 계산하는 파이썬 프로그램을 만들어라. 예를 들어 초기 투자가 256달러이고 향후 7년간 기대되는 미래 현금 유입이 각각 34, 44, 55, 67, 92, 70, 50달러다. 이 투자 안의 회수 기간은 몇 년인가?

20. 연습문제 **19**에서 연간 할인율이 7.7%이면 할인 회수 기간은 어떻게 되는가? 주의: 할인 회수 기간 계산은 투자금 회수를 위해 미래 현금 흐름의 현재가치를 모두 더함으로써 구한다.

▌요약

3장에서는 단일 미래 현금 흐름에 대한 현재가치, 영구 연금의 현재가치, 연금의 현재가치, 단일 현금 흐름/연금의 미래가치, 기초 지급 연금의 현재가치 등 금융과 관련된 여러 기본 개념을 소개했다. NPV 법칙이나 IRR 법칙, 회수 기간 법칙 같은 몇 가지 결정 기준에 대해서도 알아봤다. 4장에서는 야후 금융, 구글 금융, 프렌치 교수의 데이터 라이브러리, 연방연구소 경제 데이터 라이브러리 등의 공개 데이터로부터 경제, 금융, 회계 데이터를 검색하는 방법을 알아본다.

04

데이터 소스

우리는 소위 정보화 시대를 살아가고 있고 방대한 양의 정보와 데이터에 둘러 싸여 있다. 이와 함께 데이터 과학자나 비즈니스 분석학과[business analytics program] 졸업생 등 데이터를 다룰 수 있는 기술을 가진 사람에 대한 수요는 나날이 커져만 간다. 케인[Kane]은 2006년 3가지 요소로 구성된 오픈소스 금융의 개념을 제시했다.

- 가설의 검증과 투자 전략 구현에 오픈소스 소프트웨어를 사용
- 금융 데이터에 대한 저렴한 접근
- 간편한 복제를 위한 공개 연구 결과의 표준화

이 책에서는 이 3가지 구성 요소를 각각 오픈 소프트웨어, 오픈 데이터, 그리고 오픈 코드라고 부르겠다. 파이썬은 가장 잘 알려진 오픈소스 소프트웨어 중 하나다. 당장

은 공개 데이터를 사용한다는 것이 현 상황에서 그리 녹록하지 않다. 이 책은 방대한 양의 데이터, 특히 공개 데이터를 사용한다. 4장에서 다루는 내용은 다음과 같다.

- 오픈소스 금융
- 거시경제 데이터 소스
- 회계 데이터 소스
- 금융 데이터 소스
- 기타 데이터 소스

▌ 심화 개념 탐구

4장의 초점은 경제, 금융, 회계 관련 데이터 특히 공개 데이터를 검색하는 방법이다. 공개 데이터의 예를 들면 야후 금융에서 일별 주가 추이, 현재가, 옵션 데이터, 연별/분기별 재무제표, 채권 데이터 등의 풍부한 데이터를 제공하고 있다. 이 공개 데이터를 이용하면 β(시장 리스크), 변동성^{volatility}(전체 리스크), 샤프 지수$^{Sharpe\ ratio}$, 젠센 알파$^{Jensen's\ alpha}$, 트레이너 지수$^{Treynor\ ratio}$, 유동성^{liquidity}, 거래비용$^{transaction\ costs}$ 등을 계산해 재무제표 분석(비율 분석), 성과 척도 등 다양한 분야의 측정 및 평가에 활용할 수 있다. 경제, 금융, 회계와 관련한 좋은 데이터 소스들이 많은데, 다음 표에 정리해뒀다.

표 4.1 오픈 데이터 소스

이름	데이터 유형
야후 금융	일별 주가, 연간/분기 재무제표 등
구글 금융	현재 및 과거 거래가
연방준비제도 경제 데이터(Federal Reserve Economic Data)	이자율, AAA, AA 등급 채권 금리

(이어짐)

이름	데이터 유형
프렌치교수의 데이터 라이브러리 (Prof. French's Data Library)	파마-프렌치 요인 시계열 데이터, 시장 지수 수익률, 무위험 금리, 산업 분류
통계청(Census Bureau)	통계 조사 데이터
미국 재무부(US. Department of Treasury)	미국 국채 수익률
노동 통계청(Bureau of Labor Statistics)	인플레이션, 취업률, 실업률, 급여 및 복지 혜택
미국 상무부 경제 분석국	국내 총생산(GDP) 등
전미 경제 연구소(National Bureau of Economic Research)	경기 변동, 인구 동태 통계, 대통령 보고서

데이터를 검색할 때는 주로 다음과 같은 두 가지 방법을 사용한다.

- 특정 위치에 접속해 직접 다운로드한 다음 파이썬 프로그램을 제작해 데이터를 검색하고 가공하는 방법
- `matplotlib.finance` 서브모듈에 있는 `quotes_historical_yahoo_ohlc()` 함수 등 파이썬 모듈에 포함돼 있는 여러 함수를 활용하는 방법

두 방법 모두 각각의 장단점이 있다. 첫 번째의 주된 장점은 데이터의 위치를 정확히 알 수 있으며 데이터를 가공할 프로그램을 직접 제작하므로 프로그램의 논리와 구조를 명확히 파악하고 있다는 점이다. 두 번째 방법의 장점은 데이터 검색이 매우 신속하고 편리하다는 점이다. 어떻게 보면 사용자는 데이터가 어디 있는지 구조가 어떻게 되는지 신경 쓸 필요가 전혀 없다. 단점은 사용한 함수들이 언제든지 변경될 수 있다는 점이다. 이런 점은 경우에 따라 문제가 될 소지가 있다. 예를 들어 `quotes_historical_yahoo_ohlc()`의 이전 버전 함수 이름은 `quotes_historical_yahoo()`였다.

앞서 소개한 다양한 데이터 소스로부터 데이터를 검색하려면 pandas_datareader.data와 matplotlib.financial이라는 2개의 서브모듈을 활용하면 된다. pandas_datareader.data에 들어있는 함수를 검색하려면 dir() 함수를 실행하면 된다.

```
>>> import pandas_datareader.data as pddata
>>> dir(pddata)
['DataReader', 'EurostatReader', 'FamaFrenchReader', 'FredReader', 'GoogleDailyReader', 'OECDReader', 'Opt
ions', 'YahooActionReader', 'YahooDailyReader', 'YahooOptions', 'YahooQuotesReader', '__builtins__', '__ca
ched__', '__doc__', '__file__', '__loader__', '__name__', '__package__', '__spec__', 'get_components_yahoo
', 'get_data_famafrench', 'get_data_fred', 'get_data_google', 'get_data_yahoo', 'get_data_yahoo_actions',
'get_quote_google', 'get_quote_yahoo', 'warnings']
>>>
```

위의 출력 결과를 살펴보면 야후 금융에 관련된 함수는 YahooDailyReader(), YahooActionReader(), YahooOptions(), YahooQuotesReader(), get_components_yahoo(), get_data_yahoo(), get_data_yahoo_actions(), get_quote_yahoo()의 8개가 있는 것처럼 보인다. 실제로는 theDataReader() 함수도 사용할 수 있다. 유사하게 구글, FRED, 프렌치 교수의 데이터 라이브러리로부터 데이터를 검색할 수 있는 여러 함수가 있다.

개별 함수의 사용법을 알아보려면 help() 함수를 사용하면 된다. pandas_datareader.data에 있는 DataReader() 함수의 사용법을 알아보자. 출력 화면은 다음과 같다.

```
>>> import pandas_datareader.data as pddata
>>> help(pddata.DataReader)
Help on function DataReader in module pandas_datareader.data:

DataReader(name, data_source=None, start=None, end=None, retry_count=3, pause=0.001, session=None)
    Imports data from a number of online sources.

    Currently supports Yahoo! Finance, Google Finance, St. Louis FED (FRED)
    and Kenneth French's data library.

    Parameters
    ----------
    name : str or list of strs
        the name of the dataset. Some data sources (yahoo, google, fred) will
        accept a list of names.
    data_source: {str, None}
        the data source ("yahoo", "yahoo-actions", "google", "fred", or "ff")
    start : {datetime, None}
        left boundary for range (defaults to 1/1/2010)
    end : {datetime, None}
        right boundary for range (defaults to today)
    retry_count : {int, 3}
        Number of times to retry query request.
    pause : {numeric, 0.001}
        Time, in seconds, to pause between consecutive queries of chunks. If
        single value given for symbol, represents the pause between retries.
    session : Session, default None
            requests.sessions.Session instance to be used
```

도움말을 잘 살펴보면 이 함수를 사용할 경우 야후 금융, 구글 금융, FRED, 프렌치 데이터 라이브러리에서 데이터를 검색할 수 있음을 알 수 있다. 다음 코드에는 `matplotlib.finance` 서브모듈에 포함돼 있는 모든 함수를 검색한 결과가 있다.

```
>>> import matplotlib.finance as fin
>>> dir(fin)
['Affine2D', 'Line2D', 'LineCollection', 'PolyCollection', 'Rectangle', 'TICKLEFT', 'TICKRIGHT', '__builti
ns__', '__cached__', '__doc__', '__file__', '__loader__', '__name__', '__package__', '__spec__', '__warnin
gregistry__', '_candlestick', '_check_input', '_parse_yahoo_historical', '_plot_day_summary', '_quotes_his
torical_yahoo', 'absolute_import', 'cachedir', 'candlestick2_ochl', 'candlestick2_ohlc', 'candlestick_ochl
', 'candlestick_ohlc', 'colorConverter', 'contextlib', 'date2num', 'datetime', 'division', 'fetch_historic
al_yahoo', 'get_cachedir', 'hashlib', 'index_bar', 'iterable', 'md5', 'mkdirs', 'np', 'os', 'parse_yahoo_h
istorical', 'parse_yahoo_historical_ohlc', 'plot_day_summary2_ochl', 'plot_day_summary2_ohlc', 'plot_
day_summary_oclh', 'plot_day_summary_ohlc', 'print_function', 'quotes_historical_yahoo_ochl', 'quotes_hist
orical_yahoo_ohlc', 'six', 'stock_dt_ochl', 'stock_dt_ohlc', 'unicode_literals', 'urlopen', 'verbose', 'vo
lume_overlay', 'volume_overlay2', 'volume_overlay3', 'warnings', 'xrange', 'zip']
>>>
```

주의 깊게 살펴본 독자들은 함수 이름에서 일관성이 결여된 부분을 발견했을 것이다. 일부 함수의 마지막 4글자가 ochl, ohlc, oclh라는 식으로 혼재돼 있다.

▌ 야후 금융에서 데이터 검색

야후 금융은 과거 시장 데이터, 최근 및 몇 년간의 재무제표, 현재가, 전문가 추천, 옵션 데이터 등의 정보를 제공한다. 주식 거래 데이터의 경우 일별, 주별, 월별 데이터와 배당 데이터도 포함돼 있다. 거래 데이터에는 여러 변수가 사용된다. 시가, 최고가, 최저가, 거래량, 종가, 조정 종가(분할과 배당을 반영한 조정) 등이 있다. 주가 추이는 1960년 이전 데이터는 제공되지 않는다. 이제 IBM 주가를 직접 검색하는 방법을 살펴보자.

1. http://finance.yahoo.com/에 접속한다.
2. 탐색 창에 IBM을 입력한다.
3. 중간에 위치한 Historical Price를 클릭한다.
4. 월별 데이터를 선택한 뒤 Apply를 클릭한다.
5. Apply 아래 있는 Download data를 클릭한다.

출력의 처음과 마지막 몇 줄은 다음과 같다.

```
Date,Open,High,Low,Close,Volume,Adj.Close
2017-03-09,179.149994,179.25,175.880005,177.179993,5413100,177.179993
2017-03-08,180.75,180.949997,179.300003,179.449997,3520000,179.449997
2017-03-07,180.710007,181.289993,180.199997,180.380005,2930800,180.380005
2017-03-06,179.720001,180.990005,179.570007,180.470001,3180900,180.470001
2017-03-03,180.529999,181.320007,179.759995,180.050003,1822000,180.050003
2017-03-02,181.880005,181.880005,180.429993,180.529999,2913600,180.529999
2017-03-01,180.479996,182.550003,180.029999,181.949997,2960000,181.949997
2017-02-28,179.380005,180.630005,179.350006,179.820007,3272500,179.820007


1962-01-17,558.000004,558.000004,550.000012,551.50001,419200,2.162375
1962-01-16,565.999997,565.999997,560.500002,560.500002,251200,2.197663
1962-01-15,565.999997,567.750013,565.999997,566.499996,251200,2.221188
1962-01-12,563.999999,563.999995,563.999999,563.999999,435200,2.211386
1962-01-11,558.500004,563,558.500004,563,315200,2.207465
1962-01-10,557.000005,559.500003,557.000005,557.000005,299200,2.18394
1962-01-09,552.00001,563,552.00001,556.000006,491200,2.180019
1962-01-08,559.500003,559.500003,545.000017,549.500012,544000,2.154533
1962-01-05,570.499992,570.499992,559.000003,560.000002,363200,2.195703
1962-01-04,576.999986,576.999986,570.999992,571.25001,256000,2.239813
1962-01-03,571.999991,576.999986,571.999991,576.999986,288000,2.262358
1962-01-02,578.499985,578.499985,571.999991,571.999991,387200,2.242753
```

다운로드한 데이터가 c:/temp에 저장돼 있다면 다음 코드를 이용해 데이터를 검색할 수 있다.

```
>>> import pandas as pd
>>> x=pd.read_csv("c:/temp/ibm.csv")
```

관측 데이터의 처음이나 마지막 부분만 살펴보려면 .head( )와 .tail( ) 함수를 요긴하게 사용할 수 있다. 두 함수의 디폴트 값은 5로 설정돼 있다. 다음 예제는 x.head( ) 명령을 사용해 데이터의 처음 5줄을 출력하고 x.tail(2)를 사용해 데이터의 마지막 두 줄을 출력한다.

```
In [2]: x.head()
Out[2]:
        Date        Open        High         Low       Close   Volume  \
0   2017-03-09  179.149994  179.250000  175.880005  177.179993  5413100
1   2017-03-08  180.750000  180.949997  179.300003  179.449997  3520000
2   2017-03-07  180.710007  181.289993  180.199997  180.380005  2930800
3   2017-03-06  179.720001  180.990005  179.570007  180.470001  3180900
4   2017-03-03  180.529999  181.320007  179.759995  180.050003  1822000

     Adj.Close
0   177.179993
1   179.449997
2   180.380005
3   180.470001
4   180.050003

In [3]: x.tail(2)
Out[3]:
            Date        Open        High         Low       Close  Volume  \
13890   1962-01-03  571.999991  576.999986  571.999991  576.999986  288000
13891   1962-01-02  578.499985  578.499985  571.999991  571.999991  387200

        Adj.Close
13890    2.262358
13891    2.242753
```

데이터를 검색하는 더 좋은 방법은 모듈이나 서브모듈에 포함돼 있는 여러 함수들을 활용하는 것이다. 다음에 단 2줄의 코드로 IBM 거래 데이터를 검색하는 가장 간단한 예제가 있다.

```
>>> import pandas_datareader.data as getData
>>> df = getData.get_data_google("IBM")
```

여기도 .head( ) 와 .tail( ) 함수를 사용해 결과의 일부분만을 살펴볼 수 있다. 다음 코드를 살펴보자.

```
>>> df.head(2)
                 Open        High         Low        Close   Volume   \
Date
2010-01-04  131.179993  132.970001  130.850006  132.449997  6155300
2010-01-05  131.679993  131.850006  130.100006  130.850006  6841400
Adj Close
Date
2010-01-04  112.285875
2010-01-05  110.929466
>>> df.tail(2)
                 Open        High         Low        Close   Volume   \
Date
2016-12-08  164.869995  166.000000  164.220001  165.360001  3259700
2016-12-09  165.179993  166.720001  164.600006  166.520004  3143900
Adj Close
Date
2016-12-08  165.360001
2016-12-09  166.520004
>>>
```

더 긴 구간을 검색하려면 시작일과 마지막 날짜를 지정하는 변수를 사용하면 된다. 다음 코드를 살펴보자.

```
>>> import pandas_datareader.data as getData
>>> import datetime
>>> begdate = datetime.datetime(1962, 11, 1)
```

```
>>> enddate = datetime.datetime(2016, 11, 7)
>>> df = getData.get_data_google("IBM",begdate, enddate)
```

앞 코드 예에서 datetime.datetime() 함수는 실제 날짜 변수를 설정한다. 4장 후반부에서 날짜 변수로부터 연도와 월을 검색하는 방법을 설명한다. 처음 2개의 관측치는 다음과 같다.

```
>>> df[0:2]
              Open         High         Low         Close        Volume
AdjClose
Date
1962-11-01   345.999992   351.999986   341.999996   351.999986   1992000
1.391752
1962-11-02   351.999986   369.875014   346.999991   357.249999   3131200
1.412510
>>>
```

주의 깊게 살핀 독자들은 직접 다운로드한 데이터와 읽어온 데이터의 날짜 정렬 순서가 다른 것을 발견했을 것이다. 데이터를 직접 다운로드했으면 정렬 순서는 최근 데이터(예를 들면 어제)부터 과거 데이터 순으로 돼 있지만, 함수를 통해 데이터를 검색하면 가장 오래된 데이터가 먼저 나타난다. 대부분의 금융 데이터베이스는 과거 데이터부터 시작해서 최근 데이터 순으로 정렬돼 있다.

다음 프로그램은 quotes_historical_yahoo_ ochl이라는 또 다른 함수를 사용한다. 다음 프로그램도 단 2줄로 구성된 매우 간단한 예제다.

```
>>> from matplotlib.finance import quotes_historical_yahoo_ochl as getData
>>> p=getData("IBM", (2015,1,1),(2015,12,31),asobject=True,adjusted=True)
```

앞 프로그램의 첫 줄은 matplotlib.finance 모듈에 있는 quotes_historical_yahoo_ochl() 함수를 임포트한다. 또한 타이핑 편의를 위해 긴 이름 대신 getData 라는 짧은 이름을 할당했다. 각자 편한 이름을 쓰면 된다. 두 번째 줄은 지정한 종목 코드의 시작일과 마지막 일 사이의 주가 데이터를 야후 금융 웹 페이지에서 검색하는 코드다. 처음 몇 줄을 보기 위해 p[0:4]를 입력해보자.

```
>>> p[0:4]
rec.array([ (datetime.date(2015, 1, 2), 2015, 1, 2, 735600.0,
150.47501253708967, 151.174636, 152.34067510485053,
150.1858367047493,5525500.0, 151.174636),
(datetime.date(2015, 1, 5), 2015, 1, 5, 735603.0,
150.43770546142676,148.795914, 150.43770546142676, 148.497414517829,
4880400.0,148.795914),
(datetime.date(2015, 1, 6), 2015, 1, 6, 735604.0,
148.9451702494383,145.586986, 149.215699719094, 144.7474294432884,
6146700.0,145.586986),
(datetime.date(2015, 1, 7), 2015, 1, 7, 735605.0,
146.64107567217212,144.635494, 146.64107567217212, 143.68400235493388,
4701800.0,144.635494),
dtype=[('date', 'O'), ('year', '<i2'), ('month', 'i1'), ('day', 'i1'), ('d',
'<f8'), ('open', '<f8'), ('close', '<f8'), ('high', '<f8'), ('low', '<f8'),
('volume', '<f8'), ('aclose', '<f8')])>>>
```

마지막 몇 줄은 데이터셋의 구조에 대한 정보를 보여준다. 예를 들어 0는 파이썬의 객체고, i2는 정수, f8은 실수를 의미한다. 아직까지는 데이터 형식에 대해 완전히 이해하지 못해도 무방하다.

주가 배열로부터 수익률을 계산하는 방법을 이해하기 위해 간단한 예를 하나 들어보자. 5개의 주가가 있고 각각의 타임라인이 t, t+1, t+2, t+3, t+4라고 가정하자.

184

```
>>> import numpy as np
>>> price=np.array([10,10.2,10.1,10.22,9])
>>> price[1:]
array([ 10.2 ,  10.1 ,  10.22,   9.  ])
>>> price[:-1]
array([ 10.  ,  10.2 ,  10.1 ,  10.22])
>>> (price[1:]-price[:-1])/price[:-1]
array([ 0.02, -0.00980392, 0.01188119, -0.11937378])
>>>
```

앞서 NumPy의 `np.array()` 함수로 정의했던 주가 배열의 경우 `price[1:]`이라고 지정하면 두 번째 데이터부터 마지막 데이터, 즉 처음 데이터를 제외한 모든 데이터를 의미한다. NumPy 배열의 인덱스가 0부터 시작됐음을 떠올려보자. `price[:-1]`은 마지막 값을 제외한 모든 데이터를 의미한다. 수작업으로도 수익률을 검증해볼 수 있다. 처음 두 수익률에 대해 수작업으로 검증한 다음 코드를 살펴보자.

```
>>> (10.2-10)/10
0.019999999999999928
>>> (10.1-10.2)/10.2
-0.009803921568627416
```

다음 예제는 배열에 임의의 난수를 대입해서 앞과 동일한 연산을 수행한다.

```
>>> import scipy as sp
>>> sp.random.seed(123)
>>> price=sp.random.random_sample(10)*15
>>> price
array([ 10.44703778,   4.29209002,   3.4027718 ,   8.26972154,
        10.79203455,   6.3465969 ,  14.71146298,  10.27244608,
         7.21397852,   5.88176277])
>>> price[1:]/price[:-1]-1
```

```
array([-0.58915722, -0.20719934,  1.43028978,  0.3050058 , -0.4119184,
        1.31800809, -0.30173864, -0.29773508, -0.18467143])
>>>
```

주가 배열이 최근 데이터부터 오래된 순으로 정리돼 있다면 수익률 계산 코드는 price[:-1]/price[1:]-1이어야 한다. 이제 앞서 설명한 원리를 정리해서 수익률 계산하는 프로그램을 만들어보자.

```
from matplotlib.finance import quotes_historical_yahoo_ochl as getData
ticker='IBM'
begdate=(2015,1,1)
enddate=(2015,11,9)
p = getData(ticker, begdate, enddate,asobject=True,adjusted=True)
ret = p.aclose[1:]/p.aclose[:-1]-1
```

프로그램을 좀 더 일반화하기 위해 앞 프로그램에 3개의 변수 begdate, enddate, ticker를 추가했다. 명령의 마지막 줄을 자세히 살펴보자. 주어진 한 쌍의 주가 p1, p2에 대해 p1이 p2보다 시간적으로 앞선다고 가정한다. 수익률을 계산할 수 있는 두 가지 방법은 (p2-p1)/p1 혹은 p2/p1-1이다. 직관적으로는 전자가 좀 더 명확하지만 후자는 코딩의 오류를 좀 더 줄여줄 수 있을 것이다. 수작업으로 몇 개의 수익률만 검산해보자.

```
>>> p.aclose[0:4]
array([ 151.174636,148.795914,   145.586986,   144.635494])
>>> ret[0:3]
array([-0.01573493, -0.02122663, -0.00629399])
>>> (p.aclose[1]-p.aclose[0])/p.aclose[0]
-0.01573492791475934
```

다음 예제는 2011년 1월 1일부터 2015년 12월 31일까지 IBM의 일별 주가를 다운로드한 다음 일별 수익률을 계산하는 프로그램이다. 평균 수익률은 0.011%임을 알 수 있다.

```
from scipy import stats
import numpy as np
from matplotlib.finance import quotes_historical_yahoo_ochl as getData
ticker='ibm'
begdate=(2011,1,1)
enddate=(2015,12,31)
p=getData(ticker,begdate,enddate,asobject=True, adjusted=True)
ret=p.aclose[1:]/p.aclose[:-1]-1
mean=np.mean(ret)
print(' Mean ')
Mean
print(round(mean,5))
0.00011
```

구한 일평균 수익률 0.00011은 통계적으로 0이라고 할 수 있을까? stats 모듈의 ttest_1samp( ) 함수를 이용해 테스트해보자.

```
>>> print(' T-test result: T-value and P-value')
T-test result: T-value and P-value
>>> print(stats.ttest_1samp(ret,0))
Ttest_1sampResult(statistic=0.3082333300938474,
pvalue=0.75795590301241988)
>>>
```

T-값이 0.31이고 P-값이 0.76이므로 귀무가설을 받아들인다. 다시 말해 2011년에서 2015년 사이의 IBM의 일평균 수익률은 통계적으로 0이라는 뜻이다. stats.ttest_1samp 함수에 대한 더 많은 정보는 help( )를 이용하면 된다. 지면을 절약하

기 위해 처음 몇 줄만 표시한다.

```
>>> import scipy.stats
>>> help(stats.ttest_1samp)
Help on function ttest_1samp in module scipy.stats.stats:

ttest_1samp(a, popmean, axis=0, nan_policy='propagate')
```

이 함수는 집단의 평균에 대한 T-검정을 수행한다.

이 검정은 양측 검정으로서 독립적 관측 샘플의 기댓값(평균)이 모집단의 평균인 popmean과 같다는 귀무가설을 검정한다.

다음 프로그램은 IBM과 MSFT의 수익률 평균이 동일한지 테스트해본다.

```
import scipy.stats as stats
from matplotlib.finance import quotes_historical_yahoo_ochl as getData
begdate=(2013,1,1)
enddate=(2016,12,9)

def ret_f(ticker,begdate,enddate)
    p = getData(ticker,begdate,enddate,asobject=True,adjusted=True)
    ret=p.aclose[1:]/p.aclose[:-1]-1
    return(ret)

a=ret_f('IBM',begdate,enddate)
b=ret_f('MSFT',begdate,enddate)
```

두 수익률의 평균은 다음과 같다.

```
>>> a.mean()*100
0.0022164073263915601
>>> b.mean()*100
```

```
0.10399096829827408
>>>
```

앞 코드에서 scipy.mean( ) 대신 .mean( )을 사용한 점에 주목하라. 평균값이 동일한지 T-검정을 수행하기 위해 ttest_ind( )를 사용한다. 다음 코드를 살펴보자.

```
>>> print(stats.ttest_ind(a,b))
Ttest_indResult(statistic=-1.652826053660396, pvalue=0.09852448906883747)
```

두 개의 주가 p_1, p_2가 있다고 가정하자. 다음 식은 각각 % 수익률(R)과 로그 수익률에 대한 정의다.

$$R = \frac{p_1 - p_1}{p_1} \quad .....(1)$$

$$R^{\log} = \ln\left(\frac{p_2}{p_2}\right) \quad .....(2)$$

두 수익률 사이의 관계는 다음과 같다.

$$R^{\log} = \ln(R+1) \quad .....(3)$$

$$R = e^{R^{\log}} - 1 \quad .....(4)$$

로그 수익률을 사용할 때의 장점 중 하나는 장기 수익률은 단기 수익률의 합이라는 점이다. 즉, 연간 로그 수익률은 분기별 로그 수익률의 합과 같고 분기별 로그 수익률은 월별 로그 수익률의 합과 같다. 로그 수익률의 이런 특성으로 인해 프로그래밍이 한결 간편해진다. 다음은 좀 더 일반적인 공식이다.

$$R^{\log}_{long\_period} = \sum R^{\log}_{short\_period} \quad \cdots\cdots(5)$$

연간 로그 수익률의 경우 다음 공식을 사용할 수 있다.

$$R^{\log}_{annual} = \sum R^{\log}_{monthly} = \sum R^{\log}_{daily} \quad \cdots\cdots(6)$$

다음 코드는 일 수익률을 월 수익률로 변환하는 프로그램이다.

```python
from matplotlib.finance import quotes_historical_yahoo_ochl as getData
import numpy as np
import pandas as pd
ticker='IBM'
begdate=(2015,1,1)
enddate=(2015,12,31)
x = getData(ticker, begdate, enddate,asobject=True, adjusted=True)
logret = np.log(x.aclose[1:]/x.aclose[:-1])

date=[]
d0=x.date
for i in range(0,np.size(logret)):
    date.append(''.join([d0[i].strftime("%Y"),d0[i].strftime("%m")]))

y=pd.DataFrame(logret,date,columns=['retMonthly'])
retMonthly=y.groupby(y.index).sum()
```

앞 프로그램은 연도를 '2016'처럼 문자열 값으로 추출하기 위해 strftime("%Y") 명령을 사용했다. 좀 더 간단한 예는 다음과 같다

```python
>>> import pandas as pd
x=pd.datetime(2016,1,1)
>>> x
datetime.datetime(2016, 1, 1, 0, 0)
>>> x.strftime("%Y")
```

```
'2016'
```

유사하게 strftime("%m") 명령은 월에 해당하는 문자를 추출한다. 처음 두 달과 마지막 두 달의 수익률만 검색하려면 .head( )와 .tail( ) 함수를 이용하면 된다. 다음 코드를 살펴보자.

```
>>> retMonthly.head(2)
retMonthly
201501    -0.046737
201502     0.043930
>>>retMonthly.tail(2)
retMonthly
201511     0.015798
201512    -0.026248
>>>
```

같은 방식으로 다음 코드는 일별 수익률을 연 수익률로 변환한다.

```
from matplotlib.finance import quotes_historical_yahoo_ochl as getData
import numpy as np
import pandas as pd
ticker='IBM'
begdate=(1980,1,1)
enddate=(2012,12,31)
x=getData(ticker,begdate,enddate,asobject=True,adjusted=True)
logret = np.log(x.aclose[1:]/x.aclose[:-1])

date=[]
d0=x.date
for i in range(0,np.size(logret)):
    date.append(d0[i].strftime("%Y"))
#
```

```
y=pd.DataFrame(logret,date,columns=['retAnnual'])
ret_annual=exp(y.groupby(y.index).sum())-1
```

몇 개의 연 수익률을 출력하면 다음과 같다.

```
>>> ret_annual[0:5]
retAnnual
1980   0.167561
1981  -0.105577
1982   0.679136
1983   0.352488
1984   0.028644
>>>
>>> ret_annual.tail(2)
retAnnual
2011   0.284586
2012   0.045489
>>>
```

금융에서는 리스크 측정을 위해 표준 편차와 분산을 사용한다. 어느 주식이 더 위험한 것인지 분산이나 표준 편차를 비교하면 판단할 수 있다. 다음 프로그램은 IBM과 마이크로소프트의 분산이 서로 같은지 테스트한다.

```
import scipy as sp
from matplotlib.finance import quotes_historical_yahoo_ochl as getData
begdate=(2013,1,1)
enddate=(2015,12,31)
def ret_f(ticker,begdate,enddate):
    p = getData(ticker,begdate,enddate,asobject=True,adjusted=True)
    return(p.aclose[1:]/p.aclose[:-1]-1)
y=ret_f('IBM',begdate,enddate)
x=ret_f('MSFT',begdate,enddate)
```

scipy.stats의 bartlett( ) 함수를 사용했다. 계산 결과 P-값이 거의 0인 반면 F-값이 44.39이므로 두 회사 수익률의 분산은 서로 다르다는 결론을 얻을 수 있다.

```
>>> print(sp.stats.bartlett(x,y))
BartlettResult(statistic=44.392308291526497,pvalue=2.6874090005526671e-11)
```

좀 더 자세한 정보는 help( ) 함수를 사용하면 된다.

지면 절약을 위해 출력 결과의 처음 몇 줄만 표시했다.

```
>>> help(sp.stats.bartlett)
Help on function bartlett in module scipy.stats.morestats:
    bartlett(*args)
    Perform Bartlett's test for equal variances.
```

바틀렛 검정(Bartlett's test)은 모든 샘플이 동일한 분산을 가진 모집단들로부터 추출됐다는 귀무가설을 검증하는 것이다.

정규 분포와 거리가 먼 모집단에서 뽑힌 샘플은 레빈 검정(Levene's test)을 사용하는 것이 좀 더 안정적이다.

금융에는 아주 중요한 가정이 하나 있다. "주식 수익률은 정규 분포를 따른다"는 것이다. 실제로 그런지 주식 수익률 그래프를 직접 한번 그려서 살펴보자. 다음 이미지를 살펴보자. 부록 A에 이 그래프를 그리는 소스코드가 나와 있는데, 다소 복잡하게 느껴질 수도 있다. 4장에서는 이 프로그램을 이해하지 못해도 상관없다. 또한 다른 복잡한 일부 프로그램 코드에 대해서도 마찬가지다.

다음 왼쪽 그래프는 IBM 수익률의 분포와 정규 분포를 같이 보여준다. 이 그래프를 그리는 파이썬 프로그램 코드는 부록 A에 나와 있다. 다음 그림에서 오른쪽에는 주가 변동 그래프가 있고 해당 파이썬 프로그램은 부록 C에 있다.

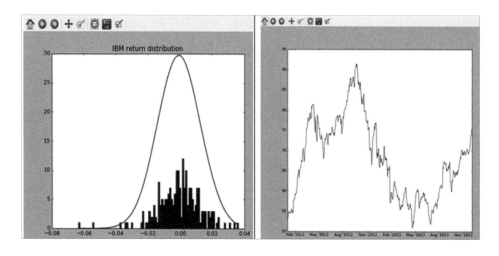

다음 그래프처럼 주가나 거래량을 생생하게 표현하기 위해 소위 촛대 그림을 사용할 수도 있을 것이다. 해당하는 파이썬 프로그램은 부록 B에 있다.

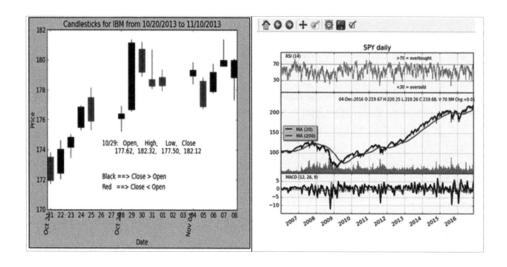

앞 그림의 오른쪽 그래프는 극히 복잡하다. 초보자는 이해할 필요가 없으므로 책에는 코드를 싣지 않았다. 관심 있는 독자들은 다음 두 주소에 접속하면 전체 프로그램을 다운로드할 수 있다.

http://matplotlib.org/examples/pylab_examples/finance_work2.html

http://canisius.edu/~yany/python/finance_work2.txt.

다음은 또 다른 예제로서 pandas_datareader.data 서브모듈에 있는 DataReader( ) 함수를 사용해 야후 금융에서 IBM의 일별 주가 데이터를 검색한다.

```
>>> import pandas_datareader.data as getData
>>> x = getData.DataReader('IBM', data_source='yahoo',
start='2004/1/30')
>>> x[1:5]
                 Open       High      Low      Close Volume
Adj Close
Date
2004-02-02  99.150002  99.940002  98.500000  99.389999 6200000
77.666352
2004-02-03  99.000000 100.000000  98.949997 100.000000 5604300
78.143024
2004-02-04  99.379997 100.430000  99.300003 100.190002 8387500
78.291498
2004-02-05 100.000000 100.089996  98.260002  98.860001 5975000
77.252194
>>>
```

▌ 구글 금융에서 데이터 검색

야후 금융처럼 구글 금융 역시 뉴스, 옵션 체인[option chains], 관계 회사(경쟁사나 산업 분석에 유용), 주가 추이, 재무제표(손익계산서, 대차대조표, 현금 흐름표) 등의 방대한 데이터를 제공한다. 구글 금융에 접속해 수작업으로 다운로드할 수도 있다. 다른 방법은 pandas_datareader 서브모듈에 있는 DataReader( ) 함수를 사용해 구글 금융으로부터 데이터를 추출하면 된다.

```
>>> import pandas_datareader.data as getData
>>> aapl =getData.DataReader("AAPL", "google")
>>> aapl.head(2)
>>>
            Open    High    Low    Close     Volume
Date
2010-01-04  30.49   30.64   30.34   30.57    123432050
2010-01-05  30.66   30.80   30.46   30.63    150476004
>>> aapl.tail(2)
             Open    High    Low    Close    Volume
Date
2016-12-08  110.86  112.43  110.60  112.12   27068316
2016-12-09  112.31  114.70  112.31  113.95   34402627
>>>
```

다음 그림은 하루 동안의 주가 변동을 보여준다. 해당 그래프를 그리는 파이썬 프로
그램은 부록 D에 있다.

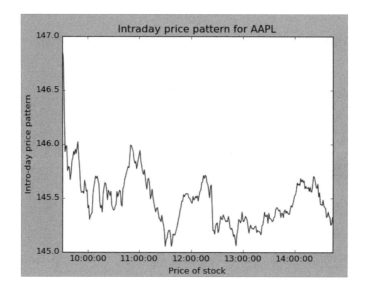

▋ FRED에서 데이터 추출

연방준비제도는 수많은 현 경제 데이터와 과거 시계열 데이터를 갖고 있다. 예를 들면 유로-달러 예금 이율 같은 이자율 데이터 등을 갖고 있다. 이런 이자율 데이터를 검색하는 방법은 두 가지가 있다. 첫 번째 방법은 연방준비제도에서 제공하는 데이터 다운로드 프로그램을 이용하는 것이다. 다음 순서를 따르면 된다.

1. 연방준비은행 웹사이트인 https://www.federalreserve.gov/data.htm에 접속한다.
2. 우측 중간쯤에 위치한 Data Download Program을 클릭한다.
3. 필요한 데이터를 선택한다.
4. Go to download를 클릭한다.

예를 들어 연방 기금 금리^{Federal fund rate}를 선택해보자. 처음 몇 줄은 다음과 같다.

```
"Series Description","Federal funds effective rate"
"Unit:","Percent:_Per_Year"
"Multiplier:","1"
"Currency:","NA"
"Unique Identifier: ","H15/H15/RIFSPFF_N.D"
"Time Period","RIFSPFF_N.D"
1954-07-01,1.13
1954-07-02,1.25
1954-07-03,1.25
1954-07-04,1.25
1954-07-05,0.88
1954-07-06,0.25
1954-07-07,1.00
1954-07-08,1.25
```

다운로드한 데이터를 검색하려면 다음 프로그램을 사용하면 된다. 데이터셋은 c:/temp/에 저장돼 있다고 가정한다.

```
import pandas as pd
import numpy as np
file=open("c:/temp/fedFundRate.csv","r")
data=pd.read_csv(file,skiprows=6)
```

두 번째 방법은 pandas_datareader 모듈의 DataReader() 함수를 이용하는 것이다. 다음 예제를 살펴보자.

```
>>> import pandas_datareader.data as getData
>>> vix = DataReader("VIXCLS", "fred")
>>> vis.head()
VIXCLS
DATE
2010-01-01    NaN
2010-01-04    20.04
2010-01-05    19.35
2010-01-06    19.16
2010-01-07    19.06
>>>
```

▌ 프렌치 교수의 데이터 라이브러리에서 데이터 검색

프렌치 교수는 유용하고 방대한 데이터 라이브러리를 갖고 있다. http://mba.tuck.dartmouth.edu/pages/faculty/ken.french/data_library.html을 방문하면 더 많은 정보를 얻을 수 있다. 웹사이트에서 일별, 월별, 주별 파마-프렌치 요인 및 다른 유용한 여러 데이터셋을 찾을 수 있다. Fama-French 3 Factors를 클릭하면

F-F_Research_Data_Factors.zip이라는 압축 파일을 다운로드할 수 있다. 압축을 풀면 1926년부터 시작해서 월별 연도별 파마-프렌치 요인 값이 들어 있는 F_F_Research_Data_Factors.txt라는 이름의 텍스트 데이터가 나온다. 처음 몇 줄은 다음과 같다. 좀 더 자세한 사항은 7장을 참고하라.

```
This file was created by CMPT_ME_BEME_RETS using the 201012 CRSP database.
The 1-month TBill return is from Ibbotson and Associates, Inc.
        Mkt-RF    SMB     HML     RF
192607   2.62   -2.16   -2.92   0.22
192608   2.56   -1.49    4.88   0.25
192609   0.36   -1.38   -0.01   0.23
192610  -3.43    0.04    0.71   0.32
192611   2.44   -0.24   -0.31   0.31
```

파일 편집기를 이용해 F_F_Research_Data_Factors.txt 파일을 살펴보면 상단에는 데이터와 상관없는 머리말 부분이 들어있고 하단에는 월별이 아닌 연간 데이터가 들어 있는 걸 알 수 있다. 상단과 하단 부분을 삭제한 후 파일을 c:/temp에 ffMonthly.txt라는 이름으로 저장하자. 이제 다음 코드를 사용해서 데이터를 읽어올 수 있다.

```
>>> import pandas as pd
>>> file=open("c:/temp/ffMonthly.txt","r")
>>> data=file.readlines()
```

읽어 들인 데이터의 최초 10개 관측치만 살펴보면 다음과 같다.

```
>>> data[0:10]
['DATE MKT_RF SMB HML RF\n', '192607 2.96 -2.30 -2.87
0.22\n', '192608 2.64 -1.40 4.19 0.25\n', '192609 0.36
-1.32 0.01 0.23\n', '192610 -3.24 0.04 0.51 0.32\n',
```

```
'192611 2.53 -0.20 -0.35 0.31\n', '192612 2.62 -0.04
-0.02 0.28\n', '192701 -0.06 -0.56 4.83 0.25\n', '192702
4.18 -0.10 3.17 0.26\n', '192703 0.13 -1.60 -2.67
0.30\n']
>>>
```

사이트를 직접 방문해서 수작업을 하는 대신 파이썬 프로그램의 getData.
DataReader() 함수를 이용해 월별 파마-프렌치 시계열 데이터를 코드를 통해 바로
검색할 수도 있다.

```
import pandas_datareader.data as getData
ff =getData.DataReader("F-F_Research_Data_Factors", "famafrench")
```

다시 말하지만 pandas_datareader() 모듈을 사용할 때의 장점 중 하나는 .head()
나 .tail() 함수를 써서 데이터셋을 살펴볼 수 있다는 점이다. 파마-프렌치 요인을
받아오는 몇 가지 예를 더 살펴보자.

```
ff2= getData.DataReader("F-F_Research_Data_Factors_weekly","famafrench")
ff3= getData.DataReader("6_Portfolios_2x3", "famafrench")
ff4= getData.DataReader("F-F_ST_Reversal_Factor", "famafrench")
```

▌ 통계청, 재무국, 노동통계청에서 데이터 검색

이 절에서는 미국 통계청 데이터를 검색하는 방법을 간략히 살펴본다. 좀 더 자세한
내용은 http://www.census.gov/compendia/statab/hist_stats.html에 접속하면 된다.

통계청의 과거 데이터가 있는 페이지 http://www.census.gov/econ/census/data/
historical_data.html에 접속하면 다음과 같은 창이 나타날 것이다. 다음 스크린샷에

다운로드 가능한 데이터가 무엇이 있는지 나타나 있다.

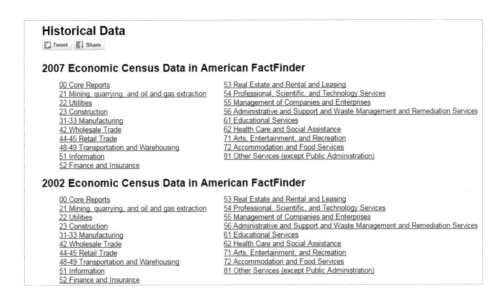

61 Educational Services에 관심이 있다면 해당 링크를 클릭한 다음 다운로드할 시계열 데이터를 고르면 된다. Download 아이콘을 클릭하면 4개의 파일을 가진 압축 파일이 다운로드될 것이다.

다음 예제는 노동통계청 웹에서 데이터를 다운로드하는 방법이다. 우선 http://www.bls.gov/에 접속한 뒤 메뉴 바에 있는 Data Tools를 클릭하면 된다.

Inflation & Prices를 클릭하면 http://download.bls.gov/pub/time.series/cu/에서 볼 수 있는 것과 같은 관련 데이터셋을 다운로드할 수 있다.

20여 개의 데이터셋 생성

독자들의 이해를 돕기 위한 많은 데이터셋들이 준비돼 있다. 먼저 ffMonthly.pkl이라는 이름의 파이썬 데이터셋을 다운로드하고 읽어 들이는 간단한 예제를 살펴보자. ffMonthly.pkl 데이터셋에 대한 더 많은 정보는 http://canisius.edu/~yany/python/ffMonthly.pkl에서 얻을 수 있다.

이 데이터셋은 월별 파마-프렌치 3요인 시계열 데이터에 기반을 두고 생성됐다. 데이터셋이 c:/temp/에 저장돼 있다면 다음처럼 읽어 들일 수 있다.

```
>>> import pandas as pd
>>> ff=pd.read_pickle("c:/temp/ffMonthly.pkl")
```

.head()와 .tail() 함수를 사용해 처음과 마지막 몇 줄을 살펴보자.

```
>>> import pandas as pd
>>> ff=pd.read_pickle("c:/temp/ffMonthly.pkl")
>>> ff.head(5)
        DATE    MKT_RF      SMB      HML      RF
1  1926-10-01  -0.0324   0.0004   0.0051  0.0032
2  1926-11-01   0.0253   -0.002  -0.0035  0.0031
3  1926-12-01   0.0262  -0.0004  -0.0002  0.0028
4  1927-01-01  -0.0006  -0.0056   0.0483  0.0025
5  1927-02-01   0.0418   -0.001   0.0317  0.0026
>>> ff.tail(3)
          DATE  MKT_RF     SMB      HML      RF
1078  2016-07-01  0.0395   0.029  -0.0098  0.0002
1079  2016-08-01  0.0049  0.0094   0.0318  0.0002
1080  2016-09-01  0.0025    0.02  -0.0134  0.0002
>>>
```

ff.head(5) 명령은 처음 다섯 줄을 출력하고 ff.tail(3)은 마지막 세 줄을 출력한다. 시계열은 기본적으로 날짜에 기반을 둔 데이터이기 때문에 날짜 변수는 매우 중요하다. 서로 다른 데이터셋을 합칠 때 가장 흔히 사용되는 공통 변수 중 하나가 날짜 변수다. 다음 예제는 날짜 변수를 정의하는 방법을 보여준다.

```
>>> import pandas as pd
>>> from datetime import timedelta
>>> a=pd.to_datetime('12/2/2016', format='%m/%d/%Y')
>>> a+timedelta(40)
>>>
Timestamp('2017-01-11 00:00:00')
>>> b=a+timedelta(40)
>>> b.date()
datetime.date(2017, 1, 11)
```

독자들을 위해 나는 20여 개의 .pkl 확장자를 가진 파이썬 데이터셋을 준비했다. 이 데이터셋들은 앞서 설명한 프렌치 교수의 데이터 라이브러리, 하스브룩 교수의 TORQ 등 공개 데이터로부터 추출한 것이다. 데이터에는 1990년 11월부터 1991년 1월까지 3개월간 뉴욕 증시에서 144개 샘플 주식의 거래, 주가, 주문 처리 데이터, 감사 추적 데이터가 담겨 있다. 다운로드의 편의를 위해 파이썬으로 제작된 loadYan.py 프로그램이 제공된다. 더 많은 정보는 http://canisius.edu/~yany/loadYan.py에 접속하면 얻을 수 있다.

프로그램을 실행한 뒤 help(loadYan)을 실행하면 생성된 모든 데이터셋에 대한 정보를 얻을 수 있다. 다음 코드를 살펴보자.

```
>>> help(loadYan)
Help on function loadYan in module __main__:

loadYan(i, loc='c:/temp/temp.pkl')
```

Objective: download datasets with an extension of .pkl

i : an integer

loc : a temporary location, such as c:/temp/temp.pkl

i	dataset	description
1	ffMonthly	Fama-French 3 factors monthly
2	ffDaily	Fama-French 3 factors daily
3	ffMonthly5	Fama-French 5 factors monthly
4	ffDaily5	Fama-French 5 factors daily
5	sp500lists	Current S&P 500 constituents
6	tradingDaysMonthly	trading days monthly
7	tradingDaysDaily	trading days daily
8	usGDPannual	US GDP annual
9	usGDPmonthly	US GDP monthly
10	usCPI	US Consumer Price Index
11	dollarIndex	US dollar index
12	goldPriceMonthly	gold price monthly
13	goldPriceDaily	gold price daily
14	spreadAAA	Moody's spread for AAA rated bonds
15	spreadBBB	Moody's spread for BBB rated bonds
16	spreadCCC	Moody's spread for CCC rated bonds
17	TORQct	TORQ Consolidated Trade
18	TORQcq	TORQ Consolidated Quote
19	TORQcod	TORQ Consolidated Order
20	DTAQibmCT	TAQ Consolidated Trade for IBM (one day)
21	DTAQibmCQ	DTAQ Consolidated Quote for IBM (one day)
22	DTAQ50CT	DTAQ Consolidated Trade for 50 (one day)
23	DTAQ50CQ	DTAQ Consolidated Quote for 50 (one day)
24	spreadCredit	Spreads based on credit ratings
25	journalRankings	A list of journals

Example 1:
```
>>>x=loadYan(1)
>>>x.head(2)
  DATE        MKT_RF  SMB    HML    RF
1 1926-10-01 -0.0324 0.0004 0.0051 0.0032
```

```
2  1926-11-01  0.0253 -0.002 -0.0035 0.0031

>>>x.tail(2)
      DATE         MKT_RF  SMB    HML    RF
1079  2016-08-01  0.0049  0.0094 0.0318 0.0002
1080  2016-09-01  0.0025  0.02  -0.0134 0.0002
>>>
```

▌ CRSP와 Compustat에 관련된 몇 가지 데이터셋

증권 가격 연구센터^{CRSP, Center for Research in Security Prices}에는 1926년부터 미국의 모든 상장 주식의 종가, 거래량, 상장 주식 수 같은 거래 데이터가 있다. 데이터의 질과 오랜 역사 덕분에 학계의 연구원과 전문가들에 의해 널리 사용되고 있다. 데이터베이스는 시카고 대학이 생성 관리하고 있으며, http://www.crsp.com/에 접속하면 된다. 100여 개의 파이썬 데이터셋이 있다. 다음 표를 참고하라.

표 4.2 CRSP와 관련된 파이썬 데이터셋 리스트

이름	설명
crspInfo.pkl	PERMNO, CUSIP, 주식 거래, 시작일, 종료일
stockMonthly.pkl	월별 주식 파일, PERMNO, 날짜, 수익률, 가격, 거래량, 상장 주식 수
indexMonthly.pkl	월별 지수 파일
indexDaily.pkl	일별 지수 파일
tradingDaysMonthly.pkl	1926년부터 2015년 12월 31일까지 거래일 월별 데이터
tradingDaysDaily.pkl	1926년부터 2015년 12월 31일까지 거래일 일별 데이터
sp500add.pkl	S&P500 각 구성 회사 삭제된 회사 및 날짜

(이어짐)

이름	설명
sp500daily.pkl	S&P500 일별 지수와 수익률
sp500monthly.pkl	S&P500 월별 지수와 수익률
d1925.pkl	1925년 일별 주가 파일
d1926.pkl	1926년 일별 주가 파일
...	[1927 ~ 2013년 데이터]
d2014.pkl	2014년 일별 주가 데이터
d2015.pkl	2015년 일별 주가 데이터

pandas.read_pickle() 함수를 사용해 데이터를 읽어 들이는 방식은 매우 간단하다.

```
>>> import pandas as pd
>>> crspInfo=pd.read_pickle("c:/temp/crspInfo.pkl")
```

처음과 마지막 관측치 몇 개를 보려면 .head()와 .tail() 함수를 사용하면 된다.

```
>>>crspInfo.shape
  (31218, 8)
>>>crspInfo.head()
PERMNO PERMCO CUSIP                    NAME TICKER EX BEGDATE \
0 10001   7953 6720410       AS NATURAL INCEGAS 2
19860131
1 10002   7954 5978R10ANCTRUST FINANCIAL GROUP IN   BTFG 3
19860131
2 10003   7957 9031810REAT COUNTRY BKASONIA CT      GCBK 3
19860131
3 10005   7961 5815510ESTERN ENERGY RESOURCES       INCWERC 3
19860131
4 10006  22156 0080010         C F INDUSTRIES       INCACF 1
19251231
```

```
ENDDATE
0  20151231
1  20130228
2  19951229
3  19910731
4  19840629
>>>crspInfo.tail(3)
PERMNO PERMCO CUSIP              NAME  TICKER EX    BEGDATE \
31215    93434    53427 8513510&    W    SEED CO SANW 3 20100630
31216    93435    53452 2936G20INO  CLEAN ENERGY INCSCEI 3 20100630
31217    93436    53453 8160R10ESLA MOTORS INCTSLA 3 20100630
ENDDATE
31215  20151231
31216  20120531
31217  20151231>>>
```

PERMNO는 CRSP의 주식 아이디고, PERMCO는 회사의 아이디다. Name은 회사의 현재 이름, Ticker는 종목 코드다. EX는 거래소 구분이다(1은 뉴욕 증시, 2는 미국 증시, 3은 나스닥). BEGDATE는 특정 PERMNO의 첫 거래 날짜를 의미하고, ENDDATE는 마지막 거래 날짜를 의미한다. pandas 모듈에서 열 선택은 선택하고자 하는 열의 이름 리스트를 DataFrame에 입력하면 된다.

예를 들어 PERMNO, BEGDATE, ENDDATE의 3개 열을 선택하려면 다음처럼 하면 된다.

```
>>> myColumn=['PERMNO','BEGDATE','ENDDATE']
>>> crspInfo[myColumn].head(6)
   PERMNO  BEGDATE  ENDDATE
0  10001  19860131  20151231
1  10002  19860131  20130228
2  10003  19860131  19951229
3  10005  19860131  19910731
4  10006  19251231  19840629
```

```
5  10007  19860131  19901031
>>>
```

Compustat(CapitalIQ) 데이터베이스는 1960년부터 현재까지 미국에서 기업 공개된 회사들의 대차대조표, 손익계산서 등의 재무 데이터를 제공한다. 이 데이터베이스는 스탠더드앤푸어스가 만든다. 좀 더 자세한 사항은 http://marketintelligence.spglobal.com/our-capabilities/our-capabilities.html?product=compustat-research-insight에서 찾아볼 수 있다. 다음 표는 몇 개의 유관 파이썬 데이터셋을 보여준다.

표 4.3 Compustat과 관련된 파이썬 데이터셋 리스트

이름	설명
compInfo.pkl	모든 회사의 키 헤더 파일
varDefinitions.pkl	데이터베이스에 사용된 모든 변수의 정의
deletionCodes.pkl	데이터베이스에서 삭제된 회사와 사유
acc1950.pkl	1950년 재무제표
acc1951.pkl	1951년 재무제표
acc2014.pkl	2014년 재무제표
acc2015.pkl	2015년 재무제표

CRSP나 Compustat은 모두 저작권이 있는 데이터베이스이므로 필자의 웹사이트에서는 제공할 수 없음에 유의하라. 데이터에 관심이 있는 강사들은 나와 직접 접촉하면 된다. 몇 개의 고빈도 데이터high frequency data 리스트는 다음 표와 같다.

표 4.4 고빈도 거래데이터와 관련된 파이썬 데이터셋

이름	설명
TORQct.pkl	통합 거래 TORQ 데이터베이스
TORQcq.pkl	통합 가격 TORQ 데이터베이스
TORQcod.pkl	COD TORQ 데이터베이스
DTAQibmCT	DTAQ(Daily Trade and Quote), 밀리초(millisecond) 단위 IBM 하루 거래 데이터
DTAQibmCQ	통합 가격 IBM 하루 거래 데이터
DTAQ50CT	50개 종목에 대한 하루 데이터(통합 거래)
DTAQ50CQ	50개 종목에 대한 하루 데이터(통합 가격)

TORQcq.pkl이 c:/temp/에 저장돼 있다고 가정한다. 우선 관측치의 처음과 마지막 몇 줄을 살펴보자.

```
>>> import pandas as pd
>>> x=pd.read_pickle("c:/temp/TORQcq.pkl")
>>> x.head()
>>>
     SYMBOL   DATE    TIME      BID        OFRBIDSIZOFRSIZ MODE QSEQ
EX
0      AC 19901101   9:30:44   12.875 13.125      32          5    10
1586 N
1      AC 19901101   9:30:47   12.750 13.250       1          1    12
0  M
2      AC 19901101   9:30:51   12.750 13.250       1          1    12
0  B
3      AC 19901101   9:30:52   12.750 13.250       1          1    12
0  X
4      AC 19901101  10:40:13   12.750 13.125       2          2    12
0
>>>x.tail()
```

```
         SYMBOL    DATE      TIME      BID    OFRBIDSIZOFRSIZ MODE
\
1111220   ZNT     19910131  13:31:06  12.375    12.875     1    1
12
1111221   ZNT     19910131  13:31:06  12.375    12.875     1    1
12
1111222   ZNT     19910131  16:08:44  12.500    12.750     1    1
3
1111223   ZNT     19910131  16:08:49  12.375    12.875     1    1
12
1111224   ZNT     19910131  16:16:54  12.375    12.875     1    1
3
QSEQ EX
1111220        0   B
1111221        0   X
1111222   237893   N
1111223        0   X
1111224        0   X
>>> M
```

다음 표는 SAS, Matlab, Excel과 같은 다른 여러 형태의 데이터를 검색하는 예를 보여준다.

표 4.5 서로 다른 형식의 데이터 검색

형식	코드
	```>>>import pandas as pd```
CSV	```>>>a=pd.read_csv("c:/temp/ffMonthly.csv",skip=4)```
Text	```>>>b=pd.read_table("c:/temp/ffMonthly.txt",skip=4)```
Pickle	```>>>c=pd.read_pickle("c:/temp/ffMonthly.pkl")```
SAS	```>>>d= sp.read_sas('c:/temp/ffMonthly.sas7bdat')```

(이어짐)

210

형식	코드
Matlab	```>>>import scipy.io as sio``` ```>>>e= sio.loadmat('c:/temp/ffMonthly.mat')```
Excel	```>>>infile=pd.ExcelFile("c:/temp/ffMonthly.xlsx")``` ```>>>f=infile.parse("ffMonthly",header=T)```

4장을 읽는 독자들을 위해 앞 표에 있는 입력 파일들은 다음 웹사이트 주소를 통해 모두 제공된다.

http://canisius.edu/~yany/ffMonthly.zip.

참고문헌

데이비드 케인, 2006, 오픈소스 금융, 조사 보고서(working paper), 하버드 대학, SSRN 링크: http://papers.ssrn.com/sol3/papers.cfm?abstract_id=966354

부록 A: 수익률 분포와 정규 분포 그래프를 위한 파이썬 프로그램

```
from matplotlib.pyplot import *
from matplotlib.finance import quotes_historical_yahoo_ochl as getData import numpy as np
import matplotlib.mlab as mlab

ticker='IBM'
begdate=(2015,1,1)
enddate=(2015,11,9)
p = getData(ticker, begdate, enddate,asobject=True, adjusted=True)
ret = (p.aclose[1:] - p.aclose[:-1])/p.aclose[:1]
[n,bins,patches] = hist(ret, 100)
mu = np.mean(ret)
```

```
sigma = np.std(ret)
x = mlab.normpdf(bins, mu, sigma)
plot(bins, x, color='red', lw=2)
title("IBM return distribution")
xlabel("Returns")
ylabel("Frequency")
show()
```

해당 그래프는 다음과 같다.

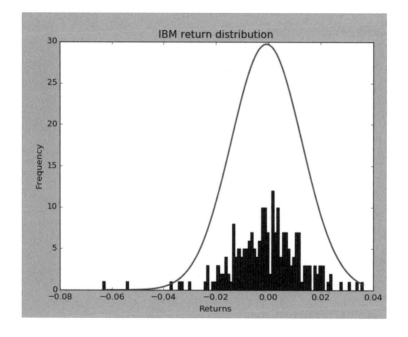

부록 B: 촛대 그래프를 위한 파이썬 프로그램

```python
import numpy as np
import matplotlib.pyplot as plt
from matplotlib.dates import DateFormatter, WeekdayLocator
from matplotlib.dates import HourLocator,DayLocator, MONDAY
from matplotlib.finance import candlestick_ohlc,plot_day_summary_oclh
from matplotlib.finance import quotes_historical_yahoo_ochl as getData

#
date1 = ( 2013, 10, 20)
date2 = ( 2013, 11, 10 )
ticker='IBM'
mondays = WeekdayLocator(MONDAY)          # 월요일 주가 틱tick
alldays = DayLocator( )                   # 주간 주가 틱
weekFormatter = DateFormatter('%b %d')    # e.g., Jan 12
dayFormatter = DateFormatter('%d') # e.g., 12
quotes = getData(ticker, date1, date2)
if len(quotes) == 0:
    raiseSystemExit
fig, ax = plt.subplots( )
fig.subplots_adjust(bottom=0.2)
ax.xaxis.set_major_locator(mondays)
ax.xaxis.set_minor_locator(alldays)
ax.xaxis.set_major_formatter(weekFormatter)
ax.xaxis.set_minor_formatter(dayFormatter)
plot_day_summary_oclh(ax, quotes, ticksize=3)
candlestick_ohlc(ax, quotes, width=0.6)
ax.xaxis_date( )
ax.autoscale_view( )
plt.setp(plt.gca( ).get_xticklabels( ), rotation=80,horizontalalignment
='right')
plt.figtext(0.35,0.45, '10/29: Open, High, Low, Close')
plt.figtext(0.35,0.42, ' 177.62, 182.32, 177.50, 182.12')
plt.figtext(0.35,0.32, 'Black ==> Close > Open ')
```

```
plt.figtext(0.35,0.28, 'Red ==> Close < Open ')
plt.title('Candlesticks for IBM from 10/20/2013 to 11/10/2013')
plt.ylabel('Price')
plt.xlabel('Date')
plt.show()
```

그래프는 다음과 같다.

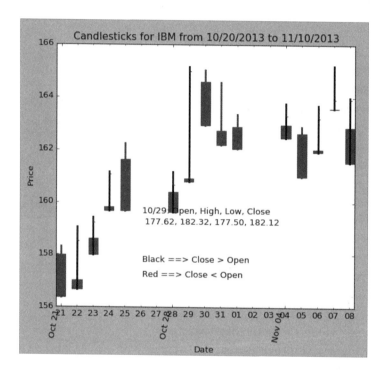

부록 C: 주가 변동 그래프를 위한 파이썬 프로그램

```python
import datetime
import matplotlib.pyplot as plt
from matplotlib.finance import quotes_historical_yahoo_ochl
from matplotlib.dates import MonthLocator,DateFormatter
ticker='AAPL'
begdate= datetime.date( 2012, 1, 2 )
enddate = datetime.date( 2013, 12,4)

months= MonthLocator(range(1,13), bymonthday=1, interval=3)     # 3rd month
monthsFmt = DateFormatter("%b '%Y")
x = quotes_historical_yahoo_ochl(ticker, begdate, enddate)
if len(x) == 0:
   print ('Found no quotes')
   raiseSystemExit
dates = [q[0] for q in x]
closes = [q[4] for q in x]
fig, ax = plt.subplots()
ax.plot_date(dates, closes, '-')
ax.xaxis.set_major_locator(months)
ax.xaxis.set_major_formatter(monthsFmt)
ax.autoscale_view()
ax.grid(True)
fig.autofmt_xdate()
plt.show()
```

해당 그래프는 다음과 같다.

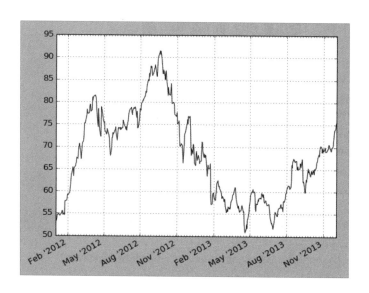

부록 D: 주가의 일 변동 그래프를 그리는 파이썬 프로그램

```
import numpy as np
import pandas as pd
import datetime as datetime
import matplotlib.pyplot as plt
ticker='AAPL'
path='http://www.google.com/finance/getprices?q=ttt&i=60&p=1d&f=d,o,h
,l,c,v'
p=np.array(pd.read_csv(path.replace('ttt',ticker),skiprows=7,header=N
one))
#
date=[]
for i in np.arange(0,len(p)):
    if p[i][0][0]=='a':
        t= datetime.datetime.fromtimestamp(int(p[i][0].replace('a','')))
        date.append(t)
    else:
        date.append(t+datetime.timedelta(minutes =int(p[i][0])))
```

```
#
final=pd.DataFrame(p,index=date)
final.columns=['a','Open','High','Low','Close','Vol']
del final['a']
#
x=final.index
y=final.Close
#
plt.title('Intraday price pattern for ttt'.replace('ttt',ticker))
plt.xlabel('Price of stock')
plt.ylabel('Intro-day price pattern')
plt.plot(x,y)
plt.show()
```

해당 그래프는 다음과 같다.

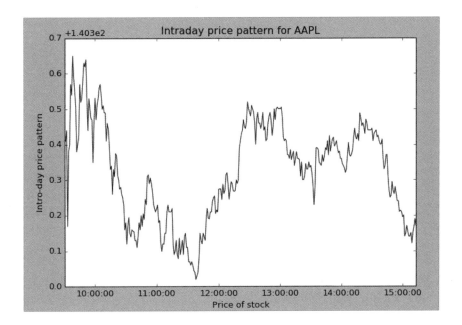

부록 E: pandas DataFrame의 성질

http://canisius.edu/~yany/python/ffMonthly.pickle에 접속해서 ffMonthly.pickle 이라는 이름의 파이썬 데이터셋을 다운로드한다. 데이터셋은 c:/temp에 저장돼 있다고 가정한다.

```
>>> import pandas as pd
>>> ff=pd.read_pickle("c:/temp/ffMonthly.pickle")
>>> type(ff)
<class'pandas.core.frame.DataFrame'>
```

출력 결과의 마지막 줄이 ff 데이터셋의 형식이 panda 데이터프레임임을 보여준다. 데이터프레임에 대한 더 많은 정보를 알아보자. ff라고 입력하면 드롭다운 리스트^{Drop-down list}가 나타난다. 다음 화면을 살펴보자.

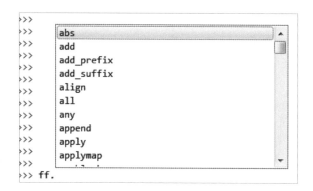

hist() 함수를 볼 수 있는데, 사용법은 다음 코드와 같다.

```
>>> import pandas as pd
>>> infile=("c:/temp/ffMonthly.pickle")
>>> ff=pd.read_pickle(infile)
>>> ff.hist()
```

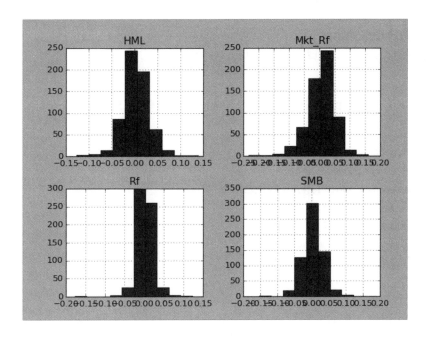

http://pandas.pydata.org/pandas-docs/ stable/generated/pandas.DataFrame.html
에서 좀 더 자세한 정보를 얻을 수 있다.

부록 F: .pkl이나 .pickle 확장자를 가진 파이썬 데이터셋의 생성

간단한 데이터셋을 먼저 살펴보자

```
>>> import pandas as pd
>>> import numpy.ranom as random
>>> x=random.randn(10)
>>> y=pd.DataFrame(x)
>>> y.to_pickle("c:/temp/test.pkl")
```

read_pickle( ) 함수를 써서 .pkl이나 .pickle 확장자를 가진 데이터셋을 읽을 수 있다.

```
>>> import pandas as pd
>>> kk=pd.read_pickle("c:/temp/test.pkl")
```

다음은 ffMonthly.pkl 데이터셋을 생성하는 프로그램 코드다.

```
import pandas as pd
import numpy as np
file=open("c:/temp/ffMonthly.txt","r")
data=file.readlines()
dd=mkt=smb=hml=rf=[]
n=len(data)
index=range(1,n-3)
#
for i in range(4,n):
    t=data[i].split()
    dd.append(pd.to_datetime(t[0]+'01', format='%Y%m%d').date())
    mkt.append(float(t[1])/100)
    smb.append(float(t[2])/100)
    hml.append(float(t[3])/100)
    rf.append(float(t[4])/100)
#
d=np.transpose([dd,mkt,smb,hml,rf])
ff=pd.DataFrame(d,index=index,columns=['DATE','MKT_RF','SMB', 'HML','RF'])
ff.to_pickle("c:/temp/ffMonthly.pkl")
```

처음과 마지막의 관측치 몇 개가 다음에 있다.

```
>>> ff.head(2)
       DATE       MKT_RF        SMB        HML
1  1926-10-01    -0.0324     0.0004     0.0051
2  1926-11-01     0.0253    -0.002     -0.0035
>>>ff.tail(2)
```

220

	DATE	MKT_RF	SMB	HML
1079	2016-08-01	0.0049	0.0094	0.0318
1080	2016-09-01	0.0025	0.02	-0.0134

부록 G: 데이터 케이스 #1 – 몇 개의 파이썬 데이터셋 생성

이 데이터 케이스를 위해 학생들은 .pkl 확장자를 가진 5개의 데이터셋을 생성해야
한다.

```
>> import pandas as pd
>>> a = pd.Series(['12/1/2014', '1/1/2015'])
>>> b= pd.to_datetime(a, format='%m/%d/%Y')
>>> b
0  2014-12-01
1  2015-01-01
dtype: datetime64[ns]
>>>
```

.pickle(.pkl 혹은 .pickle) 포맷으로 된 다음의 데이터셋을 생성해보라.

#	데이터셋 이름	설명
1	ffDaily	일별 파마 프렌치 3요인 시계열
2	ffMonthly5	월별 파마 프렌치 5요인 시계열
3	usGDPannual	미국 연 국내 총생산
4	usGDPquarterly	미국 분기 국내 총생산
5	dollarIndex	미국 달러 지수
6	goldPriceMonthly	월별 금 지수

(이어짐)

#	데이터셋 이름	설명
7	goldPriceDaily	일별 금 지수
8	tradingDaysMonthly	월별 거래일 시계열
9	tradingDaysDaily	일별 데이터용 거래일
10	spreadAAA	무디스 AAA 등급 채권 스프레드

▌ 연습문제

1. 일별 주가 데이터를 얻을 수 있는 곳은 어디인가?

2. 수익률 데이터를 직접 다운로드할 수 있는가?

3. 시티그룹의 월별, 일별 주가 데이터를 직접 다운로드해보라.

4. 시티그룹의 일별 주가 데이터를 일별 수익률 데이터로 변환하라.

5. 월별 주가에서 월별 수익률을 구하고 일별 수익률을 월별 수익률로 변환하라. 결과가 동일한가?

6. 다음 두 코드는 서로 같은 의미인가?

```
>>>ret = p.aclose[1:]/p.aclose[:-1]-1
>>>ret = (p.aclose[1:]-p.aclose[:-1])/p.aclose[1:]
```

7. 공개 주가 데이터를 사용하는 것과 사적 데이터를 사용하는 것의 장단점을 설명하라.

8. Compustat에서 회계 데이터를 구독하는 연간 사용료와 CRSP에서 주식 거래 데이터를 구독하는 데 드는 연간 사용료를 찾아보라.

9. 야후 금융에서 IBM의 월간 데이터를 다운로드하라. 2000년 1월부터 2004년 12월까지의 표준 편차와 샤프 지수를 구하라.

10. 2001년부터 2010년까지 IBM, DELL, MSFT의 연간 베타를 구하라.

11. 2006년부터 2010년 사이의 IBM과 DELL 사이의 상관관계를 구하라.

12. IBM의 주중 수익률 평균을 구하라. 주중 효과를 관찰할 수 있는가?

13. 시간이 갈수록 변동성은 줄어드는가? 예를 들어 IBM, DELL, MSFT를 선택한 후 이 가정을 검증하라.

14. S&P500과 다우존스 산업지수^{DJI}의 상관관계는 어떻게 되는가? 참고: 야후 금융에서 S&P500 인덱스 식별자는 ^GSPC이고, DJI는 ^DJI다.

15. *n*개 주식 종목 코드가 주어졌을 때 해당 데이터를 다운로드하는 방법을 설명하라.

16. 입력 파일로부터 *n*개의 주식 코드를 입력하는 파이썬 프로그램을 만들어 보라.

17. US 주식시장(S&P500)과 홍콩 주식시장(항셍지수)의 상관계수를 구하라.

18. 싱가포르 주식시장이 미국 주식시장보다 일본 주식시장에 더 상관관계가 높다는 것이 사실인가?

19. 50개 개별 주식 일별 주가 데이터를 다운로드해 하나의 텍스트 파일에 저장하려면 어떻게 해야 하는가?

20. 야후 금융에서 데이터를 다운로드 뒤 p 벡터에 일별 주가 데이터를 모두 입력했다고 가정하자. 다음 코드 두 줄의 의미는 각각 무엇인가? 언제 활용할 수 있는가?

```
ret = p.aclose[1:]/p.aclose[:-1]-1
ret = p.aclose[:-1]/p.aclose[1:]-1
```

▍요약

4장에서는 금융이나 회계 관련 공개 데이터를 얻을 수 있는 여러 데이터 소스를 알아봤다. 경제 관련은 연방준비은행의 데이터 라이브러리, 프렌치 교수의 데이터 라이브러리에서 유용한 시계열 데이터를 얻을 수 있다. 금융 관련은 야후 금융이나 구글 금융에서 주가 추이 데이터를 다운로드할 수 있음을 봤다. 회계 관련 정보는 야후 금융이나 구글 금융, 미국증권협회 기록물^{SEC filing}에서 최근 년도 대차대조표나 손익계산서 같은 정보를 얻을 수 있었다. 5장에서는 이자율과 관련된 많은 개념을 소개한다. 그런 다음 채권과 주식의 가치를 평가하는 것에 대해 알아본다.

05

채권 및 주식 가치 평가

채권과 주식은 가장 보편적으로 이용되는 두 가지 투자 상품이므로 심도 있게 살펴볼 필요가 있다. 채권과 주식의 평가를 알아보기 전에 먼저 연이율[APR, Annual Percentage Rate], 실 연이율[EAR, Effective Annual Rate], 복리 주기, 실 이율 간 변환, 금리의 기간 구조[term structure of interest rate], 채권의 판매가 산정, 주가 평가를 위한 할인 배당 모델 활용 등 금리와 관련된 개념을 살펴볼 필요가 있다. 5장에서 다루는 내용은 다음과 같다.

- 금리 소개
- 다양한 실 이율 간 변환, APR
- 금리의 기간 구조
- 채권 평가와 만기 수익률[YTM]
- 신용 평가 등급과 디폴트 스프레드[default spread]

- 듀레이션^{duration}의 정의와 수정 듀레이션^{modified duration}
- 주식 평가, 총수익률, 자본이익, 배당이익
- 새 데이터 형식: 딕셔너리^{dictionary}

▌금리 소개

두말할 필요 없이 금리는 경제에 있어 아주 중요한 역할을 하고 있다. 경기가 팽창하면 자본 수요가 높아지고, 이는 대출 이자를 상승시켜 금리 상승 압력이 형성된다. 거기에 인플레이션도 같이 상승하게 될 것이다. 이런 경우가 발생하면 중앙은행은 인플레이션을 적정선으로 유지하기 위해 최선을 다할 것이다. 잠재적 인플레이션의 급상승에 대비하는 방법 중 하나는 은행의 대출 금리를 올리는 것이다. 한편 채권 가격은 이자율과 서로 역상관관계에 있다.

많은 사람들이 단리와 복리의 차이에 대해 혼란을 겪는다. 단리는 이자에 붙는 이자를 고려하지 않지만, 복리는 이자에 대해서도 이자를 계산한다. 1,000달러를 10년간 대출했다고 가정하자. 연이율이 8%라면 각 년도 기말의 미래가치는 어떻게 되는가? 단리와 복리에 대해 각각 계산해보자. 각 경우에 해당하는 수식은 다음과 같다.

$$FV(단리) = PV(1+R \times n) \ \ .....(1)$$

$$FV(복리) = PV(1+R)^n \ \ .....(2)$$

여기서 PV는 오늘 실행한 대출 금액, R은 기간별 금리, n은 총 기간 수다. 원금과 함께 단리로 계산한 미래가치와 복리로 계산한 미래가치를 다음 그림에 나타냈다. 해당 파이썬 프로그램은 부록 A에 있다. 상단의 붉은 곡선(복리로 계산한 미래가치)과 중간 점선(단리로 계산한 미래가치)의 차이가 이자의 이자 부분이다.

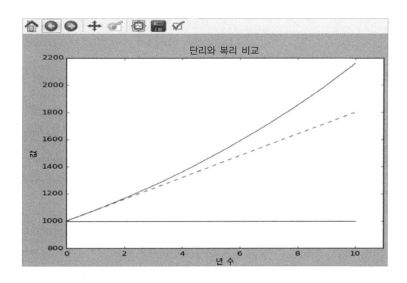

3장에서 화폐의 시간 가치에 대해 배웠다. 동일한 예제로 시작해보자.

연이율 10%짜리 은행 예금에 100달러를 예금하면 1년 뒤 얼마가 될까? 정답은 110달러라는 것은 이미 배웠다. 100달러는 원금이고 10달러는 이자다. 다음 수식을 사용해도 답을 구할 수 있다.

$$FV = PV \times (1+R)^n \quad \cdots\cdots(3)$$

여기서 FV는 미래가치, PV는 현재가치, R은 기간별 실 이율, n은 총 기간이다. 식에 값을 대입한 결과는 $100 \times (1 + 0.1) = 110$이다. 3장과 비교했을 때 주의 깊은 독자들은 R의 정의가 기간별 이율에서 기간별 실 이율로 바뀐 것을 눈치 챘을 것이다. 실effective이라는 키워드가 새로 추가됐다. 앞 장에 FV(단일 PV), PV(단일 FV), PV(연금), PV(기초 지급 연금), PV(성장형 연금), FV(연금), FV(기초 지급 연금), FV(성장형 연금)은 모두 R을 사용했다. 사실 앞에서 사용된 R은 모두 실 이율이다. 이제 아주 중요한 개념인 실 이율에 대해 알아보자.

우선 연이율APR과 복리 주기(m)가 주어졌을 때 이로부터 실 이율을 구하는 통상적인 방법을 살펴보자.

$$R_m^{effective} = \frac{PAR}{m} \quad \dots\dots(4)$$

$R_m^{effective}$는 주어진 주기(m)에 대한 기간별 실 이율, APR은 연이율, m은 복리 계산 기간이다. 복리 계산이 연 단위면 m 값은 1이 되고, 반년이면 2, 분기면 4, 월이면 12, 일 단위면 365가 된다. 연이율 10%가 반년 복리로 계산되면 실 반년 이율은 5%(=0.10/2)가 된다. 또 연이율 0.08이 분기 복리라면 실 분기 이율은 2%(=0.08/4)가 된다.

주택 모기지와 관련된 예를 하나 들어보자. 존은 뉴욕 버팔로에 24만 달러짜리 집을 사려고 한다. 존은 집값의 20%를 계약금으로 지불하고 나머지 80%는 M&T 은행에서 대출할 계획이다. M&T 은행은 30년 모기지 상품에 연이율 4.25%를 적용한다. 존은 매달 얼마씩 갚아야 하는가? 3장(3장, '화폐의 시간 가치')에서 배운 것처럼 scipy.pmt() 함수를 사용하면 구할 수 있다.

```
>>> import scipy as sp
>>> sp.pmt(0.045/12,30*12,240000*0.8)
-972.83579486570068
```

앞 코드에서 실 월이율은 0.045/12이다. 예제의 모기지는 매달 갚아 나가는 월 복리로 가정하기 때문이다. 계산 결과 존은 매달 972.84달러를 갚아 나가야 한다.

복리 주기가 서로 다른 두 이율을 비교하려면 먼저 동일한 형태로 변환해야만 한다. 이때 많이 사용되는 것 중 하나가 실 연이율^{EAR}이다. 복리 주기가 m인 연이율 APR의 EAR은 다음과 같이 계산한다.

$$EAR = (1 + \frac{APR}{m})^m - 1 \quad \dots\dots(5)$$

어떤 회사가 장기 투자 계획안에 따라 1,000만 달러를 대출하려 한다. A은행은 반년 복리의 연이율 8%를 제시했고, B은행은 분기 복리의 연이율 7.9%를 제시했다. 회사 입장에서는 어느 은행의 대출 금리가 더 나을까? 식 (5)를 사용해 실제로 계산해 보면 결과는 다음과 같다. 8.137%가 8.16%보다 낮으므로 B은행의 제안이 좀 더 낫다.

```
>>> (1+0.08/2)**2-1
0.08160000000000012
>>> (1+0.079/4)**4-1
0.08137134208625363
```

물론 다른 벤치마크를 사용해도 된다. 예를 들어 A은행의 실 반년 이율이 4% (=0.08/2)임을 알고 있다. 따라서 B은행의 실 반년 이율이 얼마인지를 계산해보면 된다. 바꿔 말해 두 개의 실 반년 이율을 바로 비교하면 되는 것이다. 하나의 실 이율을 다른 것으로 변화하기 위한 다음의 2단계 접근 방식을 소개한다.

1. 어떤 실 이율이 주어졌는가? 은행이 금리를 제시할 때 어떤 실 이율을 사용할지는 알 수 없다. 금융기관은 그저 다양한 형태의 금리를 제시할 뿐 어떤 논리를 따르는 것은 아니다. 식 (4)를 사용해 실 이율을 구할 수 있다. 반년 복리 연이율^{APR}이 10%라면 실 반년 이율이 주어진 셈이고, 그 값은 5%(0.1/2 = 0.05)가 된다. 월 복리 연이율이 8%라면 실 월이율은 주어진 것이며, 그 값은 0.833%(0.08/12=0.006666667)가 된다.

2. 주어진 실 이율을 파악했으면 이제 어떻게 타겟 이율로 변환하는지 알아보자. 주어진 실 반년 이율이 5%라면 상응하는 분기 실 이율은 얼마인가? 각각의 주기를 1년간의 타임라인에 직접 그려 살펴보자. 상단에는 주어진 실 이율과 해당 복리 주기를 표시한다. 예시의 경우는 실 반년 이율이 5%이고 년간 두 번의 복리 주기를 가진다(R1=5%, n1=2).

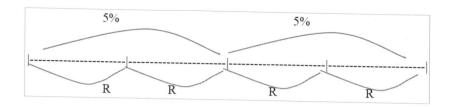

하단에는 구하고자 하는 실 이율과 해당 주기(R과 n2)를 표시한다. 이제 미래가치를 구하는 식 $FV = PV(1+R)^n$에 PV=1을 대입한 후 이용하면 된다.

$$FV_1 = 1 \times (1+R_1)^{n_1} = (1+0.05)^2$$

$$FV_2 = 1 \times (1+R_2)^{n_2} = (1+R)^4$$

두 변이 같다고 설정하면 $(1 + 0.05)^2 = (1 + R)^4$이 되고, 이 식을 R에 대해 풀면 $R = (1 + 0.05)$**(2/4)-1이 된다. 따라서 결과는 다음과 같다.

```
>>> (1+0.05)**(2/4)-1
0.02469508
```

실 분기 이율은 2.469508%가 된다. 이 방법의 장점은 $FV = PV(1 + R)^n$ 식 하나만 외우고 있으면 된다는 것이다. 한편 1단계와 2단계에 어떤 연관성은 없다.

또 다른 방법은 즉시 계산할 수 있는 공식을 사용하는 것이다. APR에서 R_m을, APR_1에서 APR_2를 유도하는 두 가지 공식을 도출해보자. 복리 주기가 서로 다른 두 연이율 $APR_1(m_1)$과 $APR_2(m_2)$ 사이의 관계는 다음과 같다.

$$\left(1 + \frac{APR_2}{m_2}\right)^{m_2} = \left(1 + \frac{APR_1}{m_1}\right)^{m_1} \quad \cdots (6)$$

여기서 $APR_1(APR_2)$은 첫 번째(두 번째) 연이율이고 $m_1(m_2)$는 연간 복리 횟수다. 위 식으로부터 주어진 $APR(APR_1)$과 복리 빈도(m_1)로부터 새로운 복리 빈도(m_2)에 해당

하는 실 이율을 계산하는 다음 식을 얻을 수 있다

$$R_{m_2}^{effective} = \left(1 + \frac{APR_2}{m_1}\right)^{\frac{m_1}{m_2}} - 1 \quad .....(7)$$

반년 복리 연이율 10%인 위 예제에서 실 분기 이율은 어떻게 될까? 방금 도출한 식 (7)을 사용하고 입력 변수에 APR_1 = 0.10, m_1 = 2, m_2 = 4를 대입하면 다음 결과를 얻을 수 있다.

```
>>> (1+0.10/2)**(2/4)-1
0.02469507659595993
```

2단계 접근 방식으로 계산한 것과 동일한 결과를 얻었다. 사실 수식 (7)을 이용해 간단한 파이썬 함수를 작성할 수 있다. 다음 코드를 살펴보자.

```
def APR2Rm(APR1,m1,m2):
    return (1+APR1/m1)**(m1/m2)-1
```

다음 코드에서 보듯 함수를 호출하는 방법은 간단하다.

```
>>> APR2Rm(0.1,2,4)
0.02469507659595993
>>> APR2Rm(0.08,2,12)
0.008164846051901042
```

입력 매개변수 3개에 대한 정의와 타겟의 실 이율을 구하는 식, 약간의 예제를 주석에 첨가해 프로그램을 더 보강하면 함수가 한결 더 명확해질 것이다. 다음 코드를 살펴보자.

```
def APR2Rm(APR1,m1,m2):
    """

    Objective: convert one APR to another effective rate Rm:
        APR1: annual percentage rate
        m1: compounding frequency for APR1
        m2: effective period rate of our target effective rate
    Formula used: Rm=(1+APR1/m1)**(m1/m2)-1
        Example #1>>>APR2Rm(0.1,2,4)
            0.0246950765959599
    """

    return (1+APR1/m1)**(m1/m2)-1
```

주어진 *APR*에 대한 두 번째 *APR*(*APR₂*)와 이에 상응하는 주기는 다음 공식을 사용하면 된다.

$$APR_2 = m_2 \times \left[\left(1 + \frac{APR_1}{m_1}\right)^{\frac{m_1}{m_2}} - 1 \right] \quad .....(8)$$

식 (8)을 적용하면 *APR₂*에 대한 결과를 얻을 수 있다.

```
>>> Rs=(1+0.05/2)**(2/12)-1
>>> Rs*2
0.008247830930288469
>>>
```

해당 파이썬 프로그램은 다음과 같다. 지면 절약을 위해 프로그램에 설명이나 주석은 생략한다.

```
def APR2APR(APR1,m1,m2):
    return m2*((1+APR1/m1)**(m1/m2)-1)
```

이제 약간은 혼란스러울 수 있는 연속 복리 개념을 설명하기 위해 조금 다른 방식으로 설명해보겠다. 먼저 복리 계산 빈도 m의 값을 조금씩 증가시키면서 실 연이율^{EAR} 공식을 적용해보자.

$$EAR = \left(1 + \frac{APR}{m}\right)^m - 1$$

예를 들어 APR이 10%고 복리 주기가 반년이면 EAR은 10.25%가 된다.

```
>>> (1+0.1/2)**2-1
0.10250000000000004
```

이 함수는 매우 간단해서 파이썬 함수로 만들어도 좋을 것이다. 다음 프로그램을 살펴보자.

```
def EAR_f(APR,m):
    return (1+APR/m)**m-1
```

이제 APR이 10%라고 가정하고 복리 계산 빈도를 계속 증가시켜 살펴보자. 다음 프로그램을 살펴보자.

```
import numpy as np
d=365
h=d*24
m=h*60
s=m*60
ms=s*1000
x=np.array([1,2,4,12,d,h,m,s,ms])
APR=0.1
for i in x:
    print(EAR_f(APR,i))
```

출력 결과는 다음과 같다.

```
0.1
0.1025
0.103812890625
0.104713067441
0.105155781616
0.105170287275
0.10517090754
0.105170919942
0.105172305371
```

실제로 복리 주기가 무한대에 접근하면 $EAR = exp(R_c) - 1$의 연속 복리식이 도출된다. 다음 코드를 살펴보자.

```
>>> exp(0.1)-1
0.10517091807564771
```

연속 복리 공식을 설명할 수 있는 두 번째 방법은 단일 현금 흐름의 미래가치를 계산한 공식을 활용하는 것이다. 3장에서 주어진 현재가치에 대한 미래가치를 계산하는 다음 식을 살펴봤다.

$$FV = PV(1+R)^n$$

여기서 FV는 미래가치, PV는 현재가치, R은 기간별 실 이율, n은 전체 기간 수다. 단일 현재가치의 미래가치를 계산하는 다른 방법은 연속 복리 이율 R_c를 사용하는 것이다. 공식은 다음과 같다.

$$FV = PV \times e^{R_c T} \quad .....(9)$$

여기서 R_c는 무한 복리 이율이고, T는 미래가치를 계산하고자 하는 연환산 시간이다. T에 1년을 대입하고 PV에 1달러를 대입하면 앞의 식은 다음처럼 된다.

$$e^{R_c} = (1 + \frac{APR}{m})^m$$

식 (4)에서 $R_m = APR/m$이었다는 것을 기억하자. 앞 식을 R_c에 대해 풀어보면 드디어 주어진 APR과 m(복리 주기)에 대한 R_c를 계산하는 다음 식을 얻게 된다.

$$R_c = m \times \ln(1 + \frac{APR}{m}) \quad \dots\dots(10)$$

$\log(\ )$는 자연로그 함수를 의미한다. APR이 2.34%이고 복리 주기는 반년이라고 가정하자. 해당되는 R_c는?

```
>>> from math import log
>>> 2*log(1+0.0234/2)
0.023264168459415393
```

앞 공식을 이용해 APR을 R_c로 변환하는 두 줄짜리 파이썬 함수를 만들 수 있다.

```
def APR2Rc(APR,m):
    return m*log(1+APR/m)
```

출력 결과는 다음과 같다.

```
>>> APR2Rc(0.0234,2)
0.023264168459415393
```

비슷한 방법으로 주어진 R_c에 대한 APR을 계산하는 다음 식을 얻을 수 있다.

$$APR = m \times (e^{\frac{R_c}{m}} - 1) \quad \dots\dots(11)$$

식 (11)을 사용해 파이썬 함수로 만들면 다음과 같다.

```
def Rc2APR(Rc,m):
    return m*(exp(Rc/m)-1)
```

출력 결과는 다음과 같다.

```
>>> Rc2APR(0.02,2)
0.020100334168335898
```

기간별 실 이율은 다음 식을 사용하면 된다.

$$R_m = e^{\frac{R_c}{m}} - 1 \quad \cdots\cdots(12)$$

마찬가지로 앞의 식을 파이썬 함수로 만들 수 있으며, 코드는 다음과 같다.

```
def Rc2Rm(Rc,m):
    return exp(Rc/m)-1
```

출력 결과는 다음과 같다.

```
>>> Rc2Rm(0.02,2)
0.01005016708416799
```

실 이율 개념을 은행에서 100달러를 인출하는 방식과 비유하면 다음 표와 같다. 은행에서 100달러를 인출하는 다음의 7가지 방식은 모두 결과가 동일하다.

표 5.1 100달러 인출을 위한 액면가와 지폐 수량

지폐의 액면가	지폐 수량
100	1
50	2
20	5
10	10
5	20
2	50
1	100

이제 APR과 연간 복리 계산 빈도(m)의 조합에 따른 실 이율이라는 비슷한 상황을 살펴보자. APR이 10%이고 복리 계산 주기는 반년이다. 다음 11가지 이자율은 모두 동일하다. NA는 해당 사항 없음이다.

표 5.2 같은 의미를 갖는 서로 다른 APR과 복리 주기

이자율 계산	M
APR 10%, 복리 계산 주기 반년	2
APR 10.25%, 복리 계산 주기 1년	1
APR 9.87803063838397%, 복리 계산 주기 분기	4
APR 9.79781526228125%, 복리 계산 주기 월	12
APR 9.75933732280154%, 복리 계산 주기 일	365
실 연이율 0.1025	NA
실 반년 이율 0.05	NA
실 분기 이율 0.0246950765959599	NA

(이어짐)

이자율 계산	M
실 월이율 0.00816484605190104	NA
실 일이율0.000267379104734289	NA
연속 복리 이율 0.0975803283388641	NA

또 다른 비유를 살펴보자. 메리의 월급은 5,000달러다. 따라서 그녀의 연봉은 60,000달러(=50,000 × 12)다. 이 방법이 통상 월급을 연봉으로 계산하는 방식이다. 약간 틀어보자. 회사는 메리에게 연말에 연봉 총액을 한꺼번에 주겠다고 한다. 동시에 메리는 회사의 회계 부서에서 월급과 동일한 금액을 빌릴 수 있고, 관련된 비용은 회사가 지불하기로 한다. 계산만 놓고 보면 메리에게 두 가지 방식의 차이는 없다. 월 실 이율이 0.25%라고 가정하자. 즉 메리는 1월에 5,000달러를 연말에 되갚을 때까지 11개월 동안 빌려야 한다. 2월과 다음 달에도 마찬가지다. 3장을 생각해보면 이것은 연금의 미래가치와 같음을 알 수 있다. 이 경우 scipy.fv( ) 함수를 사용할 수 있다.

```
>>> import scipy as sp
>>> sp.fv(0.0025,12,5000,0)
-60831.913827013472
```

계산 결과 5,000달러를 12개월 동안 매달 빌리는 것은 연말에 60,831.91달러를 한꺼번에 받는 것과 같다는 것을 알 수 있다. 원래 연봉 60,000달러에 비해 나머지 금액 831.91달러는 이자 비용으로 볼 수 있다.

█ 금리의 기간 구조

금리의 기간 구조는 무위험 금리와 시간의 관계로 정의된다. 무위험 금리는 흔히 디폴트가 없는 국채 금리로 정의된다. 여러 데이터 소스에서 현재 금리의 기간 구조 값을 얻을 수 있다. 예를 들어 2016년 12월 21일에 야후 금융의 http://finance.yahoo.com/bonds에 접속했다면 다음 정보를 얻었을 것이다. 도표로 나타내면 좀 더 확실히 알 수 있다. 다음 그림을 살펴보자.

미국 국채 금리				
만기	수익률	어제	지난주	지난달
3 Month	0.47	0.46	0.48	0.40
6 Month	0.60	0.58	0.60	0.55
2 Year	1.18	1.20	1.24	1.05
3 Year	1.53	1.54	1.54	1.32
5 Year	2.00	2.02	2.03	1.74
10 Year	2.53	2.54	2.55	2.29
30 Year	3.12	3.12	3.16	2.97

다음 코드는 위 정보를 사용해 수익률 커브를 그리는 프로그램이다.

```
from matplotlib.pyplot import *
time=[3/12,6/12,2,3,5,10,30]
rate=[0.47,0.6,1.18,1.53,2,2.53,3.12]
title("Term Structure of Interest Rate ")
xlabel("Time ")
ylabel("Risk-free rate (%)")
plot(time,rate)
show( )
```

그래프는 다음과 같다.

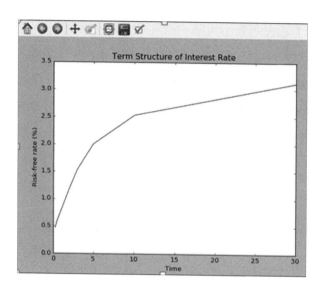

오른쪽 상향 기울기를 가진 기간 구조는 장기 이율이 단기 이율보다 더 높다는 의미다. 금리의 기간 구조에는 빈 숫자가 많아 pandas 모듈에의 interpolate( ) 함수를 사용해 중간 값을 보간^{interpolate}할 필요가 있다. 다음 예제는 2와 6 사이에 비어있는 두 값을 보간하는 예다.

```
>>> import pandas as pd
>>> import numpy as np
>>> x=pd.Series([1,2,np.nan,np.nan,6])
>>> x.interpolate( )
```

출력 결과는 다음과 같다.

```
01.000000
12.000000
23.333333
34.666667
```

240

```
46.000000
```

수작업으로도 빠진 부분의 보간 값을 계산할 수 있다. 먼저 Δ를 계산한다.

$$\Delta = \frac{v_2 - v_1}{n} \quad \ldots(13)$$

Δ는 v_2(최종 값)와 v_1(최초 값) 사이의 증가치고, n은 두 값 사이의 간격이다. 예제의 경우는 (6-2)/3 = 1.33333이다. 따라서 그다음 값은 v_1 + Δ = 2 + 1.33333 = 3.33333 이 된다.

금리의 기간 구조와 관련된 앞 예제의 경우 6년차부터 9년차까지의 데이터가 비어 있다. 이를 보간하는 프로그램 코드와 출력은 다음과 같다.

```
import pandas as pd
import numpy as np
nan=np.nan
x=pd.Series([2,nan,nan,nan,nan,2.53])
>>> x.interpolate()
```

출력 결과는 다음과 같다.

```
2.000
2.106
2.212
2.318
2.424
2.530
dtype: float64
```

금리의 기간 구조는 회사채 만기 수익률^{YTM, Yield to Maturity}의 벤치마크 역할을 하므로 대단히 중요하다. 채권 소유자가 채권을 만기까지 보유하면 YTM은 기간 수익률이 된다. 기술적으로 보면 YTM은 내부 수익률^{IRR}과 동일하다. 금융에서 회사채의 만기 수익률과 무위험 금리의 차이인 스프레드는 회사채의 할인율을 계산할 때 사용된다. 스프레드는 부도 위험을 측정하는 척도이기도 하다. 따라서 스프레드는 회사와 채권의 신용등급과 밀접한 관련이 있다.

이제 spreadBasedOnCreditRating.pkl라는 파이썬 데이터셋을 사용해 디폴트 스프레드와 신용도 사이의 관계를 설명해보자. 데이터셋은 필자의 웹 페이지 http://canisius.edu/~yany/python/spreadBasedOnCreditRating.pkl에서 다운로드할 수 있다. 다음 프로그램은 spread라는 변수에 파일 내용을 읽어 들인 뒤 그 내용을 출력한다. 데이터셋은 c:/temp/에 저장돼 있다고 가정한다.

```
>>> import pandas as pd
>>> spread=pd.read_pickle("c:/temp/spreadBasedOnCreditRating.pkl")
>>> spread
```

Rating	1	2	3	5	7	10	30
Aaa/AAA	5.00	8.00	12.00	18.00	28.00	42.00	65.00
Aa1/AA+	10.00	18.00	25.00	34.00	42.00	54.00	77.00
Aa2/AA	14.00	29.00	38.00	50.00	57.00	65.00	89.00
Aa3/AA-	19.00	34.00	43.00	54.00	61.00	69.00	92.00
A1/A+	23.00	39.00	47.00	58.00	65.00	72.00	95.00
A2/A	24.00	39.00	49.00	61.00	69.00	77.00	103.00
A3/A-	32.00	49.00	59.00	72.00	80.00	89.00	117.00
Baa1/BBB+	38.00	61.00	75.00	92.00	103.00	115.00	151.00
Baa2/BBB	47.00	75.00	89.00	107.00	119.00	132.00	170.00
Baa3/BBB-	83.00	108.00	122.00	140.00	152.00	165.00	204.00
Ba1/BB+	157.00	182.00	198.00	217.00	232.00	248.00	286.00
Ba2/BB	231.00	256.00	274.00	295.00	312.00	330.00	367.00
Ba3/BB-	305.00	330.00	350.00	372.00	392.00	413.00	449.00

B1/B+	378.00	404.00	426.00	450.00	472.00	495.00	530.00
B2/B	452.00	478.00	502.00	527.00	552.00	578.00	612.00
B3/B-	526.00	552.00	578.00	604.00	632.00	660.00	693.00
Caa/CCC+	600.00	626.00	653.00	682.00	712.00	743.00	775.00
Treasury-Yield	0.13	0.45	0.93	1.74	2.31	2.73	3.55

>>>

인덱스 열은 무디스와 스탠더드앤푸어스의 신용등급 단계다. 미국 국채가 나열된 마지막 행을 제외한 데이터셋 값은 모두 베이시스 포인트[BP, Basis Point] 단위로 돼 있다. 1BP는 백분의 1%(1/100%)를 의미한다. 다시 말해 데이터셋의 모든 값을 10,000(100으로 두 번)으로 나눠야 한다. 예를 들어 AA등급 채권의 5년 만기 스프레드는 50BP, 즉 0.005(=50/10000)다. 5년 만기 제로쿠폰 채권[zero-coupon bond]의 무위험 금리가 2%라면 AA등급을 갖는 회사의 채권 금리는 2.5%(=2% + 0.5%)가 된다.

듀레이션[duration]은 리스크의 분석 및 회피[hedge]와 관련돼 있는 아주 중요한 개념이다. 듀레이션은 초기 투자금을 회수하기 위한 햇수로 정의된다(듀레이션에는 몇 가지 종류가 있고, 여기서 설명하는 것은 매컬리[Macaulay] 듀레이션이다. 이의 정확한 정의는 '채권의 모든 현금 흐름을 현가로 환산한 가중 평균 만기'다. 여기서는 초기 투자금의 회수 기간으로 정의했는데, 가중 평균에 대한 언급이 없어 오해의 소지가 있다. 246페이지에 원래 개념이 잘 설명돼 있다. - 옮긴이). 간단한 제로쿠폰 채권의 경우를 먼저 살펴보자. 1년짜리 제로쿠폰 채권을 구매한다고 가정하자. 1년 후 가치는 액면가인 100달러다. 해당 타임라인과 현금 흐름은 다음과 같다.

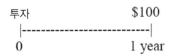

100달러를 회수하려면 1년을 기다려야 하고, 따라서 이 채권의 듀레이션은 1년이 된다. 제로쿠폰 채권의 경우 듀레이션은 만기와 같다.

$$D = T \quad .....(14)$$

여기서 D는 듀레이션을 의미하고, T는 제로쿠폰 채권의 만기(연환산)를 의미한다. 두 번째 예로 최초 2년간 각 해마다 기말에 100달러의 현금 흐름이 발생하며, 연 할인율이 5%인 경우를 살펴보자.

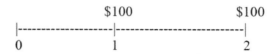

최초 투자금을 회수하려면 몇 년을 기다려야 할까? 우선 최초 100달러를 돌려받기 위해 1년을 기다려야 하고, 두 번째 100달러는 2년이 돼서야 돌려받는다. 따라서 첫 번째 듀레이션 추측은 1.5년이다. 그러나 3장을 읽었으므로 2년째 받은 100달러가 1년째 받은 100달러와 가치가 다르다는 것을 알고 있다. 1년째 기말을 벤치마크로 하면 두 번째 100달러의 상응하는 가치는 다음과 같다.

```
>>> 100/(1+0.05) 95.23809523809524
```

이제 계산 결과를 이용하면 100달러를 받기 위해 1년을 기다리고 95.24달러를 받기 위해 2년을 기다린다고 말할 수 있다. 평균적으로 몇 년을 기다려야 하는가? 해답은 가중 평균이다. 두 100달러의 가중치는 다음과 같다.

```
>>> pv2=100/(1+0.05)
>>> w1=100/(100+pv2)
>>> w1
0.5121951
>>> w2= pv2/(100+pv2)
>>> w2
0.4878049
>>> w1*1 + w2*2
```

1.487281

마지막으로 D 값을 구하면 $D = w_1 \times T_1 + w_2 \times T_2 = w_1 \times 1 + w_2 \times 2 = 0.5122 \times 1 + 0.487805 \times 2 = 1.487$이 된다. 정답은 최초 투자금을 회수하기 위해 1.487년이 소요된다. 앞 논리에서는 해답을 얻기 위해 두 번째 100달러를 1년차 기말에 할인했다.

다른 방법으로는 처음 100달러를 2차년도 기말로 복리 계산한 후 비교해도 결과는 같다. 다음 코드를 살펴보자.

```
>>> fv=100*(1+0.05)
>>> fv
105
```

해당 가중치는 다음과 같다.

```
>>> w1=105/(100+105)
>>> w1
0.5121951
>>> w2=100/(100+105)
>>> w2
0.4878049
```

가중치 결과가 먼저와 동일하므로 해답 또한 앞 결과와 같아야 한다. 이 예제로부터 서로 다른 시각에 발생하는 현금 흐름에 대해 어느 지점을 시점으로 가중치를 계산하든 결과는 같다는 것을 알 수 있다. 통상 현재가치를 벤치마크로 사용한다. 다음 코드를 살펴보자.

```
>>> pv1=100/(1+0.05)
```

```
>>> pv2=100/(1+0.05)**2
>>> w1= pv1/(pv1+pv2)
>>> w1
0.5121951219512195
>>> 1-w1
0.4878048780487805
```

두 가중치는 같다. 벤치마크로서 현재가치를 사용할 때의 또 다른 장점은 전체 현재가치를 동시에 계산할 수 있다는 점이다. 전체 값은 다음과 같다. 185.94달러를 투자하면 첫해에 51.2%를 회수하고 2년차에 나머지를 회수한다고 설명할 수도 있다. 그러므로 평균적으로 1.487년이 되는 것이다.

```
>>> pv1+pv2
185.941
```

n개의 미래 현금 흐름이 주어졌을 때 듀레이션을 계산하는 일반식은 다음과 같다.

$$D = \sum_{i=1}^{n} w_i \times T_i \quad .....(15)$$

D는 듀레이션, n은 현금 흐름의 수, w_i는 i번째 현금 흐름의 가중치, w_i는 i번째 현재가치를 전체 현금가치의 합으로 나눈 값으로 정의된다. T_i는 i번째 현금 흐름의 시점(년으로 계산)을 의미한다. 파이썬으로 제작된 duration 함수는 다음과 같다.

```
import math

def duration(t,cash_flow,y):
    n=len(t)
    B,D=0,0
    for i in range(n):
        B+=cash_flow[i]*math.exp(-y*t[i])
```

```
        for i in range(n):
            D+=t[i]*cash_flow[i]*math.exp(-y*t[i])/B
        return D
```

주석 등 헤더를 추가하면 프로그램은 훨씬 이해가 잘 될 것이다.

```
import math

def duration(t,cash_flow,y):
    n=len(t)
    B=0                     # B는 채권의 현재가치
    for i in range(n):
        B+=cash_flow[i]*math.exp(-y*t[i])
    D=0                     # D는 듀레이션
    for i in range(n):
        D+=t[i]*cash_flow[i]*math.exp(-y*t[i])/B
    return D
```

▌ 채권 평가

채권은 다른 말로 확정 이자부 증권$^{fixed\ income\ security}$으로도 불린다. 채권은 여러 범주로 분류할 수 있다. 우선 만기에 따라 단기$^{short-term}$, 중기$^{median-term}$, 장기$^{long-term}$로 나눌 수 있다. 미국 국채의 경우 티-빌$^{T-bills}$(단기 재정 증권)은 미국 재무성에 의해 발행된 1년 미만의 초단기 국채를 의미하고, 티-노트$^{T-notes}$는 만기 1년 이상 10년 미만의 국채를 의미한다. 티-본드$^{T-bond}$는 만기가 10년 이상인 국채를 일컫는다. 또한 쿠폰 지급 여부에 따라 제로쿠폰 채권과 쿠폰 채권으로 분류할 수 있다. 중앙정부가 발행한 채권의 경우 무위험 채권$^{risk-free\ bond}$이라고 부른다. 대개 중앙정부는 화폐 발행권이 있으므로 채무 불이행의 가능성이 없기 때문이다.

채권 소유자가 만기 전에 채권의 기초 자산 주식으로 미리 정해진 수만큼 전환할
수 있으면 전환 사채$^{convertible\ bond}$라고 한다. 채권 발행자가 만기 전에 채권을 상환하
거나 되살 수 있으면 수의 상환 채권$^{callable\ bond}$이라 한다. 반면 채권 구매자가 만기
전에 채권 발행자에게 되팔 수 있으면 상환 청구권 사채$^{puttable\ bond}$라고 한다. 제로쿠
폰 채권의 현금 흐름은 다음과 같다.

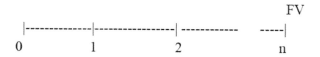

FV는 액면가, n은 (연환산) 만기다. 제로쿠폰 채권의 가격을 계산하려면 간단히 단
일 미래 현금 흐름의 현재가치를 구하면 된다. 그러므로 scipy.pv( ) 함수를 이용할
수 있다.

쿠폰 채권의 경우 정기적인 쿠폰 지급이 있다. 주기적인 쿠폰의 지급은 다음 수식과
같다.

$$쿠폰\ 지급액 = \frac{쿠폰\ 이자율 \times FV}{freq}$$

여기서 FV는 채권의 액면가를 의미하고, $freq$는 연간 쿠폰 지급 횟수를 의미한다.
3년짜리 쿠폰 채권을 살펴보자. 액면가가 100달러이고 연간 지급 쿠폰 이자율은
8%라고 하자. 쿠폰의 지급은 연 1회다. 연간 쿠폰 지급은 향후 3년간 매년 8달러씩
이고, 만기 시 채권 소유자는 100달러의 액면가를 받는다. 다음 그림은 이 쿠폰
채권에 해당하는 타임라인과 현금 흐름을 보여준다.

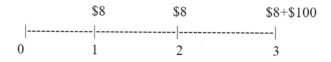

단일 미래 현금 흐름의 현재가치와 연금의 현재가치를 구할 때 사용했던 다음 두 공식을 떠올려보자.

$$PV = \frac{Fv}{(1+R)^n}$$

$$PV(\text{연금}) = \frac{C}{R}\left[1 - \frac{1}{(1+R)^n}\right]$$

C는 동일 금액의 현금 흐름이고, n은 전체 기간 수다. 쿠폰 채권의 가격은 이 두 식의 조합으로 나타낼 수 있다.

$$PV(\text{채권}) = \frac{C}{R}\left[1 - \frac{1}{(1+R)^n}\right] + \frac{FV}{(1+R)^n} \quad \cdots (16)$$

scipy.pv( ) 함수를 사용해 채권 가격을 구해보자. 실 연이율이 2.4%라고 가정하자.

```
>>> import scipy as sp
>>> sp.pv(0.024,3,0.08*100,100)
-116.02473258972169
```

계산 결과 이 3년짜리 쿠폰 채권 가격은 116.02달러다.

채권의 가격은 모든 미래 현금 흐름의 현재가치이므로 가격은 할인율과 역상관관계에 있다. 다시 말해 금리가 상승하면 채권 값은 하락하고 반대로 금리가 하락하면 채권 값은 상승한다.

만기 수익률^{YTM}은 내부 수익률^{IRR}과 같은 개념이다. 717.25달러를 주고 제로쿠폰 채권을 구매했다고 가정하자. 채권의 액면가는 1,000달러이고 만기는 10년이라고 하자. YTM은 어떻게 되는가? 제로쿠폰 채권의 경우 YTM에 관한 다음의 식이 성립된다.

$$YTM = \left(\frac{FV}{PV}\right)^{\frac{1}{n}} - 1 \quad \cdots (17)$$

FV는 액면가, PV는 제로쿠폰 채권의 가격, n은 연환산 만기다. 식 (17)을 이용해 직접 계산해보자. 계산 결과는 다음과 같다.

```
>>> (1000/717.25)**(1/10)-1
0.033791469771228044
```

오늘 818달러를 주고 산 채권이 있다고 가정하자. 만기는 5년이다. 매년 지급하는 쿠폰 이율은 3%고 액면가는 1,000달러일 때 YTM은 어떻게 될까? scipy.rate( ) 함수를 사용해 YTM을 계산할 수 있다.

```
>>> import scipy as sp
>>> sp.rate(5,0.03*1000,-818,1000)
0.0749818043148700726
```

계산 결과 YTM은 7.498%다. 채권 가격, 쿠폰 이율, 액면가 사이의 관계는 다음 표와 같다.

표 5.3 가격, 쿠폰이율, 액면가 간의 관계

조건	채권 가격과 액면가	가격, 액면가, 할인
쿠폰 이율 〉 YTM	채권 가격 〉 FV	가격
쿠폰 이율 = YTM	채권 가격 = FV	액면가
쿠폰 이율 〈 YTM	채권 가격 〈 FV	할인

당연히 두 제로쿠폰 채권 중 만기가 긴 것이 더 위험하다. 만기가 길면 원금 회복이 더 오래 걸리기 때문이다. 만기가 같은 쿠폰 채권의 경우는 쿠폰 이율이 높을수록 더 안전한데, 동일기간 동안 더 많은 돈을 지급 받을 수 있기 때문이다. 제로쿠폰

채권과 쿠폰 채권의 만기가 서로 다르면 어떻게 될까?

예를 들어 살펴보자. 액면가 100달러짜리 15년 만기 제로쿠폰 채권과 연 지급되는 쿠폰 이율 9%, 만기 30년, 액면가 100달러짜리 쿠폰 채권이 있다고 가정하자. 어느 채권이 더 위험할까? 현재 수익률이 4%에서 5%로 오르면 두 채권의 % 변화는 어떻게 될까? 수익률 변동에 대해 고위험 채권에 더 많은 % 변화가 생길 것이다.

```
# 제로쿠폰 채권
>>> p0=sp.pv(0.04,15,0,-100)
>>> p1=sp.pv(0.05,15,0,-100)
>>> (p1-p0)/p0
-0.1337153811552842
```

각 채권의 현재가치를 출력하면 다음과 같다.

```
>>> p0
55.526450271327484
>>> p1
48.101709809096995
```

쿠폰 채권에 대해서도 같은 식으로 계산해보자. 결과는 다음과 같다:

```
>>> p0=sp.pv(0.04,30,-0.09*100,-100)
>>> p1=sp.pv(0.05,30,-0.09*100,-100)
>>> (p1-p0)/p0
-0.13391794539315816
>>> p0
186.46016650332245
>>> p1
161.48980410753134
```

계산 결과 30년 쿠폰 채권이 15년 제로쿠폰 채권보다 % 변화가 크므로 더 위험한 것으로 나타났다. 15년 제로쿠폰 채권의 경우 듀레이션은 15년이다. 예제에 있는 30년짜리 쿠폰 채권의 듀레이션은 어떻게 될까? 계산 결과 17년이 나온다. p4f는 필자가 만든 일련의 파이썬 프로그램이다.

```
>>> import p4f
>>> p4f.durationBond(0.04,0.09,30)
17.036402239014734
```

p4f 모듈을 사용하려면 http://canisius.edu/~yany/python/p4f.cpython-35.pyc에 접속해 다운로드하면 된다. 채권 가격의 % 변화와 YTM 변화 사이의 관계는 다음 식과 같다.

$$\frac{\triangle B}{B} = D \frac{1}{1 + \dfrac{y}{m}} \triangle y \quad .....(18)$$

여기서 B는 채권의 가격이다. $\triangle B$는 채권 가격의 변화이고, y는 YTM, m은 연간 복리 계산 횟수다. 수정된 듀레이션은 다음과 같이 정의된다.

$$D_{수정} = \frac{D}{1 + \dfrac{y}{m}} \quad .....(19)$$

$$\frac{\triangle B}{B} = D' \triangle y \quad .....(20)$$

은행의 예금은 대체로 단기인 반면 대출은 장기다. 따라서 은행에는 금리 리스크가 생긴다. 이를 회피하는 방법 중 하나가 듀레이션 매칭$^{duration\ matching}$ 기법이다. 즉 자산과 부채의 듀레이션을 일치시키는 것이다.

▌주식 가격 평가

주식의 가격을 평가하는 데는 몇 가지 방식이 있고, 그중 하나가 배당 할인 모델 dividend discount model 이다. 이 모델은 현재 주식의 가격이 미래 배당의 현가를 모두 합친 것이라고 가정한다. 주기가 하나 있는 단일 기간 모델을 통해 간단한 예를 들어보자. 첫해 기말 1달러의 배당금이 예상되고 판매가는 50달러로 추정되는 주식의 가격은 어떻게 될까? 미래 현금 흐름과 타임라인은 다음 그림과 같다.

```
                    R=12%              D=1
                                       FV=50
        |----------------------------|
```

주식 가격은 간단히 두 미래 현금 흐름의 현재가치를 합한 45.54달러다.

```
>>> (1+50)/(1+0.12)
45.535714285714285
>>> import scipy as sp
>>> sp.pv(0.12,1,1+50)
-45.53571428571432
```

이제 기간이 2개 있는 모델을 살펴보자. 향후 2년간 각각 1.5달러와 2달러의 배당을 예상하고 있다. 그리고 판매가는 78달러로 예상된다. 현재 주식 평가 가격은 어떻게 될까?

```
                d1=1.5              d2=2, p2=78
        |--------------------|--------------------|
                  1                    2
```

이 주식에 대한 적정 할인율은 14%라고 가정하자. 그러면 주식의 현재가치는 62.87 달러가 된다.

```
>>>1.5/(1+0.14)+(2+78)/(1+0.14)**2
62.873191751308084
```

같은 방식으로 현재가치와 미래가치가 주어지면 자기자본 비용을 계산할 수 있다. 주식의 현재 가격이 30달러이고 배당은 연말에 1달러이며 연말 가격은 35달러가 될 것으로 기대한다고 가정하자.

$$\begin{array}{ll} & d=1 \\ P0=30 & FV=35 \\ \vdash\!\!-\!\!-\!\!-\!\!-\!\!-\!\!-\!\!-\!\!-\!\!-\!\!-\!\!-\!\!-\!\!-\!\!-\!\!-\!\!-\!\!-\!\!-\!\!-\!\!\dashv \end{array}$$

총수익률은 다음과 같이 계산할 수 있다.

```
>>> (35-30+1)/30
0.2
```

총수익률, 즉 자기자본 비용(R_e)은 자본 이득과 배당 수익의 두 부분으로 이뤄져 있다.

$$R_e = \frac{P_1 - P_0 + D_1}{P_0} = \underbrace{\frac{P_1 - P_0}{P_0}}_{\text{자본 수익률}} + \underbrace{\frac{D_1}{P_0}}_{\text{배당 수익률}} \quad \dots\!(21)$$

자본 수익률은 16.667%인 반면, 배당 수익률은 3.333%다. 지금까지는 배당이 고정된 것만 봤지만 주식 배당이 일정한 비율로 늘어나는 경우도 있다. A회사는 내년에 4달러의 배당을 예상하고 있다. 향후 매년 2%씩 일정하게 성장하리라고 예상하고 있다. 자기자본 비용이 18%라고 할 때 현재의 주식 평가가치는 얼마가 되는가? 3장에서 성장형 영구 연금의 공식을 배웠으므로 그 공식을 적용하면 된다.

$$PV(\text{성장형 영구 연금}) = \frac{c}{R-g}$$

표기를 조정해서 현재 주식 가격을 P_0, d_1을 첫 배당이라고 하자. 그러면 다음과 같은 가격 산정 공식을 얻게 된다.

$$P_o = \frac{d_1}{R-g} \quad \cdots\cdots(22)$$

계산 결과 현 주식 평가 가격은 25달러다.

```
>>> 4/(0.18-0.02)
25.0
```

신생 회사나 작은 회사들은 설립 후 초기에 막대한 자본 조달이 필요하므로 배당을 못할 수도 있다. 그러나 성공 과정을 통해 엄청난 성장률을 기록할 수도 있다. 그 후 회사는 장기적으로 안정적인 장기 성장률로 접어든다. 이런 경우는 n 주기 모델을 적용할 수 있다. n 주기 모델의 경우 $n+1$개의 미래 현금 흐름으로 이뤄지는데, n번의 배당과 한 번의 주식 판매로 돼 있다. 그러므로 n 주기 모델은 다음과 같은 일반 공식을 사용할 수 있다.

$$P_0 = \frac{d_1}{(1+R_e)} + \frac{d_1}{(1+R_e)^2} + \ldots + \frac{d_n}{(1+R_e)^n} + \frac{P_n}{(1+R_e)^n} \quad \cdots\cdots(23)$$

n 주기 이후의 판매가는 다음과 같다.

$$P_n = \frac{d_{n+1}}{R-g} \quad \cdots\cdots(24)$$

n 주기 모델을 적용하는 방법을 예를 들어 설명해보자. 회사는 작년 1.5달러의 배당을 시행했다. 이후 획기적 성장을 통해 5년간 배당이 각각 20%, 15%, 10%, 9%,

8%로 늘어났다가 곧 바로 장기 성장률인 3%로 영원히 줄어들었다. 동일 종류의 주식 수익률이 18.2%라면 현재 주식 평가액은 어떻게 되는가? 다음 표에 시간과 성장률 관계가 있다.

기간 =⟩	1	2	3	4	5	6
성장률	0.2	0.15	0.1	0.09	0.08	0.04

우선 n 주기 모델에서 n은 얼마를 선택하는 게 적절 할까? 대개 배당이 장기 안정 성장기로 접어들기 바로 직전 년도까지이고, 예제의 경우는 5다.

기간 =⟩	1	2	3	4	5	6
성장률	0.2	0.15	0.1	0.09	0.08	0.04
배당	1.80	2.07	2.277	2.48193	2.680	2.7877

첫 배당 1.8은 $1.5 \times (1 + 0.2)$를 계산한 결과다. 이 문제를 풀기 위해 다음 코드를 사용할 수 있다.

```
>>> import scipy as sp
>>> dividends=[1.80,2.07,2.277,2.48193,2.680,2.7877]
>>> R=0.182
>>> g=0.03
>>> sp.npv(R,dividends[:-1])*(1+R)
>>>
9.5233173204508681
>>> sp.pv(R,5,0,2.7877/(R-g))
-7.949046992374841
```

앞 코드에서 마지막 현금 흐름은 주식의 판매가 P5를 계산할 때 사용되므로 생략했다. scipy.npv( )는 첫 번째 현금 흐름이 시각 0에서 일어난다고 가정하므로 결과

값에 (1 + R)을 곱해서 보정해야 한다. 다섯 번 미래 배당의 현재가치 계산과 주식 판매가의 현재가치 계산을 분리한 이유는 독자들에게 소위 말하는 엑셀 부호 변환법을 상기시켜주기 위함이다. 주식 가격은 17.47(=9.52+7.95)달러다. 다른 방법으로는 p4f.pvPriceNperiodModel( ) 함수를 쓸 수도 있다. 다음 코드를 살펴보자. 파이썬 프로그램은 부록 D에 수록돼 있다.

```
>>> import p4f
>>> r=0.182
>>> g=0.03
>>> d=[1.8,2.07,2.277,2.48193,2.68,2.7877]
>>> p4f.pvValueNperiodModel(r,g,d)
17.472364312825711
```

앞의 모델은 주식 수가 변동 없다는 가정하에 만들어졌다. 따라서 회사가 이익금의 일부로 주식을 되산다거나 하는 일이 발생하면 가정은 틀리게 된다. 그런 경우는 배당 할인 모델을 사용할 수 없고 소위 주식 재구매와 총 지급 모델을 적용해야 한다. 다음 공식을 쓰면 된다. 주당 현재가치가 아닌 회사 총 주식에 대한 현재가치를 먼저 구해야 한다.

$$P_0 = \frac{PV(\text{미래 배당과 주식 재구매})}{\text{총 상장 주식 수}} \quad \dots\dots(25)$$

로직 솔루션$^{Logic\ Solutions,\ Inc.}$은 연말 회사의 총수익을 4억 달러로 예상한다. 회사는 총수익의 45%를 지급할 계획인데, 30%는 배당금, 15%는 주식 재구매를 하려고 한다. 회사의 장기 성장률이 3%이고 자기자본 비용이 18%, 총 상장 주식 수가 5,000만 주라고 할 때 현재 주식의 평가가치는 얼마인가? 해답은 다음과 같이 구할 수 있다.

```
>>>400*0.45/(0.18-0.03)/50
24.0
```

세 번째 방식은 회사의 총 기업 가치$^{\text{enterprise value}}$를 계산하는 것이다. 이를 통해 총 주식의 가격을 산정할 수 있다. 마지막으로 총 주식 가치를 상장 주식 수로 나눠 주당 가격을 산정한다. 기업 가치는 다음처럼 정의된다.

$$\text{기업 가치} = Equity + Debt - Cash \quad \dots(26)$$

여기서 Equity는 시가 총액, Debt는 차입금의 장부가, Cash는 현금성 자산이다. 기업 가치는 회사 전체를 사기 위해 필요한 총자본이라고 볼 수 있다. 간단한 예를 살펴보자. 시가 총액이 6백만 달러인 회사가 있다고 가정하자. 차입금이 4백만 달러이고 현금성 자산은 1백만 달러다. 투자가 입장에서는 회사 전체를 사기 위해 모든 주식을 매입하기 위한 6백만 달러와 차입금 해결을 위한 4백만 달러를 합친 1천만 달러가 필요한 것으로 보인다. 실제로는 새로운 주인에게 현금성 자산 1백만 달러가 귀속될 것이므로 9백만 달러만 모으면 된다. 기업 가치를 계산했으니 다음 공식을 사용해서 주당 가치를 산정하면 된다.

$$P_0 = \frac{V_0 - Debt + Cash}{\text{상장 주식 수}} \quad \dots(27)$$

V_0는 기업 가치, Debt는 현 차입금, Cash는 현금성 자산이다. V_0는 주식 보유자와 채권자(회사채 소유자들을 포함해서)들이 가진 가치의 총합으로 볼 수 있다.

$$V_0 = PV(\text{미래 전체 잉여 현금 흐름}) \quad \dots(28)$$

시각 t의 잉여 현금 흐름$^{\text{Free cash flow}}$은 다음과 같이 정의된다.

$$FCF_t = NI_t - D_t - CapEx_t + \triangle NWC_t \quad \dots(29)$$

FCF_t는 t년의 잉여 현금 흐름, NI_t는 t년의 당기 순이익, D_t는 감가상각이다.

$CapEx_t$는 t년도의 자본적 지출, $\triangle NWC_t$는 t년도의 순 운전 자본 변동$^{\text{change in net working capital}}$이다. 순 운전 자본은 현재의 유동 자산과 유동 부채의 차이다. 일반적인 수식

은 다음과 같다.

$$V_0 = \frac{FCF_1}{(1+WACC)} + \frac{FCF_1}{(1+WACC)^2} + \dots + \frac{FCF_n}{(1+WACC)^n} + \frac{V_n}{(1+WACC)^n} \quad \dots\dots(30)$$

$WACC$는 자본 비용의 가중 평균이다. 회사 전체의 가치를 평가하고 있으므로 자기 자본 비용을 할인율로 사용하는 것은 적절치 못하다.

$$WACC = W_e R_e + W_d R_d (1 - T_c) \quad \dots\dots(31)$$

여기서 $W_e(R_e)$는 자산의 가중치(비용), $W_d(R_d)$는 부채 가중치(세전), T_c는 적용 세율이다. R_e는 세후 자기자본 비용이므로 R_d(세전 자산)에 $(1-T_c)$를 곱해 세후 부채로 변환해야 한다. V_n은 회사 전체의 매각가로 보면 된다.

$$V_n = \frac{FCF_{n+1}}{WACC - g} \quad \dots\dots(32)$$

주식의 현재 가격을 평가하기 위한 또 다른 방법은 업계의 주가 수익 비율(P/E) 등의 배수 비율 지표를 활용하는 방법이다. 이 방법은 간단하다. 회사의 내년 주당 순이익이 4달러라고 가정하자. 업계의 평균 주가 수익 비율이 10이라고 할 때 주식의 시가 평가는 어떻게 될까? 오늘 기점으로 40달러가 된다.

▌ 새로운 데이터 형식: 딕셔너리

딕셔너리는 순서가 없는 데이터 형식이고 위치가 아니라 키를 통해 접근한다. 딕셔너리는 연관 배열associative array(해시hash라고도 한다)이다. 딕셔너리의 모든 키는 특정 값과 연계(혹은 매핑mapping)돼 있다. 첫 번째 변수는 key이고 두 번째 변수는 value다. 다음 예제를 살펴보자. 딕셔너리는 중괄호를 사용한다. 두 번째 변수 값은 문자열, 정수, 실수 등 어떤 종류의 데이터 형식이든 상관없다.

```
>>> houseHold={"father":"John","mother":"Mary","daughter":"Jane"}
>>> household
{'father': 'John', 'daughter': 'Jane','mother': 'Mary'}
type(houseHold) <class 'dict'>
>>> houseHold['father']
'John'
```

부록 A: 단리와 복리

단리의 지급 방정식은 다음과 같다.

$$FV(단리) = PV(1 + R \times n) \quad .....(1)$$

복리의 미래가치는 다음과 같다.

$$FV(복리) = PV(1 + R)^n \quad .....(2)$$

여기서 PV는 현재가치, R은 주기별 이율, n은 전체 주기 수다. 따라서 1,000달러를 8%로 10년간 대출한 본문 예제를 단리 복리로 계산한 두 미래가치는 각각 1,800달러와 2,158.93달러다.

다음 프로그램은 원금 및 단리와 복리 지급, 그리고 미래가치의 상관관계를 도식화한다.

```
import numpy as np
from matplotlib.pyplot import *
from pylab import *
pv=1000
r=0.08
n=10
t=linspace(0,n,n)
```

```
y1=np.ones(len(t))*pv # a horizontal line
y2=pv*(1+r*t)
y3=pv*(1+r)**t
title('Simple vs. compounded interest rates')
xlabel('Number of years')
ylabel('Values')
xlim(0,11)
ylim(800,2200)
plot(t, y1, 'b-')
plot(t, y2, 'g--')
plot(t, y3, 'r-')
show()
```

해당 그래프는 다음과 같다.

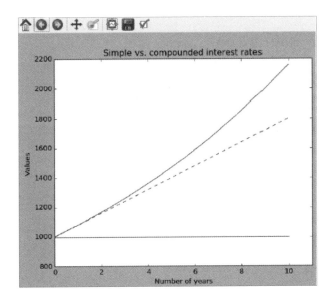

앞 프로그램에서 xlim( ) 함수는 x축 범위를 설정한다. ylim( ) 함수는 y축 범위를
설정한다. xlim( )과 ylim( ) 함수의 세 번째 매개변수는 선의 색깔을 지정한다. b는
검정색, g는 초록, r은 붉은색을 의미한다.

부록 B: 금리 변환을 위한 몇 가지 파이썬 함수

```python
def APR2Rm(APR1,m1,m2):
    """

    Objective: convert one APR to another Rm
        APR1: annual percentage rate
        m1: compounding frequency
        m2: effective period rate with this compounding

    Formula used: Rm=(1+APR1/m1)**(m1/m2)-1

    Example #1>>>APR2Rm(0.1,2,4)
                0.02469507659595993
    """
    return (1+APR/m1)**(m1/m2)-1

def APR2APR(APR1,m1,m2):
    """

    Objective: convert one APR to another Rm
        APR1: annual percentage rate
        m1: compounding frequency
        m2: effective period rate with this compounding

    Example #1>>>APR2APR(0.1,2,4)
                0.09878030638383972
    """
    return m2*((1+APR/m1)**(m1/m2)-1)

def APR2Rc(APR,m):
    return m*log(1+APR/m)

def Rc2Rm(Rc,m):
    return exp(Rc/m)-1

def Rc2APR(Rc,m):
    return m*(exp(Rc/m)-1)
```

부록 C: rateYan.py 프로그램을 위한 파이썬 코드

```python
def rateYan(APR,type):
"""Objective: from one APR to another effective rate and APR2
        APR : value of the given Annual Percentage Rate
        type : Converting method, e.g., 's2a', 's2q', 's2c' 's2a' means from
semi-annual to annual a for annual
                s for semi-annual
                q for quarterly
                m for monthly
                d for daily
                c for continuously
        Example #1>>>rateYan(0.1,'s2a')
                [0.10250000000000004,0.10250000000000004]
        Example #2>>>rateYan(0.1,'q2c')
                0.098770450361485657
"""
    import scipy as sp
    rate=[]
    if(type[0]=='a'):
        n1=1
    elif(type[0]=='s'):
        n1=2
    elif(type[0]=='q'):
        n1=4
    elif(type[0]=='m'):
        n1=12
    elif(type[0]=='d'):
        n1=365
        else:
            n1=-9
        if(type[2]=='a'):
            n2=1
    elif(type[2]=='s'):
        n2=2
```

```
    elif(type[2]=='q'):
        n2=4
    elif(type[2]=='m'):
        n2=12
    elif(type[2]=='d'):
        n2=365
        else:
            n2=-9
        if(n1==-9 and n2==-9):
            return APR
    elif(n1==-9 and not(n2==-9)):
        effectiveRate=sp.exp(APR/n2)-1
        APR2=n2*effectiveRate
        rate.append(effectiveRate)
        rate.append(APR2)
        return rate
    elif(n2==-9 and not(n1==-9)):
        Rc=n1*sp.log(1+APR/n1)
        return Rc
        else:
            effectiveRate=(1+APR/n1)**(n1/n2)-1
        APR2=n2*effectiveRate
        rate.append(effectiveRate)
        rate.append(APR2)
        return rate
```

부록 D: n 주기 모델을 이용한 주식 가격 평가 파이썬 프로그램

n 주기 모델의 경우 $n+1$개의 미래 현금 흐름이 있는데, n개의 배당금과 한 번의 주식 판매가로 구성된다.

$$P_0 = \frac{d_1}{(1+R_e)} + \frac{d_1}{(1+R_e)^2} + \dots + \frac{d_n}{(1+R_e)^n} + \frac{P_n}{(1+R_e)^n} \quad \dots\dots(1)$$

n 주기 말의 판매가는 다음과 같다.

$$P_n = \frac{d_{n+1}}{R-g} \quad \dots (2)$$

지금부터 계산해서 $n+1$개의 현금 흐름을 가진 성장형 영구 연금의 현재가치를 구하는 다음 코드를 살펴보자.

```
def pvValueNperiodModel(r,longTermGrowthRate,dividendNplus1):
"""Objective: estimate stock price based on an n-period model
                    r: discount rate
LongTermGrowhRate: long term dividend growth rate
        dividendsNpus1  : a dividend vector n + 1

  PV  = d1/(1+R) + d2/(1+R)**2 + .... + dn/(1+R)**n +
sellingPrice/(1+R)**n
sellingPrice= d(n+1)/(r-g)
            where g is long term growth rate

    Example #1: >>> r=0.182
>>> g=0.03
>>> d=[1.8,2.07,2.277,2.48193,2.68,2.7877]
>>>pvValueNperiodModel(r,g,d)
            17.472364312825711
"""
    import scipy as sp
    d=dividendNplus1
    n=len(d)-1
    g=longTermGrowthRate
pv=sp.npv(r,d[:-1])*(1+r)
sellingPrice=d[n]/(r-g)
pv+=sp.pv(r,n,0,-sellingPrice)
  return pv
```

부록 E: 채권의 듀레이션을 계산하는 파이썬 프로그램

```
def durationBond(rate,couponRate,maturity):
"""Objective : estimte the durtion for a given bond
        rate : discount rate
    couponRate: coupon rate
     maturity : number of years


    Example#1: >>> discountRate=0.1
        >>> couponRate=0.04
        >>> n=4
        >>> durationBond(rate,couponRate,n)
        3.5616941835365492


    Example#2:>>> durationBond(0.1,0.04,4)
            3.7465335177625576
"""
    import scipy as sp
    d=0
    n=maturity
    for i in sp.arange(n):
        d+=(i+1)*sp.pv(rate,i+1,0,-couponRate)
    d+=n*sp.pv(rate,nper,0,-1)
    return d/sp.pv(rate,n,-couponRate,-1)
```

부록 F: 데이터 케이스 #2 – 신규 발행 채권으로 자금 모집

당신은 현재 IBM의 재무분석가로 일하고 있다. 회사는 전체 액면가 6천만 달러 어치의 30년 만기 회사채를 발행하고자 한다. 각 채권의 액면가는 1,000달러이고 연간 쿠폰 지급률은 3.5%이다. 회사는 매년 기말에 1회 쿠폰을 지급하려고 한다. 다음 세 가지 질문에 답해보자.

1. 30년 만기 회사채를 발행하면 오늘 얼마를 받을 수 있는가?

2. 채권의 YTM을 계산해보자.

3. 신용등급을 한 등급 상승시킬 수 있다면 얼마나 더 많은 돈을 받을 수 있는가?

채권의 가격은 모든 미래 현금 흐름의 할인 값을 더하면 된다.

$$PV(채권) = 가격 = \frac{C_1}{(1+R_1)^1} + \frac{C_2}{(1+R_2)^2} + ... + \frac{C_{n-1}}{(1+R_{n-1})^{n-1}} + \frac{C_n + FV}{(1+R_n)^n} \quad .....(1)$$

각 미래 현금 흐름에 대응하는 할인율을 찾아 살펴보자.

$$R_j = R_{f,i} + S_i \quad .....(2)$$

R_i는 연도 i의 해당 할인율, $R_{f,i}$는 i년도 국채 금리 구조(수익 커브)에서 얻은 무위험 금리, S_i는 회사의 신용등급에 따른 신용 스프레드다. 신용등급은 파이썬 데이터셋 spreadBasedOnCreditRating.pkl에서 가져온 값을 사용한다. 파이썬 데이터셋은 http://canisius.edu/~yany/python/spreadBasedOnCreditRating.pkl에 접속하면 얻을 수 있다.

```
>>> import pandas as pd
>>> spread=pd.read_pickle("c:/temp/spreadBasedOnCreditRating.pkl")
>>> spread
             1       2       3       5       7      10      30
Rating
Aaa/AAA    5.00    8.00   12.00   18.00   28.00   42.00   65.00
Aa1/AA+   10.00   18.00   25.00   34.00   42.00   54.00   77.00
Aa2/AA    14.00   29.00   38.00   50.00   57.00   65.00   89.00
Aa3/AA-   19.00   34.00   43.00   54.00   61.00   69.00   92.00
A1/A+     23.00   39.00   47.00   58.00   65.00   72.00   95.00
A2/A      24.00   39.00   49.00   61.00   69.00   77.00  103.00
A3/A-     32.00   49.00   59.00   72.00   80.00   89.00  117.00
Baa1/BBB+ 38.00   61.00   75.00   92.00  103.00  115.00  151.00
```

Baa2/BBB	47.00	75.00	89.00	107.00	119.00	132.00	170.00
Baa3/BBB-	83.00	108.00	122.00	140.00	152.00	165.00	204.00
Ba1/BB+	157.00	182.00	198.00	217.00	232.00	248.00	286.00
Ba2/BB	231.00	256.00	274.00	295.00	312.00	330.00	367.00
Ba3/BB-	305.00	330.00	350.00	372.00	392.00	413.00	449.00
B1/B+	378.00	404.00	426.00	450.00	472.00	495.00	530.00
B2/B	452.00	478.00	502.00	527.00	552.00	578.00	612.00
B3/B-	526.00	552.00	578.00	604.00	632.00	660.00	693.00
Caa/CCC+	600.00	626.00	653.00	682.00	712.00	743.00	775.00
US Treasury Yield	0.13	0.45	0.93	1.74	2.31	2.73	3.55

>>>

5년차의 AA등급에 해당하는 스프레드는 55BP다. 1BP는 1/100%(0.01%)를 의미한다. 다시 말해 55를 100으로 두 번 나눈 55/10000 = 0.0055가 55BP의 의미다.

직선 보간 절차는 다음과 같다.

1. 우선 간단한 예를 들어 살펴보자. 5년간의 YTM이 5%라고 가정하자. 10년 만기 채권의 YTM은 10%다. 6, 7, 8, 9년 만기 채권의 YTM은 어떻게 될까?

2. 즉답은 6년 만기는 6%, 7년은 7%. 8년은 8%, 9년은 9%다. 기본 아이디어는 동일한 증감률을 사용하는 것이다.

3. 5년 만기 채권의 YTM이 R5라고 가정해보자. 10년 만기 YTM은 R10이다. 5년과 10년 사이에는 5개 중간 구간이 존재한다. 따라서 각 해의 증감률은 $\triangle = \dfrac{R_{10} - R_5}{5}$가 된다.

    - 6년 만기 채권의 경우는 $R_5 + \triangle$가 된다.
    - 7년 만기 채권의 경우는 $R_5 + 2\triangle$가 된다.
    - 8년만기 채권의 경우는 $R_5 + 3\triangle$가 된다.
    - 9년 만기 채권의 경우는 $R_5 + 4\triangle$가 된다.

좀 더 상세한 설명은 다음과 같다. 두 개의 좌표 (x_0, y_0)와 (x_1, y_1)이 주어졌을 때 직선 보간법은 두 점을 잇는 직선이다. (x_0, x_1) 사이의 값 x에 대해 y는 주어진 직선을 따라가는 값이다.

$$\frac{y - y_0}{x - x_0} = \frac{y_1 - y_0}{x_1 - x_0} \quad \cdots (4)$$

미지수 x에 대한 y의 식으로 정리하면 다음과 같다.

$$y = y_0 + (x - x_0)\frac{y_1 - y_0}{x_1 - x_0} = y_0 + \frac{(x - x_0)y_1 - (x - x_0)y_0}{x_1 - x_0} \quad \cdots (5)$$

이 식은 구간 (x_0, x_1) 사이를 직선 보간하는 공식이다.

▎ 요약

5장에서는 연이율^{APR}, 실 연이율^{EAR}, 복리 계산 주기, 하나의 금리를 다른 복리 주기를 가진 금리로 변환, 금리의 기간 구조 등 금리에 관련한 여러 개념을 살펴봤다. 그 뒤 채권의 판매가를 계산하는 방법 및 만기 수익률^{YTM}과 듀레이션을 계산하는 방법을 배웠다. 주식 평가는 소위 할인 배당 모델을 적용했다.

6장은 자산 평가에 있어 가장 보편적으로 사용되는 CAPM을 알아본다. 기본 형태를 배운 뒤 상장 회사의 주가 추이 데이터와 시장 지수 데이터를 다운로드하는 방법을 알아본다. 그 후 수익률을 계산하는 방법과 선형 회귀를 통한 주식의 시장리스크 계산 방법을 알아본다.

06

자본자산 가격 결정모델

자본자산 가격 결정모델^{CAPM, Capital Asset Pricing Model}은 가장 보편적으로 사용되는 자산 평가모델일 것이다. 이렇게 널리 활용되는 데에는 몇 가지 이유가 있다. 첫째, 단일 요인 직선 모델을 사용하므로 아주 간단하다. 둘째, 구현이 무척 쉽다. 마음만 먹으면 누구라도 상장회사들의 주가 추이와 시장 지수^{market index} 데이터를 다운로드한 뒤 수익률을 계산해서 각 주식의 시장 리스크를 계산할 수 있다. 셋째, 단일 요인 자산평가모델은 7장에서 소개할 파마-프렌치 3요인 모델이나 파마-프렌치-카하트 4요인^{Fama-French-Carhart 4-factor} 모델, 파마-프렌치 5요인^{Fama-French 5-factor} 모델 등 좀 더 진보된 모델로 가는 첫 번째 단계로서 적합하다. 6장에서 다루는 내용은 다음과 같다.

- CAPM 소개

- 야후 금융에서 데이터를 다운로드하는 방법 소개
- 베타 값 변동
- 여러 주식의 베타 계산을 위한 여러 파이썬 프로그램
- 수정 베타와 포트폴리오 베타의 계산
- 베타 계산을 위한 스콜스와 윌리엄스[Scholes and Williams](1977) 조정
- 베타 계산을 위한 딤슨[Dimson](1979) 조정
- 다양한 외부 파일 형태로 데이터 출력
- 간단한 문자열 다루기
- 캐노피[Canopy]를 이용한 파이썬

█ CAPM 소개

유명한 CAPM에 따르면 주식의 기대 수익률과 시장 수익률은 서로 선형적 상관관계를 가진다고 한다. 여기서는 종목 코드명 IBM으로 상장돼 있는 IBM을 예제로 삼아 선형 단일 요인 자산평가모델을 개별 주식은 물론 포트폴리오에도 적용할 수 있다는 것을 보여준다. 먼저 공식을 살펴보자.

$$E(R_{IBM}) = R_f + \beta_{IBM}(E(R_{mkt}) - R_f) \quad \cdots(1)$$

여기서 E( )는 기댓값, $E(R_{IBM})$은 IBM의 기대 수익률, R_f는 무위험 금리, $E(R_{mkt})$는 기대 시장 수익률이다. S&P500 지수 등이 시장 수익률 계산을 위한 시장 지수로 사용될 수 있다. 앞 공식의 기울기, 즉 β_{IBM} 값이 IBM의 시장 리스크를 의미한다. 대부분 항목이 기댓값에 대한 것이므로 표기를 간단히 하려면 다음 식처럼 기댓값을 별도로 명시하지 않는 것도 간결성을 위해 좋은 방법이다.

$$R_{IBM} = R_f + \beta_{IBM}(R_{mkt} - R_f) \quad \cdots(2)$$

사실 앞의 식을 조금만 조정하면 주식의 초과 수익률excess stock returns과 마켓의 초과 수익률excess market returns 사이의 관계를 나타내는 식으로 변형할 수 있다. 다음 식은 기본적으로 앞의 식과 동일하다. 그러나 식의 해석에 있어서는 좀 더 명쾌해졌다.

$$R_{IBM} - R_f = \alpha + \beta_{IBM}(R_{mkt} - R_f) \quad .....(3)$$

3장에서 주식의 기대 수익률과 무위험 금리의 차이가 리스크 프리미엄이라고 배운 것을 기억해보자. 이 사실은 개별 주식이나 시장 지수나 상관없이 모두 동일하게 적용된다. 이제 식 (3)의 의미 해석이 한결 쉬워졌다. 개별 주식의 리스크 프리미엄은 그 개별 주식의 시장 리스크와 시장 리스크 프리미엄market risk-premium의 2가지 요인에 종속된다.

수학적으로 앞 선형 회귀의 기울기는 다음과 같이 쓸 수 있다.

$$\beta_{IBM} = \frac{\sigma_{IBM,MKT}}{\sigma_{MKT}^2} \quad .....(4)$$

여기서 $\sigma_{IBM,MKT}$는 IBM 수익률과 마켓 지수 수익률 간의 공분산이고, σ_{MKT}^2는 시장 지수 수익률의 분산이다. $\sigma_{IBM,MKT} = \rho_{IBM,MKT}\sigma_{IBM}\sigma_{MKT}$이고 $\rho_{IBM,MKT}$는 IBM 수익률과 시장 지수 수익률의 상관관계이므로 앞 수식은 다음과 같이 쓸 수 있다.

$$\beta_{IBM} = \frac{\rho_{IBM,MKT} \times \sigma_{IBM}}{\sigma_{MKT}} \quad .....(5)$$

베타의 의미는 시장 리스크 프리미엄의 기댓값이 1% 증가하면 개별 주식의 기대 수익률은 β%만큼 증가한다는 뜻이다. 그러므로 베타(시장 리스크)는 일종의 증폭기 역할로 볼 수 있다. 전체 종목의 베타 평균은 1이다. 그러므로 1보다 베타가 크면 다른 평균 종목에 비해 시장 리스크가 크다는 뜻이 된다.

다음 코드는 해당 예다.

```
>>> import numpy as np
>>> import statsmodels.api as sm
>>> y=[1,2,3,4,2,3,4]
>>> x=range(1,8)
>>> x=sm.add_constant(x)
>>> results=sm.OLS(y,x).fit()
>>> print(results.params)
[1.28571429    0.35714286]
```

OLS 결과에 대한 전체 정보를 보려면 print(results.summary()) 명령을 실행하면
된다. 다음 화면을 살펴보자.

```
[ 1.28571429  0.35714286]
                            OLS Regression Results
==============================================================================
Dep. Variable:                      y   R-squared:                       0.481
Model:                            OLS   Adj. R-squared:                  0.377
Method:                 Least Squares   F-statistic:                     4.630
Date:                Mon, 05 Jun 2017   Prob (F-statistic):             0.0841
Time:                        14:34:15   Log-Likelihood:                -7.8466
No. Observations:                   7   AIC:                             19.69
Df Residuals:                       5   BIC:                             19.59
Df Model:                           1
Covariance Type:            nonrobust
==============================================================================
                 coef    std err          t      P>|t|      [95.0% Conf. Int.]
------------------------------------------------------------------------------
const          1.2857      0.742      1.732      0.144      -0.622       3.194
x1             0.3571      0.166      2.152      0.084      -0.070       0.784
==============================================================================
Omnibus:                          nan   Durbin-Watson:                   1.976
Prob(Omnibus):                    nan   Jarque-Bera (JB):                0.342
Skew:                           0.289   Prob(JB):                        0.843
Kurtosis:                       2.083   Cond. No.                         10.4
==============================================================================
```

여기서는 두 계수의 값과 해당 T-값과 P-값만 신경 쓰면 된다. 더빈-왓슨 통계치
Durbin-Watson statistics나 쟈크-베라 정규성 검정Jarque-Bera normality test 같은 결과 값들은 8장
에서 설명한다. 베타는 0.3571이고 T-값은 2.152다. T-값이 2보다 크므로 0과 크
게 다르다고 할 수 있다. 또 다른 방법으로는 P-값이 0.084이므로 10%를 커트라인
으로 설정하면 같은 결론을 얻게 된다. 두 번째 예제는 다음과 같다.

```
>>> from scipy import stats
>>> ret = [0.065, 0.0265, -0.0593, -0.001,0.0346]
>>> mktRet = [0.055, -0.09, -0.041,0.045,0.022]
>>> (beta, alpha, r_value, p_value,std_err)=stats.linregress(ret,mktRet)
```

해당 결과는 다음과 같다.

```
>>> print(beta, alpha)
0.507743187877 -0.00848190035246
>>> print("R-squared=", r_value**2) R-squared= 0.147885662966
>>> print("p-value =", p_value)
p-value = 0.522715523909
```

여기서도 help( ) 함수를 사용하면 더 많은 정보를 얻을 수 있다. 다음 몇 줄을 살펴보자.

```
>>> help(stats.linregress)
Help on the linregress function in the cipy.stats._stats_mstats_common module:
linregress(x, y=None)

Calculate a linear least-squares regression for two sets of measurements.

    Parameters
    ----------
    x, y: array_like
    Two sets of measurements. Both arrays should have the same length.
    If only x is given (and y=None), then it must be a two-dimensional array where
one dimension has length 2. The two sets of measurements are then found by
splitting the array along the length-2 dimension.
```

세 번째 예제는 기울기와 절편을 알고 있을 때(즉, 절편 alpha=1, 기울기 beta=0.8) x와 y를 생성한다. 다음 공식을 살펴보자.

$$y_i = 1 + 0.8x_i + \varepsilon_i$$

여기서 y_i는 종속 변수 y의 i번째 관측 값, 1은 절편, 0.8은 기울기(베타), x_i는 독립 변수 x의 i번째 관측 값, ε_i는 임의의 값이다. 일련의 난수를 발생시켜 x, y 집합을 생성한 후 선형 회귀를 실행해보자.

```python
from scipy import stats
import scipy as sp
sp.random.seed(12456)
alpha=1
beta=0.8
n=100
x=sp.arange(n)
y=alpha+beta*x+sp.random.rand(n)
(beta,alpha,r_value,p_value,std_err)=stats.linregress(y,x)
print(alpha,beta)
print("R-squared=", r_value**2)
print("p-value =", p_value)
```

앞 코드는 sp.random.rand( ) 함수로 난수를 생성하면서 언제든 동일한 난수 집합을 재현하기 위해 sp.random.seed( ) 함수를 사용했다. 이제 시드seed만 같으면 언제나 동일한 난수 집합을 얻는다. 이에 대해서는 12장에서 좀 더 자세히 다룬다. 결과는 다음과 같다.

```
%run "C:/yan/teaching/Python2/codes/c6_02_random_OLS.py"
(-1.9648401142472594,1.2521836174247121,)
('R-squared=', 0.99987143193925765)
('p-value =', 1.7896498998980323e-192)
```

다음 코드는 IBM의 베타를 계산한다. 2012년 1월 1일부터 2016년 12월 31일 사이의 5년간 IBM 주가를 다운로드한 다음 베타를 계산한다. 프로그램을 살펴보자.

```
from scipy import stats
from matplotlib.finance import quotes_historical_yahoo_ochl as getData
begdate=(2012,1,1)
enddate=(2016,12,31)

ticker='IBM'
p =getData(ticker, begdate, enddate,asobject=True,adjusted=True)
retIBM = p.aclose[1:]/p.aclose[:-1]-1

ticker='^GSPC'

p2 = getData(ticker, begdate, enddate,asobject=True,adjusted=True)
retMkt = p2.aclose[1:]/p2.aclose[:-1]-1
(beta,alpha,r_value,p_value,std_err)=stats.linregress(retMkt,retIBM)
print(alpha,beta)
print("R-squared=", r_value**2)
print("p-value =", p_value)
```

IBM의 5년치 데이터를 사용해 베타를 구하기 위해 `matplotlib.finance.quotes_historical_yahoo_ochl` 함수를 사용해서 주가 데이터를 다운로드했다. 관련 링크는 https://matplotlib.org/api/finance_api.html이다. 종목 코드 `^GSPC`는 S&P500 시장 지수를 의미한다. 결과는 다음과 같다.

```
-0.00034177571288 0.881215610961
R-squared= 0.367247387662
p-value = 6.9784778347e-127
```

계산 결과 IBM의 베타는 0.88이고 절편은 −0.0003이다. R 제곱은 0.37이고 P−값은 거의 0이다. 앞 코드의 경우 무위험 금리는 무시했다. 베타(기울기) 계산에 있어서 무위험 금리를 생략해도 그 영향이 크지 않다. 7장에서 파마-프렌치 3요인 모델을 설명할 때 무위험 금리를 포함한 방법을 알아본다. `quotes_historical_yahoo_ochl`에 대한 더 많은 정보는 도움말 함수를 사용하면 된다.

```
help(quotes_historical_yahoo_ochl)
Help on function quotes_historical_yahoo_ochl in module matplotlib.finance:
quotes_historical_yahoo_ochl(ticker, date1, date2, asobject=False,
adjusted=True, cachename=None)
Get historical data for ticker between date1 and date2.
See :func:`parse_yahoo_historical` for explanation of output formats and the
*asobject* and *adjusted* kwargs. Parameters
----------
ticker : str stock ticker
 date1 : sequence of form (year, month, day), `datetime`,
        or `date` start date
date2 : sequence of form (year, month, day), `datetime`,
        or `date` end date
cachename : str or `None`
        is the name of the local file cache. If None, will
        default to the md5 hash or the url (which incorporates the
        ticker and date range)
    Examples
    --------
    sp=f.quotes_historical_yahoo_ochl('^GSPC',d1,d2,asobject=True,
        adjusted=True)
        returns = (sp.open[1:] - sp.open[:-1])/sp.open[1:]
        [n,bins,patches] = hist(returns, 100)
        mu = mean(returns)
        sigma = std(returns)
        x = normpdf(bins, mu, sigma)
        plot(bins, x, color='red', lw=2)
```

3개의 입력 변수 ticker, beginning, ending dates만을 사용해 데이터를 얻어오는
함수를 만드는 것이 좋을 듯하다. 다음 코드를 살펴보자.

```
from scipy import stats
from matplotlib.finance import quotes_historical_yahoo_ochl as aa
#
```

```
def dailyReturn(ticker,begdate,enddate):
    p = aa(ticker, begdate,enddate,asobject=True,adjusted=True)
    return p.aclose[1:]/p.aclose[:-1]-1
#
begdate=(2012,1,1)
enddate=(2017,1,9)
retIBM=dailyReturn("IBM",begdate,enddate)
retMkt=dailyReturn("^GSPC",begdate,enddate)
outputs=stats.linregress(retMkt,retIBM)
print(outputs)
```

IBM의 베타(마켓 리스크) 결과는 다음과 같다.

```
LinregressResult(slope=0.55353541278814211, intercept=-9.1964731487727638e-06,
rvalue=0.42520665972337468, pvalue=1.4353326986553025e-56, stderr=0.033193638902038199)
```

다른 방법으로는 **p4f.dailyReturnYahoo( )** 함수를 사용할 수 있다. 다음 코드를 살펴보자.

```
>>> import p4f
>>> x=dailyReturn("ibm",(2016,1,1),(2016,1,10))
>>> print(x)
array([-0.0007355 , -0.00500558, -0.01708957, -0.00925784])
```

▌ 베타 값 추이

경우에 따라 시계열 베타 값을 계산할 필요가 있다. 예를 들어 3년 동안의 베타 값 추이를 보려는 경우 등이다. 이 경우 루프나 이중 루프를 사용하면 된다. 수년간 IBM의 연간 베타 값을 계산하는 간단한 예제를 살펴보자. 먼저 날짜 변수로부터 연도 정보를 얻어오는 2가지 방법을 살펴보자.

```
import datetime
today=datetime.date.today()
year=today.year                    # 방법 I
print(year)
2017
print(today.strftime("%Y"))  # 방법 II
'2017'
```

연간 베타 값을 구하기 위한 파이썬 프로그램은 다음과 같다.

```
import numpy as np
import scipy as sp
import pandas as pd
from scipy import stats
from matplotlib.finance import quotes_historical_yahoo_ochl
def ret_f(ticker,begdate, enddate):
    p = quotes_historical_yahoo_ochl(ticker, begdate,
    enddate,asobject=True,adjusted=True)
    return((p.aclose[1:] - p.aclose[:-1])/p.aclose[:-1])
#
begdate=(2010,1,1)
enddate=(2016,12,31)
#
y0=pd.Series(ret_f('IBM',begdate,enddate))
x0=pd.Series(ret_f('^GSPC',begdate,enddate))
#
d=quotes_historical_yahoo_ochl('^GSPC', begdate, enddate, asobject=True,
adjusted=True).date[0:-1]
lag_year=d[0].strftime("%Y")
y1=[]
x1=[]
beta=[]
index0=[]
for i in sp.arange(1,len(d)):
```

```
year=d[i].strftime("%Y")
if(year==lag_year):
    x1.append(x0[i])
    y1.append(y0[i])
else:
    (beta,alpha,r_value,p_value,std_err)=stats.linregress(y1,x1)
    alpha=round(alpha,8)
    beta=round(beta,3)
    r_value=round(r_value,3)
    p_vaue=round(p_value,3)
    print(year,alpha,beta,r_value,p_value)
    x1=[]
    y1=[]
    lag_year=year
```

해당 출력 결과는 다음과 같다.

```
('2011', 2.135e-05, 0.8, 0.786, 6.9128248064735092e-54)
('2012', -0.00075952, 0.813, 0.782, 4.9632579523048695e-53)
('2013', 0.00039118, 0.535, 0.674, 2.7352738029202755e-34)
('2014', 0.00094466, 0.258, 0.441, 2.2535628936863174e-13)
('2015', 0.00062177, 0.321, 0.486, 2.847815548680024e-16)
('2016', 0.00025991, 0.544, 0.743, 3.0643358991245905e-45)
```

▋ 수정 베타

많은 연구원이나 교수들은 베타가 평균 회귀 성질을 가진다는 사실을 알게 됐다. 즉, 이번 주기 베타 값이 1보다 작으면 다음 주기의 베타는 1보다 클 확률이 높아지고, 반대로 지금의 베타 값이 1보다 크면 그다음 베타 값은 1보다 작을 확률이 높을 것이다. 수정 베타는 다음 공식을 사용해서 구할 수 있다.

$$\beta_{adj} = \frac{2}{3}\beta + \frac{1}{3}1.0 \quad \cdots (6)$$

β_{adj}는 수정 베타고, β는 베타 값이다. 포트폴리오에 대한 베타 값은 포트폴리오 내 개별 주식들의 가중 베타 값을 계산해서 구할 수 있다.

$$\beta_{port} = \sum\nolimits_{i=1}^{n} w_i \beta_i \quad \dots(7)$$

여기서 β_{port}는 포트폴리오의 베타, $w_i(\beta_i)$는 주식 i의 가중 베타, n은 포트폴리오 내 총 주식 수다. 가중치 w_i는 다음 식에 의해 계산된다.

$$w_i = \frac{V_i}{\sum_{i}^{n} v_i} \quad \dots(8)$$

여기서 v_i는 주식 i의 가치, 그리고 분모는 모든 v_i의 합으로 포트폴리오의 총 가치다.

▌ 스콜스와 윌리엄 수정 베타

많은 연구원들이 거래가 빈번한 주식은 베타 값이 상향 편향되고 거래가 드문 주식은 하향 편향된 값을 보인다는 사실을 알게 됐다. 이런 단점을 극복하기 위해 스콜스와 윌리엄은 다음과 같은 보정법을 제시했다.

$$\beta = \frac{\beta^{-1} + \beta^0 + \beta^{+1}}{1 + 2\rho_m} \quad \dots(9)$$

여기서 β는 개별 주식 혹은 포트폴리오의 베타이고, ρ_m은 시장 수익률의 자기 상관 값이다. 앞 공식에 사용된 3개 베타는 각각 다음의 개별 식에 의해 정의된다.

$$\begin{cases} R_t = \alpha + \beta^{-1} R_{m,t-1} + \epsilon_t \\ R_t = \alpha + \beta^0 R_{m,t} + \epsilon_t \\ R_t = \alpha + \beta^{+1} R_{m,t+1} + \epsilon_t \end{cases} \quad \dots(10)$$

여기서 배열에 시간 지연Lag 값을 더하는 방법을 알아보자. 다음 프로그램을 살펴보자.

```
import pandas as pd
import scipy as sp
x=sp.arange(1,5,0.5)
y=pd.DataFrame(x,columns=['Ret'])
y['Lag']=y.shift(1)
print(y)
```

출력 결과는 다음과 같다.

```
   Ret  Lag
0  1.0  NaN
1  1.5  1.0
2  2.0  1.5
3  2.5  2.0
4  3.0  2.5
5  3.5  3.0
6  4.0  3.5
7  4.5  4.0
```

앞 프로그램은 .shift() 함수를 사용했다. 한 주기 앞선 시장 수익률 값이 필요하면 .shift()에 음수 값 −1을 입력하면 된다. 다음 코드를 살펴보자.

```
import pandas as pd
import scipy as sp
x=sp.arange(1,5,0.5)
y=pd.DataFrame(x,columns=['Ret'])
y['Lag']=y.shift(1)
y['Forward']=y['Ret'].shift(-1)
print(y)
```

출력 결과는 다음과 같다.

```
   Ret  Lag  Forward
0  1.0  NaN  1.5
1  1.5  1.0  2.0
```

```
2    2.0    1.5    2.5
3    2.5    2.0    3.0
4    3.0    2.5    3.5
5    3.5    3.0    4.0
6    4.0    3.5    4.5
7    4.5    4.0    NaN
```

먼저 http://canisius.edu/~yany/python/yanMonthly.pkl에 있는 yanMonthly.pkl 라는 관련 월별 파이썬 데이터셋을 살펴보자. 다음 코드를 사용하면 데이터셋을 읽어 올 수 있다.

```
import pandas as pd
x=pd.read_pickle("c:/temp/yanMonthly.pkl")
print(x[0:10])
```

출력 결과는 다음과 같다.

```
                  DATE    VALUE
NAME
000001.SS    19901231   127.61
000001.SS    19910131   129.97
000001.SS    19910228   133.01
000001.SS    19910329   120.19
000001.SS    19910430   113.94
000001.SS    19910531   114.83
000001.SS    19910628   137.56
000001.SS    19910731   143.80
000001.SS    19910830   178.43
000001.SS    19910930   180.92
```

이 월별 데이터셋에 어떤 종류의 종목이 들어 있는지 한번 살펴보자. 다음 출력 결과를 살펴보자.

```
import pandas as pd
import numpy as np
df=pd.read_pickle("c:/temp/yanMonthly.pkl")
```

284

```
unique=np.unique(df.index)
print(len(unique))
print(unique)
```

출력 결과를 살펴보면 총 129가지 종목이 들어 있음을 알 수 있다.

```
129
['000001.SS' 'A' 'AA' 'AAPL' 'BC' 'BCF' 'C' 'CNC' 'COH' 'CPI' 'DELL' 'GE'
 'GOLDPRICE' 'GV' 'GVT' 'HI' 'HML' 'HPS' 'HY' 'IBM' 'ID' 'IL' 'IN' 'INF'
 'ING' 'INY' 'IO' 'ISL' 'IT' 'J' 'JKD' 'JKE' 'JPC' 'KB' 'KCC' 'KFT' 'KIE'
 'KO' 'KOF' 'LBY' 'LCC' 'LCM' 'LF' 'LG' 'LM' 'M' 'MA' 'MAA' 'MD' 'MFL' 'MM'
 'MPV' 'MY' 'Mkt_Rf' 'NEV' 'NIO' 'NP' 'NU' 'NYF' 'OI' 'OPK' 'PAF' 'PFO'
 'PSJ' 'PZZA' 'Q' 'RH' 'RLV' 'Rf' 'Russ3000E_D' 'Russ3000E_X' 'S' 'SBR'
 'SCD' 'SEF' 'SI' 'SKK' 'SMB' 'STC' 'T' 'TA' 'TBAC' 'TEN' 'TK' 'TLT' 'TOK'
 'TR' 'TZE' 'UHS' 'UIS' 'URZ' 'US_DEBT' 'US_GDP2009dollar'
 'US_GDP2013dollar' 'V' 'VC' 'VG' 'VGI' 'VO' 'VV' 'WG' 'WIFI' 'WMT' 'WR'
 'XLI' 'XON' 'Y' 'YANG' 'Z' '^AORD' '^BSESN' '^CCSI' '^CSE' '^FCHI' '^FTSE'
 '^GSPC' '^GSPTSE' '^HSI' '^IBEX' '^ISEQ' '^JKSE' '^KLSE' '^KS11' '^MXX'
 '^NZ50' '^OMX' '^STI' '^STOXX50E' '^TWII']
```

S&P500 데이터를 얻으려면 야후 금융에서 사용하는 종목 코드인 ^GSPC를 사용하면 된다.

```
import pandas as pd
import numpy as np
df=pd.read_pickle("c:/temp/yanMonthly.pkl")
sp500=df[df.index=='^GSPC']
print(sp500[0:5])
ret=sp500['VALUE'].diff()/sp500['VALUE'].shift(1)
print(ret[0:5])
```

출력 결과의 처음 10라인은 다음과 같다.

```
                 DATE   VALUE
NAME
^GSPC  19500131   17.05
^GSPC  19500228   17.22
^GSPC  19500331   17.29
^GSPC  19500428   17.96
^GSPC  19500531   18.78
NAME
^GSPC            NaN
^GSPC         0.009971
^GSPC         0.004065
^GSPC         0.038751
^GSPC         0.045657
```

수익률을 계산한 다음에는 지연과 선도를 계산할 수 있고, 그 후 3개 베타에 대해 3개의 다른 회귀 분석을 수행할 수 있다.

같은 방식으로 딤슨(1979) 베타를 조정하기 위해 다음과 같은 방법을 제시했다.

$$\begin{cases} R_t = a + \sum_{i=-k}^{k} \beta_i R_{m,t+i} + \varepsilon_t \\ \beta = \sum_{i=-k}^{k} \beta_i \end{cases} \quad \dots(11)$$

가장 빈번하게 사용되는 k 값은 1이다. 따라서 1을 대입해 식을 다음과 같이 간단히 할 수 있다.

$$\begin{cases} R_t = a + \beta^{-1} R_{m,t-1} + \beta^0 R_{m,t} + \beta^{+1} R_{m,t+1} + \varepsilon_t \\ \beta = \beta^{-1} + \beta^0 + \beta^{+1} \end{cases} \quad \dots(12)$$

이 식은 3요인 선형 모델을 실행하는 것과 동일하므로 자세한 설명은 7장에서 한다.

▌ 출력 데이터 추출

이번 절에서는 서로 다른 파일 형식으로 데이터를 출력하는 여러 가지 방법을 알아본다.

286

텍스트 파일로 데이터 내보내기

다음 코드는 마이크로소프트의 일별 데이터를 다운로드해 텍스트 파일로 저장한다.

```
import pandas_datareader.data as getData
import re
ticker='msft'
f=open("c:/temp/msft.txt","w")
p = getData.DataReader(ticker, "google")
f.write(str(p))
f.close()
```

저장한 파일의 처음 몇 줄은 다음과 같다.

```
msft.txt - Notepad
File   Edit   Format   View   Help
            Open    High     Low   Close    Volume
Date
2010-01-04  30.62   31.10   30.59   30.95   38414185
2010-01-05  30.85   31.10   30.64   30.96   49758862
2010-01-06  30.88   31.08   30.52   30.77   58182332
2010-01-07  30.63   30.70   30.19   30.45   50564285
2010-01-08  30.28   30.88   30.24   30.66   51201289
2010-01-11  30.71   30.76   30.12   30.27   68754648
2010-01-12  30.15   30.40   29.91   30.07   65913228
```

데이터를 .csv 파일로 저장

다음 프로그램은 먼저 IBM 주가 데이터를 검색한 다음 c:/temp 아래에 .csv 파일 형태로 저장하는 코드다.

```
from matplotlib.finance import quotes_historical_yahoo_ochl as getData
import csv
f=open("c:/temp/c.csv","w")
```

```
ticker='c'
begdate=(2016,1,1)
enddate=(2017,1,9)

p = getData(ticker, begdate, enddate,asobject=True,adjusted=True)

writer = csv.writer(f)
writer.writerows(p)
f.close()
```

이 코드에서는 이름이 긴 quotes_historical_yahoo_ochl( ) 함수를 편의상 getData로 이름을 바꿨다. 독자들도 각자 편의에 맞춰 이름을 수정할 수 있다.

데이터를 엑셀 파일로 저장

다음 프로그램은 IBM 주가 데이터를 추출한 다음 c:/temp 아래 .xlsx 파일로 저장한다.

```
import pandas as pd
df=pd.read_csv("http://chart.yahoo.com/table.csv?s=IBM")
f= pd.ExcelWriter('c:/temp/ibm.xlsx')
df.to_excel(f, sheet_name='IBM')
f.save()
```

'No module named openpyxl'이라는 오류 메시지가 발생한다면 해당 모듈을 먼저 설치해야 한다. 출력 값의 처음 몇 줄만 소개하면 다음 화면과 같다.

288

	A	B	C	D	E	F	G	H
1		Date	Open	High	Low	Close	Volume	Adj Close
2	0	2017-01-09	169.470001	169.800003	167.619995	167.649994	3184700	167.649994
3	1	2017-01-06	168.690002	169.919998	167.520004	169.529999	2814900	169.529999
4	2	2017-01-05	169.25	169.389999	167.259995	168.699997	2681000	168.699997
5	3	2017-01-04	167.770004	169.869995	167.360001	169.259995	3357000	169.259995
6	4	2017-01-03	167	167.869995	166.009995	167.190002	2927900	167.190002

첫 번째 열은 아무 의미 없는 행 번호이므로 첫 번째 열은 링크시키지 않는 것도 좋다.

```
import pandas as pd
df=pd.read_csv("http://chart.yahoo.com/table.csv?s=IBM")
f= pd.ExcelWriter('c:/temp/ibm.xlsx')
df.to_excel(f,index=False,sheet_name='IBM')
f.save()
```

데이터를 피클 데이터셋으로 저장

다음 프로그램은 6×5 크기의 난수를 채운 뒤 C:/temp/ 아래에 a.pickle이라는 이름의 피클 파일 형태로 저장하는 코드다.

```
>>> import pandas as pd
>>> import numpy as np
>>> np.random.seed(1234)
a = pd.DataFrame(np.random.randn(6,5))
>>> a.to_pickle('c:/temp/a.pickle')
```

a라는 이름의 데이터셋은 다음과 같다.

```
In [155]: a
Out[155]:
          0         1         2         3         4
0  0.471435 -1.190976  1.432707 -0.312652 -0.720589
1  0.887163  0.859588 -0.636524  0.015696 -2.242685
2  1.150036  0.991946  0.953324 -2.021255 -0.334077
3  0.002118  0.405453  0.289092  1.321158 -1.546906
4 -0.202646 -0.655969  0.193421  0.553439  1.318152
5 -0.469305  0.675554 -1.817027 -0.183109  1.058969
```

데이터를 이진 파일로 저장

다음 프로그램은 3개의 값을 갖는 간단한 배열을 생성한 다음 C:/temp/ 아래에 tmp.bin이라는 이진 파일^{binary file} 형태로 저장하는 코드다.

```
>>> import array
>>> import numpy as np
>>> outfile = "c:/temp/tmp.bin"
>>> fileobj = open(outfile, mode='wb')
>>> outvalues = array.array('f')
>>> data=np.array([1,2,3])
>>> outvalues.fromlist(data.tolist())
>>> outvalues.tofile(fileobj)
>>> fileobj.close()
```

이진 파일로부터 데이터 읽기

앞 절에서 C:/temp/tmp.bin이라는 이진 파일을 생성했다고 가정하자. 파일은 단 3개의 숫자 1, 2, 3만을 저장하고 있다. 이 파일로부터 데이터를 읽기 위해서는 다음 과 같은 파이썬 코드를 사용하면 된다.

```
>>> import array
>>> infile=open("c:/temp/tmp.bin", "rb")
```

```
>>> s=infile.read( ) # read all bytes into a string
>>> d=array.array("f", s) # "f" for float
>>> print(d)
>>> infile.close( )
```

d의 내용은 다음과 같다

```
array('f', [1.0, 2.0, 3.0])
```

▌간단한 문자열 조작

파이썬에서는 변수를 미리 선언할 필요 없이 문자열을 바로 대입할 수 있다.

```
>>> x="This is great"
>>> type(x)
<class 'str'>
```

하나의 실 이율을 다른 실 이율로 변환하는 공식의 경우 두 번째 매개변수는 문자열이다. 예를 들면 's2a'라는 식으로 지정한다.

```
>>> type='s2a'
>>> type[0]
's'
>>> len(type)
3
```

len( ) 함수는 문자열의 길이를 반환한다. 다음 코드를 살펴보자.

```
>>> x='Hello World!'
>>> len(x)
13
```

다음은 서브문자열^{substring}을 선택할 때 주로 사용되는 몇 가지 방법이다.

```
string='Hello World!'

# 문자열의 길이를 찾는 함수
n_length=len(string)
print(n_length)

# 문자 'l'이 나타난 횟수
n=string.count('l')
print(n)

# 'World'라는 단어의 위치 찾기
loc=string.index("World")
print(loc)

# 공백의 수
n2=string.count(' ')
print(n2)

print(string[0])        # 첫 글자 출력
print(string[0:1])      # 첫 글자 출력(위와 동일)
print(string[0:3])      # 첫 3 글자 출력
print(string[:3])       # 위와 동일
print(string[-3:])      # 끝 3 글자 출력
print(string[3:])       # 첫 3 글자 무시
print(string[:-3])      # 마지막 3 글자 무시
```

출력 결과는 다음과 같다.

```
12
3
6
1
H
H
Hel
Hel
ld!
lo World!
Hello Wor
```

많은 경우 문자열 앞뒤의 공백을 없애고 싶을 때가 있다. 이 경우에는 strip( ), lstrip( ), rstrip( )이라는 3가지 함수를 활용하면 된다.

```python
string='Hello World!'

print(string.lower())
print(string.title())
print(string.capitalize())
print(string.swapcase())

string2=string.replace("World", "John")
print(string2)

# strip( ) 문자열 앞뒤의 공백 제거
# lstrip( ) 문자열 앞의 공백 제거
# rstrip( ) 문자열 뒤의 공백 제거
string3=' Hello World! '
print(string3)
print(string3.strip())
print(string3.lstrip())
print(string3.rstrip())
```

출력 결과는 다음과 같다.

```
hello world!
Hello World!
Hello world!
hELLO wORLD!
Hello John!
 Hello World!
Hello World!
Hello World!
 Hello World!
```

다음 파이썬 프로그램은 성경에 사용된 모든 단어의 빈도수를 테이블로 만든다.

```python
from string import maketrans
import pandas as pd
word_freq = {}
infile="c:/temp/AV1611.txt"
word_list = open( infile, "r").read( ).split( )
ttt='!"#$%&( )*+,./:;<=>?@[\\]^_`{|}~0123456789' for word in word_list:
    word = word.translate(maketrans("",""),ttt )
    if word.startswith('-'):
        word = word.replace('-','')
    if len(word):
        word_freq[word] = word_freq.get(word, 0) + 1
keys = sorted(word_freq.keys( ))
x=pd.DataFrame(keys)
x.to_pickle('c:/temp/uniqueWordsBible.pkl')
```

필자의 웹 페이지 http://canisius.edu/~yany/python/uniqueWordsBible.pkl에서 피클 형태의 파일을 다운로드할 수 있다. 처음 10줄만 보기 위해 x[0:10]을 입력해보면 출력 결과는 다음과 같다.

```
In [163]: x[0:10]
Out[163]:
                   0
0                  A
1       ABOMINATIONS
2          ACCORDING
3               ACTS
4                AIN
5              ALEPH
6                 AM
7               AMOS
8                AND
9            APOSTLE
```

█ 캐노피를 이용한 파이썬

이 절은 선택 사항이다. 일반 독자들은 물론 파이썬이나 아나콘다를 이용해 파이썬을 사용하는 데 아무런 불편이 없는 독자들에겐 특히 그렇다. 그러나 파이썬 프로그램을 좀 더 쉽게 사용하기 위해 또 다른 슈퍼 패키지를 알아두는 것도 나쁘지 않다. 이 절에서는 2가지 간단한 작업에 대해 알아본다. 하나는 캐노피Canopy를 이용해 파이썬을 설치하는 것이고, 다른 하나는 다양한 파이썬 모듈을 설치하고 점검해 보는 것이다. 파이썬을 설치하려면 먼저 https://store.enthought.com/downloads/#default에 접속하면 된다. 다음과 같은 화면을 보게 될 것이다.

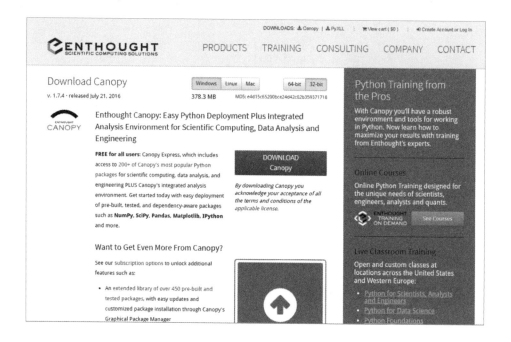

운영체제에 맞게 예를 들어 윈도우 사용자라면 32비트나 64비트 중 본인의 운영체제에 맞는 캐노피를 다운로드하면 된다. 캐노피를 실행하면 다음과 같은 화면이 나타날 것이다.

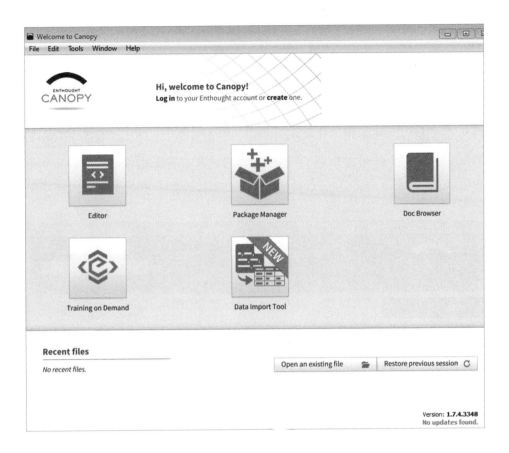

가장 빈번히 사용되는 두 개의 창은 편집기인 Editor와 Package Manager다. Editor 를 클릭하면 다음과 같은 창이 나타날 것이다.

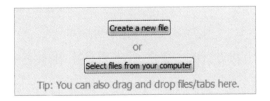

당연히 새로운 파일을 생성할 수도 있고 기존 프로그램으로 작성된 파일을 선택할 수도 있다. 간단한 조작을 해보자. 다음 화면의 초록색 버튼을 클릭하면 프로그램을 실행할 수 있다.

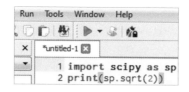

다른 실행 방법은 메뉴 바에서 Run을 클릭한 후 실행하려는 작업을 선택하면 된다. 캐노피를 사용할 때의 가장 큰 장점은 여러 파이썬 모듈을 설치하는 방법이 아주 편리하다는 것이다. Package Manager를 클릭하면 다음과 같은 화면이 나타난다.

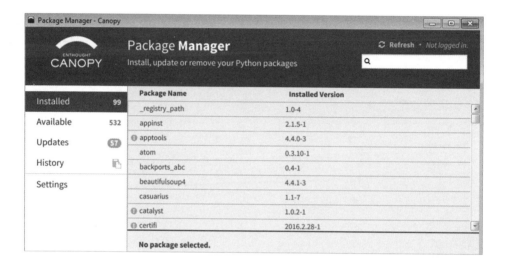

왼쪽에 99개의 패키지가 설치됐다는 표시가 있고 총 532개의 패키지가 설치 가능하다고 나와 있다. statsmodels가 설치돼 있지 않다고 가정해보자. 왼쪽의 Available을 클릭한 뒤 키워드를 통해 해당 모듈을 찾아 살펴보자. 모듈을 찾았으면 어떤 버전을 설치할지 결정하면 된다. 종종 여러 버전이 함께 존재한다. 다음 화면을 살펴보자.

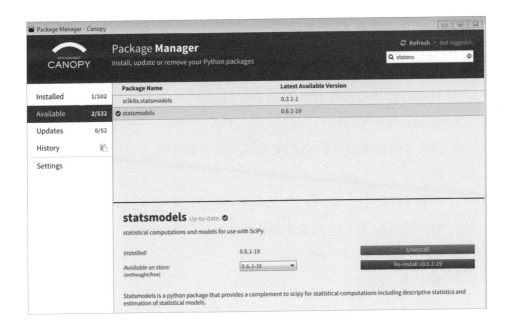

▌ 참고문헌

다음 문헌을 참고하라.

- Carhart, Mark M., 1997, On Persistence in Mutual Fund Performance, Journal of Finance 52, 57-82.

- Fama, Eugene and Kenneth R. French, 1993, Common risk factors in the returns on stocks and bonds, Journal of Financial Economics 33, 3056.

- Fama, Eugene and Kenneth R. French, 1992, The cross-section of expected stock returns, Journal of Finance 47, 427-465.

- String manipulation: http://www.pythonforbeginners.com/basics/string-manipulation-in-python

부록 A: 데이터 케이스 #3 - 베타 계산

목표: 주어진 회사들의 시장 리스크를 계산해보는 실전 체험

1. 각 회사들의 알파와 베타는 어떻게 되는가?
2. 결과를 설명해보라.
3. 월별 수익률에 의하면 S&P500과 무위험 금리의 연 수익률 평균은 어떻게 되는가?
4. 시장 수익률이 연 12.5%이고 기대 무위험 금리가 연 0.25%일 때 각 회사들의 자기자본 비용은 어떻게 되는가?
5. 포트폴리오 베타를 구하시오

   계산 툴: 파이썬

   기간: 2012년 1월 2일 ~ 2016년 12월 31일(최근 5개년)

   세부 내용:

$$y = \alpha + \beta \times x \quad .....(1)$$

$$R_i - R_f = \alpha + \beta_i (R_{mkt} - R_f) \quad .....(2)$$

i	회사 이름	종목 코드	산업군	주식 수
1	월마트	WMT	수퍼스토어	1000
2	애플	AAPL	컴퓨터	2000
3	IBM	IBM	컴퓨터	1500
4	제너럴 일렉트릭	GE	기술	3000
5	시티그룹	C	은행	1800

데이터 다운로드와 조작을 위한 절차

1. 야후 금융에서 월별 주가 데이터 가져오기(http://finance.yahoo.com)

2. 월별 주가로부터 월별 수익률 계산

3. 시장 지수를 위해 S&P500을 사용하고 해당 종목 코드는 ^GSPC다.

4. 프렌치 교수의 월별 데이터셋으로부터 무위험 금리를 받아 계산에 사용

5. 데이터셋을 합칠 때 날짜 순서에 유의하라.

참고 1: 데이터를 다운로드하는 방법. 예제는 S&P500을 사용(종목 코드는 ^GSPC)

1. 야후 금융에 접속한다(http://finance.yahoo.com).

2. ^GSPC를 입력한다.

3. Historical Prices를 클릭한다.

4. 시작 날짜와 끝 날짜를 선택한 후 Get Prices를 클릭한다.

5. 페이지 끝으로 가서 Download to spreadsheet를 클릭한다.

6. sp500.csv 등과 같이 파일 이름을 정한다.

참고 2: 월별 무위험 금리 다운로드

1. 프렌치 교수의 데이터 라이브러리 http://mba.tuck.dartmouth.edu/pages/faculty/ken.french/data_library.html에 접속한다.

2. 파마-프렌치 3요인을 선택한다. 다음과 같은 스크린샷을 살펴보자.

다음 화면에 처음과 마지막 몇 줄이 표시돼 있다.

▌ 연습문제

1. CAPM의 의미는 무엇인가? 선형 모델인가?

2. 단일 요인 선형 모델의 특징을 설명해보라.

3. 전체 리스크 및 시장 리스크의 정의를 설명하고 어떻게 측정하는지 설명하라.

4. 다음 두 수식의 유사점과 차이점을 설명하라.

$$R_{IBM} = R_f + \beta_{IBM}(R_{mkt} - R_f) \quad \cdots\cdots(1)$$

$$R_{IBM} - R_f = \alpha + \beta_{IBM}(R_{mkt} - R_f) \quad \cdots\cdots(2)$$

5. 주식의 전체 리스크와 시장 리스크의 관계를 설명하라.

6. CAPM의 특히 유용한 용도는 무엇인가?

7. 주식 A가 주식 B보다 시장 리스크가 크다면 기대 수익에서도 A가 B보다 더 높다는 뜻인가? 설명해보라.

8. 서로 다른 종류의 리스크를 측정하는 방법을 설명하라.

9. 기대 시장 수익률을 예측하는 방법을 설명하라.

10. 기대 시장 리스크 프리미엄을 알 때 회사의 자기자본 비용은 어떻게 계산하는가?

11. 다음 베타 조정 식의 배경 논리를 설명하라.

$$\beta_{adj} = \frac{2}{3}\beta + \frac{1}{3}1.0$$

12. 6개의 주식 종목으로 포트폴리오를 구성해보라. 주식 종목들은 월마트 (WMT), IBM(IBM), 시티그룹(C), 마이크로소프트(MSFT), 구글(GOOG), 델 (DELL)로 하고, 가중치는 각각 20%, 10%, 30%, 10%, 10%, 20%의 서로 다른 가중치를 가진 포트폴리오를 구성하라. 2001년부터 2016년까지 월별 포트 폴리오 수익률을 계산하라.

13. 야후 금융에서 IBM의 베타를 찾아보라. 야후 금융에 접속한 후 IBM을 입력 하고 왼쪽 메뉴의 Key Statistics를 클릭하라. 사이트 주소는 http://finance. yahoo.com/q/ks?s=IBM+Key+Statistics다.

IBM의 주가 추이 데이터를 다운로드하고 베타를 구한 뒤 비교해보라.

14. 5년간의 월별 데이터를 사용해 DELL, IBM, GOOG, C 주식의 전체 리스크 와 시장 리스크를 계산하라.

15. 다음 10개 주식에 대해 α와 β를 구하는 파이썬 프로그램을 작성하라. 야후 금융과 연방준비제도 웹사이트(무위험 금리 데이터)를 이용해 최근 5년간의 데이터를 사용하라.

	회사 이름	종목 코드	산업군
1	패밀러 달러 스토어	FDO	소매
2	월마트 스토어	WMT	슈퍼 스토어
3	맥도널드	MCD	레스토랑
4	델	DELL	컴퓨터 하드웨어
5	IBM	IBM	컴퓨터
6	마이크로소프트	MSFT	소프트웨어
7	제너럴 일렉트릭	GE	복합 기업/대기업

(이어짐)

	회사 이름	종목 코드	산업군
8	구글	GOOG	인터넷 서비스
9	애플	AAPL	컴퓨터 하드웨어
10	이베이	EBAY	인터넷 서비스

16. 6장에서 특정 기간 동안의 특정 종목 주가 추이 데이터를 다운로드하기 위해 **p4f.dailyReturn** 함수를 사용할 수 있음을 알았다. 다음 코드를 살펴보자.

```
import p4f
x=dailyReturn("ibm",(2016,1,1),(2016,1,10))
```

다음 코드에 함수의 정의가 있다.

```
def dailyReturn(ticker,begdate,enddate):
    from scipy import stats
    from matplotlib.finance import quotes_historical_yahoo_ochl
    p = quotes_historical_yahoo_ochl(ticker, begdate,
        enddate,asobject=True,adjusted=True)
    return p.aclose[1:]/p.aclose[:-1]-1
```

시작 날짜와 끝나는 날짜를 지정하는 두 번째와 세 번째 입력 형식이 좀 불편하다. dailyReturn("ibm",(2016,1,1),(2016,1,10))식으로 사용해야 한다. 프로그램을 dailyReturn2("ibm", 20160101, 20160110)식으로 수정 해 좀 더 사용자 친화적으로 바꿔보라.

17. DELL, IBM, MSFT 같은 주식의 주가 데이터를 야후 금융으로부터 최대한 많이 다운로드하라. 그리고 몇 십 년에 걸친 변동성을 계산해보라. 예를 들어 IBM 의 변동성을 5년 단위로 나눠 모두 구해보라. 변동성의 추세는 어떻게 되는가?

18. 여러 시장 지수끼리의 상관관계는 어떻게 되는가? 예를 들어 S&P500(야후 금융에서 종목 코드 ^GSPC)와 다우존스 산업평균(^DJI)의 지난 10년간의 데이터를 다운로드하라. 그 후 둘의 수익률을 계산하고 상관관계를 계산해보라. 결과에 대해 설명해보라.

19. 2006년과 2010년 사이에 IBM과 상관관계가 가장 큰 종목은 무엇인가?(힌트: 정답이 여러 개일 수 있다. 십여 개의 주식에 대해 계산해보라)

20. 2017년 1월 2일 당신의 포트폴리오는 IBM 2000주, 시티그룹 1500주, 마이크로소프트 500주로 구성돼 있다고 가정하자. 포트폴리오의 베타는 어떻게 되는가? CAPM을 실행하기 위해 과거 5년치 데이터를 활용하라.

21. IBM과 마이크로소프트의 수익률 간 상관관계를 구해보라.

 상관관계를 계산하기 위해 과거 10년치 주가 추이 데이터를 사용할 수 있다.

22. 다음 코드에서 잘못된 부분을 찾아 수정하라.

```
from scipy import stats
from matplotlib.finance import quotes_historical_yahoo_ochl

def dailyReturn(ticker,begdate=(1962,1,1),enddate=(2017,1,10)):
p = quotes_historical_yahoo_ochl(ticker, begdate, enddate, asobject
=True, adjusted=True)
return p.aclose[1:]/p.aclose[:-1]-1

retIBM=dailyReturn("wmt")
retMkt=dailyReturn("^GSPC")

outputs=stats.linregress(retIBM,retMkt)
print(outputs)
```

23. 베타 값을 계산하는 beta( )라는 이름의 파이썬 함수를 만들어보라. 5년간의 주가 추이 데이터와 S&P500 인덱스 데이터를 사용해 T-값이나 P-값 같은 중요한 값을 계산하라.

▌ 요약

자본자산 가격 결정모델^{CAPM}은 아마도 가장 널리 사용되는 자산평가모델일 것이다. 이렇게 널리 활용되는 데는 몇 가지 이유가 있다. 첫째, 단일 요인 직선 모델을 사용하므로 매우 간단하다. 둘째, 단일 요인 모델은 구현이 아주 쉽다. 생각만 있으면 누구나 상장 회사의 주가 추이와 시장 지수 데이터를 다운로드한 뒤 수익률을 계산하고 주식의 시장 리스크를 계산할 수 있다. 셋째, 단일 요인 자산평가모델은 7장에서 다룰 파마-프렌치 3요인 모델이나 파마-프렌치-카하트 4요인 모델, 파마-프렌치 5요인 모델 등 진보된 모델로 가기 전의 첫 모델로 적합하다.

07

다요인 모델과 성과 척도

6장에서 가장 간단한 선형 모델인 단일 요인 선형 모델 CAPM에 대해 알아봤다. 앞에서 설명한 것처럼 단일 요인 선형 모델은 좀 더 복잡하고 진보된 모델을 사용하기 위한 벤치마크로 활용할 수 있다. 7장에서는 유명한 파마-프렌치 3요인 모델과 파마-프렌치-카하트 4요인 모델, 파마-프렌치 5요인 모델을 중점적으로 알아본다. 이 모델들을 전부 이해하고 나면 국내 총생산^{GDP}, 소비자 가격 지수^{CPI}, 경기 변동 지수, 혹은 다른 변수들을 또 다른 요인으로 묶어 자신만의 다요인 선형 모델을 개발할 수 있을 것이다. 그리고 샤프 지수, 트레이너 지수, 젠센 알파 같은 성과 척도에 대해 알아본다. 7장에서 다루는 내용은 다음과 같다.

- 파마-프렌치 3요인 모델 소개
- 파마-프렌치-카하트 4요인 모델

- 파마-프렌치 5요인 모델

- 기타 다요인 모델

- 샤프 지수와 트레이너 지수

- 하방 부분 표준 편차^{Lower partial standard deviation}와 소르티노 지수

- 젠센 알파

- 서로 다른 데이터셋 합치기

▌ 파마-프렌치 3요인 모델 소개

파마-프렌치 3요인 모델과 다른 모델을 알아보기 전에 3요인 선형 모델에 대한 일반식을 살펴보자.

$$y = \alpha + \beta_1 x_1 + \beta_2 x_2 + \beta_3 x_3 + \epsilon \quad .....(1)$$

여기서 y는 종속 변수, α는 절편, x_1, x_2, x_3은 3개의 독립 변수다. β_1, β_2, β_3은 3개의 계수고, ϵ는 랜덤 요인이다. 다시 말해 3개의 독립 변수가 하나의 종속 변수를 결정 짓는다는 뜻이다. 단일 요인 선형 모델과 마찬가지로 3요인 선형 모델의 시각적 표시는 4차원 공간의 직선이고 각 독립 변수의 지수는 단위 차원이다. 두 가지 간단한 예제를 통해 다요인 선형 회귀 분석을 사용하는 방법을 알아보자. 첫 번째 예로 다음 코드를 살펴보자. 여기 사용된 값은 별다른 의미가 없는 임의의 값이므로 편의상 아무 값이나 입력해도 상관없다.

```
from pandas.stats.api import ols
import pandas as pd
y = [0.065, 0.0265, -0.0593, -0.001,0.0346]
x1 = [0.055, -0.09, -0.041,0.045,0.022]
x2 = [0.025, 0.10, 0.021,0.145,0.012]
```

```
x3= [0.015, -0.08, 0.341,0.245,-0.022]
df=pd.DataFrame({"y":y,"x1":x1, 'x2':x2,'x3':x3})
result=ols(y=df['y'],x=df[['x1','x2','x3']])
print(result)
```

앞 프로그램은 pandas.stats.api.ols( ) 함수를 사용했다. OLS^Ordinary Least Squares는 최소 자승법을 의미한다. OLS 모델에 대한 더 많은 정보는 help( ) 함수를 이용하면 된다. 다음과 같은 2줄짜리 코드를 살펴보자. 간결함을 위해 출력 부분은 생략한다.

```
from pandas.stats.api import ols
help(ols)
```

pandas의 데이터프레임을 사용해 데이터셋을 구성했다. 여기서 사용된 데이터 구조 {"y":y, "x1":x1, 'x2':x2, 'x3':x3}에 주목할 필요가 있다. 이 데이터 형식은 딕셔너리다. 회귀 분석을 실행한 결과는 다음과 같다.

```
------------------------Summary of Regression Analysis------------------------

Formula: Y ~ <x1> + <x2> + <x3> + <intercept>

Number of Observations:         5
Number of Degrees of Freedom:   4

R-squared:          0.9603
Adj R-squared:      0.8414

Rmse:               0.0187

F-stat (3, 1):      8.0725, p-value:      0.2519

Degrees of Freedom: model 3, resid 1

---------------------Summary of Estimated Coefficients------------------------
      Variable      Coef    Std Err     t-stat    p-value    CI 2.5%   CI 97.5%
------------------------------------------------------------------------------
            x1    0.3796     0.1526       2.49     0.2433     0.0805     0.6787
            x2    0.0589     0.1600       0.37     0.7755    -0.2547     0.3724
            x3   -0.2342     0.0518      -4.52     0.1385    -0.3356    -0.1327
     intercept    0.0336     0.0134       2.52     0.2407     0.0075     0.0598
-----------------------------End of Summary-----------------------------------
```

출력을 살펴보면 3요인 모델 정의가 제일 먼저 보인다. 3개의 독립 변수 x1, x2, x3에 대한 y의 식이 잘 나타나 있다. 관측치 개수는 모두 5개며, 자유도는 4다. R 제곱 값은 0.96이며, 수정 R 제곱 값은 0.84다. y의 % 변화 정도를 나타내는 R 제곱은 변수 x1, x2, x3에 종속돼 있다. 수정 R 제곱은 독립 변수의 개수 영향을 고려하므로 더 의미가 있다. RMSE^Root Mean Square Error는 **평균 제곱근 오차**를 의미한다. 이 값이 작을수록 모델이 더 좋다는 의미다. F-stat과 p-value는 선형 모델의 정확성을 나타낸다. F 값은 전체 모델의 품질을 반영한다. F 값은 임계값 F 값과 비교해야 하고, 이 값 또한 3개의 입력 변수에 종속돼 있는데 각각 신뢰 수준, 분자의 자유도, 분모의 자유도다. `scipy.stats.f.ppf()` 함수를 사용해 임계값 F 값을 구할 수 있다. 다음 코드를 살펴보자.

```
import scipy.stats as stats
alpha=0.05
dfNumerator=3
dfDenominator=1
f=stats.f.ppf(q=1-alpha, dfn=dfNumerator, dfd=dfDenominator)
print(f)
215.7074537
```

신뢰 수준은 1-alpha며, 예제의 경우는 95%다. 신뢰 수준이 높을수록 결과 값을 더 신뢰할 수 있다. 가장 자주 사용되는 신뢰 수준은 90%, 95%, 99%다. dfNumerator(dfDenominator)는 분자(분모)의 자유도며, 샘플 크기에 종속적이다. 앞의 OLS 회귀 분석 결과 화면으로부터 두 값이 각각 3과 1임을 알 수 있다.

앞의 결과에서 F = 8.1 < 215.7(임계값 F 값)이므로 모든 계수가 0이라는 귀무가설을 받아들인다. 즉, 모델의 질이 좋지 않다는 의미다. 반면 P-값은 0.25로서 임계값 값인 0.05보다 매우 높다. 이 역시 귀무가설을 받아들여야 한다는 의미가 된다. 애초에 데이터 값들을 아무 의미 없이 무작위로 입력했으니 결과는 당연해 보인다.

두 번째 예로는 야후 금융에서 다운로드한 IBM 관련 CSV 파일을 이용한다. 관련 데이터셋은 http://canisius.edu/~yany/data/ibm.csv에서 다운로드할 수 있다. 다른 방법으로는 직접 http://finance.yahoo.com/에 접속해 IBM의 주가 추이 데이터를 다운로드해도 된다. 처음 몇 줄을 살펴보자.

```
Date,Open,High,Low,Close,Volume,Adj.Close
2017-05-11,151.050003,151.149994,149.789993,150.649994,5627900,150.649994
2017-05-10,151.649994,152.369995,151.130005,151.25,4999900,151.25
2017-05-09,152.600006,153.100006,151.559998,152.110001,6853000,152.110001
2017-05-08,152.800003,153.470001,152.199997,153.029999,7492000,153.029999
2017-05-05,153.520004,155.779999,153,155.050003,12521300,153.550001
2017-05-04,158.889999,159.139999,158.360001,159.050003,4280600,157.511304
2017-05-03,158.740005,159.449997,158.520004,158.630005,3993300,157.095369
2017-05-02,159.440002,159.490005,158.639999,159.100006,3208200,157.560823
2017-05-01,160.050003,160.419998,158.699997,158.839996,4935300,157.303329
2017-04-28,160.5,160.589996,159.699997,160.289993,4154100,158.739298
```

Date는 날짜 변수이고, Open은 시가, High(Low)는 기간 내의 최고가(최저가), Close는 종가, Volume은 거래량, Adj.Close는 분할과 배당을 반영한 조정 종가를 의미한다. 다음 파이썬 프로그램에서 3가지 변수 Open, High, Volume을 통해 Adj.Close를 설명하겠다. 다음 식을 살펴보자.

$$Adj.Close = \alpha + \beta_1 \times Open + \beta_2 \times High + \beta_3 \times Volume + \epsilon \quad \dots\dots(2)$$

다시 말하지만 이 OLS 회귀 분석 예제는 단지 3요인 모델을 실행하는 방법을 설명하기 위해 임의로 만든 것으로, 어떠한 경제학적 의미도 없다. 이런 예제의 장점은 데이터를 쉽게 구할 수 있고 파이썬 프로그램을 바로 테스트할 수 있다는 점이다.

```python
import pandas as pd
import numpy as np
import statsmodels.api as sm
inFile='http://canisius.edu/~yany/data/ibm.csv'
df = pd.read_csv(inFile, index_col=0)
x = df[['Open', 'High', 'Volume']]
```

```
y = df['Adj.Close']
x = sm.add_constant(x)
result = sm.OLS(y, x).fit()
print(result.summary())
```

처음 3개 명령은 파이썬 모듈을 임포트한다. x=sm.add_constant(x)는 열의 모든 값을 1로 채운다. 이 줄이 생략되면 절편이 0으로 생성됐을 것이다. 3요인 선형 모델에 대한 폭 넓은 경험을 위해 여기서는 앞에서 사용한 것과 다른 OLS 함수를 이용했다. statsmodels.api.OLS() 함수를 사용할 때의 장점은 아카이케 정보 기준^{AIC, Akaike Information Criterion}, 베이시안 정보 기준^{BIC, Bayesian Information Criterion}, 왜도^{skew}, 첨도^{kurtosis} 등 출력 결과에 좀 더 많은 정보를 담고 있다는 점이다. 각각의 정의와 설명은 8장으로 미룬다. 앞 파이썬 프로그램의 출력 결과는 다음과 같다.

```
                            OLS Regression Results
==============================================================================
Dep. Variable:              Adj.Close   R-squared:                       0.090
Model:                            OLS   Adj. R-squared:                  0.090
Method:                 Least Squares   F-statistic:                     455.1
Date:                Mon, 12 Jun 2017   Prob (F-statistic):          5.22e-282
Time:                        14:21:45   Log-Likelihood:                -73371.
No. Observations:               13807   AIC:                         1.468e+05
Df Residuals:                   13803   BIC:                         1.468e+05
Df Model:                           3
Covariance Type:            nonrobust
==============================================================================
                 coef    std err          t      P>|t|      [95.0% Conf. Int.]
------------------------------------------------------------------------------
const          55.1657      1.171     47.115      0.000      52.871      57.461
Open            0.7044      0.242      2.909      0.004       0.230       1.179
High           -0.7926      0.240     -3.297      0.001      -1.264      -0.321
Volume       1.081e-06    1.1e-07      9.850      0.000    8.66e-07      1.3e-06
==============================================================================
Omnibus:                     3214.259   Durbin-Watson:                   0.005
Prob(Omnibus):                  0.000   Jarque-Bera (JB):             6047.952
Skew:                           1.475   Prob(JB):                         0.00
Kurtosis:                       4.345   Cond. No.                     1.87e+07
==============================================================================

Warnings:
[1] Standard Errors assume that the covariance matrix of the errors is correctly specified.
[2] The condition number is large, 1.87e+07. This might indicate that there are
strong multicollinearity or other numerical problems.
```

아직까지는 주목적이 3요인 회귀 분석을 수행하는 방법을 설명하는 것이므로, 결과 값 분석 부분에는 시간을 할애하지 않고 그냥 넘어가자.

312

▌ 파마-프렌치 3요인 모델

CAPM은 다음과 같은 형태였음을 기억해보자.

$$E(R_i) = R_f + \beta_i(E(R_{mkt}) - R_t) \quad \cdots(3)$$

여기서 $E(\ )$는 평균, $E(R_i)$는 주식 i의 평균 수익률, R_f는 무위험 금리, $E(R_{mkt})$는 평균 시장 수익률이다. S&P500 지수를 시장 지수로 사용해도 무방하다. 앞 식에서 기울기(β_i)는 주식의 시장 리스크에 대한 척도다. β_i 값을 찾기 위해 회귀 분석을 이용한다. 파마-프렌치 3요인 모델은 CAPM의 자연스러운 확장으로 보면 된다. 다음을 살펴보자.

$$R_i = R_f + \beta_{mkt}(R_{mkt} - R_f) + \beta_{SMB} \times SMB + \beta_{HML} \times HML + \epsilon \quad \cdots(4)$$

R_i, R_f, R_{mkt}의 정의는 동일하다. SMB는 소형주들의 포트폴리오 수익률에서 대형주들의 포트폴리오 수익률을 차감한 것이다. HML은 시장가 대비 장부가^{book-to-market}value가 높은 주식의 수익률에서 시장가 대비 장부가가 낮은 주식의 수익률을 차감한 포트폴리오 수익률이다. 파마-프렌치 요인은 규모와 시장가 대비 장부가에 기초해 형성한 6개의 가중 포트폴리오로 구성된다. 소형 마이너스 대형^{Small Minus Big}은 3개의 소형 포트폴리오들의 평균 수익률에서 3개의 대형 포트폴리오의 평균 수익률을 차감한 것이다. 시가 총액(상장 주식 수 × 연말 주가)에 기초해 분류된 규모에 따라 모든 주식을 S(소형)와 B(대형)로 분류한다. 유사하게 시장가 대비 장부가에 따라 모든 주식은 H(고), M(중), L(저)의 3개 그룹으로 분류된다. 결국 다음과 같은 6가지 조합이 가능하다.

	규모에 따라 2그룹으로 분류	
장부가/시장가 비율에 따라 3 그룹으로 분류	SH	BH
	SM	BM
	SL	BL

SMB는 다음과 같은 6개의 포트폴리오로 구성된다.

$$MB = \frac{1}{3}(SH + SM + SL) - \frac{1}{3}(BH + BM + BL) \quad .....(5)$$

시장가 대비 장부가의 비율이 낮(높)다면 그 주식은 성장(가치)주라고 불린다. 이에 따라 다른 공식을 사용할 수 있다. 다음 수식을 살펴보자.

$$SMB = \frac{1}{3}(Small\ value + Small\ neutral + Small\ growth) - \frac{1}{3}(Big\ value + Big\ neutral + Big\ growth) \quad .....(6)$$

가치주 마이너스 성장주[HML, High Minus Low]는 2개의 가치주 포트폴리오 평균 수익률에서 2개의 성장주 포트폴리오 평균 수익률 값을 차감한 것이다. 다음 식을 살펴보자.

$$HML = \frac{1}{2}(Small\ value + Big\ value) - \frac{1}{2}(Small\ growth + Big\ growth) \quad .....(7)$$

다음 프로그램은 파마-프렌치 월별 요인을 읽어 들인 뒤 .pickle 형식의 데이터셋을 생성한다. pandas 피클 파일 형식으로 된 파마-프렌치 월별 데이터셋은 http://www.canisius.edu/~yany/python/ffMonthly.pkl에 접속하면 다운로드할 수 있다.

```python
import pandas as pd
x=pd.read_pickle("c:/temp/ffMonthly.pkl")
print(x.head())
print(x.tail())
```

해당 출력은 다음과 같다.

```
          DATE  MKT_RF     SMB      HML       RF
1    1926-07-01  0.0296  -0.023  -0.0287   0.0022
2    1926-08-01  0.0264  -0.014   0.0419   0.0025
3    1926-09-01  0.0036 -0.0132   0.0001   0.0023
4    1926-10-01 -0.0324  0.0004   0.0051   0.0032
5    1926-11-01  0.0253  -0.002  -0.0035   0.0031
            DATE  MKT_RF     SMB      HML       RF
1081  2016-07-01  0.0395   0.029  -0.0098   0.0002
1082  2016-08-01   0.005  0.0094   0.0318   0.0002
1083  2016-09-01  0.0025    0.02  -0.0134   0.0002
1084  2016-10-01 -0.0202  -0.044   0.0415   0.0002
1085  2016-11-01  0.0486  0.0569   0.0844   0.0001
```

다음은 5년치 월별 데이터를 사용해 파마-프렌치 3요인 회귀 분석을 수행하는 방법을 알아보자. 먼저 주가 추이 데이터를 다운로드하고 일별 수익률을 계산한 뒤 월별 파마-프렌치 3요인 시계열과 합치기 전에 월별 수익률 데이터로 변환해야 한다.

```python
from matplotlib.finance import quotes_historical_yahoo_ochl as getData
import numpy as np
import pandas as pd
import scipy as sp
import statsmodels.api as sm

ticker='IBM'
begdate=(2012,1,1)
enddate=(2016,12,31)

p= getData(ticker, begdate, enddate,asobject=True, adjusted=True)
logret = sp.log(p.aclose[1:]/p.aclose[:-1])

ddate=[]
d0=p.date

for    i in range(0,sp.size(logret)):
    x=''.join([d0[i].strftime("%Y"),d0[i].strftime("%m"),"01"])
    ddate.append(pd.to_datetime(x, format='%Y%m%d').date())

t=pd.DataFrame(logret,np.array(ddate),columns=[''RET''])
```

```
ret=sp.exp(t.groupby(t.index).sum())-1
ff=pd.read_pickle('c:/temp/ffMonthly.pkl')
final=pd.merge(ret,ff,left_index=True,right_index=True)
y=final[''RET'']
x=final[[''MKT_RF'',''SMB'',''HML'']]
x=sm.add_constant(x)
results=sm.OLS(y,x).fit()
print(results.summary())
```

앞 프로그램에서 시작일은 2012년 1월 1일이고 종료일은 2016년 12월 31일이다. 일별 주가 데이터를 검색한 후 일별 수익률을 계산하고 다시 월별 수익률로 변환한다. pandas 피클 형식으로 된 파마-프렌치 월별 3요인 시계열 데이터가 업로드된다. 앞 프로그램에서 np.array(date,dtype=int64)의 용도는 인덱스들이 모두 같은 데이터 형식을 갖게 하기 위해서다. 해당 출력 결과는 다음과 같다.

```
                          OLS Regression Results
==============================================================================
Dep. Variable:                    RET   R-squared:                       0.382
Model:                            OLS   Adj. R-squared:                  0.348
Method:                 Least Squares   F-statistic:                     11.31
Date:                Mon, 12 Jun 2017   Prob (F-statistic):           6.94e-06
Time:                        14:56:20   Log-Likelihood:                 105.72
No. Observations:                  59   AIC:                            -203.4
Df Residuals:                      55   BIC:                            -195.1
Df Model:                           3
Covariance Type:            nonrobust
==============================================================================
                 coef    std err          t      P>|t|      [95.0% Conf. Int.]
------------------------------------------------------------------------------
const         -0.0119      0.006     -2.017      0.049      -0.024  -7.78e-05
MKT_RF         0.9886      0.182      5.429      0.000       0.624      1.354
SMB           -0.1253      0.253     -0.495      0.623      -0.633      0.382
HML            0.4232      0.253      1.673      0.100      -0.084      0.930
==============================================================================
Omnibus:                        3.511   Durbin-Watson:                   2.253
Prob(Omnibus):                  0.173   Jarque-Bera (JB):                2.966
Skew:                          -0.242   Prob(JB):                        0.227
Kurtosis:                       3.986   Cond. No.                         49.3
==============================================================================

Warnings:
[1] Standard Errors assume that the covariance matrix of the errors is correctly specified.
```

지면 절약을 위해 결과 설명은 생략한다.

▌ 파마-프렌치-카하트 4요인 모델과 파마-프렌치 5요인 모델

제가디시^{Jegadeesh}와 티트만^{Titman}(1993)은 이익 종목은 사고 손실 종목은 파는 모멘텀 투자 전략이라는 유익한 기법을 제안했다. 기본 가정은 짧은 기간 동안(예를 들면 6개월) 이익 종목은 여전히 이익 종목으로 남아있고, 손실 종목은 여전히 손실 종목으로 남아 있을 것이라는 것이다. 예를 들어 살펴보자. 과거 6개월간의 누적 수익률에 근거해 이익 종목과 손실 종목을 분류한다. 지금이 1965년 1월이라고 가정하자. 먼저 과거 6개월간의 총수익률을 계산하자. 그 뒤 전체 수익률에 근거해 최고 수익 종목부터 최저 수익 종목까지 수익률 순서에 따라 10개의 포트폴리오를 구성한 후 상위(하위) 10%는 수익(손실) 종목이라고 명명한다. 그다음 수익 종목은 사고 손실 종목은 팔아 버린 뒤 6개월간 보유한다. 그다음 달, 즉 1965년 2월에도 같은 과정을 반복한다. 1965년 1월부터 1989년 12월까지 제가디시와 티트만의 실증 결과에 따르면 이러한 투자 전략은 월 0.95%의 수익률을 얻었다. 이 결과에 따라 카하트 (2000)는 파마-프렌치 3요인 모델에 모멘텀 인자를 더해 4번째 요인으로 사용하게 됐다.

$$R_i = R_f + \beta_{mkt}(R_{mkt} - R_f) + \beta_{SMB}SMB + \beta_{HML}HML + \beta_{MOM}MOM + \epsilon \quad .....(8)$$

여기서 MOM은 모멘텀 요인이다. 다음 코드는 ffcMonthly.pkl 파일을 업로드한 후 처음과 마지막 몇 줄을 출력하는 프로그램이다. 파이썬 데이터셋은 필자의 웹사이트 http://www.canisius.edu/~yany/ python/ffcMonthly.pkl에서 다운로드할 수 있다.

```
import pandas as pd
x=pd.read_pickle("c:/temp/ffcMonthly.pkl")
print(x.head())
print(x.tail())
```

출력 결과는 다음과 같다.

```
            MKT_RF      SMB      HML       RF      MOM
1927-01-01 -0.0006  -0.0056   0.0483   0.0025   0.0044
1927-02-01  0.0418  -0.0010   0.0317   0.0026  -0.0201
1927-03-01  0.0013  -0.0160  -0.0267   0.0030   0.0359
1927-04-01  0.0046   0.0043   0.0060   0.0025   0.0419
1927-05-01  0.0544   0.0141   0.0493   0.0030   0.0301
            MKT_RF      SMB      HML       RF      MOM
2016-06-01 -0.0005   0.0061  -0.0149   0.0002   0.0428
2016-07-01  0.0395   0.0290  -0.0098   0.0002  -0.0317
2016-08-01  0.0050   0.0094   0.0318   0.0002  -0.0316
2016-09-01  0.0025   0.0200  -0.0134   0.0002  -0.0052
2016-10-01 -0.0202  -0.0440   0.0415   0.0002   0.0058
```

2015년에 파마와 프렌치는 소위 5요인 모델을 만들어냈다. 다음 공식을 살펴보자.

$$R_i = R_f + \beta_{mkt}(R_{mkt} - R_f) + \beta_{SMB}SMB + \beta_{HML}HML + \beta_{MOM}RMW + \beta_{MOM}CMA \quad .....(9)$$

앞 공식에서 *RMW*는 다각화 포트폴리오 내의 안정적 이익주와 저이익주 사이의 수익률 차이고, *CMA*는 다각화된 포트폴리오 내의 저투자 기업과 고투자 기업 사이의 수익률 차이를 의미하는데, 파마와 프렌치는 이 기업들을 각각 보수적 기업과 공격적 기업이라고 불렀다. 5요인이 평균 수익률의 모든 변이를 반영한다면 모든 증권과 포트폴리오 *i*의 절편은 0이 돼야 한다. 파마-프렌치 5요인 모델을 수행하는 방법은 파마-프렌치 3요인과 거의 동일하므로 여기서도 생략하기로 한다. 대신 다음 코드는 ffMonthly5.pkl라는 이름의 파이썬 데이터셋의 처음과 마지막 몇 줄을 보여준다. 파이썬 데이터셋은 필자의 웹사이트인 http://www.canisius.edu/~yany/python/ffMonthly5.pkl에서 다운로드할 수 있다.

```python
import pandas as pd
x=pd.read_pickle("c:/temp/ffMonthly5.pkl")
print(x.head())
print(x.tail())
```

해당 출력은 다음과 같다.

```
            MKT_RF      SMB      HML      RMW      CMA       RF
1963-07-01 -0.0039  -0.0046  -0.0082   0.0072  -0.0116   0.0027
1963-08-01  0.0507  -0.0081   0.0163   0.0042  -0.0040   0.0025
1963-09-01 -0.0157  -0.0048   0.0019  -0.0080   0.0023   0.0027
1963-10-01  0.0253  -0.0129  -0.0011   0.0275  -0.0226   0.0029
1963-11-01 -0.0085  -0.0084   0.0166  -0.0034   0.0222   0.0027
            MKT_RF      SMB      HML      RMW      CMA       RF
2016-07-01  0.0395   0.0291  -0.0098   0.0143  -0.0102   0.0002
2016-08-01  0.0050   0.0152   0.0318  -0.0124  -0.0056   0.0002
2016-09-01  0.0025   0.0172  -0.0134  -0.0185  -0.0005   0.0002
2016-10-01 -0.0202  -0.0397   0.0415   0.0136   0.0022   0.0002
2016-11-01  0.0486   0.0704   0.0844  -0.0068   0.0384   0.0001
```

같은 방식으로 일별 데이터는 ffDaily, ffcDaily, ffDaily5라는 이름의 데이터셋이 제공된다. 좀 더 자세한 정보는 부록 A를 참고하기 바란다.

▌ 베타를 위한 딤슨 조정(1979)의 구현

딤슨[Dimson](1979)은 다음과 같은 방법을 제시했다.

$$
\begin{cases}
R_t = \alpha + \Sigma^{*}_{i=-k}\beta_i R_{m,t+i} + \epsilon_t \\
\beta = \Sigma^{*}_{i=-k}\beta_i
\end{cases}
\quad \dots\dots(10)
$$

가장 보편적으로 사용되는 k 값에 1을 대입하면 다음의 식을 얻을 수 있다.

$$
\begin{cases}
R_t = \alpha + \beta^{-1}R_{m,t-1} + \beta^0 R_{m,t} + \beta^{+1}R_{m,t+1} + \epsilon_t \\
\beta = \beta^{-1} + \beta^0 + \beta^{+1}
\end{cases}
\quad \dots\dots(11)
$$

앞 공식에 의한 회귀를 실행하기 전에 .diff( )와 .shift( )에 대해 알아보자. 다음 코드는 임의로 5개의 주가를 선택한 후 가격차에 의한 수익률을 구하고 지연 수익률과 선도 수익률을 더한다.

```
import pandas as pd
```

```
import scipy as sp

price=[10,11,12.2,14.0,12]
x=pd.DataFrame({'Price':price})
x['diff']=x.diff()
x['Ret']=x['Price'].diff()/x['Price'].shift(1)
x['RetLag']=x['Ret'].shift(1)
x['RetLead']=x['Ret'].shift(-1)
print(x)
```

출력 결과는 다음과 같다.

```
   Price  diff        Ret     RetLag    RetLead
0   10.0   NaN        NaN        NaN   0.100000
1   11.0   1.0   0.100000        NaN   0.109091
2   12.2   1.2   0.109091   0.100000   0.147541
3   14.0   1.8   0.147541   0.109091  -0.142857
4   12.0  -2.0  -0.142857   0.147541        NaN
```

주가의 시계열은 과거부터 최근 순이다. 차이는 p(i) - p(i-1)로 정의된다. 따라서 처음 차이는 NaN, 즉 값이 없다. index3인 4번째 주기를 살펴보자. 차이는 1.8 (14-12.2)이고 수익률은 (14-12.2)/12.2 = 0.147541이다. 지연 수익률은 한 주기 전의 수익률, 즉 0.109091이고 선도 수익률은 그다음 주기인 -0.142857이다. 다음 파이썬 프로그램은 앞 프로그램을 IBM 주식에 대해 적용해본다.

```
import pandas as pd
import numpy as np
from pandas.stats.api import ols

df=pd.read_pickle("c:/temp/yanMonthly.pkl")
sp500=df[df.index=='^GSPC']
sp500['retMkt']=sp500['VALUE'].diff()/sp500['VALUE'].shift(1)
sp500['retMktLag']=sp500['retMkt'].shift(1)
sp500['retMktLead']=sp500['retMkt'].shift(-1)
```

```
ibm=df[df.index=='IBM']
ibm['RET']=ibm['VALUE'].diff()/ibm['VALUE'].shift(1)
y=pd.DataFrame(ibm[['DATE','RET']])
x=pd.DataFrame(sp500[['DATE','retMkt','retMktLag','retMktLead']])
data=pd.merge(x,y)

result=ols(y=data['RET'],x=data[['retMkt','retMktLag','retMktLead']])
print(result)
```

출력 결과는 다음과 같다.

```
-----------------------Summary of Regression Analysis------------------------

Formula: Y ~ <retMkt> + <retMktLag> + <retMktLead> + <intercept>

Number of Observations:         621
Number of Degrees of Freedom:   4

R-squared:         0.3608
Adj R-squared:     0.3577

Rmse:              0.0562

F-stat (3, 617):   116.1098, p-value:      0.0000

Degrees of Freedom: model 3, resid 617

-----------------------Summary of Estimated Coefficients---------------------
     Variable      Coef    Std Err     t-stat    p-value    CI 2.5%   CI 97.5%
-----------------------------------------------------------------------------
       retMkt    0.9714     0.0521      18.64     0.0000     0.8693     1.0736
    retMktLag    0.0012     0.0521       0.02     0.9813    -0.1009     0.1033
   retMktLead   -0.0408     0.0521      -0.78     0.4339    -0.1429     0.0613
    intercept    0.0037     0.0023       1.58     0.1142    -0.0009     0.0082
-------------------------------End of Summary--------------------------------
```

▌ 성과 척도

펀드나 개별 주식의 성과를 서로 비교하려면 평가를 위한 척도가 필요하다. 금융에서 투자가들은 누구나 리스크와 수익 사이에는 트레이드오프가 있다는 사실을 알고 있다. 포트폴리오 A가 작년에 올린 수익률이 30%이고 포트폴리오 B는 수익률이고작 8%였다는 단편적인 사실 하나로 A가 B보다 더 뛰어나다고 생각하는 것은 그리 현명한 판단이 못된다. 이 분석은 우선 리스크 요인을 완전히 무시했다. 이런 점 때문에 리스크와 관련해서 우리는 종종 '위험 보정 수익률'이라는 용어를 듣곤 한다. 이 절에서는 샤프 지수, 트레이너 지수, 소르티노 지수, 젠센 알파에 대해 알아본다. 샤프 지수는 보편적으로 이용되는 성과 척도며, 그 정의는 다음과 같다.

$$샤프\ 지수 = \frac{\overline{R - R_f}}{\sigma} = \frac{\overline{R - R_f}}{\sqrt{var(R - R_f)}} \quad \cdots (12)$$

$\overline{R}$은 포트폴리오 혹은 개별 주식의 평균 수익률, $\overline{R_f}$는 무위험 금리의 평균 수익률, σ는 포트폴리오(주식) 초과 이익의 표준 편차, var은 포트폴리오(주식) 초과 이익의 분산이다. 다음 코드는 가상의 무위험 금리에 대한 샤프 지수를 계산한다.

```
import pandas as pd
import scipy as sp
df=pd.read_pickle("c:/temp/yanMonthly.pkl")
rf=0.01
ibm=df[df.index=='IBM']
ibm['RET']=ibm['VALUE'].diff()/ibm['VALUE'].shift(1)
ret=ibm['RET']
sharpe=sp.mean((ret)-rf)/sp.std(ret)
print(sharpe)
```

계산 결과 샤프 지수는 −0.00826559763423이다. 다음 코드는 야후 금융에서 일별 데이터를 직접 다운로드한 다음 무위험 금리의 영향을 고려하지 않고 샤프 지수를 계산하는 프로그램이다.

```
import scipy as sp
from matplotlib.finance import quotes_historical_yahoo_ochl as getData
begdate=(2012,1,1)
```

```
enddate=(2016,12,31)
def ret_f(ticker,begdate,enddate):
    p = getData(ticker,begdate, enddate,asobject=True,adjusted=True)
    return(p.aclose[1:]/p.aclose[:-1]-1)
y=ret_f('IBM',begdate,enddate)
sharpe=sp.mean(y)/sp.std(y)
print(sharpe)
```

계산 결과는 0.00686555838073이다. 앞 코드를 좀 더 다듬어 더 많은 설명과 2개의 예제를 포함하고 있는 파이썬 프로그램은 부록 C에서 수록돼 있다. 샤프 지수는 분모에 표준 편차가 사용됐으므로 전체 리스크를 고려한다. 이 척도는 고려 대상인 포트폴리오가 회사나 개별 소유자의 전체 자산일 경우 적합하다. 6장에서 이성적 투자가라면 기대 수익률을 계산할 때 전체 리스크 대신 시장 리스크만 고려해야 한다고 주장했다. 따라서 고려 대상인 포트폴리오가 자산 전체가 아니라 일부인 경우는 전체 리스크를 사용하는 방식이 부적절하다. 이 때문에 트레이너^{Trynor}는 분모에 베타를 사용할 것을 제안했다.

$$트레이너\ 지수 = \frac{\overline{R} - \overline{R_f}}{\beta} \quad \text{.....(13)}$$

수정된 곳은 오직 시그마(전체 리스크)가 베타(시장 리스크)로 변경된 점이 전부다. 샤프 지수에서 표준 편차를 사용한 것에 반대하는 또 다른 의견은 표준 편차가 평균으로부터 상하 양방향을 모두 고려한다는 점을 공격한다. 보편적으로 투자가는 하향 리스크(평균 수익률 이하로의 편차)에 훨씬 더 관심이 크다. 샤프 지수의 두 번째 문제는 분자에서 평균 수익률을 무위험 금리와 비교했다는 것이다. 그런데 정작 분모에서는 같은 무위험 금리를 사용하지 않고 평균 수익률로부터의 편차를 사용했다. 이런 두 가지 문제를 극복하기 위해 소위 **하방 부분 표준 편차**[LPSD, Lower Partial Standard Deviation]라는 것이 만들어졌다. n개의 수익률과 한 개의 무위험 금리 R_f가 있다고 가정하자. 또한 전체 수익률 중 무위험 금리보다 낮은 것이 m개라고 가정하자. LPSD는 다음과 같이 정의된다.

$$LPSD = \frac{\Sigma_{i=1}^{n}(R_i - R_f)^2}{m-1} \qquad \text{여기서 } R_i < R_f \quad \text{.....(14A)}$$

수익률 중 무위험 금리보다 낮은 m개에 대해서만 다시 식을 정리하면 다음과 같다.

$$LPSD = \frac{\Sigma_{i=1}^{m}(R_i - R_f)^2}{m-1} \quad \text{.....(14B)}$$

소르티노 지수는 다음과 같이 정의된다.

$$\text{소르티노 지수} = \frac{\overline{R} - \overline{R_f}}{LPSD} \quad \text{.....(15)}$$

소르티노 지수를 계산하는 파이썬 프로그램을 작성해보자. 다음 코드를 살펴보자. 동일한 난수를 얻기 위해서는 **sp.random.seed( )** 함수에 같은 시드를 사용해야 한다.

```python
import scipy as sp
import numpy as np

mean=0.10;
Rf=0.02
std=0.20
n=100
sp.random.seed(12456)
x=sp.random.normal(loc=mean,scale=std,size=n)
print("std=", sp.std(x))

y=x[x-Rf<0]
m=len(y)
total=0.0
for i in sp.arange(m):
```

```
    total+=(y[i]-Rf)**2

LPSD=total/(m-1)
print("y=",y)
print("LPSD=",LPSD)
```

출력 결과는 다음과 같다.

```
('std=', 0.22390046079419465)
('y=', array([-0.03617864, -0.24779587, -0.17175758, -0.07237123, -0.15030091,
       -0.18118841, -0.36155805, -0.13719439,  0.0157449 , -0.13539236,
        0.00846964, -0.05233665, -0.05640252, -0.18031585, -0.25526014,
       -0.17721833, -0.08142896, -0.13402592,  0.00374025, -0.58408627,
       -0.17609145, -0.15373335, -0.35146788, -0.04982488, -0.09724399,
       -0.27940142, -0.17744838, -0.10056407,  0.00294057, -0.24376592,
       -0.02807728, -0.17468942, -0.21132712,  0.01173588, -0.30696174,
        0.0024149 ]))
('LPSD=', 0.045388122899450663)
```

출력 결과를 살펴보면 표준 편차는 0.22이고 LPSD는 0.045다. 펀드 매니저에게
있어 양수의 알파 값을 얻는 것은 매우 중요하다. 그래서 알파 혹은 젠센 알파가
성과 척도로 많이 사용된다. 젠센 알파는 실현 이익과 기대 이익의 차이로 정의된
다. 식은 다음과 같다.

$$\alpha_p = \overline{R}_p - \overline{R}_{predicted} = \overline{R}_p - [\overline{R}_f + \hat{\beta}_p(\overline{R}_m - \overline{R}_f)] \quad \cdots\cdots(16)$$

▌ 서로 다른 데이터셋의 병합

인덱스 데이터를 개별 주식 데이터와 합치는 등 서로 다른 데이터셋을 병합하는
일은 매우 흔한 작업이다. 따라서 서로 다른 데이터셋을 병합하는 기본 원리를 이해
하는 것은 아주 중요하다. 여기서는 pandas.merge( ) 함수에 대해 알아보자.

```
import pandas as pd
import scipy as s
x = pd.DataFrame({'key': ['K0', 'K1', 'K2', 'K3'],
                 'A': ['A0', 'A1', 'A2', 'A3'],
                 'B': ['B0', 'B1', 'B2', 'B3']})
y = pd.DataFrame({'key': ['K0', 'K1', 'K2', 'K6'],
                 'C': ['C0', 'C1', 'C2', 'C3'],
                 'D': ['D0', 'D1', 'D2', 'D3']})
```

x와 y는 모두 4×3 크기의 행렬이다. 다음 코드를 살펴보자.

```
print(sp.shape(x))
print(x)
```

출력 결과는 다음과 같다.

```
(4, 3)
    A   B key
0  A0  B0  K0
1  A1  B1  K1
2  A2  B2  K2
3  A3  B3  K3
```

```
print(sp.shape(y))
print(y)
```

```
(4, 3)
    C   D key
0  C0  D0  K0
1  C1  D1  K1
2  C2  D2  K2
3  C3  D3  K6
```

두 행렬의 공통 변수인 key에 대해 두 행렬을 병합한다고 가정하자. 두 데이터셋이 공통으로 갖고 있는 변수의 값은 K0, K1, K2다. K3과 K6은 서로 공통 값이 아니므로 최종 결과는 3개의 행과 5개의 열로 구성될 것이다. 다음 결과를 살펴보자.

```
result = pd.merge(x,y, on='key')
print(result)
```

출력 결과는 다음과 같다.

```
    A   B key   C   D
0  A0  B0  K0  C0  D0
1  A1  B1  K1  C1  D1
2  A2  B2  K2  C2  D2
```

key는 양쪽 데이터셋에 의해 공유되므로 그냥 무시하면 된다. 다음 코드를 살펴보자. 즉 result와 result2는 같은 결과를 도출한다.

```
result2 = pd.merge(x,y)
print(result2)
```

pandas.merge() 함수의 전체 도움말은 다음과 같다.

```
pd.merge(left, right, how='inner', on=None, left_on=None, right_on =
None,left_index=False, right_index=False, sort=True, suffixes=('_x', '_y'),
copy=True, indicator=False)
```

첫 두 입력 변수에 대해 left는 첫 번째 입력 데이터셋을 의미하고 right는 두 번째 입력 데이터셋을 의미한다. how=condition 변수는 다음과 같은 네 가지 다른 값을 가질 수 있다.

표 7.1 4가지 병합 조건: inner, outer, left, right

how='inner'	의미	설명
Inner	내부 조인(INNER JOIN)	양쪽 프레임의 키에 대한 교집합
Outer	전체 외부 조인(FULL OUTER JOIN)	양쪽 프레임의 키에 대한 합집합
Left	좌 외부 조인(LEFT OUTER JOIN)	왼쪽 프레임의 키를 사용
Right	우 외부 조인(RIGHT OUTER JOIN)	오른쪽 프레임의 키를 사용

내부 조인의 경우 양쪽 데이터셋은 같은 아이템을 가져야 한다. 비유하자면 양쪽 부모를 다 가진 학생들이다. 왼쪽 조인은 왼쪽 데이터셋에 기반을 둔다. 즉, 예제의 벤치마크에서 첫 번째 데이터셋(왼쪽)이다. 비유를 하자면 어머니만 있는 가정의 학생을 고르는 것이다. 오른쪽 조인은 왼쪽과 반대 개념이고, 벤치마크는 두 번째 데이터셋(오른쪽)이다. 외부 조인은 양쪽 세트 값을 모두 갖는 전체 데이터셋이다. 비유하자면 양쪽 부모, 홀어머니, 홀아버지를 통틀어 모든 가정의 학생들이다.

다음 예제의 첫 번째 데이터셋은 4년치 데이터를 갖고 있다. 값은 아무 의미 없는 임의의 값이므로 편의대로 임의로 설정하면 된다. 공통 변수는 **YEAR**다. 첫 번째 데이터셋은 2010년부터 2013년까지의 4년간의 데이터가 있다. 두 번째 데이터셋에는 2011, 2013, 2014, 2015년의 데이터가 들어 있다. 따라서 2개 년의 연도가 겹친다. 전체적으로는 6년간의 데이터가 있다.

```
import pandas as pd
import scipy as sp
x= pd.DataFrame({'YEAR': [2010,2011, 2012, 2013],
 'IBM': [0.2, -0.3, 0.13, -0.2],
 'WMT': [0.1, 0, 0.05, 0.23]})
y = pd.DataFrame({'YEAR': [2011,2013,2014, 2015],
 'C': [0.12, 0.23, 0.11, -0.1],
```

```
'SP500': [0.1,0.17, -0.05, 0.13]})

print(pd.merge(x,y, on='YEAR'))
print(pd.merge(x,y, on='YEAR',how='outer'))
print(pd.merge(x,y, on='YEAR',how='left'))
print(pd.merge(x,y, on='YEAR',how='right'))
```

4개의 출력 결과는 다음과 같다.

```
     IBM   WMT  YEAR     C  SP500
0  -0.3  0.00  2011  0.12   0.10
1  -0.2  0.23  2013  0.23   0.17
     IBM   WMT  YEAR     C  SP500
0   0.20  0.10  2010   NaN    NaN
1  -0.30  0.00  2011  0.12   0.10
2   0.13  0.05  2012   NaN    NaN
3  -0.20  0.23  2013  0.23   0.17
4    NaN   NaN  2014  0.11  -0.05
5    NaN   NaN  2015 -0.10   0.13
     IBM   WMT  YEAR     C  SP500
0   0.20  0.10  2010   NaN    NaN
1  -0.30  0.00  2011  0.12   0.10
2   0.13  0.05  2012   NaN    NaN
3  -0.20  0.23  2013  0.23   0.17
     IBM   WMT  YEAR     C  SP500
0  -0.3  0.00  2011  0.12   0.10
1  -0.2  0.23  2013  0.23   0.17
2   NaN   NaN  2014  0.11  -0.05
3   NaN   NaN  2015 -0.10   0.13
```

두 데이터셋의 공통 변수가 서로 다른 이름을 갖고 있다면 left_on='left_name'과 right_on='another_ name'을 사용해 명시적으로 지정해줘야 한다. 다음 코드를 살펴보자.

```
import pandas as pd
import scipy as sp
x= pd.DataFrame({'YEAR': [2010,2011, 2012, 2013],
                 'IBM': [0.2, -0.3, 0.13, -0.2],
```

```
                    'WMT': [0.1, 0, 0.05, 0.23]})
y = pd.DataFrame({'date': [2011,2013,2014, 2015],
                    'C': [0.12, 0.23, 0.11, -0.1],
                    'SP500': [0.1,0.17, -0.05, 0.13]})
print(pd.merge(x,y, left_on='YEAR',right_on='date'))
```

특정 열을 기준으로 지정하지 않고 행 번호로 병합할 경우에는 left_ index='True', right_index='True'라고 지정해주면 된다. 양쪽 데이터셋이 모두 4개의 행을 갖고 있으므로 단순히 행과 행으로 묶으면 된다. 이 두 개의 데이터셋은 명시적인 인덱스를 갖고 있지 않다. 날짜를 인덱스로 사용했던 ffMonthly.pkl 데이터와 비교해보라.

```
import pandas as pd
import scipy as sp
x= pd.DataFrame({'YEAR': [2010,2011, 2012, 2013],
                    'IBM': [0.2, -0.3, 0.13, -0.2],
                    'WMT': [0.1, 0, 0.05, 0.23]})
y = pd.DataFrame({'date': [2011,2013,2014, 2015],
                    'C': [0.12, 0.23, 0.11, -0.1],
                    'SP500': [0.1,0.17, -0.05, 0.13]})
print(pd.merge(x,y, right_index=True,left_index=True))
```

출력 결과는 다음과 같다. 다시 말하지만 이 예제는 예를 위한 것일 뿐 서로 다른 연도의 데이터를 합치는 특별한 의미 같은 것은 없다.

```
     IBM   WMT  YEAR     C  SP500  date
0   0.20  0.10  2010  0.12   0.10  2011
1  -0.30  0.00  2011  0.23   0.17  2013
2   0.13  0.05  2012  0.11  -0.05  2014
3  -0.20  0.23  2013 -0.10   0.13  2015
```

다음은 date를 양쪽 데이터셋의 인덱스로 사용한 인덱스 기반의 병합 예제다.

330

```
import pandas as pd
ff=pd.read_pickle("c:/temp/ffMonthly.pkl")
print(ff.head(2))
mom=pd.read_pickle("c:/temp/ffMomMonthly.pkl")
print(mom.head(3))
x=pd.merge(ff,mom,left_index=True,right_index=True)
print(x.head(2))
```

두 데이터셋은 모두 http://canisius.edu/~yany/python/ffMonthly.pkl에서 구할 수 있다. 출력 결과는 다음과 같다.

```
                MKT_RF     SMB      HML       Rf
1926-07-01     0.0296   -0.023   -0.0287   0.0022
1926-08-01     0.0264   -0.014    0.0419   0.0025
                  MOM
1927-01-01     0.0044
1927-02-01    -0.0201
1927-03-01     0.0359
                MKT_RF     SMB      HML       Rf       MOM
1927-01-01    -0.0006   -0.0056   0.0483   0.0025    0.0044
1927-02-01     0.0418   -0.0010   0.0317   0.0026   -0.0201
```

어떤 경우에는 두 데이터셋을 두 개의 키워드에 기반을 두고 병합해야 할 때가 있다. 예를 들어 주식 ID와 날짜에 기반을 둔 병합 같은 경우다. 다음 형식을 살펴보자.

```
result = pd.merge(left, right, how='left', on=['key1', 'key2'])
```

몇 개의 값을 입력해 가상 예제를 하나 만들어보자.

```
import pandas as pd
x= pd.DataFrame({'ID': ['IBM', 'IBM', 'WMT', 'WMT'],
'date': [2010, 2011, 2010, 2011],
```

```
    'SharesOut': [100, 40, 60, 90],
    'Asset': [20, 30, 10, 30]})

y = pd.DataFrame({'ID': ['IBM', 'IBM', 'C', 'WMT'],
    'date': [2010, 2014, 2010, 2010],
    'Ret': [0.1, 0.2, -0.1,0.2],
    'ROA': [0.04,-0.02,0.03,0.1]})

z= pd.merge(x,y, on=['ID', 'date'])
```

첫 번째 데이터셋은 2010년부터 2011년까지 두 주식에 대한 상장 주식 수를 갖고 있다. 두 번째 데이터셋은 세 가지 주식의 2개년(201년과 2014년)의 연간 수익률과 총자산 이익률ROA을 갖고 있다. 목표는 이 두 개의 데이터셋을 주식 ID와 날짜에 대해 병합하는 것이다. 출력 결과는 다음과 같다.

```
   Asset   ID  SharesOut  date
0    20   IBM        100  2010
1    30   IBM         40  2011
2    10   WMT         60  2010
3    30   WMT         90  2011
    ID   ROA  Ret  date
0  IBM  0.04  0.1  2010
1  IBM -0.02  0.2  2014
2    C  0.03 -0.1  2010
3  WMT  0.10  0.2  2010
   Asset   ID  SharesOut  date   ROA  Ret
0    20   IBM        100  2010  0.04  0.1
1    10   WMT         60  2010  0.10  0.2
```

다요인 회귀 분석을 실행하는 방법과 서로 다른 데이터셋을 병합하는 것을 이해하면 독자들은 자신만의 새로운 요인을 추가할 수 있을 것이다. 한 가지 이슈는 서로 주기가 다른 요인이 있을 수 있다는 것이다. 예를 들어 월별이 아닌 분기별 GDP 같은 것들이다. 이런 경우는 빠진 부분을 채우기 위한 다양한 방법이 동원된다. 다음 예를 살펴보자.

```
import pandas as pd
GDP=pd.read_pickle("c:/temp/usGDPquarterly.pkl")
ff=pd.read_pickle("c:/temp/ffMonthly.pkl")
final=pd.merge(ff,GDP,left_index=True,right_index=True,how='left')
tt=final['AdjustedGDPannualBillion']
GDP2=pd.Series(tt).interpolate()
final['GDP2']=GDP2

print(GDP.head())
print(ff.head())
print(final.tail(10))
```

출력 결과는 다음과 같다.

```
            AdjustedGDPannualBillion
1947-01-01                     243.1
1947-04-01                     246.3
1947-07-01                     250.1
1947-10-01                     260.3
1948-01-01                     266.2
            MKT_RF     SMB     HML      Rf
1926-07-01  0.0296 -0.0230 -0.0287  0.0022
1926-08-01  0.0264 -0.0140  0.0419  0.0025
1926-09-01  0.0036 -0.0132  0.0001  0.0023
1926-10-01 -0.0324  0.0004  0.0051  0.0023
1926-11-01  0.0253 -0.0020 -0.0035  0.0031
            MKT_RF     SMB     HML      Rf  AdjustedGDPannualBillion  \
2016-02-01 -0.0007  0.0083 -0.0048  0.0002                       NaN
2016-03-01  0.0696  0.0086  0.0111  0.0002                       NaN
2016-04-01  0.0092  0.0068  0.0325  0.0001                   18450.1
2016-05-01  0.0178 -0.0027 -0.0179  0.0001                       NaN
2016-06-01 -0.0005  0.0061 -0.0149  0.0002                       NaN
2016-07-01  0.0395  0.0290 -0.0098  0.0002                   18675.3
2016-08-01  0.0050  0.0094  0.0318  0.0002                       NaN
2016-09-01  0.0025  0.0200 -0.0134  0.0002                       NaN
2016-10-01 -0.0202 -0.0440  0.0415  0.0002                       NaN
2016-11-01  0.0486  0.0569  0.0844  0.0001                       NaN

                    GDP2
2016-02-01  18337.766667
2016-03-01  18393.933333
2016-04-01  18450.100000
2016-05-01  18525.166667
2016-06-01  18600.233333
2016-07-01  18675.300000
2016-08-01  18675.300000
2016-09-01  18675.300000
2016-10-01  18675.300000
2016-11-01  18675.300000
```

독자들은 이 두 GDP 시계열의 영향에 대해 비교할 수 있어야 한다.

부록 A: 관련 파이썬 데이터셋 리스트

데이터셋의 접두어는 http://canisius.edu/~yany/python/이다. 예를 들어 ffMonthly. pkl의 경우 http://canisius.edu/~yany/python/ffMonthly.pkl에 접속하면 된다.

파일명	설명
ibm3factor.pkl	IBM FF(파마-프렌치) 3요인 분석을 위한 간단한 데이터셋
ffMonthly.pkl	FF 월별 3요인
ffMomMonthly.pkl	월별 모멘텀 인자
ffcMonthly.pkl	FFC(파마-프렌치-카하트) 월별 4요인
ffMonthly5.pkl	FF 월별 5요인
yanMonthly.pkl	필자에 의해 생성된 월별 데이터
ffDaily.pkl	FF 일별 3요인
ffcDaily.pkl	FFC 일별 4요인
ffDaily5.pkl	FF 일별 5요인
usGDPquarterly.pkl	분기별 미국 GDP 데이터
usDebt.pkl	미 정부 부채 수준
usCPImonthly.pkl	소비자 가격 지수(CPI) 데이터
tradingDaysMonthly.pkl	월별 거래일 수
tradingDaysDaily.pkl	일별 거래일 수 데이터
businessCycleIndicator.pkl	경기 순환 지표
businessCycleIndicator2.pkl	또 다른 경기 순환 지표
uniqueWordsBible.pkl	성경에서 추출한 고유 단어

코드의 한 예는 다음과 같다.

```
import pandas as pd
x=pd.read_pickle("c:/temp/ffMonthly.pkl")
print(x.head())
print(x.tail())
```

출력은 다음과 같다.

```
              MKT_RF      SMB      HML      Rf
1926-07-01    0.0296  -0.0230  -0.0287   0.0022
1926-08-01    0.0264  -0.0140   0.0419   0.0025
1926-09-01    0.0036  -0.0132   0.0001   0.0023
1926-10-01   -0.0324   0.0004   0.0051   0.0032
1926-11-01    0.0253  -0.0020  -0.0035   0.0031
              MKT_RF      SMB      HML      Rf
2016-07-01    0.0395   0.0290  -0.0098   0.0002
2016-08-01    0.0050   0.0094   0.0318   0.0002
2016-09-01    0.0025   0.0200  -0.0134   0.0002
2016-10-01   -0.0202  -0.0440   0.0415   0.0002
2016-11-01    0.0486   0.0569   0.0844   0.0001
```

부록 B: ffMonthly.pkl 파일을 생성하기 위한 파이썬 프로그램

ffMonthly.pkl이라 불리는 데이터셋을 생성하기 위한 프로그램은 다음과 같다.

```
import scipy as sp
import numpy as np
import pandas as pd
file=open("c:/temp/F-F_month.txt","r")
data=file.readlines()
f=[]
index=[]
for i in range(4,sp.size(data)):
#  print(data[i].split())
```

```
        t=data[i].split()
        index.append(pd.to_datetime(t[0]+'01', format='%Y%m%d').date())

        for j in range(1,5):
            k=float(t[j])
            f.append(k/100)
#index.append(int(t[0]))
n=len(f)
f1=np.reshape(np.array(f),(int(n/4),4))
ff=pd.DataFrame(f1,index=index,columns=['MKT_RF','SMB','HML','Rf'])
ff.to_pickle("c:/temp/ffMonthly.pkl")
```

처음과 끝의 몇 줄을 표시하면 다음과 같다.

```
In [179]: ff.head()
Out[179]:
              MKT_RF     SMB      HML       Rf
1926-07-01    0.0296  -0.0230  -0.0287   0.0022
1926-08-01    0.0264  -0.0140   0.0419   0.0025
1926-09-01    0.0036  -0.0132   0.0001   0.0023
1926-10-01   -0.0324   0.0004   0.0051   0.0032
1926-11-01    0.0253  -0.0020  -0.0035   0.0031

In [180]: ff.tail()
Out[180]:
              MKT_RF     SMB      HML       Rf
2016-07-01    0.0395   0.0290  -0.0098   0.0002
2016-08-01    0.0050   0.0094   0.0318   0.0002
2016-09-01    0.0025   0.0200  -0.0134   0.0002
2016-10-01   -0.0202  -0.0440   0.0415   0.0002
2016-11-01    0.0486   0.0569   0.0844   0.0001
```

부록 C: 샤프 지수를 위한 파이썬 프로그램

```
def sharpeRatio(ticker,begdate=(2012,1,1),enddate=(2016,12,31)):
    """

    Objective: estimate Sharpe ratio for stock
```

```
ticker : stock symbol
begdate : beginning date
enddate : ending date

Example #1: sharpeRatio("ibm")
         0.0068655583807256159

Example #2: date1=(1990,1,1)
         date2=(2015,12,23)
         sharpeRatio("ibm",date1,date2)
         0.027831010497755326
"""
import scipy as sp
from matplotlib.finance import quotes_historical_yahoo_ochl as getData
p = getData(ticker,begdate, enddate,asobject=True,adjusted=True)
ret=p.aclose[1:]/p.aclose[:-1]-1
return sp.mean(ret)/sp.std(ret)
```

부록 D: 데이터 케이스 #4 - 다음 중 어느 모델이 최선인가? CAPM, FF3, FFC4, FF5, 혹은 다른 모델?

수많은 자산평가모델이 있다. 그중에서 가장 중요한 것들은 CAPM, 파마-프렌치 3요인 모델, 파마-프렌치-카하트 4요인 모델, 혹은 파마-프렌치 5요인 모델이다. 이 데이터 케이스의 목표는 다음과 같다.

- 데이터를 다운로드하는 방법에 익숙해지기
- T-값, F 값, 수정 R^2 값에 대한 이해
- 검정을 수행하기 위한 다양한 파이썬 프로그램의 제작

4가지 모델의 정의는 각각 다음과 같다.

CAPM:

$$E(R_i) = R_f + \beta_i(E(R_{mkt}) - R_t) \quad \dots\dots(1)$$

파마-프렌치 3요인 모델:

$$R_i = R_f + \beta_{mkt}(R_{mkt} - R_f) + \beta_{SMB} \times SMB + \beta_{HML} \times HML \quad \dots\dots(2)$$

파마-프렌치-카하트 4요인 모델:

$$R_i = R_f + \beta_{mkt}(R_{mkt} - R_f) + \beta_{SMB} \times SMB + \beta_{HML} \times HML + \beta_{MOM}MOM \quad \dots\dots(3)$$

파마-프렌치 5요인 모델:

$$R_i = R_f + \beta_{mkt}(R_{mkt} - R_{f)} + \beta_{SMB}SMB + \beta_{HML}HML + \beta_{MOM}RMW + \beta_{MOM}CMA \quad \dots\dots(4)$$

RMW는 다각화된 포트폴리오에서 안정적인 이익과 낮은 이익 주식의 수익률 차이를 의미하고, CMA는 다각화된 포트폴리오에서 저투자 기업과 고투자 기업 사이의 수익률 차이를 의미하는데, 파마와 프렌치는 이 기업들을 각각 보수적 기업과 공격적 기업이라고 불렀다. 5요인이 평균 수익률의 모든 실태를 반영한다면 모든 증권과 포트폴리오 i의 절편은 0이 돼야 한다. 데이터의 출처는 다음과 같다.

- http://mba.tuck.dartmouth.edu/pages/faculty/ken.french/data_library.html
- http://canisius.edu/~yany/python/ffMonthly.pkl

ffMonthly.pkl	FF 월별 3요인
ffcMonthly.pkl	FFC 월별 4요인
ffMonthly5.pkl	FF 월별 5요인
yanMonthly.pkl	FF 월별 3요인
yanMonthly.pkl	저자에 의해 생성된 월별 데이터
usGDPannual.pkl	미국 연간 GDP
usCPImonthly.pkl	월별 소비자 가격 지수(CPI)

몇 가지 질문

1. 어떤 기준을 적용할 것인가?
2. 성과 시간주기는 독립적인가?
3. 답을 알고 있는 표본의 계산과 처음 보는 샘플에 대한 예측

▌ 참고문헌

다음의 문헌을 참고하기 바란다.

- Carhart, Mark M., 1997, On Persistence in Mutual Fund Performance, Journal of Finance 52, 57-82

- Fama, Eugene and Kenneth R. French, 2015, A five-factor asset pricing model, Journal of Financial Economics 116, 1, 1-22

- Fama, Eugene and Kenneth R. French, 1993, Common risk factors in the returns on stocks and bonds, Journal of Financial Economics 33, 3056

- Fama, Eugene and Kenneth R. French, 1992, The cross-section of expected stock returns, Journal of Finance 47, 427-465

- Jegadeesh, N., & Titman, S., 1993, Returns to buying winners and selling losers: Implications for stock market efficiency, Journal of Finance 48(1): 65-91

- Sharpe, W. F., 1966, Mutual Fund Performance, Journal of Business 39 (S1), 119-138

- Sharpe, William F., 1994, The Sharpe Ratio, The Journal of Portfolio Management 21 (1), 49-58

- Sortino, F.A., Price, L.N.,1994, Performance measurement in a downside risk framework, Journal of Investing 3, 50-8
- Treynor, Jack L., 1965, How to Rate Management of Investment Funds, Harvard Business Review 43, pp. 63-75

▌ 연습문제

1. CAPM과 파마-프렌치 3요인 모델의 차이점은 무엇인가?

2. 파마-프렌치 3요인 모델에서 SMB와 HML의 의미는 어떻게 되는가?

3. 파마-프렌치-카하트 4요인 모델에서 MOM의 의미는 무엇인가?

4. 파마-프렌치 5요인 모델에서 RMW와CMA의 의미는 무엇인가?

5. 다요인 모델을 수행할 때 R^2과 수정 R^2의 차이는 무엇인가?

6. 얼마나 많은 OLS 함수를 사용할 수 있는가? 서로 다른 파이썬 모듈로부터 적어도 2개 이상의 함수를 설명해보라.

7. rolling_kurt라는 이름의 함수를 가진 모듈은 무엇인가? 함수의 사용법은 어떻게 되는가?

8. 야후 금융에서 다운로드한 IBM의 5년치 일별 주가 데이터로부터 CAPM과 파마-프렌치 3요인 모델을 실행하라. 어느 모델이 더 낫다고 할 수 있는가?

9. 모멘텀 요인은 무엇인가? 파마-프렌치-카하트 4요인 모델은 어떻게 사용하는가? 예를 위해 몇 가지 종목 코드를 사용해보라.

10. 파마-프렌치 5요인의 정의는 어떻게 되는가? 시티그룹에 대해 실행해보라. 시티그룹의 종목 코드는 C다.

11. 다음 종목 코드 IBM, DELL, WMT, ^GSPC, C, A, AA, MSFT에 대해 CAPM, FF3, FFC4, FF5 회귀 분석을 수행하라. 비교를 위한 벤치마크 혹은 기준을 설명하라.

12. 파마-프렌치 3요인 모델에 기초해 연 단위의 베타 변화를 계산하는 파이썬 프로그램을 작성하라. 프로그램을 사용해 IBM의 1962년부터 2016년까지의 연간 베타를 보여라.

13. 다음의 파이썬 데이터셋을 업데이트하라. 원 데이터셋은 필자의 웹 페이지에서 다운로드할 수 있다. 예를 들어 ffMonthly.pkl의 경우 http://canisius.edu/~yany/python/ffMonthly.pkl에서 다운로드할 수 있다.

ffMonthly.pkl	FF 월별 3요인
ffcMonthly.pkl	FFC 월별 4요인
ffMonthly5.pkl	FF 월별 5요인

데이터 소스: http://mba.tuck.dartmouth.edu/pages/faculty/ken.french/data_library.html

14. 다음의 파이썬 데이터베이스를 업데이트하라.

usGDPannual.pkl	미국 연간 GDP
usCPImonthly.pkl	소비자 가격지수 월별

15. 파마-프렌치 SMB는 일종의 포트폴리오로 볼 수 있다. 일별 및 월별 SMB를 모두 다운로드하라. 그 후 10년, 20년, 30년 주기의 총수익률을 계산해보라.

각 쌍의 전체 수익률 차이를 비교해보라. 예를 들어 1980년부터 2000년까지 일별 SMB과 월별 SMB에 기초한 수익률을 비교해보라. 차이가 생기는 이유는 무엇인가?

16. 동일한 작업을 시장 수익률에 대해 수행하고 SMB와 비교하라. SMB 포트폴리오와 비교할 때 시장 수익률 차이가 훨씬 적은 이유는 무엇인가?

17. HML에 대해서도 수행하고 이유를 설명하라.

18. 두 데이터셋을 병합하는 방법은 몇 가지인가?

19. 종목명과 날짜에 의해 정렬된 두 데이터셋이 있다. 어떻게 병합하면 되는가?

20. 트레이너 지수를 계산하는 함수를 만들어라. 함수의 형식은 treynorRatio (ticker, rf, begdate, enddate)다. 여기서 ticker는 IBM 같은 종목 코드, rf는 무위험 금리, begdate는 시작일, enddate는 종료일이다.

21. 무작위로 10개의 주식을 선택한 다음 그들의 절편이 0인지 아닌지를 테스트하기 위해 CAPM을 수행하라.

22. 소르티노 지수를 계산하는 파이썬 프로그램을 작성하라. 프로그램의 형식은 sortinoRatio(ticker,rf,begdate,enddate)다.

23. 제가디시와 티트만의 모멘텀 전략을 파이썬과 CRSP 데이터를 써서 복제해보라(CRSP를 구독하고 있다고 가정한다).

24. statsmodels.api.ols() 함수를 써서 선형 회귀 분석을 할 때 다음 줄이 생략되면 어떻게 되는가?

```
x = sm.add_constant(x)
```

25. LPSD를 계산하기 위한 다음 프로그램을 디버그하라.

```python
import scipy as sp
import numpy as np
mean=0.08;Rf=0.01;std=0.12;n=100
x=sp.random.normal(loc=mean,scale=std,size=n)
y=x[x-Rf<0]
m=len(y)
for i in sp.arange(m):
    total=0.0
    total+=(y[i]-Rf)**2
LPSD=total/(m-1)
```

▌ 요약

7장에서는 다요인 선형 모델을 알아봤다. 다요인 모델들은 단일 요인 선형 모델인 CAPM의 단순 확장으로 보면 된다. 다요인 모델에는 파마-프렌치 3요인, 파마-프렌치-카하트 4요인, 파마-프렌치 5요인 모델 등이 있다.

8장에서는 시계열의 여러 성질을 배운다. 금융이나 경제에 있어 주가, 국내 총생산, 주식의 월별 일별 주가 추이 등 방대한 데이터가 대개 시계열로 돼 있다. 시계열 데이터는 주가 추이로부터 수익률의 계산, 동일 혹은 상이한 주기의 데이터의 병합, 계절 요인, 자기 상관 검사 등의 여러 이슈가 있다. 지식 계발을 위해 이러한 성질을 이해하는 것은 매우 중요하다.

08

시계열 분석

금융이나 경제에 있어 주가 흐름이나 **국내 총생산**^{GDP}처럼 엄청난 양의 데이터들은 대개 시계열로 돼 있다. 4장에서 야후 금융의 일별, 주별, 월별 시계열 주가 추이 데이터 등 모두 시간과 연계된 데이터를 다운로드해봤다. **연방준비은행의 경제 데이터 라이브러리**^{FRED}는 GDP 등 많은 시계열 데이터를 제공한다. 시계열 데이터에는 주가로부터 수익률 계산, 동일 혹은 상이한 주기의 데이터 간 병합, 계절 요인, 자기 상관 탐지 등 여러 이슈가 존재한다. 지식 계발을 위해 이런 성질을 이해하는 것은 매우 중요하다.

8장에서 다루는 내용은 다음과 같다.

- 시계열 분석 소개
- 좋은 시간 변수 디자인 및 서로 다른 데이터셋의 시간에 대한 병합

- 정규 분포 및 정규성 검정
- 금리의 기간 구조, 52주 최고가, 최저가 거래 전략
- 수익률 계산 및 일별 수익률의 월별 혹은 연별 수익률로의 변환
- T-검정, F-검정 및 더빈-왓슨 자기 상관 검정
- 파마-맥베스 회귀 분석[Fama-MacBeth regression]
- 롤[Roll](1984) 스프레드, 아미후드[Amihud](2002)의 비유동성[illiquidity], 파스토와 스탬보의 유동성 척도[Pastor and Stambaugh's liquidity measure](2003)
- 1월 효과와 주중 효과
- 구글 금융과 하스브룩 교수[Prof. Hasbrouck]의 TORQ[Trade, Order, Report, and Quotation] 데이터베이스에서 고빈도 데이터 추출
- CRSP 데이터베이스 소개

■ 시계열 분석 소개

대부분 금융 데이터는 시계열 형태다. 다음 몇 가지 예를 살펴보자. 첫 번째는 야후 금융에서 지정한 기간 동안 특정 주식의 일별 주가 데이터를 다운로드하는 방법을 보여준다.

```
from matplotlib.finance import quotes_historical_yahoo_ochl as getData
x = getData("IBM",(2016,1,1),(2016,1,21),asobject=True,adjusted=True)
print(x[0:4])
```

출력 결과는 다음과 같다.

```
[ (datetime.date(2016, 1, 4), 2016, 1, 4, 735967.0, 130.62253911309833, 130.959683,
130.97895271354574, 129.31245964439717, 5229400.0, 130.959683)
 (datetime.date(2016, 1, 5), 2016, 1, 5, 735968.0, 131.73994804831432, 130.863362,
131.86517999356315, 129.9000689840247, 3924800.0, 130.863362)
 (datetime.date(2016, 1, 6), 2016, 1, 6, 735969.0, 129.44732026068075, 130.208315,
130.60326898959215, 128.71520793584997, 4310900.0, 130.208315)
 (datetime.date(2016, 1, 7), 2016, 1, 7, 735970.0, 128.79227327983133, 127.983111,
130.06382680331637, 127.56888729699934, 7025800.0, 127.983111)]
```

type(x)의 출력 결과에서 볼 수 있듯 데이터의 형식은 numpy.recarray다. 두 번째는 ffMonthly.pkl과 usGDPquarterly.pkl라 불리는 2개의 데이터셋의 관측치 중 처음 몇 줄만 출력한 것이다. 두 파일은 모두 필자의 웹사이트인 http://canisius.edu/~yany/python/ffMonthly.pkl에서 구할 수 있다.

```
import pandas as pd
GDP=pd.read_pickle("c:/temp/usGDPquarterly.pkl")
ff=pd.read_pickle("c:/temp/ffMonthly.pkl")
print(GDP.head())
print(ff.head())
```

출력 결과는 다음과 같다.

```
            AdjustedGDPannualBillion
1947-01-01                     243.1
1947-04-01                     246.3
1947-07-01                     250.1
1947-10-01                     260.3
1948-01-01                     266.2
         DATE   MKT_RF      SMB      HML      RF
1  1926-07-01   0.0296   -0.023  -0.0287  0.0022
2  1926-08-01   0.0264   -0.014   0.0419  0.0025
3  1926-09-01   0.0036  -0.0132   0.0001  0.0023
4  1926-10-01  -0.0324   0.0004   0.0051  0.0032
5  1926-11-01   0.0253   -0.002  -0.0035  0.0031
```

8장 끝에 이산 데이터를 일별 데이터와 병합하는 연습문제가 있다. 다음 프로그램은 구글 금융에서 일별 주가 데이터를 검색한다.

```
import pandas_datareader.data as web
import datetime
ticker='MSFT'
begdate = datetime.datetime(2012, 1, 2)
enddate = datetime.datetime(2017, 1, 10)
a = web.DataReader(ticker, 'google',begdate,enddate)
print(a.head(3))
print(a.tail(2))
```

출력 결과는 다음과 같다.

```
              Open    High     Low   Close    Volume
Date
2012-01-03   26.55   26.96   26.39   26.76  64735391
2012-01-04   26.82   27.47   26.78   27.40  80519402
2012-01-05   27.38   27.73   27.29   27.68  56082205
              Open    High     Low   Close    Volume
Date
2017-01-09   62.76   63.08   62.54   62.64  20382730
2017-01-10   62.73   63.07   62.28   62.62  18593004
```

현재 주가 데이터를 얻으려면 다음 프로그램을 사용하면 된다. 출력 결과는 2017년 1월 21일이다.

```
import pandas_datareader.data as web
ticker='AMZN'
print(web.get_quote_yahoo(ticker))
```

```
          PE  change_pct    last  short_ratio    time
AMZN  189.78      -0.23%  1007.73         2.09  9:59am
```

다음 파이썬 프로그램을 사용하면 1947년 1월부터 2016년 6월까지의 **국내 총생산** GDP 데이터를 검색할 수 있다.

```
import pandas_datareader.data as web
```

```
import datetime
begdate = datetime.datetime(1900, 1, 1)
enddate = datetime.datetime(2017, 1, 27)
x= web.DataReader("GDP", "fred", begdate,enddate)
print(x.head(2))
print(x.tail(3))
```

출력 결과는 다음과 같다.

```
                   GDP
DATE
1947-01-01    243.1
1947-04-01    246.3
                   GDP
DATE
2016-07-01   18675.3
2016-10-01   18869.4
2017-01-01   19027.6
```

▌ 시간 변수에 대해 데이터셋 병합

시계열 데이터를 좀 더 효율적으로 다루기 위해 날짜 변수 date를 만들어두는 것이
좋다. 시간 변수를 얘기하면 여러 형태의 날짜 형식 예컨대, 연도(YYYY), 연도와
월(YYYYMM) 혹은 연월일(YYYYMMDD) 같은 다양한 표현을 떠올릴 것이다. 연도,
월, 일의 조합만으로도 매우 많은 종류의 형태 표현이 가능하다. 2017년 1월 20일을
예로 들면 2017-1-20, 1/20/2017, 20 Jan2017, 20-1-2017 등 여러 가지 형태로
표현할 수 있다. 적어도 머릿속으로는 실제 날짜를 다루는 일이 별 것 아닌 것으로
느껴지기도 한다. 대개 실제 날짜 변수라 함은 연도-월-일의 형태나 이의 변형으로
돼 있다. 날짜 변수 값이 2000-12-31이라면 이 값에 하루를 더하면 2001-1-1이
돼야 한다.

pandas.date_range() 함수를 활용한 1차원 시계열 데이터 생성

pandas.date_range() 함수로 손쉽게 시계열 데이터를 만들 수 있다. 다음 예를 살펴보자.

```python
import pandas as pd
import scipy as sp
sp.random.seed(1257)
mean=0.10
std=0.2
ddate = pd.date_range('1/1/2016', periods=252)
n=len(ddate)
rets=sp.random.normal(mean,std,n)
data = pd.DataFrame(rets, index=ddate,columns=['RET'])
print(data.head())
```

앞 프로그램에서 sp.random.seed() 함수를 사용했으니 시드만 같다면 동일 결과 값을 얻게 된다. 출력 결과는 다음과 같다.

```
RET
2016-01-01  0.431031
2016-01-02  0.279193
2016-01-03  0.002549
2016-01-04  0.109546
2016-01-05  0.068252
```

시계열 데이터를 좀 더 편하게 다루기 위해 다음 프로그램은 pandas.read_csv() 함수를 사용한다. 코드를 살펴보자.

```python
import pandas as pd
url='http://canisius.edu/~yany/data/ibm.csv'
x=pd.read_csv(url,index_col=0,parse_dates=True)
```

```
print(x.head())
```

출력 결과는 다음과 같다.

```
                 Open       High        Low      Close   Volume
Date
2016-11-03  152.509995  153.740005  151.800003  152.369995  2843600
2016-11-02  152.479996  153.350006  151.669998  151.949997  3074400
2016-11-01  153.500000  153.910004  151.740005  152.789993  3191900
2016-10-31  152.759995  154.330002  152.759995  153.690002  3553200
2016-10-28  154.050003  154.440002  152.179993  152.610001  3654500

            Adj.Close
Date
2016-11-03  152.369995
2016-11-02  151.949997
2016-11-01  152.789993
2016-10-31  153.690002
2016-10-28  152.610001
```

시간 형식을 보려면 다음과 같이 한다.

```
>>> x[0:1]
```

```
                 Open       High        Low      Close   Volume   \
Date
2016-11-03  152.509995  153.740005  151.800003  152.369995  2843600

            Adj.Close
Date
2016-11-03  152.369995
```

```
>>> x[0:1].index
```

```
In [17]: x[0:1].index
Out[17]: DatetimeIndex(['2016-11-03'], dtype='datetime64[ns]', name=u'Date', freq=None)
```

다음 프로그램은 matplotlib.finance.quotes_historical_yahoo_ ochl() 함수를
사용했다.

```
from matplotlib.finance import quotes_historical_yahoo_ochl as getData
x = getData("IBM",(2016,1,1),(2016,1,21),asobject=True,adjusted=True)
print(x[0:4])
```

출력 결과는 다음과 같다.

```
[ (datetime.date(2016, 1, 4), 2016, 1, 4, 735967.0, 130.62253911309833, 130.959683,
130.97895271354574, 129.31245964439717, 5229400.0, 130.959683)
 (datetime.date(2016, 1, 5), 2016, 1, 5, 735968.0, 131.73994804831432, 130.863362,
131.86517999356315, 129.9000689840247, 3924800.0, 130.863362)
 (datetime.date(2016, 1, 6), 2016, 1, 6, 735969.0, 129.44732026068075, 130.208315,
130.60326898959215, 128.71520793584997, 4310900.0, 130.208315)
 (datetime.date(2016, 1, 7), 2016, 1, 7, 735970.0, 128.79227327983133, 127.983111,
130.06382680331637, 127.56888729699934, 7025800.0, 127.983111)]
```

인덱스가 날짜 형식임에 주목하라. 코드를 살펴보자. strftime("%Y")의 의미에 대
해서는 표 8.2를 참고하라.

```
>>> x[0][0]
datetime.date(2016, 1, 4)
>>> x[0][0].strftime("%Y")
 '2016'
```

날짜 변수를 정의하는 몇 가지 방식이 다음 표에 정리돼 있다.

표 8.1 날짜 변수를 정의하는 몇 가지 방법

함수	설명	예
pandas.date_range	1. 날짜 구간에 대해	pd.date_range('1/1/2017', periods=252)
datetime.date	2. 1일	>>> from datetime import datetime >>> datetime.date(2017,1,20)
datetime.date.today()	3. 오늘 값 구하기	>>> datetime.date.today() datetime.date(2017, 1, 26)

(이어짐)

함수	설명	예

datetime.now()	4. 현재 시간 구하기	>>> from datetime import datetime
		>>> datetime.now()
		datetime.datetime(2017, 1, 26, 8, 58, 6, 420000)

relativedelta()	5. 날짜 변수에 특정 일, 월 또는 년 더하기	>>> from datetime import datetime
		>>> today=datetime.today().date()
		>>> print(today)
		2017-01-26
		>>> print(today+relativedelta(days=31))
		2017-02-26

시계열 데이터를 다루다 보면 흔히 날짜 변수로부터 연도, 월, 일 값을 추출할 때가 있다. 다음 파이썬 프로그램은 strftime() 함수를 활용하고 있다. 연도, 월, 일의 모든 결과는 문자열 형식이다.

```
import datetime
today=datetime.date.today()
year=today.strftime("%Y")
year2=today.strftime("%y")
month=today.strftime("%m")
day=today.strftime("%d")
print(year,month,day,year2)
('2017', '01', '24', '17')
```

다음 표에 사용 방법이 요약돼 있다. 좀 더 자세한 것은 http://strftime.org/에 접속하면 얻을 수 있다.

표 8.2 연도, 월, 일 추출

함수	설명	예
.strftime("%Y")	1. 네 자리 연도 문자열	a=datetime.date(2017,1,2) a.strftime("%Y")
.strftime("%y")	2. 두 자리 연도 문자열	a.strftime("%y")
.strftime("%m")	3. 월 문자열	a.strftime("%m")
.strftime("%d")	4. 일 문자열	a.strftime("%d")

수익률 계산

주가 데이터만 있으면 수익률을 계산할 수 있다. 경우에 따라 일별 수익률을 주나 월 단위로 변환하거나, 월 단위 수익률을 분기나 연 단위로 변환해야 할 경우가 있다. 따라서 수익률 계산과 그 변환을 이해하는 것은 아주 중요하다. 4개의 주가 데이터가 있다고 가정하자.

```
>>> p=[1,1.1,0.9,1.05]
```

주가 데이터의 정렬 순서는 매우 중요한 정보다. 첫 번째 주가가 두 번째 주가보다 시간상 앞서면 첫 번째 수익률은 (1.1-1)/1 = 10%가 된다. 이제 n개 데이터를 가진 배열에서 최초 $n-1$개와 마지막 $n-1$개 데이터를 검색하는 방법을 배울 것이다. 처음 $n-1$개 값을 나열하려면 p[:-1]을 사용하고 마지막 3개를 보려면 다음 코드처럼 p[1:]을 사용하면 된다.

```
>>> print(p[:-1])
[ 1.  1.1 0.9]
>>> print(p[1:])
[ 1.1 0.9 1.05]
```

수익률 계산을 위해 다음 코드를 사용하면 된다.

```
>>> ret=(p[1:]-p[:-1])/p[:-1]
>>> print(ret )
[ 0.1 -0.18181818 0.16666667]
```

x_1, x_2 2개 주가에 대해 시간상으로 x_1이 x_2보다 앞선다고 가정하자. 수익률은 ret = $(x_2-x_1)/x_1$로 구할 수 있다. 다른 방법은 ret = x_2/x_1-1로 계산하면 된다. 따라서 앞 예제는 ret=p[1:]/p[:-1]-1로 계산하면 된다. 오타 방지에는 두 번째 방법이 나아 보인다. 반면 주가 정렬 순서가 가장 최근 주가 데이터고 마지막이 가장 오래된 데이터일 경우는 수익률 계산은 다음처럼 하면 된다.

```
>>> ret=p[:-1]/p[1:]-1
>>> print(ret )
[-0.09090909 0.22222222 -0.14285714]
>>>
```

7장에서 언급한 것처럼 .diff( )와 .shift( ) 함수를 사용해 수익률을 계산할 수 있다. 다음 코드를 살펴보자.

```
import pandas as pd
import scipy as sp
p=[1,1.1,0.9,1.05]
a=pd.DataFrame({'Price':p})
a['Ret']=a['Price'].diff()/a['Price'].shift(1)
print(a)
```

출력 결과는 다음과 같다.

```
   Price  Ret
0  1.00   NaN
1  1.10   0.100000
2  0.90   -0.181818
3  1.05   0.166667
```

다음 코드는 야후 금융에서 일별 주가 데이트를 다운로드해서 일별 수익률을 계산한다.

```
>>> from matplotlib.finance import quotes_historical_yahoo_ochl as getData
>>> ticker='IBM'
>>> begdate=(2013,1,1)
>>> enddate=(2013,11,9)
>>> x =getData(ticker, begdate, enddate,asobject=True, adjusted=True)
>>> ret=x.aclose[1:]/x.aclose[:-1]-1
```

첫 줄은 `matplotlib.finance`에서 함수를 업로드한다. 시작일과 종료일은 튜플 데이터 타입을 사용해 정의한다. 다운로드한 일별 주가 추이 데이터는 x에 대입된다. 수익률이 제대로 계산됐는지 검증하기 위해 화면에 몇 줄만 출력해보자. 그 후 다음처럼 한두 개 수익률 값을 수작업으로 검증해보자.

```
>>> x.date[0:3]
array([datetime.date(2013, 1, 2), datetime.date(2013, 1, 3),
datetime.date(2013, 1, 4)], dtype=object)
>>> x.aclose[0:3]
array([ 192.61, 191.55, 190.3 ])
>>> ret[0:2]
array([-0.00550335, -0.00652571])
>>> (191.55-192.61)/192.61
-0.005503348735787354
>>>
```

검증 결과 수익률 계산은 정확히 됐음을 알 수 있다.

▌ 일별 수익률을 월별 수익률로 변환

경우에 따라 일별 수익률을 월별 혹은 연 수익률로 변환해야 할 때가 있다. 변환 절차는 다음과 같다. 먼저 일별 로그 수익률을 계산한 후 각 월 단위로 일별 로그 값을 더해 월별 로그 수익률을 구한다. 마지막으로 월별 로그 수익률을 월별 % 수익률로 변환한다. 주가 데이터 p_0, p_1, p_2, $\cdots$, p_{20}가 있다. p_0는 지난달의 마지막 거래가이고, p_1은 이번 달의 첫 거래가며, p_{20}은 이번 달의 마지막 거래가다. 따라서 이번 달의 % 수익률은 다음과 같다.

$$R_{monthly} = \frac{p_{20} - p_0}{p_0} \quad \text{.....}(1)$$

월별 로그 수익률은 다음처럼 정의된다.

$$log\_return_{monthly} = \log\left(\frac{p_{20}}{p_0}\right) \quad \text{.....}(2)$$

월별 % 수익률과 월별 로그 수익률 사이에는 다음 관계가 존재한다.

$$R_{monthly} = \exp(log\_reture) - 1 \quad \text{.....}(3)$$

유사하게 일별 로그 수익률은 다음과 같이 정의된다.

$$log\_return_i^{daily} = \log\left(\frac{p_i}{p_{i-1}}\right) \quad \text{.....}(4)$$

로그 수익률을 구하는 다음 합산식을 살펴보자.

$$log\_return_{monthly} = \log\left(\frac{p_{20}}{p_0}\right) = \Sigma_{i=1}^{20} log\_return\ _i^{daily} \quad .....(5)$$

다음 파이썬 프로그램은 앞 절차에 따라 일별 수익률을 월별 수익률로 변환한다.

```python
from matplotlib.finance import quotes_historical_yahoo_ochl as getData
import numpy as np
import pandas as pd
#
ticker='IBM'
begdate=(2013,1,1)
enddate=(2013,11,9)
#
x = getData(ticker, begdate, enddate,asobject=True, adjusted=True)
logret = np.log(x.aclose[1:]/x.aclose[:-1])
yyyymm=[]
d0=x.date
#
for i in range(0,np.size(logret)):
    yyyymm.append(''.join([d0[i].strftime("%Y"),d0[i].strftime("%m")]))

y=pd.DataFrame(logret,yyyymm,columns=['retMonthly'])
retMonthly=y.groupby(y.index).sum()

print(retMonthly.head())
```

출력 결과는 다음과 같다.

	retMonthly
201301	0.043989
201302	-0.006925
201303	0.045615
201304	-0.061911
201305	0.050305

데이터셋을 날짜에 대해 병합

다음 프로그램은 IBM의 일별 조정 종가를 일별 파마-프렌치 3요인 시계열 값과
병합한다. ffMonthly.pkl 파일은 http://canisius.edu/~yany/python/ffDaily.pkl에
서 구할 수 있다.

```python
from matplotlib.finance import quotes_historical_yahoo_ochl as getData
import numpy as np
import pandas as pd
ticker='IBM'
begdate=(2016,1,2)
enddate=(2017,1,9)
x =getData(ticker, begdate, enddate,asobject=True, adjusted=True)
myName=ticker+'_adjClose'
x2=pd.DataFrame(x['aclose'],x.date,columns=[myName])
ff=pd.read_pickle('c:/temp/ffDaily.pkl')
final=pd.merge(x2,ff,left_index=True,right_index=True)
print(final.head())
```

출력 결과는 다음과 같다.

	IBM_adjClose	MKT_RF	SMB	HML	RF
2016-01-04	130.959683	-0.0159	-0.0083	0.0053	0.0
2016-01-05	130.863362	0.0012	-0.0021	0.0000	0.0
2016-01-06	130.208315	-0.0135	-0.0013	0.0001	0.0
2016-01-07	127.983111	-0.0244	-0.0028	0.0012	0.0
2016-01-08	126.798264	-0.0111	-0.0047	-0.0004	0.0

▌ 보간 기법 이해

보간 기법은 금융에서 보편적으로 사용된다. 다음 예제는 2와 6 사이에 빠진 값 (NaN) 두 개를 수치로 대체하려고 한다. 빠진 값 2개를 직선 보간 기법을 이용해 채우려면 pandas.interpolate( ) 함수를 이용하면 된다.

```
import pandas as pd
import numpy as np
nn=np.nan
x=pd.Series([1,2,nn,nn,6])
print(x.interpolate())
```

출력 결과는 다음과 같다.

```
0      1.000000
1      2.000000
2      3.333333
3      4.666667
4      6.000000
dtype: float64
```

앞에서 사용한 기법은 선형 보간법이다. 사실 수작업으로도 Δ 값을 계산한 다음 빈 값을 채울 수 있다.

$$\Delta = \frac{v_2 - v_1}{n} \quad \dots\dots(6)$$

여기서 $v_2(v_1)$는 두 번째(첫 번째) 값이고, n은 두 숫자 사이 간격이다. 앞 예제의 경우 (6-2)/3 = 1.33333이다. 따라서 다음 숫자는 $v_1 + \Delta$ = 2 + 1.33333 = 3.33333 이 된다. 이런 식으로 계속해서 빠진 수를 찾으면 된다. 빠진 값에 여러 번의 기간이 있으면 검증을 위해 각 기간별 Δ 값을 수작업으로 계산해야 한다. 야후 금융의 채권 페이지 http://finance.yahoo.com/bonds에 접속하면 다음과 같은 데이터를 얻을 수 있다.

표 8.3 금리의 기간 구조

만기	수익률	어제	전주	전월
3월	0.05	0.05	0.04	0.03
6월	0.08	0.07	0.07	0.06
2년	0.29	0.29	0.31	0.33
3년	0.57	0.54	0.59	0.61
5년	1.34	1.32	1.41	1.39
10년	2.7	2.66	2.75	2.66
30년	3.8	3.78	3.85	3.72

표에 있는 데이터를 사용해 빈 값을 보간하는 다음 코드를 테스트해보자.

```
>>> import numpy as np
>>> import pandas as pd
>>> nn=np.nan
>>> x=pd.Series([0.29,0.57,nn,1.34,nn,nn,nn,nn,2.7])
>>> y=x.interpolate()
>>> print(y)
0    0.290
1    0.570
2    0.955
3    1.340
4    1.612
5    1.884
6    2.156
7    2.428
8    2.700
```

```
dtype: float64
>>>
```

서로 다른 주기를 가진 데이터 병합

다음 파이썬 프로그램은 서로 다른 주기를 가진 두 개의 데이터셋을 병합한다. 미국 국내 총생산^{GDP}은 분기별 데이터고, http://canisius.edu/~yany/python/ffMonthly. pkl는 월별 데이터다.

GDP 데이터의 경우 빠진 월의 값을 채우기 위해 앞에서 배운 보간법을 사용했다. ffMonthly 데이터셋은 c:/temp/에 저장돼 있다고 가정한다.

```python
import pandas as pd
import pandas_datareader.data as web
import datetime
begdate = datetime.datetime(1900, 1, 1)
enddate = datetime.datetime(2017, 1, 27)
GDP= web.DataReader("GDP", "fred", begdate,enddate)
ff=pd.read_pickle("c:/temp/ffMonthly.pkl")
final=pd.merge(ff,GDP,left_index=True,right_index=True,how='left')
tt=final['GDP']
GDP2=pd.Series(tt).interpolate()
final['GDP2']=GDP2
```

출력 결과는 다음과 같다. ffMonthly 시계열 데이터는 1926년 6월부터 시작하지만 GDP는 1947년 이전 데이터가 없으므로 병합된 데이터는 후반부 관측치가 더 유용하다.

```python
print(final.head())
```

```
print(final.tail(10))
```

	MKT_RF	SMB	HML	RF	GDP	GDP2
1926-07-01	0.0296	-0.0230	-0.0287	0.0022	NaN	NaN
1926-08-01	0.0264	-0.0140	0.0419	0.0025	NaN	NaN
1926-09-01	0.0036	-0.0132	0.0001	0.0023	NaN	NaN
1926-10-01	-0.0324	0.0004	0.0051	0.0032	NaN	NaN
1926-11-01	0.0253	-0.0020	-0.0035	0.0031	NaN	NaN
	MKT_RF	SMB	HML	RF	GDP	GDP2
2016-02-01	-0.0007	0.0083	-0.0048	0.0002	NaN	18337.766667
2016-03-01	0.0696	0.0086	0.0111	0.0002	NaN	18393.933333
2016-04-01	0.0092	0.0068	0.0325	0.0001	18450.1	18450.100000
2016-05-01	0.0178	-0.0027	-0.0179	0.0001	NaN	18525.166667
2016-06-01	-0.0005	0.0061	-0.0149	0.0002	NaN	18600.233333
2016-07-01	0.0395	0.0290	-0.0098	0.0002	18675.3	18675.300000
2016-08-01	0.0050	0.0094	0.0318	0.0002	NaN	18675.300000
2016-09-01	0.0025	0.0200	-0.0134	0.0002	NaN	18675.300000
2016-10-01	-0.0202	-0.0440	0.0415	0.0002	NaN	18675.300000
2016-11-01	0.0486	0.0569	0.0844	0.0001	NaN	18675.300000
2016-07-01	0.0395	0.0290	-0.0098	0.0002	18675.3	18675.300000
2016-08-01	0.0050	0.0094	0.0318	0.0002	NaN	18675.300000
2016-09-01	0.0025	0.0200	-0.0134	0.0002	NaN	18675.300000
2016-10-01	-0.0202	-0.0440	0.0415	0.0002	NaN	18675.300000
2016-11-01	0.0486	0.0569	0.0844	0.0001	NaN	18675.300000

두 번째 예는 경기 순환 지표를 담고 있는 월주기 경기 순환 지수 businessCycle. pkl(http://canisius.edu/~yany/python/businessCycle.pkl)과 분기 주기 GDP를 병합한다.

```
import pandas as pd
import pandas_datareader.data as web
import datetime
import scipy as sp
import numpy as np
cycle=pd.read_pickle("c:/temp/businessCycle.pkl")
begdate = datetime.datetime(1947, 1, 1)
```

```
enddate = datetime.datetime(2017, 1, 27)
GDP= web.DataReader("GDP", "fred", begdate,enddate)
final=pd.merge(cycle,GDP,left_index=True,right_index=True,how='right')
```

출력 결과를 몇 줄만 살펴보자.

```
print(cycle.head())
print(GDP.head())
print(final.head())
            cycle
date
1926-10-01  1.000
1926-11-01  0.846
1926-12-01  0.692
1927-01-01  0.538
1927-02-01  0.385
1947-07-01  0.135   250.1
1947-10-01  0.297   260.3
1948-01-01  0.459   266.2
            GDP
DATE
1947-01-01  243.1
1947-04-01  246.3
1947-07-01  250.1
1947-10-01  260.3
1948-01-01  266.2
            cycle   GDP
DATE
1947-01-01  -0.189  243.1
1947-04-01  -0.027  246.3
```

▌정규성 검정

금융에 있어 정규 분포에 대한 지식이 매우 중요한 두 가지 이유가 있다. 첫째, 통상 주식 수익률은 정규 분포를 따른다고 가정한다. 둘째, 좋은 경제 모델의 오차 항은 평균이 0인 정규 분포를 따라야 한다. 그러나 실제 주식은 이런 가정이 잘 적용되지 않을 수 있다. 한편 개별 주식이나 포트폴리오가 정규 분포를 따르는지를 테스트하는 정규성 검정 방법은 여러 가지가 있다. 사피로-윌크 검정 Shapiro-Wilk test 은 그중 하나다. 첫 번째 예는 정규 분포에서 난수를 생성한다. 따라서 이 난수에 대한 검정 결과는 정규 분포를 따른다는 것을 확인해 줄 수 있어야 할 것이다.

```
from scipy import stats
import scipy as sp
sp.random.seed(12345)
mean=0.1
std=0.2
n=5000
ret=sp.random.normal(loc=0,scale=std,size=n)
print 'W-test, and P-value'
print(stats.shapiro(ret))
W-test, and P-value
(0.9995986223220825, 0.4129064679145813)
```

신뢰 수준이 95%라고 가정하자(α=0.05). 결과치의 첫 번째 값은 검정 통계치고, 두 번째 값은 해당 P-값이다. P-값이 0.05보다 훨씬 크므로 수익률이 정규 분포를 따른다는 귀무가설을 받아들인다. 두 번째 예는 유니폼 분포로부터 난수를 추출한다.

```
from scipy import stats
import scipy as sp
sp.random.seed(12345)
n=5000
```

```
ret=sp.random.uniform(size=n)
print 'W-test, and P-value'
print(stats.shapiro(ret))
W-test, and P-value
(0.9537619352340698, 4.078975800593137e-37)
```

P-값이 0에 가까우므로 귀무가설을 기각한다. 다시 말해 관측치는 정규 분포를 따르지 않는다. 세 번째 예는 IBM의 수익률이 정규 분포를 따르는지 검정한다. 검정을 위해 야후 금융에서 5년치 데이터를 받아 사용했다. 귀무가설은 IBM의 수익률이 정규 분포를 따른다는 것이다.

```
from scipy import stats
from matplotlib.finance import quotes_historical_yahoo_ochl as getData
import numpy as np

ticker='IBM'
begdate=(2012,1,1)
enddate=(2016,12,31)

p =getData(ticker, begdate, enddate,asobject=True, adjusted=True) ret =
(p.aclose[1:] - p.aclose[:-1])/p.aclose[1:]
print 'ticker=',ticker,'W-test, and P-value' print(stats.shapiro(ret))
ticker= IBM W-test, and P-value
(0.9213278889656067, 4.387053202198418e-25)
```

P-값이 0에 가까우므로 귀무가설을 기각한다. 다시 말해 IBM의 일별 수익률은 정규 분포를 따르지 않는다. 정규성 테스트를 위해서는 관측치가 특정 분포를 따르는지 테스트하는 앤더슨-다링 검정$^{Anderson-Darling\ test}$ 방법을 사용해도 되는데, 이 방법은 콜모고로프-스미노프 검정$^{Kolmogorov-Smirnov\ test}$을 변형한 것이다. 다음 코드를 살펴보자.

```
print( stats.anderson(ret) )
AndersonResult(statistic=12.613658863646833, critical_values=array([
0.574,0.654,    0.785, 0.915, 1.089]), significance_level=array([
15. , 10. , 5. ,    2.5, 1. ]))
```

여기에 앤더슨-다링 검정 통계량 값의 집합, 임계값 값의 집합, 신뢰 수준 값의 집합
(앞 출력에서 본 15%, 10%, 5%, 2.5%, 1%) 등 모두 3개의 집합이 있다. 1% 신뢰 수준을
선택하면(세 번째 집합의 마지막 값) 임계값은 1.089(두 번째 집합의 마지막 값)가 되므
로 귀무가설을 기각하게 된다. 따라서 앤더슨-다링 검정과 사피로-윌크 검정의 결
론이 같아진다. scipy.stats.anderson( )을 이용한 테스트의 또 다른 장점은 다른
분포에 대해서도 이 함수를 사용할 수 있다는 것이다. help( ) 함수를 실행하면 다음
과 같은 리스트를 볼 수 있다. 디폴트 값은 정규성 검정이다.

```
>>> from scipy import stats
>>> help(stats.anderson)
anderson(x, dist='norm')
Anderson-Darling test for data coming from a particular distribution
dist : {'norm','expon','logistic','gumbel','extreme1'}, optional the type of
distribution to test against. The default is 'norm' and 'extreme1' is a synonym
for 'gumbel'
```

두터운 꼬리 계산

정규 분포의 중요한 특성 중 하나는 평균과 표준 편차라는 첫 두 모멘트만 사용해도
전체 분포를 전부 정의할 수 있다는 것이다. n개의 수익률 값을 갖는 증권에 대한
첫 4개의 모멘트는 다음의 식들로 정의된다. 평균과 분산은 다음과 같이 정의된다.

$$\bar{R} = \mu = \frac{\sum_{i=1}^{n} R_i}{n} \dots (7)$$

(표본의) 분산은 다음 식으로 정의된다. 표준 편차 σ는 분산의 제곱근이다.

$$\sigma^2 = \frac{\sum_{i=1}^{n}(R_i - \bar{R})^2}{n-1} \cdots (8)$$

다음 식으로 정의되는 왜도는 분포가 왼쪽이나 오른쪽으로 쏠려 있는지에 대한 척도다. 대칭인 분포의 경우 왜도는 0이 된다.

$$왜도 = \frac{\sum_{i=1}^{n}(R_i - \bar{R})^3}{(n-1)\sigma^3} \quad \cdots (9)$$

첨도는 4 제곱근 값을 가진 덕에 극치$^{\text{extreme values}}$의 영향을 반영한다. 수식에 -3을 가진 것과 그렇지 않은 두 가지 정의가 있다. 다음 두 식을 참고하라. 식 (10B)에서 3을 차감한 이유는 정규 분포에 식 (10A)을 이용해 첨도를 계산하면 결과가 3이 나오기 때문이다.

$$첨도 = \frac{\sum_{i=1}^{n}(R_i - \bar{R})^4}{(n-1)\sigma^4} \quad \cdots (10A)$$

$$첨도 = \frac{\sum_{i=1}^{n}(R_i - \bar{R})^4}{(n-1)\sigma^4} - 3 \quad \cdots (10B)$$

어떤 책에서는 식 (10B)을 초과 첨도$^{\text{excess kurtosis}}$라고 칭해 별도로 구분하기도 한다. 하지만 식 (10B)에 기초해 만들어진 많은 함수들이 여전히 첨도라는 이름으로 돼 있다. 표준 정규 분포는 평균값이 0이고 단위 표준 편차 값을 가지며, 왜도와 첨도가 0(식 10B)이라는 것은 잘 알려져 있다. 다음 출력 결과는 이런 사실을 검증해준다.

```
from scipy import stats,random
import numpy as np
np.random.seed(12345)
ret = random.normal(0,1,500000)
print('mean =', np.mean(ret))
print('std  =',np.std(ret))
```

```
print('skewness=',stats.skew(ret))
print('kurtosis=',stats.kurtosis(ret))
```

결과는 다음과 같다. `scipy.random.seed()` 함수를 사용했으니 시드 값이 같으면 (12345) 동일한 결과가 나올 것이다.

```
('mean     =', 0.000822665171471418)
('std      =', 0.99898956586553034)
('skewness=', 0.006299066118437377)
('kurtosis=', 0.0015439776051819898)
```

평균, 왜도, 첨도가 모두 거의 0에 가까운 반면, 표준 편차는 1에 가깝다. 이제 S&P500의 일 수익률에 근거해 네 개의 모멘트를 계산해보자.

```
from scipy import stats
from matplotlib.finance import quotes_historical_yahoo_ochl as getData
import numpy as np
ticker='^GSPC'
begdate=(1926,1,1)
enddate=(2016,12,31)
p = getData(ticker, begdate, enddate,asobject=True, adjusted=True)
ret = p.aclose[1:]/p.aclose[:-1]-1
print( 'S&P500   n      =',len(ret))
print( 'S&P500   mean   =',round(np.mean(ret),8))
print( 'S&P500   std    =',round(np.std(ret),8))
print( 'S&P500   skewness=',round(stats.skew(ret),8))
print( 'S&P500   kurtosis=',round(stats.kurtosis(ret),8))
```

총 관측치 개수를 포함한 5개의 값의 출력은 다음과 같다.

```
('S&P500  n       =', 16858)
('S&P500  mean    =', 0.00033769)
('S&P500  std     =', 0.00966536)
('S&P500  skewness=', -0.64035588)
('S&P500  kurtosis=', 20.81432822)
```

위 결과는 쿡 파인 캐피털^{Cook Pine Capital} 사의 '두터운 꼬리 리스크'(2008)라는 논문의 결과와 매우 흡사하다. 논문의 주장을 인용하면 S&P500의 경우 일 평균 수익률이 왼쪽으로 치우쳐있고(음의 왜도) 두터운 꼬리를 갖고 있다고(첨도가 0이 아니라 20.81이다) 결론을 내릴 수 있다.

T-검정과 F-검정

금융에 있어 T-검정은 가장 많이 사용되는 통계적 가설 검정 방법 중 하나인데, 귀무가설이 맞을 경우 검정 통계치가 스튜던트 t 분포를 따른다. 우리가 알고 있듯 표준 정규 분포의 평균은 0이다. 다음 프로그램은 표준 정규 분포에서 1,000개의 난수를 발생한 뒤 평균이 0.5인지 테스트하는 실험과 평균이 0인지 테스트하는 두 가지 실험을 수행한다.

```python
from scipy import stats
import numpy as np
np.random.seed(1235)
x = stats.norm.rvs(size=10000)
print("T-value P-value (two-tail)")
print(stats.ttest_1samp(x,0.5))
print(stats.ttest_1samp(x,0))
T-value P-value (two-tail)
Ttest_1sampResult(statistic=-49.763471231428966, pvalue=0.0)
Ttest_1sampResult(statistic=-0.26310321925083019,
pvalue=0.79247644375164861)
```

시계열 평균이 0.5인지를 알아보는 처음 테스트의 경우 T-값이 49.76이고, P-값이 0이므로 귀무가설을 기각한다. 두 번째 테스트의 경우 T-값은 -0.26에 가깝고 P-값은 0.79에 가까우므로 귀무가설을 받아들인다. 다음 프로그램은 2013년 IBM의 일별 수익률의 평균이 0인지를 테스트한다.

```
from scipy import stats
import scipy as sp
from matplotlib.finance import quotes_historical_yahoo_ochl as getData
ticker='ibm'
begdate=(2013,1,1)
enddate=(2013,12,31)
p=getData(ticker,begdate,enddate,asobject=True, adjusted=True)
ret=p.aclose[1:]/p.aclose[:-1]-1
print(' Mean T-value P-value ' )
print(round(sp.mean(ret),5), stats.ttest_1samp(ret,0)) Mean T-value P-value
(-4e-05, Ttest_1sampResult(statistic=-0.049698422671935881,
pvalue=0.96040239593479948))
```

계산 결과 IBM의 평균 일 수익률은 0.00004%다. T-값은 -0.049이고 P-값은 0.96이다. 따라서 귀무가설을 받아들인다. 즉, 일 평균 수익률 평균은 통계적으로 0이다.

▌ 등분산 검정

다음은 2012년부터 2016년까지 5개년간 IBM과 DELL의 분산이 같은지 테스트해 본다. sp.stats.bartlet( ) 함수가 "모든 입력 샘플은 동일 분산을 가진 모집단들로 부터 추출됐다"라는 귀무가설을 통해 등분산에 대한 바틀렛 검증[Bartlett's test]을 수행한다. 출력 값은 T-값과 P-값이다.

```
import scipy as sp
from matplotlib.finance import quotes_historical_yahoo_ochl as getData
begdate=(2012,1,1)
enddate=(2016,12,31)
def ret_f(ticker,begdate,enddate):
    p = getData(ticker,begdate, enddate,asobject=True,adjusted=True)
    return p.aclose[1:]/p.aclose[:-1]-1
y=ret_f('IBM',begdate,enddate)
x=ret_f('DELL',begdate,enddate)
print(sp.stats.bartlett(x,y))
BartlettResult(statistic=108.07747537504794,
pvalue=2.5847436899908763e-25)
```

T-값이 108이고 P-값이 0이므로 두 주식의 2012년부터 2016년까지의 일별 수익률은 어떤 유의 수준에서도 서로 다른 분산을 가진다고 결론을 내릴 수 있다.

1월 효과 검정

이 절에서 IBM의 데이터를 사용해 "1월의 주식 수익률은 통계적으로 다른 달과 구분된다"라는 소위 1월 효과가 실제로 존재하는지 테스트해보자. 먼저 야후 금융에서 IBM의 일별 주가 데이터를 받고 일별 수익률을 월별 수익률로 변환해본다. 그 후 모든 월별 수익률을 1월 수익률과 나머지 수익률의 두 집단으로 분류한다.

이제 다음 코드를 사용해 두 그룹의 평균이 동일한지 테스트해보자.

```
from matplotlib.finance import quotes_historical_yahoo_ochl as getData
import numpy as np
import scipy as sp
import pandas as pd
from datetime import datetime
ticker='IBM'
```

```
begdate=(1962,1,1)
enddate=(2016,12,31)
x =getData(ticker, begdate, enddate,asobject=True, adjusted=True)
logret = sp.log(x.aclose[1:]/x.aclose[:-1])
date=[]
d0=x.date
for i in range(0,sp.size(logret)):
    t1=''.join([d0[i].strftime("%Y"),d0[i].strftime("%m"),"01"])
    date.append(datetime.strptime(t1,"%Y%m%d"))

y=pd.DataFrame(logret,date,columns=['logret'])
retM=y.groupby(y.index).sum()
ret_Jan=retM[retM.index.month==1]
ret_others=retM[retM.index.month!=1]
print(sp.stats.ttest_ind(ret_Jan.values,ret_others.values))
Ttest_indResult(statistic=array([ 1.89876245]), pvalue=array([
0.05803291]))
```

T-값이 1.89이고 P-값이 0.058이므로 IBM의 경우 5% 유의 수준으로 1월 효과가 없다는 결론을 내릴 수 있다. 이 결과는 하나의 주식 종목으로 테스트해 본 것뿐이므로 이 결론을 일반화해서는 안 된다. 수중 효과에 대해서도 같은 테스트를 해 볼 수 있다. 8장의 마지막 연습문제에 같은 논리를 이용해 주중 효과가 있는지 알아보는 과제가 있다.

▌ 52주 최고가와 최저가 거래 전략

일부 투자가나 연구원들은 오늘 주가가 52주 최고가에 근접하면 주식을 사고 52주 최저가에 근접하면 주식을 팔아버리는 52주 최고가 최저가 전략이 유효하다고 주장한다. 임의로 2016년 12월 31일을 선택하자. 다음의 파이썬 프로그램은 52주 동안의 주가 변동과 오늘 거래가를 나타낸다.

```
import numpy as np
from datetime import datetime
from dateutil.relativedelta import relativedelta
from matplotlib.finance import quotes_historical_yahoo_ochl as getData
#
ticker='IBM'
enddate=datetime(2016,12,31)
#
begdate=enddate-relativedelta(years=1)
p =getData(ticker, begdate, enddate,asobject=True, adjusted=True)
x=p[-1]
y=np.array(p.tolist())[:,-1]
high=max(y)
low=min(y)
print(" Today, Price High Low, % from low ")
print(x[0], x[-1], high, low, round((x[-1]-low)/(high-low)*100,2))
```

해당 출력 결과는 다음과 같다.

```
 Today, Price High Low, % from low
(datetime.date(2016, 12, 30), 165.990005, 168.509995, 114.68367, 95.32)
```

52주 최고가 최저가 거래 전략에 따르면 오늘이 IBM 주식을 사기에 좋은 타이밍이
다. 이 예제는 결정 기준을 계산한 예일 뿐이다. 실제 이 투자 전략이 유효한지에
대한 테스트는 수행한 것이 없다. 52주 최고가 최저가 전략에 관심이 있는 독자는
전체 주식을 두 개의 포트폴리오로 구성하면 된다. 좀 더 자세한 것은 참고문헌의
죠지와 후앙[George and Huang](2004)을 보라.

▌ 롤 스프레드 계산

유동성이란 자산을 그 내재가치를 해치지 않고 얼마나 빨리 처분할 수 있는지로 정의된다. 대개 유동성 표현을 위해 스프레드를 사용한다. 그러나 스프레드[spread]를 계산하기 위해서는 고빈도 데이터가 필요하다. 8장 후반부에서 고빈도 데이터를 사용해 스프레드를 직접 계산하는 방법을 설명한다. 일별 관측 값에 의존해 간접적으로 스프레드를 계산하기 위해 롤[Roll](1984)은 다음과 같이 가격 변화에 대한 자기공분산[serial covariance] 값을 이용해 스프레드를 계산할 수 있음을 보였다.

$$S = 2\sqrt{-cov(\Delta P_t, \Delta p_{t-1})} \qquad \dots (11)$$

$$\%spread = \frac{S}{\bar{P}} \qquad \dots (11B)$$

여기서 S는 롤 스프레드, P_t는 그날의 종가, $\triangle P_t$는 $P_t - P_{t-1}$, $\bar{P}$는 계산 기간 동안의 평균 주가다. 다음 파이썬 코드는 야후 금융에서 추출한 1년치 일별 데이터를 사용해 IBM의 롤 스프레드를 계산한다.

```
from matplotlib.finance import quotes_historical_yahoo_ochl as getData
import scipy as sp
ticker='IBM'
begdate=(2013,9,1)
enddate=(2013,11,11)
data= getData(ticker, begdate, enddate,asobject=True, adjusted=True)
p=data.aclose
d=sp.diff(p)
cov_=sp.cov(d[:-1],d[1:])
if cov_[0,1]<0:
   print("Roll spread for ", ticker, 'is', round(2*sp.sqrt(-cov_ [0,1]),3))
else:
   print("Cov is positive for ",ticker, 'positive', round(cov_ [0,1],3))
```

계산 결과는 다음과 같다.

```
('Roll spread for ', 'IBM', 'is', 1.136)
```

계산 결과에 따르면 기간 동안의 IBM의 롤 스프레드는 1.136달러다. 롤의 모델 중 중요한 가정인 $\triangle P_t$와 $\triangle P_{t-1}$에 대해 살펴보자.

둘 사이의 공분산은 음수다. 이 값이 양수이면 롤의 모델은 작동하지 않는다. 실제로는 많은 경우에 그런 일이 일어난다. 이 경우 대개 전문가들은 두 가지 접근 방식을 사용한다. 스프레드가 음수이면 그 경우는 무시하거나 스프레드를 계산하기 위한 다른 기법을 사용한다. 두 번째 방식은 양수 공분산 값 앞에 음수 부호를 붙이는 것이다.

▌ 아미후드의 비유동성 계산

아미후드Amihud(2002)에 따르면 유동성은 주문 흐름order flow이 가격에 끼치는 영향을 반영한다. 아미후드의 비유동성은 다음과 같이 정의된다.

$$illiq(t) = \frac{1}{n}\sum_{i=1}^{n}\frac{|R_i|}{P_i * v_i} \qquad \dots \text{ (12)}$$

$illiq(t)$는 t월의 아미후드 비유동성 척도이고, R_i는 i일의 일별 수익률, P_i는 i일의 종가, V_i는 i일의 하루 달러 거래량이다. 비유동성은 유동성과 역관계이므로 비유동성 값이 낮을수록 기초 자산 증권의 유동성은 높아진다. 먼저 배열의 모든 아이템끼리 나누는 방법을 살펴보자.

```
>>> x=np.array([1,2,3],dtype='float')
>>> y=np.array([2,2,4],dtype='float')
>>> np.divide(x,y)
array([ 0.5 , 1. , 0.75])
>>>
```

다음 코드는 2013년 10월 IBM의 데이터를 이용해 아미후드의 비유동성을 계산한다. 계산 결과는 1.21×10^{-11}이다. 이 수치는 매우 작아 보이지만, 실제로 절댓값은 그다지 중요하지 않다. 중요한 것은 상대적인 수치다. 월마트(WMT)의 비유동성을 같은 기간으로 계산하면 1.52×10^{-11}가 된다. 1.21는 1.52보다 작으므로 IBM이 월마트보다 유동성이 더 좋다고 결론 내릴 수 있다. 다음 코드에 상관관계가 나와 있다.

```
import numpy as np
import statsmodels.api as sm
from matplotlib.finance import quotes_historical_yahoo_ochl as getData
begdate=(2013,10,1)
enddate=(2013,10,30)
ticker='IBM' # or WMT
data= getData(ticker, begdate, enddate,asobject=True, adjusted=True)
p=np.array(data.aclose)
dollar_vol=np.array(data.volume*p)
ret=np.array((p[1:] - p[:-1])/p[1:])
illiq=np.mean(np.divide(abs(ret),dollar_vol[1:]))
print("Aminud illiq for =",ticker,illiq)
'Aminud illiq for =', 'IBM', 1.2117639237103875e-11)
('Aminud illiq for =', 'WMT', 1.5185471291382207e-11)
```

▋ 파스토와 스탬보 유동성 척도

캠벨[Campbell], 그로스만[Grossman], 그리고 왕[Wang](1993)의 방법론과 실증 증거에 기초해 파스토[Pastor]와 스탬보[Stambaugh](2003)는 개별 주식의 유동성과 시장의 유동성을 측정하기 위해 다음과 같은 모델을 디자인했다.

$$y_t = \alpha + \beta_1 x_{1,t-1} + \beta_2 x_{2,t-1} + \varepsilon \qquad \dots (13)$$

여기서 y_t는 t일의 초과 주식 이익 $R_t - R_{f,t}$이고, R_t는 주식의 수익률, $R_{f,t}$는 무위험 금리, $x_{1,t}$는 마켓 수익률, $x_{2,t}$는 부호가 있는 달러 거래량이다.

$$(x_{2,t} = sign(R_t - R_{f,t}) * P_t * volume)$$

p_t는 주식 거래가, *volume*은 거래량이다. 회귀 분석은 각 월별로 일별 데이터를 가지고 수행했다. 즉 각 월별로 개별 주식의 유동성 척도로 정의된 하나의 β_2 값을 얻게 된다. 다음 코드는 IBM의 유동성을 계산한다. 우선 IBM과 S&P500 일별 가격 데이터를 다운로드한 뒤 일별 수익률을 계산하고 나서 다음과 같이 병합한다.

```
import numpy as np
from matplotlib.finance import quotes_historical_yahoo_ochl as getData
import numpy as np
import pandas as pd
import statsmodels.api as sm
ticker='IBM'
begdate=(2013,1,1)
enddate=(2013,1,31)

data =getData(ticker, begdate, enddate,asobject=True, adjusted=True)
ret = data.aclose[1:]/data.aclose[:-1]-1
dollar_vol=np.array(data.aclose[1:])*np.array(data.volume[1:])
d0=data.date

tt=pd.DataFrame(ret,index=d0[1:],columns=['ret'])
tt2=pd.DataFrame(dollar_vol,index=d0[1:],columns=['dollar_vol'])

ff=pd.read_pickle('c:/temp/ffDaily.pkl')
tt3=pd.merge(tt,tt2,left_index=True,right_index=True)
final=pd.merge(tt3,ff,left_index=True,right_index=True)
y=final.ret[1:]-final.RF[1:]
x1=final.MKT_RF[:-1]
x2=np.sign(np.array(final.ret[:-1]-final.RF[:-1]))*np.array(final.
dollar_vol[:-1])
```

```
x3=[x1,x2]
n=np.size(x3)
x=np.reshape(x3,[n/2,2])
x=sm.add_constant(x)
results=sm.OLS(y,x).fit()
print(results.params)
```

앞 프로그램에서 y는 시각 t+1에서의 IBM의 초과 이익이고, x1은 시각 t에서의 초과 시장 이익, x2는 시각 t에서의 부호가 있는 달러 거래량이다. x2 앞의 계수는 파스토와 스탬보의 유동성 척도다. 출력 결과는 다음과 같다.

```
const      2.702020e-03
x1        -1.484492e-13
x2         6.390822e-12
dtype: float64
```

▌ 파마-맥베스 회귀 분석

먼저 다음과 같이 pandas.ols 함수를 사용해 OLS 회귀 분석을 살펴보자.

```
from datetime import datetime
import numpy as np
import pandas as pd
n = 252
np.random.seed(12345)
begdate=datetime(2013, 1, 2)
dateRange = pd.date_range(begdate, periods=n)
x0= pd.DataFrame(np.random.randn(n, 1),columns=['ret'],index=dateRan ge)
y0=pd.Series(np.random.randn(n), index=dateRange)
print (pd.ols(y=y0, x=x0))
```

파마-맥베스 회귀 분석을 위해서는 다음 코드를 사용하면 된다.

```
import numpy as np
import pandas as pd
import statsmodels.api as sm
from datetime import datetime
#
n = 252
np.random.seed(12345)
begdate=datetime(2013, 1, 2)
dateRange = pd.date_range(begdate, periods=n)
def makeDataFrame():
    data=pd.DataFrame(np.random.randn(n,7),columns=['A','B','C','D', 'E','
F','G']),
    index=dateRange
    return data
#
data = { 'A': makeDataFrame(), 'B': makeDataFrame(), 'C':
makeDataFrame() }
Y = makeDataFrame()
print(pd.fama_macbeth(y=Y,x=data))
```

▌ 더빈-왓슨

더빈-왓슨 통계량은 자기 상관관계와 관련 있다. 회귀 분석을 실행한 후 오차 항은 평균이 0이면서 상관관계가 없어야 한다. 더빈-왓슨 통계량은 다음과 같이 정의된다.

$$DW = \frac{\sum_{t=2}^{T}((e_t - e_{t-1})^2}{\sum_{t=1}^{T} e_t^2} \qquad \cdots (14)$$

여기서 e_t는 시각 t의 오차 항, T는 총 오차 항의 개수다. 더빈-왓슨 통계량은 "잔차는 AR1프로세스를 따른다"는 대립가설에 대해 "최소자승 회귀의 잔차는 자기 상관을 따르지 않는다"는 귀무가설을 검정하는 것이다. 더빈-왓슨 통계량은 0부터 4 사이의 값을 가진다. 값이 2에 가까울수록 자기 상관관계가 없음을 의미한다. 값이 0에 가까워지면 양의 자기 상관관계가 있음을 의미하고, 값이 4에 가까워지면 음의 자기 상관관계가 있다. 다음 표를 살펴보자.

표 8.4 더빈-왓슨 검정

더빈-왓슨 검정	설명
≈2	자기 상관관계 없음
0에 가까워 짐	양의 자기 상관관계
4에 가까워 짐	음의 자기 상관관계

다음 파이썬 프로그램은 IBM의 일별 데이터를 이용해 CAPM을 수행한다. 지수는 S&P500이 사용됐다. 기간은 2012년 1월 1일에서 2016년 12월 31일까지의 5년간이다. 여기서 무위험 금리는 무시된다. 더빈-왓슨 검정은 회귀 분석 잔차에 대해 자기 상관관계를 테스트한다.

```
import pandas as pd
from scipy import stats
import statsmodels.formula.api as sm
import statsmodels.stats.stattools as tools
from matplotlib.finance import quotes_historical_yahoo_ochl as getData
#
begdate=(2012,1,1)
enddate=(2016,12,31)
#
def dailyRet(ticker,begdate,enddate):
    p =getData(ticker, begdate, enddate,asobject=True,adjusted=True)
```

```
        return p.aclose[1:]/p.aclose[:-1]-1

retIBM=dailyRet('IBM',begdate,enddate)
retMkt=dailyRet('^GSPC',begdate,enddate)

df = pd.DataFrame({"Y":retIBM, "X": retMkt})
result = sm.ols(formula="Y ~X", data=df).fit()
print(result.params)
residuals=result.resid
print("Durbin Watson")
print(tools.durbin_watson(residuals))
```

출력 결과는 다음과 같다.

```
Intercept    -0.000342
X             0.881215
dtype: float64
Durbin Watson
1.82117707154
```

양수 1.82는 2에 근접하므로 IBM은 CAPM에 대해 자기 상관관계가 0(없음)일 수도 있음을 의미한다. 좀 더 명확한 답을 찾기 위해 간단히 print(result.summary()) 명령을 실행해보자. 다음 화면을 살펴보자.

```
In [73]: print(result.summary())
                            OLS Regression Results
==============================================================================
Dep. Variable:                      Y   R-squared:                       0.367
Model:                            OLS   Adj. R-squared:                  0.367
Method:                 Least Squares   F-statistic:                     728.4
Date:                Thu, 08 Jun 2017   Prob (F-statistic):          6.95e-127
Time:                        15:45:34   Log-Likelihood:                 4089.9
No. Observations:                1257   AIC:                            -8176.
Df Residuals:                    1255   BIC:                            -8166.
Df Model:                           1
Covariance Type:            nonrobust
==============================================================================
                 coef    std err          t      P>|t|      [95.0% Conf. Int.]
------------------------------------------------------------------------------
Intercept     -0.0003      0.000     -1.293      0.196      -0.001      0.000
X              0.8812      0.033     26.989      0.000       0.817      0.945
==============================================================================
Omnibus:                      709.941   Durbin-Watson:                   1.821
Prob(Omnibus):                  0.000   Jarque-Bera (JB):            20762.632
Skew:                          -2.059   Prob(JB):                         0.00
Kurtosis:                      22.480   Cond. No.                         124.
==============================================================================

Warnings:
[1] Standard Errors assume that the covariance matrix of the errors is correctly specified.
```

이 화면에 따르면 전체 관측 개수는 1,257개이고, 더빈-왓슨 검정 값은 1.82이다. https://web.stanford.edu/~clint/bench/dwcrit.htm의 하한계(상한계)에 따르면 1.82 는 2에 충분히 가깝지 않다고 결론 내릴 수 있다. 따라서 잔차는 여전히 양의 자기 상관관계에 있다. 아카이케 정보 기준^{AIC}은 주어진 데이터에 대한 통계 모델의 상대 적인 품질에 관한 척도다. AIC는 다음의 수식을 사용한다.

$$AIC = 2*k - 2*L \quad \dots (15)$$

k는 모델에서 찾으려는 계수의 개수이고, L은 로그 우도$^{log-likelihood}$ 수치다. 앞 예제의 경우 k=1이고 L=4089.9다. 그러므로 AIC는 2×1 - 2×4089.9 = 8177.8이 된다. AIC 는 절대 항으로 주어진 모델이 우량한지 검정한다. 주어진 여러 모델 중 선호되는 것은 최소 AIC 값을 갖는 것이다. AIC는 적합도$^{goodness\ of\ fit}$(likelihood 함수에 의해 산정된)에 좋은 점수를 주지만 동시에 매개변수(k)가 많을수록 감점을 한다. BIC는 베이시언 정보 기준$^{Bayesian\ Information\ Criterion}$의 약자인데, 다음과 같이 정의된다.

$$BIC = \ln(n)*k - \ln(L) \quad \dots (16)$$

여기서 n은 관측치 개수이고 k는 절편을 포함한 구하려는 매개변수 개수다. 쟈끄-베라 검정은 데이터가 정규 분포에 부합하는 왜도와 첨도를 갖는지 적합도를 테스트한다.

$$JB = \frac{n-k+1}{6}\left(S^2 + \frac{1}{4}(C-3)^2\right) \qquad \ldots (17)$$

여기서 S는 왜도이고 C는 첨도다. 귀무가설은 왜도가 0이라는 가설과 초과 첨도가 0이라는 2개 가설이 합쳐진 결합 가설이다. 앞 결과에서 JB가 0이므로 귀무가설을 기각한다.

▌ 고빈도 데이터를 위한 파이썬

고빈도 데이터는 초 단위 혹은 밀리초^{millisecond} 단위의 거래 혹은 견적 데이터를 일컫는다. 뉴욕 거래소의 TAQ^{Trade and Quotation} 데이터베이스가 그 대표적인 예다. (http://www.nyxdata.com/data-products/daily-taq). 다음 프로그램은 구글 금융에서 고빈도 데이터를 검색하는 프로그램이다.

```
import tempfile
import re, string
import pandas as pd
ticker='AAPL'                 # 티커 입력
f1="c:/temp/ttt.txt"          # ttt는 위 티커로 대체될 것이다.
f2=f1.replace("ttt",ticker)
outfile=open(f2,"w")
#path=http://www.google.com/finance/getprices?q=ttt&i=300&p=10d&f=d,o,
h,l,c,v
path="https://www.google.com/finance/getprices?q=ttt&i=300&p=10d&f=d,o,%2
0h,l,c,v"
path2=path.replace("ttt",ticker)
```

```
df=pd.read_csv(path2,skiprows=8,header=None)
fp = tempfile.TemporaryFile()
df.to_csv(fp)
print(df.head())
fp.close()
```

앞 프로그램에서 ticker와 path라는 2가지 입력 변수가 있다. ttt라는 내장 변수와 path 변수를 선택한 뒤 string.replace() 함수를 사용해서 ticker로 대체했다. 처음 그리고 마지막 몇 줄을 .head()와 .tail() 함수를 써서 나타내 살펴보자.

```
In [44]: df.head()
Out[44]:
   0        1         2         3         4
0  1  153.1500  153.05  153.7800  618967
1  2  153.3650  153.16  153.1600  547612
2  3  153.2000  153.10  153.3600  327123
3  4  153.2300  153.13  153.1800  241701
4  5  153.2048  153.06  153.2299  342035

In [45]: df.tail()
Out[45]:
       0         1         2         3        4
772  926  154.7458  154.6500  154.6800  110489
773  927  154.7257  154.6825  154.7500   98470
774  928  154.6600  154.5747  154.7200  123185
775  929  154.6000  154.6000  154.6850   91887
776  930  154.6275  154.5400  154.6082  138256
```

일별 고빈도 데이터에 관한 웹 페이지는 구글의 https://www.google.com/finance/getprices?q=AAPL&i=300&p=10d&f=d,o,%20,h,l,c,v 주소에서 찾아볼 수 있다. 그리고 앞부분(처음 10줄)을 살펴보면 다음과 같다.

```
EXCHANGE%3DNASDAQ
MARKET_OPEN_MINUTE=570
MARKET_CLOSE_MINUTE=960
INTERVAL=300
COLUMNS=DATE,CLOSE,LOW,OPEN,VOLUME
```

```
DATA=
TIMEZONE_OFFSET=-300
a1484145000,118.75,118.7,118.74,415095
1,119.1975,118.63,118.73,1000362
2,119.22,119.05,119.2,661651
3,118.96,118.91,119.225,487105
4,118.91,118.84,118.97,399730
5,118.985,118.82,118.91,334648
```

다음 프로그램의 목적은 시간표를 부착하는 것이다.

```
import tempfile
import pandas as pd, numpy as np, datetime
ticker='AAPL'
path="https://www.google.com/finance/getprices?q=ttt&i=300&p=10d&f=d,o,%2
0h,l,c,v"
x=np.array(pd.read_csv(path.replace('ttt',ticker),skiprows=7,header=N
one))
#
date=[]
for i in np.arange(0,len(x)):
    if x[i][0][0]=='a':
        t= datetime.datetime.fromtimestamp(int(x[i][0]. replace('a','')))
        print ticker, t, x[i][1:]
        date.append(t)
    else:
        date.append(t+datetime.timedelta(minutes =int(x[i][0])))
final=pd.DataFrame(x,index=date)
final.columns=['a','CLOSE','LOW','OPEN','VOL']
del final['a']
fp = tempfile.TemporaryFile()
#final.to_csv('c:/temp/abc.csv'.replace('abc',ticker))
final.to_csv(fp)
print(final.head())
```

프로그램을 실행하면 다음과 같은 결과를 얻게 된다.

```
%run "c:\users\yany\appdata\local\temp\tmppuuqpb.py"
AAPL 2017-01-11 09:30:00 [118.75 118.7 118.74 415095L]
AAPL 2017-01-17 09:30:00 [118.27 118.22 118.34 665157L]
AAPL 2017-01-23 09:30:00 [119.96 119.95 120.0 506837L]
```

처음과 마지막 몇 줄을 보려면 `.head()`와 `.tail()` 함수를 사용하면 된다.

```
>>> final.head()
                      CLOSE    LOW    OPEN    VOL
2017-01-11 09:30:00 118.75   118.7  118.74  415095
2017-01-11 09:31:00 119.198 118.63 118.73  1000362
2017-01-11 09:32:00 119.22  119.05 119.2   661651
2017-01-11 09:33:00 118.96  118.91 119.225 487105
2017-01-11 09:34:00 118.91  118.84 118.97  399730
>>>final.tail()
                      CLOSE    LOW    OPEN    VOL
2017-01-23 20:05:00 121.86  121.78  121.79  343711
2017-01-23 20:06:00 121.84  121.815 121.86  162673
2017-01-23 20:07:00 121.77  121.75  121.84  166523
2017-01-23 20:08:00 121.7   121.69  121.78   68754
2017-01-23 20:09:00 121.82  121.704 121.707 103578
```

TAQ 데이터베이스는 상당히 비싸기 때문에 대부분의 독자들은 데이터에 접근하지 못할 가능성이 있다. 다행스럽게 TORQ[Trade, Order, Report, and Quotation]라는 데이터베이스가 있다. 하스브룩 교수 덕에 이 데이터베이스는 http://people.stern.nyu.edu/jhasbrou/Research/에서 다운로드할 수 있다.

같은 웹 페이지에 TORQ 매뉴얼도 다운받을 수 있다. 하스브룩 교수의 이진 데이터셋에 기반을 두고 pandas의 피클 형태로 된 몇 개의 데이터셋을 만들어보자. 통합 거래[CT, Consolidated Trade] 데이터셋은 http://canisius.edu/~yany/python/TORQct.pkl

에서 다운로드할 수 있다. 해당 데이터셋을 C:/temp에 저장하면 다음 파이썬 코드를 사용해서 읽어 들일 수 있다.

```python
import pandas as pd
import scipy as sp
x=pd.read_pickle("c:/temp/TORQct.pkl")
print(x.head())
print(x.tail())
print(sp.shape(x))
```

.head()와 .tail() 함수를 사용해서 처음과 마지막 몇 줄을 살펴보자.

```
        date      time      price  siz     g127    tseq cond ex
symbol
AC   19901101  10:39:06   13.0    100      0     1587      N
AC   19901101  10:39:36   13.0    100      0        0      M
AC   19901101  10:39:38   13.0    100      0        0      M
AC   19901101  10:39:41   13.0    100      0        0      M
AC   19901101  10:41:38   13.0    300      0     1591      N
         date      time      price     siz     g127   tseq    cond ex
symbol
ZNT   19910131  11:03:31   12.375    1000      0    237884        N
ZNT   19910131  12:47:21   12.500    6800      0    237887        N
ZNT   19910131  13:16:59   12.500   10000      0    237889        N
ZNT   19910131  14:51:52   12.500     100      0    237891        N
ZNT   19910131  14:52:27   12.500    3600      0         0    Z  T
(728849, 8)
```

종목 코드가 인덱스로 사용됐으므로 고유의 인덱스를 나열함으로써 데이터베이스에 있는 주식 이름을 찾아 볼 수 있다. 다음 코드를 살펴보자

```python
import numpy as np
```

```
import pandas as pd
ct=pd.read_pickle("c:/temp/TORQct.pkl")
print(np.unique(np.array(ct.index)))
```

출력 결과는 다음과 같다.

```
['AC' 'ACN' 'ACS' 'ADU' 'AL' 'ALL' 'ALX' 'AMD' 'AMN' 'AMO' 'AR' 'ARX' 'ATE'
 'AYD' 'BA' 'BG' 'BMC' 'BRT' 'BZF' 'CAL' 'CL' 'CLE' 'CLF' 'CMH' 'CMI' 'CMY'
 'COA' 'CP' 'CPC' 'CPY' 'CU' 'CUC' 'CUE' 'CYM' 'CYR' 'DBD' 'DCN' 'DI' 'DLT'
 'DP' 'DSI' 'EFG' 'EHP' 'EKO' 'EMC' 'FBO' 'FDX' 'FFB' 'FLP' 'FMI' 'FNM'
 'FOE' 'FPC' 'FPL' 'GBE' 'GE' 'GFB' 'GLX' 'GMH' 'GPI' 'GRH' 'HAN' 'HAT'
 'HE' 'HF' 'HFI' 'HTR' 'IBM' 'ICM' 'IEI' 'IPT' 'IS' 'ITG' 'KFV' 'KR' 'KWD'
 'LOG' 'LPX' 'LUK' 'MBK' 'MC' 'MCC' 'MCN' 'MDP' 'MNY' 'MO' 'MON' 'MRT' 'MTR' 'MX'
 'NI' 'NIC' 'NNP' 'NSI' 'NSO' 'NSP' 'NT' 'OCQ' 'OEH' 'PCO' 'PEO'
 'PH' 'PIM' 'PIR' 'PLP' 'PMI' 'POM' 'PPL' 'PRI' 'RDA' 'REC' 'RPS' 'SAH'
 'SJI' 'SLB' 'SLT' 'SNT' 'SPF' 'SWY' 'T' 'TCI' 'TEK' 'TUG' 'TXI'
 'UAM' 'UEP' 'UMG' 'URS' 'USH' 'UTD' 'UWR' 'VCC' 'VRC' 'W' 'WAE'
 'WBN' 'WCS' 'WDG' 'WHX' 'WIN' 'XON' 'Y' 'ZIF' 'ZNT']
```

▌ 고빈도 데이터를 사용한 스프레드의 계산

하스브룩 교수가 제공한 통합 가격^{CQ} 데이터셋을 기반으로 pandas 피클 형식의 데이터셋을 만들 수 있다. 파일은 http://canisius.edu/~yany/python/TORQcq.pkl에서 다운로드할 수 있다. 해당 데이터는 C:/temp에 저장돼 있다고 가정한다.

```
import pandas as pd
cq=pd.read_pickle("c:/temp/TORQcq.pkl")
print(cq.head() )
```

출력 결과는 다음과 같다.

```
        date       time      bid     ofr      bidsiz ofrsiz   mode qseq
symbol
AC   19901101  9:30:44   12.875  13.125     32      5        10   50
AC   19901101  9:30:47   12.750  13.250     1       1        12   0
AC   19901101  9:30:51   12.750  13.250     1       1        12   0
AC   19901101  9:30:52   12.750  13.250     1       1        12   0
AC   19901101  10:40:13  12.750  13.125     2       2        12   0
>>> cq.tail()
        date       time      bid     ofr    bidsiz ofrsiz mode    qseq
symbol
ZNT  19910131  13:31:06  12.375  12.875     1      1      12      0
ZNT  9910131   13:31:06  12.375  12.875     1      1      12      0
ZNT  19910131  16:08:44  12.500  12.750     1      1      3       69
ZNT  19910131  16:08:49  12.375  12.875     1      1      12      0
ZNT  19910131  16:16:54  12.375  12.875     1      1      3       0
```

unique( ) 함수를 다시 한 번 사용해서 종목 전체를 찾아 볼 수 있다. 다음 코드는
MO라는 종목 코드를 찾아 출력하는 프로그램이다

```
>>> x=cq[cq.index=='MO']
>>> x.head( )
        date       time      bid     ofr      bidsiz ofrsiz   mode qseq
symbol
MO   19901101  9:30:33   47.000  47.125     100     4        10   50
MO   19901101  9:30:35   46.750  47.375     1       1        12   0
MO   19901101  9:30:38   46.875  47.750     1       1        12   0
MO   19901101  9:30:40   46.875  47.250     1       1        12   0
MO   19901101  9:30:47   47.000  47.125     100     3        12   51
```

몇 개의 관측치를 살펴보자. 다음 출력의 처음 몇 줄에서 스프레드가 0.125(= 47.125
- 47.000)임을 알 수 있다.

```
>>> x.head().ofr-x.head().bid
symbol
MO    0.125
MO    0.625
MO    0.875
MO    0.375
MO    0.125
dtype: float64
>>>
```

평균 스프레드와 평균 상대 스프레드^{mean relative spread}는 다음 코드를 통해 구할 수 있다. 완성된 프로그램은 다음과 같다.

```
import pandas as pd
import scipy as sp
cq=pd.read_pickle('c:/temp/TORQcq.pkl')
x=cq[cq.index=='MO']
spread=sp.mean(x.ofr-x.bid)
rel_spread=sp.mean(2*(x.ofr-x.bid)/(x.ofr+x.bid))
print(round(spread,5) )
print(round(rel_spread,5) )
0.39671
0.00788
```

앞 예제는 데이터를 별도로 가공하거나 정제하지 않았다. 대개 여러 필터를 사용해 음수 스프레드나 bidsiz나 ofrsiz 값이 0인 데이터는 제거하는 등 프로그램 사용 전에 데이터 가공 과정을 거친다.

CRSP 소개

이 책은 주로 공개 무료 데이터를 집중적으로 설명했다. 따라서 적절한 구독권을 가진 독자를 위한 유료 데이터에 대한 언급은 간략히 했다. CRSP가 그중 하나다. 8장에서는 단 3개의 파이썬 데이터셋만 다룬다.

주가 연구센터CRSP, Center for Research in Security Prices는 1926년부터 시작해 미국 증시에 상장된 모든 종목의 종가, 거래량, 상장 주식 수에 대한 데이터를 갖고 있다. 이런 데이터의 품질과 오랜 역사로 인해 학계 연구원이나 업계의 전문가들에게 널리 활용되고 있다. 첫 번째 데이터셋은 crspInfo.pkl이라 불리는 것이다. 다음 코드를 살펴보자.

```
import pandas as pd
x=pd.read_pickle("c:/temp/crspInfo.pkl")
print(x.head(3))
print(x.tail(2))
```

해당 출력은 다음과 같다.

	PERMNO	PERMCO	CUSIP	FIRMNAME TICKER	EXCHANGE
0	10001	7953	36720410	GAS NATURAL INC	EGAS
2					
1	10002	7954	05978R10	BANCTRUST FINANCIAL GROUP INC BTFG	
3					
2	10003	7957	39031810	GREAT COUNTRY BK ASONIA CT	GCBK
3					

	BEGDATE	ENDDATE
0	19860131	20151231
1	19860131	20130228
2	19860131	19951229

```
       PERMNO PERMCO  CUSIP     FIRMNAME TICKER      EXCHANGE
\
31216 93435  53452   82936G20  SINO CLEAN ENERGY INC  SCEI
3
31217 93436  53453   88160R10  TESLA MOTORS INC       TSLA
3
       BEGDATE   ENDDATE
31216 20100630  20120531
31217 20100630  20151231
```

PERMNO는 종목 아이디, PERMCO는 회사 아이디, CUSIP는 증권 아이디, FIRMNAME은 현재 법인명, EXCHANGE는 거래 코드, BEGDATE(ENDDATE)는 데이터 시작(끝) 날짜다. 두 번째 데이터셋은 시장 지수에 관한 것이다. 다음 코드를 살펴보자.

```
import pandas as pd
x=pd.read_pickle("c:/temp/indexMonthly.pkl")
print(x.head())
     DATE      VWRETD     VWRETX     EWRETD     EWRETX   SP500RET
SP500INDEX
\
0  19251231       NaN        NaN        NaN        NaN        NaN
12.46
1  19260130  0.000561  -0.001390   0.023174   0.021395   0.022472
12.74
2  19260227 -0.033040  -0.036580  -0.053510  -0.055540  -0.043950
12.18
3  19260331 -0.064000  -0.070020  -0.096820  -0.101400  -0.059110
11.46
4  19260430  0.037019   0.034031   0.032946   0.030121   0.022688
11.72
     TOTALVAL   TOTALN     USEDVAL     USEDN
0   27487487  503            NaN       NaN
1   27624240     506   27412916.0     496.0
```

2	26752064	514	27600952.0	500.0
3	25083173	519	26683758.0	507.0
4	25886743	521	24899755.0	512.0

마지막 데이터셋은 월별 주가다.

▌ 참고문헌

다음 문헌들을 참고하기 바란다.

- Amihud and Yakov, 2002, Illiquidity and stock returns: cross-section and time-series effects, Journal of Financial Markets, 5, 31-56, http://citeseerx.ist.psu.edu/viewdoc/download?doi=10.1.1.145.9505&rep=rep1&type=pdf

- Bali, T. G., Cakici, N., and Whitelaw, R. F., 2011, Maxing out: Stocks as lotteries and the cross-section of expected returns, Journal of Financial Economics, 99(2), 427-446 http://www.sciencedirect.com/science/article/pii/ S0304405X1000190X

- Cook Pine Capital LLC, November 26, 2008, Study of Fat-tail Risk, http://www.cookpinecapital.com/pdf/Study%20of%20Fat-tail%20Risk.pdf

- CRSP web site, http://crsp.com/

- CRSP user manual, http://www.crsp.com/documentation

- George, T.J., and Hwang, C., 2004, The 52-Week High and Momentum Investing, Journal of Finance 54(5), 2145-2176, http://www.bauer.uh.edu/tgeorge/ papers/gh4-paper.pdf

- Hasbrouck, Joel, 1992, Using the TORQ database, New York University, http://people.stern.nyu.edu/jhasbrou/Research/Working%20Papers/TORQDOC3.PDF

- Jegadeesh, N., and Titman, S., 1993, Returns to Buying Winners and Selling Losers: Implications for Stock Market Efficiency, Journal of Finance 48(1), 65-91, http://www.e-m-h.org/JeTi93.pdf

- Moskowitz, T., and Grinblatt, M., 1999, Do industries explain momentum? Journal of Finance 54(4), 2017-2069, http://faculty.som.yale.edu/Tobiasmoskowitz/documents/DoIndustriesExplainMomentum.pdf

- Pastor and Stambaugh, 2003, Liqudity measure and expected stock returns, Journal of Political Economy, 642-685, http://people.stern.nyu.edu/lpederse/courses/LAP/papers/TransactionCosts/PastorStam.pdf

- Roll. R., 1984, A Simple Measure of the Effective Bid-Ask Spread in an Efficient Market, Journal of Finance, 39, 1127-1139, http://onlinelibrary.wiley.com/doi/10.1111/j.1540-6261.1984.tb03897.x/pdf

부록 A: GDP 데이터셋 usGDPquarterly2.pkl을 생성하는 파이썬 프로그램

첫 프로그램은 .pkl 확장자를 가진 파이썬 데이터셋을 생성한다.

```
import pandas_datareader.data as web
import datetime
begdate = datetime.datetime(1900, 1, 1)
enddate = datetime.datetime(2017, 1, 27)
x= web.DataReader("GDP", "fred", begdate,enddate)
x.to_pickle("c:/temp/usGDPquarterly2.pkl")
```

pandas.read_pickle( ) 함수를 사용해 데이터를 읽어 들인다. 다음 코드를 살펴보자.

```python
import pandas as pd
a=pd.read_pickle("c:/temp/usGDPquarterly2.pkl")
print(a.head())
print(a.tail())
            GDP
DATE
1947-01-01  243.1
1947-04-01  246.3
1947-07-01  250.1
1947-10-01  260.3
1948-01-01  266.2
            GDP
DATE
2015-07-01  18141.9
2015-10-01  18222.8
2016-01-01  18281.6
2016-04-01  18450.1
2016-07-01  18675.3
```

부록 B: 0.05 유의 수준을 위한 F 임계값

첫 행은 분모를 위한 자유도고, 첫 열은 분자를 위한 자유도다.

⁄	A	B	C	D	E	F	G	H	I	J	K
1		1	2	3	4	5	6	7	8	9	10
2	1	161.45	199.5	215.71	224.58	230.16	233.99	236.77	238.88	240.54	241.88
3	2	18.51	19	19.16	19.25	19.3	19.33	19.35	19.37	19.38	19.4
4	3	10.13	9.55	9.28	9.12	9.01	8.94	8.89	8.85	8.81	8.79
5	4	7.71	6.94	6.59	6.39	6.26	6.16	6.09	6.04	6	5.96
6	5	6.61	5.79	5.41	5.19	5.05	4.95	4.88	4.82	4.77	4.74
7	6	5.99	5.14	4.76	4.53	4.39	4.28	4.21	4.15	4.1	4.06
8	7	5.59	4.74	4.35	4.12	3.97	3.87	3.79	3.73	3.68	3.64
9	8	5.32	4.46	4.07	3.84	3.69	3.58	3.5	3.44	3.39	3.35
10	9	5.12	4.26	3.86	3.63	3.48	3.37	3.29	3.23	3.18	3.14
11	10	4.96	4.1	3.71	3.48	3.33	3.22	3.14	3.07	3.02	2.98
12	11	4.84	3.98	3.59	3.36	3.2	3.09	3.01	2.95	2.9	2.85
13	12	4.75	3.89	3.49	3.26	3.11	3	2.91	2.85	2.8	2.75
14	13	4.67	3.81	3.41	3.18	3.03	2.92	2.83	2.77	2.71	2.67
15	14	4.6	3.74	3.34	3.11	2.96	2.85	2.76	2.7	2.65	2.6
16	15	4.54	3.68	3.29	3.06	2.9	2.79	2.71	2.64	2.59	2.54
17	16	4.49	3.63	3.24	3.01	2.85	2.74	2.66	2.59	2.54	2.49
18	17	4.45	3.59	3.2	2.96	2.81	2.7	2.61	2.55	2.49	2.45
19	18	4.41	3.55	3.16	2.93	2.77	2.66	2.58	2.51	2.46	2.41
20	19	4.38	3.52	3.13	2.9	2.74	2.63	2.54	2.48	2.42	2.38
21	20	4.35	3.49	3.1	2.87	2.71	2.6	2.51	2.45	2.39	2.35
22	21	4.32	3.47	3.07	2.84	2.68	2.57	2.49	2.42	2.37	2.32
23	22	4.3	3.44	3.05	2.82	2.66	2.55	2.46	2.4	2.34	2.3
24	23	4.28	3.42	3.03	2.8	2.64	2.53	2.44	2.37	2.32	2.27
25	24	4.26	3.4	3.01	2.78	2.62	2.51	2.42	2.36	2.3	2.25
26	25	4.24	3.39	2.99	2.76	2.6	2.49	2.4	2.34	2.28	2.24
27	26	4.23	3.37	2.98	2.74	2.59	2.47	2.39	2.32	2.27	2.22
28	27	4.21	3.35	2.96	2.73	2.57	2.46	2.37	2.31	2.25	2.2
29	28	4.2	3.34	2.95	2.71	2.56	2.45	2.36	2.29	2.24	2.19
30	29	4.18	3.33	2.93	2.7	2.55	2.43	2.35	2.28	2.22	2.18
31	30	4.17	3.32	2.92	2.69	2.53	2.42	2.33	2.27	2.21	2.16
32	31	4.16	3.3	2.91	2.68	2.52	2.41	2.32	2.25	2.2	2.15
33	32	4.15	3.29	2.9	2.67	2.51	2.4	2.31	2.24	2.19	2.14
34	33	4.14	3.28	2.89	2.66	2.5	2.39	2.3	2.23	2.18	2.13
35	34	4.13	3.28	2.88	2.65	2.49	2.38	2.29	2.23	2.17	2.12
36	35	4.12	3.27	2.87	2.64	2.49	2.37	2.29	2.22	2.16	2.11

앞의 표를 생성하기 위한 프로그램의 핵심 부분은 다음과 같다.

```
import scipy.stats as stats
alpha=0.05
dfNumerator=5
dfDenominator=10
f=stats.f.ppf(q=1-alpha, dfn=dfNumerator, dfd=dfDenominator)
print(f)
```

부록 C: 데이터 케이스 #4 - 어느 정당이 경제 관리를 더 잘 했는가?

미국에서 그간 공화당과 민주당 대통령 후보 간의 대선토론회가 여러 차례 있었다. 잠재적 유권자가 던지고 싶은 질문 중 하나는 "어느 정당이 경제를 더 잘 관리하겠는가?"이다. 이번 학기 기말과제로 다음 질문을 던진다. 주식시장의 성과만으로 판단한다면 어느 정당이 경제 관리를 더 잘 했다고 할 수 있는가?

웹 페이지 http://www.enchantedlearning.com/history/us/pres/list.shtml을 보면 역대 대통령들이 속했던 정당을 알 수 있다.

대통령	소속 정당	재임 기간
30. Calvin Coolidge (1872-1933)	Republican	1923-1929
31. Herbert C. Hoover (1874-1964)	Republican	1929-1933
32. Franklin Delano Roosevelt (1882-1945)	Democrat	1933-1945
33. Harry S Truman (1884-1972)	Democrat	1945-1953
34. Dwight David Eisenhower (1890-1969)	Republican	1953-1961
35. John Fitzgerald Kennedy (1917-1963)	Democrat	1961-1963
36. Lyndon Baines Johnson (1908-1973)	Democrat	1963-1969
37. Richard Milhous Nixon (1913-1994)	Republican	1969-1974
38. Gerald R. Ford (1913- 2006)	Republican	1974-1977
39. James (Jimmy) Earl Carter, Jr. (1924-)	Democrat	1977-1981
40. Ronald Wilson Reagan (1911- 2004)	Republican	1981-1989
41. George H. W. Bush (1924-)	Republican	1989-1993
42. William (Bill) Jefferson Clinton (1946-)	Democrat	1993-2001
43. George W. Bush (1946-)	Republican	2001-2009
44. Barack Obama (1961-)	Democrat	2009-

정리하면 다음과 같은 표를 만들 수 있다. 정당이나 재임 기간 변수는 웹 페이지에서 가져온 것이고 연도2는 마지막 행을 제외하고 재임 기간 열의 두 번째 숫자에서 1을 차감한 값이다.

표 1 1923년부터 정당과 대통령

정당	재임 기간	연도1	연도2
공화당	1923–1929	1923	1928
공화당	1929–1933	1929	1932
민주당	1933–1945	1933	1944
민주당	1945–1953	1945	1952
공화당	1953–1961	1953	1960
민주당	1961–1963	1961	1962
민주당	1963–1969	1963	1968
공화당	1969–1974	1969	1973
공화당	1974–1977	1974	1976
민주당	1977–1981	1977	1980
공화당	1981–1989	1981	1988
공화당	1989–1993	1989	1992
민주당	1993–2001	1993	2000
공화당	2001–2009	2001	2008
민주당	2009–2017	2009	2016

1. 월별 주가 데이터를 추출하시오.

2. 수익률을 공화당과 민주당의 두 그룹에 대해 나누고, 연도1과 연도2에 기초한 수익률을 구하시오.

3. 두 그룹의 평균은 동일하다는 귀무가설에 대해 검증해 보시오.

$$\overline{R}_{민주당} = \overline{R}_{공화당} \quad \cdots\cdots(1)$$

4. 결과에 대해 토론한 뒤 다음의 질문에 답하시오. 양쪽 정당 집권 시기의 월별 수익률은 동일한가? 앞 표를 이용해 전체 월별 평균 수익률을 공화당과 민주당의 두 카테고리로 나눠 구할 수 있다.

독자들 중 CRSP 구독권이 없는 학교의 재학생들은 야후 금융에서 S&P500 시장 지수를 구할 수 있다. 반면 구독권이 있는 학교의 학생들은 가치 가중 시장 수익률(VWRETD)과 동일 가중 시장 수익률(EWRETD)을 모두 활용할 수 있다.

▌연습문제

1. 야후 금융에서 다운로드한 일별 데이터에 기초해 월마트의 일 수익률이 정규 분포를 따르는지 확인해보라.

2. 2016년의 일별 수익률로 비교하면 IBM과 DELL의 평균 수익률이 동일하다고 할 수 있는지 계산해보라.

 야후 금융을 데이터 소스로 이용하면 된다.

3. 데이터에 의하면 과거 10년 동안 IBM과 DELL 주식의 배당 지급이나 주식 분할이 몇 번이나 일어났는가?

4. IBM, WMT, C, MSFT 같은 일부 주식들의 3년간 롤링 베타 값을 구하는 파이썬 프로그램을 작성하라.

5. 연방은행의 데이터 라이브러리 http://www.federalreserve.gov/releases/h15/data.htm에서 우대 금리[prime rate] 데이터를 다운로드하라. 1개월간 영업일의 시계열 재무 데이터를 다운로드했다. 이제 다음 단계를 따라 두 데이터셋을 병합하는 파이썬 프로그램을 작성하라.

   ◌ http://mba.tuck.dartmouth.edu/pages/faculty/ken.french/data_library.html에 접속한다.

- Fama-French Factor를 클릭하고 F-F_Research_Data_Factors.zip 월별 요인 데이터를 다운로드하라. zip 파일 압축을 풀고 시장 월별 수익률을 계산하라.
- 예를 들어 1926년 7월의 경우 시장 수익률은 2.65/100+0.22/100이다. 이 파일은 201212 CRSP 데이터베이스를 이용해 CMPT_ME_BEME_RETS에 의해 생성됐다.

6. 프렌치 교수의 데이터 라이브러리 http://mba.tuck.dartmouth.edu/pages/faculty/ken.french/data_library.html에 접속해 월별 및 일별 파마-프렌치 요인을 다운로드하라. SMB 포트폴리오를 보유하고 있다고 가정하자. 다음 질문에 답하라.
- 1989년 1월 1일부터 2016년 12월 31일까지의 일별데이터를 사용한 총 수익률은 어떻게 되는가?
- 1989년 1월 1일부터 2016년 12월 31일까지의 월별 데이터를 사용한 총 수익률은 어떻게 되는가?
- 두 값은 같은가? 다르다면 이유를 설명해보라.

7. 파이썬과 CRSP 데이터(학교는 CRSP를 구독하고 있다고 가정하자)를 사용해 제가디시와 티트만 모멘텀 전략을 복제하는 방법을 설명해보라.

8. 수익률을 계산하는 파이썬 프로그램을 만들어보라. 함수의 형식은 dailyRet (data,sorted=0)이다. sorted는 값을 정렬하는 방식을 지정한다. 디폴트 값은 과거부터 현재까지로 정렬한다. sorted=1이면 반대다. 관련 파이썬 프로그램은 다음과 같다.

```
import pandas as pd
import scipy as sp
```

```
p=[1,1.1,0.9,1.05]
a=pd.DataFrame({'Price':p})
a['Ret']=a['Price'].diff()/a['Price'].shift(1)
print(a)
    Price       Ret
0   1.00       NaN
1   1.10   0.100000
2   0.90  -0.181818
3   1.05   0.166667
```

 p1이 p2보다 먼저인 경우와 p1이 p2보다 나중인 두 가지 정렬 방법이 있음에 주목하자.

9. 부록 B에서 유의 수준 0.05인 F의 임계값 값의 표를 복제하라. 다음 파이썬 프로그램을 활용하라.

```
import scipy.stats as stats
alpha=0.05
dfNumerator=5
dfDenominator=10
stats.f.ppf(q=1-alpha, dfn=dfNumerator, dfd=dfDenominator)
```

10. 9에 더해 유의 수준 0.01과 0.10에 대해 유사한 표를 만들어보라.

11. 1월 효과를 검정하는 프로그램에 기초해 주중 효과를 테스트하는 파이썬 프로그램을 작성하라.

12. 경기 순환 지수를 만들어보라. 경기 순환 데이터는 국가경제연구소[National Bureau of Economic Research center] http://www.nber.org/cycles/cyclesmain.html에서 받을 수 있다. 처음 시작일은 1854년 6월이지만 주식시장은 1926년부터

시작됐으니 그 이전 데이터는 없애도 무방하다. 고점peak에는 양수 1, 저점trough에는 음수 1을 할당했다. 고점과 저점 사이의 달은 직선 보간을 사용한다. 다음 표를 살펴보자. P는 고점이고 T는 저점이다. T(t-1)는 직전 저점이고 P(t-1)는 직전 고점이다.

고점(P)	저점(T)	위축	확장	사이클	
		P에서 T	T(t-1)에서 P	T(-1)에서 T	P(t-1)에서 P
1923년 5월(II)	1924년 7월(III)	14	22	36	40
1926년 10월(III)	1927년 11월(IV)	13	27	40	41
1929년 8월(III)	1933년 3월(I)	43	21	64	34
1937년 5월(II)	1938년 6월(II)	13	50	63	93
1945년 2월(I)	1945년 10월(IV)	8	80	88	93
1948년 11월(IV)	1949년 10월(IV)	11	37	48	45
1953년 7월(II)	1954년 5월(II)	10	45	55	56
1957년 8월(III)	1958년 4월(II)	8	39	47	49
1960년 4월(II)	1961년 2월(I)	10	24	34	32
1969년 12월(IV)	1970년 11월(IV)	11	106	117	116
1973년 11월(IV)	1975년 3월(I)	16	36	52	47
1980년 1월(I)	1980년 7월(III)	6	58	64	74
1981년 7월(III)	1982년 11월(IV)	16	12	28	18
1990년 7월(III)	1991년 3월(I)	8	92	100	108
2001년 3월(I)	2001년 11월(IV)	8	120	128	128
2007년 12월(IV)	2009년 6월(II)	18	73	91	81

13. 일별 주가를 다운로드해 일별 수익률을 계산하는 파이썬 프로그램을 작성하라. 그 뒤 일별 수익률을 월별 수익률로 변환하라. 월별 수익률의 날짜 변수는 각 월의 마지막 거래일이어야 한다. 파이썬 데이터는http://canisius.edu/~yany/python/tradingDaysMonthly.pkl에서 다운로드할 수 있다. 다음 코드를 살펴보자.

```
>>> import pandas as pd
>>> x=pd.read_pickle("c:/temp/tradingDaysMonthly.pk")
>>> print(x.head())
   tradingDays
0  1925-12-31
1  1926-01-30
2  1926-02-27
3  1926-03-31
4  1926-04-30
```

14. 일별 주가 데이터나 월별 주가 데이터로부터 분기별 수익률을 계산하는 파이썬 프로그램을 작성하라.

▌ 요약

8장에서는 시계열과 관련된 개념과 이슈를 심도 있게 다뤄봤다. 날짜 변수를 디자인하는 방법, 서로 다른 주기를 가진 데이터셋의 병합, 야후 금융에서 과거 주가 데이터를 다운로드하는 방법, 수익률을 계산하는 여러 가지 방법, 롤 스프레드를 계산하는 방법, 아미후드의 비유동성, 파스토와 스탬보의 유동성, 하스브록 교수의 TORQ에서 고빈도 데이터 추출하는 방법 등을 살펴봤다. 또한 2개의 CRSP 데이터셋을 살펴봤다. 이 책은 공개된 오픈 금융, 경제, 회계 데이터에 중점을 두고 있으므로 일부 금융 데이터들은 일부만 살펴봤다.

9장에서는 포트폴리오의 리스크를 측정하는 방법, 2개 주식과 n개 주식 포트폴리오의 리스크를 계산하는 방법, 샤프 지수, 트레이너 지수, 소르티노 지수 등을 써서 리스크와 수익률을 트레이드오프하는 계산법, 지수들을 이용해 리스크를 최소화하는 방법, 목적 함수를 설정하는 방법, 주어진 주식으로 효율적인 포트폴리오를 구성하는 방법, 효율적인 경계 값을 구축하는 방법 등 포트폴리오 이론에 관련된 개념을 살펴본다.

09

포트폴리오 이론

금융을 배우려면 포트폴리오 이론을 이해하는 것이 매우 중요하다. 잘 알려진 "계란을 한 바구니에 담지 말라"는 속담은 위험 분산을 가르치는 대단한 교훈인 셈이다. 그러나 이 속담에 내재된 가정을 아는 사람은 그리 많지 않은 듯하다. 9장은 개별 주식이나 포트폴리오의 리스크 측정을 위한 샤프 지수, 트레이너 지수, 소르티노 지수와 이 지수를 활용해 포트폴리오 리스크를 최소화하는 방법, 주어진 주식의 효율적 포트폴리오를 구성하는 방법, 효율적 경계선을 설정하는 방법을 알아본다. 중점 내용은 "포트폴리오 이론을 실 데이터에 어떻게 적용할 것인가"이다. 예를 들어 오늘 2백만 달러의 현금으로 IBM과 월마트의 주식을 살 계획이라고 가정하자. IBM에 30%를 투자하고 월마트에 70%를 투자한다면 포트폴리오의 리스크는 어떻게 될까? 이 두 주식으로 구성할 수 있는 최저 위험 포트폴리오는 어떻게 될까? 주식 종목

수가 10개 혹은 500개로 늘어나면 어떻게 될까? 9장에서 다루는 내용은 다음과 같다.

- 포트폴리오 이론 소개
- 2-주식 포트폴리오
- N-주식 포트폴리오
- 상관관계와 다각화 효과
- 수익률 행렬 만들기
- 샤프 지수, 트레이너 지수, 소르티노 지수에 기반을 둔 최적 포트폴리오 생성
- 효율적 경계선 구축
- 모딜리아니^{Modigliani}와 모딜리아니 성과 측정(M2 척도)

▌포트폴리오 이론 소개

포트폴리오 이론의 핵심은 다각화이고, 다각화의 핵심은 상관관계다. 달리 말하면 상관관계를 통해 두 개의 주식이나 포트폴리오가 얼마나 서로 밀접하게 같은 방향성으로 움직이는지 측정한다. 포트폴리오 이론의 목적은 자산을 리스크와 수익률에 대해 최적으로 할당하기 위한 것이다. 마르코비츠^{Markowitz}(1952)는 주식 수익률의 첫 두 모멘트인 평균과 분산만을 고려해야 한다고 주장했다. 금융 시장에는 여러 중요한 가정들이 쏟아진다. "주식시장은 비효율적이다", "일반 투자가들은 이성적이다", "차익 거래 기회는 오래가지 못한다"는 것들이 대표적이다. 이성적 투자자라면 두 주식 중 리스크가 같다면 기대 수익률이 높은 주식을 선호하고, 기대 수익률이 같다면 위험 수준이 낮은 주식을 선호할 것이다. 종종 단일 주기 포트폴리오 최적화를 마르코비츠 포트폴리오 최적화라고 한다. 포트폴리오를 찾아내기 위해 수익률 행렬, 분산과 공분산 행렬을 이용해 계산한다. 한편 여러 효율적 포트폴리오들을 서로 연결하면 효율적 경계선을 구성할 수 있다. 우선 가장 간단한 시나리오인 2-주식 포트폴리오부터 살펴보자.

▌ 2-주식 포트폴리오

가장 간단한 형태는 당연히 2-주식 포트폴리오다. 두 주식의 비중을 각각 w_1, w_2라고 하자. 포트폴리오 수익률은 다음과 같다.

$$R_{p,t} = w_1 R_{1,t} + w_2 R_{1,t} \quad\text{............ (1)}$$

여기서 $R_{p,t}$는 시각 t의 포트폴리오 수익률이고, $w_1(w_2)$는 주식 1(2)의 비중, $R_{1,t}(R_{2,t})$는 시각 t의 주식 1(2)의 수익률이다. 평균 수익률 혹은 평균에 대한 매우 유사한 공식이 있다.

$$\bar{R}_p = w_1 \bar{R}_1 + w_2 \bar{R}_1 \quad\text{......... (2)}$$

여기서 $\bar{R}_p$는 포트폴리오의 평균 수익률이고, $\bar{R}_1(\bar{R}_2)$은 평균 혹은 주식 1(2)의 기대 수익률이다. 2-주식 포트폴리오에 대한 분산은 다음과 같다.

$$\sigma_p^2 = w_1^2 \sigma_1^2 + w_2^2 \sigma_2^2 + 2w_1 w_2 \sigma_{1,2} = w_1^2 \sigma_1^2 + w_2^2 \sigma_2^2 + 2w_1 w_2 \rho_{1,2} \sigma_1 \sigma_2, \quad\text{(3)}$$

여기서 σ_p^2는 포트폴리오의 분산이고, $\sigma_1(\sigma_2)$는 주식 1(2)의 표준 편차다. 주식 1에 대한 분산과 표준 편차의 정의는 다음과 같다.

$$\begin{cases} \sigma_1^2 = \dfrac{\sum_{i=1}^n (R_{1,i} - \bar{R}_1)^2}{n-1}, \\ \sigma_1 = \sqrt{\sigma_1^2} \end{cases} \quad\text{(4)}$$

$\sigma_{1,2}(\rho_{1,2})$는 주식 1과 2 사이의 공분산(상관관계)이다. 정의는 다음과 같다.

$$\begin{cases} \sigma_{1,2} = \dfrac{\sum_{i=1}^n (R_{1,i} - \bar{R}_1)(R_{2,i} - \bar{R}_2)}{n-1} \\ \rho_{1,2} = \dfrac{\sigma_{1,2}}{\sigma_1 * \sigma_2} \end{cases} \quad\text{(5)}$$

공분산은 그 값이 양수이면 두 주식은 대체로 같이 움직이고, 음수이면 대부분 반대 방향으로 움직인다. 공분산이 0이면 서로 상관관계가 없다. 그러나 $\sigma_{A,B} > \sigma_{A,C}$이더라도 A가 C보다 B에 더 강하게 연계돼 있다거나, 혹은 그 반대로 말할 수 없다. 반면 $\rho_{A,B} > \rho_{A,C}$라면 A는 C보다 B에 더 강하게 연계돼 있다고 말할 수 있다. 이것은 상관관계가 공분산보다 더 유용한 지표라는 것을 의미한다. 상관관계는 –1부터 1 사이의 값을 갖는다. 상관관계 값이 작을수록 다각화의 효과는 더 크다고 볼 수 있다. 상관관계 값이 –1(1)이면 완전 역상관관계(완전 상관관계)라 한다. 2개의 주식(혹은 포트폴리오)이 완전 상관관계에 있다면 다각화가 전혀 이뤄지지 않았다는 뜻이 된다.

두 주식의 변동성(표준 편차)이 각각 0.06과 0.24이고 완전 역상관관계라고 가정하자. 무위험 포트폴리오를 구성하기 위한 가중치는 각각 어떻게 되는가? 답을 찾기 위한 몇 가지 방법이 있다.

방법 1 수작업으로 해법 찾기. 수식 (3)에 주어진 값을 대입하고 우변을 0으로 한다. $x=x_1$이고 $x_2=1-x$다.

$$x^2 \times 0.06^2 + (1 - x)^2 \times 0.24^2 - 2 \times x \times (1 - x) \times 0.06 \times 0.24$$

식을 전개한 후 항을 따라 정리하면 다음의 일반식을 얻을 수 있다.

$$ax^2 + bx + c = 0$$

위 일반식은 $a \neq 0$이고 $b^2 - 4ac \geq 0$일 경우 다음과 같은 두 개의 근을 갖는다(즉 제곱근 안이 양수일 때 근을 갖는다).

$$x = \frac{-b \pm \sqrt{b^2 - 4ac}}{2a} \quad \dots\dots(6)$$

위 식을 이용하면 $x=80\%$이다. 즉 w1 = 0.80이고 w2=0.2일 때 포트폴리오의 리스크가 사라진다. $x^2 + 6x + 3 = 0$라는 식이 있다고 가정하자. 다음 파이썬 프로그램은 2개의 근을 찾는다.

```python
import scipy as sp
a=1
b=6
c=3
inside=b**2-4*a*c
if inside>0:
    squared=sp.sqrt(inside)
print("x1=",(-b+squared)/(2*a))
print("x2=",(-b-squared)/(2*a))
('x1=', -0.55051025721682212)
('x2=', -5.4494897427831779)
```

방법 2 이 방법은 가중치를 조금씩 변경해가며 최적 가중치를 찾는 기법이다. 주식 1에 대해 0, 0.001, 0.002, 0.003 식으로 가중치 값을 생성한다(w2 = 1 − w1이므로 주식 1에 대한 가중치만 변경시키면 주식 2는 따라서 정해진다). 식 (3)을 적용하면서 두 주식 포트폴리오의 분산을 반복적으로 계산한다. 최종 결과는 포트폴리오의 분산을 최소화시킨 w1과 w2 쌍을 고르면 된다. 다음 코드를 살펴보자.

```python
import scipy as sp
sigma1=0.06
sigma2=0.24
var1=sigma1**2
var2=sigma2**2
rho=-1
n=1000
portVar=10          # 임의의 큰 수를 대입
tiny=1.0/n
for i in sp.arange(n):
    w1=i*tiny
```

```
    w2=1-w1
    var=w1**2*var1+w2**2*var2+2*w1*w2*rho*sigma1*sigma2
    if(var<portVar):
        portVar=var
        finalW1=w1
    #print(vol)
print("min vol=",sp.sqrt(portVar), "w1=",finalW1)
('min vol=', ('min vol=', ('min vol=', 9.3132257461547852e-10, 'w1=',
0.80000000000000004)
```

계산 결과 이전의 해답 w1=0.8, w2=0.2와 일치함을 알 수 있다. 프로그램은 1,000쌍의 w1과 w2 값을 사용했다. tiny는 1/1000=0.001로 정했다. 가중치의 첫 쌍은 0.1%와 99.9%다. 분산은 아주 큰 수로 초기화하는데, 여기서는 portVar=10으로 설정했다. 다른 큰 수치 예를 들면 100 정도를 넣어도 잘 작동할 것이다. 원리는 이렇다. 첫 쌍 w1, w2부터 시작해 포트폴리오 분산을 계산해본다. 계산한 포트폴리오 분산의 값이 portVar보다 작다면 portVar 값을 새 값으로 바꾸고 w1을 기록해 둔다. 새로 계산한 포트폴리오의 분산 값이 portVar보다 크다면 아무런 일도 일어나지 않는다. 루프가 끝날 때까지 같은 절차를 반복한다. 비유를 하나 들어 살펴보자. 1,000명 중 키가 가장 큰 사람을 찾고자 한다. tallestPerson이라는 변수가 있다고 가정하고 초깃값으로 0.1인치를 설정하자. 모든 사람은 이보다 클 것이므로 첫 번째 사람의 키가 이 값을 대체할 것이다. 그다음 사람이 더 크다면 값을 대체한다. 그렇지 않다면 그다음 사람으로 넘어간다. 이 절차를 마지막 사람까지 반복한다. 효율 개선을 위한 작은 기법 하나는 var1과 var2 값을 루프 시작 전에 한 번만 계산해 둔 것이다.

금융에 있어 리스크를 나타낼 때는 불확실성을 알려주는 분산과 표준 편차를 모두 사용하는 것이 관행이다. 대개 변동성을 나타내려면 수익률의 표준 편차를 사용한다. 이제 상관관계가 효율적 경계선에 미치는 영향을 살펴보자. 우선 서로 상관관계가 있는 일련의 난수를 발생시키는 방법을 알아보자. 2개의 단계가 필요하다.

1. 상관관계가 0인 2개의 임의의 시계열 데이터를 만들라.
2. 다음 공식을 적용하라.

$$\begin{cases} y_1 = x_1 \\ y_2 = \rho x_1 + \sqrt{1 - \rho^2} * x_2 \end{cases} \qquad (7)$$

여기서 ρ는 두 시계열 데이터 사이에 미리 결정된 상관관계다. 이제 식을 이용해 y_1과 y_2를 구하면 미리 정한 상관관계에 의해 서로 연계된다. 다음 파이썬 프로그램은 앞의 접근 방식을 구현한다.

```
import scipy as sp
sp.random.seed(123)
n=1000
rho=0.3
x1=sp.random.normal(size=n)
x2=sp.random.normal(size=n)
y1=x1
y2=rho*x1+sp.sqrt(1-rho**2)*x2
print(sp.corrcoef(y1,y2))
[[ 1. 0.28505213]
 [ 0.28505213 1. ]]
```

▌ 최적화: 최소화

최적의 포트폴리오를 구성하는 방법을 논하기 전에 몇 가지 최적화 함수를 공부할 필요가 있다. 다음 예제는 목적 함수 y를 최소화시킨다.

$$y = 3.2 + 5x^2 \quad .....(8)$$

먼저 이 목적 함수의 그래프를 살펴보자. 다음 코드를 살펴보자.

```python
import scipy as sp
import matplotlib.pyplot as plt
x=sp.arange(-5,5,0.01)
a=3.2
b=5.0
y=a+b*x**2
plt.plot(x,y)
plt.title("y= "+str(a)+"+"+str(b)+"x^2")
plt.ylabel("y")
plt.xlabel("x")
plt.show()
```

결과 그래프는 다음과 같다.

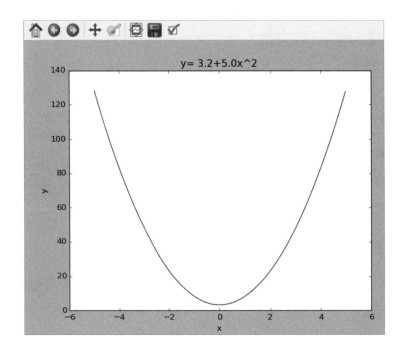

프로그램을 좀 더 일반화하기 위해 2개의 계수 a, b를 생성했다. x는 제곱 값이므로, y는 x가 0일 때만 최소가 된다. 최소화를 위한 파이썬 코드는 다음과 같다.

```python
from scipy.optimize import minimize
def myFunction(x):
    return (3.2+5*x**2)
x0=100
res = minimize(myFunction,x0,method='nelder-mead',options={'xtol':1e-8,
'disp': True})
```

앞 프로그램의 주 함수는 scipy.optimize.minimize()다. 첫 입력 변수는 목적 함수다. 예제의 경우는 함수 y다. 두 번째 값은 초깃값을 설정하는 것이다. y 함수에는 오직 하나의 독립 변수 x가 존재하므로 x0는 스칼라 값이다. 세 번째 입력 변수 method는 최적화를 수행하는 방법이며, 여러 선택이 가능하다. 다음 표는 11가지 옵션을 보여준다.

표 9.1 Method 형식

Method	설명
NelderMead	심플렉스(Simplex) 알고리즘을 사용한다. 이 알고리즘은 여러 응용에서 안정적이다. 그러나 미분 함수의 수치 계산이 안정이면 더 나은 성능을 위해 다른 1차 혹은 2차 미분 함수 정보를 사용하는 알고리즘이 선호된다.
Powell	포웰 기법(Powell's method)의 변형으로 켤레 기울기 기법(conjugate direction method)이다. 1차원 순차 최소화(sequential one-dimensional minimizations)를 방향 벡터에 따라 수행하면 방향 벡터는 루프를 반복하면서 갱신된다. 함수는 미분 가능일 필요가 없고 미분 함수를 사용하지 않는다.
CG	프레처-리브 기법(Fletcher-Reeves method)의 변형인 폴락과 리비에르(Polak and Ribiere)의 비선형 켤레 기울기 알고리즘(nonlinear conjugate gradient algorithm)을 사용한다. 1차 미분 함수만 사용한다.

(이어짐)

Method	설명
BFGS	브로이딘(Broyden), 프레처(Fletcher), 골드팝(Goldfarb), 샤노(Shanno)(BFGS)의 모의 뉴턴 기법(quasi-Newton method)을 사용한다. 1차 미분만 사용한다. BFGS는 비평활 최적화(non-smooth optimization)에서도 좋은 결과를 나타낸다. 이 방법은 OptimizeResult 객체에 hess_inv로 저장된 헤시안 인버스(Hessian inverse)의 근사치를 반환한다.
NewtonCG	뉴턴-CG 알고리즘(간소화 뉴턴 기법(truncated Newton method)) 탐색 방향 계산을 위해 CG 기법을 사용한다.
LBFGSB	help( ) 함수로 더 많은 정보를 구하시오.
TNC	help( ) 함수로 더 많은 정보를 구하시오.
COBYLA	help( ) 함수로 더 많은 정보를 구하시오.
SLSQP	help( ) 함수로 더 많은 정보를 구하시오.
dogleg	help( ) 함수로 더 많은 정보를 구하시오.
trustncg	help( ) 함수로 더 많은 정보를 구하시오.

출력 결과는 함수 값이 3.2이고, 이는 x에 0을 대입하면 얻을 수 있는 수치다.

```
Optimization terminated successfully.
        Current function value: 3.200000
        Iterations: 37
        Function evaluations: 74
```

다음 예제는 지수 함수의 최소화에 사용되는 *scipy.optimize.brent( )* 함수다. 먼저 목적 함수를 살펴보고 프로그램 코드를 살펴보자.

$$y = 3.4 - 2e^{-(x-0.8)^2} \qquad (9)$$

다음 프로그램은 목적 함수 y를 최소화한다.

```
from scipy import optimize
```

```
import numpy as np
import matplotlib.pyplot as plt
define a function a=3.4
b=2.0
c=0.8
def f(x):
    return a-b*np.exp(-(x - c)**2)

x=np.arange(-3,3,0.1)
y=f(x)
plt.title("y=a-b*exp(-(x-c)^2)")
plt.xlabel("x")
plt.ylabel("y")
plt.plot(x,y)
plt.show()

# find the minimum
solution= optimize.brent(f)
print(solution)
```

해답은 0.799999999528이고 그래프는 다음과 같다.

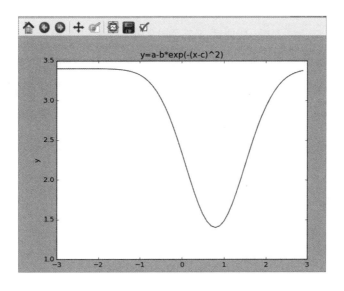

경제와 금융에는 효용^{utility}이라는 중요한 개념이 있다. 이 개념을 만들어낸 이유는 많은 경우 기쁨, 열정, 위험 선호도, 부, 감정 등 정량화할 수는 없지만 경제에 영향을 미치는 여러 효과가 존재하기 때문이다. 예를 들어 당신의 상사가 금요일 야근을 조건으로 추가 보너스를 주기로 약속했다고 하자. 일의 가치는 시간당 x 달러이고 당신은 조건에 만족한다고 가정하자. 일이 더 급해져 추가 근무의 필요성이 생겼다. 이제 토요일에도 일해야 하는 상황이 발생하면 여전히 x달러에 동일한 만족감을 느낄 수 있을까? 대부분의 근로자들은 단순히 금요일 밤에 일하는 것보다는 더 많은 희생을 했으므로 초과 수당이 x보다 커야 한다고 생각한다. 대개 효용 함수는 편익과 비용의 차이로 정의 된다. 한계 효용^{marginal benefit}은 입력에 대한 감소 함수다. 즉, 초과 근무 수당이 이전보다 덜 가치가 있다는 의미다. 반면 한계 비용^{marginal cost}은 예제의 입력 대비 증가 함수다. 초과 근무를 요구할 때 적절한 금전 보상 요구는 더 높아질 것이다. 다음은 효용 함수 중 하나다.

$$U = E(R) - \frac{1}{2}A * \sigma^2, \qquad (10)$$

여기서 U는 효용 함수다. $E(R)$은 기대 포트폴리오 수익률이고, 평균을 근사치로 사용할 수 있다. A는 위험 회피 계수 σ^2은 포트폴리오의 분산이다. 기대 수익률이 높을수록 효용도 높아진다. 반대로 포트폴리오의 리스크가 올라갈수록 효용도 낮아진다. 핵심은 투자 위험 수용도^{risk-tolerance}를 나타내는 A다. 기대 수익률과 위험 수준이 같다면 리스크 회피 성향이 클수록(높은 A 값) 효용은 더 낮을 것이다. 일반적으로 말해 목표는 편익(기대 수익률)과 리스크(분산)를 조화시키는 것이다.

IBM(IBM), 월마트(WMT), 시티그룹(C) 주식이 있다고 가정하자. 앞서 설명한 효용 함수에 의하면 서로 다른 위험 선호도에 따라 어떤 주식을 선택해야 할까? 프로그램 코드는 다음과 같다.

```
from matplotlib.finance import quotes_historical_yahoo_ochl as getData
```

```
import numpy as np
import pandas as pd
import scipy as sp

tickers=('IBM','WMT','C')      # 종목 코드
begdate=(2012,1,1)             # 시작일
enddate=(2016,12,31)           # 종료일
n=len(tickers)                 # 관측치 개수
A=1                            # 위험 선호도

defret_f(ticker,begdate,enddte):
    x=getData(ticker,begdate,enddate,asobject=True,adjusted=True)
    ret =x.aclose[1:]/x.aclose[:-1]-1
    return ret

def myUtilityFunction(ret,A=1):
    meanDaily=sp.mean(ret)
    varDaily=sp.var(ret)
    meanAnnual=(1+meanDaily)**252
    varAnnual=varDaily*252
    return meanAnnual- 0.5*A*varAnnual

for i in sp.arange(n):
    ret=ret_f(tickers[i],begdate,enddate)
    print(myUtilityFunction(ret,A))
```

앞 프로그램에서 평균과 분산은 모두 연환산됐다. 값 252는 연간 총 거래일을 의미한다. 사용된 기간은 2012년 1월 1일부터 2016년 12월 31일까지 모두 5개년이다. 결과는 다음과 같다. 다음 출력 결과는 투자자의 위험 선호도가 A=1인 경우다.

```
1.00313882726
1.05555982644
1.17072799785
```

효용의 개념에 따라 투자가들은 가장 높은 효용의 주식을 선호한다. 그러므로 결과

의 마지막 주식을 선택해야 한다. 다시 말해 투자를 위해 한 회사만 선택해야 한다면 시티그룹을 선택해야 한다. 반면 극도의 위험 회피 성향인 **A=10**인 경우 3가지 주식의 효용 값은 다음과 같다.

```
0.846544319839
0.930158828132
0.829073166372
```

이번 결과는 투자가가 두 번째 주식, 즉 월마트를 선택해야 함을 보여준다. 이는 우리의 상식과도 부합한다. 해당 평균 수익률과 리스크 레벨을 살펴보자.

```python
from matplotlib.finance import quotes_historical_yahoo_ochl as getData
import numpy as np
import pandas as pd
import scipy as sp
tickers=('IBM','WMT','C')        # 종목 코드
begdate=(2012,1,1)               # 시작일
enddate=(2016,12,31)             # 종료일
n=len(tickers)                   # 관찰치 개수

defret_f(ticker,begdate,enddte):
    x=getData(ticker,begdate,enddate,asobject=True,adjusted=True)
    ret =x.aclose[1:]/x.aclose[:-1]-1
    return ret

def meanVarAnnual(ret):
    meanDaily=sp.mean(ret)
    varDaily=sp.var(ret)
    meanAnnual=(1+meanDaily)**252
    varAnnual=varDaily*252
    return meanAnnual, varAnnual

print("meanAnnual,varAnnjal")
for i in sp.arange(n):
    ret=ret_f(tickers[i],begdate,enddate)
```

418

```
print(meanVarAnnual(ret))
```

결과는 다음과 같다.

```
meanAnnual,varAnnjal
(1.0205382169700783, 0.034798779426166895)
(1.0694932706963931, 0.027866888512792672)
(1.2086896457878877, 0.075923295883153247)
```

앞 프로그램의 경우 연환산 평균 수익률과 연환산 변동성을 구하기 위해서 meanVarAnnual( ) 함수를 만들었다. 마지막 두 주식을 비교해보자. 두 번째 주식은 세 번째 주식보다 덜 위험하지만 동시에 잠재적 위험은 더 크다. 두 번째 주식의 연평균 수익률을 세 번째 주식과 대비하면 12%가 감소하는 반면, 분산은 무려 63% 나 감소된다. 그 결과 효용은 증가하게 된 것이다.

포트폴리오 최적화(혹은 마르코비츠 포트폴리오 최적화)를 위해서는 기대 수익률, 표준 편차, 상관관계 행렬을 입력 데이터셋으로 사용한다. 출력은 최적화 포트폴리오다. 이런 효율적 포트폴리오들을 서로 연계하면 효율적 경계선이 설정된다. 9장의 나머 지 부분은 과거 수익률을 사용해 기대 수익률을 나타내고 기대 상관관계 대신 과거 의 상관관계를 사용한다.

∩-주식 포트폴리오 구성

다음 프로그램은 3개 주식과 S&P500으로 수익률 행렬을 생성한다.

```
import statsimport numpy as np
import pandas as pd
tickers=['IBM','dell','wmt']
path1='http://chart.yahoo.com/table.csv?s=^GSPC'
```

```
final=pd.read_csv(path1,usecols=[0,6],index_col=0)
final.columns=['^GSPC']
path2='http://chart.yahoo.com/table.csv?s=ttt'
for ticker in tickers:
    print ticker
    x = pd.read_csv(path2.replace('ttt',ticker),usecols=[0,6],index_ col=0)
    x.columns=[ticker]
    final=pd.merge(final,x,left_index=True,right_index=True)
```

처음과 마지막 몇 줄을 보려면 .head( )와 .tail( ) 함수를 사용한다.

```
>>> final.head( )
             ^GSPC    IBM     dell   wmt
Date
2013-10-18   1744.50  172.85  13.83  75.71
2013-10-17   1733.15  173.90  13.85  75.78
2013-10-16   1721.54  185.73  13.85  75.60
2013-10-15   1698.06  183.67  13.83  74.37
2013-10-14   1710.14  185.97  13.85  74.68
>>> final.tail( )
             ^GSPC    IBM     dell   wmt
Date
1988-08-23   257.09   17.38   0.08   2.83
1988-08-22   256.98   17.36   0.08   2.87
1988-08-19   260.24   17.67   0.09   2.94
1988-08-18   261.03   17.97   0.09   2.98
1988-08-17   260.77   17.97   0.09   2.98
>>>
```

앞 프로그램은 먼저 S&P500 데이터를 검색한 뒤 pandas.merge( ) 함수를 사용해 주식 데이터와 시장 지수를 병합했다. 두 입력 매개변수 left_index=True와 right_index=True의 의미에 주목해보자. 이 변수들은 두 데이터셋을 인덱스로 병합할 것을 지정해준다. 프로그램은 일별 빈도수를 검색했지만 학계 연구원이나 전문가들은

종종 월별 데이터를 선호한다. 그 이유는 월별 데이터가 일별 데이터에 비해 소위
미세 조직 효과^{micro-structure effect}가 적기 때문이다. 다음 프로그램은 월별 데이터를
사용한다. 사용된 데이터는 http://canisius.edu/~yany/python/yanMonthly.pkl이
다. 먼저 파일에 포함된 주식 목록을 출력해보자.

```python
import pandas as pd
import scipy as sp
df=pd.read_pickle("c:/temp/yanMonthly.pkl")
print(sp.unique(df.index))
['000001.SS' 'A' 'AA' 'AAPL' 'BC' 'BCF' 'C' 'CNC' 'COH' 'CPI' 'DELL' 'GE'
 'GOLDPRICE' 'GV' 'GVT' 'HI' 'HML' 'HPS' 'HY' 'IBM' 'ID' 'IL' 'IN' 'INF'
 'ING' 'INY' 'IO' 'ISL' 'IT' 'J' 'JKD' 'JKE' 'JPC' 'KB' 'KCC' 'KFT' 'KIE'
 'KO' 'KOF' 'LBY' 'LCC' 'LCM' 'LF' 'LG' 'LM' 'M' 'MA' 'MAA' 'MD' 'MFL' 'MM'
 'MPV' 'MY' 'Mkt_Rf' 'NEV' 'NIO' 'NP' 'NU' 'NYF' 'OI' 'OPK' 'PAF' 'PFO'
 'PSJ' 'PZZA' 'Q' 'RH' 'RLV' 'Rf' 'Russ3000E_D' 'Russ3000E_X' 'S' 'SBR'
 'SCD' 'SEF' 'SI' 'SKK' 'SMB' 'STC' 'T' 'TA' 'TBAC' 'TEN' 'TK' 'TLT' 'TOK'
 'TR' 'TZE' 'UHS' 'UIS' 'URZ' 'US_DEBT' 'US_GDP2009dollar'
 'US_GDP2013dollar' 'V' 'VC' 'VG' 'VGI' 'VO' 'VV' 'WG' 'WIFI' 'WMT' 'WR'
 'XLI' 'XON' 'Y' 'YANG' 'Z' '^AORD' '^BSESN' '^CCSI' '^CSE' '^FCHI' '^FTSE'
 '^GSPC' '^GSPTSE' '^HSI' '^IBEX' '^ISEQ' '^JKSE' '^KLSE' '^KS11' '^MXX'
 '^NZ50' '^OMX' '^STI' '^STOXX50E' '^TWII']
```

특정 주식을 선택하려면 데이터셋의 인덱스를 종목 코드와 비교한다. IBM의 월별
주가 데이터를 선택하는 다음 프로그램을 살펴보자.

```python
import scipy as sp
import pandas as pd
import numpy as np
n_stocks=10
x=pd.read_pickle('c:/temp/yanMonthly.pkl')
ibm=x[x.index=='IBM']
print(ibm.head(3))
```

```
print(ibm.tail(3))
          DATE    VALUE
NAME
IBM    19620131  2.36
IBM    19620228  2.34
          DATE    VALUE
NAME
IBM    20130930  185.18
IBM    20131031  179.21
IBM    20131104  180.27
```

다음 프로그램은 수익률을 생성한다. 그러나 '수익률'이라는 별도의 열 이름을 만들지 않고 종목 코드를 그대로 열 이름으로 사용한다. 이 방법을 사용하면 여러 주식을 선택한 후 날짜별로 나란히 정렬할 때 편리하다.

```
import scipy as sp
import pandas as pd
import numpy as np
n_stocks=10
x=pd.read_pickle('c:/temp/yanMonthly.pkl')
def ret_f(ticker):
    a=x[x.index==ticker]
    p=sp.array(a['VALUE'])
    ddate=a['DATE']
    ret=p[1:]/p[:-1]-1
    output=pd.DataFrame(ret,index=ddate[1:])
    output.columns=[ticker]
    return output
ret=ret_f('IBM')
print(ret.head())
               IBM
DATE
19620228   -0.008475
```

```
19620330   -0.008547
19620430   -0.146552
19620531   -0.136364
19620629   -0.134503
```

드디어 yanMonthly.pkl로부터 n-주식 수익률 행렬이 완성됐다.

```
import scipy as sp
import pandas as pd
import numpy as np
n_stocks=10
x=pd.read_pickle('c:/temp/yanMonthly.pkl')
x2=sp.unique(np.array(x.index))
x3=x2[x2<'ZZZZ']         # 인덱스 지수는 모두 제거
sp.random.seed(1234567)
nonStocks=['GOLDPRICE','HML','SMB','Mkt_Rf','Rf','Russ3000E_D','US_
DEBT','Russ3000E_X','US_GDP2009dollar','US_GDP2013dollar']
x4=list(x3)

for i in range(len(nonStocks)):
    x4.remove(nonStocks[i])
k=sp.random.uniform(low=1,high=len(x4),size=n_stocks)
y,s=[],[]

for i in range(n_stocks):
    index=int(k[i])
    y.append(index)
    s.append(x4[index])
final=sp.unique(y)
print(s)

def ret_f(ticker):
    a=x[x.index==ticker]
    p=sp.array(a['VALUE'])
    ddate=a['DATE']
```

```
    ret=p[1:]/p[:-1]-1
    output=pd.DataFrame(ret,index=ddate[1:])
    output.columns=[ticker]
    return output
final=ret_f(s[0])
for i in sp.arange(1,n_stocks):
    ret=ret_f(s[i])
    final=pd.merge(final,ret,left_index=True, right_index=True)
```

가용한 *n*개의 주식으로부터 *m*개의 주식을 임의로 선택하기 위해 scipy.random. uniform(low=1,high=len(x4),size=n_stocks) 함수를 사용한다. n_stocks의 값 이 10이므로 len(x4)로부터 10개의 주식을 선택한다. 출력 결과는 다음과 같다.

	IO	A	AA	KB	DELL	IN
\						
DATE						
20110930	-0.330976	-0.152402	-0.252006	-0.206395	-0.048679	-0.115332
20111031	0.610994	0.185993	0.124464	0.192002	0.117690	0.237730
20111130	-0.237533	0.011535	-0.066794	-0.106274	-0.002616	-0.090458
20111230	0.055077	-0.068422	-0.135992	-0.102006	-0.072131	-0.065395
20120131	0.212072	0.215972	0.173964	0.209317	0.178092	0.230321

	INF	IBM	KK	BC
DATE				
20110930	-0.228456	0.017222	0.227586	-0.116382
20111031	0.142429	0.055822	-0.305243	0.257695
20111130	-0.038058	0.022314	-0.022372	0.057484
20111230	0.059345	-0.021882	-0.024262	-0.030140
20120131	0.079202	0.047379	-0.142131	0.182020

금융에서 효율적 경계선을 설정하는 것은 늘 어려운 작업이다. 실 데이터일 때는 더욱 그렇다. 이 절은 야후 금융에서 다운받은 데이터를 활용해 분산-공분산 행렬 계산과 최적화를 알아본다. 이를 통해 최적의 포트폴리오와 효율적 경계선을 구축

해보자. 수익률 행렬이 주어지면 분산-공분산 행렬은 바로 구할 수 있다. 또 각각의 가중치가 주어지면 포트폴리오의 분산도 계산할 수 있다. 단일 주식의 수익률에서 분산과 표준 편차를 구하는 공식은 다음과 같다.

$$\bar{R} = \frac{\sum_{i=1}^{n} R_i}{n}, \qquad (11)$$

$$\sigma^2 = \frac{\sum_{i=1}^{n}(R_i - \bar{R})^2}{n-1} \qquad (12)$$

여기서 $\bar{R}$은 평균, R_i는 주기 i때 주식 수익률, n은 수익률 개수다. n-주식 포트폴리오의 수익률을 계산하는 공식은 다음과 같다.

$$R_p = \sum_{i=1}^{n} w_i R_i, \qquad (13)$$

여기서 R_p는 포트폴리오의 수익률, w_i는 주식 i의 가중치, R_i는 주기 i의 수익률이다. 이 식은 포트폴리오 평균이나 포트폴리오 기대 수익률에도 적용된다. 다음을 살펴보자.

$$\bar{R}_p = \sum_{i=1}^{n} w_i \bar{R}_i, \qquad (14A)$$

$$E(R_p) = \sum_{i=1}^{n} w_i E(R_i), \qquad (14B)$$

n-주식 포트폴리오의 분산은 다음과 같이 정의된다.

$$\sigma_p^2 = \sum_{i=1}^{n} \sum_{j=1}^{n} w_i w_i \sigma_{i,j} \qquad (15)$$

여기서 σ_p^2는 포트폴리오 분산, n은 포트폴리오 내의 전체 주식 수, w_i는 주식 i의 가중치, $\sigma_{i,j}$는 주식 i와 j 간의 공분산이다. i와 j가 같으면 $\sigma_{i,j}$는 분산이 된다. 즉 다음과 같다.

$$\sigma_{i,i} = \sigma_i^2 \qquad (16)$$

당연히 2-주식 포트폴리오는 n-주식 포트폴리오의 특수한 경우일 뿐이다. 수익률 행렬과 가중치 벡터가 주어지면 그에 대한 분산-공분산 행렬과 포트폴리오 분산을 다음과 같이 구할 수 있다.

```
import numpy as np
ret=np.matrix(np.
array([[0.1,0.2],[0.10,0.1071],[-0.02,0.25],[0.012,0.028],[0.06,0.
262],[0.14,0.115]]))
print("return matrix")
print(ret)
covar=ret.T*ret
print("covar")
print(covar)
weight=np.matrix(np.array([0.4,0.6]))
print("weight ")
print(weight)
print("mean return")
print(weight*covar*weight.T)
```

핵심 부분은 ret.T*ret이다. ret.T는 수익률 행렬의 전치 행렬transpose matrix이다. 수익률 행렬은 6 × 2이므로 전치 행렬은 2 × 6이 된다. 따라서 (2 × 6)과 (6 × 2) 행렬 곱의 결과는 (2 × 2)가 된다. 수익률 행렬, 공분산, 가중치, 포트폴리오 분산 등의 출력 결과는 다음과 같다.

```
return matrix
[[ 0.1     0.2 ]
 [ 0.1     0.1071]
 [-0.02    0.25 ]
 [ 0.012   0.028 ]
```

```
 [ 0.06      0.262 ]
 [ 0.14      0.115 ]]
covar
[[ 0.043744 0.057866 ]
 [ 0.057866 0.19662341]]
weight
[[ 0.4     0.6]]
mean return
[[ 0.10555915]]
```

행렬의 곱을 수행하는 두 번째 방법은 spcipy.dot( ) 함수를 이용하는 것이다. 다음
코드를 살펴보자.

```
import numpy as np
ret=np.matrix(np.
array([[0.1,0.2],[0.10,0.1071],[-0.02,0.25],[0.012,0.028],[0.06,
0.262],[0.14,0.115]]))
covar=np.dot(ret.T,ret)
print("covar")
print(covar)
```

█ 최적의 포트폴리오 구성

금융은 기본적으로 리스크와 수익의 트레이드오프를 다루고 있다. 보편적으로 사용
하는 척도로 샤프 지수가 있는데, 정의는 다음과 같다.

$$\text{샤프 지수} = \frac{E(R_p) - R_f}{\sigma_p} \qquad (17)$$

다음 프로그램은 포트폴리오 내 주식들의 가중치를 변경시켜가며 샤프 지수의 최대치를 찾는다. 전체 프로그램은 몇 부분으로 나뉜다. 입력 부분은 간단하다. 시작일과 마지막 일, 그리고 몇 가지 종목 코드가 전부다. 그다음은 4개의 함수를 정의한다. 일별 수익률을 연 수익률로 변환하는 함수, 포트폴리오 분산을 계산하는 함수, 샤프 지수를 계산하는 함수, 그리고 끝으로 최적화 절차를 통해 $n-1$개의 값이 계산됐을 때 마지막 값(n번째 값)을 계산하는 함수다.

```python
from matplotlib.finance import quotes_historical_yahoo_ochl as getData
import numpy as np
import pandas as pd
import scipy as sp
from scipy.optimize import fmin
```

1. 입력 부분

```python
ticker=('IBM','WMT','C')# 종목 코드
begdate=(1990,1,1) # beginning date
enddate=(2012,12,31)# ending date
rf=0.0003 # annual risk-free rate
```

2. 여러 함수를 정의하는 코드

```python
# 함수 1:
def ret_annual(ticker,begdate,enddte):
    x=getData(ticker,begdate,enddate,asobject=True,adjusted=True)
    logret =sp.log(x.aclose[1:]/x.aclose[:-1])
    date=[]
    d0=x.date
    for i in range(0,sp.size(logret)):
        date.append(d0[i].strftime("%Y"))
    y=pd.DataFrame(logret,date,columns=[ticker])
```

```
    return sp.exp(y.groupby(y.index).sum())-1

# 함수 2: 포트폴리오 분산을 계산
def portfolio_var(R,w):
    cor = sp.corrcoef(R.T)
    std_dev=sp.std(R,axis=0)
    var = 0.0
    for i in xrange(n):
        for j in xrange(n):
            var += w[i]*w[j]*std_dev[i]*std_dev[j]*cor[i, j]
    return var

# 함수 3: 샤프 지수 계산
def sharpe(R,w):
    var = portfolio_var(R,w)
    mean_return=sp.mean(R,axis=0)
    ret = sp.array(mean_return)
    return (sp.dot(w,ret) - rf)/sp.sqrt(var)

# 함수 4: 주어진 n-1 가중치에 대해 음수 값의 샤프 지수 반환
def negative_sharpe_n_minus_1_stock(w):
    w2=sp.append(w,1-sum(w))
    return -sharpe(R,w2)      # 반환 행렬 사용
```

3. 수익률(연간 수익률) 행렬을 생성하는 코드

```
n=len(ticker)            # 주식 수
x2=ret_annual(*ticker[0],begdate,enddate)
for i in range(1,n):
    x_=ret_annual(ticker[i],begdate,enddate)
    x2=pd.merge(x2,x_,left_index=True,right_index=True)

# scipy 행렬 형식 사용
R = sp.array(x2)
print('Efficient porfolio (mean-variance) :ticker used')
```

```
print(ticker)
print('Sharpe ratio for an equal-weighted portfolio')
equal_w=sp.ones(n, dtype=float) * 1.0 /n print(equal_w)
print(sharpe(R,equal_w))

# n 주식에 대해 n-1 가중치만 선택
w0= sp.ones(n-1, dtype=float) * 1.0 /n
w1 = fmin(negative_sharpe_n_minus_1_stock,w0)
final_w = sp.append(w1, 1 - sum(w1))
final_sharpe = sharpe(R,final_w)
print ('Optimal weights are ')
print (final_w)
print ('final Sharpe ratio is ')
print(final_sharpe)
```

2단계는 일별 수익률에서 연간 수익률을 계산했다. 최적화를 위해 가장 중요한 함수는 scipy.optimize.fmin( )이다. 첫 번째 매개변수는 목적 함수 negative_sharpe_n_minus_1이다. 목적 함수는 샤프 지수의 최댓값을 찾아야 하는데, scipy.optimize.fmin( ) 함수는 최소화를 수행하므로 샤프 지수에 음수를 붙여 마이너스 샤프 지수를 최소화하는 것으로 변형했다. 즉, 마이너스 샤프 지수를 최소화하므로 결국 샤프 지수를 최대화하는 것과 같아졌다. 샤프 지수를 계산하기 위해서는 n개의 가중치가 필요하다. 그러나 n개 가중치의 합은 1이므로 선택 변수에는 $n-1$개의 가중치만 있으면 된다. 앞 프로그램에서 동일 가중 전략을 사용했다면 샤프 지수 최댓값은 0.63이 됐을 것이다. 그러나 최적 포트폴리오를 위한 샤프 지수 값은 0.63이 아니라 0.67이다.

```
Efficient porfolio (mean-variance) :ticker used ('IBM', 'WMT', 'C')
Sharpe ratio for an equal-weighted portfolio [ 0.33333333 0.33333333
0.33333333] 0.634728319263
Optimization terminated successfully.
```

```
        Current function value: -0.669758
        Iterations: 31
        Function evaluations: 60
 Optimal weights are
 [ 0.497034630.310441680.19252369]
 final Sharpe ratio is
 0.66975823926
```

▌ n-주식으로 효율적 경계선 구축

효율적 경계선을 설정하는 것은 금융 강사들에게 있어 늘 가장 힘든 작업 중 하나
다. 작업을 위해서는 행렬 연산과 조건부 최적화constrained optimization 절차가 사용돼야
하기 때문이다. 효율적 경계선을 하나만 구축해보면 마르코비츠 포트폴리오 이론을
생생하게 이해하게 될 것이다. 다음 파이썬 프로그램은 5개의 주식을 사용해 효율
적 경계선을 구축한다.

```python
from matplotlib.finance import quotes_historical_yahoo_ochl as getData
import matplotlib.pyplot as plt
import numpy as np
import pandas as pd
import scipy as sp
from numpy.linalg import inv, pinv
```

1. 입력 영역을 위한 코드

```python
begYear,endYear = 2001,2013
stocks=['IBM','WMT','AAPL','C','MSFT']
```

2. 함수 2개를 정의하는 코드

```
def ret_monthly(ticker): #함수 1
    x = getData(ticker,(begYear,1,1),(endYear,12,31),asobject=True,
    adjusted=True)
    logret=np.log(x.aclose[1:]/x.aclose[:-1])
    date=[]
    d0=x.date
    for i in range(0,np.size(logret)):

date.append(''.join([d0[i].strftime("%Y"),d0[i].strftime("%m")]))
        y=pd.DataFrame(logret,date,columns=[ticker])
        return y.groupby(y.index).sum()

# 함수 2: 목적 함수
def objFunction(W, R, target_ret):
    stock_mean=np.mean(R,axis=0)
    port_mean=np.dot(W,stock_mean)            # 포트폴리오 평균
    cov=np.cov(R.T)                           # 분산-공분산 행렬
    port_var=np.dot(np.dot(W,cov),W.T)        # 포트폴리오 분산
    penalty = 2000*abs(port_mean-target_ret)  # 편차에 대해 감점
    return np.sqrt(port_var) + penalty        # 목적 함수
```

3. 수익률 행렬 R을 생성하는 코드 R

```
R0=ret_monthly(stocks[0])                            # 처음부터 시작
stock
n_stock=len(stocks)                                  # 주식 수
for i in xrange(1,n_stock):                          # 다른 주식과 병합
    x=ret_monthly(stocks[i])
    R0=pd.merge(R0,x,left_index=True,right_index=True)
    R=np.array(R0)
```

4. 주어진 수익률에 대한 최적의 포트폴리오를 계산하는 코드

```
out_mean,out_std,out_weight=[],[],[]
stockMean=np.mean(R,axis=0)
for r in np.linspace(np.min(stockMean),np.max(stockMean),num=100):
  W = np.ones([n_stock])/n_stock # starting from equal weights
  b_ = [(0,1)
  for i in range(n_stock)]      # bounds, here no short
  c_ = ({'type':'eq', 'fun': lambda W: sum(W)-1. })   #제약조건
  result=sp.optimize.minimize(objFunction,W,(R,r),method='SLSQP'
  ,constraints=c_, bounds=b_)
  if not result.success:        # 에러 처리
      BaseException(result.message)
  out_mean.append(round(r,4))   # 소수점 4자리 반올림
  std_=round(np.std(np.sum(R*result.x,axis=1)),6)
  out_std.append(std_)
  out_weight.append(result.x)
```

5. 효율적 경계선을 출력하는 코드

```
plt.title('Efficient Frontier')
plt.xlabel('Standard Deviation of the porfolio (Risk))')
plt.ylabel('Return of the portfolio')
plt.figtext(0.5,0.75,str(n_stock)+' stock are used: ')
plt.figtext(0.5,0.7,' '+str(stocks))
plt.figtext(0.5,0.65,'Time period: '+str(begYear)+' ------ '
+str(endYear))
plt.plot(out_std,out_mean,'--')
plt.show()
```

이 프로그램을 이해하기 위한 핵심은 #함수 2: 목적 함수라는 주석 아래에 있는 목적 함수를 이해하는 것이다. 우리의 목적은 주어진 타겟 포트폴리오의 기댓값에 대해 포트폴리오 리스크를 최소화하는 것이다. 첫 부분의 명령 return np.sqrt(port_var)

+ penalty가 포트폴리오의 분산이다. 첫 항은 명확하므로 penalty라고 돼 있는 두 번째 항을 살펴보자. penalty는 다음과 같이 정의된다. '타겟 평균과 포트폴리오 평균의 편차 절댓값에 큰 숫자를 곱한 값'. 이 방법은 조건부 최적화 절차를 사용해 목적 함수를 정의하는 매우 흔한 기법이다. 다른 방법은 최적화 절차에 특정 조건을 부여하는 것이다. 출력 그래프는 다음과 같다.

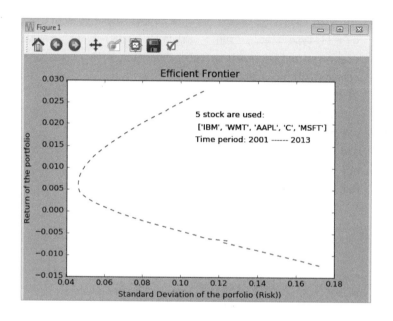

앞 프로그램에서 사용된 목적 함수는 샤프 지수를 최대화시키는 것이다. 8장에서 대상 포트폴리오가 전체 자산이 아니면 샤프 지수는 적절한 척도가 되지 못할 수 있음을 봤다. 샤프 지수에 대한 변형으로 트레이너 지수는 다음과 같이 정의된다.

$$\text{트레이너 지수} = \frac{\overline{R_p} - \overline{R_f}}{\beta_p} \quad .....(18)$$

여기서 좌변은 트레이너 지수, $\overline{R_p}$는 포트폴리오 수익률의 평균, R_f는 무위험 금리, β_p는 포트폴리오 베타다. 단 하나 수정된 곳은 시그마(전체 리스크)를 베타(시장 리스크)로 대체한 점뿐이다.

다음 프로그램에서는 트레이너 지수가 목적 함수가 된다.

```python
import matplotlib.pyplot as plt
from matplotlib.finance import quotes_historical_yahoo_ochl as getData
import numpy as np
import pandas as pd
import scipy as sp
from scipy.optimize import fmin

# 1단계: 입력 부분
ticker=('IBM','WMT','C')              # 종목 코드
begdate=(1990,1,1)                    # 시작일
enddate=(2012,12,31)                  # 종료일
rf=0.0003                             # 연 무위험 금리
betaGiven=(0.8,0.4,0.3)              # 주어진 베타

# 2단계: 새로운 함수 정의
# 함수 1:
defret_annual(ticker,begdate,enddte):
    x=getData(ticker,begdate,enddate,asobject=True,adjusted=True)
    logret =sp.log(x.aclose[1:]/x.aclose[:-1])
    date=[]
    d0=x.date
    for i in range(0,sp.size(logret)):
        date.append(d0[i].strftime("%Y"))
    y=pd.DataFrame(logret,date,columns=[ticker])
    return sp.exp(y.groupby(y.index).sum())-1

# 함수 2: 포트폴리오 베타 계산
def portfolioBeta(betaGiven,w):
    #print("betaGiven=",betaGiven,"w=",w)
    return sp.dot(betaGiven,w)

# 함수 3: 트레이너 계산
def treynor(R,w):
    betaP=portfolioBeta(betaGiven,w)
```

```
    mean_return=sp.mean(R,axis=0)
    ret = sp.array(mean_return)
    return (sp.dot(w,ret)- rf)/betaP

# 함수 4: 주어진 n-1 가중치의 음수 트레이너 지수 반환
def negative_treynor_n_minus_1_stock(w):
    w2=sp.append(w,1-sum(w))
    return -treynor(R,w2)       # 여기서 수익률 행렬 사용!!!!

# 3단계: 수익률 행렬 생성(연 수익률)
n=len(ticker) # 주식 수
x2=ret_annual(ticker[0],begdate,enddate)
for i in range(1,n):
    x_=ret_annual(ticker[i],begdate,enddate)
    x2=pd.merge(x2,x_,left_index=True,right_index=True)

# scipy 배열 형식 사용
R = sp.array(x2)
print('Efficient porfolio (Treynor ratio) :ticker used')
print(ticker)
print('Treynor ratio for an equal-weighted portfolio')
equal_w=sp.ones(n, dtype=float) * 1.0 /n
print(equal_w)
print(treynor(R,equal_w))

# n 주식에 대해 n-1 가중치만 선택
w0= sp.ones(n-1, dtype=float) * 1.0 /n
w1 = fmin(negative_treynor_n_minus_1_stock,w0)
final_w = sp.append(w1, 1 - sum(w1))
final_treynor = treynor(R,final_w)
print ('Optimal weights are ')
print (final_w)
print ('final Sharpe ratio is ')
print(final_treynor)
```

출력 결과는 다음과 같다.

```
Efficient porfolio (Treynor ratio) :ticker used
('IBM', 'WMT', 'C')
Treynor ratio for an equal-weighted portfolio
[ 0.33333333  0.33333333  0.33333333]
0.313034361254
Warning: Maximum number of function evaluations has been exceeded.
Optimal weights are
[-0.69742062  0.48710308  1.21031754]
final Sharpe ratio is
inf
c:\users\yany\appdata\local\temp\tmpmq8xp9.py:37: RuntimeWarning: divide by zero encountered in double_scalars
  return (sp.dot(w,ret) - rf)/betaP
C:\Users\yany\AppData\Local\Enthought\Canopy32\User\lib\site-packages\scipy\optimize\optimize.py:528: RuntimeWarning: invalid
value encountered in subtract
  numpy.max(numpy.abs(fsim[0] - fsim[1:])) <= fatol):
```

샤프 지수에서 표준 편차를 사용하는 것에 반대하는 또 다른 주장은 정작 투자가들
은 대부분 주가가 하락하는 하향 리스크에만 신경 쓰지만 표준 편차는 모든 방향을
고려한다는 점을 공격한다. 샤프 지수의 두 번째 이슈는 분자에서는 수익률 평균과
무위험 금리를 비교해 놓고 정작 분모의 편차는 같은 무위험 금리가 아니라 평균
수익률로부터 계산했다는 점이다. 이 두 단점을 극복하기 위해 소위 하방 부분 표준
편차 기법이 개발 됐다. n개의 수익률과 하나의 무위험 금리 R_f가 있다고 가정하자.
그중 m개의 수익률이 무위험 금리보다 낮다면 LPSD는 오로지 이 m개 수익률만
이용해 계산을 수행한다. 정의는 다음과 같다.

$$LPSD = \frac{\Sigma_{i=1}^{m}(R_i - R_f)^2}{m-1} \qquad 여기서 R_i < R_f \quad \text{.....}(19)$$

다음 프로그램은 주어진 수익률 집합으로부터 LPSD를 계산하는 방법을 보여준다.

```
import scipy as sp
import numpy as np
mean=0.15;
Rf=0.01
std=0.20
n=200
sp.random.seed(3412)
x=sp.random.normal(loc=mean,scale=std,size=n)
def LPSD_f(returns, Rf):
    y=returns[returns-Rf<0]
```

```python
    m=len(y)
    total=0.0
    for i in sp.arange(m):
        total+=(y[i]-Rf)**2
    return total/(m-1)
    answer=LPSD_f(x,Rf)
print("LPSD=",answer)
('LPSD=', 0.022416749724544906)
```

샤프 지수와 트레이너 지수와 비슷하게 소르티노 지수는 다음과 같이 정의된다.

$$소르티노\ 지수 = \frac{\overline{R_p} - \overline{R_f}}{LPSD} \quad .....(20)$$

다음 프로그램은 주어진 주식에 대해 소르티노 지수를 최대화한다.

```python
import scipy as sp
import numpy as np
import pandas as pd
from scipy.optimize import fmin
from matplotlib.finance import quotes_historical_yahoo_ochl as getData
#
# 1단계: 입력 부분
ticker=('IBM','WMT','C')        # 종목 코드
begdate=(1990,1,1)              # 시작일
enddate=(2012,12,31)            # 종료일
rf=0.0003                       # 연 무위험 금리
#
# 2단계: 새로운 함수 정의
# 함수 1:
defret_annual(ticker,begdate,enddte):
    x=getData(ticker,begdate,enddate,asobject=True,adjusted=True)
    logret =sp.log(x.aclose[1:]/x.aclose[:-1])
    date=[]
```

438

```python
    d0=x.date
    for i in range(0,sp.size(logret)):
        date.append(d0[i].strftime("%Y"))
    y=pd.DataFrame(logret,date,columns=[ticker])
    return sp.exp(y.groupby(y.index).sum())-1

# 함수 2: LPSD 계산
def LPSD_f(returns, Rf):
    y=returns[returns-Rf<0] m=len(y)
    total=0.0
    for i in sp.arange(m):
        total+=(y[i]-Rf)**2
    return total/(m-1)

# 함수 3: 소르티노 지수 계산
def sortino(R,w):
    mean_return=sp.mean(R,axis=0)
    ret = sp.array(mean_return)
    LPSD=LPSD_f(R,rf)
    return (sp.dot(w,ret) - rf)/LPSD

# 함수 4: 주어진 n-1 가중치에 대해 음수의 소르티노 지수 반환
def negative_sortino_n_minus_1_stock(w):
    w2=sp.append(w,1-sum(w))
    return -sortino(R,w2)        # 결과 행렬을 반환

# 3단계: 수익률 행렬 생성(연 수익률)
n=len(ticker) # 주식 수 x2=ret_annual(ticker[0],begdate,enddate)
for i in range(1,n):
    x_=ret_annual(ticker[i],begdate,enddate)
    x2=pd.merge(x2,x_,left_index=True,right_index=True)

# scipy 배열 형식 사용
R = sp.array(x2)
print('Efficient porfolio (mean-variance) :ticker used')
print(ticker)
print('Sortino ratio for an equal-weighted portfolio')
```

```
equal_w=sp.ones(n, dtype=float) * 1.0 /n
print(equal_w)
print(sortino(R,equal_w))

# n 주식에 대해 n-1 가중치 선택
w0= sp.ones(n-1, dtype=float) * 1.0 /n
w1 = fmin(negative_sortino_n_minus_1_stock,w0)
final_w = sp.append(w1, 1 - sum(w1))
final_sortino = sortino(R,final_w)
print ('Optimal weights are ')
print (final_w)
print ('final Sortino ratio is ')
print(final_sortino)
```

다음은 해당 출력 결과다.

```
Efficient porfolio (mean-variance) :ticker used
('IBM', 'WMT', 'C')
Sortino ratio for an equal-weighted portfolio
[ 0.33333333  0.33333333  0.33333333]
1.66860012089
Warning: Maximum number of function evaluations has been exceeded.
Optimal weights are
[  6.34898056e+42   3.41085097e+43  -4.04574902e+43]
final Sortino ratio is
6.18154566459e+42
```

모딜리아니와 모딜리아니(1997)는 또 다른 성과 척도를 제안했다. 그들의 벤치마크는 지정된 시장 지수다. S&P500 지수를 예로 들어 살펴보자. 포트폴리오가 S&P500 시장 지수에 비해 고위험 고수익이라고 가정하자.

$$\begin{cases} \bar{R}_p > \bar{R}_{sp500} \\ \sigma_p < \sigma_{sp500} \end{cases} \qquad (21)$$

다음은 그들의 2단계 접근 방법이다.

1. 원래 포트폴리오의 가중치 w와 무위험 투자의 가중치 $1-w$로 구성된 새로운 포트폴리오를 구성한다. 새로운 포트폴리오는 S&P500 시장 지수와 동일한 리스크를 가진다.

$$w^2 \sigma_p^2 = \sigma_{sp500}^2 \qquad (22)$$

실제로 가중치 w는 다음 식에 의해 주어질 것이다.

$$w = \frac{\sigma_p}{\sigma_{S\&P500}} \qquad (23)$$

2. 다음 식을 사용해 포트폴리오의 수익률 평균을 계산한다.

$$\bar{R}_p^{new} = w_1 R_p + (1 - w_1) R_f \qquad (24)$$

마지막 판단은 새로운 리스크 조정 포트폴리오와 S&P500 평균 수익률을 비교하는 것이다. 다음 파이썬 프로그램을 사용하면 된다.

```python
from matplotlib.finance import quotes_historical_yahoo_ochl as getData
import matplotlib.pyplot as plt
import pandas as pd
import numpy as np
import scipy as sp

begdate=(2012,1,1)
enddate=(2016,12,31)
ticker='IBM'

def ret_f(ticker):#function 1
    x = getData(ticker,begdate,enddate,asobject=True,adjusted=True)
    ret=x.aclose[1:]/x.aclose[:-1]-1
    ddate=x['date'][1:]
    y=pd.DataFrame(ret,columns=[ticker],index=ddate)
    return y.groupby(y.index).sum()
```

```
a=ret_f(ticker)
b=ret_f("^GSPC")
c=pd.merge(a,b,left_index=True, right_index=True)
print(c.head())
mean=sp.mean(c)
print(mean)
cov=sp.dot(c.T,c)
print(cov)
```

출력 결과는 다음과 같다.

```
                    IBM      ^GSPC
2012-01-04  -0.004079   0.000188
2012-01-05  -0.004743   0.002944
2012-01-06  -0.011481  -0.002537
2012-01-09  -0.005204   0.002262
2012-01-10  -0.001542   0.008886
IBM         0.000081
^GSPC       0.000479
dtype: float64
[[ 0.17358781   0.07238903]
 [ 0.07238903   0.08238055]]
```

포트폴리오 수익률을 계산하기 위한 다른 가중치 기법도 있다. 흔히 사용되는 것들은 가치 가중[value-weighed], 동일 가중[equal-weighted], 가격 가중[price-weighted] 등이 있다. 어떤 지수를 계산할 때 가치 가중은 흔히 시가 총액 가중[market capitalization weighted]이라고도 불린다. 예를 들어 S&P500 수익률은 가치 가중이고, 다우존스 산업 평균은 가격 가중이다 동일 가중은 가장 간단한 형태다.

$$R_{p,t} = \frac{\sum_{i=1}^{n} R_{i,t}}{n} \qquad (25)$$

여기서 $R_{p,t}$는 시각 t의 포트폴리오 수익률, $R_{i,t}$는 시각 t의 주식 i의 수익률, n은 포트폴리오 내의 주식 수다. 아주 간단한 예를 하나 들어보자. 포트폴리오에 두 개의 주식이 있다고 가정하자. 작년 A 주식은 20%의 수익률을 기록한 반면, B 주식

442

은 -10%였다. 두 값에 기초한 동일 가중 수익률은 어떻게 될까? 정답은 5%이다. 가치 가중 지수의 경우 핵심은 가중치 W_i이다. 다음 식을 살펴보자.

$$\begin{cases} R_{p,t} = \sum_{i=1}^{n} w_i R_{i,t} \\ w_i = \dfrac{v_i}{\sum_{i=1}^{n} v_i} \end{cases} \qquad (26)$$

여기서 v_i는 i번째 주식의 투자 금액이고, $\sum_{i=1}^{n} v_i$는 전체 포트폴리오의 가치다. 2-주식 포트폴리오의 경우를 가정해보자. 작년 주식 A(B)는 20%(-10%)의 수익률을 기록했다. 주식 A, B에 대한 투자가 각각 90%와 10%라고 가정하자. 작년의 가치 가중 수익률은 어떻게 되는가? 해답은 17%(=0.9×0.2+0.1×(-0.1))다. S&P5000 같은 시장 지수의 경우 v_i는 주식 i의 시가 총액이고, 전체 500개 주식의 시가 총액 합은 지수 포트폴리오의 시장 가치가 될 것이다. 가치 가중 시장 지수의 경우 소형 주식은 그 비중이 워낙 작아 지수에 미치는 영향이 미미할 것이다. 다음에 http://canisius.edu/~yany/python/yanMonthly.pkl에서 다운로드할 수 있는 yanMonthly.pkl를 사용한 간단한 예제가 있다.

```python
import scipy as sp
import pandas as pd
x=pd.read_pickle("c:/temp/yanMonthly.pkl")
def ret_f(ticker):
    a=x[x.index==ticker]
    p=sp.array(a['VALUE'])
    ddate=a['DATE'][1:]
    ret=p[1:]/p[:-1]-1
    out1=pd.DataFrame(p[1:],index=ddate)
    out2=pd.DataFrame(ret,index=ddate)
    output=pd.merge(out1,out2,left_index=True, right_index=True)
    output.columns=['Price_'+ticker,'Ret_'+ticker]
    return output
a=ret_f("IBM")
```

```
b=ret_f('WMT')
c=pd.merge(a,b,left_index=True, right_index=True)
print(c.head())
```

다음에 출력 결과가 있다.

```
              Price_IBM    Ret_IBM   Price_WMT   Ret_WMT
DATE
19720929          7.09  -0.005610        0.04      0.00
19721031          6.73  -0.050776        0.04      0.00
19721130          6.85   0.017831        0.04      0.00
19721229          7.04   0.027737        0.05      0.25
19730131          7.63   0.083807        0.04     -0.20
```

단지 두 개의 주식만으로 구성됐으므로 여러 가중치 전략에 대해 며칠 동안의 데이터를 수작업으로 계산해보자. 1973년 1월의 마지막 관측치를 예제로 사용하고 포트폴리오는 IBM 100주와 월마트 200주로 구성된다고 가정하자. 동일 가중 월별 수익률은 -0.08 = (0.04-0.2)/2다. 가치 가중의 경우 2개의 가중치를 구해야 하는데 이전에 사용한 가격을 그대로 사용하자. 가격은 100 × 7.04 + 200 × 0.05= 714다. 그러므로 w1 = 0.9859944(704/714)이고 w2 = 0.0140056이다. 가치 가중 수익률은 0.0366, 즉 0.9859944 × 0.04 + 0.0140056 × (-0.2)다. 가격 가중 포트폴리오의 경우 가치 가중과 동일한 형식이다. 주된 차이는 가중치를 정의하는 방식이다.

$$\begin{cases} R_{p,t} = \sum_{i=1}^{n} w_i R_{i,t} \\ w_i = \dfrac{p_i}{\sum_{i=1}^{n} p_i} \end{cases} \tag{27}$$

여기서 p_i는 i번째 주식의 가격이다. 어떤 면에서 가격 가중 포트폴리오는 2 주식에 대해 각 1주씩만 가졌다고 생각하고 계산한 것과 같다. 작년 주식 A(B)는 20% (-10%) 수익률을 기록했다. A(B) 주식의 가격은 10(90)달러다. 그러면 가격 가중 포트폴리오의 수익률은 0.2 × (10/100) - 0.1 × (90/100) = -7%다. 단위 가격이 높은 주식일수록 높은 가중치를 가진다는 것이 명확히 보인다. 앞 결과에 따라 IBM

과 월마트의 가격 비중 가중치는 0.9929478(=7.04/(7.04 + 0.05))와 0.007052186이 다. 따라서 해당 월의 가격 비중 포트폴리오 수익률은0.03830747(=0.9929478 × 0.04 + 0.007052186 × (-0.2))이다.

포트폴리오나 지수 수익률을 계산할 때 몇 가지 변형이 있을 수 있다. 첫 번째는 수익률이 배당이나 다른 이익 배분을 포함할 것인지 고려해야 한다. 예를 들어 CRSP 데이터베이스에는 EWRETD와 EWRETX의 두 개 값이 있다. EWRETD는 배당을 포함한 동일 가중 시장 수익률을 구한 총 수익률의 개념이다. EWRETX는 배당이나 다른 이익 배분을 포함하지 않은 동일 가중 시장 수익률이다. 유사하게 가치 가중 수익률에 있어서도 VWRETD와 VWRETX가 있다. 두 번째는 가중치를 사용할 때 현재 시가 총액보다 이전 분기의 시가 총액을 쓰는 것이 시장의 공통된 관행이다.

▌ 참고문헌

다음의 문헌들을 참고하라.

- Markowitz, Harry, 1952, Portfolio Selection, Journal of Finance 8,77-91, http://onlinelibrary.wiley.com/doi/10.1111/j.1540-6261.1952.tb01525.x/full

- Modigliani, Franco, 1997, Risk-Adjusted Performance, Journal of Portfolio Managemen, 45-54

- Sharpe, William F., 1994, the Sharpe Ratio, the Journal of Portfolio Management 21 (1), 49-58

- Sharpe, W. F., 1966, Mutual Fund Performance, Journal of Business 39 (S1), 119-138

- Scipy manual, Mathematical optimization: finding minima of functions, http:// www.scipy-lectures.org/advanced/mathematical_optimization/

- Sortino, F.A., Price, L.N.,1994, Performance measurement in a downside risk framework, Journal of Investing 3, 50-8
- Treynor, Jack L., 1965, How to Rate Management of Investment Funds, Harvard Business Review 43, pp. 63-75

부록 A: 데이터 케이스 #5 - 선호하는 산업 포트폴리오는?

다음의 과제를 해결해보자.

1. 49개 산업 분류에 대한 정의를 이해하자.
2. 프렌치 교수의 데이터 라이브러리에서 데이터를 다운로드하는 방법을 배우자.
3. 효용 함수에 대해 이해하자.
4. 투자자의 유형별로 어떤 산업이 최적인지 찾아보라.
5. 무차별 곡선^{indifference curve}을 그리는 방법을 배우자(하나의 최적 포트폴리오에 대해).
6. 프렌치 교수의 라이브러리 http://mba.tuck.dartmouth.edu/pages/faculty/ken.french/data_library.html에 접속하라.
7. 49개 산업 포트폴리오의 오른쪽에 있는 CSV를 클릭하라. 다음 스크린샷을 살펴보라.

49 Industry Portfolios TXT CSV Details
49 Industry Portfolios [ex. Dividends] TXT CSV Details
49 Industry Portfolios [Daily] TXT CSV Details

8. 산업 포트폴리오에 대해 가치 가중과 동일 가중 수익률과 분산을 계산하라.
9. 3가지 유형의 투자자(A=1, A=2, A=4)에 대해 효용 함수 값을 구하라.

$$U = R(R) - \frac{1}{2}A \times \sigma^2 \quad .....(1)$$

여기서 U는 효용 함수이고, $E(R)$은 기대 포트폴리오 수익률이고 평균을 근사치로 대신 사용한다. A는 리스크 회피 계수이고 σ^2는 포트폴리오의 분산이다.

10. 결과 하나를 선택하라. 예를 들어 A 값 1을 갖는 투자가의 최적 가치 가중 포트폴리오를 선택하고 무차별 커브를 그려보라.

11. 결과에 대해 설명해보라.

http://mba.tuck.dartmouth.edu/pages/faculty/ken.french/Data_Library/det_49_ind_port.html에 49개 산업의 정의가 있다.

부록 B: 데이터 케이스 #6 – S&P500 월별수익률 복제

이 과제는 CRSP 데이터베이스 구독을 하고 있는 것을 전제로 한다.

목표:

1. 동일 가중과 가치 가중 시장 지수에 대한 개념을 이해한다.
2. S&P500 월별 수익률을 복제하는 파이썬 프로그램을 제작하라.
3. 결과를 설명하라.

데이터 소스: CRSP

sp500monthly.pkl

sp500add.pkl

stockMonthly.pkl

sp500monthly.pkl에서 다음의 몇 개 관측치를 살펴보자.

```
import pandas as pd
x=pd.read_pickle("c:/temp/sp500monthly.pkl")
print(x.head())
print(x.tail())
```

	DATE	VWRETD	EWRETD	VWRETX	EWRETX	SP500INDEX	SP500RET	N
0	19251231	NaN	NaN	NaN	NaN	12.46	NaN	89
1	19260130	-0.001780	0.006457	-0.003980	0.003250	12.74	0.022472	89
2	19260227	-0.033290	-0.039970	-0.037870	-0.042450	12.18	-0.043950	89
3	19260331	-0.057700	-0.067910	-0.062000	-0.073270	11.46	-0.059110	89
4	19260430	0.038522	0.031441	0.034856	0.027121	11.72	0.022688	89

	DATE	VWRETD	EWRETD	VWRETX	EWRETX	SP500INDEX	SP500RET \
1076	20150831	-0.059940	-0.052900	-0.062280	-0.054850	1972.18	-0.062580
1077	20150930	-0.024530	-0.033490	-0.026240	-0.035550	1920.03	-0.026440
1078	20151030	0.083284	0.073199	0.081880	0.071983	2079.36	0.082983
1079	20151130	0.003317	0.002952	0.000771	0.000438	2080.41	0.000505
1080	20151231	-0.015180	-0.025550	-0.017010	-0.027650	2043.94	-0.017530

sp500add.pkl에 대해 다음의 몇 가지 관측치를 살펴보자.

```
import pandas as pd
```

```
x=pd.read_pickle("c:/temp/sp500add.pkl")
print(x.head())
print(x.tail())
```

	PERMNO	DATEADDED	DAYDELETED
0	10006	19570301	19840718
1	10030	19570301	19690108
2	10049	19251231	19321001
3	10057	19570301	19920702
4	10078	19920820	20100128
	PERMNO	DATEADDED	DAYDELETED
1847	93002	20140508	20151231
1848	93089	20151008	20151231
1849	93096	20121203	20151231
1850	93159	20120731	20151231
1851	93422	20100701	20150630

마지막 데이터셋 stockMonthly.pkl의 관측치 몇 가지를 살펴보자.

```
import pandas as pd
x=pd.read_pickle("c:/temp/stockMonthly.pkl")
print(x.head())
print(x.tail())
```

출력 결과는 다음과 같다.

	Date	Return	Volume	Price	SharesOutStanding
permno					
10000	1985-12-31	NaN	NaN	NaN	NaN
10000	1986-01-31	NaN	1771.0	-4.3750	3680.0
10000	1986-02-28	-0.257140	828.0	-3.2500	3680.0
10000	1986-03-31	0.365385	1078.0	-4.4375	3680.0
10000	1986-04-30	-0.098590	957.0	-4.0000	3793.0

	Date	Return	Volume	Price	SharesOutStanding
permno					
93436	2014-08-29	0.207792	1149281.0	269.7000	124630.0
93436	2014-09-30	-0.100180	1329469.0	242.6799	125366.0
93436	2014-10-31	-0.004030	1521398.0	241.7000	125382.0
93436	2014-11-28	0.011667	1077170.0	244.5200	125382.0
93436	2014-12-31	-0.090420	1271222.0	222.4100	125382.0

▌ 연습문제

1. "계란을 한 바구니에 담지 말라"는 속담 뒤에 숨은 가정은 무엇인가?

2. 리스크를 측정하는 것들은 어떤 것들이 있는가?

3. 두 주식에 대한 주가방향 동질성을 측정하는 방법은 어떻게 되는가?

4. 두 주식 사이의 주가 방향 동질성을 측정하는 데 있어 공분산보다 상관관계가 더 낫다고 주장하는 이유는 무엇인가?

5. 2개의 주식 A와 B에 대해 기대 수익률을 비교할 때 (σA, σB)와 (βA, βB) 중 어느 쌍이 더 중요한가?

6. 수익률 추이에 대해 분산과 상관관계는 서로 같은 부호를 가진다는 것이 사실인가?

7. 다음 코드에서 비효율적인 부분을 찾아보시오.

```
import scipy as sp
sigma1=0.02
sigma2=0.05
```

```
rho=-1
n=1000
portVar=10# assign a big number
tiny=1.0/n
for i in sp.arange(n):
    w1=i*tiny
    w2=1-w1
    var=w1**2*sigma1**2+w2**2*sigma2**2+2*w1*w2*rho*sigma1*sigma2
    if(var<portVar):
        portVar=var
        finalW1=w1
    #print(vol)
print("min vol=",sp.sqrt(portVar), "w1=",finalW1)
```

8. 주어진 집합 σA, σB 그리고 상관관계(ρ)에 대해 근이 존재하는지 테스트 해 보시오.

   $ax^2 + bx + c = 0$ 식을 계산하라

$$x = \frac{-b \pm \sqrt{b^2 - 4ac}}{2a}$$

9. 공분산과 상관관계의 차이는 무엇인가? 일련의 수익률에 대해 결과를 출력 하는 파이썬 프로그램을 제작하시오.

10. 포트폴리오 리스크의 정의는 다음과 같다. 포트폴리오 리스크에 대한 상관 관계의 영향은 무엇인가?

$$\sigma_p^2 = \sum_{i=1}^{n} \sum_{j=1}^{n} w_i \, w_i \sigma_{i,j}$$

11. MSFT, IBM, WMT, ^GSPC, C, A, AA 같은 몇 주식에 대해 분산-공분산과 상관관계 행렬을 계산해보라. 데이터는 최근 5개년 동안 월별 수익률 데이터를 이용하라. 어느 두 주식이 가장 강한 상관관계를 보이는가?

12. 최근 5개년간 월별 데이터와 일별 데이터에 근거해 IBM과 WMT의 상관관계를 구하시오. 두 가지의 결과는 같은가?

13. 시장 지수와 일부 주식에 대해 분산-공분산 행렬을 생성하라. 종목 코드는 각각 C, MSFT, IBM, WMT, AAPL, AF, AIG, AP, ^GSPC다.

14. 주식 간의 상관관계는 시간이 흘러도 변화가 없는가?

 몇 개의 주식을 고른 다음 5년 단위로 상관관계를 계산해보라.

15. 시가 총액에 따른 대형주끼리의 상관관계는 소형주 간의 상호관계보다 더 강한가?

16. 포트폴리오 구성을 위해 다음과 같은 3가지 주식이 있다.
- 제로 포트폴리오 리스크를 가진 2-주식 포트폴리오 구성이 가능한가?
- 무위험 포트폴리오 구성을 위한 위 두 종목의 가중치는 각각 어떻게 되는가?

주식	분산	주식	분산	주식	분산
A	0.0026	B	0.0418	C	0.0296

해당 상관관계(계수) 행렬은 다음과 같다.

	A	B	C
A	1.0	−1.0	0.0
B	−1.0	1.0	0.7
C	0.0	0.7	1.0

17. 분산이나 표준 편차를 계산할 때 모집단 혹은 샘플이냐에 따라 2가지 정의가 있다. 차이는 분모다. 모집단의 경우 다음 식을 사용한다.

$$\begin{cases} var = \sigma^2 = \dfrac{\sum_{i=1}^{n}(R_i - \bar{R})^2}{n} \\ \sigma = \sqrt{\sigma^2} \end{cases}$$

표본의 경우 다음 식을 사용한다.

$$\begin{cases} var = \sigma^2 = \dfrac{\sum_{i=1}^{n}(R_i - \bar{R})^2}{n-1} \\ \sigma = \sqrt{\sigma^2} \end{cases}$$

scipy.var()과 spcipy.std() 함수가 표본에 기초한 것인지 모집단에 기초한 것인지 알아보라.

18. 20개 주식에 대해 10년간의 데이터와 직접 만든 가중치를 이용해 포트폴리오의 기댓값을 계산하는 파이썬 프로그램을 작성하라.

19. 50개 주식에 대해 최소 5개년 데이터를 선택하라. 각 주식의 변동성을 계산하라. 평균은 $\bar{\sigma}_1$가 될 것이다. 그리고 몇 개의 동일 가중 2-주식 포트폴리오를 구성하고 변동성을 계산하라. 그 평균은 $\bar{\sigma}_2$가 될 것이다. 이런 식으로 계속해서 $\bar{\sigma}_n$ n-주식 동일 비중 포트폴리오의 평균 변동률이 될 것이다. x축은 포트폴리오 내의 주식 수로, y축은 n-주식 포트폴리오의 변동성 $\bar{\sigma}_n$으로

하는 그래프를 그리고, 결과를 설명해보라.

20. 산업에 대한 적절한 정의를 찾아보라. 각 산업에서 7개의 주식을 고르고 그들의 상관관계 행렬을 계산하라. 다른 산업에 대해서도 반복하라. 결과에 대해 설명하라.

21. 10개의 주식을 이용해서 최적 포트폴리오를 구성하는 방법을 계산하는 파이썬 프로그램을 작성하라.

22. 5가지 산업의 평균 상관관계를 찾아보라. 각 산업당 최소 10개 이상의 주식을 구성하라.

23. 포트폴리오의 변동성을 계산할 때 2가지 공식이 있다. 2-주식에 대한 식과 n-주식에 대한 식이 그것이다. n이 2일 때 n-주식 포트폴리오의 변동성을 위한 식이 2-주식의 산술식과 같다는 것을 보이라.

24. 다음 문장은 참인가? 증명하거나 부정하라.

 주식 수익률 간은 서로 상관관계가 없다.

25. 1년간 IBM의 일별 데이터를 다운로드한 뒤 2가지 방법을 사용해서 샤프 지수를 구하라. 첫 번째는 정의에 따른 식을 이용해 구해보고, 두 번째는 sharpe( )라는 파이썬 함수를 작성하라.

26. http://canisius.edu/~yany/python/yanMonthly.pkl 파일을 업데이트하라. 다음 처음과 마지막 몇 줄을 살펴보자. 주식에 대해 VALUE는 월별 주가이고 파마-프렌치 요인에 대해서 VALUE는 요인, 즉 월별 포트폴리오 수익률이라는 것에 유의하자.

```
import pandas as pd
x=pd.read_pickle('c:/temp/yanMonthly.pkl')
print(x.head(2))
print(x.tail(3))
                DATE    VALUE
NAME
000001.SS  19901231  127.61
000001.SS  19910131  129.97
                DATE    VALUE
NAME
^TWII   20130930  8173.87
^TWII   20131031  8450.06
^TWII   20131122  8116.78
```

27. 마르코비치 최적화는 처음 두 모멘트만 사용한다. 이유는 무엇인가? 세 번째 와 네 번째 모멘트의 정의는 무엇인가? 두 모멘트가 무시됐을 때의 영향은 무엇인가? 어떻게 포함시킬 수 있는가?

28. 2012년 1월 2일부터 2013년 12월 31일까지 10개 주식에 대해 동일 가중 및 가치 가중 월별 수익률을 구하는 파이썬 프로그램을 제작하라. 데이터는 http://canisius.edu/~yany/python/yanMonthly.pkl을 이용하라. 가치 가중 수익률의 경우 가중치는 투자한 주식 수와 지난달 종가의 곱으로 정하라.

29. CRSP에 가입돼 있다고 가정한다. CRSP의 **VWRETD**와 **EWRETD**를 복제하라. 월 별 CRSP 데이터가 사용돼야 함에 유의하라. stockMonthly.pkl의 일부 데이 터는 다음과 같다.

```
import pandas as pd
x=pd.read_pickle("c:/temp/stockMonthly.pkl")
print(x.head())
print(x.tail())
```

출력 결과는 다음과 같다.

permno	Date	Return	Volume	Price	SharesOutStanding
10000	1985-12-31	NaN	NaN	NaN	NaN
10000	1986-01-31	NaN	1771.0	-4.3750	3680.0
10000	1986-02-28	-0.257140	828.0	-3.2500	3680.0
10000	1986-03-31	0.365385	1078.0	-4.4375	3680.0
10000	1986-04-30	-0.098590	957.0	-4.0000	3793.0

permno	Date	Return	Volume	Price	SharesOutStanding
93436	2014-08-29	0.207792	1149281.0	269.7000	124630.0
93436	2014-09-30	-0.100180	1329469.0	242.6799	125366.0
93436	2014-10-31	-0.004030	1521398.0	241.7000	125382.0
93436	2014-11-28	0.011667	1077170.0	244.5200	125382.0
93436	2014-12-31	-0.090420	1271222.0	222.4100	125382.0

30. 모딜리아니와 모딜리아니(1997)의 성능 테스트를 파이썬 프로그램을 작성하시오.

31. 샤프 지수, 트레이너 지수, 소르티노 지수 같은 몇 가지 성과 척도에 대해 다음을 살펴보자. 편익과 비용은 서로 나눠서 비교할 수 있다.

$$\text{샤프 지수} = \frac{E(R_p) - R_f}{\sigma_p} \qquad (1)$$

$$\text{트레이너 지수} = \frac{\bar{R}_p - \bar{R}_f}{\beta_p} \qquad (2)$$

$$\text{소르티노 지수} = \frac{\bar{R}_p - \bar{R}_f}{LPSD} \qquad (3)$$

반면 효용 함수 역시 편익과 비용의 차이를 구함으로써 균형을 이룬다.

$$U = E(R) - \frac{1}{2}A * \sigma^2, \qquad (4)$$

이 두 가지 접근 방식을 비교하라. 이 두 방식을 합칠 수 있는 좀 더 일반적인 방법은 없는가?

32. 파마-프렌치 49개 산업군의 샤프 지수, 트레이너 지수, 소르티노 지수를 구하라. 무위험 금리는 http://finance.yahoo.com/bonds에서 찾을 수 있다. 다른 방법은 http://canisius.edu/~yany/python/ffMonthly.pkl에서도 찾을 수 있다. 사용된 데이터셋은 ff49industries.pkl이고 http://canisius.du/~yany/python/ff49industries.pkl에서 다운로드할 수 있다. 처음 몇 줄은 다음과 같다.

```
import pandas as pd
x=pd.read_pickle("c:/temp/ff49industries.pkl")
print(x.head(2))
        Agric   Food   Soda   Beer  Smoke   Toys
Fun        \
192607  2.37   0.12 -99.99  -5.19   1.29   8.65
2.50
192608  2.23   2.68 -99.99  27.03   6.50  16.81
-0.76
Books  Hshld   Clths   ...  Boxes  Trans
Whlsl      \
192607 50.21  -0.48    8.08  ...   7.70   1.94
-23.79
192608 42.98  -3.58   -2.51  ...  -2.38   4.88
5.39
        Rtail  Meals  Banks  Insur  RlEst    Fin
Other
192607  0.07   1.87   4.61  -0.54   2.89  -4.85
5.20
192608 -0.75  -0.13  11.83   2.57   5.30  -0.57
6.76
[2 rows x 49 columns]
```

▌ 요약

9장은 먼저 주식 쌍이나 포트폴리오 쌍에 대한 공분산과 상관관계 같은 포트폴리오 이론의 여러 개념을 설명했다. 그 후 샤프 지수, 소르티노 지수, 지수에 기초해 포트폴리오 리스크를 최소화하는 방법, 목적 함수를 설정하는 방법, 주어진 주식 집합으로 효율적 포트폴리오를 구성하는 방법, 효율적인 경계선을 설정하는 방법 등 여러 리스크 측정 방법에 대해 알아봤다. 10장에서는 기초 개념을 먼저 설명한다. 그리고 나서 유명한 블랙-스콜스-머톤 옵션 모델에 대해 알아본다. 그리고 옵션을 포함하는 여러 투자 전략을 자세히 다룬다.

10

옵션과 선물

현대 금융에 있어 옵션^{Options} 이론(선물과 선도를 포함해서)과 그 응용은 매우 중요한 역할을 하고 있다. 많은 투자 전략이나 회사의 인센티브 계획, 헤지 전략에는 다양한 유형의 옵션이 포함돼 있다. 예를 들어 임원의 인센티브 계획은 대개 스톡 옵션을 기반으로 한다. 미국 수입업자가 영국에서 3개월 내에 1천만 파운드를 지불하는 조건으로 기계류를 주문했다고 가정해보자. 수입업자에게는 통화 위험(환율 위험)이 존재한다. 파운드화가 미국 달러에 대해 평가 절하되면 수입업자는 1,000만 파운드를 사기 위해 더 적은 미국 달러를 내므로 혜택을 보지만 파운드화가 미국 달러에 대해 평가 절상되면 수입업자는 손실을 입게 될 것이다. 수입업자가 이런 리스크를 줄이거나 피하기 위한 몇 가지 방법이 있다. 파운드를 즉시 사두는 방법, 오늘 환율로 고정된 가격으로 파운드를 사는 선물 계약을 하거나 고정된 행사 가격의 옵션을 사는 방법 등이 있다. 10장에서는 옵션 이론과 관련 응용에 대해 설명한다. 10장에서 다루는 내용은 다음과 같다.

- 단기 경기 침체기에 통화 리스크를 헤지^{hedge}하는 방법
- 콜^{calls}과 풋^{puts}에 대한 수익 및 이익/손실 함수와 시각적 표현
- 유럽식 옵션과 미국식 옵션
- 정규 분포, 표준 정규 분포 및 누적 정규 분포
- 배당금이 있거나 없는 블랙-스콜스-머톤 옵션 모델
- 커버드 콜$^{covered\ call}$, 스트래들^{straddle}, 버터플라이^{butterfly}, 캘린더 스프레드 $^{calendar\ spread}$ 등 다양한 거래 전략과 이의 시각적 도식화
- 델타, 감마, 그리고 그릭스^{Greeks}
- 풋-콜 패리티$^{put\text{-}call\ parity}$와 이의 시각적 도식화
- 1단계 및 2단계 이항 트리 모델의 그래픽 표현
- 이항 트리 방법을 사용한 유럽식과 미국식 옵션의 가격 결정
- 내재적 변동성$^{Implied\ volatility}$, 변동성 미소$^{volatility\ smile}$ 및 왜도

옵션 이론은 금융 이론의 필수 부분이다. 금융 전공 학생이 옵션 이론을 이해하지 못한다는 것은 상상하기 힘든 일이다. 그러나 옵션 이론을 철저히 이해하기는 상당히 힘들다. 많은 금융 전공 학생들이 옵션 이론에 여러 미분 방정식이 동원되므로 로켓 과학이라고 말하기도 한다. 가급적 많은 독자를 만족시키기 위해 10장에서 너무 복잡한 수학식 유도는 피하겠다.

옵션은 그 구매자에게 미래 어느 시점에 오늘 정한 고정 가격으로 특정 물건을 사거나 팔 수 있는 권리를 주는 것이다. 옵션 구매자에게 미래에 무언가를 살 수 있는 권리가 주어지면 그것을 콜옵션이라고 하고, 팔 수 있는 권리가 주어지면 풋옵션이라고 한다. 각 거래에는 두 사람(쌍방)이 존재하므로 구매자는 권리를 사기 위해 돈을 지불하고, 판매자는 미래의 의무를 부담하는 대신 오늘 현금을 받게 된다. 거

래와 동시에 구매자에서 판매자로 초기 현금 흐름이 발생하는 옵션과는 달리 선물 거래는 통상 초기의 현금 흐름이 없다. 선도 거래^{Forward contracts}는 몇 가지 예외를 제외하고 선물 거래와 매우 흡사하다. 10장에서는 선물과 선도 거래의 두 가지 유형을 구분하지 않는다. 선도 거래는 선물 거래에 비해 분석이 좀 더 용이하다. 좀 더 심도 있는 분석을 원한다면 다른 관련 서적을 참고하기 바란다.

▌ 선물 소개

선물과 관련된 기본 개념과 공식을 알아보기 전에 연속 복리 금리 개념을 알아보자. 3장에서 주어진 현금가치의 미래가치는 다음 식으로 구할 수 있음을 봤다.

$$FV = PV(1 + R)^n \qquad \cdots (1)$$

여기서 FV는 미래가치, PV는 현재가치, R은 실 기간 이자율, n은 총 기간 수다.

연이율이 8%인 반년 복리를 가정해보자. 오늘 100달러를 예금하면 2년 뒤 미래의 가치는 얼마가 될까? 다음 코드를 살펴보자.

```
import scipy as ps
pv=100
APR=0.08
rate=APR/2.0
n=2
nper=n*2
fv=ps.fv(rate,nper,0,pv)
print(fv)
```

결과는 다음과 같다.

미래가치는 116.99달러다. 앞 프로그램에서 반년 복리 연이율이 8%이므로 실 반년 이율은 4%다. 옵션 이론에서 무위험 금리와 배당 이익은 연속 복리로 정의된다. 실 이율(혹은 연이율)과 연속 복리 이율의 관계는 쉽게 도출된다. 미래가치를 계산하는 두 번째 방법은 다음과 같다.

$$FV = PVe^{R_cT} \quad \dots (2)$$

여기서 R_c는 연속 복리 이율이고, T는 년이다. 일반적으로 식 (1)을 적용할 때는 연간 실 이율과 년 수 또는 실 월이율과 월 수 등 수 많은 조합이 가능하지만 식 (2)는 오직 한 쌍(연속 복리 이자율과 년 수)의 값만으로 정의된다. 하나의 실 이율과 해당하는 연속 복리 이율의 관계를 도출하기 위해 다음의 간단한 접근 방식을 추천한다. 현재가치로 1달러를 선택하고 투자 기간을 1년으로 정한다. 그 뒤 앞의 두 방정식을 적용하고 양변이 동일하게 설정한다. 실 반년 이율이 4%인 앞 예제에서 해당 연속 복리 이율 R_c는 얼마인가?

$$FV = (1 + R_{semiannual})^n$$
$$FV = e^{R_c}$$

두 식을 같다고 두면 다음과 같은 식이 도출된다.

$$e^{R_c} = (1 + R_{semiannual})^2$$

앞 수식의 양변에 자연로그를 취하면 다음 값을 얻을 수 있다.

$$R_c = 2 * \ln(1 + R_{semiannual}) = 2 * \ln(1 + 0.04) = 0.078441426306562659$$

위 접근 방식을 간단히 일반화하면 하나의 실 이율에 해당하는 연속 복리 이율을 구하는 다음 식을 얻게 된다.

$$R_c = m * \ln\left(1 + R_{effective}\right) \quad \cdots (3)$$

여기서 m은 연간 복리 계산 횟수다. m = 1, 2, 4, 12, 52, 365에 해당하는 복리 계산 주기는 각각 1년, 반년, 분기, 월, 주, 일이 된다. $R_{effective}$는 APR을 m으로 나눈 값이다. 복리 주기와 APR이 주어지면 다음의 변환 식을 얻을 수 있다.

$$R_c = m * \ln\left(1 + \frac{APR}{m}\right) \quad \cdots (3B)$$

한편 주어진 연속 이율로부터 실 이율 계산식을 도출하는 것은 아주 간단하다.

$$R_{effective} = e^{\frac{R_c}{m}} \quad \cdots (4)$$

앞 식을 증명하기 위해 다음 코드를 살펴보자.

```
import scipy as sp
Rc=2*log(1+0.04)
print(sp.exp(Rc/2)-1
0.040000000000000036
```

유사하게 R_c로부터 APR을 계산하는 다음 식을 얻을 수 있다.

$$APR = m * e^{\frac{R_c}{m}} \quad \cdots (4B)$$

선물 계약의 경우 미국 수입업자가 3개월 내 1천만 달러를 지불하기로 한 앞의 예제를 사용하기로 하자. 대개 환율을 나타내는 두 가지 방법이 있다. 두 번째 통화의 단위 금액에 해당하는 첫 번째 통화 금액을 표시하거나 그 반대의 경우다. 미국을 국내로 영국을 해외로 가정해 환율은 단위 파운드당 달러로 표시하자. 오늘 환율이 파운드당 1.25달러(1파운드 = 1.25달러)라고 하고, 국내 금리는 1%, 해외 금리(영국)는 2%라고 가정하자. 다음 코드는 파운드와 미국 달러로 필요한 오늘의 금액을 계산하는 프로그램이다.

```
import scipy as sp
amount=5
r_foreign=0.02
T=3./12.
exchangeRateToday=1.25
poundToday=5*sp.exp(-r_foreign*T)
print("Pound needed today=", poundToday)
usToday=exchangeRateToday*poundToday
print("US dollar needed today", usToday)
('Pound needed today=', 4.9750623959634117)
('US dollar needed today', 6.2188279949542649)
```

계산 결과 3개월 내에 5백만 파운드를 지급하려면 국내에서 1% 이자를 지급받을 수 있으므로 현재 기준으로 497만 5천 파운드가 필요하다는 것을 알 수 있다. 수입업자가 파운드가 없다면 621만 8,800달러를 써서 오늘 파운드화를 사면 된다. 다른 방법으로는 수입업자가 3개월 후 오늘 결정된 고정 환율로 파운드를 구매할 수 있는 매입 선물 계약(혹은 다수의 선물 계약)을 체결하는 방법이 있다. 선도 금리(선물 환율)는 다음과 같다.

$$F = S_0 e^{(R_d - R_f)T} \quad \dots (5)$$

여기서 F는 선물의 가격(이 경우는 오늘 결정된 미래의 환율), S_0는 현물 가격(오늘의 환율), R_d는 국내 무위험 연속 복리 금리, R_f는 연속 복리 외국 금리, T는 연환산 만기다. 다음 파이썬 프로그램은 선물의 오늘 가격을 계산한다.

```
import scipy as sp
def futuresExchangeRate(s0,rateDomestic,rateForeign,T):
    futureEx=s0*sp.exp((rateDomestic-rateForeign)*T)
return futureEx

# 입력 부분
s0=1.25
rHome=0.01
rForeigh=0.02
T=3./12.
#
futures=futuresExchangeRate(s0,rHome,rForeigh,T)
print("futures=",futures)
```

출력 결과는 다음과 같다.

```
('futures=', 1.246878902996825)
```

결과에 따르면 3개월 후 환율은 파운드당 1.2468789달러가 예상된다. 다시 말해 미국 달러가 파운드 대비 평가 절하될 것이다. 그 배경은 서로 다른 두 나라의 금리에 있다. 무차익 거래 원리를 살펴보자. 오늘 1.25달러가 있다고 가정하자. 2가지의 선택이 가능하다. 하나는 미국 은행에 예금을 해서 1% 이자를 받는 것이고 다른 하나는 1.25달러로 1파운드를 구매한 다음 외국 은행에 저축해서 2% 이자를 받는 것이다. 또한 미래의 환율이 1.246879가 아니라면 차익 거래 기회가 있을 수 있다. 선물 가격(환율에 대한)이 1.26달러로 미국 달러 대비 고평가됐다고 가정하자. 차익 거래자는 저가에 사서 고가에 파는 기법을 활용할 수 있다. 즉, 매도 포지션을 취하는 것이다. 3개월 뒤 1파운드를 지급해야 하는 의무가 있는 선물 상품이 있다고 가정하자. 다음은 차익 거래 전략이다. 은행에서 1.25달러를 대출한 뒤 3개월 뒤 1파운드를 1.26달러에 구매할 수 있는 선물 계약을 매도 포지션한다. 다음 코드는 이 차익 거래로 3개월 후 얻을 수 있는 이익을 계산하는 프로그램이다.

```
import scipy as sp
obligationForeign=1.0  # 3개월 뒤 얼마를 지불할 것인가?
f=1.26# 선물 가격
s0=1.25    # 금일 환율
rHome=0.01
rForeign=0.02
T=3./12.
todayObligationForeign=obligationForeign*sp.exp(-rForeign*T)
usBorrow=todayObligationForeign*s0
costDollarBorrow=usBorrow*sp.exp(rHome*T)
profit=f*obligationForeign-costDollarBorrow
print("profit in USD =", profit)
```

출력 결과는 다음과 같다.

```
('profit in USD =', 0.013121097003174764)
```

이익은 0.13달러이다. 선물 가격이 1.246878902996825보다 낮았다면 차익 거래자
는 반대 포지션을 취하면 된다. 즉, 매입 포지션을 취하는 것이다. 만기 전 배당이
없는 주식의 경우 다음과 같은 선물 가격 공식을 쓸 수 있다.

$$F = S_0 e^{(R_f - yield)T} \quad \dots (6)$$

여기서 F는 선물 가격, S_0는 현 주가, R_f는 연속 복리 무위험 금리, $yield$는 연속
복리 배당 수익률이다. 만기 전 알려진 이산 배당의 경우 다음과 같은 식을 쓸 수
있다.

$$F = [S_0 - PV(D)]e^{R_f T} \quad \dots (7)$$

여기서 PV(D)는 만기 전 알려진 모든 배당금의 현재가치다. 선물은 헤지 도구 혹은 투기 도구로 사용될 수 있다. 펀드 매니저가 내재된 시장의 단기 침체에 대해 우려하고 있다고 가정하자. 또한 펀드 매니저의 포트폴리오는 S&P500 같은 시장 포트폴리오와 양의 상관관계를 갖고 있다고 가정하자. 따라서 펀드 매니저는 S&P500에 관련된 선물에 매도 포지션을 취해야 한다. 다음은 관련 공식이다.

$$n = \left(\beta_{target} - \beta_p\right) * \frac{V_p}{V_F} \qquad \cdots (8)$$

여기서 n은 전체 선물 거래 계약 수이고, β_{target}은 목표 베타, β_p는 포트폴리오의 베타, V_p는 포트폴리오의 가치, V_F는 선물 거래의 단위 가치다. n이 0보다 작으면(크면) 매도(매입) 포지션을 취해야 한다. 간단한 예를 들어보자. 존은 5,000만 달러 가치의 포트폴리오를 관리하고 있고, 그의 포트폴리오는 S&P500과 1.10의 베타 값을 갖고 있다. 존은 향후 6개월 내에 시장이 하락할 것이라는 우려를 하고 있지만 거래 수수료 때문에 포트폴리오를 처분하거나 구매하지 못하고 있다. 존의 단기간 목표 베타는 0이다. 각 S&P500의 포인트당 가격은 250달러다. 오늘 S&P500 지수가 2297.41이므로 선물 거래 한 건당 총 가치는 574,355달러다. 존이 매도 포지션(혹은 매입 포지션)해야 하는 계약 수는 다음과 같다.

```
import scipy as ps
# 입력 부분
todaySP500index=2297.42
valuePortfolio=50e6
betaPortfolio=1.1
betaTarget=0
#
priceEachPoint=250
contractFuturesSP500=todaySP500index*priceEachPoint
n=(betaTarget-betaPortfolio)*valuePortfolio/contractFuturesSP500
print("number of contracts SP500 futures=",n)
```

출력 결과는 다음과 같다.

```
('number of contracts SP500 futures=', -95.75959119359979)
```

음수는 매도 포지션을 의미한다. 계산 결과 존은 96개의 S&P 선물 계약에 매도 포지션 취해야 한다. 이 결과는 포트폴리오가 S&P 지수와 양의 상관관계에 있으므로 상식에 부합한다. 다음 프로그램은 S&P500 지수가 97 포인트 빠졌을 때 헤지를 했을 때와 하지 않았을 때의 이익과 손실을 보여준다.

```
# 입력 부분
import scipy as sp
sp500indexToday=2297.42
valuePortfolio=50e6
betaPortfolio=1.1
betaTarget=0
sp500indexNmonthsLater=2200.0
#
priceEachPoint=250
contractFuturesSP500=sp500indexToday*priceEachPoint
n=(betaTarget-betaPortfolio)*valuePortfolio/contractFuturesSP500
mySign=sp.sign(n)
n2=mySign*sp.ceil(abs(n))
print("number of contracts=",n2)
# 헤지 결과
v1=sp500indexToday
v2=sp500indexNmonthsLater
lossFromPortfolio=valuePortfolio*(v2-v1)/v1
gainFromFutures=n2*(v2-v1)*priceEachPoint
net=gainFromFutures+lossFromPortfolio
print("loss from portfolio=", lossFromPortfolio)
print("gain from futures contract=",gainFromFutures)
print("net=", net)
```

출력 결과는 다음과 같다.

```
('number of contracts=', -96.0)
('loss from portfolio=', -2120204.403200113)
('gain from futures contract=', 2338080.0000000019)
('net=', 217875.59679988865)
```

결과의 마지막 3줄을 보면 헤지를 하지 않았을 경우 포트폴리오의 손실은 212만 달러가 예상된다. 반면 96개의 선물을 매도 포지션한 경우 6개월 후 S&P가 97 포인트 빠진 뒤 전체 손실은 217,876달러에 불과하다. 몇 가지 다른 S&P500 지수 레벨에 대해 헤지를 할 경우와 하지 않을 경우의 결과를 구할 수 있다. 이러한 헤지 전략은 보통 포트폴리오 보험이라고 불린다.

▌콜옵션 및 풋옵션에 대한 수익과 수입/손실 함수

옵션은 옵션 구매자가 미래에 옵션 판매자에게 물건을 미리 결정된 가격(행사 가격)으로 사거나(콜옵션) 혹은 팔 수 있는(풋옵션) 권리를 부여하는 것이다. 예를 들어 어떤 주식을 X달러에 예컨대 30달러, 구입하기 위해 유럽식 콜옵션을 샀다면 만기일의 수익은 다음 식으로 계산된다.

$$payoff(call) = Max(S_T - X, 0) \quad \dots (9)$$

여기서 S_T은 만기일(T)의 주가를 의미하고, X는 행사 가격(이 경우 x=30)이다. 3개월 후 주가가 25달러라고 가정하자. 이 경우 시장에서 25달러에 주식을 구입할 수 있으므로 굳이 30달러를 써야 하는 콜옵션을 행사할 이유가 없다. 반면 주가가 40달러라면 10달러의 차익을 위해 권리를 행사할 것이다. 즉, 30달러에 주식을 구매한 후 40달러에 팔 것이다. 다음 프로그램은 콜에 대한 수익 함수를 보여준다.

```
>>> def payoff_call(sT,x):
    return (sT-x+abs(sT-x))/2
```

payoff 함수를 호출하는 것은 간단하다.

```
>>> payoff_call(25,30)
0
>>> payoff_call(40,30)
10
```

첫 번째 입력 변수는 만기 T 때의 주식 가격이며, 배열일 수도 있다.

```
>>> import numpy as np
>>> x=20
>>> sT=np.arange(10,50,10)
>>> sT
array([10, 20, 30, 40])
>>> payoff_call(s,x)
array([  0.,   0.,  10.,  20.])
>>>
```

그래프를 그리기 위해 다음 코드를 사용할 수 있다.

```
import numpy as np
import matplotlib.pyplot as plt
s = np.arange(10,80,5)
x=30
payoff=(abs(s-x)+s-x)/2
plt.ylim(-10,50)
plt.plot(s,payoff)
plt.title("Payoff for a call (x=30)")
plt.xlabel("stock price")
```

```
plt.ylabel("Payoff of a call")
plt.show()
```

출력 그래프는 다음과 같다.

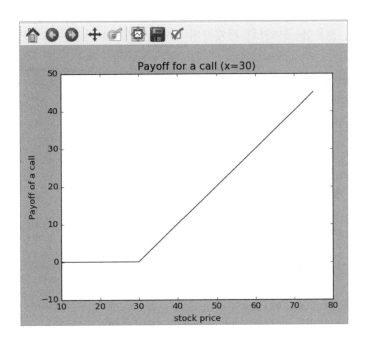

옵션 판매자의 수익 구조는 구매자와 반대다. 옵션은 제로섬^{zero-sum} 게임이라는 점을 기억하는 것이 중요하다. 상대방이 이기면 나는 지는 게임이다. 예를 들어 투자가가 행사가 10달러짜리 3개의 콜옵션을 판매했다. 만기 시 주식의 가격이 15달러면 옵션 구매자의 수익은 15달러가 되지만, 판매자의 총 손실도 15달러다. 콜 가격(옵션 가격)이 c이면 콜옵션 구매자의 이익/손실 함수는 수익과 초기 투자(c)의 차이가 된다. 옵션 가격의 지불은 당연히 선불이지만 만기 때의 수입은 다르다. 여기서 화폐의 시간 가치는 무시해도 되는데, 대개 만기가 아주 짧기 때문이다.

콜옵션 구매자에 대해 다음 식이 성립한다.

$$이익/손실(콜) = Max(S_T - X, 0) - c \quad .....(10)$$

콜옵션 판매자에 대해 다음 식이 성립한다.

$$이익/손실(콜) = c - Max(S_T - X, 0) \quad .....(11)$$

다음 코드는 콜옵션 구매자와 판매자의 이익/손실을 보여주는 그래프를 그린다.

```
import scipy as sp
import matplotlib.pyplot as plt
s = sp.arange(30,70,5)
x=45;c=2.5
y=(abs(s-x)+s-x)/2 -c
y2=sp.zeros(len(s))
plt.ylim(-30,50)
plt.plot(s,y)
plt.plot(s,y2,'-.')
plt.plot(s,-y)
plt.title("Profit/Loss function")
plt.xlabel('Stock price')
plt.ylabel('Profit (loss)')
plt.annotate('Call option buyer', xy=(55,15), xytext=(35,20),
     arrowprops=dict(facecolor='blue',shrink=0.01),)
plt.annotate('Call option seller', xy=(55,-10), xytext=(40,-20),
     arrowprops=dict(facecolor='red',shrink=0.01),)
plt.show()
```

그래프는 다음과 같다.

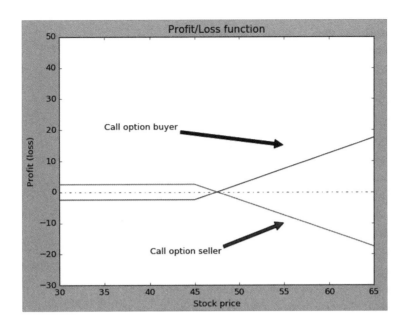

풋옵션은 옵션 구매자가 미래에 미리 정해진 가격 X로 팔 수 있는 권리를 부여하는 것이다. 수익 함수는 다음과 같다.

$$수익(풋) = Max(X - S_T, 0) \quad .....(12)$$

여기서 S_T는 만기 때의 주식 가격이고, X는 행사 가격이다. 풋옵션 구매자들의 이익/손실 함수는 다음과 같다.

$$이익/손실(풋) = Max(X - S_T, 0) - p \quad .....(13)$$

풋옵션 판매자의 이익/손실 함수는 반대다.

$$이익/손실(풋) = p - Max(X - S_T, 0) \quad .....(14)$$

풋옵션 구매자와 판매자의 이익/손실 그래프와 관련 프로그램은 다음과 같다.

```
import scipy as sp
import matplotlib.pyplot as plt

s = sp.arange(30,70,5)
x=45;p=2;c=2.5
y=c-(abs(x-s)+x-s)/2
y2=sp.zeros(len(s))
x3=[x, x]
y3=[-30,10]
plt.ylim(-30,50)
plt.plot(s,y)
plt.plot(s,y2,'-.')
plt.plot(s,-y)
plt.plot(x3,y3)
plt.title("Profit/Loss function for a put option")
plt.xlabel('Stock price')
plt.ylabel('Profit (loss)')
plt.annotate('Put option buyer', xy=(35,12), xytext=(35,45), arrowprops=dict(facecolor='red',shrink=0.01),)
plt.annotate('Put option seller', xy=(35,-10), xytext=(35,-25), arrowprops=dict(facecolor='blue',shrink=0.01),)
plt.annotate('Exercise price', xy=(45,-30), xytext=(50,-20), arrowprops=dict(facecolor='black',shrink=0.01),)
plt.show()
```

그래프 출력 결과는 다음과 같다

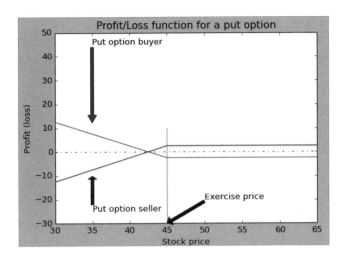

▌ 유럽식 옵션과 미국식 옵션

유럽식 옵션은 오로지 만기일에만 권리를 행사할 수 있는 반면, 미국식 옵션은 만기 전이면 언제든 권리를 행사할 수 있다. 미국식 옵션은 만기 때까지 언제든 권리 행사가 유효하므로 옵션 가격은 동일한 유럽식 옵션에 비해 항상 크거나 같다.

$$\begin{cases} C_{\text{미국식}} \geq C_{\text{유럽식}} \\ P_{\text{미국식}} \geq P_{\text{유럽식}} \end{cases} \quad \cdots\cdots (15)$$

두 방식의 중요한 차이 중 하나로 유럽식 모델은 닫힌 해$^{\text{closed form solution}}$(블랙–스콜스– 머튼 모델)를 갖는 반면, 미국식 모델은 닫힌 해를 갖지 못한다. 다행히 미국식 옵션 가격을 산정하는 몇 가지 방법이 있다. 10장 후반에서 이항 트리$^{\text{Binomial-tree}}$ 방법을 사용해 소위 CRR 방법으로 미국식 옵션 가격을 결정하는 것에 대해 알아본다.

현금 흐름, 옵션 종류, 권리와 의무의 이해

모든 사업 계약에는 구매자와 판매자의 쌍방이 있기 마련이다. 이 점은 옵션 계약도 마찬가지다. 콜 구매자는 권리 취득을 위해 선불을 지급(현금 유출)한다. 이것은 제로섬 게임이므로 콜옵션 판매자는 선불을 받는 대신 그에 상응한 의무를 지게 된다.

다음 표에서는 지위(판매자와 구매자), 초기 현금 흐름(유입 혹은 유출), 옵션 구매자의 권리(구매 혹은 판매)와 옵션 판매자의 의무(즉, 옵션 구매자의 요구 사항을 만족 시켜주는 것)에 대해 정리했다.

표 10.1 매입, 매도 포지션, 초기 현금 흐름, 권리와 의무

	구매자(매입(long) 포지션)	판매자(매도(short) 포지션)	유럽식 옵션	미국식 옵션
콜	주식(현물)을 사전에 결정한 값으로 살 수 있는 권리	주식(현물)을 사전에 결정한 값으로 팔아야 하는 의무	만기일에만 권리 행사를 할 수 있음	만기일 이전 아무 때 혹은 만기일
풋	사전 결정된 값에 주식을 판매할 수 있는 권리	구매를 해야 할 의무		
현금 흐름	선불 현금 유출	선불 현금 유입		

▌ 무배당 주식의 블랙–스콜스–머톤 모델

블랙–스콜스–머톤 옵션 모델은 만기 전에는 배당을 하지 않는 주식에 대한 유럽식 옵션 가격을 계산하는 닫힌 해를 구하는 공식이다. S_0가 오늘 주가이고 X는 행사 가격, r은 연속 복리 무위험 금리, T는 연환산 만기, σ는 주식의 변동성이라 할 때 유럽식 콜(c)과 풋(p)의 닫힌 식은 다음과 같다.

$$\begin{cases} d_1 = \frac{\ln\left(\frac{S_0}{X}\right) + \left(r + \frac{1}{2}\sigma^2\right)T}{\sigma\sqrt{T}} \\ d_2 = d_1 - \sigma\sqrt{T} \\ c = S_0 N(d_1) - Xe^{-rT}N(d_2) \\ p = Xe^{-rT}N(-d_2) - S_0 N(-d_1) \end{cases} \quad \cdots \text{(18)}$$

여기서 $N()$은 누적 표준 정규 분포다. 다음 파이썬 코드는 유럽식 콜을 계산하는 앞의 식을 프로그램으로 구현한 것이다.

```python
from scipy import log,exp,sqrt,stats
def bs_call(S,X,T,r,sigma):
    d1=(log(S/X)+(r+sigma*sigma/2.)*T)/(sigma*sqrt(T))
    d2 = d1-sigma*sqrt(T)
return S*stats.norm.cdf(d1)-X*exp(-r*T)*stats.norm.cdf(d2)
```

앞 프로그램에서 stats.norm.cdf( ) 함수는 누적 정규 분포다. 즉, 블랙-스콜스-머톤 옵션 모델 공식에서의 $N()$이다. 주식의 현재 가격이 40달러이고 행사 가격이 42달러, 만기는 6개월, 무위험 금리는 연속 복리 1.5%, 기초 자산 주식의 변동성은 20%다. 앞의 코드의 계산 결과로 유럽식 콜 가격은 1.56달러다.

```python
>>> c=bs_call(40.,42.,0.5,0.015,0.2)
>>> round(c,2)
1.56
```

▌ p4f 모듈 직접 만들기

작은 파이썬 프로그램들을 합치면 p4f.py와 같은 하나의 큰 프로그램을 만들 수 있다. 앞의 파이썬 프로그램에 사용된 bs_call( ) 함수도 포함돼 있다. 이런 식으로 함수들을 모아두면 여러 장점이 있다. bs_call( ) 함수를 예로 들면 이 기능을 사용하기 위해 해당 코드 5줄을 다시 입력하지 않아도 된다. 지면을 아끼기 위해 p4f.py 에 있는 함수 몇 가지만 소개하겠다. 간결성을 위해 각 함수에 포함된 주석은 제거 했다. 주석은 사용자들이 help(bs_call())처럼 help() 함수를 사용할 때 표시되게 설계됐다.

```python
def bs_call(S,X,T,rf,sigma):
    from scipy import log,exp,sqrt,stats
    d1=(log(S/X)+(rf+sigma*sigma/2.)*T)/(sigma*sqrt(T)
    d2 = d1-sigma*sqrt(T)
    return S*stats.norm.cdf(d1)-X*exp(-rf*T)*stats.norm.cdf(d2)

def binomial_grid(n):
    import networkx as nx
    import matplotlib.pyplot as plt
    G=nx.Graph()
    for i in range(0,n+1):
        for j in range(1,i+2):
            if i<n:
                G.add_edge((i,j),(i+1,j))
                G.add_edge((i,j),(i+1,j+1))
    posG={} # 노드의 딕셔너리
    for node in G.nodes():
        posG[node]=(node[0],n+2+node[0]-2*node[1])
    nx.draw(G,pos=posG)

def delta_call(S,X,T,rf,sigma):
    from scipy import log,exp,sqrt,stats
    d1=(log(S/X)+(rf+sigma*sigma/2.)*T)/(sigma*sqrt(T))
    return(stats.norm.cdf(d1))

def delta_put(S,X,T,rf,sigma):
    from scipy import log,exp,sqrt,stats
    d1=(log(S/X)+(rf+sigma*sigma/2.)*T)/(sigma*sqrt(T))
    return(stats.norm.cdf(d1)-1)
```

478

블랙-스콜스-머튼 콜옵션 모델을 적용하기 위해 다음 코드를 이용한다.

```
>>> import p4f
>>> c=p4f.bs_call(40,42,0.5,0.015,0.2)
>>> round(c,2)
1.56
```

또 다른 장점은 공간을 절약하고 프로그램을 더욱 간단하게 만들어준다는 점이다. 10장 후반에서 `binomial_grid()` 함수 사용의 예를 보여줄 때 이 점은 좀 더 명확해질 것이다. 여기서부터 함수를 처음으로 소개할 때만 전체 코드를 보여주고 다시 사용되거나 상당히 복잡하면 p4f를 통해 간접적으로 호출하겠다. 현재의 작업 디렉토리를 알아보려면 다음 코드를 사용한다.

```
>>> import os
>>> print ( os.getcwd())
```

▌ 알려진 배당이 있는 유럽식 옵션

시간 $T_1(T_1 < T, T$는 만기일)에 지급되는 알려진 배당 d_1이 있다고 하자. 블랙-스콜스-머튼 옵션 모델 S_0를 $S(S = S_0 - PV(d_1) = S_0 - e^{-rT_1}d_1)$로 대체하면 다음처럼 변형할 수 있다.

$$S = S_0 - e^{-rT_1}d_1 \qquad \cdots (19)$$

$$d_1 = \frac{\ln\left(\frac{S}{X}\right) + (r + \frac{1}{2}\sigma^2)T}{\sigma\sqrt{T}} \qquad \cdots (20)$$

$$d_2 = \frac{\ln\left(\frac{S}{X}\right) + (r - \frac{1}{2}\sigma^2)T}{\sigma\sqrt{T}} = d_1 - \sigma\sqrt{T} \qquad \cdots (21)$$

$$c = S * N(d_1) - X * e^{-rT}N(d_2) \qquad \cdots (22)$$

$$p = X * e^{-rT}N(-d_2) - S * N(-d_1) \qquad \cdots (23)$$

앞 예제에서 한 달 후 1.5달러의 배당이 있다는 사실을 알 경우 콜 가격은 어떻게 될까?

```
>>> import p4f
>>> s0=40
>>> d1=1.5
>>> r=0.015
>>> T=6/12
>>> s=s0-exp(-r*T*d1)
>>> x=42
>>> sigma=0.2
>>> round(p4f.bs_call(s,x,T,r,sigma),2)
1.18
```

프로그램의 첫 줄은 콜옵션 모델을 갖고 있는 p4f 모듈을 임포트한다. 계산 결과는 1.18달러이고, 이전 가격 1.56달러보다 낮다. 이것은 한 달 내의 기초 자산 주식 가격이 1.5달러 가까이 하락할 것이라는 것을 감안하면 이해가 된다. 이 때문에 콜옵션을 행사할 가능성은 낮아지게 되고, 주가가 42달러를 넘어설 가능성이 낮아진다. 앞의 설명은 시간 T 이전의 복수의 배당에 대해서도 적용된다. 즉, $S = S_0 - \Sigma e^{-rT_i} d_i$ 다.

▌ 여러 투자 전략

다음 표에 옵션을 포함하는 투자 전략 중 흔히 사용되는 것들을 정리했다.

표 10.2 다양한 투자 전략

명칭	설명	초기 현금 흐름 방향	미래 주가 추이 예측
상승장 콜 스프레드	콜(x1) 매입, 콜(x2) 매도 [x1 〈 x2]	유출	상승
상승장 풋 스프레드	풋(x1) 매입, 풋(x2) 매도 [x1 〈 x2]	유입	상승
하락장 풋 스프레드	풋(x2) 매입, 풋(x1) 매도 [x1 〈 x2]	유출	하락
하락장 콜 스프레드	콜(x2) 매입, 콜(x1) 매도 [x1 〈 x2]	유입	하락
스트래들(Straddle)	콜 매입 & 풋 매도(같은 행사가 x)	유출	상승 또는 하락
스트립(Strip)	2개 풋과 1개 콜 매입(동일 x)	유출	하락 우세
스트랩(Strap)	2개 콜과 1개 풋 매입(동일 x)	유출	상승 우세
스트랭글(Strangle)	콜 매입(x2), 풋 매입(x1) [x1 〈 x2]	유출	상승 또는 하락
버터플라이(Butterfly) 콜	2개 콜 매입(x1, x3), 2개 콜 매도(x2) [x2 = (x1 + x3) / 2]	유출	X2 근처 정체
버터플라이(Butterfly) 풋	2개 풋 매입(x1, x3), 2개 풋 매도(x2) [x2 = (x1 + x3) / 2]		X2 근처 정체
캘린더 스프레드	콜 매도(T1), 콜 매입(T2) 동일 x, T1 〈 T2	유출	

커버드 콜: 주식 매입, 콜 매도

A 주식을 10달러씩에 매입해서 100주를 보유하고 있다고 가정하자. 따라서 전체 비용은 1,000달러가 소요됐다. 동시에 각 계약당 100주를 행사할 수 있는 콜 계약을 200달러에 작성한다. 따라서 전체 비용은 200달러로 줄어들었다. 행사가는 15달러 라고 가정하자. 이익과 손실 함수는 다음과 같다.

```python
import matplotlib.pyplot as plt
import numpy as np
```

```
sT = np.arange(0,40,5)
k=15;s0=10;c=2
y0=np.zeros(len(sT))
y1=sT-s0                        # 주식
y2=(abs(sT-k)+sT-k)/2-c         # 콜 매입
y3=y1-y2                        # 커버드 콜
plt.ylim(-10,30)
plt.plot(sT,y1)
plt.plot(sT,y2)
plt.plot(sT,y3,'red')
plt.plot(sT,y0,'b-.')
plt.plot([k,k],[-10,10],'black')
plt.title('Covered call (long one share and short one call)')
plt.xlabel('Stock price')
plt.ylabel('Profit (loss)')
plt.annotate('Stock only (long one share)', xy=(24,15),xytext=(15,20),
arrowprops=dict(facecolor='blue',shrink=0.01),)
plt.annotate('Long one share, short a call', xy=(10,4), xytext=(9,25),
arrowprops=dict(facecolor='red',shrink=0.01),)
plt.annotate('Exercise price= '+str(k), xy=(k+0.2,-10+0.5))
plt.show()
```

관련 그래프는 주가의 포지션과 콜 및 커버드 콜^{covered-call}을 보여준다. 주가가 17달러(15+2)이하일 때는 주식만 사는 것보다 커버드 콜 전략이 더 낫다.

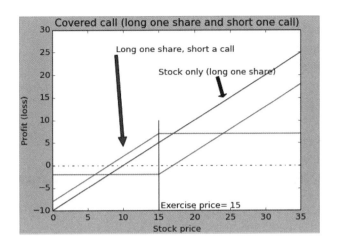

스트래들: 같은 행사가에 콜과 풋 매입

간단한 예를 들어보자. 회사는 다음 주에 어떤 이벤트를 예상하고 있다. 문제는 이것이 호재가 될지 악재가 될지 방향성을 모른다는 것이다. 이러한 기회를 활용하기 위해 같은 행사 가격에 콜과 풋을 매입하는 방법을 쓸 수 있다. 즉, 방향성에 상관없이 이익이 생기는 영역을 만들 수 있다. 행사 가격이 50달러라고 가정하자. 이 전략의 수익 구조는 다음과 같다.

```python
import matplotlib.pyplot as plt
import numpy as np
sT = np.arange(30,80,5)
x=50;  c=2; p=1
straddle=(abs(sT-x)+sT-x)/2-c + (abs(x-sT)+x-sT)/2-p
y0=np.zeros(len(sT))
plt.ylim(-6,20)
plt.xlim(40,70)
plt.plot(sT,y0)
plt.plot(sT,straddle,'r')
plt.plot([x,x],[-6,4],'g-.')
```

```python
plt.title("Profit-loss for a Straddle")
plt.xlabel('Stock price')
plt.ylabel('Profit (loss)')
plt.annotate('Point 1='+str(x-c-p), xy=(x-p-c,0), xytext=(x-p-c,10),
arrowprops=dict(facecolor='red',shrink=0.01),)
plt.annotate('Point 2='+str(x+c+p), xy=(x+p+c,0), xytext=(x+p+c,13),
arrowprops=dict(facecolor='blue',shrink=0.01),)
plt.annotate('exercise price', xy=(x+1,-5))
plt.annotate('Buy a call and buy a put with the same exercise price',xy=(45,16))
plt.show()
```

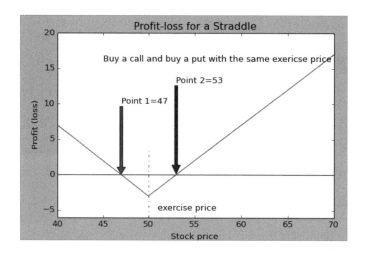

앞 그래프로부터 주가의 방향성에 상관없이 이익을 본다는 것을 알 수 있다. 손실 가능성도 있는가? 물론 있다. 주가 변동이 거의 없다면 우리의 기대를 져 버리고 손실이 발생할 것이다.

버터플라이 콜

행사가가 x1과 x3인 두 콜을 매입하고 행사가가 x2인 두 콜을 매도하는 전략(여기서 x2=(x1+x3)/2)을 버터플라이라고 부른다. 이익/손실 함수는 다음과 같다.

```
import matplotlib.pyplot as plt
import numpy as np
sT = np.arange(30,80,5)
x1=50; c1=10
x2=55; c2=7
x3=60; c3=5
y1=(abs(sT-x1)+sT-x1)/2-c1
y2=(abs(sT-x2)+sT-x2)/2-c2
y3=(abs(sT-x3)+sT-x3)/2-c3
butter_fly=y1+y3-2*y2
y0=np.zeros(len(sT))
plt.ylim(-20,20)
plt.xlim(40,70)
plt.plot(sT,y0)
plt.plot(sT,y1)
plt.plot(sT,-y2,'-.')
plt.plot(sT,y3)
plt.plot(sT,butter_fly,'r')
plt.title("Profit-loss for a Butterfly")
plt.xlabel('Stock price')
plt.ylabel('Profit (loss)')
plt.annotate('Butterfly', xy=(53,3), xytext=(42,4), arrowprops=dict(fa
cecolor='red',shrink=0.01),)
plt.annotate('Buy 2 calls with x1, x3 and sell 2 calls with x2', xy=(45,16))
plt.annotate(' x2=(x1+x3)/2', xy=(45,14))
plt.annotate(' x1=50, x2=55, x3=60',xy=(45,12))
plt.annotate(' c1=10,c2=7, c3=5', xy=(45,10))
plt.show()
```

해당 그래프는 다음과 같다.

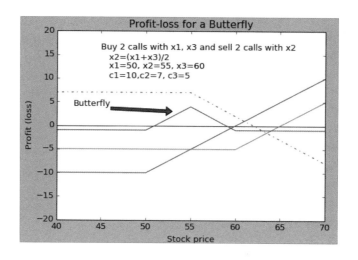

입력 값과 옵션 값의 관계

주식의 변동성이 커지면 콜과 풋옵션의 가격은 올라간다. 변동성이 커진다면 극단적인 관측 값이 발생할 가능성이 높아지고 권리를 행사할 가능성이 높아지기 때문이다. 다음 파이썬 프로그램은 이런 관계를 보여준다.

```
import numpy as np
import p4f as pf
import matplotlib.pyplot as plt
s0=30
T0=0.5
sigma0=0.2
r0=0.05
x0=30
sigma=np.arange(0.05,0.8,0.05)
T=np.arange(0.5,2.0,0.5)
call_0=pf.bs_call(s0,x0,T0,r0,sigma0)
call_sigma=pf.bs_call(s0,x0,T0,r0,sigma)
call_T=pf.bs_call(s0,x0,T,r0,sigma0)
plt.title("Relationship between sigma and call, T and call")
```

```
plt.plot(sigma,call_sigma,'b')
plt.plot(T,call_T,'r')
plt.annotate('x=Sigma, y=call price', xy=(0.6,5), xytext=(1,6), arrowp
rops=dict(facecolor='blue',shrink=0.01),)
plt.annotate('x=T(maturity), y=call price', xy=(1,3), xytext=(0.8,1),
arrowprops=dict(facecolor='red',shrink=0.01),)
plt.ylabel("Call premium")
plt.xlabel("Sigma (volatility) or T(maturity) ")
plt.show()
```

해당 그래프는 다음과 같다.

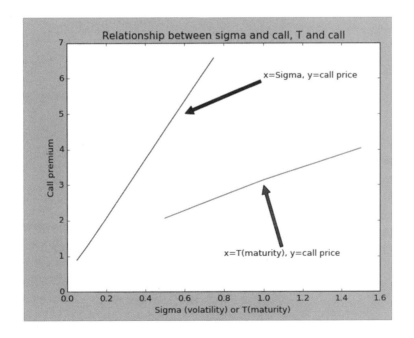

그릭스

델타(△)는 '옵션을 그 기초 자산 가격에 대해 미분한 것'으로 정의된다. 콜의 델타는
다음과 같이 정의된다.

$$\Delta = \frac{\partial c}{\partial s} \quad \dots\dots(24)$$

무배당 주식을 기초 자산으로 하는 유럽식 콜의 델타는 다음과 같이 정의된다.

$$\Delta_{콜} = N(d_1) \quad \dots\dots(25)$$

delta_call( )을 프로그램으로 만드는 것은 상당히 간단하다. 여기서는 p4f.py에 포함돼 있으므로 쉽게 호출할 수 있다.

```
>>> from p4f import *
>>> round(delta_call(40,40,1,0.1,0.2),4)
0.7257
```

무배당 주식에 대한 유럽식 풋의 델타는 다음과 같다.

$$\Delta_{풋} = N(d_1) - 1 \quad \dots\dots(26)$$

```
>>> from p4f import *
>>> round(delta_put(40,40,1,0.1,0.2),4)
-0.2743
```

감마는 가격에 대한 델타의 변화율이다. 다음 식으로 구할 수 있다.

$$\Gamma = \frac{\partial \Delta}{\partial s} \quad \dots\dots(27)$$

유럽식 콜(혹은 풋)에 대한 감마는 다음과 같다. 여기서 $N'(x) = \frac{1}{\sqrt{2\pi}} e^{\frac{-x^2}{2}}$ 이다.

$$\Gamma = \frac{N'(d_1)}{S_0 \sigma \sqrt{T}} \quad \dots\dots(28)$$

유럽식 콜과 풋에 대한 그리스 문자의 수학적 의미는 다음 표와 같다.

표 10.2 그리스 문자의 수학적 의미

그리스 문자	유럽식 콜	유럽식 풋
델타	$\Delta = N(d_1)$	$\Delta = N(d_1) - 1$
감마	$\Gamma = \dfrac{N'(d_1)}{S_0 \sigma \sqrt{T}}$	콜에 대한 식과 동일
세타	$\Theta = \dfrac{S_0 N'(d_1)\sigma}{2\sqrt{T}} - rKe^{-rT}N(d_2)$	$\Theta = -\dfrac{S_0 N'(d_1)\sigma}{2\sqrt{T}} + rKe^{-rT}N(-d_2)$
베가	$v = S_0 \sqrt{T} N'(d_1)$	콜에 대한 식과 동일
로	$\rho = KTe^{-rT}N(d_2)$	$\rho = -KTe^{-rT}N(-d_2)$

표에서 $N'(x) = \dfrac{1}{\sqrt{2\pi}} e^{-\frac{x^2}{2}}$ 라는 점에 주목하자.

이 식들을 모두 기억한다는 것은 당연히 힘들다. 다음 표는 각각의 정의에 기반을 두고 간단한 접근 방법을 정리한 것이다.

표 10.3 그리스 문자를 계산하는 쉬운 접근 방식

그리스 문자	의미	콜 사용 예
델타	(옵션가 변화)/(기초 자산 주가 변화)	$\Delta = \dfrac{C_2 - C_1}{S_2 - S_1}$
감마	(델타 변화)/(주가 변화)	$\Gamma = \dfrac{\Delta_2 - \Delta_1}{S_2 - S_1}$
세타	(옵션가 변화)/(시간의 변화)	$\Theta = \dfrac{C_2 - C_1}{T_2 - T_1}$
베가	(옵션가 변화)/(변동성 변화)	$v = \dfrac{C_2 - C_1}{\sigma_2 - \sigma_1}$
로	(옵션가 변화)/(금리 변화)	$\rho = \dfrac{C_2 - C_1}{r_2 - r_1}$

어떻게 기억할 것인가?

- **델타** 1차 미분
- **감마** 2차 미분
- **세타** 시간(T)
- **베가** 변동성(V)
- **로** 이율(R)

예를 들어 델타는 정의에 따라 c2 - c1과 s2 - s1의 비율이라는 것을 알고 있다. 따라서 이 두 쌍을 만들기 위한 작은 수를 생성할 수 있을 것이다. 다음 코드를 살펴보자.

```python
from scipy import log,exp,sqrt,stats
tiny=1e-9
S=40
X=40
T=0.5
r=0.01
sigma=0.2
def bsCall(S,X,T,r,sigma):
    d1=(log(S/X)+(r+sigma*sigma/2.)*T)/(sigma*sqrt(T))
    d2 = d1-sigma*sqrt(T)
    return S*stats.norm.cdf(d1)-X*exp(-r*T)*stats.norm.cdf(d2)

def delta1(S,X,T,r,sigma):
    d1=(log(S/X)+(r+sigma*sigma/2.)*T)/(sigma*sqrt(T))
    return stats.norm.cdf(d1)

def delta2(S,X,T,r,sigma):
    s1=S
    s2=S+tiny
    c1=bsCall(s1,X,T,r,sigma)
    c2=bsCall(s2,X,T,r,sigma)
```

```
    delta=(c2-c1)/(s2-s1)
    return delta

print("delta (close form)=", delta1(S,X,T,r,sigma))
print("delta (tiny number)=", delta2(S,X,T,r,sigma))
('delta (close form)=', 0.54223501331161406)
('delta (tiny number)=', 0.54223835949323917)
```

마지막 두 값을 살펴보면 그 차이가 매우 작다. 이 방법을 다른 그리스 문자에 적용할 수도 있다. 이 장 끝의 연습문제에 있으니 참고하라.

▌풋-콜 패리티와 그래프 표현

행사 가격이 20달러, 만기가 3개월, 무위험 금리가 5%인 콜옵션을 살펴보자. 미래의 20달러의 현재가치는 다음과 같다.

```
>>> x=20*exp(-0.05*3/12)
>>> round(x,2)
19.75
>>>
```

3개월 뒤 앞에서 설명한 콜옵션과 현금 19.75달러로 구성된 포트폴리오의 자산은 얼마가 될까? 주가가 20달러 이하이면 권리 행사를 하지 않고 현금만 가질 것이다. 주가가 20달러 이상이면 주식을 사기 위해 권리 행사를 통해 현금 20달러를 사용할 것이다. 그러므로 포트폴리오의 가치는 3개월 후 주가나 현금 중 큰 값이 될 것이다. 즉, 3개월 뒤 주가 혹은 20달러이므로 $max(s, 20)$이 된다.

한편 주식과 행사가 20달러짜리 풋옵션으로 구성된 포트폴리오는 어떻게 될까? 주가가 20달러 이하로 떨어지면 풋옵션을 행사해서 20달러를 얻을 것이다. 주가가

20달러 이상이면 주식을 그냥 보유한다. 그러므로 포트폴리오 가치는 3개월 후 주가와 20달러 중 큰 값이 될 것이다. 즉 $max(s, 20)$이다.

따라서 두 포트폴리오는 모두 최종 값이 $max(s, 20)$로 같다. 무차익 거래 원칙에 기반해서 두 포트폴리오의 현재가치는 같아야 한다. 이것을 풋-콜 패리티[put-call parity] 라고 한다.

$$C + Xe^{-r_f T} = P + S_0 \quad ..... (29)$$

만기 전 알려진 배당이 있는 주식의 경우는 다음 식을 이용한다.

$$C + PV(D) + Xe^{-r_f T} = P + S_0 \quad ..... (30)$$

여기서 D는 만기(T) 전 모든 배당금의 현재가치다. 다음 파이썬 프로그램은 풋-콜 패리티에 대한 그래프를 그린다.

```python
import pylab as pl
import numpy as np
x=10
sT=np.arange(0,30,5)
payoff_call=(abs(sT-x)+sT-x)/2
payoff_put=(abs(x-sT)+x-sT)/2
cash=np.zeros(len(sT))+x

def graph(text,text2=''):
    pl.xticks(())
    pl.yticks(())
    pl.xlim(0,30)
    pl.ylim(0,20)
    pl.plot([x,x],[0,3])
    pl.text(x,-2,"X");
    pl.text(0,x,"X")
    pl.text(x,x*1.7, text, ha='center', va='center',size=10, alpha=.5)
```

```
    pl.text(-5,10,text2,size=25)

pl.figure(figsize=(6, 4))
pl.subplot(2, 3, 1); graph('Payoff_call');
pl.plot(sT,payoff_call)
pl.subplot(2, 3, 2); graph('cash','+'); pl.plot(sT,cash)
pl.subplot(2, 3, 3); graph('Porfolio A ','=');
pl.plot(sT,cash+payoff_call)
pl.subplot(2, 3, 4); graph('Payoff of put '); pl.plot(sT,payoff_put)
pl.subplot(2, 3, 5); graph('Stock','+'); pl.plot(sT,sT)
pl.subplot(2, 3, 6); graph('Portfolio B','='); pl.plot(sT,sT+payoff_put)
pl.show()
```

출력 결과는 다음과 같다.

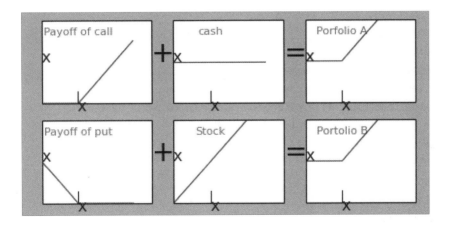

풋-콜 비율은 투자가의 미래에 대한 종합적인 인식을 나타낸다. 뚜렷한 방향성이 없으면, 즉 일반적인 경향이 예측되면 풋-콜 패리티는 1에 근접한다. 반면 밝은 미래가 예측되면 비율은 1보다 작아진다.

다음 코드는 다년간의 이런 형태의 비율을 보여준다. 먼저 관련 데이터를 CBOE에서 다운로드해야 한다.

다음 단계를 수행하자.

1. http://www.cboe.com/에 접속한다.
2. 메뉴 바의 Quotes & Data를 클릭한다.
3. put call ratio를 찾는다. http://www.cboe.com/data/putcallratio.aspx
4. Current 아래에 있는 CBOE Total Exchange Volume and Put/Call Ratios (11-01-2006 to present)를 클릭한다.

 데이터는 http://canisius.edu/~yany/data/totalpc.csv에서 다운로드할 수 있다.

다음 코드는 풋-콜 비율의 트렌드를 보여준다.

```python
import pandas as pd
import scipy as sp
from matplotlib.pyplot import *
infile='c:/temp/totalpc.csv'
data=pd.read_csv(infile,skiprows=2,index_col=0,parse_dates=True)
data.columns=('Calls','Puts','Total','Ratio')
x=data.index
y=data.Ratio
y2=sp.ones(len(y))
title('Put-call ratio')
xlabel('Date')
ylabel('Put-call ratio')
ylim(0,1.5)
plot(x, y, 'b-')
plot(x, y2,'r')
show()
```

출력 그래프는 다음과 같다.

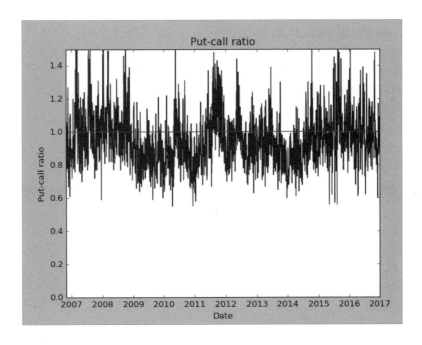

단기 추이에 대한 풋-콜 비율 트렌드

앞 프로그램에 기반을 두고 다음 코드와 같이 좀 더 짧은 단기 추세를 선택할 수 있다.

```
import scipy as sp
import pandas as pd
from matplotlib.pyplot import *
import matplotlib.pyplot as plt
from datetime import datetime
import statsmodels.api as sm

data=pd.read_csv('c:/temp/totalpc.csv',skiprows=2,index_col=0,parse_dates
=True)
data.columns=('Calls','Puts','Total','Ratio')
begdate=datetime(2013,6, 1)
```

```
enddate=datetime(2013,12,31)
data2=data[(data.index>=begdate) & (data.index<=enddate)]
x=data2.index
y=data2.Ratio
x2=range(len(x))
x3=sm.add_constant(x2)
model=sm.OLS(y,x3)
results=model.fit()

#print results.summary()
alpha=round(results.params[0],3)
slope=round(results.params[1],3)
y3=alpha+sp.dot(slope,x2)
y2=sp.ones(len(y))
title('Put-call ratio with a trend')
xlabel('Date')
ylabel('Put-call ratio')
ylim(0,1.5)
plot(x, y, 'b-')
plt.plot(x, y2,'r-.')
plot(x,y3,'y+')
plt.figtext(0.3,0.35,'Trend: intercept='+str(alpha)+',slope='+str(slo pe))
show()
```

해당 그래프는 다음과 같다.

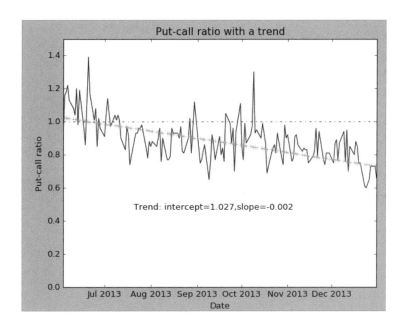

▌ 이항 트리와 그래프 도식화

이항 트리 방법은 1979년에 콕스[Cox], 로스[Ross], 로빈스타인[Robinstein]에 의해 제안됐다. 때문에 CRR 방법으로도 불린다. CRR은 다음의 2단계 접근 방식을 따른다. 첫째, 다음 그림과 같은 1단계 트리를 그린다. 현 주가가 S라고 가정하자. 그다음 2가지 가능한 결과는 Su와 Sd(u>1, d<1)다. 다음 코드를 살펴보자.

```
import matplotlib.pyplot as plt
plt.xlim(0,1)
plt.figtext(0.18,0.5,'S')
plt.figtext(0.6,0.5+0.25,'Su')
plt.figtext(0.6,0.5-0.25,'Sd')
plt.annotate('',xy=(0.6,0.5+0.25), xytext=(0.1,0.5), arrowprops=dict(f
acecolor='b',shrink=0.01))
plt.annotate('',xy=(0.6,0.5-0.25), xytext=(0.1,0.5), arrowprops=dict(f
```

```
acecolor='b',shrink=0.01))
plt.axis('off')
plt.show()
```

그래프는 다음과 같다.

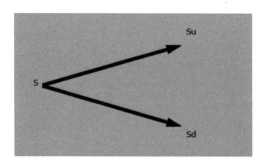

당연히 1단계 트리가 가장 간단하다. 오늘 주가가 10달러라고 가정하자. 행사 가격
은 11달러이고 콜옵션은 6개월 뒤에 만기다. 주가는 오르거나(u=1.15) 내리는
(d=0.9) 두 가지 가능성이 있다. 다시 말해 최종가는 11.5달러 혹은 9달러다. 이러한
정보를 기반으로 1단계 이항 트리의 가격을 보여주는 그래프를 그릴 수 있다.

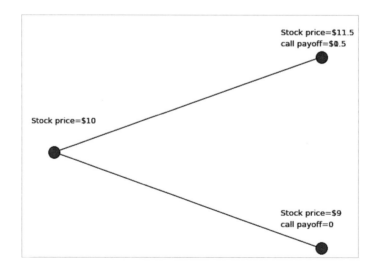

이 그래프를 출력하는 프로그램은 다음과 같다.

코드는 https://pypi.python.org/pypi/PyFi에 기초해 만들어졌다.

```python
import networkx as nx
import matplotlib.pyplot as plt
plt.figtext(0.08,0.6,"Stock price=$10")
plt.figtext(0.75,0.91,"Stock price=$11.5")
plt.figtext(0.75,0.87,"call payoff=$0.5")
plt.figtext(0.75,0.28,"Stock price=$9")
plt.figtext(0.75,0.24,"call payoff=0")
n=1

def binomial_grid(n):
    G=nx.Graph()
    for i in range(0,n+1):
        for j in range(1,i+2):
            if i<n:
                G.add_edge((i,j),(i+1,j))
                G.add_edge((i,j),(i+1,j+1))
    posG={}
    for node in G.nodes():
        posG[node]=(node[0],n+2+node[0]-2*node[1])
    nx.draw(G,pos=posG)
binomial_grid(n)
plt.show()
```

10장 후반부에 여러 번 사용될 것이므로 앞 프로그램에서는 binomial_grid()라는 함수를 정의했다. 2가지 가능한 결과가 있다는 것을 사전에 알고 있으므로 주식과 콜옵션을 적절히 조합해서 최종 가격이 같아지게 만들 수 있다. 한 기간 말에 최종 가치가 같아지게 델타만큼의 주식과 콜옵션 하나를 적절히 조합했다고 가정하자. 즉 $\Delta \times me_{terminal}$이다.

따라서 $\Delta\dfrac{1}{11.5-9}=0.4$다. 즉 주식 0.4주를 매입하고 콜옵션을 매도 포지션으로 하면 최종 자산은 주가가 상승하든($0.4 \times 11.5 - 1 = 3.6$) 주가가 하락하든($0.4 \times 9 = 3.6$) 같아진다는 의미다. 연속 복리 무위험 금리가 0.12%라고 가정하면 오늘의 포트폴리오의 가치는 미래의 어떤 값으로부터 할인된 값이다. 즉 $0.4 \times 10 - c = pv(3.6)$이다. 다시 말해 $c=0.4\times 10 - e^{-0.012\times}0.5\times 0.012\times 0.5$다. 파이썬을 사용하면 다음과 같은 결과를 얻게 된다.

```
>>> round(0.4*10-exp(-0.012*0.5)*3.6,2)
0.42
>>>
```

2단계 이항 트리에 대해 다음 코드를 살펴보자.

```
import p4f
plt.figtext(0.08,0.6,"Stock price=$20")
plt.figtext(0.08,0.56,"call =7.43")
plt.figtext(0.33,0.76,"Stock price=$67.49")
plt.figtext(0.33,0.70,"Option price=0.93")
plt.figtext(0.33,0.27,"Stock price=$37.40")
plt.figtext(0.33,0.23,"Option price=14.96")
plt.figtext(0.75,0.91,"Stock price=$91.11")
plt.figtext(0.75,0.87,"Option price=0")
plt.figtext(0.75,0.6,"Stock price=$50")
plt.figtext(0.75,0.57,"Option price=2")
plt.figtext(0.75,0.28,"Stock price=$27.44")
plt.figtext(0.75,0.24,"Option price=24.56") n=2
p4f.binomial_grid(n)
```

CRR 방법에 따른 다음의 절차가 있다.

1. n-단계 트리를 그린다.

2. n-단계 끝에서 최종 가격을 계산한다.

3. 각 노드에서 최종 가격과 행사 가격 콜이나 풋에 따라 옵션 가격을 계산한다.

4. 위험 중립 확률risk-neutral probability에 따라 n에서 $n-1$로 한 단계 역으로 할인한다.

5. 0단계에서의 최종 값을 찾을 때까지 위 단계를 반복한다. u, d, p에 대한 공식은 다음과 같다.

$$u = e^{\sigma\sqrt{\Delta t}} \qquad \cdots (31)$$
$$d = \frac{1}{u} = e^{-\sigma\sqrt{\Delta t}} \qquad \cdots (32)$$
$$a = e^{(r-q)\Delta t} \qquad \cdots (33)$$
$$p = \frac{a-d}{u-d} \qquad \cdots (34)$$
$$v_i = pv_{i+1}^u + (1-p)v_{i+1}^d \qquad \cdots (35)$$

여기서 u는 상향, d는 하향, σ는 기초 자산 주식의 변동성, r은 무위험 이자율, Δt는 단계, 즉 $\Delta t = \frac{T}{n}$, T는 연환산 만기, n은 단계 수, q는 배당 수익, p는 상향에 대한 위험 중립 확률이다. binomial_grid( ) 함수는 1단계 이항 트리의 그래프 표현 아래 보인 것에 기초한 것이다. 전술한 것처럼 이 함수는 마스터 파일인 p4fy.py에 포함돼 있다. 출력 그래프는 다음과 같다. 분명히 앞의 파이썬 프로그램은 매우 간단하고 쉽다. 이제 전체 프로세스를 설명하기 위한 2단계 이항 트리를 사용해보자. 현주가는 10달러이고, 행사 가격은 10달러, 만기는 3개월, 단계는 2단계이고 무위험 금리는 2%, 기초 자산 주식의 변동률은 0.2라고 가정하자. 다음 파이썬 코드는 2단계 트리를 생성할 것이다.

```
import p4f
from math import sqrt,exp
import matplotlib.pyplot as plt
s=10
```

```
r=0.02
sigma=0.2
T=3./12
x=10
n=2
deltaT=T/n
q=0
u=exp(sigma*sqrt(deltaT))
d=1/u
a=exp((r-q)*deltaT)
p=(a-d)/(u-d)
su=round(s*u,2);
suu=round(s*u*u,2)
sd=round(s*d,2)
sdd=round(s*d*d,2)
sud=s

plt.figtext(0.08,0.6,'Stock '+str(s))
plt.figtext(0.33,0.76,"Stock price=$"+str(su))
plt.figtext(0.33,0.27,'Stock price='+str(sd))
plt.figtext(0.75,0.91,'Stock price=$'+str(suu))
plt.figtext(0.75,0.6,'Stock price=$'+str(sud))
plt.figtext(0.75,0.28,"Stock price="+str(sdd))
p4f.binomial_grid(n)
plt.show()
```

트리는 다음과 같다.

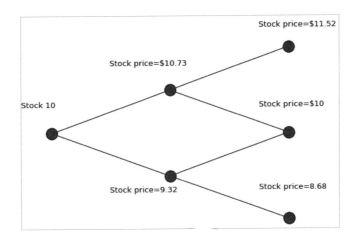

이제 위험 중립 확률을 이용해 각 값을 한 단계 뒤로 할인해보자.

해당 코드와 그래프는 다음과 같다.

```python
import p4f
import scipy as sp
import matplotlib.pyplot as plt
s=10;x=10;r=0.05;sigma=0.2;T=3./12.;n=2;q = 0      # q는 배당 이익
deltaT=T/n       # 단계
u=sp.exp(sigma*sp.sqrt(deltaT))
d=1/u
a=sp.exp((r-q)*deltaT)
p=(a-d)/(u-d)
s_dollar='S=$'
c_dollar='c=$'
p2=round(p,2)
plt.figtext(0.15,0.91,'Note: x='+str(x)+', r='+str(r)+', deltaT='+str(
deltaT)+',p='+str(p2))
plt.figtext(0.35,0.61,'p')
plt.figtext(0.65,0.76,'p')
plt.figtext(0.65,0.43,'p')
plt.figtext(0.35,0.36,'1-p')
```

```python
plt.figtext(0.65,0.53,'1-p')
plt.figtext(0.65,0.21,'1-p')

# 레벨 2
su=round(s*u,2);
suu=round(s*u*u,)
sd=round(s*d,2);
sdd=round(s*d*d,)
sud=s
c_suu=round(max(suu-x,0),2)
c_s=round(max(s-x,0),2)
c_sdd=round(max(sdd-x,0),2) plt.figtext(0.8,0.94,'s*u*u')
plt.figtext(0.8,0.91,s_dollar+str(suu))
plt.figtext(0.8,0.87,c_dollar+str(c_suu))
plt.figtext(0.8,0.6,s_dollar+str(sud)) plt.figtext(0.8,0.64,'s*u*d=s')
plt.figtext(0.8,0.57,c_dollar+str(c_s)) plt.figtext(0.8,0.32,'s*d*d')
plt.figtext(0.8,0.28,s_dollar+str(sdd))
plt.figtext(0.8,0.24,c_dollar+str(c_sdd)

# 레벨 1
c_01=round((p*c_suu+(1-p)*c_s)*sp.exp(-r*deltaT),2)
c_02=round((p*c_s+(1-p)*c_sdd)*sp.exp(-r*deltaT),2)

plt.figtext(0.43,0.78,'s*u')
plt.figtext(0.43,0.74,s_dollar+str(su))
plt.figtext(0.43,0.71,c_dollar+str(c_01))

plt.figtext(0.43,0.32,'s*d')
plt.figtext(0.43,0.27,s_dollar+str(sd))
plt.figtext(0.43,0.23,c_dollar+str(c_02))

# 레벨 0 (오늘)
c_00=round(p*sp.exp(-r*deltaT)*c_01+(1-p)*sp.exp(-r*deltaT)*c_02,2)
plt.figtext(0.09,0.6,s_dollar+str(s))
plt.figtext(0.09,0.56,c_dollar+str(c_00))
p4f.binomial_grid(n)
```

트리는 다음과 같다

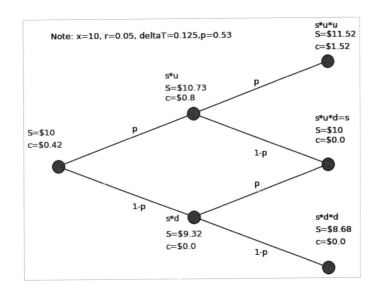

앞 그래프 값에 대해 설명해보자. 최상단 노드 (s*u*u)의 경우 최종 주가가 11.52이고 행사 가격이 10, 콜 가치가 1.52(11.52-10)이다. 유사하게 노드 s*u*d=s는 10-10 =0이므로 콜 가치가 0이다. 콜 가치가 0.8인 경우에 대해 다음처럼 검증해보자.

```
>>> p
0.5266253390068362
>>> deltaT
0.125
>>> v=(p*1.52+(1-p)*0)*exp(-r*deltaT)
>>> round(v,2)
0.80
>>>
```

유럽식 옵션을 위한 이항 트리(CRR) 방법

다음 코드는 유럽식 옵션가를 계산하기 위한 이항 트리 방법이다.

```
def binomialCallEuropean(s,x,T,r,sigma,n=100):
    from math import exp,sqrt
    deltaT = T /n
    u = exp(sigma * sqrt(deltaT))
    d = 1.0 / u
    a = exp(r * deltaT)
    p = (a - d) / (u - d)
    v = [[0.0 for j in xrange(i + 1)]
    for i in xrange(n + 1)] for j in xrange(i+1):
        v[n][j] = max(s * u**j * d**(n - j) - x, 0.0)
    for i in xrange(n-1, -1, -1):
        for j in xrange(i + 1):
            v[i][j]=exp(-r*deltaT)*(p*v[i+1][j+1]+(1.0-p)*v[i+1][j])
    return v[0][0]
```

함수를 적용하려면 일련의 매개변수 값을 입력해야 한다. 비교를 위해 블랙-스콜스-머톤 옵션 모델에 의한 결과 값도 같이 나타냈다.

```
>>> binomialCallEuropean(40,42,0.5,0.1,0.2,1000) 2.278194404573134
>>> bs_call(40,42,0.5,0.1,0.2)
2.2777803294555348
>>>
```

미국식 옵션을 위한 이항 트리(CRR) 방법

유럽식 옵션에만 적용 가능한 블랙-스콜스-머톤 옵션 모델과는 달리 이항 트리(CRR 기법)는 미국식 옵션가 결정에도 사용할 수 있다. 유일한 차이인 조기 권리 행사를 고려하기만 하면 된다.

```
def binomialCallAmerican(s,x,T,r,sigma,n=100):
    from math import exp,sqrt
```

```
import numpy as np
deltaT = T /n
u = exp(sigma * sqrt(deltaT))
d = 1.0 / u
a = exp(r * deltaT)
p = (a - d) / (u - d)
v = [[0.0 for j in np.arange(i + 1)] for i in np.arange(n + 1)]
for j in np.arange(n+1):
    v[n][j] = max(s * u**j * d**(n - j) - x, 0.0)
for i in np.arange(n-1, -1, -1):
    for j in np.arange(i + 1):
        v1=exp(-r*deltaT)*(p*v[i+1][j+1]+(1.0-p)*v[i+1][j])
        v2=max(v[i][j]-x,0)              # 조기 권리 행사
        v[i][j]=max(v1,v2)
return v[0][0]
```

미국식 옵션과 유럽식 옵션가 책정 시 핵심 차이는 조기 권리 행사 기회다. 앞 프로그램에서 마지막 몇 줄이 이 부분을 처리한다. 각 노드에 대해 2개의 값을 계산한다. v1은 할인된 가치이고 v2는 조기 권리 행사에 따른 수익이다. 둘 중 큰 값인 max(v1, v2)를 택한다. 앞 예제에 사용한 것과 같은 값을 미국식 옵션가 책정에 사용하면 다음의 결과를 얻는다. 같은 조건의 유럽식 콜 가격보다 결과 값이 비싸다는 것은 이해가 쉽게 된다.

```
>>> call=binomialCallAmerican(40,42,0.5,0.1,0.2,1000)
>>> round(call,2)
2.28
>>>
```

▌ 헤지 전략

유럽식 콜을 판매한 뒤 포지션 헤지를 위해 동일 주식을 Δ 주만큼 보유할 수 있다. 이 방식을 델타 헤지delta hedge라 부른다. 델타($\triangle$)는 기초 자산 주식(S)의 함수이므로 효율적 헤지를 위해 보유 주식을 꾸준히 재조정해야 한다. 이를 동적 헤지dynamic hedging라고 한다. 포트폴리오의 델타는 포트폴리오 내 개별 주식의 가중 평균 델타다. 주식을 처분할 때는 가중치가 음수가 됨을 유의하자.

$$\Delta_{port} = \sum_{i=1}^{n} w_i \Delta_i \qquad \dots (36)$$

미국 수입업자가 3개월 내 1,000만 파운드를 지불해야 한다고 가정하자. 수입업자는 파운드 대비 달러의 잠재적 평가 절하를 우려하고 있다. 이 리스크를 헤지할 수 있는 몇 가지 방법이 있다. 오늘 파운드를 구매하거나 3개월 후 고정된 환율로 1,000만 파운드를 살 수 있는 선물 계약을 체결하거나, 혹은 고정된 환율을 행사 가격으로 하는 콜옵션을 구매하는 것이다. 첫 번째 방법은 비용이 많이 든다. 수입업자는 오늘 당장 파운드가 필요한 것이 아니기 때문이다. 선물 계약도 위험성이 있다. 평가 절상의 경우에는 수입업자는 추가의 비용이 필요하기 때문이다. 반면 옵션 계약은 오늘 최대 환율이 제한된다. 동시에 파운드가 평가 절하되면 상대적인 이득도 얻을 수 있다. 이러한 행동은 리스크의 반대 포지션을 취하는 것이므로 헤지라고 부른다.

통화 옵션의 경우 다음과 같은 식들이 있다.

$$d_1 = \frac{\ln\left(\frac{S_0}{X}\right) + (r_d - r_f + \frac{1}{2}\sigma^2)T}{\sigma\sqrt{T}}$$

$$d_2 = \frac{\ln\left(\frac{S_0}{X}\right) + (r_d - r_f - \frac{1}{2}\sigma^2)T}{\sigma\sqrt{T}} = d_1 - \sigma\sqrt{T}$$

$$c = S_0 * N(d_1) - X * e^{-rT} N(d_2)$$

$$p = X * e^{-rT} N(-d_2) - S_0 * N(-d_1)$$

여기서 S_0는 외국 통화에 대한 미국 달러의 환율이고, r_d는 국내 무위험 금리, r_f는 외국 무위험 금리다.

▌ 내재적 변동성

앞 절에서 일련의 입력 변수를 알아봤다. S(주식 현재가), X(행사 가격), T(연환산 만기), r(연속 복리 무위험 금리), sigma(주식 변동성, 즉 연환산 수익률의 표준 편차) 콜옵션의 가격은 블랙-스콜스-머톤 옵션 모델을 이용해 계산할 수 있다. 유럽식 콜옵션 가격을 계산하려면 다음 5줄의 파이썬 코드를 사용하면 된다는 점을 기억하자.

```
def bs_call(S,X,T,r,sigma):
    from scipy import log,exp,sqrt,stats
d1=(log(S/X)+(r+sigma*sigma/2.)*T)/(sigma*sqrt(T))
d2 = d1-sigma*sqrt(T)
return S*stats.norm.cdf(d1)-X*exp(-r*T)*stats.norm.cdf(d2)
```

5개의 매개변수를 입력하면 콜 가격은 다음과 같이 구할 수 있다.

```
>>> bs_call(40,40,0.5,0.05,0.25)
3.3040017284767735
```

한편 S, X, T, r, c 값을 알 때 시그마 값은 어떻게 계산할까? 여기서 시그마는 내재적 변동성을 의미한다. 다시 말해 일련의 값, 예를 들어 S=40, X=40, T=0.5, r=0.05, c=3.30이 주어지면 시그마 값을 찾을 수 있어야 하고, 그 값은 0.25다. 10장 후반에서 내재적 변동성 계산법을 배우게 될 것이다. 사실 내재적 변동성의 계산 원리는 아주 간단하다. 시행착오를 거치는 것이다. 앞 예제를 예로 사용해보자. 5개의 값이 있다. S=40, X=40, T=0.5, r=0.05, c=3.30. 기본적 설계는 100개의 서로 다른 시그마 값과 앞의 변수 4개를 사용해 100개의 콜 가격을 산정한다. 내재적 변동성은 3.3과 계산된 콜 가격의 절댓값 차를 최소로 만드는 시그마 값이다. 물론 좀 더 정교한 소수점 이하 값을 위해서는 시행착오 횟수를 늘리면 된다.

혹은 최소 절댓값 차를 찾는 대신 다른 변환 척도를 사용할 수도 있다. 계산된 콜 가격과 주어진 콜 가치의 절댓값 차이가 임계값 아래일 경우 멈춘다. 예를 들어 임계값을 1센트로 책정하면 |c-3.30| < 0.01인 경우이다. 100개 혹은 1,000개의 시그마 값을 임의로 고르는 것은 별로 좋은 생각이 못되므로 값을 고르는 체계적 방법을 고려해보자. 즉 루프를 사용해 값들을 체계적으로 선택해보자. 다음에 두 종류의 루프인 for 루프와 while 루프에 대해 설명한다. 이제 유럽식 콜에 기초한 내재적 변동성을 계산하는 함수를 만들 수 있다. 지면 절약을 위해 주석과 예제는 프로그램에서 다 제거했다.

```
def implied_vol_call(S,X,T,r,c):
    from scipy import log,exp,sqrt,stats
    for i in range(200):
        sigma=0.005*(i+1)
        d1=(log(S/X)+(r+sigma*sigma/2.)*T)/(sigma*sqrt(T))
        d2 = d1-sigma*sqrt(T)
        diff=c-(S*stats.norm.cdf(d1)-X*exp(-r*T)*stats.norm.cdf(d2))
        if abs(diff)<=0.01:
            return i,sigma, diff
```

일련의 입력 변수와 함께 앞 프로그램을 다음과 같이 손쉽게 사용할 수 있다.

```
>>> implied_vol_call(40,40,0.5,0.05,3.3)
(49, 0.25, -0.0040060797372882817)
```

유사하게 유럽식 풋옵션 모델에 기초해서 내재적 변동성을 계산할 수도 있다. 다음 프로그램은 implied_vol_put_ min( )이라는 이름의 함수를 정의한다. 이 함수와 이

510

전 함수는 몇 가지 차이점이 있다. 첫째, 현재 함수는 콜 대신 풋옵션에 의존한다. 따라서 마지막 입력 값은 콜 프리미엄 대신 풋 프리미엄이다. 둘째, 변환 기준은 계산가와 주어진 풋 가격의 차이가 최소화되는 지점이다. 앞 함수의 경우 변환 기준은 절댓값 차가 0.01보다 작은 것이었다. 어떤 면에서는 현재 프로그램은 내재적 변동성 값을 보장하는 반면 이전 프로그램은 그렇지 못하다.

```python
def implied_vol_put_min(S,X,T,r,p):
    from scipy import log,exp,sqrt,stats
    implied_vol=1.0
    min_value=100.0
    for i in xrange(1,10000):
        sigma=0.0001*(i+1)
        d1=(log(S/X)+(r+sigma*sigma/2.)*T)/(sigma*sqrt(T))
        d2 = d1-sigma*sqrt(T)
        put=X*exp(-r*T)*stats.norm.cdf(-d2)-S*stats.norm.cdf(-d1)
        abs_diff=abs(put-p)
        if abs_diff<min_value:
            min_value=abs_diff
            implied_vol=sigma
            k=i
        put_out=put
    print ('k, implied_vol, put, abs_diff')
    return k,implied_vol, put_out,min_value
```

내재적 변동성 계산을 위해 일련의 값을 입력해보자. 그 후 앞 프로그램의 원리를 설명하겠다. S=40, X=40, T=12개월, r=0.1, 그리고 풋 가격은 다음 코드에 있는 것처럼 1.5달러라고 가정하자.

```python
>>> implied_vol_put_min(40,40,1.,0.1,1.501)
k, implied_vol, put, abs_diff
(1999, 0.2, 12.751879946129757, 0.00036735530273501737)
```

내재적 변동성은 20%다. 원리는 `min_value` 변수에 적당히 큰 값, 예를 들어 100을 대입한다. 첫 번째 시그마 값이 0.0002일 때 풋 가치는 거의 0에 가깝다. 따라서 절댓값 차이는 1.5이고, 이는 100보다 작으므로 `min_value`는 1.5로 대체될 것이다. 루프가 끝날 때까지 이 과정을 반복한다. 저장된 최저 값에 해당되는 시그마 값이 내재적 변동성이 된다. 약간의 중간 변수를 정의하면 앞 프로그램을 최적화할 수 있다. 즉 앞 프로그램에서는 ln(S/X)를 10,000번 계산하다. 사실은 `log_S_over_X` 같은 새로운 변수를 정의하고 값을 한 번만 계산한 후 이 변수를 10,000번 사용하면 된다. 이것은 `sigma*sigma/2`와 `sigman*sqrt(T)`에 대해서도 마찬가지다.

▌ 이진 탐색

내재적 변동성 계산을 위해 앞에서 사용한 방법은 블랙-스콜스-머튼 옵션 모델을 10000번 정도 수행해 계산된 옵션가와 주어진 옵션가의 차이를 최소화하는 시그마 값을 찾는 것이었다. 이 방법은 이해하기는 쉽지만 블랙-스콜스-머튼 모델을 10000 번 반복해야 하므로 효율적이지는 못하다. 계산하려는 내재적 변동성이 몇 개 정도 면 이러한 방법도 크게 문제가 되지 않는다. 그러나 다음과 같은 두 경우는 문제가 될 수 있다. 첫째 `sigma=0.25333` 정도로 정교한 소수 자리를 원할 경우 혹은 수백만 개의 내재적 변동성을 구해야 할 경우에는 접근 방법을 최적화해야 한다. 간단히 예제 몇 개를 살펴보자. 1에서 5,000 사이의 값을 임의로 선택한다고 가정하자. 1부 터 5000까지 순차적으로 루프를 수행해 선택된 값을 찾으려면 몇 번의 단계를 거쳐 야 할까? 이진 탐색은 최대 $\log(n)$번이 소요되고 선형 탐색의 경우 최대 n번이 소요 된다. 따라서 1부터 5,000 사이의 수를 찾으려면 선형 탐색은 최대 5,000번(평균 2,050번)이 필요하고, 이진 탐색은 최대 12번(평균 6번)에 가능하다. 다음 파이썬 코 드는 이진 탐색을 수행하는 프로그램이다.

```
def binary_search(x, target, my_min=1, my_max=None):
    if my_max is None:
        my_max = len(x) - 1
    while my_min <= my_max:
        mid = (my_min + my_max)//2
        midval = x[mid]
        if midval < target:
            my_min = my_mid + 1
        elif midval > target:
            my_max = mid - 1
        else:
            return mid
    raise ValueError
```

다음 프로그램은 내재적 변동성을 찾는 응용을 보여준다.

```
from scipy import log,exp,sqrt,stats
S=42;X=40;T=0.5;r=0.01;c=3.0
def bsCall(S,X,T,r,sigma):
    d1=(log(S/X)+(r+sigma*sigma/2.)*T)/(sigma*sqrt(T))
    d2 = d1-sigma*sqrt(T)
    return S*stats.norm.cdf(d1)-X*exp(-r*T)*stats.norm.cdf(d2)
#
def impliedVolBinary(S,X,T,r,c):
    k=1
    volLow=0.001
    volHigh=1.0
    cLow=bsCall(S,X,T,r,volLow)
    cHigh=bsCall(S,X,T,r,volHigh)
    if cLow>c or cHigh<c:
        raise ValueError
    while k ==1:
        cLow=bsCall(S,X,T,r,volLow)
        cHigh=bsCall(S,X,T,r,volHigh)
```

```
            volMid=(volLow+volHigh)/2.0
            cMid=bsCall(S,X,T,r,volMid)
            if abs(cHigh-cLow)<0.01:
                k=2
            elif cMid>c:
                volHigh=volMid
            else:
                volLow=volMid
        return volMid, cLow, cHigh
#
print("Vol,    cLow,       cHigh")
print(impliedVolBinary(S,X,T,r,c))
Vol,        cLow,               cHigh
(0.16172778320312498, 2.998464657758511, 3.0039730848624977)
```

결과에 따르면 내재적 변동성은 16.17%다. 앞 프로그램에서 변환 조건과 프로그램을 언제 멈출지는 두 콜옵션의 차이에 달려있다. 독자 여러분은 다른 변환 조건을 설정할 수도 있다. 무한 루프를 피하기 위해 이를 가려내는 조건을 다음과 같이 설정한다.

```
if cLow>c or cHigh<c:
    raise ValueError
```

▌ 야후 금융에서 옵션 데이터 검색

투자와 연구 혹은 교육을 위해 많은 옵션 관련 데이터 소스가 있다. 그중 하나가 야후 금융이다.

IBM 관련 옵션 데이터를 검색하려면 다음 절차를 거치면 된다.

1. http://finance.yahoo.com에 접속한다.

2. 검색창에 **IBM**을 입력한다.

3. 내비게이션 바의 'Options'을 클릭한다.

연관 페이지는 http://finance.yahoo.com/quote/IBM/options?p=IBM이다. 웹 페이지 화면은 다음과 같다.

| February 10, 2017 ▾ | In The Money | Show: **List** | Straddle | | | | | Lookup Option | | 🔍 |

Calls For February 10, 2017

⌃ Strike	Contract Name	Last Price	Bid	Ask	Change	% Change	Volume	Open Interest	Implied Volatility
149.00	IBM170210C00149000	19.21	19.10	22.30	0.00	0.00%	7	7	0.00%
150.00	IBM170210C00150000	26.40	25.30	26.00	-1.33	-4.80%	1	8	0.00%
157.50	IBM170210C00157500	10.90	10.65	14.20	0.00	0.00%	5	5	0.00%
160.00	IBM170210C00160000	15.14	13.70	17.60	4.64	44.19%	3	6	67.14%
162.50	IBM170210C00162500	16.15	14.50	16.70	8.75	118.24%	6	80	74.41%

▌ 변동성 미소와 왜도

분명히 모든 주식은 하나의 변동성 값을 가져야 한다. 그러나 내재적 변동성을 계산할 때는 행사 가격이 달라지면 내재적 변동성 값이 달라질 수 있다. 좀 더 자세히 설명하면 내재적 변동성을 계산할 때 외가격$^{out-of-the-money}$ 옵션, 등가격$^{at-the-money}$ 옵션, 혹은 내가격$^{in-the-money}$ 옵션에 따라 변동성 값이 상당히 달라질 수 있다. 변동성 미소는 행사 가격에 따라 내려가다가 다시 올라가는 커브인 반면, 왜도는 내려가든지 올라가든지 한 방향으로 정해지는 경사다. 핵심은 투자자의 감정과 수요 공급 관계가 기본적으로 변동성과 왜도에 영향을 미친다는 것이다. 따라서 스마일이나 왜도는 펀드 매니저 같은 투자가들이 콜이나 풋 중 어느 것을 선호하는지 정보를 주는 지표가 될 수 있다. 다음 코드를 살펴보자.

```python
import datetime
import pandas as pd
import matplotlib.pyplot as plt
from matplotlib.finance import quotes_historical_yahoo_ochl as getData

 # 1단계: 입력 부분
infile="c:/temp/callsFeb2014.pkl"
ticker='IBM'
r=0.0003
begdate=datetime.date(2010,1,1)
enddate=datetime.date(2014,2,1)

# 2단계: 함수 정의
def implied_vol_call_min(S,X,T,r,c):
    from scipy import log,exp,sqrt,stats implied_vol=1.0
    min_value=1000
    for i in range(10000):
        sigma=0.0001*(i+1)
        d1=(log(S/X)+(r+sigma*sigma/2.)*T)/(sigma*sqrt(T))
        d2 = d1-sigma*sqrt(T)
        c2=S*stats.norm.cdf(d1)-X*exp(-r*T)*stats.norm.cdf(d2)
        abs_diff=abs(c2-c)
        if abs_diff<min_value:
            min_value=abs_diff
            implied_vol=sigma
            k=i
    return implied_vol

# 3단계: 콜옵션 데이터 구하기
calls=pd.read_pickle(infile)
exp_date0=int('20'+calls.Symbol[0][len(ticker):9]) # 만기일 탐색
p = getData(ticker, begdate,enddate,asobject=True, adjusted=True)
s=p.close[-1]                   # 현 주가 구하기
y=int(exp_date0/10000)
m=int(exp_date0/100)-y*100
d=exp_date0-y*10000-m*100
```

```
exp_date=datetime.date(y,m,d)          # 정확한 만기 구하기
T=(exp_date-enddate).days/252.0        # 연환산

# 4단계: 내재적 변동성 계산을 위한 루프
n=len(calls.Strike)          # 권리 행사 횟수
strike=[]                    # 초기화
implied_vol=[]               # 초기화
call2=[]                     # 초기화
x_old=0                      # 첫 권리 행사 때 사용

for i in range(n):
    x=calls.Strike[i]
    c=(calls.Bid[i]+calls.Ask[i])/2.0
    if c >0:
        print ('i=',i,'',c=',',c)
        if x!=x_old:
            vol=implied_vol_call_min(s,x,T,r,c)
            strike.append(x)
            implied_vol.append(vol)
            call2.append(c)
            print x,c,vol
            x_old=x

# 5단계: 스마일 그리기
plt.title('Skewness smile (skew)')
plt.xlabel('Exercise Price')
plt.ylabel('Implied Volatility')
plt.plot(strike,implied_vol,'o')
plt.show()
```

 .pickle 데이터셋은 http://canisus.edu/~yan/python/callsFeb2014.pkl에서 다운로드할 수 있다.

변동성 미소와 관련된 그래프는 다음과 같다.

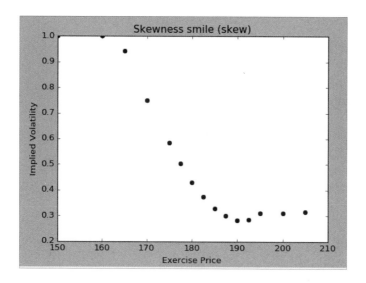

▌ 참고문헌

다음 문헌을 참고하라.

* Black, F., M. Scholes, 1973, The pricing of options and corporate liabilities, Journal of Political Economy 81,3,637-654, https://www.cs.princeton.edu/courses/archive/fall09/cos323/papers/black_scholes73.pdf
* Cox, J. C., Ross, S. A., Rubinstein, M, 1979, Option pricing: A simplified approach, Journal of Financial Economics, 7(3), 229-263, http://www.sciencedirect.com/science/article/pii/0304405X79900151

부록 A: 데이터 케이스 #7 - 포트폴리오 보험

포트폴리오 보험은 주가 지수 선물에 매도 포지션을 취함으로써 주식 포트폴리오를 시장 리스크에 대해 헤지하는 기법이다. 이 기법은 기관 투자가들이 시장 상황이 불투명하거나 변동성이 클 것으로 예상될 때 주로 사용한다. 5,000만 달러 가치의 기업 포트폴리오를 관리하고 있다고 가정하자. 전체 시장이 향후 3년간 변동성이 클 것으로 예측한다고 가정하자. 다시 말해 시장이 큰 폭으로 하락하면 현재 취할 수 있는 방법은 무엇인가?

- 대안#1: 즉시 주식을 매도하고 몇 달 후 되산다.
- 대안#2: S&P500 지수 선물에 대해 매도 포지션을 취한다.

분명 대안#1은 거래 비용으로 인해 자금이 많이 소요될 것이다.

1. 5개 산업 포트폴리오를 구하라.

    1-1. 파마-프렌치 5개 산업 포트폴리오를 검색하려면 프렌치 교수의 데이터 라이브러리에 접속하라.

    1-2. http://mba.tuck.dartmouth.edu/pages/faculty/ken.french/data_library.html에 접속한다.

    1-3. 'Industry' 키워드를 검색하라. 다음 화면을 살펴보자.

    1-4. 데이터를 다운로드하고 다섯 개 산업에 대해 베타를 계산하라. 마켓이 1 포인트 하락하면 어떤 일이 발생하는가? 다음에 S&P500 지수가 있다.

Mon, Apr 20, 2015, 4:09pm EDT - US Markets are closed   U.S. ⌄

S&P 500   Dow   Nasdaq

2,100.40   **18,034.93**   **4,994.60**

+19.22 (0.92%)   10 12 2 4   +208.63 (1.17%)   10 12 2 4   +62.79 (1.27%)   10 12 2 4

Crude Oil 57.72 +0.70%   Gold 1,195.40 -0.64%   EUR/USD 1.0738 -0.70%   10-Yr Bond 1.90 +2.43%   C ‹ ›

1-5. 시장이 1 포인트 하락하면 매입 포지션(S&P500 선물 계약)은 250달러 손실을 보고 매도 포지션은 250 달러 이익을 본다. S&P500에 대한 선물 계약 하나의 크기는 지수 × 250이다.

1-6. 5달러 포트폴리오를 헤지하려면 n개의 선물 계약을 매도 포지션해야 한다. 상세한 설명은 http://www3.canisius.edu/~yany/doc/sp500futures.pdf를 보라.

$$n = \frac{V_p \beta_p}{\text{주가 지수}} \quad \dots (1)$$

여기서 V_p는 포트폴리오 가치, β_p는 포트폴리오 베타, 주가 지수는 S&P500 이다. 공식을 사용하면 10개 선물을 매도 포지션해야 한다. 3개월 내 10 포인트가 빠져 2090.4가 된다고 하자. 베타는 시장 위험 척도인 걸 알고 있다. 무위험 연 금리 1%. 즉 3개월 0.25%라고 가정하자.

2. 다음 선형 회귀를 이용해 포트폴리오 베타를 구하시오.

$$R_i = R_f - \beta_i \left(R_{mkt} - R_f \right) \quad \dots (2)$$

3. 시장이 급격이 하락할 때 몇 가지 모멘트를 찾아보라. 파이썬 경기 순환 데이터셋을 사용하면 된다.

```
import pandas as pd
x=pd.read_pickle("c:/temp/businessCycle.pkl")
print(x.head())
print(x.tail())
```

```
date
1926-10-01    1.000
1926-11-01    0.846
1926-12-01    0.692
1927-01-01    0.538
1927-02-01    0.385
              cycle
date
2009-02-01    -0.556
2009-03-01    -0.667
2009-04-01    -0.778
2009-05-01    -0.889
2009-06-01    -1.000
```

 −1은 경기 침체기를 의미하고 1은 경기 확장을 의미한다.

4. 헤지 전략을 사용한 경우와 그렇지 않은 경우의 손실을 계산하라. 포트폴리오 손실은 얼마인가? S&P500 선물을 매도 포지션했다면 수익은 얼마인가?

5. IBM 1,000주, DELL 2000주, 시티그룹 5,000주가 있다. 앞의 절차 전체를 반복하라.

   ◦ 오늘의 마켓 가치는 어떻게 되는가?

   ◦ 포트폴리오 베타를 구하라(참고: 최근 5개년 데이터를 활용하면 된다).

   ◦ S&P500 선물 계약을 이용해 포트폴리오를 헤지하려면 얼마나 많은 계약을 매도(혹은 매입) 포지션해야 하는가?

   ◦ 시장이 5% 하락하면 포트폴리오의 손실은 얼마이고 헤지 포지션으로 얻는 이익은 얼마인가?

다음은 일반식이다.

$$n = (\beta^* - \beta_P) \frac{V_p}{v_F} \quad \dots(3)$$

여기서 n은 계약 수, β^*는 타겟 베타, V_F는 선물 계약 하나의 가치다. V_p와 β_p는 앞에서 정의됐다. n이 양수(음수)이면 매입(매도) 포지션이다. 앞 예제 S&P500 선물의 경우 V_F = S&P500 지수 레벨 × 250이 된다.

 장이 좋지 않을 때 포트폴리오 베타에 변화를 주기 위해 S&P500 선물을 이용한 마켓 타이밍(market timing)에 대해 생각해보라.

▌ 연습문제

1. APR(연이율)이 반년 복리 5%일 때 해당 연속 복리 이율은 얼마인가?

2. 포트폴리오 가치는 오늘 기준으로 477만 달러이고 베타는 0.88이다. 포트폴리오 관리자가 향후 3개월 내에 시장이 급등할 것으로 보고 S&P500 선물을 사용해 3개월 만에 포트폴리오 베타를 0.88에서 1.20으로 늘리려면 몇 개의 매도 혹은 매입 포지션을 취해야 하는가? S&P500 지수가 70 포인트 증가하면 손익은 어떻게 되는가? S&P500이 50 포인트 하락하면 어떻게 되는가?

3. 콜옵션 가격을 계산하는 프로그램을 작성하라.

4. 미국식 콜과 유럽식 콜의 차이는 무엇인가?

5. 블랙-스콜스-머톤 옵션 모델의 R_f의 단위는?

6. 반년 복리 연이율이 3.4 %면 블랙-스콜스-머톤 옵션 모델의 R_f를 얼마로 사용해야 하는가?

7. 옵션을 이용한 헤지 방법에 대해 설명하라.

8. 유럽식 콜의 가격을 책정하기 위해 알려진 현금 배당금은 어떻게 처리하는가?

9. 미국식 콜이 유럽식 콜에 비해 더 가치가 있는 이유는?

10. 당신이 펀드 매니저이고 포트폴리오의 β가 시장과 밀접한 상관관계가 있다. 현재 단기적 시장 하락을 걱정하고 있다. 포트폴리오를 보호하기 위해 할 수 있는 일은 무엇인가?

11. 주식 A의 현재 가격은 38.5달러며, 콜 및 풋에 대한 행사 가격은 둘 다 37달러다. 연속 복리 무위험 이자율이 3.2 %고 만기는 3개월, 주식 A의 변동성은 0.25다. 유럽식 콜과 풋의 가격은 어떻게 되는가?

12. 풋-콜 패리티를 사용해 앞의 결과를 검증하라.

13. 콜 가격의 행사 가격이 다를 때 풋-콜 패리티를 적용할 수 있는가?

14. 일련의 입력 값 S = 40, X = 40, T = 3/12 = 0.25, r = 0.05 및 시그마는 0.20다. 이제 블랙-스콜스-머톤 옵션 모델을 사용해 콜 가격을 계산할 수 있다. S(현 주가)를 제외한 모든 매개변수를 고정시키자. 이들 사이의 관계를 보여라. 콜과 S 사이의 그래프이면 더 좋다.

15. 실 연이율, 실 반년 이율, 콜옵션 모델의 무위험 금리의 정의는 각각 무엇인가? 현재 연간 무위험 반년 복리 금리는 5%다. 블랙-스콜스-머톤 콜옵션 모델의 입력 변수는 어떤 값을 사용해야 하는가?

16. 주식 거래 가격이 39달러, 행사 가격이 40달러, 만기는 3개월, 연속 복리 무위험 이자율은 3.5%, 연간 변동성은 0.15다. 콜 가격은 얼마인가?

17. 16번에서 무위험 금리를 연속 복리가 아닌 반년 복리 3.5%인 경우로 다시 계산하라.

18. 타인의 프로그램을 사용할 때 장단점은 무엇인가?

19. 다른 사람들의 프로그램은 어떻게 디버그하는가?

20. 연간 m회 복리의 APR을 연속 복리로 변환하는 파이썬 프로그램을 작성하라.

21. 누적 정규 분포의 정확도를 어떻게 향상시킬 수 있는가?

22. APR과 연속 복리 금리 R_c의 관계는 무엇인가?

23. 현 주가가 52.34달러이고 만기가 6개월, 연간 변동성이 0.16, 무위험 연속 복리 금리가 3.1%일 때 현 주가와 같은 행사 가격을 갖는 콜옵션의 가격을 구하라.

24. S, X, T, r 및 시그마에 대해 13줄의 파이썬 코드를 사용해 유럽식 콜옵션을 계산할 수 있다. 다른 입력 값이 동일하고 주가 S만 상승할 경우 콜 가격은 상승하는가 하락하는가? 이유를 설명하라.

25. 24번 결과를 그래프로 표시하라.

26. 행사 가격 X가 증가하면 콜 가치가 떨어진다. 이 주장이 사실인가? 이유를 설명하라.

    ○ 다른 입력 값이 일정하면 주식의 시그마가 증가하면 콜 가격이 상승한다. 이 주장이 사실인가? 이유를 설명하라.

27. S, X, T, r 및 시그마의 입력 값 집합에 대해 10장에 있는 코드를 사용해 유럽식 콜옵션 가격, 즉 C 가격을 계산할 수 있다. 한편 일련의 변수와 함께 실제 콜 프리미엄 가격(Cobs)을 관찰하면 내재적 변동성(σ)을 계산할 수 있

다. 내재적 변동성을 대략적으로 계산하는 시행착오 기법을 설명하라.

28. 소위 풋-콜 패리티에 의하면 만기 때 충분한 현금을 가진 콜옵션(X 달러)을 갖는 것은 풋옵션과 그 기초 자산 주식을 같이 보유하는 것과 같다. 여기서 콜 및 풋옵션은 모두 동일한 행사 가격(X)과 동일한 만기(T)를 갖고 둘 다 유럽식 옵션이다. 주가가 10달러, 행사 가격이 11달러, 만기가 6개월, 그리고 무위험 이자율은 반년 복리 2.9%일 경우 유럽식 풋옵션의 가격은 얼마인가?

▌요약

10장에서는 선물과 블랙-스콜스-머톤 옵션 모델을 자세히 알아봤다. 특히 선물 계약의 정의와 통화 리스크를 헤지하는 방법, 단기 시장 침체를 헤지하는 방법, 콜과 풋옵션의 수익 및 이익-손실과 이의 그래프 표현을 알아봤다. 또한 커버드 콜, 스트래들, 버터플라이, 캘린더 스프레드, 정규 분포, 델타, 감마와 다른 그릭스, 풋-콜 패리티, 유럽식 옵션과 미국식 옵션, 이항 트리 같은 여러 거래 전략과 이의 시각적 표현을 알아봤다.

11장에서는 리스크를 측정하는 중요한 척도인 최대 예상 손실액VaR을 알아본다. 개별 주식이나 포트폴리오의 VaR 계산을 위해 정규성에 기초해 계산하는 방법과 과거 수익률 추이를 기반으로 계산하는 두 가지 방법을 알아본다. 또한 세 번째 네 번째 모멘트를 고려한 수정 VaR에 대해서도 알아본다.

11

최대 예상 손실액(VaR)

금융에서는 이성적 투자자라면 직간접적으로 위험과 수익 간의 트레이드오프를 항상 고려한다. 대개 수익률을 계산하는 방법은 아주 명확하지만 위험 측정은 다양한 척도가 존재한다. 수익률의 분산과 표준 편차를 이용해 전체 리스크를 산정하기도 하고, 개별 주식이나 포트폴리오 베타를 이용해 시장 리스크를 측정하기도 한다. 10장에서 전체 리스크는 시장 리스크와 특정 회사에 국한된 리스크 두 가지로 구성됨을 봤다. 수익률과 리스크의 비용 균형을 위해 샤프 지수, 트레이너 지수, 소르티노 지수, M2(모딜리아니와 모딜리아니) 성과 측정 등의 척도를 이용할 수 있다. 이런 척도와 지수에 공통으로 사용하는 형식이 있는데, 리스크 프리미엄으로 표현되는 편익과 표준 편차(혹은 베타 또는 하방 부분 표준 편차)로 표현되는 리스크 사이의 트레이드오프를 표현해 놓은 것이다. 한편 척도는 확률 분포를 고려하지 않는다. 11장은 새로운 리스크 척도인 **최대 예상 손실액**VaR, Value at Risk을 소개하고 실 데이터에 적용해 본다. 11장에서 다루는 내용은 다음과 같다.

- VaR(최대 예상 손실액) 소개
- 정규 분포의 밀도와 누적 함수 리뷰
- 방법 I: 정규화 가정에 따른 VaR 계산
- 1일 리스크를 n일 리스크로 변환, 1일 VaR과 n일 VaR
- 정규성 검정
- 왜도와 첨도의 영향
- 왜도와 첨도를 포함하는 수정 VaR 측정
- 방법 II: 수익률 추이에 따른 VaR 계산
- 몬테카를로 시뮬레이션을 이용한 두 방법의 연결
- 백테스팅과 스트레스 테스팅

■ 최대 예상 손실액(VaR) 소개

지금까지 개별 주식이나 포트폴리오 리스크 산정을 위한 여러 방법을 살펴봤다. 전체 리스크 산정을 위해 분산이나 표준 편차를 사용했고, 개별 주식이나 포트폴리오 리스크 산정을 위해 베타를 사용했다. 한편 많은 CEO들은 VaR이라 불리는 간단한 척도를 선호한다. VaR의 정의는 다음과 같다.

"신뢰 수준의 확률로 지정한 기간 내 발생 가능한 최대 손실액"

앞의 정의에는 3가지 명시적 요인과 1가지 묵시적 요인이 있다. 묵시적 요소는 현재 포지션 또는 포트폴리오나 개별 주식의 가치다. 앞 정의에서 미래에 발생 가능한 최대 손실이 첫 번째 명시적 요인이다. 두 번째는 지정한 기간이다. 이 두 요인은 흔한 요인들이지만 마지막 요인은 매우 독특한데 '신뢰 수준 혹은 확률'이다. 몇 가지 예를 들어 살펴보자.

- **예 #1** 2017년 2월 7일 IBM 300주의 가치는 52,911달러다. 내일(2017년 2월 8일) 발생할 수 있는 최대 손실은 신뢰 수준 99%로 1,951달러다.

- **예 #2** 오늘 펀드의 가치는 1,000만 달러다. 3개월 이내 최대 손실은 신뢰 수준 95%로 50만 달러다.

- **예 #3** 은행의 가치는 2억 달러다. 은행의 6개월 내 VaR은 1% 확률로, 1,000 만 달러다.

대개 VaR은 두 가지 방법으로 계산한다. 첫 번째는 주식이나 포트폴리오의 수익률이 정규 분포를 따른다는 가정을 하고, 두 번째는 과거 수익률 간의 순위를 이용해 계산한다. 첫 번째 방식을 알아보기 전에 정규 분포 개념을 먼저 살펴보자. 정규 분포의 밀도는 다음과 같이 정의된다.

$$f(x) = \frac{1}{\sqrt{2\pi\sigma^2}}e^{-\frac{(x-\mu)^2}{2\sigma^2}} \qquad \dots (1)$$

여기서 $f(x)$는 밀도 함수다. x는 입력 변수, μ는 평균, σ는 표준 편차다. spicy.stats.norm.pdf( ) 함수는 밀도 계산에 사용된다. 함수에는 x, μ, σ라는 3개의 입력 값이 있다. 다음 코드는 이 함수를 호출해 앞 공식을 이용 수작업으로 검증한다.

```
import scipy.stats as stats
from scipy import sqrt, exp,pi
d1=stats.norm.pdf(0,0.1,0.05)
print("d1=",d1)
d2=1/sqrt(2*pi*0.05**2)*exp(-(0-0.1)**2/0.05**2/2)   # 수작업 확인
print("d2=",d2)
('d1=', 1.0798193302637611)
('d2=', 1.0798193302637611)
```

앞 프로그램은 코드를 간략히 하기 위해 sqrt( ), exp( ) 함수와 pi를 임포트했다. μ=0 그리고 σ=1로 설정하면 앞 일반 정규 분포 밀도 함수는 표준 정규 분포가 된다. 다음 해당 밀도 함수를 살펴보자.

$$f(x) = \frac{1}{\sqrt{2\pi}} e^{-\frac{x^2}{2}} \qquad \dots (2)$$

spicy.stats.norm.pdf( ) 함수의 두 번째와 세 번째 매개변수의 디폴트 값은 각각 0과 1이다. 다시 말해 표준 정규 분포를 나타낸다. 다음 코드를 사용해 수작업으로 검정해보자.

```
from scipy import exp,sqrt,stats,pi
d1=stats.norm.pdf(0)
print("d1=",d1)
d2=1/sqrt(2*pi)                    # 수작업으로 검정
print("d2=",d2)
('d1=', 0.3989422804014327)
('d2=', 0.3989422804014327)
```

다음 코드는 표준 정규 분포 그래프를 그리는데, spicy.stats.norm.pdf( ) 함수의 매개변수는 단 1개다.

```
import scipy as sp
import matplotlib.pyplot as plt
x = sp.arange(-3,3,0.1)
y=sp.stats.norm.pdf(x)
plt.title("Standard Normal Distribution")
plt.xlabel("X")
plt.ylabel("Y")
plt.plot(x,y)
plt.show()
```

그래프는 다음과 같다.

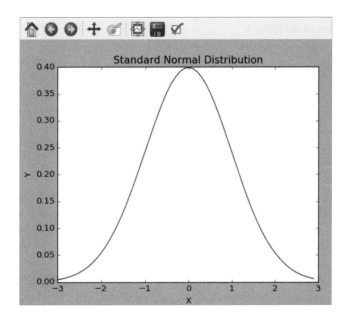

VaR 계산을 위해서는 95%나 99%의 신뢰 수준을 선택한다. 95%(99%) 신뢰 수준은 사실 왼쪽 꼬리 5%(1%) 확률을 보고 있는 것이다. 다음 그래프는 95% 신뢰 수준에 기반을 둔 VaR 개념을 보여준다.

```
import scipy as sp
from matplotlib import pyplot as plt
z=-2.325          # 이 숫자는 변경 가능
xStart=-3.8       # 화살표 지점 x
yStart=0.2        # 화살표 지점 x
xEnd=-2.5         # 화살표 지점  x
yEnd=0.05         # 화살표 지점 x
def f(t):
    return sp.stats.norm.pdf(t)

plt.ylim(0,0.45)
x = sp.arange(-3,3,0.1)
```

```
y1=f(x)
plt.plot(x,y1)
x2= sp.arange(-4,z,1/40.)
sum=0
delta=0.05
s=sp.arange(-10,z,delta)
for i in s:
    sum+=f(i)*delta

plt.annotate('area is '+str(round(sum,4)),xy=(xEnd,yEnd),xytext=(xStar
t,yStart), arrowprops=dict(facecolor='red',shrink=0.01))
plt.annotate('z= '+str(z),xy=(z,0.01))
plt.fill_between(x2,f(x2))
plt.show()
```

그래프 생성을 위해 3개의 함수를 사용했다. matplotlib.pyplot.annotate() 함수는 왼쪽 꼬리 화살표와 텍스트 설명을 붙이기 위한 것이다. str() 함수는 숫자를 문자로 변환한다. matplotlib.pyplot.fill_between() 함수는 지정한 영역을 채우는 함수다. 출력 그래프는 다음과 같다.

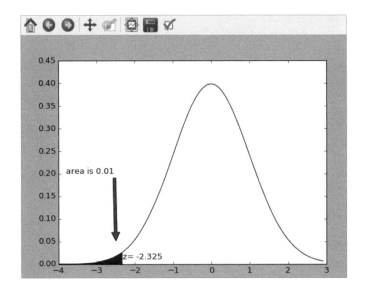

532

정규 분포 가정하에 VaR을 구하는 다음과 같은 일반식을 구할 수 있다.

$$VaR = position * (\mu_{period} - z * \sigma_p) \quad \dots (3)$$

여기서 *VaR*은 최대 예상 손실이고, *position*은 포트폴리오의 현재 시장 가치, μ_{period} 는 기간 기대 수익률, *z*는 신뢰 수준에 따른 커트라인, *σ*는 포트폴리오 변동성이다. 정규 분포에서 99% 신뢰 수준의 *z*=2.33이고 95% 신뢰 수준의 *z*=1.64이다. *z*를 얻기 위해 scipy.stats.norm.ppf() 함수를 사용하면 되므로 앞 수식은 다음처럼 다시 쓸 수 있다.

$$\begin{cases} z = scipy.stats.norm.ppf(1 - confidence) \\ \quad VaR = position * (\mu_{period} + z * \sigma_p) \end{cases} \quad \dots (4)$$

앞 두 식을 비교해보자. 주의 깊은 독자라면 *z* 앞의 기호가 다른 것을 눈치 챘을 것이다. 위 수식의 경우 앞과 달리 *z* 앞의 부호가 양수다. 그 이유는 scipy. stats.norm.ppf() 함수의 결과가 음수이기 때문이다. 다음 코드를 살펴보자

```
from scipy.stats import norm
confidence_level=0.99
z=norm.ppf(1-confidence_level)
print(z)
-2.32634787404
```

기간이 1일 정도로 짧다면 μ_{period}의 영향은 무시해도 된다. 따라서 식을 좀 더 간단히 할 수 있다.

$$VaR = p * z * \sigma \quad \dots (5)$$

다음 프로그램은 가상의 수익/손실 확률 밀도 함수의 5% VaR을 보여준다.

```
import scipy as sp
import scipy as sp
from scipy.stats import norm
from matplotlib import pyplot as plt
confidence_level=0.95 # 입력
z=norm.ppf(1-confidence_level)
def f(t):
    return sp.stats.norm.pdf(t)
#
plt.ylim(0,0.5)
x = sp.arange(-7,7,0.1)
ret=f(x)
plt.plot(x,ret)
x2= sp.arange(-4,z,1/40.)
x3=sp.arange(z,4,1/40.)
sum=0
delta=0.05
s=sp.arange(-3,z,delta)
for i in s:
    sum+=f(i)*delta
note1='Red area to the left of the'
note2='dotted red line reprsesents'
note3='5% of the total area'
#
note4='The curve represents a hypothesis' note5='profit/loss density
function. The' note6='5% VaR is 1.64 standard deviation' note7='from the mean,
i.e.,zero'
#
note8='The blue area to the righ of the' note9='red dotted line represents 95%'
note10='of the returns space'
# 수직선 그리기
plt.axvline(x=z, ymin=0.1, ymax = 1, linewidth=2,ls='dotted', color='r')
plt.figtext(0.14,0.5,note1)
plt.figtext(0.14,0.47,note2)
plt.figtext(0.14,0.44,note3)
```

```
#
plt.figtext(0.5,0.85,note4)
plt.figtext(0.5,0.82,note5)
plt.figtext(0.5,0.79,note6)
plt.figtext(0.5,0.76,note7)
plt.annotate("",xy=(-2.5,0.08),xytext=(-2.5,0.18),
arrowprops=dict(facecolor='red',shrink=0.001))
#
plt.figtext(0.57,0.5,note8)
plt.figtext(0.57,0.47,note9)
plt.figtext(0.57,0.44,note10)
plt.annotate("",xy=(1.5,0.28),xytext=(4.5,0.28),
arrowprops=dict(facecolor='blue',shrink=0.001))
#
plt.annotate('z= '+str(z),xy=(2.,0.1))
plt.fill_between(x2,f(x2), color='red')
plt.fill_between(x3,f(x3), color='blue')
plt.title("Visual presentation of VaR, 5% vs. 95%")
plt.show()
```

출력 그래프는 다음과 같다.

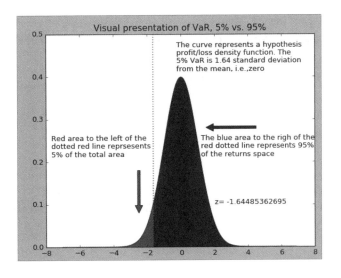

이제 익일 최대 예상 손실을 계산하는 가장 간단한 예를 하나 살펴보자. 2017년 2월 7일 1,000주의 IBM 주식을 보유하고 있다고 가정하자. 신뢰 수준 99%로 계산한 다음날 최대 예상 손실액은 얼마인가? 일별 수익률의 표준 편차 계산을 위해 최근 5년치 데이터를 이용한다. 사실 기간은 의사 결정 변수다. 1년치 혹은 몇 년치 데이터를 사용해도 된다. 장단기 기간의 선정은 각각의 장단점이 있을 것이다. 기간이 길수록 표본 크기가 커지므로 긴 구간의 표준 편차 값이 좀 더 안정적이다. 그러나 너무 오래된 정보는 분명 쓸모가 없을 것이다.

```
import numpy as np
import pandas as pd
from scipy.stats import norm
from matplotlib.finance import quotes_historical_yahoo_ochl as getData
#
# 입력 부분
    ticker='IBM'            # 입력 1
    n_shares=1000          # 입력 2
    confidence_level=0.99  # 입력 3
    begdate=(2012,2,7)     # 입력 4
enddate=(2017,2,7)         # 입력 5
#
z=norm.ppf(1-confidence_level)
x=getData(ticker,begdate,enddate,asobject=True,adjusted=True)
print(x[0])
ret = x.aclose[1:]/x.aclose[:-1]-1
#
position=n_shares*x.close[0]
std=np.std(ret)
#
VaR=position*z*std
print("Holding=",position, "VaR=", round(VaR,4), "tomorrow")
(datetime.date(2012, 2, 7), 2012, 2, 7, 734540.0, 167.75861437920275,
168.543152, 169.23178870104016, 167.34020198573538, 3433000.0, 168.543152)
('Holding=', 168543.152, 'VaR=', -4603.5087, 'tomorrow')
```

데이터의 첫 줄을 출력한 목적은 종가가 2017년 2월 7일자가 맞는지 확인하기 위해서다. 보유 자산 총액은 168,543달러이고, 하루 VaR은 4,604달러다. 두 번째는 10일 동안의 VaR이다. 일별 수익률의 분산(혹은 표준 편차)을 n-일 분산(혹은 표준 편차)으로 변환하려면 다음 공식을 사용하면 된다.

$$\begin{cases} \sigma^2_{n\_day} = n * \sigma^2_{daily} \\ \sigma_{n\_day} = \sqrt{n} * \sigma_{daily} \end{cases} \quad \dots (6)$$

예를 들어 연간 변동성은 일 변동성에 252의 제곱근($\sigma_{annual} = \sigma_{daily}\sqrt{252}$)을 곱하면 된다. 일별 수익률 평균을 n-일 수익률 평균으로 변환하려면 다음 공식을 사용하면 된다.

$$\mu_{n\_day} = (\mu_{daily} + 1)^n - 1 \quad \dots (7)$$

일별 수익률을 이용해 n-일 VaR을 계산하기 위해 신뢰 수준에 따른 다음과 같은 VaR 공식이 있다.

$$\begin{cases} \mu_{n\_day} = (\mu_{daily} + 1)^n - 1 \\ \sigma_{n_{day}} = \sigma_{daily}\sqrt{n} \\ z = scipy.stats.norm.ppf(1 - confidence) \\ VaR = position * (\mu_{period} + z * \sigma_p) \end{cases} \quad \dots (8)$$

다음 코드는 월마트 주식 50주의 2016년 마지막 날부터 열흘간의 신뢰 수준 99% VaR을 보여준다.

```
import numpy as np
import pandas as pd
from scipy.stats import norm
from matplotlib.finance import quotes_historical_yahoo_ochl as getData
ticker='WMT'          # 입력 1
```

```
n_shares=50              # 입력 2
confidence_level=0.99    # 입력 3
n_days=10# 입력 4
begdate=(2012,1,1)       # 입력 5
enddate=(2016,12,31)     # 입력 6

z=norm.ppf(confidence_level)

x=getData(ticker,begdate,enddate,asobject=True,adjusted=True)
ret = x.aclose[1:]/x.aclose[:-1]-1
position=n_shares*x.close[0]
VaR=position*z*np.std(ret)*np.sqrt(n_days)
print("Holding=",position, "VaR=", round(VaR,4), "in ", n_days, "Days")
('Holding=', 2650.3070499999999, 'VaR=', 205.0288, 'in ', 10, 'Days')
```

2016년 12월 31일 보유 자산 총액은 2,650달러이고 열흘간의 최대 손실은 205달러다. 앞 프로그램은 일별 수익률을 이용해 일별 수익률 평균과 표준 편차를 계산했다. 그 뒤 10일 평균 수익률과 10일 변동성으로 변환했다. 사실 10일 수익률을 바로 구할 수도 있다. 10일 수익률이 구해지면 scipy.mean() 함수와 scipy.std() 함수를 바로 이용하면 된다. 다시 말해 일별 평균과 표준 편차를 10일 평균과 표준 편차로 변환할 필요가 없다. 관련 코드는 다음과 같다. 지면 절약을 위해 처음 11줄은 반복하지 않았다.

```
x = getData(ticker, begdate, enddate,asobject=True, adjusted=True)
logret = np.log(x.aclose[1:]/x.aclose[:-1])

# 방법2: 10일 수익률 계산
ddate=[]
d0=x.date
for i in range(0,np.size(logret)):
    ddate.append(int(i/nDays))
y=pd.DataFrame(logret,ddate,columns=['retNdays'])
```

```
retNdays=y.groupby(y.index).sum( )
#print(retNdays.head( ))
position=n_shares*x.close[0]
VaR=position*z*np.std(retNdays)
print("Holding=",position, "VaR=", round(VaR,4), "in ", nDays, "Days")
('Holding=', 2650.3070499999999, 'VaR=', 209.1118, 'in ', 10, 'Days')
```

새로운 결과는 이전 결과 205.03달러와 달리 VaR이 209.11달러다. 과소평가된 비율은 -0.01951126, 즉 대략 -2%다. 다음 코드는 월별 주기를 가진 파마-프렌치 5요인 가치 가중 산업 포트폴리오의 VaR을 구한다. 데이터셋은 http://canisius.edu/~yany/python/ff5VWindustryMonthly.pkl에서 구할 수 있다. 5개 산업군은 소비자 Consumer, 제조Manufacture, 첨단 기술High Tech, 건강Health, 그리고 기타다. 처음과 마지막 몇 줄은 다음과 같다.

```
import pandas as pd
x=pd.read_pickle("c:/temp/ff5VWindustryMonthly.pkl")
print(x.head( ))
print(x.tail( ))
          CNSMR     MANUF    HITEC      HLTH     OTHER
192607   0.0543    0.0273   0.0183    0.0177    0.0216
192608   0.0276    0.0233   0.0241    0.0425    0.0438
192609   0.0216   -0.0044   0.0106    0.0069    0.0029
192610  -0.0390   -0.0242  -0.0226   -0.0057   -0.0285
192611   0.0370    0.0250   0.0307    0.0542    0.0211
          CNSMR     MANUF    HITEC      HLTH     OTHER
201608  -0.0101    0.0040   0.0068   -0.0323    0.0326
201609  -0.0143    0.0107   0.0202    0.0036   -0.0121
201610  -0.0252   -0.0231  -0.0141   -0.0743    0.0059
201611   0.0154    0.0539   0.0165    0.0137    0.1083
201612   0.0132    0.0158   0.0163    0.0084    0.0293
```

다음 프로그램은 지정한 기간 동안 각 산업 포트폴리오에 1,000달러씩 투자한 99% 신뢰 수준의 VaR 값을 구한다. 주기가 월이므로 고정 기간은 다음 달이 될 것이다.

```python
import pandas as pd
import scipy as sp
from scipy.stats import norm
#
confidence_level=0.99  # input
position=([1000,1000,1000,1000,1000])
z=norm.ppf(1-confidence_level)
x=pd.read_pickle("c:/temp/ff5VWindustryMonthly.pkl")
#
std=sp.std(x,axis=0)
mean=sp.mean(x,axis=0)
#
t=sp.dot(position,z)
VaR=t*std
#
# 출력 영역
print(sp.shape(x))
print("Position=",position)
print("VaR=")
print(VaR)
(1086, 5)
('Position=', [1000, 1000, 1000, 1000,1000])
VaR=
CNSMR    -122.952735
MANUF    -128.582446
HITEC    -129.918893
HLTH     -130.020356
OTHER    -149.851230
dtype: float64
```

1,000달러씩 균등하게 투자된 5개 산업의 VaR 값은 각각 122.95, 128.58, 129.92, 130.02달러다. 이 값을 비교하면 소비자 산업이 가장 낮은 리스크를 가지고 기타 산업군이 가장 큰 잠재 손실 값을 가진다.

▌ 정규성 검정

VaR을 계산한 첫 번째 방법은 개별 주식이나 포트폴리오의 수익률이 정규 분포를 따른다고 가정했다. 그러나 실생활에서 주식이나 포트폴리오의 수익률이 반드시 정규 분포를 따르라는 보장은 없다. 다음 프로그램은 5년치 일별 데이터를 사용해 마이크로소프트의 수익률이 이 가정을 충족하는지 테스트해본다.

```
from scipy import stats
from matplotlib.finance import quotes_historical_yahoo_ochl as getData
import numpy as np
#
ticker='MSFT'
begdate=(2012,1,1)
enddate=(2016,12,31)
#
p =getData(ticker, begdate, enddate,asobject=True, adjusted=True)
ret = (p.aclose[1:] - p.aclose[:-1])/p.aclose[1:]
print 'ticker=',ticker,'W-test, and P-value'
print(stats.shapiro(ret))
print( stats.anderson(ret))
ticker= MSFT W-test, and P-value
(0.9130843877792358, 3.2116320877511604e-26)
AndersonResult(statistic=14.629260310763584, critical_values=array([ 0.574,
0.654, 0.785, 0.915, 1.089]), significance_level=array([ 15. , 10. , 5. , 2.5,
1. ]))
```

귀무가설은 "마이크로소프트의 일별 수익률은 정규 분포를 따른다"이다. 계산 결과 1% 유의 수준의 임계값인 1.089보다 F-값이 훨씬 크므로 가설을 기각한다. 개별 주식 기반의 가설은 기각됐지만 포트폴리오의 수익률은 다를 수 있다. 다음 프로그램은 S&P500 지수의 일별 수익률이 정규 분포를 따르는지 테스트한다. 야후 금융에서 S&P500의 종목 코드는 ^GSPC다.

```
import numpy as np
from scipy import stats
from matplotlib.finance import quotes_historical_yahoo_ochl as getData
#
ticker='^GSPC'  # ^GSPC 은 S&P500 종목 코드
begdate=(2012,1,1)
enddate=(2016,12,31)
#
p =getData(ticker, begdate, enddate,asobject=True, adjusted=True) ret =
(p.aclose[1:] - p.aclose[:-1])/p.aclose[1:]
print 'ticker=',ticker,'W-test, and P-value' print(stats.shapiro(ret))
print( stats.anderson(ret) )
ticker= ^GSPC W-test, and P-value
(0.9743353128433228, 3.7362179458122827e-14)
AndersonResult(statistic=8.6962226557502618, critical_values=array([ 0.574,
0.654, 0.785, 0.915, 1.089]), significance_level=array([ 15. , 10. , 5. , 2.5,
1. ]))
```

결과에 의해 S&P500의 정규 분포 가설은 기각한다. 즉, S&P500의 일별 수익률을 사용한 시장 지수는 정규 분포를 따르지 않는다.

▌ 왜도와 첨도

정규 분포 가정에 기초한 VaR 계산은 오직 첫 두 모멘트인 평균과 분산만 고려한다. 주식의 수익률이 정규 분포를 충실히 따라만 준다면 이 두 모멘트만으로 확률 분포를 충분히 정의할 수 있다. 그러나 앞 절에서 항상 정규 분포를 따르는 것은 아니라는 것을 살펴봤다. 첫 번째 처방은 또 다른 고차원 모멘트를 첫 두 모멘트에 첨가하는 것이다. 세 번째와 네 번째 모멘트는 각각 왜도와 첨도라고 부른다. n개 수익률을 가진 포트폴리오나 주식의 경우 왜도는 다음 식으로 구한다.

$$왜도 = \frac{\sum_{i=1}^{n}(R_i - \bar{R})^3}{(n-1)\sigma^3} \qquad \cdots (9)$$

여기서 R_i는 i번째 수익률, $\bar{R}$는 평균 수익률, n은 수익률 개수, σ는 수익률의 표준 편차다. 첨도는 4의 지수 승이므로 극단치의 영향을 잘 반영한다. 첨도는 대개 다음 식을 사용해 구한다.

$$첨도 = \frac{\sum_{i=1}^{n}(R_i - \bar{R})^4}{(n-1)\sigma^4} \qquad \cdots (10)$$

표준 정규 분포는 평균이 0이고 단위 분산을 가지며, 왜도는 0, 첨도는 3이다. 이 때문에 어떤 경우는 첨도를 구할 때 앞 식에서 3을 뺀 후 정의하기도 한다.

$$첨도 = \frac{\sum_{i=1}^{n}(R_i - \bar{R})^4}{(n-1)\sigma^4} - 3 \qquad \cdots (11)$$

어떤 교과서는 이 두 식을 구분하기 위해 각각 첨도와 초과 첨도라 부르기도 한다. 그러나 많은 경우 앞 식을 그냥 첨도라 부른다. 따라서 시계열의 첨도가 0인지 알아보는 테스트를 할 때 어느 벤치마크를 이용하는지 유의해야 한다. 다음 프로그램은 표준 정규 분포에서 5백만 개의 난수를 생성 후 4개 함수를 사용해 평균, 표준 편차, 왜도, 첨도의 4개 모멘트를 계산한다.

```
from scipy import stats,random
import numpy as np
np.random.seed(12345)
n=5000000
#
ret = random.normal(0,1,n)
print('mean =', np.mean(ret))
print('std  =',np.std(ret))
print(' skewness =',stats.skew(ret))
print(' kurtosis =',stats. kurtosis (ret))
    ('mean =', 0.00035852273706422504)
    ('std =', 0.99983435063933623)
    ('skewness=', -0.00040545999711941665)
    ('kurtosis=', -0.0011622709913658947)
```

표준 정규 분포에서 선택된 랜덤 숫자의 첨도는 0에 가까우므로 scipy.stats.
kurtosis( ) 함수는 식 (10)이 아니라 식 (11)을 기반으로 만들어야 한다.

▌수정 VaR

앞에서 주식 수익률은 정규 분포를 따른다는 가정을 사용했다. 이 때문에 수익률의
왜도와 첨도는 모두 0으로 가정했다. 그러나 실제는 많은 주식 수익률의 왜도나
초과 첨도는 0이 아니다. 그 결과 단 두 개의 모멘트가 아니라 4개의 모멘트를 활용
하는 수정 VaR이 개발됐다. 다음 정의를 살펴보자.

$$\begin{cases} z = abs(scipy.stats.ppf(1 - confidence)) \\ S = scipy.stats.skewness(ret) \\ K = scipy.stats.kurtosis(ret) \\ t = z + \frac{1}{6}(z^2 - 1)S + \frac{1}{24}(z^3 - 3z)K - \frac{1}{36}(2z^3 - 5z)S^2 \\ mVaR = position * (\mu - t * \sigma) \end{cases} \quad \dots (12)$$

여기서 z는 정규 분포에 기반을 둔 값이고, S는 왜도, K는 첨도, t는 중간 변수, scipy.stats.ppf( ) 함수는 주어진 신뢰 수준에 해당하는 z를 구한다. 다음 프로그램은 정규 분포 가정에 따른 VaR과 4개의 모멘트를 사용한 앞 공식에 따른 VaR 값을 각각 구한다. 주식의 수는 500주이고, 시각은 2016년 말이다. 테스트에 사용된 주식은 월마트(WMT)이고, 1일 VaR의 신뢰 수준은 99%다.

```python
import numpy as np
import pandas as pd
from scipy.stats import stats,norm
from matplotlib.finance import quotes_historical_yahoo_ochl as getData
#
ticker='WMT'                        # 입력 1
n_shares=500                        # 입력 2
confidence_level=0.99               # 입력 3
begdate=(2000,1,1)                  # 입력 4
enddate=(2016,12,31)                # 입력 5
#
# 방법 I: 2개의 모멘트 사용
z=abs(norm.ppf(1-confidence_level))
x=getData(ticker,begdate,enddate,a sobject=True,adjusted=True)
ret = x.aclose[1:]/x.aclose[:-1]-1
position=n_shares*x.close[0]
mean=np.mean(ret)
std=np.std(ret)
VaR1=position*(mean-z*std)
print("Holding=",round(position,2), "VaR1=", round(VaR1,2), "for 1 day ")
#
# 수정 VaR: 4개 모멘트 사용
s=stats.skew(ret) k=stats.첨도(ret)
t=z+1/6.*(z**2-1)*s+1/24.*(z**3-3*z)*k-1/36.*(2*z**3-5*z)*s**2
mVaR=position*(mean-t*std)
print("Holding=",round(position,2), "modified VaR=", round(mVaR,2), "for 1 day ")
```

```
('Holding=', 24853.46, 'VaR1=', -876.84, 'for 1 day ')
('Holding=', 24853.46, 'modified VaR=', -1500.41, 'for 1 day ')
```

계산 결과 정규 분포에 따른 VaR은 876.84달러이고, 수정 VaR에 의한 값은 1,500달러다. 두 값의 차이는 무려 42%다. 이 결과는 왜도와 첨도를 사용하지 않으면 VaR이 엄청나게 과소평가될 수 있다는 사실을 시사해준다.

▌ 정렬된 수익률 추이에 기반을 둔 VaR

주식 수익률이 반드시 정규 분포를 따른다는 보장은 없다. 주식 수익률의 분포에 의존하지 않는 다른 방법은 수익률을 크기순으로 정렬한 뒤 VaR을 계산한다. 이 방법은 수익률 추이에 기반을 둔 VaR이라 부른다. 일별 수익률 벡터 ret가 있다고 가정하자. 가장 작은 수부터 높은 순으로 정렬된 벡터를 sorted_ret라 하자. 주어진 신뢰 수준에 대한 한 기간 동안의 VaR은 다음과 같다.

$$\begin{cases} n = len(ret) \\ t = int((1 - confidence) \times n) \quad \quad .....(13) \\ VaR = position \times sorted\_ret[t] \end{cases}$$

여기서 $position$은 자산(포트폴리오의 가치), $confidence$는 신뢰 수준, n은 수익률 개수, len( ) 함수는 관측치 개수를 알려주고 int( ) 함수는 입력 값의 정수 부분을 취한다. 예를 들어 수익률 벡터의 길이가 200이고 신뢰 수준이 99%면 최소부터 차례로 정렬된 수익률의 두 번째 값(=200×0.01)과 자산을 곱한 값이 VaR이 된다. 분명히 시계열이 더 길어질수록 관측치가 많아지므로 최종 VaR 값이 더 정교해질 것이다. 월마트 주식 500주를 보유하고 있을 때 99% 신뢰 수준으로 계산한 다음날의 최대 예상 손실은 얼마인가? 먼저 데이터를 정렬하는 몇 가지 방법을 살펴보자. 첫 번째는 numpy.sort( ) 함수를 이용하는 것이다.

```
import numpy as np
a = np.array([[1,-4],[9,10]])
b=np.sort(a)
print("a=",a)
print("b=",b)
('a=', array([[ 1, -4],
         [ 9, 10]]))
('b=', array([[-4,  1],
         [ 9, 10]]))
```

두 번째 정렬 방법은 파이썬의 pandas 모듈을 사용하는 것이다.

```
import pandas as pd
a = pd.DataFrame([[9,4],[9,2],[1,-1]],columns=['A','B'])
print(a)
# A 의 오름차순, 그 후 B 의 내림차순
b= a.sort_values(['A', 'B'], ascending=[1, 0])
print(b)
# A,B 모두 오름차순
c= a.sort_values(['A', 'B'], ascending=[1, 1])
print(c)
```

비교를 쉽게 하기 위해 3개의 데이터셋들을 나란히 표시해봤다. 맨 위는 원래의 데이터셋을 보여준다. 중간 것은 A열에 대해 오름차순으로 정렬한 결과다. 마지막 은 A와 B에 대해 오름차순으로 정렬된 결과를 보여준다.

```
In [199]: print(a)
     A   B
0    9   4
1    9   2
2    1  -1

In [200]: print(b)
     A   B
2    1  -1
0    9   4
1    9   2

In [201]: print(c)
     A   B
2    1  -1
1    9   2
0    9   4
```

다음 두 프로그램은 정규성에 기초한 VaR과 정렬된 데이터에 기초한 VaR을 비교한다. 프로그램을 쉽게 이해하기 위해 기간은 하루를 사용한다.

```
#
z=norm.ppf(confidence_level)
x=getData(ticker,begdate,enddate,asobject=True,adjusted=True)
ret = x.aclose[1:]/x.aclose[:-1]-1
#
position=n_shares*x.close[0]
std=np.std(ret)
#
VaR=position*z*std
print("Holding=",position, "VaR=", round(VaR,4), "tomorrow")
('Holding=', 26503.070499999998, 'VaR=', 648.3579, 'tomorrow')
```

앞 프로그램에서 사용된 공식은 VaR=position*z*sigma다. 계산 결과는 자산이 26,503달러이고 99% 신뢰 수준으로 계산된 1일 VaR은 648달러다. 다음 프로그램은 같은 주식을 대상으로 정렬에 의한 VaR 값을 계산한다.

```
ret = np.array(x.aclose[1:]/x.aclose[:-1]-1)
ret2=np.sort(ret)
#
position=n_shares*x.close[0]
n=np.size(ret2)
leftTail=int(n*(1-confidence_level))
print(leftTail)
#
VaR2=position*ret2[leftTail]
print("Holding=",position, "VaR=", round(VaR2,4), "tomorrow")
('Holding=', 26503.070499999998, 'VaR=', -816.7344, 'tomorrow')
```

계산 결과 하루 VaR은 817달러다. 정규성에 기초한 VaR은 648달러였던 것을 기억
하자. 두 번째 기법이 더 정교하다고 가정하면 첫 번째 방법은 잠재적 손실을 20%나
과소평가한 셈이 된다. 리스크 관점에서 보면 이는 엄청난 크기다! 다음 코드는 정
렬에 의한 n-일 값을 구한다.

```
ret = x.aclose[1:]/x.aclose[:-1]-1
position=n_shares*x.close[0]
#
방법 1: 정규성에 기반
mean=np.mean(ret)
std=np.std(ret) meanNdays=(1+mean)**nDays-1
stdNdays=std*np.sqrt(nDays)
z=norm.ppf(confidence_level)
VaR1=position*z*stdNdays
print("Holding=",position, "VaR1=", round(VaR1,0), "in ", nDays, "Days")
# 방법 2: 10일 수익률 계산
ddate=[]
d0=x.date
for i in range(0,np.size(logret)):
ddate.append(int(i/nDays))
y=pd.DataFrame(logret,index=ddate,columns=['retNdays'])
```

```
logRet=y.groupby(y.index).sum()
retNdays=np.exp(logRet)-1
#
print("Holding=",position, "VaR2=", round(VaR2,0), "in ", nDays, "Days")
#
# 방법 3
ret2=np.sort(retNdays)
n=np.size(ret2)
leftTail=int(n*(1-confidence_level))
print(leftTail)
VaR3=position*ret2[leftTail]
print("Holding=",position, "VaR=", round(VaR3,0), "in ",nDays, "Days")
('Holding=', 24853.456000000002, 'VaR1=', 2788.0, 'in ', 10, 'Days')
('Holding=', 24853.456000000002, 'VaR2=', 2223.0, 'in ', 10, 'Days')
4
('Holding=', 24853.456000000002, 'VaR=', 1301.0, 'in ', 10, 'Days')
```

앞 프로그램은 2가지 트릭을 사용했다. 첫 번째는 일별 로그 수익률을 합산해 10일 로그 수익률을 계산한 것이다. 그 뒤 로그 수익률을 % 수익률로 변환했다. 두 번째 트릭은 10일치 수익률을 생성해낸 기법이다. 우선 int() 함수를 사용해 그룹을 생성했다. 즉, int(i/nDays) 함수를 사용했다. 여기서 nDays는 10이므로 int(i/10)은 각각 10개의 0, 10개의 1, 10개의 2, 이런 식으로 값들을 생성한다. 세 가지 방법에 기초해 계산한 VaR은 각각 2,788달러, 2,223달러, 1,30달러다.

▌ 시뮬레이션과 VaR

앞 절에서 개별 주식과 포트폴리오의 VaR을 계산하는 두 가지 방법을 살펴봤다. 첫 번째로 주식 수익률은 정규 분포를 따른다는 가정을 했다. 두 번째로 정렬된 수익률 추이에 기반을 뒀다. 이 두 방법 사이의 관련성은 무엇인가? 사실 몬테카를로^{Monte Carlo} 시뮬레이션을 통해 그 관련성을 찾을 수 있다. 우선 정규성을 기초한 첫 번째 방법을 살펴보자. 2016년 말일에 월마트 주식 500주를 보유하고 있다. 신뢰 수준 99%로 계산한 다음날의 VaR은 얼마일까?

```
#
position=n_shares*x.close[0]
mean=np.mean(ret)
std=np.std(ret)
#
VaR=position*(mean+z*std)
print("Holding=",position, "VaR=", round(VaR,4), "tomorrow")
('Holding=', 26503.070499999998, 'VaR=', -641.2911, 'tomorrow')
```

신뢰 수준 99%로 계산한 다음날의 VaR은 641.29달러다. 다음에 몬테카를로 시뮬레이션의 작동 방식이 있다. 먼저 일 수익률의 평균과 표준 편차를 구한다. 주식 수익률은 정규 분포를 따른다는 가정을 했으므로 같은 평균과 표준 편차를 가진 5,000개의 임의의 수익률을 생성할 수 있다. 신뢰 수준이 99%면 50번째(5000×0.01=50) 최저 수익률이 커트라인이 된다.

```
#
position=n_shares*x.close[0]
mean=np.mean(ret)
td=np.std(ret)

#
n_simulation=5000
sp.random.seed(12345)
ret2=sp.random.normal(mean,std,n_simulation)
ret3=np.sort(ret2)
m=int(n_simulation*(1-confidence_level))
VaR=position*(ret3[m])
print("Holding=",position, "VaR=", round(VaR,4), "tomorrow")
```

```
('Holding=', 26503.070499999998, 'VaR=', -627.3443, 'tomorrow')
```

계산 결과 몬테카를로 시뮬레이션 값은 공식에 의한 값 641.29달러와 비교해 매우 근접한 627.34달러다.

▌ 포트폴리오들의 VaR

9장에서 포트폴리오에 많은 주식을 담으면 특정 회사에 종속적인 리스크를 줄이거나 없앨 수 있다는 것을 살펴봤다. n-주식 포트폴리오의 수익률을 계산하는 공식은 다음과 같다.

$$R_{p,t} = \sum_{i=1}^{n} w_i R_{i,t} \qquad \dots (14)$$

여기서 $R_{p,t}$는 시간 t의 포트폴리오 수익률, w_i는 주식 i의 가중치, $R_{i,t}$는 시각 t의 주식 i의 수익률이다. 기대 수익률 혹은 평균에 관한 매우 유사한 공식이 있다.

$$\bar{R}_p = \sum_{i=1}^{n} w_i \bar{R}_i \quad \dots (15)$$

여기서 $\bar{R}_p$는 평균 또는 포트폴리오의 기대 수익률, $\bar{R}_i$는 주식 i의 평균 혹은 기대 수익률이다. n-주식 포트폴리오의 분산은 다음과 같다.

$$\sigma_p^2 = \sum_{i=1}^{n} \sum_{j=1}^{n} w_i w_i \sigma_{i,j} \quad \dots (16)$$

여기서 σ_p^2는 포트폴리오의 분산, $\sigma_{i,j}$는 주식 i와 j 사이의 공분산이다. 다음 공식을 살펴보자.

$$\sigma_{i,j} = \frac{\sum_{k=1}^{n} (R_{i,k} - \bar{R}_i) * (R_{j,k} - \bar{R}_j)}{n-1} \quad \dots (17)$$

주식 i와 주식 j 사이의 상관관계 $\rho_{i,j}$는 다음처럼 정의된다.

$$\rho_{i,j} = \frac{\sigma_{i,j}}{\sigma_i \sigma_j} \quad \cdots (18)$$

주식이 양의 완전 상관관계만 아니라면 주식을 병합하면 포트폴리오 리스크는 줄어들 것이다. 다음 프로그램은 포트폴리오의 VaR은 포트폴리오 내 개별 주식의 VaR을 단순 가중 합산한 것과는 다르다는 것을 보여준다.

```python
from matplotlib.finance import quotes_historical_yahoo_ochl as getData

# 1단계: 입력 부분
tickers=('IBM','WMT','C')      # 종목 코드
begdate=(2012,1,1)             # 시작일
enddate=(2016,12,31)           # 종료일
weight=(0.2,0.5,0.3)           # 가중치
confidence_level=0.99          # 신뢰 수준
position=5e6                   # 총자산
#
z=norm.ppf(confidence_level)
# 2단계: 함수 정의
def ret_f(ticker,begdate,enddte):
    x=getData(ticker,begdate,enddate,asobject=True,adjusted=True)
    ret=x.aclose[1:]/x.aclose[:-1]-1
    d0=x.date[1:]
    return pd.DataFrame(ret,index=d0,columns=[ticker])
 # 3단계
n=np.size(tickers)
final=ret_f(tickers[0],begdate,enddate)
for i in np.arange(1,n):
    a=ret_f(tickers[i],begdate,enddate)
    if i>0:
        final=pd.merge(final,a,left_index=True,right_index=True)
 #
```

```
# 4단계: 포트폴리오 수익률 계산
portRet=sp.dot(final,weight)
portStd=sp.std(portRet)
portMean=sp.mean(portRet)
VaR=position*(portMean-z*portStd)
print("Holding=",position, "VaR=", round(VaR,2), "tomorrow")

# 비교
total2=0.0
for i in np.arange(n):
    stock=tickers[i]
    ret=final[stock]
    position2=position*weight[i]
    mean=sp.mean(ret)
    std=sp.std(ret)
    VaR=position2*(mean-z*std)
    total2+=VaR
    print("For ", stock, "with a value of ", position2, "VaR=", round(VaR,2))
print("Sum of three VaR=",round(total2,2))
('Holding=', 5000000.0, 'VaR=', -109356.22, 'tomorrow')
('For ', 'IBM', 'with a value of ', 1000000.0, 'VaR=', -27256.67)
('For ', 'WMT', 'with a value of ', 2500000.0, 'VaR=', -60492.15)
('For ', 'C', 'with a value of ', 1500000.0, 'VaR=', -59440.77)
('Sum of three VaR=', -147189.59)
```

5백만 달러의 가치를 가진 현 포트폴리오의 VaR은 109,356달러다. 그러나 3 주식의 가중치에 의한 VaR의 단순 합은 147,190달러다. 이 결과는 서로 다른 주식을 취할 때의 다각화 효과를 증명해준다.

554

▌ 백테스팅과 스트레스 테스팅

금융에서 스트레스 테스트^{stress test}란 VaR처럼 경제 위기를 표현하기 위해 개발한 금융 도구들이 실제로 상황을 제대로 표현하는지 알아보려고 설계한 분석 혹은 시뮬레이션 방법이다. VaR을 계산하는 첫 번째 방식은 주식 수익률이 정규 분포를 따른다는 가정하에 만들어졌으므로 실제 값의 정밀도는 주식 수익률 분포가 정규 분포로부터 얼마나 떨어져 있느냐에 달려 있다. 특정 모델에 기반을 둔 위험 관리 도구의 핵심 요소는 해당 모델의 검증이다. 즉, 선택된 모델이 정교하고 일관성 있게 동작하는지 판단할 수 있는 방법이 필요하다. 이 과정은 회사나 감독 당국에 있어 매우 중요하다. 로페즈^{Lopez}(2000)에 따라 이를 정리하면 다음 표와 같다.

표 11.1 백테스팅과 스트레스 테스팅

이름	목적	방법
백테스팅	관측 값과 모델의 기댓값을 비교	대규모 학계 데이터 실증 데이터에 기반을 두고 경험적으로 확립된 예측
스트레스 테스팅	극단적인 조건에서 모델의 기댓값을 조사	• 예상치 분석 • 극단치(Outlier) 분석 • 시나리오 분석 및 사례연구

2017년 2월 7일, IBM 1,000주에 대해 1년치 데이터를 이용해 99% 신뢰 수준으로 1일 VaR을 계산해보자. 프로그램은 다음과 같다.

```
#
position=n_shares*x.close[0]
mean=np.mean(ret)
z=norm.ppf(1-confidence_level)
std=np.std(ret)
#
VaR=position*(mean+z*std)
print("Holding=",position, "VaR=", round(VaR,4), "tomorrow")
```

```
print("VaR/holding=",VaR/position)
(datetime.date(2016, 2, 8), 2016, 2, 8, 736002.0, 121.65280462310274,
122.598996, 123.11070921267809, 119.84731962624865, 7364000.0,
122.598996)
('Holding=', 122598.996, 'VaR=', -3186.5054, 'tomorrow')
('VaR/holding=', -0.025991284652254254)
```

계산 결과 자산은 122,599달러이고 다음 날의 최대 예상 손실은 3,187달러다. 신뢰수준이 99%임을 기억하라. 이는 연간 2.5차례의 예측 실패가 가능하다는 것을 의미한다. 252는 연간 거래일을 의미한다. 다음 프로그램은 예측 실패 수치를 나타낸다.

```
VaR=-3186.5054                # from the previous program
position=122598.996           # from the previous program
#('Holding=', 122598.996, 'VaR=', -3186.5054, 'tomorrow')
#('VaR/holding=', -0.025991284652254254)
#
z=norm.ppf(1-confidence_level)
x=getData(ticker,begdate,enddate,asobject=True,adjusted=True)
print("first day=",x[0])
ret = x.aclose[1:]/x.aclose[:-1]-1
#
cutOff=VaR/position
n=len(ret)
ret2=ret[ret<=cutOff]
n2=len(ret2)
print("n2=",n2)
ratio=n2*1./(n*1.)
print("Ratio=", ratio)
('first day=', (datetime.date(2016, 2, 8), 2016, 2, 8, 736002.0,
121.65280462310274, 122.598996, 123.11070921267809, 119.84731962624865,
7364000.0, 122.598996))
('n2=', 4)
('Ratio=', 0.015873015873015872)
```

다시 말하지만 이 모델에 의한 방법은 2.5회의 예측 실패가 예상된다. 그러나 계산 결과는 4다. 99% 신뢰 수준으로 수익률이 −2.599%보다 나쁠 확률은 1% 정도여야 한다. 불행히도 1년치 데이터에 의하면 이 값은 1.58%다. 이 특정 주식의 55년치 데이터를 사용하면 이 지수보다 수익률이 더 낮을 빈도는 1%의 두 배를 웃도는 3.66%다. 이것은 기저 모델이 잠재적 최대 손실을 과소평가할 수 있음을 암시한다.

▍ 예상 숏폴

앞 절에서 VaR의 정의와 계산 방법 등을 살펴봤다. VaR의 주된 한계는 기초 자산 주식이나 포트폴리오의 분포 형태에 종속적이라는 것이다. 분포 형태가 정규 분포에 근사치라도 근접하면 VaR은 괜찮은 척도가 된다. 그렇지 않고 두터운 꼬리가 관찰되면 최대 예상 손실(리스크)을 과소평가할 수 있다. 또 다른 문제는 VaR이 실제 발생한 뒤의 분포 곡선은 무시된다는 점이다. 정규 분포보다 더 두터운 왼쪽 꼬리를 가질 경우 VaR은 실제 리스크를 과소평가하게 된다. 그 반대도 마찬가지다. 왼쪽 꼬리가 정규 분포보다 더 얇으면 VaR은 실제 리스크보다 과대평가되게 된다. 예상 숏폴[ES, Expected shortfall]은 VaR이 실제로 발생할 때 예상되는 손실이며, 다음과 같이 정의된다.

$$ES = (loss|z < -\alpha) = \frac{\int_{-\infty}^{-\alpha} x f(x) dx}{\int_{-\infty}^{-\alpha} f(x) dx} = \frac{-\phi(\alpha)}{F(\alpha)} \quad \cdots (19)$$

여기서 ES는 예상 숏폴이고, α는 1% 혹은 5% 같은 유의 수준이다. 정규성 가정에 기초해 파이썬으로 표현하기 위해 다음의 공식을 사용한다.

$$zES = (loss|z < -\alpha) = \frac{-norm.pdf(norm.ppf(1-dividence))}{1-confidence} \quad \cdots (20)$$

예상 숏폴은 다음과 같이 구할 수 있다.

$$ES = position * zES * \sigma \quad \dots \quad (21)$$

다음 프로그램은 정규 분포로부터 수익률을 생성하고 VaR과 ES를 계산하는 예다.

```python
import scipy as sp
import scipy.stats as stats
x = sp.arange(-3,3,0.01)
ret=stats.norm.pdf(x)
confidence=0.99
position=10000
z=stats.norm.ppf(1-confidence)
print("z=",z)
zES=-stats.norm.pdf(z)/(1-confidence)
print("zES=", zES)
std=sp.std(ret)
VaR=position*z*std
print("VaR=",VaR)
ES=position*zES*std
print("ES=",ES)
```

비슷한 방법으로 수익률 추이를 이용해 예상 숏폴을 계산하는 공식을 도출할 수도 있다. 어떤 면에서 예상 숏폴은 VaR 임계값을 하회했던 수익률이 발생시킨 평균 손실이다. n개의 수익률 관측치가 있다고 가정하자. 예상 숏폴은 다음과 같이 정의할 수 있다.

$$ES = Position * \frac{1}{m}\sum_{i=1}^{n} R_i I_i [R_i < R_{cutoff}] \quad \dots \quad (22)$$

여기서 ES는 예상 숏폴, $position$은 포트폴리오 가치, m은 주어진 신뢰 수준에 의한 커트라인을 하회한 관측치의 개수, I_i는 더미 변수로 수익률이 R_{cutoff}보다 작을 때는 1이고 그 이외에는 0이다. R_{cutoff}는 주어진 신뢰 수준에 대해 결정된 커트라인이다. 예를 들어 관측 값이 1,000개이고 신뢰 수준이 99%이면 수익률 커트라인은 최저로부터 10번째 수익률이 된다. 예상 숏폴은 10개 최악 시나리오의 평균 손실이 될 것이다.

2016년 마지막 날 월마트 주식 500주를 보유하고 있다고 가정하자. 다음날 최대 손실에 대해 신뢰 수준 99%로 계산하고자 한다. 과거 수익률의 랭킹에 따르면 VaR 은 얼마이고 예상 숏폴은 얼마인가? 다음 코드를 이용해 답을 구할 수 있다.

```
x=getData(ticker,begdate,enddate,asobject=True,adjusted=True)
ret = np.array(x.aclose[1:]/x.aclose[:-1]-1)
ret2=np.sort(ret)
#
position=n_shares*x.close[0]
n=np.size(ret2)
m=int(n*(1-confidence_level))
print("m=",m)
#
sum=0.0
for i in np.arange(m):
    sum+=ret2[i]
ret3=sum/m
ES=position*ret3
print("Holding=",position, "Expected Shortfall=", round(ES,4), "tomorrow")
('m=', 12)
('Holding=', 26503.070499999998, 'Expected Shortfall=', -1105.1574,
'tomorrow')
```

12번째 낮은 수익률보다 낮은 수익률은 모두 11개이므로 예상 숏폴은 12개 수익률 과 각 평가일의 포트폴리오 시장 가치를 곱한 결과의 평균이 된다.

부록 A: 데이터 케이스 #8 – 개별 주식과 포트폴리오에 대한 VaR 계산

이 데이터 케이스에는 다음과 같은 3개의 목적이 있다.

- VaR 개념의 이해와 유관 방법론
- 개별 주식의 VaR 값 계산
- 포트폴리오의 VaR 값 계산

질문은 다음과 같다. 개별 주식에 대한 VaR과 동일 비중 포트폴리오의 99% 신뢰 수준 VaR 값은 어떻게 되는가? 기간은 2012년 2월 7일부터 2017년 2월 7일이고 투자금은 1백만 달러라고 가정하자.

i	회사 이름	종목 코드	산업군
1	마이크로소프트	MSFT	응용 소프트웨어
2	애플	AAPL	개인용 컴퓨터
3	홈 디포	HD	가정 개선 서비스
4	시티그룹	C	은행
5	월마트	WMT	할인, 잡화점
6	제너럴 일렉트릭	GE	기술

1. 야후 금융에서 일별 수익률 데이터를 검색한다.
2. 일별 수익률을 계산한다.
3. VaR 계산을 위해 다음 식을 적용한다.

$$VaR_{period} = position * (\mu_{period} - z * \sigma_{period}) \quad \cdots (1)$$

4. 정렬된 수익률 랭킹에 따른 VaR을 계산한다.
5. 가능하다면 VBA, R, SAS, Matlab을 사용해 프로세스를 자동화하라.

VaR 계산에 사용되는 가장 흔한 값은 1%와 5% 확률(99%와 95% 신뢰 수준) 및 1일 과 2주 기간이다. 정규화 가정에 따른 다음과 같은 일반식이 있다.

$$VaR_{period} = position * (\mu_{period} - z * \sigma_{period})$$

여기서 *position*은 포트폴리오의 현 시장 가치, μ_{period}는 기간 기대 수익률, z는 신뢰 수준에 따른 커트라인, σ는 변동성이다. 정규 분포의 경우 99% 신뢰 수준의 z=2.33 이고, 95% 신뢰 수준의 z=1.64이다. 시간 구간이 하루 정도로 짧을 때는 μ_{period} 영향 은 무시해도 된다. 따라서 다음과 같은 간단한 형태를 얻을 수 있다.

$$VaR = p * z * \sigma \quad \dots (2)$$

정규성 가정에 의한 VaR 값을 구하라.

기초 자산 주식이 정규 분포를 따른다면 VaR 공식은 다음과 같다.

$$VaR_{period} = position * [\mu_{period} + qnorm(1 - confident)\sigma_{period}] \quad \dots (3)$$

99%와 95% 신뢰 수준의 경우 식 (5)는 다음 식과 같이 된다.

신뢰 수준	공식
99%	$VaR_{period} = position(\mu_{period} - 2.33\sigma_{period})$
95%	$Var_{period} = position(\mu_{period} - 1.64\sigma_{period})$

n-일 VaR 계산은 n-일 수익률과 표준 편차를 계산하는 방법에 달려 있다. 주기가 서로 다른 분산 값 사이의 변환은 다음 식을 이용한다.

$$\begin{cases} \sigma_{n\_day}^2 = n * \sigma_{daily}^2 \\ \sigma_{n\_day} = \sqrt{n} * \sigma_{daily} \end{cases} \quad \dots (4)$$

예를 들어 연간 변동성은 일별 변동성에 252의 제곱근을 곱한 것($\sigma_{annual} = \sigma_{daily}\sqrt{252}$)과 같다. 일별 수익률에 기초해 99%와 95% 신뢰 구간의 VaR을 구하는 공식은 다음과 같다.

$$\begin{cases} \mu_{n\_day} = (\mu_{daily} + 1)^n - 1 \\ \sigma_{n\_day} = \sigma_{daily}\sqrt{n} \\ VaR_{n\_day} = p * [\mu_{n\_day} + qnorm(1 - confident)\sigma_{n\_day}] \end{cases} \quad \dots \text{(5A)}$$

여기서 μ_{daily}는 기대 일 수익률, n은 일 수, σ_{daily}는 일별 변동성, σ_{n_day}는 n-일 변동성, *confident*는 99% 혹은 95% 등의 신뢰 수준, p는 포지션이다. 기대 수익률을 모를 경우 기대 수익률 평균이 실현 수익률 평균과 같다고 가정하면 다음 공식을 얻을 수 있다.

$$\begin{cases} \bar{R}_{n\_day} = (\bar{R}_{daily} + 1)^n - 1 \\ \sigma_{n\_day} = \sigma_{daily}\sqrt{n} \\ VaR_{n\_day} = p * [\bar{R}_{n\_day} + qnorm(1 - confident)\sigma_{n\_day}] \end{cases} \quad \dots \text{(5B)}$$

신뢰 수준 99%와 95%에 대해 다음 식을 얻을 수 있다.

$$\begin{cases} VaR_{n\_day} = p * [(\mu_{daily} + 1)^n - 1 - 2.33\sigma_{daily}\sqrt{n}] \\ VaR_{n\_day} = p * [(\mu_{daily} + 1)^n - 1 - 1.64\sigma_{daily}\sqrt{n}] \end{cases} \quad \dots \text{(5C)}$$

▌ 참고문헌

다음의 문헌을 참고하라.

- Jorion, Philippe, Value at Risk, 2nd edition, McGraw-Hill, 2001
- Lopez, Jose A., 2000, An Academic Perspective on Backtesting and

Stress-Testing Presentation for Credit Risk Models and the Future of Capital Management, Federal Reserve Bank of San Francisco, http://www.frbsf.org/economic-research/ files/lopezbktesting.pdf

- Wikiperia, Value at Risk, https://en.wikipedia.org/wiki/Value_at_risk

▌ 연습문제

1. VaR의 가장 간단한 정의는 무엇인가? VaR과 분산 사이의 관계와 표준 편차와 베타 사이의 관계에 대해 서로의 차이점은 무엇인가?

2. 2-주식 포트폴리오를 구성하고자 한다. 신뢰 수준은 99%이고 기간은 10일이다. 첫 번째 주식의 VaR은 x이고 두 번째 주식은 y다. 포트폴리오 주식의 VaR은 가중 평균 VaR과 같은가? 즉 VaR(포트폴리오) = $w_A \times x + w_B \times y$인가? 여기서 w_A는 주식 A의 가중치, w_B는 주식 B의 가중치다. 설명해보라.

3. IBM의 수익률은 정규 분포를 따르는가? 왜도와 첨도는 0과 3(초과 첨도는 0)인가?

4. 정규 분포의 왜도와 첨도는 얼마인가? 결론을 뒷받침하기 위해 rnorm( ) 함수를 사용해서 난수를 생성해보라.

5. 주어진 종목의 평균, 표준 편차, 왜도, 첨도를 구하는 파이썬 프로그램을 작성하라. 예를 들면 moments4("ticker", begdate, enddate) 같은 형식이다.

6. 마이크로소프트 주식 134주를 소유하고 있다고 가정하자. 오늘 총 가치는 얼마인가? 내일 최대 예상 손실은 95% 신뢰 수준으로 얼마인가? 보유 기간이 1일이 아니라 1개월이면 값은 어떻게 되는가?

7. 포트폴리오에 IBM 100주와 마이크로소프트 300주가 있다. 99% 신뢰 수준으로 계산한 1일 동안의 VaR은 얼마인가?

8. Dell의 VaR을 1개월 이상 예측하려면 일일 VaR을 월별 VaR로 변환하거나 월별 데이터에서 VaR을 직접 계산하면 된다. 이들 값은 서로 다른가?

9. VaR을 산정할 때 지난 1년 또는 지난 5년처럼 서로 다른 기간을 사용할 수 있다. 다른 기간 산정이 차이를 만드는가? 몇 종목을 사용해 확인해보고 논평을 해보라.

10. 정규성 가정에 의한 VaR, 수익률 추이를 이용한 VaR, 수정 VaR에 대해 설명하라.

11. 펀드가 IBM에 10%, 구글에 12%, 나머지는 월마트에 투자됐다. 포트폴리오의 변동성은 어떻게 되는가?

12. 10%는 IBM 주식, 12%는 Dell, 20%는 월마트, 나머지는 모두 10년 장기 국채에 투자한 포트폴리오의 변동성은 어떻게 되는가?

13. 수익률 추이에 의한 산정법을 이용해 다음의 VaR을 계산하라.
    ○ 주식 구성은 IBM 100주, 시티그룹 200주, 마이크로소프트 200주, 월마트 400주다.
    ○ 10 거래일 동안 보유한다. 신뢰 수준은 99%로 계산한다.

14. 정규 분포 가정에 의한 VaR 계산 값은 수익률 추이에 의한 VaR 계산 값보다 대체로 작다는 것이 사실인가?

 결과를 알아보기 위해 한 주식에 대해 기간을 옮겨가며 계산해볼 수 있다. 아니면 여러 개의 주식을 사용해도 된다.

15. 왜도에 대한 코드에 기초해 첨도를 구하는 파이썬 함수를 만들어라. 제작한 함수와 scipy.stats.kurtosis( ) 함수를 비교하라.

16. 보유 기간이 하루가 아닐 경우 수익률 추이에 따른 VaR을 구하는 공식은 어떻게 되는가?

17. 보유 기간이 2주(10 거래일)이면 수익률 추이에 따른 VaR은 어떻게 구하는가?

18. IBM, 델, 그리고 월마트 주식을 각각 100주, 200주, 500주 보유하고 있다. 신뢰 수준은 99%이고, 보유 기간은 2주일 때 VaR은 얼마인가?

19. 수익률 추이에 따른 VaR을 계산하는 파이썬 프로그램을 작성하라. 함수의 구조는 VaR_historical(ticker, confidence_ level, n_days)와 같을 것 이다.

▌ 요약

11장에서는 최대 예상 손실^{VaR}이라는 중요한 위험 척도에 대해 자세히 알아봤다. 개별 주식이나 포트폴리오의 VaR을 계산하기 위해 가장 보편적으로 사용되는 두 가지 방법을 설명했다. 정규 분포를 가정하는 방법과 정렬된 수익률에 기반을 둔 방법이 그것이다. 거기다 수익률의 처음 두 개의 모멘트에 더해서 세 번째와 네 번째 모멘트를 고려하는 수정 VaR을 알아봤다. 12장에서는 주가 변동과 수익률에 대한 시뮬레이션, 블랙-스콜스-머톤 옵션 모델의 복제, 그리고 변형 옵션^{exotic options}의 가격 책정 등 시뮬레이션을 금융에 응용하는 방법을 알아본다.

12

몬테카를로 시뮬레이션

몬테카를로^{Monte Carlo} 시뮬레이션은 금융에 있어 극히 중요한 도구다. 예를 들어 로그 정규 분포에서 난수를 발생시키면 이는 곧 임의의 주가 시뮬레이션이 되므로 블랙-스콜스-머톤 옵션 모델을 바로 복제할 수 있다. 9장에서 좀 더 많은 주식을 포트폴리오에 추가할수록 특정 회사 종속 리스크는 줄어들거나 없어진다는 것을 배웠다. 시뮬레이션을 사용하면 5,000개 주식으로부터 50개 주식을 반복적으로 선택할 수 있으므로 좀 더 확실히 다각화의 효과를 볼 수 있을 것이다. 자본 예산^{capital budgeting}의 경우 불확실한 미래가치를 수십 개의 변수로 시뮬레이션해 볼 수 있다. 그런 경우 시뮬레이션은 미래의 여러 가능한 값들을 생성해 이벤트나 여러 형태가 조합된 상황을 만들어낼 수 있다. 12장에서 다루는 내용은 다음과 같다.

- 정규, 유니폼, 포아송 분포로부터 난수 발생

- 몬테카를로 시뮬레이션을 이용한 π 값 계산
- 로그 정규 분포를 이용한 주가 움직임 시뮬레이션
- 효율적 포트폴리오와 효율적 경계선의 구성
- 시뮬레이션을 통한 블랙-스콜스-머톤 옵션 모델의 복제
- 변동 행사가를 가진 룩백 옵션^{lookback options} 같은 여러 변형 옵션 가격 산정
- 복원이 있고 없는 부트스트래핑^{Bootstrapping}
- 장기 기대 수익률 추정
- 효율성, 모의 몬테카를로 시뮬레이션, 소볼 수열^{Sobol sequence}

▌몬테카를로 시뮬레이션의 중요성

몬테카를로 시뮬레이션 또는 시뮬레이션은 금융에 있어 폭넓은 응용과 함께 매우 중요한 역할을 한다. 투자의 순 현재가치를 구하는 경우를 가정해보자. 대출, 최종 상품의 가격, 원자재 등 미래에는 수많은 불확실 요소들이 존재한다. 이런 불확실 변수가 단 몇 개만 있다면 그나마 그럭저럭 잘 처리해 나갈 수 있다. 그러나 미래의 불확실한 요인이 수십 개의 변수로 존재한다면 그 해법을 찾기 위해서는 대단히 골치가 아플 것이다. 다행스럽게도 이런 경우에 몬테카를로 시뮬레이션 기법을 사용할 수 있다. 10장에서 블랙-스콜스-머톤 옵션 모델의 기본 논리는 주식 수익률의 정규성에 근거하고 있음을 배웠다. 이 때문에 시뮬레이션을 통해 그들의 닫힌 해를 복제할 수 있다. 다른 예는 4,500개 가용한 주식에서 임의로 50개 주식을 선택하는 것이다. 블랙-스콜스-머톤 모델 같은 일반적인 옵션과는 달리 변형 옵션에는 닫힌 해가 존재하지 않는다. 다행이 변형 옵션 일부에 대해서 시뮬레이션을 이용해 가격을 산정할 수 있다.

▌ 표준 정규 분포로부터 난수 생성

금융에서 정규 분포는 중심적인 역할을 한다. 첫 번째 이유는 옵션 이론이나 관련 응용들 같은 많은 금융 이론들이 주식의 수익률이 정규 분포를 따른다는 가정하에 만들어졌기 때문이다. 두 번째는 경제 모델이 잘 설계돼 있다면 오차 항은 평균이 0인 정규 분포를 따라야 하기 때문이다. 표준 정규 분포로부터 n개의 랜덤 수를 발생하는 것은 흔한 작업이다. 이를 위해 다음과 같은 3줄의 코드를 이용한다.

```
import scipy as sp
x=sp.random.standard_normal(size=10)
print(x)
[-0.98350472 0.93094376 -0.81167564 -1.83015626 -0.13873015 0.33408835
0.48867499 -0.17809823 2.1223147 0.06119195]
```

SciPy/NumPy의 기본 난수는 numpy.random 함수에 있는 메르센 트위스터 유사 난수 발생기^Mersenne Twister PRNG를 사용해 만들어진다. numpy.random의 분포 난수는 사이썬/피렉스^cython/pyrex에 있으며 매우 빠르다. 일반적으로 10개의 난수를 발생할 때 동일한 난수를 발생시킬 수는 없다. 동일한 난수를 발생시키는 방법에 대해서는 곧 알아볼 것이다. 우선 다음 코드를 이용해보자.

```
>>> import scipy as sp
>>> x=sp.random.normal(size=10)
```

이 프로그램은 다음 프로그램과 동일하다.

```
>>> import scipy as sp
>>> x=sp.random.normal(0,1,10)
```

첫 번째 입력 변수는 평균이고, 두 번째 입력은 표준 편차, 그리고 마지막 입력은 난수의 개수, 즉 원하는 데이터셋의 크기다. 앞의 두 프로그램을 비교하면 평균과 표준 편차의 디폴트 값은 각각 0과 1이다. help( ) 함수를 통해 3개 변수의 이름을 찾아볼 수 있다. 지면 절약을 위해 처음 몇 줄만 표시하기로 한다.

```
>>> help(sp.random.normal)
Help on built-in function normal:
normal(...)
normal(loc=0.0, scale=1.0, size=None)
```

정규 분포로부터 난수 샘플 그리기

확률 밀도 함수는 드 무아브르De Moivre에 의해 처음 도출됐고 200년 뒤 가우스Gauss와 라플라스Laplace에 의해 각각 독립적으로 도출됐다. 그래프의 모양 때문에 흔히 벨 커브bell curve라 불린다. 다음 그림을 살펴보자.

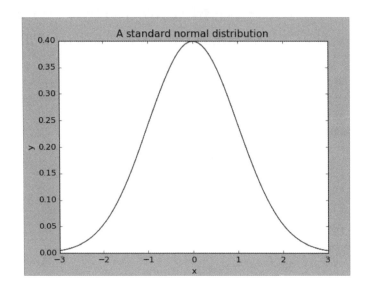

표준 정규 분포를 위한 확률 함수는 다음과 같다.

$$f(x) = \frac{1}{\sqrt{2\pi}} e^{-\frac{x^2}{2}} \qquad \dots (1)$$

여기서 $f(x)$는 표준 정규 분포의 확률 함수, x는 입력 변수, e는 지수 함수, π는 3.1415926이다. 위의 종 모양 커브를 그리는 코드는 다음과 같다.

```
import scipy as sp
import scipy.stats as stats
import matplotlib.pyplot as plt
x = sp.arange(-3,3,0.01)
y=stats.norm.pdf(x)
plt.plot(x,y)
plt.title("A standard normal distribution")
plt.xlabel('x')
plt.ylabel('y')
plt.show()
```

▌시드로부터 난수 발생

종종 같은 난수를 반복해 발생시키고 싶을 때가 있다. 예를 들어 교수가 난수 집합에 대해 평균, 표준 편차, 왜도, 첨도를 설명하려고 하면 학생들과 교수가 동일한 값을 발생시킬 수 있다면 좋을 것이다. 또 다른 예로는 주가 움직임을 시뮬레이션하기 위해 파이썬 프로그램을 디버깅할 때는 같은 중간 결과가 반복되는 것을 선호할 것이다. 이런 경우 scipy.random.seed() 함수를 다음과 같이 사용할 수 있다.

```
>>> import scipy as sp
>>> sp.random.seed(12345)
```

```
>>> x=sp.random.normal(0,1,20)
>>>print x[0:5]
[-0.20470766 0.47894334 -0.51943872 -0.5557303 1.96578057]
>>>
```

여기서 12345는 시드다. 시드 값 자체는 중요하지 않다. 중요한 것은 같은 시드 값은 항상 같은 난수 집합을 생성한다는 사실이다. 좀 더 일반적인 정규 분포식은 다음과 같다.

$$f(x) = \frac{1}{\sqrt{2\pi\sigma^2}} e^{-\frac{(x-\mu)^2}{2\sigma^2}} \qquad \dots (2)$$

여기서 $f(x)$는 정규 분포의 밀도 함수다. x는 입력 값, e는 지수 함수, μ는 평균, σ는 표준 편차다.

정규 분포에서 난수 발생

정규 분포에서 n개의 난수를 발생시키려면 다음 코드를 사용하면 된다.

```
>>> impimport scipy as sp
>>> sp.random.seed(12345)
>>> mean=0.05
>>> std=0.1
>>> n=50
>>> x=sp.random.normal(mean,std,n)
>>> print(x[0:5])
[ 0.02952923 0.09789433 -0.00194387 -0.00557303 0.24657806]
>>>
```

이 프로그램과 이전 프로그램의 차이는 평균이 0이 아니라 0.05이고, 표준 편차는 1이 아니고 0.1이라는 점이다.

572

정규 분포를 위한 히스토그램

데이터셋의 특성을 분석하는 프로세스는 히스토그램을 집중적으로 사용한다. 특정 평균과 표준 편차를 가진 정규 분포로부터 생성된 난수 집합을 히스토그램으로 그리려면 다음 코드를 이용하면 된다.

```
import scipy as sp
import matplotlib.pyplot as plt
sp.random.seed(12345)
mean=0.1
std=0.2
n=1000
x=sp.random.normal(mean,std,n)
plt.hist(x, 15, normed=True)
plt.title("Histogram for random numbers drawn from a normal distribution")
plt.annotate("mean="+str(mean),xy=(0.6,1.5))
plt.annotate("std="+str(std),xy=(0.6,1.4))
plt.show()
```

결과 그래프는 다음과 같다.

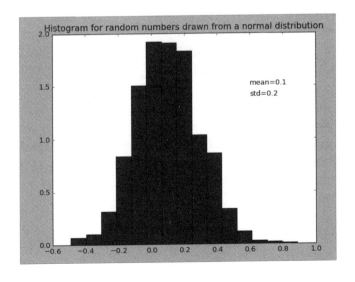

로그 정규 분포 그리기

주식 수익률이 정규 분포를 따르면 주가는 로그 정규 분포를 따라야 한다. 로그 정규 분포의 정의는 다음과 같다.

$$f(x; \mu, \sigma) = \frac{1}{x\sigma\sqrt{2\pi}} e^{-\frac{(\ln(x)-\mu)^2}{2\sigma^2}} \qquad \cdots (3)$$

여기서 $f(x;\mu,\sigma)$는 로그 정규 분포의 밀도, ln( )은 자연로그 함수다. 다음 코드는 (0, 0.25), (0, 0.5), (0, 1.0) 3쌍의 매개변수로 서로 다른 3개의 로그 정규 분포를 그린다. 첫 번째 매개변수는 평균(μ), 두 번째 매개변수는 표준 편차다. 다음 코드를 살펴보자.

```
import scipy as sp
import numpy as np
import matplotlib.pyplot as plt
from scipy import sqrt,exp,log,pi
#
x=np.linspace(0.001,3,200)
mu=0
sigma0=[0.25,0.5,1]
color=['blue','red','green']
target=[(1.2,1.3),(1.7,0.4),(0.18,0.7)]
start=[(1.8,1.4),(1.9,0.6),(0.18,1.6)]
#
for i in sp.arange(len(sigma0)):
    sigma=sigma0[i]
    y=1/(x*sigma*sqrt(2*pi))*exp(-(log(x)-mu)**2/(2*sigma*sigma))
    plt.annotate('mu='+str(mu)+',sigma='+str(sigma),xy=target[i],xyte
xt=start[i],arrowprops=dict(facecolor=color[i],shrink=0.01),)
    plt.plot(x,y,color[i])
    plt.title('Lognormal distribution')
    plt.xlabel('x')
```

```
    plt.ylabel('lognormal density distribution')
#
plt.show()
```

그래프는 다음과 같다. 확실히 정규 분포의 밀도 함수와는 달리 로그 정규 분포의
확률 함수의 그래프는 대칭이 아니다.

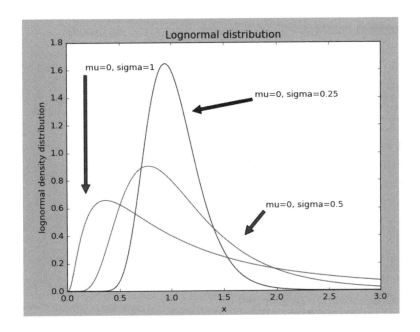

유니폼 분포에서 난수 발생

n개의 가용한 주식 중 m개를 임의로 선택할 때 유니폼 분포를 따르는 난수를 발생
시켜서 사용할 경우가 있다. 1부터 100 사이에 유니폼 분포를 따르는 10개의 난수를
발생시키는 프로그램은 다음과 같다. 결과의 재현을 위해 seed() 함수를 사용했다.

```
>>> import scipy as sp
```

```
>>> sp.random.seed(123345)
>>> x=sp.random.uniform(low=1,high=100,size=10)
```

여기서 low, high, size는 3개의 매개변수 이름이다. low는 최솟값, high는 최댓값, size는 발생시키려는 난수의 개수를 의미한다. 첫 5줄이 다음에 있다.

```
>>> print(x[0:5])
[ 30.32749021 20.58006409 2.43703988 76.15661293 75.06929084]
>>>
```

다음은 1~6 사이의 숫자를 가진 주사위를 임의로 던지는 프로그램이다.

```
import random
def rollDice():
    roll = random.randint(1,6)
    return roll
i =1
n=10
result=[]
random.seed(123)
while i<n:
    result.append(rollDice())
    i+=1
print(result)
[1, 1, 3, 1, 6, 1, 4, 2, 6]
```

앞 프로그램은 random.seed() 함수를 사용했으므로 같은 코드로 테스트한 사람들은 모두 마지막 줄에 있는 결과 값과 동일한 값을 얻게 될 것이다.

▌ 시뮬레이션을 이용한 파이 값의 계산

시뮬레이션을 통해 파이(π) 값을 계산해보는 것은 아주 좋은 연습이 된다. 한 변의 길이가 2R인 정사각형을 그려 살펴보자. 정사각형에 내접하는 원을 그리면 그 반지름은 R이 될 것이다. 이 원의 면적을 구하는 공식은 다음과 같다.

$$S_{circle} = \pi * R^2 \quad \dots (4)$$

한편 정사각형의 면적은 두 변의 곱이고 다음과 같이 정의된다.

$$S_{square} = (2R) * (2R) = 4R^2 \quad \dots (5)$$

수식 (4)를 수식 (5)로 나누면 다음과 같다.

$$\frac{S_{circle}}{S_{square}} = \frac{\pi}{4}$$

식을 재정렬하면 다음과 같은 최종 식을 얻게 된다.

$$\pi = 4 * \frac{S_{circle}}{S_{square}} \quad \dots (6)$$

즉, 구하려는 파이의 값은 $4 \times S_{circle}/S_{square}$이 된다. 시뮬레이션을 수행할 때 0부터 0.5 사이의 난수를 유니폼 분포를 따르게 발생시켜 n쌍의 (x, y) 값을 발생시킨다. 그러면 원의 중심(동시에 정사각형의 중심)인 (0,0)으로부터 (x, y)까지 거리 d는 $\sqrt{x^2 + y^2}$가 된다.

당연히 d가 0.5(반지름의 길이)보다 작으면 원 안에 있는 것이 될 것이다. 마치 다트를 던져 원 안에 적중한 것을 상상하면 쉽다. 파이의 값은 다음과 같다.

$$\frac{\text{원 안에 적중한 다트의 수}}{\text{사각형 안의 다트 수. 즉 전체 시뮬레이션 횟수}} \quad \dots (7)$$

다음 그래프는 난수 점들이 원 안과 정사각형 내에 분포한 것을 보여준다.

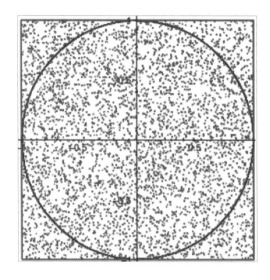

파이 값을 계산하기 위한 파이썬 프로그램은 다음과 같다.

```
import scipy as sp
n=100000
x=sp.random.uniform(low=0,high=1,size=n)
y=sp.random.uniform(low=0,high=1,size=n)
dist=sp.sqrt(x**2+y**2)
in_circle=dist[dist<=1]
our_pi=len(in_circle)*4./n
print ('pi=',our_pi)
print('error (%)=', (our_pi-sp.pi)/sp.pi)
```

앞의 코드로 계산된 파이 값은 다음에서 볼 수 있듯 프로그램을 돌릴 때마다 결과 값이 바뀐다. 결과의 정확성은 랜덤 수 발생 횟수 n과 직결된다.

```
('pi=', 3.14168)
('error (%)=', 2.7803225891524895e-05)
```

포아송 분포에서 난수 발생

개인 정보의 영향을 알아보기 위해 이슬리[Easley], 키퍼[Kiefer], 오하라[O'Hara], 페이퍼맨[Paperman](1996)은 PIN[Probability of informed] 거래 척도를 개발했다. 이 방법은 일별 매수 거래 횟수와 매도 거래 횟수에 기반을 두고 도출됐다. 이 모델의 근간은 주문 요청이 포아송 분포를 따른다는 가정이다. 다음 프로그램은 포아송 분포로부터 n개의 난수를 발생시키는 방법을 보여준다.

```python
import numpy as np
import scipy as sp
import matplotlib.pyplot as plt
x=sp.random.poisson(lam=1, size=100)
#plt.plot(x,'o')
a = 5. # 모양
n = 1000
s = np.random.power(a, n)
count, bins, ignored = plt.hist(s, bins=30)
x = np.linspace(0, 1, 100)
y = a*x**(a-1.)
normed_y = n*np.diff(bins)[0]*y
plt.title("Poisson distribution")
plt.ylabel("y")
plt.xlabel("x")
plt.plot(x, normed_y)
plt.show()
```

결과 그래프는 다음과 같다.

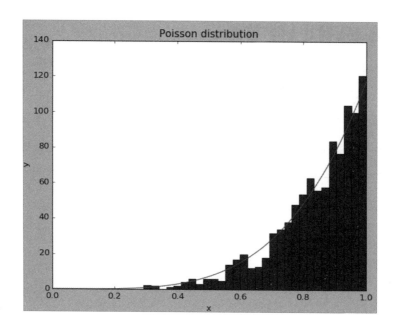

▌ n개의 주식에서 m개의 임의의 주식 선택

앞 프로그램을 이용하면 50개 주식에서 임의의 20개 주식을 선택하는 것은 아주 간단하다. 다음 코드에서 볼 수 있듯 임의로 선택된 주식을 이용해 포트폴리오의 변동성을 살펴보고자 한다면 이 단계는 매우 중요하다.

```python
import scipy as sp
n_stocks_available=500
n_stocks=20
sp.random.seed(123345)
x=sp.random.uniform(low=1,high=n_stocks_available,size=n_stocks)
y=[]
for i in range(n_stocks):
    y.append(int(x[i]))
#print y
```

```
final=sp.unique(y)
print(final)
print(len(final))
[  8  31  61  99 124 148 155 172 185 205 226 275 301 334 356 360 374 379 401 449]
20
```

앞의 프로그램은 500개 숫자 중에서 20개 숫자를 선택하다. 정수만을 선택해야 하므로 20개가 안 될 수도 있다. 실수를 정수로 변환하는 과정에서 어떤 정수는 한번 이상 선택될 수도 있기 때문이다. 해결 방법 중 하나는 20개 이상의 정수를 선택하는 것이다. 또 다른 방법은 randrange( )와 randint( ) 함수를 사용하는 것이다. 다음 프로그램은 가용한 모든 주식에서 n개의 주식을 선택한다. 우선 데이터셋을 http://canisius.edu/~yany/python/yanMonthly.pkl에서 다운로드한다. 데이터셋은 C:/temp/에 저장돼 있다고 가정한다.

```
import scipy as sp
import numpy as np
import pandas as pd
#
n_stocks=10
x=pd.read_pickle('c:/temp/yanMonthly.pkl')
x2=sp.unique(np.array(x.index))
x3=x2[x2<'ZZZZ']    # 모든 인덱스 지수 제거
sp.random.seed(1234567)
nonStocks=['GOLDPRICE','HML','SMB','Mkt_Rf','Rf','Russ3000E_D','US_
DEBT','Russ3000E_X','US_GDP2009dollar','US_GDP2013dollar']
x4=list(x3)
#
for i in range(len(nonStocks)):
   x4.remove(nonStocks[i])
#
k=sp.random.uniform(low=1,high=len(x4),size=n_stocks)
```

```
y,s=[],[]
for i in range(n_stocks):
    index=int(k[i])
    y.append(index)
    s.append(x4[index])
#
final=sp.unique(y)
print(final)
print(s)
```

앞 프로그램에서 비주식 데이터 아이템은 제거한다. 이 비주식 아이템은 데이터 아이템의 일부다. 먼저 200개가 넘는 주식과 금 시세, GDP, 실업률, SMB, HML, 무위험 금리, 주가 추이, 시장 초과 수익률, 러셀 지수^{Russell indices}를 담고 있는 **yanMonthly.pickle**이라는 데이터셋을 로딩한다.

pandas의 파일 형태 중 하나는 .pkl과 .png다. **x.index**는 각 관측치의 전체 인덱스를 표현하므로 전체 중 유일한 ID만 선택하기 위해 **unique()** 함수를 쓸 필요가 있다. 포트폴리오 구성에 주식만 담을 것이므로 다른 모든 시장 지수나 HML, **US_DEBT** 같은 비주식 증권은 없어야 한다. 모든 시장 지수는 캐럿(^)으로 시작하므로 ZZZZ와 비교해서 시장 지수는 없애 버린다(Z의 ASCII 코드는 90번이고 ^의 ASCII 코드는 94번이다. 따라서 첫 글자가 Z(90)보다 큰 ASCII 값을 가진 글자로 시작되는 코드는 배열에서 배제된다. - 옮긴이). A와 Z 사이에 있는 ID 중 비주식은 직접 하나씩 없애야 한다. 이를 위해 리스트의 **.remove()** 함수를 이용한다. 최종 출력 결과는 다음과 같다.

```
[ 1  2  4 10 17 20 21 24 31 70]
['IO', 'A', 'AA', 'KB', 'DELL', 'IN', 'INF', 'IBM', 'SKK', 'BC']
```

▌ 복원과 비복원 시뮬레이션

주가와 수익률의 과거 데이터가 있다면 당연히 평균, 표준 편차 등 연관 통계치를 구할 수 있다. 내년도 연간 예상 평균과 리스크는 어떻게 될까? 가장 간단한 방법은 단순히 과거치 데이터의 평균이나 표준 편차를 사용하는 것이다. 더 진보된 방법은 연간 수익률과 리스크의 분포를 구축해보는 것이다. 다시 말해 미래 예측을 위해 과거 데이터를 좀 더 유용하게 활용할 수 있는 방법을 찾아야 한다는 뜻이다. 이 경우 부트스트래핑 방법을 이용할 수 있다. 예를 들어 주식 하나의 최근 20년간 월별 수익률, 즉 240개의 관측치를 사용한다.

내년도 12개월치 수익률을 계산하기 위해 수익률 분포를 구축할 필요가 있다. 먼저 과거 수익률 데이터로부터 12개 수익률을 복원 없이 임의로 고른 후 평균과 표준 편차를 구한다. 이 방법을 5,000번 반복한다. 최종 결과는 얻고자 하는 수익률의 표준 편차가 된다. 같은 분포에 기반을 두고 다른 특성도 계산할 수 있다. 비슷한 방법으로 복원을 동반한 방법을 사용할 수도 있다. NumPy에 있는 유용한 함수 중 하나로 numpy.random.permutation( )이 있다. 1부터 10까지 10개의 숫자가 있다고 가정하자. numpy.random.permutation( ) 함수를 사용하면 다음처럼 숫자들을 서로 섞을 수 있다.

```
import numpy as np
x=range(1,11)
print(x)
for i in range(5):
    y=np.random.permutation(x)
#
print(y)
```

출력 결과는 다음과 같다.

```
[1, 2, 3, 4, 5, 6, 7, 8, 9, 10]
[ 7  3  9  5 10  4  8  6  2  1]
```

numpy.random.permutation( ) 함수를 활용해 3개 매개변수를 갖는 함수를 정의할
수 있다. 변수는 각각 데이터 배열과 데이터로부터 임의로 고를 숫자 개수, 복원할
지 안 할지 여부다.

```
import numpy as np
def boots_f(data,n_obs,replacement=None):
    n=len(data)
    if (n<n_obs):
        print "n is less than n_obs"
    else:
        if replacement==None:
            y=np.random.permutation(data)
            return y[0:n_obs]
        else:
            y=[]
    #
    for i in range(n_obs):
        k=np.random.permutation(data)
        y.append(k[0])
    return y
```

앞 프로그램에서 설정한 한 가지 제약조건은 전체 수익률 관측치 개수가 선택하려
는 수익률 개수보다는 커야 한다는 것이다. 이 조건은 복원하지 않는 부트스트래핑
에 대해서도 마찬가지다. 복원하는 경우에는 이 조건을 설정하지 않아도 된다. 연습
문제를 참고하라.

▌ 연간 수익률 분포

연간 수익률 분포를 계산하고 그래프까지 그려주는 애플리케이션이 있다면 무척 좋을 것이다. 연습과제를 좀 더 알차게 하기 위해 마이크로소프트의 일별 주가 데이터를 다운한다. 그리고 일별 수익률을 계산한 다음 월별 수익률로 변환하고 다시 연간 수익률로 변환한다. 이 연간 수익률에 기초해 복원을 동반한 부트스트래핑을 5,000번 사용해 분포를 생성한다. 다음 코드를 살펴보자.

```
import numpy as np
import scipy as sp
import pandas as pd
import matplotlib.pyplot as plt
from matplotlib.finance import quotes_historical_yahoo_ochl as getData
# 1단계: 입력
ticker='MSFT' # input value 1
begdate=(1926,1,1) # input value 2
enddate=(2013,12,31) # input value 3
n_simulation=5000 # input value 4

# 2단계: 데이터를 검색 후 로그 수익률 계산
x=getData(ticker,begdate,enddate,asobject=True)
logret = sp.log(x.aclose[1:]/x.aclose[:-1])

# 3단계: 연간 수익률 계산
date=[]
d0=x.date
for i in range(0,sp.size(logret)):
    date.append(d0[i].strftime("%Y"))
y=pd.DataFrame(logret,date,columns=['logret'])
ret_annual=sp.exp(y.groupby(y.index).sum())-1
ret_annual.columns=['ret_annual']
n_obs=len(ret_annual)

# 4단계: 복원을 동반한 분포 계산
```

```
sp.random.seed(123577)
final=sp.zeros(n_obs,dtype=float)
for i in range(0,n_obs):
    x=sp.random.uniform(low=0,high=n_obs,size=n_obs)
    y=[]
    for j in range(n_obs):
        y.append(int(x[j]))
        z=np.array(ret_annual)[y]
    final[i]=sp.mean(z)
# 5단계: 그래프
plt.title('Mean return distribution: number of simulations ='+str(n_
simulation))
plt.xlabel('Mean return')
plt.ylabel('Frequency')
mean_annual=round(np.mean(np.array(ret_annual)),4)
plt.figtext(0.63,0.8,'mean annual='+str(mean_annual))
plt.hist(final, 50, normed=True)
plt.show()
```

해당 그래프는 다음과 같다.

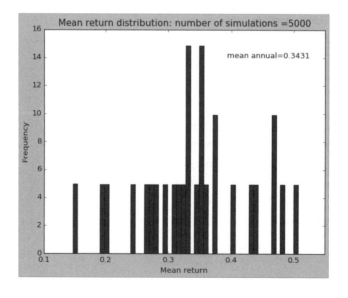

▌ 주가 변동 시뮬레이션

앞 절에서 금융에서 수익률은 정규 분포를 가정하고 주가는 로그 정규 분포를 가정한다고 언급한 바 있다. 시각 t+1의 주가는 시각 t의 데이터로부터 유추할 수 있는데, 시각 t의 주가, 평균, 표준 편차, 시간 간격의 함수로 표현할 수 있다. 다음 식을 살펴보자.

$$S_{t+1} = S_t + \hat{\mu}S_t\Delta t + \sigma S_t \epsilon \sqrt{\Delta t} \qquad \dots (8)$$

식에서 S_{t+1}는 시각 t+1의 주가, $\hat{\mu}$는 기대 주식 수익률, Δt는 시간 간격, ε은 평균이 0인 분포의 계수, σ는 기초 자산 주식의 변동성이다. 식을 간단히 정리하면 식 (8)은 다음처럼 정리되고 프로그램에서 사용된다.

$$S_{t+1} = S_t \exp((\hat{\mu} - \frac{1}{2}\sigma^2)\Delta t + \sigma \epsilon \sqrt{\Delta t}) \quad \dots (9)$$

위험-중립적인 세상에서 리스크를 무릅쓰고 보상을 바라는 투자가는 있을 수 없다. 다시 말해 그런 세상은 어떤 증권(투자)이든 수익률은 무위험 금리다. 따라서 리스크-중립인 세상은 앞 수식이 다음처럼 된다.

$$S_{t+1} = S_t \exp((r - \frac{1}{2}\sigma^2)\Delta t + \sigma \epsilon \sqrt{\Delta t}) \qquad \dots (10)$$

리스크 중립 확률에 대해 더 알고 싶다면 John Hull의 『Options, Futures and Other Derivatives, 7th edition』(Pearson, 2009) 참고문헌을 찾아보라. 주가의 변동을 시뮬레이션하는 파이썬 프로그램은 다음과 같다.

```
import scipy as sp
import matplotlib.pyplot as plt
# 입력 부분
stock_price_today = 9.15   # 시각 0의 주가
```

```
T =1.                   # 만기일 (연환산)
n_steps=100.            # 단계 수
mu =0.15                # 예상 연 수익률
sigma = 0.2             # 연환산 변동성
sp.random.seed(12345)   # 시드 값 고정
n_simulation = 5        # 시뮬레이션 횟수
dt =T/n_steps
#
S = sp.zeros([n_steps], dtype=float)
x = range(0, int(n_steps), 1)
for j in range(0, n_simulation):
    S[0]= stock_price_today
    for i in x[:-1]:
        e=sp.random.normal()
        S[i+1]=S[i]+S[i]*(mu-0.5*pow(sigma,2))*dt+sigma*S[i]*sp. sqrt(dt)*e;
    plt.plot(x, S)
#
plt.figtext(0.2,0.8,'S0='+str(S[0])+',mu='+str(mu)+',sigma='+str(sigma))
plt.figtext(0.2,0.76,'T='+str(T)+',steps='+str(int(n_steps)))
plt.title('Stock price (number of simulations = %d ' % n_simulation +')')
plt.xlabel('Total number of steps ='+str(int(n_steps)))
plt.ylabel('stock price')
plt.show()
```

그래프 가독성을 위해 시뮬레이션은 5개로 제한했다. scipy.random.seed() 함수를 사용했으므로 앞 코드를 실행하면 동일한 결과 그래프를 얻게 될 것이다.

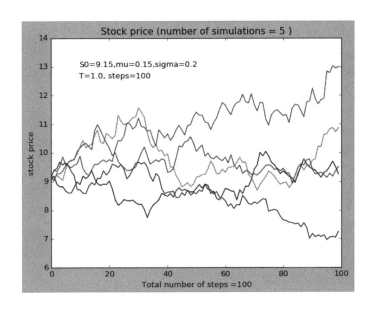

▌ 옵션 만기일의 주가에 대한 그래프

지금까지 옵션은 경로 독립적^{path-independent}이라고 했다. 즉, 옵션 가격은 주가의 종가에만 영향을 받는다고 했다. 따라서 옵션가 산정을 위해서는 주식의 종가만 알면 된다. 앞 프로그램을 확장하기 위해 다음 코드는 주어진 값에서 주식의 종가를 계산한다.

S0는 시가, n_simulation은 종가 개수, T는 연환산 만기일, n_steps는 단계 수, mu는 기대 연 수익률, sigma는 변동성을 나타낸다.

```
import scipy as sp
import matplotlib.pyplot as plt
from scipy import zeros, sqrt, shape
#input area
S0 = 9.15                # 시각 0에서의 주가
```

```
T =1.                      # 연수
n_steps=100.               # 단계 수
mu =0.15                   # 기대 연 수익률
sigma = 0.2                # 변동성(연간)
sp.random.seed(12345)      # 난수 시드 고정
n_simulation = 1000        # 시뮬레이션 횟수
dt =T/n_steps
#
S = zeros([n_simulation], dtype=float)
x = range(0, int(n_steps), 1)
for j in range(0, n_simulation):
   tt=S0
   for i in x[:-1]:
       e=sp.random.normal()
       tt+=tt*(mu-0.5*pow(sigma,2))*dt+sigma*tt*sqrt(dt)*e;
       S[j]=tt
#
plt.title('Histogram of terminal price')
plt.ylabel('Number of frequencies')
plt.xlabel('Terminal price')
plt.figtext(0.5,0.8,'S0='+str(S0)+',mu='+str(mu)+',sigma='+str(sigma))
plt.figtext(0.5,0.76,'T='+str(T)+', steps='+str(int(n_steps)))
plt.figtext(0.5,0.72,'Number of terminal prices='+str(int(n_
simulation)))
plt.hist(S)
plt.show()
```

시뮬레이션의 종가에 대한 히스토그램은 다음과 같다.

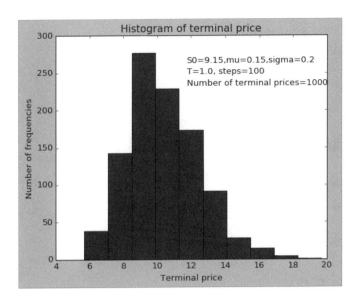

9장에서 언급한 것처럼 시계열에서 서로 상관된 2개의 난수를 발생시키려면 2단계를 거치면 된다. 먼저 상관관계가 0인 두 개의 시계열을 생성한 후 다음 식을 적용한다.

$$\begin{cases} y_1 = x_1 \\ y_2 = \rho x_1 + \sqrt{1 - \rho^2} * x_2 \end{cases} \quad \cdots \ (11)$$

여기서 ρ는 두 시계열 간 미리 정한 상관관계다. 따라서 y_1과 y_2도 미리 정한 상관관계에 연계된다. 다음 파이썬 프로그램은 앞 접근 방식을 구현한다.

```
import scipy as sp
sp.random.seed(123)
n=1000
rho=0.3
x1=sp.random.normal(size=n)
x2=sp.random.normal(size=n)
y1=x1
y2=rho*x1+sp.sqrt(1-rho**2)*x2
print(sp.corrcoef(y1,y2))
```

```
[[ 1.          0.28505213]
 [ 0.28505213  1. ]]
```

▮ 시뮬레이션을 이용한 블랙-스콜스-머톤 콜의 복제

주식의 종가를 안다면 행사 가격만 주어질 경우 콜옵션의 이익을 계산할 수 있다.
무위험 금리를 사용해서 할인한 이익의 평균값이 콜 가격이 된다. 다음 코드를 사용
하면 콜 가격을 산정할 수 있다.

```python
import scipy as sp
from scipy import zeros, sqrt, shape
#
S0 = 40.            # 시각 0의 주가
X= 40.              # 행사 가격
T =0.5              # 년
r =0.05             # 무위험 금리
sigma = 0.2         # 연환산 변동성
n_steps=100         # 단계 수
#
sp.random.seed(12345) # 난수 고정
n_simulation = 5000     # 시뮬레이션 횟수
dt =T/n_steps
call = sp.zeros([n_simulation], dtype=float)
x = range(0, int(n_steps), 1)
for j in range(0, n_simulation):
    sT=S0
    for i in x[:-1]:
        e=sp.random.normal()
        sT*=sp.exp((r-0.5*sigma*sigma)*dt+sigma*e*sqrt(dt))
        call[j]=max(sT-X,0)
#
```

```
call_price=sp.mean(call)*sp.exp(-r*T)
print('call price = ', round(call_price,3))
```

계산 결과 콜 가격은 2.748달러다. 풋옵션에 대해서도 같은 원리가 적용된다.

변형 옵션 #1: 몬테카를로 시뮬레이션을 통한 평균가 계산

10장에서 유럽식과 미국식 옵션에 대해 알아봤다. 블랙-스콜스-머튼 옵션 모델은 바닐라 옵션$^{vanilla option}$ 모델로도 불린다. 그 특성 중 하나는 종가에만 영향을 받고 중간 가격 경로와 독립적이다. 반면 변형 옵션의 경우 종가 이외에도 수익에 영향을 줄 수 있는 여러 가지 트리거가 연계될 수 있어 훨씬 더 복잡하다. 예를 들어 정유소는 주원료인 원유에 대해 향후 3개월간의 가격 변동에 대해 걱정이 많다. 따라서 원유의 가격 급상승에 대해 헤지를 하고자 한다. 그러나 정유소는 매일 엄청난 양의 원유를 소비하므로 일반 콜옵션의 종가보다 평균 가격이 더 중요하다. 이런 경우는 옵션 평균이 더 중요하다. 평균가 옵션은 아시안 옵션$^{Asian options}$의 일종이다. 평균가 옵션은 수익이 지정한 기간 동안 기초 자산의 평균가에 의해 결정된다. 두 종류의 평균이 있을 수 있는데, 각각 산술 평균과 기하 평균이다. 아시안 콜(평균가)의 수익 함수는 다음과 같다.

$$payoff\,(call) = Max(P_{average} - X, 0) \quad \dots (12)$$

아시안 풋(평균 가격)의 수익 함수는 다음과 같다.

$$payoff\,(put) = Max(X - P_{average}, 0) \quad \dots (13)$$

아시안 옵션은 변형 옵션의 기초적 형태 중 하나다. 아시안 옵션의 또 다른 장점은 종가를 기준으로 한 유럽식이나 미국식 옵션에 비해 평균가를 기준으로 하기 때문에 변동성이 현저히 낮아지므로 가격이 저렴해진다는 것이다. 산술 평균을 이용해 아시안 옵션을 구현한 프로그램은 다음과 같다.

```python
import scipy as sp
s0=40.                    # 오늘 주가
x=40.                     # 행사 가격
T=0.5                     # 연환산 만기
r=0.05                    # 무위험 이자율
sigma=0.2                 # (연환산) 변동성
sp.random.seed(123)       # 시드 값 고정
n_simulation=100          # 시뮬레이션 횟수
n_steps=100.              # 단계 수
dt=T/n_steps

call=sp.zeros([n_simulation], dtype=float)
for j in range(0, n_simulation):
    sT=s0
    total=0
    for i in range(0,int(n_steps)):
        e=sp.random.normal()
        sT*=sp.exp((r-0.5*sigma*sigma)*dt+sigma*e*sp.sqrt(dt))
        total+=sT
        price_average=total/n_steps
    call[j]=max(price_average-x,0)
#
call_price=sp.mean(call)*sp.exp(-r*T)
print('call price based on average price = ', round(call_price,3))
('call price based on average price = ', 1.699)
```

프로그램 결과에 따라 이 평균가 콜옵션의 가격은 1.7달러다.

변형 옵션 #2: 몬테카를로 시뮬레이션을 이용한 배리어 옵션의 가격 결정

종가에만 관련 있는 블랙-스콜스-머튼 옵션 모델과 달리 배리어 옵션은 종가 이전의 가격에도 영향을 받는다. 배리어 옵션은 중간에 트리거가 존재하는 것을 제외하

594

면 일반 옵션과 유사하다. 인ⁱⁿ 옵션의 경우 옵션에 아무런 영향을 미치지 않는 상태로 존재하다가 기초 자산 주식의 가격이 미리 정한 가격인 녹인 배리어^{knock-in barrier}에 도달하는 순간 효력이 발생된다. 반면 아웃^{out} 배리어 옵션은 처음부터 유효한 상태로 존재하다가 미리 정한 가격인 녹아웃 배리어^{knock-out barrier}에 도달하는 순간 모든 효력이 사라진다. 보통 배리어 옵션의 효력이 발생되지 않은 경우 소멸하지만, 경우에 따라 프리미엄의 일부를 일정 비율로 현금 리베이트를 주기도 한다. 배리어 옵션의 4가지 유형은 다음과 같다.

- **업아웃**^{Up-and-out}: 시가는 배리어 아래에서 시작해 배리어 가격에 도달하면 녹-아웃이 된다.
- **다운아웃**^{Down-and-out}: 시가는 배리어 위에서 시작해 배리어 가격에 도달하는 순간 녹아웃이 된다.
- **업인**^{Up-and-in}: 시가는 배리어 아래에서 시작해 배리어 가격에 도달하는 순간 유효(녹인)해진다.
- **다운인**^{Down-and-in}: 시가는 배리어 위에서 시작해 배리어 가격에 도달하는 순간 유효(녹인)해진다.

다음 파이썬 프로그램은 유럽식 콜에 대한 업아웃 배리어 옵션을 구현한다.

```
import scipy as sp
from scipy import log,exp,sqrt,stats
#
def bsCall(S,X,T,r,sigma):
    d1=(log(S/X)+(r+sigma*sigma/2.)*T)/(sigma*sqrt(T))
    d2 = d1-sigma*sqrt(T)
    return S*stats.norm.cdf(d1)-X*exp(-r*T)*stats.norm.cdf(d2)
#
def up_and_out_call(s0,x,T,r,sigma,n_simulation,barrier):
    n_steps=100.
```

```
dt=T/n_steps
total=0
for j in sp.arange(0, n_simulation):
    sT=s0
    out=False
    for i in range(0,int(n_steps)):
        e=sp.random.normal()
        sT*=sp.exp((r-0.5*sigma*sigma)*dt+sigma*e*sp.sqrt(dt))
        if sT>barrier:
            out=True
    if out==False:
        total+=bsCall(s0,x,T,r,sigma)
return total/n_simulation
```

기본적으로 주가 변동을 100번 정도 시뮬레이션한다. 각 시뮬레이션은 100단계로 이뤄진다. 주가가 배리어에 도달할 때마다 수익은 0이 된다. 그렇지 않은 경우 수익은 통상적인 유럽식 콜이 된다. 최종 가치는 녹아웃이 되지 않은 모든 콜 값의 합을 시뮬레이션 횟수로 나눈 값이 된다. 다음 코드를 살펴보자.

```
s0=40.                  # 오늘의 주가
x=40.                   # 행사 가격
barrier=42              # 배리어 레벨
T=0.5                   # 연환산 만기
r=0.05                  # 무위험 이자율
sigma=0.2               # (연환산) 변동성
n_simulation=100        # 시뮬레이션 횟수
sp.random.seed(12)      # 시드 값 고정
#
result=up_and_out_call(s0,x,T,r,sigma,n_simulation,barrier)
print('up-and-out-call = ', round(result,3))
('up-and-out-call = ', 0.937)
```

계산 결과 업아웃 콜의 가격은 0.94달러다.

▍시뮬레이션을 통한 두 가지 VaR 계산 방식의 연계

11장에서 개별 주식이나 포트폴리오의 VaR을 계산하기 위한 2가지 방법이 있다는 것을 배웠다. 그중 하나는 정규성 가정이고, 다른 하나는 수익률의 랭킹에 의한 계산이었다. 몬테카를로 시뮬레이션은 이 두 방법의 연결고리가 될 수 있다. 다음 코드를 살펴보자.

```python
import numpy as np
import scipy as sp
import pandas as pd
from scipy.stats import norm
#
position=1e6            # 포트폴리오 가치
std=0.2                 # 변동성
mean=0.08               # 평균 수익률
confidence=0.99         # 신뢰 수준
nSimulations=50000      # 시뮬레이션 횟수
# 방법 I
z=norm.ppf(1-confidence)
VaR=position*(mean+z*std)
print("Holding=",position, "VaR=", round(VaR,2), "tomorrow")
#
# 방법 II: 몬테카를로 시뮬레이션 sp.random.seed(12345)
ret2=sp.random.normal(mean,std,nSimulations)
ret3=np.sort(ret2)
m=int(nSimulations*(1confidence))
VaR2=position*(ret3[m])
print("Holding=",position, "VaR2=", round(VaR2,2), "tomorrow") ('Holding=',
1000000.0, 'VaR=', -385270.0, 'tomorrow') ('Holding=', 1000000.0, 'VaR2=',
-386113.0, 'tomorrow')
```

1백만 달러 가치의 포트폴리오에 적용한 몬테카를로 시뮬레이션의 결과는 386,113 달러이고, 정규성에 의한 방법은 385,270달러다.

▌ 몬테카를로 시뮬레이션을 이용한 자본 예산

12장의 서두에서 언급한 것처럼 아주 많은 변수가 서로 다른 값을 가질 때는 몬테카를로 시뮬레이션을 이용해 자본 예산을 할 수 있다. 목표는 주어진 예산의 모든 미래 잉여 현금 흐름을 할인해서 NPV를 계산하는 것이다.

$$NPV = FCF_0 + \frac{FCF_1}{(1+R)} + \frac{FCF_2}{(1+R)^2} + \cdots + \frac{FCF_n}{(1+R)^n} \quad \cdots (14)$$

여기서 NPV는 순 현재가치, FCF_0는 시각 0의 잉여 현금 흐름[free cash flow], FCF_t는 t년 기말의 잉여 현금 흐름, R은 할인율이다. 연도 t의 잉여 현금 흐름을 계산하는 식은 다음과 같다.

$$FCF_t = NI_t + D_t - CapEx_t - \Delta NWC_t \quad \cdots (15)$$

여기서 FCF_t는 연도 t의 잉여 현금 흐름, D_t는 연도 t의 감가상각, $CaptEx_t$는 연도 t의 순 자본 지출[net capital expenditure], NWC는 순 운영 자본[net working capital]으로 현 자산에서 현 부채를 뺀 값이다. Δ는 변화를 의미한다. 간단한 예를 살펴보자. 회사는 5년간 감가상각이 되는 설비를 500만 달러를 들여 산다고 가정한다.

표 12.1 연도별 현금 흐름

아이템	0	1	2	3	4	5
가격	0	28	28	28	28	28
수량	0	100000	100000	100000	100000	100000
판매	0	2800000	2800000	2800000	2800000	2800000
비용	0	840000	840000	840000	840000	840000
기타 비용	0	100000	100000	100000	100000	100000
판매 관리비	15000	15000	15000	15000	15000	15000

(이어짐)

연구 개발	20000					
감가상각		1000000	1000000	1000000	1000000	1000000
이자 및 세전 이익	−35000	845000	845000	845000	845000	845000
세율 35%	−12250	295750	295750	295750	295750	295750
순이익	−47250	1140750	1140750	1140750	1140750	1140750
감가상각비 포함	−47250	2140750	2140750	2140750	2140750	2140750

다음에 해당 코드가 있다.

```
import scipy as sp
nYear=5                              # 총 연도
costEquipment=5e6                    # 5백만
n=nYear+1                            # 첫해(year 0) 더하기
price=28                             # 상품 가격
units=100000                         # 판매량 계산
otherCost=100000                     # 기타 비용
sellingCost=1500                     # 판매 관리비
R_and_D=200000                       # 연구개발비
costRawMaterials=0.3                 # 원자재 비율
R=0.15                               # 할인율
tax=0.38                             # 법인세율
#
sales=sp.ones(n)*price*units
sales[0]=0                           # 첫해 판매량 0
cost1=costRawMaterials*sales
cost2=sp.ones(n)*otherCost
cost3=sp.ones(n)*sellingCost
cost4=sp.zeros(n)
cost4[0]=costEquipment
RD=sp.zeros(n)
RD[0]=R_and_D                        # 시각 0의 R&D
D=sp.ones(n)*costEquipment/nYear     # 선형 감가상각
```

```
D[0]=0                          # 시각 0의 감가상각은 0
EBIT=sales-cost1-cost2-cost3-cost4-RD-D
NI=EBIT*(1-tax)
FCF=NI+D                        # 감가상각 합산
npvProject=sp.npv(R,FCF)        # NPV 계산
print("NPV of project=",round(npvProject,0))
('NPV of project=', 1849477.0)
```

이 투자의 NPV는 1,848,477달러다. 이 값이 양수이므로 NPV 법칙에 따라 이 투자안을 승인한다. 이제 약간의 불확실성을 더해보자. 가격, 예상 판매 수량, 할인율의 3개의 불확실성이 있다고 가정하자. 다음 코드를 살펴보자.

```
import scipy as sp
import matplotlib.pyplot as plt
nYear=5                         # 년 수
costEquipment=5e6               # 5백만
n=nYear+1                       # 첫해(year 0) 더하기
otherCost=100000                # 기타 비용
sellingCost=1500                # 판매 관리 비용
R_and_D=200000                  # 연구 개발 비용
costRawMaterials=0.3            # 원자재 비율
tax=0.38                        # 법인 세율
thousand=1e3                    # 1,000 단위
million=1e6                     # 백만 단위
#
# 3개 불확실성: 가격, 단위, 할인율
nSimulation=100                 # 시뮬레이션 횟수
lowPrice=10                     # 저가
highPrice=30                    # 고가
lowUnit=50*thousand             # 최저 판매 예측
highUnit=200*thousand           # 최대 판매 예측
lowRate=0.15                    # 할인율 하단
highRate=0.25                   # 할인율 상단
```

```python
#
n2=nSimulation
sp.random.seed(123)
price0=sp.random.uniform(low=lowPrice,high=highPrice,size=n2)
units0=sp.random.uniform(low=lowUnit,high=highUnit,size=n2)
#
npv=[]
for i in sp.arange(nSimulation):
    units=sp.ones(n)*units0[i]
    price=price0[i]
    sales=units*price
    sales[0]=0                          # 첫해 판매량 0
    cost1=costRawMaterials*sales
    cost2=sp.ones(n)*otherCost
    cost3=sp.ones(n)*sellingCost
    cost4=sp.zeros(n)
    cost4[0]=costEquipment
    RD=sp.zeros(n)
    RD[0]=R_and_D # 시각 0의 R&D
    D=sp.ones(n)*costEquipment/nYear    # 정액법
    D[0]=0                              # 시각 0의 감각상각은 0
    EBIT=sales-cost1-cost2-cost3-cost4-RD-D
    NI=EBIT*(1-tax)
    FCF=NI+D                            # 감가상각 합산
    npvProject=sp.npv(R,FCF)/million    # estimate NPV
    npv.append(npvProject)
print("mean NPV of project=",round(sp.mean(npv),0))
print("min NPV of project=",round(min(npv),0))
print("max  NPV of project=",round(max(npv),0))
plt.title("NPV of the project: 3 uncertainties")
plt.xlabel("NPV (in million)")
plt.hist(npv, 50, range=[-3, 6], facecolor='blue', align='mid')
plt.show()
```

NPV 분포의 히스토그램은 다음과 같다.

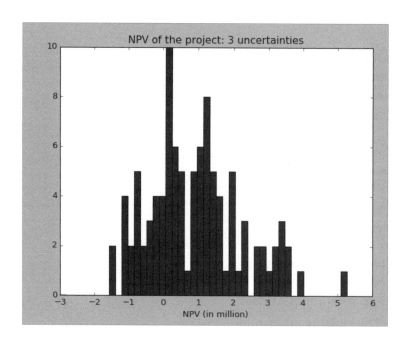

▌ 파이썬 SimPy 모듈

SimPy는 프로세스 기반의 이산-이벤트 시뮬레이션 프레임워크며, 표준 파이썬에 기초하고 있다. 이벤트 처리기의 경우 파이썬 제너레이터^{generators} 기반이고 비동기 네트워킹이나 복수 에이전트 시스템(시뮬레이션이나 실 대화) 구현도 가능하다. SimPy 의 프로세스는 단순 파이썬 제너레이터 함수이고, 고객, 도구, 에이전트 같은 활성 요소를 모델링하기 위해 사용된다. 또한 SimPy는 한정된 자원을 서로 경쟁하는 접점(서버, 체크아웃 카운트, 터널 등)을 모델링하기 위한 여러 형태의 공유 자원을 제공한다. 버전 3.1부터는 자원과 프로세스의 통계량 수집을 돕기 위한 모니터링 기능까지 제공한다.

```
import simpy
```

```
def clock(env, name, tick):
    while True:
        print(name, env.now)
        yield env.timeout(tick)

#
env = simpy.Environment()
env.process(clock(env, 'fast', 0.5))
env.process(clock(env, 'slow', 1))
env.run(until=2)
('fast', 0)
('slow', 0)
('fast', 0.5)
('slow', 1)
('fast', 1.0)
('fast', 1.5)
```

▌ 2가지 사회 정책에 대한 비교: 기본 소득과 기본 직업

이 예제는 스투치오[Stucchio](2013)로부터 빌려온 것이다. 과거 수십 년 동안의 개발로 각국의 부는 계속 축적돼 왔다. 선진국은 특히 그렇다. 평등을 지지하는 사람들의 기본 주장은 모든 사람은 기본적인 생활수준을 누릴 수 있어야 한다는 것이다. 이 주장에 관해 많은 나라들이 엄청난 양의 복지를 제공하고 있다. 보편적 의료, 무상 교육 등이 좋은 예다. 어떤 정책은 기본 소득을 제안하고 있다. 이 제안에 따르면 누구라도 조건 없이 연간 기본 소득을 제공받아야 한다. 예를 들어 시간당 기본 임금이 7.50달러이고, 주당 40시간, 연간 50주면 기본 소득은 15,000달러가 된다. 총[Zhong](2017)은 인도에서 보편적 기본 소득 계획으로 빈곤과 싸우려 고려하고 있다고 보고한 바 있다. 기본 소득의 명백한 장점은 관리 비용이 매우 적다는 것이다. 게다가 빈곤층을 위한 기금을 가로채가는 부패가 끼어들 여지가 상대적으로 적다.

2017년 핀란드는 실험적 프로젝트를 시작했다. 캐나다 지방 정부와 네덜란드도 실험을 예고했다. 2016년 스위스에서는 유권자들이 최저 소득안을 부결시켰다.

또 다른 대안은 기본 직업으로 정부에서 질 높은 직업을 찾지 못한 사람 누구에게나 저임금 직업을 보장해주는 것을 근간으로 하고 있다. 이런 제안들은 각각 장단점이 있다. 시간당 임금, 주당 근무시간, 주당 근무일, 인구, 노동인구 등 일련의 가정에 기초해 스투치오는 이 두 제안의 편익과 비용을 비교했다. 몇 가지 불확실성이 존재한다. 다음 표를 살펴보자.

표 12.2 2가지 제안에 대한 편익과 비용

정책	명령	설명
기본 소득	unitAdmCost = norm(250,75)	사람당 관리 비용
	binom(nNonWorkers,tiny).rvs()	이항 분포 난수
	nonWorkerMultiplier = uniform(-0.10,0.15).rvs()	비취업자 승수(Multiplier)
기본 직업	unitAdmCost4disabled= norm(500,150).rvs()	성인 장애인당 관리 비용
	unitAdmCost4worker = norm(5000, 1500).rvs()	노동자당 관리 비용
	nonWorkerMultiplier = uniform(-0.20, 0.25).rvs()	비취업자 승수
	hourlyProductivity = uniform(0.0,hourlyPay).rvs()	시간당 생산성

프로그램은 정규, 유니폼, 이항의 3가지 분포를 사용한다. uniform(a,b).rvs() 명령은 a와 b 사이의 유니폼 분포를 따르는 난수를 발생한다. norm(mean,std).rvs() 명령은 지정한 평균과 표준 편차를 갖는 정규 분포로부터 난수를 발생시킨다. binom(n,k).rvs() 명령은 n과 k쌍의 입력에 대한 이항 분포로부터 난수를 발생시킨다.

```
import scipy as sp
import scipy.stats as stats
```

```
sp.random.seed(123)
u=stats.uniform(-1,1).rvs()
n=stats.norm(500,150).rvs()
b=stats.binom(10000,0.1).rvs()
x='random number from a '
print(x+"uniform distribution ",u)
print(x+" normal distribution ",n)
print(x+" binomial distribution ",b)
('random number from a uniform distribution ', -0.30353081440213836)
('random number from a normal distribution ', 357.18541897080166)
('random number from a binomial distribution', 1003)
```

약간의 수정을 거친 스투치오의 파이썬 프로그램은 다음과 같다.

```
from pylab import *
from scipy.stats import *
#input area
million=1e6                              # 백만 단위
billion=1e9                              # 10억 단위
trillion=1e12                            # 1조 단위
tiny=1e-7                                # 작은 수
hourlyPay = 7.5                          # 시간당 임금
workingHoursPerWeek=40                   # 주당 노동시간
workingWeeksPerYear=50                   # 연간 영업 주
nAdult = 227*million                     # 성인 인구
laborForce = 154*million                 # 노동 인구
disabledAdults = 21*million              # 장애인
nSimulations = 1024*32                   # 시뮬레이션 횟수
#
basicIncome = hourlyPay*workingHoursPerWeek*workingWeeksPerYear
# 몇 개의 함수 정의
def geniusEffect(nNonWorkers):
    nGenious = binom(nNonWorkers,tiny).rvs()
    return nGenious* billion
```

```
#
def costBasicIncome():
    salaryCost= nAdult * basicIncome
    unitAdmCost = norm(250,75)
    nonWorkerMultiplier = uniform(-0.10, 0.15).rvs()
    nonWorker0=nAdult-laborForce-disabledAdults
    nNonWorker = nonWorker0*(1+nonWorkerMultiplier)
    marginalWorkerHourlyProductivity = norm(10,1)
    admCost = nAdult * unitAdmCost.rvs()
    unitBenefitNonWorker=40*52*marginalWorkerHourlyProductivity.rvs()
    benefitNonWorkers = 1 * (nNonWorker*unitBenefitNonWorker)
    geniusBenefit=geniusEffect(nNonWorker)
    totalCost=salaryCost + admCost - benefitNonWorkers-geniusBenefit
    return totalCost

def costBasicJob():
    unitAdmCost4disabled= norm(500,150).rvs()
    unitAdmCost4worker = norm(5000, 1500).rvs()
    nonWorkerMultiplier = uniform(-0.20, 0.25).rvs()
    hourlyProductivity = uniform(0.0, hourlyPay).rvs()
    cost4disabled=disabledAdults * (basicIncome+unitAdmCost4disabled)
    nBasicWorkers=((nAdultdisabledAdultslaborForce)*(1+nonWorker
        Multiplier))
    annualCost=workingHoursPerWeek*workingWeeksPerYear*hourly
        Productivity
    cost4workers=nBasicWorkers*(basicIncome+unitAdmCost4worker
        annualCost)
    return cost4disabled + cost4workers
#
N = nSimulations
costBI = zeros(shape=(N,),dtype=float)
costBJ = zeros(shape=(N,),dtype=float)
for k in range(N):
    costBI[k] = costBasicIncome()
    costBJ[k] = costBasicJob()
#
```

```
def myPlot(data,myTitle,key):
    subplot(key)
    width = 4e12
    height=50*N/1024
    title(myTitle)
    #xlabel("Cost (Trillion = 1e12)")
    hist(data, bins=50)
    axis([0,width,0,height])
#
myPlot(costBI,"Basic Income",211)
myPlot(costBJ,"Basic Job",212)
show()
```

다음 그래프에 따라 스투치오는 기본 직업의 비용이 기본 소득보다 적다는 결론을 얻었다. 지면 절약을 위해 프로그램에 대한 추가 설명은 생략한다. 더 자세한 설명과 관련된 가정들은 스투치오의 블로그를 참고하기 바란다.

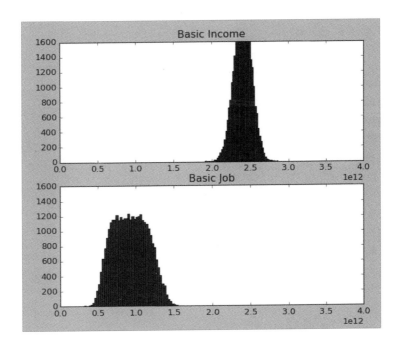

▌ 시뮬레이션을 이용한 두 주식의 효율적 경계선 찾기

다음 프로그램은 평균과 표준 편차, 그리고 상관관계가 알려진 두 주식의 효율적 경계선을 찾는 목표를 갖고 있다. 프로그램은 단 6개의 입력 변수를 가진다. 2개의 평균과 2개의 표준 편차, 상관관계(ρ), 마지막으로 시뮬레이션 횟수다. 서로 상관된 2개의 시계열 y_1과 y_2를 생성하기 위해 먼저 상관되지 않은 2개의 시계열 x_1과 x_2를 생성한다. 그 뒤 다음 식을 적용한다.

$$\begin{cases} y_1 = x_1 \\ y_2 = \rho x_1 + \sqrt{1 - \rho^2} * x_2 \end{cases} \quad \cdots \ (11)$$

또 다른 중요 과제는 최소화를 위한 목적 함수를 만드는 방법이다. 목적 함수는 포트폴리오의 표준 편차인 동시에 페널티 값인데, 페널티는 타겟 포트폴리오의 평균으로부터의 절대 편차를 확대한 값으로 정의된다.

바꿔 말해 포트폴리오의 리스크는 물론 타겟 수익률로부터 포트폴리오의 수익률 편차까지 동시에 최소화한다는 뜻이다. 다음 코드를 살펴보자.

```python
import numpy as np
import scipy as sp
import pandas as pd
import matplotlib.pyplot as plt
from datetime import datetime as dt
from scipy.optimize import minimize
#
# 1단계: 입력 부분
mean_0=(0.15,0.25)          # 2주식 평균 수익률
std_0= (0.10,0.20)          # 2주식 표준 편차
corr_=0.2                   # 2주식 상관관계
nSimulations=1000           # 시뮬레이션 횟수
#
# 2단계: 상관되지 않는 두 개의 시계열 생성
```

608

```
n_stock=len(mean_0)
n=nSimulations
sp.random.seed(12345) # 동일 난수 발생을 위함
x1=sp.random.normal(loc=mean_0[0],scale=std_0[0],size=n)
x2=sp.random.normal(loc=mean_0[1],scale=std_0[1],size=n)
if(any(x1)<=-1.0 or any(x2)<=-1.0):
    print ('Error: return is <=-100%')
#
# 3단계: 상관된 2개의 시계열 생성
index_=pd.date_range(start=dt(2001,1,1),periods=n,freq='d')
y1=pd.DataFrame(x1,index=index_)
y2=pd.DataFrame(corr_*x1+sp.sqrt(1-corr_**2)*x2,index=index_)
#
# 4단계: 수익률 행렬 R 생성
R0=pd.merge(y1,y2,left_index=True,right_index=True)
R=np.array(R0)
#
# 5단계: 새로운 함수 정의
def objFunction(W, R, target_ret):
    stock_mean=np.mean(R,axis=0)
    port_mean=np.dot(W,stock_mean)              # 포트폴리오 평균
    cov=np.cov(R.T)                             # 분산-공분산 행렬
    port_var=np.dot(np.dot(W,cov),W.T)          # 포트폴리오 분산
    penalty = 2000*abs(port_mean-target_ret)    # 편차에 대한 감점
    return np.sqrt(port_var) + penalty          # 목적 함수
#
# 6단계: 주어진 수익률에 대한 최적 포트폴리오 계산
out_mean,out_std,out_weight=[],[],[]
stockMean=np.mean(R,axis=0)
#
for r in np.linspace(np.min(stockMean),np.max(stockMean),num=100):
    w = sp.ones([n_stock])/n_stock# w로 시작
    b_ = [(0,1) for i in range(n_stock)]   # 범위
    c_ = ({'type':'eq', 'fun': lambda W: sum(W)-1. })# 제약조건
    result=minimize(objFunction,W,(R,r),method='SLSQP',constraints=c_
```

```
,bounds=b_)
    if not result.success:  # 에러 처리
        raise BaseException(result.message)
    out_mean.append(round(r,4))    # 소수점 지정
    std_=round(np.std(np.sum(R*result.x,axis=1)),6)
    out_std.append(std_)
    out_weight.append(result.x)
#
# 7단계: 효율적 경계선 그리기
plt.title('Simulation for an Efficient Frontier from given 2 stocks')
plt.xlabel('Standard Deviation of the 2-stock Portfolio (Risk)')
plt.ylabel('Return of the 2-stock portfolio')
plt.figtext(0.2,0.80,' mean = '+str(stockMean))
plt.figtext(0.2,0.75,' std    ='+str(std_0))
plt.figtext(0.2,0.70,' correlation ='+str(corr_))
plt.plot(np.array(std_0),np.array(stockMean),'o',markersize=8)
plt.plot(out_std,out_mean,'--',linewidth=3)
plt.show()
```

출력 결과는 다음과 같다.

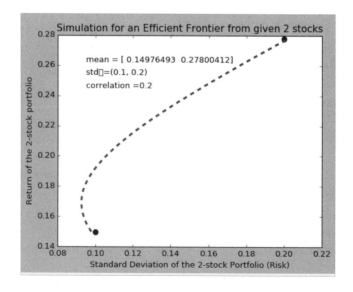

∩ 주식의 효율적 경계선 구축

주식의 수 *n*이 증가함에 따라 각 주식 쌍 간의 상관관계는 극적으로 증가한다. *n*개 주식의 경우 *n*×(*n*-1)/2가지의 상관관계가 있다. 예를 들어 *n*이 10이면 45개의 상관관계가 있다. 이 때문에 매개변수를 수작업으로 입력하는 것은 좋은 생각이 못된다. 대신 여러 유니폼 분포로부터 난수를 발생해 평균, 표준 편차, 상관관계를 생성하게 한다. 상관관계가 있는 수익률을 만들기 위해 우선 *n*개의 상관되지 않은 주식 수익률 시계열 데이터를 생성하고, 다음처럼 촐레스키 분해^{Cholesky decomposition}를 실행한다.

```python
import numpy as np
import scipy as sp
import pandas as pd
import matplotlib.pyplot as plt
from datetime import datetime as dt
from scipy.optimize import minimize
#
# 1단계: 입력 부분
nStocks=20
sp.random.seed(1234)                        # 동일 난수 생성
numbers
n_corr=nStocks*(nStocks-1)/2                # 상관관계 수
corr_0=sp.random.uniform(0.05,0.25,n_corr)  # 상관관계 생성
mean_0=sp.random.uniform(-0.1,0.25,nStocks) # 평균
std_0=sp.random.uniform(0.05,0.35,nStocks)  # 표준 편차
nSimulations=1000                           # 시뮬레이션 횟수
#
# 2단계: 상관관계 행렬 생성: 촐레스키 분해
corr_=sp.zeros((nStocks,nStocks))
for i in range(nStocks):
    for j in range(nStocks):
        if i==j:
```

```python
                corr_[i,j]=1
        else:
                corr_[i,j]=corr_0[i+j]
#
# 3단계: 2개의 상관되지 않은 시계열 생성
R0=np.zeros((nSimulations,nStocks))
for i in range(nSimulations):
    for j in range(nStocks):
        R0[i,j]=sp.random.normal(loc=mean_0[j],
        scale=std_0[j],size=1)
if(R0.any()<=-1.0):
print ('Error: return is <=-100%')
#
# 4단계: 상관된 수익률 행렬 생성: 촐레스키
R=np.dot(R0,U)
R=np.array(R)
#
# 5단계: 새로운 함수 정의
def objFunction(W, R, target_ret):
    stock_mean=np.mean(R,axis=0)
    port_mean=np.dot(W,stock_mean)                  # 포트폴리오 평균
    cov=np.cov(R.T)                                 # 분산-공분산 행렬
    port_var=np.dot(np.dot(W,cov),W.T)              # 포트폴리오 분산
    penalty = 2000*abs(port_mean-target_ret)        # 편차에 대한 감점
    return np.sqrt(port_var) + penalty              # 목적 함수
#
# 6단계: 주어진 수익률에 대한 최적 포트폴리오 계산
out_mean,out_std,out_weight=[],[],[]
stockMean=np.mean(R,axis=0)
#
for r in np.linspace(np.min(stockMean), np.max(stockMean), num=100):
    W = sp.ones([nStocks])/nStocks                  # 시작: w
    b_ = [(0,1) for i in range(nStocks)]            # 한계
    c_ = ({'type':'eq', 'fun': lambda W: sum(W)-1. })  # 제약조건

    result=minimize(objFunction,W,(R,r),method='SLSQP',constraints=c_,
```

612

```
    bounds=b_)
        if not result.success:                    # 오류 처리
            raise BaseException(result.message)
        out_mean.append(round(r,4))          # 소수점 지정
        std_=round(np.std(np.sum(R*result.x,axis=1)),6)
        out_std.append(std_)
        out_weight.append(result.x)
#
# 7단계: 효율적 경계선 그리기
plt.title('Simulation for an Efficient Frontier: '+str(nStocks)+' stocks')
plt.xlabel('Standard Deviation of the Porfolio')
plt.ylabel('Return of the2-stock portfolio')
plt.plot(out_std,out_mean,'--',linewidth=3)
plt.show()
```

그래프는 다음과 같다.

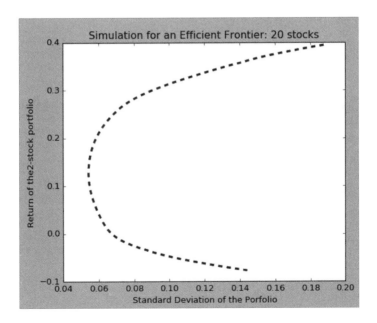

n 값이 매우 클 경우 n 주식 포트폴리오를 시뮬레이션하는 것은 만만치 않다. 분산-공분산 행렬을 생성하는 작업이 상당히 시간 소모적이기 때문이다. 공분산(상관관계)의 개수를 구하는 다음 식을 살펴보자.

$$n\_pairs = \frac{n*(n-1)}{2} \qquad \dots (17)$$

포트폴리오에 500개 주식이 있다고 할 때 124,750 쌍의 상관관계를 계산해야 한다는 의미다. 계산을 간단히 하기 위해 CAPM을 적용할 수 있다. 다음 식을 살펴보자.

$$R_{i,t} = \alpha_i + \beta_i R_{M,t} + e_{i,t} \qquad \dots (18)$$

여기서 $R_{i,t}$는 시각 t에서 주식 i의 수익률, α_i와 β_i는 주식 i의 절편과 기울기, $R_{M,t}$는 시각 t의 시장 지수 수익률, $e_{i,t}$는 시각 t의 오차 항이다. 개별 주식의 총 위험은 시스템적 위험과 회사 고유의 리스크로 구성되므로 주식 i의 시장 지수와 연계된 분산은 다음과 같이 구할 수 있다.

$$\sigma_i^2 = \beta_i^2 \sigma_M^2 + \sigma^2(e_i) \quad \dots (19)$$

주식 i와 j 간의 공분산은 다음과 같다.

$$cov(R_i, R_i) = \beta_i \beta_i \sigma_M^2 \quad \dots (20)$$

이를 통해 124,750번의 계산을 단 1,000번으로 줄일 수 있다. 500개 β를 먼저 계산하자. 그 뒤 앞 수식을 적용해 공분산을 구한다. 비슷한 방법으로 주식 i와 j 간의 상관관계는 다음 식으로 구한다.

$$corr(R_i, R_i) = corr(R_i, R_M) * corr(R_i, R_M) \qquad \dots (21)$$

장기 수익률 예측

많은 연구에 따르면 장기 수익률의 예측치[LT return forecast]는 과거 데이터를 산술 평균할 경우는 과대 계상되고 기하 평균을 이용하면 과소 계상된다고 한다. 80개의 과거 수익률을 써서 향후 25년의 수익률을 예측해보자. 쟈퀴어[Jacquier], 케인[Kane], 마르쿠스[Marcus](2003)는 다음의 가중치를 제안했다.

$$\text{장기 예측치} = \frac{25}{80}R_{기하} + \frac{80-25}{80}R_{산술} \quad \cdots\cdots(22)$$

다음 프로그램은 앞 수식을 반영해 구현한 것이다.

```
import numpy as np
import pandas as pd
from matplotlib.finance import quotes_historical_yahoo_ochl as getData
#
# 입력 부분
ticker='IBM'                    # 입력 값 1
begdate=(1926,1,1)              # 입력 값 2
enddate=(2013,12,31)           # 입력 값 3
n_forecast=25                   # 입력 값 4
#
def geomean_ret(returns):
    product = 1
    for ret in returns:
        product *= (1+ret)
    return product ** (1.0/len(returns))-1
#
x=getData(ticker,begdate,enddate,asobject=True, adjusted=True)
logret = np.log(x.aclose[1:]/x.aclose[:-1])
date=[]
d0=x.date
for i in range(0,np.size(logret)):
    date.append(d0[i].strftime("%Y"))
```

```
#
y=pd.DataFrame(logret,date,columns=['logret'],dtype=float)
ret_annual=np.exp(y.groupby(y.index).sum())-1
ret_annual.columns=['ret_annual']
n_history=len(ret_annual)
a_mean=np.mean(np.array(ret_annual))
g_mean=geomean_ret(np.array(ret_annual))
w=n_forecast/n_history
future_ret=w*g_mean+(1-w)*a_mean
print('Arithmetic mean=',round(a_mean,3), 'Geomean=',round(g_
mean,3),'forecast=',future_ret)
```

출력 결과는 다음과 같다.

```
('Arithmetic mean=', 0.12, 'Geomean=', 0.087, 'forecast=', array([
0.1204473]))
```

▌효율성, 모의 몬테카를로, 소볼 수열

몬테카를로 시뮬레이션을 통해 여러 금융 문제를 해결하기 위해서는 난수를 사용한다. 정확도를 높이려면 엄청난 수의 난수를 이용해야 한다. 예를 들어 옵션가를 산정할 때 결과의 정확도를 높이려면 간격을 줄이거나 전체 단계를 늘여야 한다. 그러므로 몬테카를로 시뮬레이션의 효율성은 시간과 비용 면에 있어서 매우 중요하다. 특히 수천 개의 옵션가를 구할 때는 더욱 그렇다. 효율성을 올리는 한 가지 방법은 코드를 최적화해 알고리즘을 개선하는 것이다. 또 다른 방법은 좀 더 균등하게 분포돼 있는 특정 형태의 난수를 사용하는 것이다. 이 방법을 모의 몬테카를로 시뮬레이션이라고 부른다. 전형적인 예는 소볼 수열Sobol sequence을 사용하는 것이다. 소볼 수열은 낮은-불일치low-discrepancy라고도 불리는데 난수의 성질은 만족하면서 동시에 좀 더 균등하게 분포하는 특성이 있다.

616

```
import numpy as np
import matplotlib.pyplot as plt
np.random.seed(12345)
n=200
a = np.random.uniform(size=(n*2))
plt.scatter(a[:n], a[n:])
plt.show()
```

유니폼 분포를 사용한 결과 그래프가 왼쪽 창에 있다.

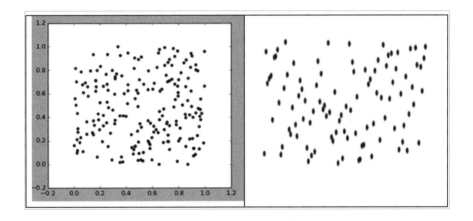

반면 소볼 수열을 사용하면 좀 더 균등한 분포를 보인다. 오른쪽을 살펴보자. 소볼
수열을 이용한 코드는 다음과 같다.

```
import sobol_seq
import scipy as sp
import matplotlib.pyplot as plt
a=[]
n=100
for i in sp.arange(2*n):
    t=sobol_seq.i4_sobol(1,i)
    a.append(t)
```

```
print(a[0:10])
x=sp.random.permutation(a[:n])
y=sp.random.permutation(a[n:])
plt.scatter(x,y,edgecolors='r')
plt.show()
[[array([ 0.]), 1], [array([ 0.5]), 2], [array([ 0.75]), 3], [array([
0.25]), 4], [array([ 0.375]), 5], [array([ 0.875]), 6], [array([
0.625]), 7], [array([ 0.125]), 8], [array([ 0.1875]), 9], [array([
0.6875]), 10]]
```

유사한 예제들과 좀 더 복잡한 파이썬 프로그램을 보려면 http://betatim.github.io/
posts/quasi-random-numbers/에 접속하면 된다.

부록 A: 데이터 케이스 #9 – 몬테카를로 시뮬레이션과 블랙잭 게임

블랙잭은 두 사람이 하는 게임으로 딜러와 플레이어로 나뉜다. 당신이 플레이어라
고 가정하자.

규칙 #1: 카드 2부터 10까지는 카드 숫자가 그대로 점수가 된다. 잭, 여왕, 왕은 각각
10점으로, 에이스는 1점 또는 11점 중에서 골라서 정하면 된다(플레이어가 정한다).

용어는 다음과 같다.

- **블랙잭**: 에이스 한 장과 10점짜리 카드 한 장
- **루즈**lose: 플레이어가 배팅한 금액을 딜러가 잃는다.
- **윈**win: 플레이어가 배팅한 돈을 딴다.
- **(자연) 블랙잭**: 플레이어가 배팅한 돈의 1.5배를 딴다.
- **푸시**Push: 무승부
- **1단계**: 딜러는 카드 두 장 중 한 장은 갖고 한 장은 오픈한다. 플레이어는
  카드 2장을 오픈한다.

618

- **2단계**: 플레이어는 3번째 카드를 받거나 받지 않을 수 있다.
- **윈 또는 루즈**: 당신의 카드 점수의 합이 21 이하이면서 딜러 점수의 합보다 높으면 윈이다. http://www.pagat.com/banking/ blackjack.html를 살펴 보라.

▌ 참고문헌

다음 문헌을 참고하라.

- Bruno, Giuseppe, Monte Carlo Simulation for Pricing European and American Basket option, Bank of Italy, https://www.r-project.org/ conferences/ useR-2010/abstracts/Bruno.pdf
- Easley, D., Kiefer, N.M., O'Hara, M., Paperman, J.B., 1996, Liquidity, information, and infrequently traded stocks, Journal of Finance 51, 1405-1436, http://www. defaultrisk.com/pa_liqty_03.htm
- Jacquier, Eric, Alex Kane, and Alan J. Marcus,2003, Geometric or Arithmetic Mean: A Reconsideration, https://www2.bc.edu/alan-marcus/papers/FAJ_2003. pdf
- Stucchio, Chris, 2013, Modelling a Basic Income with Python and Monte Carlo Simulation, https://www.chrisstucchio.com/blog/2013/basic_ income_vs_basic_job.html
- Zhong, Raymond, 2017, India Considers Fighting Poverty With a Universal Basic Income, Wall Street Journal, http://blogs.wsj.com/ indiarealtime/2017/01/31/india-considers-fighting-poverty-with-a-universal-basic-income/

▌ 연습문제

1. 야후 금융(http://finance.yahoo.com)에서 몇 개 회사(예를 들면 IBM, WMT, C)의 최근 5년간 주가 데이터를 다운로드하라. 이 회사들의 일별 수익률이 정규 분포를 따르는지 테스트해보라.

2. scipy.permutation( ) 함수를 사용해 과거 5년치 데이터로부터 복원 없이 12개의 월별 수익률을 임의로 선택하는 프로그램을 작성하라. 프로그램을 테스트하기 위해 시티그룹 데이터를 사용하고 기간은 2012년 1월 2일부터 2016년 12월 31일로 설정하라.

3. 주어진 n개 수익률을 이용해 부트스트래핑을 수행하는 파이썬 프로그램을 작성하라. 매번 m 수익률을 선택하라. 여기서 $m > n$이다.

4. 유니폼 분포에서 발생한 난수를 정규 분포로 바꾸기 위한 다음의 공식이 있다.

$$\epsilon_{norm} = \sum_{i=1}^{12} \varepsilon_i - 6$$

공식에 따라 정규 분포를 따르는 5,000개의 난수를 발생시키고 평균과 표준 편차를 계산해 검증하라.

5. 현 주가는 10.25달러이고 과거 5년간의 평균 주가는 9.35달러다. 표준 편차는 4.24다. 파이썬 프로그램을 만들어 1,000개의 미래 주가를 계산하라.

6. 10개 주식의 10년간 주가 데이터를 다운로드하라. 동일 가중 포트폴리오를 구성하고 포트폴리오의 일별 수익률에 대한 사피로-윌크 테스트를 수행하라.

회사명	종목 코드	회사명	종목 코드
아이비엠	IBM	Dell company	DELL
마이크로소프트	MSFT	제너럴 일렉트릭	GE
패밀러 달러 스토어	FDO	구글	GOOG
월마트 스토어	WMT	애플	AAPL
맥도널드	MCD	이베이	EBAY

7. 야후 금융에 접속해서 오늘의 IBM 주가를 찾아보고 과거 주가 정보를 다운로드하라. 그 뒤 과거 5년간의 평균과 표준 편차를 계산하라. 향후 1년간의 일별 주가를 예측해보라.

8. 20개 종목에 대해 일별 주가 데이터를 서로 다른 20개의 CSV 파일로 저장하라. 파이썬 프로그램을 작성해서 5개 주식을 임의로 선택해 동일 가중 포트폴리오의 수익률과 리스크를 계산하라.

9. 8번 작업을 반복하되 20개 파일로 각각 저장하지 말고 하나의 파일에 저장하라.

 ticker라는 새로운 변수를 사용하라.

10. 한 학급에 30명의 학생이 있다. 그중 7명을 무작위로 선택하는 프로그램을 작성하라.

11. ffMonthly.pkl, ffDaily.pkl, ffMonthly.csv, ffDaily.csv 파일을 검색하는 데 드는 시간 차이를 테스트해보고 몇 가지 테스트를 수행해보라.

12. 대개 포트폴리오의 변동성과 포트폴리오 내의 주식 수는 역관계가 성립한

다. 포트폴리오의 분산과 포트폴리오 내의 주식 수 간의 관계를 보여주는
파이썬 프로그램을 작성하라.

13. 1부터 10까지 숫자가 쓰인 공 10개에서 1, 2, 3, 4를 뽑을 확률을 구하라.
2가지 방법을 사용해보라. A. 공식을 사용하라. B. 4개 랜덤 숫자를 발생시
키는 프로그램을 작성하라.

14. 메가 밀리언 게임을 위해 1억 7,600만 개 숫자 조합을 발생하는 프로그램을
작성하라. (1, 2, 3, 4, 5)와 (1)이 선택될 확률은?

15. 파워볼 게임은 1부터 59까지 써있는 흰색 공에서 다섯 개를 선택한다. 그리
고 1부터 39까지 써있는 붉은 공에서 하나의 공을 선택한다. 이 6가지 공을
임의로 선택하는 파이썬 프로그램을 작성하라.

16. 20개 주식에서 7개 주식을 선택하라. 처음 7개의 주식이 나란히 선택될 확
률은 얼마인가? 결과를 증명하기 위해 시뮬레이션 방법을 사용하라.

▌요약

12장에서는 여러 분포를 알아봤다. 정규, 표준 정규, 로그 정규, 그리고 포아송 분포
등을 알아봤다. 주가는 로그 정규 분포를 따르고 수익률은 정규 분포를 따른다는
가정은 옵션 이론의 기본이므로 몬테카를로 시뮬레이션을 이용해 유럽식 옵션가를
계산했다. 시나리오에 따라 아시안 옵션이 헤지에 더 효율적일 수 있다. 변형 옵션
은 닫힌 해가 없으므로 일반 옵션에 비해 더 복잡하다. 일반 옵션은 블랙-스콜스-
머톤 옵션 모델을 이용해 가격을 산정할 수 있다. 변형 옵션의 가격을 책정하는
방법 중 하나는 몬테카를로 시뮬레이션을 사용하는 것이다. 아시안 옵션과 룩백
옵션을 계산하는 프로그램도 살펴봤다.

13

신용 리스크 분석

신용 리스크 분석의 목적은 약정된 금액을 갚지 못하는 잠재 확률을 측정하기 위한 것이다. 신용등급은 회사나 회사채의 가치를 반영한다. 회사의 등급은 회사채의 등급과는 다르다. 회사채는 만기와 콜 풋 등에 따라 조건이 많이 달라지기 때문이다. 5장에서 만기 수익률 혹은 수익률과 신용등급의 관련성을 살펴봤다. 신용등급이 낮을수록 필요 수익률은 당연히 높아진다. 13장에서는 신용 리스크에 관한 기본 개념을 알아본다. 신용등급, 신용 스프레드, 연간 신용등급 변화 행렬, 디폴트 확률, 디폴트 시 손실률loss given default, 디폴트 시 회수율recovery rate, KMV 모델 등을 알아본다. 13장에서 다루는 내용은 다음과 같다.

- 무디스, 스탠더드앤푸어스, 피치의 신용등급 평가
- 신용 스프레드와 1년, 5년 신용등급 변화 행렬

- 금리의 기간 구조
- 미래의 금리 시뮬레이션
- 회사 디폴트 예측을 위한 알트만 Z-스코어^{Altman's Z-score}
- 전체 자산과 변동성 계산을 위한 KMV 모델
- 디폴트 확률과 디폴트 거리^{distance to default}
- 신용 디폴트 스왑^{Credit default swap}

▌ 신용 위험 분석 소개

13장에서는 신용 위험과 관련된 신용 평가, 신용 스프레드, 1년 5년 신용등급 변화 행렬, 디폴트 확률, 디폴트 시 회수율, 디폴트 시 손실률 등의 신용 위험 관련 기본 개념을 알아본다. 채권의 수익률과 벤치마크 수익률(무위험 금리)의 차이로 정의되는 신용 스프레드는 신용 위험 또는 디폴트 위험을 나타낸다. 예를 들어 AA 등급 채권의 2년치 쿠폰의 현재가치 계산을 위한 할인율(수익률)은 무위험 수익률(국채 수익률)과 해당 스프레드를 합친 값이다. 회사나 채권 신용도 가치를 분석할 수 있는 많은 도구들이 나와 있다. 첫 번째는 무디스나 스탠더드앤푸어스 같은 신용등급 평가 회사가 제공하는 신용 평가를 보는 것이다. 이 방법의 확실한 장점 중 하나는 신용등급의 사용자가 회사나 채권의 신용 위험 평가를 소비해야 하는 시간과 노력을 현저히 줄여준다는 것이다. 그러나 확실한 단점은 신용 평가가 그저 하나의 블랙 박스일 뿐이라는 점이다. 즉 사용자는 그런 신용 평가가 나온 이유를 알 수 없다. 따라서 AA나 A1 같은 단순한 글자 이면에 어떤 논리가 숨겨져 있는지 쉽게 알아낼 방법이 없다. 회사(혹은 채권)의 가치를 평가할 스프레드 같은 다른 방법도 있다. 정량적 모델의 가장 보편적 방법 중 하나는 소위 KMV 모델로 10장에서 배운 옵션 이론을 회사의 신용 위험 평가에 적용했다.

▌ 신용 평가

미국에는 3대 메이저 신용 평가 회사가 있는데, 무디스, 스탠더드앤푸어스와 피치다. 각각의 웹사이트는 http://www.moodys.com/, http://www.standardandpoors.com/en_US/web/guest/home, 그리고 https://www.fitchratings.com/site/home이다. 3사는 저마다 다른 표기를 사용하지만 한 회사의 등급을 다른 회사의 등급으로 변환하는 것은 간단하다. creditRatigs3.pkl 데이터셋은 http://www.quadcapital.com/Rating%20Agency%20Credit%20Ratings.pdf 파일에 기초해 생성됐고 필자의 웹사이트 http://canisius.edu/~yany/python/creditRatings3.pkl에서 다운로드할 수 있다. 파일은 C:/temp/에 저장돼 있다고 가정한다.

다음 코드는 그 내용을 표시한다.

```
import pandas as pd
x=pd.read_pickle("c:/temp/creditRatings3.pkl")
print(x)
```

	Moody's	S&P	Fitch	NAIC	InvestmentGrade
0	Aaa	AAA	AAA	1	1
1	Aa1	AA+	AA+	1	1
2	Aa2	AA	AA	1	1
3	Aa3	AA-	AA-	1	1
4	A1	A+	A+	1	1
5	A2	A	A	1	1
6	A3	A-	A-	1	1
7	Baa1	BBB+	BBB+	2	1
8	Baa2	BBB	BBB	2	1
9	Baa3	BBB-	BBB-	2	1
10	Ba1	BB+	BB+	3	0
11	Ba2	BB	BB	3	0
12	Ba3	BB-	BB-	3	0
13	B1	B+	B+	3	0
14	B2	B	B	3	0

| 15 | B3 | B- | B- | 3 | 0 |

첫 번째 열은 행 번호이고 별 다른 의미는 없다. 그다음 3개 열은 각각 무디스, S&P와 피치의 신용등급 레벨이다. NAIC는 전국보험 감독관 협회National Association of Insurance Commissioners를 의미한다. BBB 이상 등급은 '투자 등급'으로 분류된다. 마지막 열의 1과 0으로 표기된 값을 참고하라. 많은 펀드와 연금 펀드는 오직 투자 등급 이상만 투자할 수 있게 허용돼 있다.

올해 Aaa 등급을 받은 회사가 내년에도 같은 등급으로 남아 있을 확률은 어떻게 될까? 다음 표(무디스, 2007년)에 의하면 Aaa 등급을 그다음 해에도 유지할 확률은 89%다. 반면 한 등급 강등될 확률은 3%였다(즉 Aaa에서 Aa1으로 강등). B1 등급의 채권은 같은 등급을 유지할 확률이 65%였다. 두 등급을 합쳐 12%는 등급이 상향됐다. 강등은 9%의 확률이었다. B1 등급 채권의 디폴트 확률은 3%였다. 1년간 신용등급의 변화를 보여주는 다음 행렬을 참고하라.

One Year Later

Current Rating	Aaa	Aa1	Aa2	Aa3	A1	A2	A3	Baa1	Baa2	Baa3	Ba1	Ba2	Ba3	B1	B2	B3	Caa1	Caa2	Caa3	Ca-C	WR	DEF
Aaa	89	3	3	0		0															5	
Aa1	3	82	5	5	0	0	0	0													5	
Aa2	1	3	79	8	2	1	0		0	0											7	
Aa3	0	1	3	79	7	2	1	0	0		0										6	
A1	0	0	0	5	80	7	2	1	0	0	0	0	0								5	
A2	0	0	0	1	5	79	7	3	1	0	0	0	0		0			0	0		4	0
A3	0	0	0	0	1	8	74	7	3	1	0	0	0	0	0	0		0	0	0	4	0
Baa1	0	0	0	0	0	2	6	75	8	3	1	0	0	0	0	0	0	0		0	4	0
Baa2	0	0	0	0	0	1	2	6	76	7	1	1	1	1	0	0	0	0	0	0	5	0
Baa3	0	0			0	0	1	2	8	73	5	3	1	1	0	0	0	0	0	0	5	0
Ba1				0	0	0	0	1	2	9	65	5	4	1	1	1	0	0	0	0	8	0
Ba2				0	0	0	0	1	3	8	63	6	4	2	1	1	0	0	0	0	9	1
Ba3			0	0	0	0	0	0	1	3	7	65	5	5	2	0	0	0	0		10	2
B1	0	0		0	0	0	0	0	0	0	1	2	6	66	6	4	1	1	0	0	9	3
B2	0		0	0	0	0	0	0	0	0	0	0	2	5	67	7	3	1	1	0	9	4
B3		0	0		0		0	0		0	0	0	0	2	5	61	5	4	1	1	9	9
Caa1						0				0			0	0			59	5	4	3	11	10
Caa2						0			0	0	0	0	0	1	1	2	3	54	3	4	13	18
Caa3										0			0	1	1	2	3	3	45	6	13	25
Ca-C															0	0	1	1	1	35	13	20

1년 신용등급 변화 행렬

다음의 약어를 기억해두자.

- WR은 무디스가 등급평가를 취소했다는 의미다.

- DEF는 디폴트 확률을 의미한다.

유사하게 Aaa 등급회사가 그다음 해에 Aa2가 될 확률은 3%다. 대각선(왼쪽 위에서 오른쪽 아래)을 따라있는 값들은 등급을 유지한 회사들이다. 대각선 아래(왼쪽 하단 삼각형)는 등급이 강등된 확률을 보여주고 대각선 위쪽은 등급이 상향된 확률을 보여준다. 마지막 열은 각 등급별 디폴트 확률을 보여준다. 예를 들어 Ba2 등급의 채권은 1% 확률로 디폴트가 나지만 Caa3 등급은 25% 확률로 디폴트가 난다. migration1year.pkl라는 이름의 데이터셋을 이용할 수 있다. 다음 코드를 살펴보자. 데이터셋은 http://canisius.edu/~yany/python/migration1year.pkl에서 다운로드 할 수 있다.

```
import pandas as pd
x=pd.read_pickle("c:/temp/migration1year.pkl")
print(x.head(1))
print(x.tail(1))
      Aaa   Aa1   Aa2   Aa3   A1    A2   A3    Baa1  Baa2  Baa3  ...  Ba3
B1   \
Aaa  0.89  0.03  0.03  0.0   0.0   0.0  0.0   0.0   0.0   0.0   ...  0.0
0.0
      B2   B3    Caa1  Caa2  Caa3  Ca-C  WR    DEF
Aaa  0.0  0.0   0.0   0.0   0.0         0.0   0.05  0.0
[1 rows x 22 columns]
      Aaa   Aa1   Aa2   Aa3   A1    A2   A3    Baa1  Baa2  Baa3 ...Ba3
B1   B2\
Ca-C 0.0  0.0   0.0   0.0   0.0   0.0  0.0   0.0   0.0   0.0   ...  0.0
0.0  0.0
      B3   Caa1  Caa2  Caa3  Ca-C  WR    DEF
Ca-C 0.0  0.01  0.01  0.01  0.35  0.13  0.2
[1 rows x 22 columns]
```

다음 표는 무디스의 5년간 등급변화 행렬이다. DEF 열을 주목해보자.

Current Rating	Aaa	Aa1	Aa2	Aa3	A1	A2	A3	Baa1	Baa2	Baa3	Ba1	Ba2	Ba3	B1	B2	B3	Caa1	Caa2	Caa3	Ca-C	WR	DEF
Aaa	56	7	10	3	1	1	0		0	0	0										20	
Aa1	9	46	10	9	3	3	1	2	1	0		0									17	
Aa2	4	6	32	16	5	6	3	2	0	0	0	0									26	
Aa3	1	4	8	35	16	9	4	2	1	0		0	0								20	
A1	1	2	3	9	33	15	8	4	2	1	1	1	0	0		0		0			20	0
A2	0	1	1	3	11	34	14	8	4	2	1	1	1	0	0	0	0			0	20	0
A3	0	0	0	2	4	19	24	13	8	5	2	2	1	1	0	0	0	0		0	17	1
Baa1	1	1	0	1	2	6	12	29	13	7	2	2	1	1	0	0	0	0	0	0	19	1
Baa2	0	0	0	1	1	3	6	11	31	13	3	2	2	2	1	1	1	0	0	0	20	1
Baa3	1	0	0	0	1	2	3	6	15	26	7	4	4	2	2	1	1	0	0	0	23	3
Ba1	0	0	0	0	1	2	3	3	7	11	18	5	4	5	4	1	1	0	0	0	31	4
Ba2		0			0	0	1	2	3	8	9	13	7	7	5	2	1	0	0	0	36	5
Ba3	0				0	1	1	1	2	3	4	6	13	7	6	3	1	1	0	1	39	11
B1	0	0	0	0	0					2	2	3	6	13	7	5	2	1	1	1	39	17
B2	0			0		0	0				1	1	2	6	15	8	4	2	1	1	35	23
B3				0	0	0	0				1	1	1	4	4	10	3	2	1	1	38	32
Caa1									0	0	1	1	1	3	3	4	8	3	1	1	36	39
Caa2					0	0	0	0				1	1	2	1	2	2	5	1	3	41	40
Caa3											1	1		1	1		1	0	2	0	31	62
Ca-C													0	0	2	2	1	1	1	4	43	46

(*열 상단에 "Five Years Later"가 걸쳐 있으며, 좌측에는 "Current Rating"이 표시되어 있다.*)

무디스 5년간 신용등급 변화 행렬(1920–1992) 출처: 무디스 (2007)

migration5year.pkl라는 이름의 데이터셋이 생성됐다. 데이터셋은 http://canisius.edu/~yany/python/migration5year.pkl에서 다운로드할 수 있다. 다음 코드는 처음과 마지막 몇 줄을 출력한다.

```
import pandas as pd
x=pd.read_pickle("c:/temp/migration5year.pkl")
print(x.head(1))
print(x.tail(1))
      Aaa   Aa1  Aa2  Aa3   A1    A2   A3   Baa1 Baa2 Baa3 ... Ba3
B1   \
Aaa  0.56  0.07 0.1  0.03 0.01 0.01 0.0   0.0  0.0  0.0  ... 0.0
0.0
      B2    B3   Caa1 Caa2  Caa3 Ca-C  WR   DEF
Aaa  0.0   0.0  0.0  0.0   0.0  0.0   0.2  0.0
[1 rows x 22 columns]
      Aaa   Aa1  Aa2  Aa3   A1    A2   A3   Baa1 Baa2 Baa3 ... Ba3
B1   \
```

```
Ca-C 0.0    0.0    0.0    0.0    0.0    0.0   0.0    0.0    0.0    0.0   ...  0.0
0.0
      B2     B3     Caa1   Caa2   Caa3   Ca-C  WR     DEF
Ca-C 0.02   0.02   0.01   0.01   0.01   0.04  0.43   0.46
```

등급과 디폴트는 역상관관계가 있다. 등급이 높을수록 디폴트 위험은 낮다. 과거 누적 디폴트율은 다음과 같다.

표 13.1 신용등급과 디폴트확률 관계

신용 등급	디폴트율(%)			
	무디스		S&P	
	지방채	회사채	지방채	회사채
Aaa/AAA	0.00	0.52	0.00	0.60
Aa/AA	0.06	0.52	0.00	1.50
A/A	0.03	1.29	0.23	2.91
Baa/BBB	0.13	4.64	0.32	10.29
Ba/BB	2.65	19.12	1.74	29.93
B/B	11.86	43.34	8.48	53.72
Caa-C/CCC-C	16.58	69.18	44.81	69.19
평균				
투자 적격 등급	0.07	2.09	0.20	4.14
투자 비적격 등급	4.29	31.37	7.37	42.35
전체	0.10	9.70	0.29	12.98

데이터 경로는 http://monevator.com/bond-default-rating-probability/다.

예를 들어 무디스 Aaa 등급을 받은 회사채의 디폴트율은 0.52%다. 해당 스탠더드앤푸어스의 디폴트율은 0.60%다. 디폴트 후 회수율^{Recovery rate given default}은 중요한 개념
이다. 채권 순위^{seniority}는 회수율에 엄청난 영향을 미친다. 알트만과 키쇼^{Altman and}
^{Kishore}(1997)에 의하면 다음 표와 같은 분포를 보인다.

표 13.2 담보 순위에 따른 회수율

	회수율(액면가 대비 %)
선순위 담보부(Senior-secured debt)	58%
선순위 무담보(Senior-unsecured debt)	48%
선후순위(Senior-subordinate)	35%
후순위(Subordinated)	32%
할인 무이표채(Discounted and zero coupon)	21%

담보부 대출은 자산으로 지급을 보증한 대출을 의미한다. 선순위와 후순위는 변제
의 우선순위를 의미한다. 한편 산업군별로도 다른 회수율을 보이는데, 이는 산업군
별 특성에 따라 고정 장기 자산과 유동 자산의 비율이 각기 다르기 때문이다.

표 13.3 산업별 회수율

산업	평균 회수율	관측 수
공익재 산업	70.5%	56
화학, 석유, 고무, 플라스틱 제품	62.7%	35
기계, 설비 및 관련 제품	48.7%	36
서비스-법인 및 개인	46.2%	14
식품과 관련 상품	45.3%	18
도소매업	44.0%	12
다각화된 제조업	42.3%	20
카지노, 호텔 및 레크리에이션	40.2%	21

(이어짐)

산업	평균 회수율	관측 수
건축 자재, 금속 및 가공 제품	38.8%	68
운송 및 운송 장비	38.4%	52
통신, 방송, 영화 제작	37.1%	65
인쇄 및 출판	NA	NA
금융기관	35.7%	66
건설 및 부동산	35.3%	35
일반 상점	33.2%	89
광업 및 석유 시추	33.0%	45
섬유 및 의류 제품	31.7%	31
목재, 종이 및 가죽 제품	29.8%	11
숙박 병원 및 간호 시설	26.5%	22
전체	41.0%	696

회수율에 관한 자세한 사항은 http://www.riskworx.com/resources/Recovery%20Rates.pdf의 논문을 참고하라.

앞 표는 높은 회수율부터 낮은 순으로 정렬돼 있다. 출판업계의 경우 원본 데이터에 해당 데이터가 없다. 디폴트 시 손실률$^{LGD,\ Loss\ Given\ Default}$은 1-회수율과 같다.

$$LGD = 1 - Recovery\ rate \quad ... (1)$$

여기서는 채권 가격 계산을 위해 가상 예제를 통해 디폴트 확률과 회수율을 설명하겠다. 1년 만기 채권의 액면가가 100달러이고 쿠폰 이율은 6%, 만기 수익률은 7%라고 가정하자. 다음의 4가지 상황이 가능하다.

- **상황 #1**: 디폴트가 나지 않는다. 오늘 가격은 미래 현금 흐름의 할인된 가격이다. (6+100)/(1+0.07)

- **상황 #2**: 디폴트가 확실하며, 회수율은 0이다. 이 경우 가격은 0이다.
- **상황 #3**: 디폴트가 발생할 경우 회수율은 0이다.
- **상황 #4**: 디폴트가 발생할 경우 일정 부분을 회수한다.

다음 표는 이런 4가지 상황을 정리해준다.

표 13.4 서로 다른 디폴트 확률과 회수율에 따른 4가지 경우

#	상황	디폴트 확률 회수율	오늘의 가격
1	디폴트가 아닐 때	P=0, Recovery Rate(NA)	99.07달러
2	100% 디폴트/회수 0	P=100%, $R_{recovery} = 0$	0
3	디폴트 시 회수 0	0 < P < 100%, $R_{recovery} = 0$	99.07달러 × (1−P)
4	디폴트 시 일부 회수	0 < P < 100%, $R_{recovery} > 0$	99.07달러 × [1−P×(1−$R_{recovery}$)]

채권 가격은 미래의 모든 예상 현금 흐름을 현가로 더한 것이다.

$$가격(채권) = PV(예상\,현금\,흐름) \quad .....(2)$$

P가 디폴트 확률이라면 다음과 같은 미래의 예상 현금 흐름을 계산할 수 있다.

$$
\left\{
\begin{aligned}
기대\ FV &= (1-P)FV + P * FV * R_{회수} \\
&= FV - P * FV + P * FV * R_{회수} \\
&= FV - FV * P(1 - R_{회수}) \\
&= FV[1 - P * (1 - R_{회수})]
\end{aligned}
\right.
\quad ..... (3)
$$

미래의 모든 현금 흐름을 할인하면 가격을 얻을 수 있다.

$$PV(디폴트채권) = PV(디폴트없음) \times [1 - P(1 - R_{회수})] \quad .....(4)$$

무디스 기준으로 A 등급을 받은 회사가 있다고 가정하자. 표 13.3에 따르면 디폴트 확률이 1.29%다. 이 회사가 공익 회사면 표 13.5를 참고해 회수율이 70.5%라는 것을 알 수 있다. 액면가가 100달러인 채권의 만기 수익률이 5%다. 앞 수식에 따르

면 디폴트 위험을 감안하지 않은 1년 만기 채권의 가격은 95.24달러(=100/(1+0.05))다. 1.29% 확률로 디폴트를 감안해 채권 값을 다시 산정하면 94.88달러(=95.24×(1-0.0129×(1-0.705)))가 된다.

▌신용 스프레드

신용 스프레드(디폴트 프리미엄)는 디폴트 위험 정도를 나타낸다. 예를 들어 AA 등급 채권의 향후 2년간 쿠폰의 현재가치를 계산하면 할인율(수익)은 무위험 금리와 해당 스프레드를 더한 값이다. 주어진 신용등급에 해당하는 신용 스프레드는 과거 데이터로부터 정할 수 있다. 다음에 신용 리스크 프리미엄(스프레드)과 신용등급 사이의 전형적인 관계를 보여주는 표가 있다. 우선 표를 살펴보자.

http://people.stern.nyu.edu/adamodar/pc/datasets/에서 데이터셋을 사용할 수 있게 해준 아다모다르^{Adamodar} 교수께 감사드린다.

	A	B	C	D	E	F	G	H
1	Average for the week of 12/15/2013							
2	Rating	1 yr	2 yr	3 yr	5 yr	7 yr	10 yr	30 yr
3	Aaa/AAA	5	8	12	18	28	42	65
4	Aa1/AA+	11.2	20	27	36.6	45.2	56.8	81.8
5	Aa2/AA	16.4	32.8	42.6	54.8	62.8	71.2	97.8
6	Aa3/AA-	21.6	38.6	48.6	59.8	67.4	75.2	99.2
7	A1/A+	26.2	44	54.2	64.6	71.4	78.4	100.2
8	A2/A	32.8	46.6	54.6	67	75.6	84.4	112.4
9	A3/A-	45.6	61.8	71.6	83.6	91.6	100.2	126
10	Baa1/BBB+	57.8	80	93	109.4	120	131.8	166.8
11	Baa2/BBB	47	95.2	109.4	127.4	139.4	151.8	190.8
12	Baa3/BBB-	95.4	120.4	134.8	153.2	165.2	178.2	217.8
13	Ba1/BB+	167.6	192.6	209	228.6	243.4	258.8	297.2
14	Ba2/BB	239.6	264.8	282.8	304.2	321.2	339.4	377.2
15	Ba3/BB-	311.8	337	357.2	379.6	399.4	420.2	456.6
16	B1/B+	383.6	409.6	431.4	455.6	477.6	500.8	536.2
17	B2/B	455.8	481.6	505.2	531	555.4	581.4	615.6
18	B3/B-	527.8	553.8	579.4	606.4	633.6	661.8	695.6
19	Caa/CCC+	600	626	653	682	712	743	775
20	US Treasury Yield	0.132	0.344	0.682	1.582	2.284	2.892	3.882

신용등급에 따른 신용 스프레드

앞 표의 마지막 행을 제외하고 스프레드는 베이시스 포인트[BP], 즉 100분의 1%를 단위로 사용한다. 예를 들어 만기 5년짜리 A- 등급 채권의 스프레드는 83.6BP다. 무위험 금리가 1.582%(5년 만기 국채 이자율)이므로 만기 수익률은 2.418% (=0.01582+83.6/100/100)가 된다. 앞 표에 따라 creditSpread2014.pkl 데이터셋을 생성할 수 있다. 해당 파일은 필자의 웹사이트 http://canisius.edu/~yany/python/ creditSpread2014.pkl에서 다운로드할 수 있다.

```
import pandas as pd
x=pd.read_pickle("c:/temp/creditSpread2014.pkl")
print(x.head())
print(x.tail())
    Rating        1       2        3        5        7        10       30
0   Aaa/AAA     5.0      8.0     12.0     18.0     28.0     42.0     65.0
1   Aa1/AA+    11.2     20.0     27.0     36.6     45.2     56.8     81.8
2   Aa2/AA     16.4     32.8     42.6     54.8     62.8     71.2     97.8
3   Aa3/AA-    21.6     38.6     48.6     59.8     67.4     75.2     99.2
4   A1/A+      26.2     44.0     54.2     64.6     71.4     78.4    100.2
                 Rating       1        2        3         5        7
10 \
13              B1/B+   383.600  409.600  431.400  455.600  477.600
500.800
14              B2/B    455.800  481.600  505.200  531.000  555.400
581.400
15              B3/B-   527.800  553.800  579.400  606.400  633.600
661.800
16              Caa/CCC+ 600.000  626.000  653.000  682.000  712.000
743.000
17    US Treasury Yield   0.132    0.344    0.682    1.582    2.284
2.892
```

앞 표를 자세히 들여다보면 두 가지 일관적인 경향을 알 수 있다. 첫째는 스프레드는 신용등급에 반비례한다는 것이다. 신용등급이 낮을수록 스프레드는 높아진다.

둘째는 같은 신용등급일 경우 스프레드는 만기에 비례한다. 예를 들어 같은 AAA 등급 채권의 경우 1년 만기 스프레드는 5BP지만 5년 만기 스프레드는 18BP다.

▌ AAA-등급 채권 수익률, 알트만 Z-스코어

앞 절에서 만기가 같은 채권의 수익률과 국채 수익률의 차이가 디폴트 리스크 스프레드라는 것을 배웠다. AAA와 AA 등급 채권의 수익률 검색을 위해 다음 코드를 사용한다. 무디스의 Aaa 등급 회사채 수익률은 https://fred.stlouisfed.org/series/AAA에서 다운로드할 수 있다. 데이터셋은 http://canisius.edu/~yany/python/moodyAAAyield.p에서 다운로드할 수 있다. 피클 형식으로는 .png나 .p 둘 다 무방하다.

```
import pandas as pd
x=pd.read_pickle("c:/temp/moodyAAAyield.p")
print(x.head())
print(x.tail())
```

출력 결과는 다음과 같다.

```
                  AAA
DATE
1919-01-01    0.0535
1919-02-01    0.0535
1919-03-01    0.0539
1919-04-01    0.0544
1919-05-01    0.0539
                  AAA
DATE
2016-05-01    0.0365
2016-06-01    0.0350
2016-07-01    0.0328
2016-08-01    0.0332
2016-09-01    0.0341
```

moodyAAAyield.p의 두 번째 열은 연환산 값이라는 점에 유의하자. 따라서 1919년 1월의 월 수익률은 0.4458333%(=0.0535/12)다.

알트만의 Z-스코어^{Altman's z-score}는 회사의 디폴트 가능성을 측정하기 위한 신용 분석 도구로 금융에서 널리 사용되고 있다. 이 스코어는 회사의 재무제표와 손익계산서로부터 5가지 지표를 뽑아내 가중 평균한 값이다. 공기업의 경우 알트만은 다음과 같은 공식을 제시했다.

$$Z = 3.3X_1 + 0.99X_2 + 0.6X_3 + 1.2X_4 + 1.4X_5 \quad ... \text{ (5)}$$

수식에 사용된 X_1, X_2, X_3, X_4, X_5의 정의는 다음 표에 나와 있다.

표 13.5 Z-스코어 산출에 사용된 변수의 정의

변수	정의
X_1	이자 및 세전 이익/자산 총액
X_2	순매출액(Net sales)/전체 자산
X_3	시가 총액/부채 총액
X_4	운전 자본/총자산
X_5	사내 유보 이익/자산 총액

Z-스코어 범위에 따라 공기업을 다음과 같은 4가지 분류로 나눌 수 있다. 아이들난 ^{Eidlenan}(1995)의 분석에 따르면 Z-스코어는 72% 확률로 디폴트 2년 전에 정확히 예측했다.

Z-스코어 범위	설명
〉3.0	안전
2.7 ~ 2.99	경고
1.8 ~ 2.7	2년 내 디폴트 확률 높음
〈 1.80	재무 위기가 클 가능성이 높음

636

알트만의 Z-스코어는 신용 평가 방법의 하나다. 반면 좀 더 진보한 KMV 모델 같은 경우는 옵션 이론 등의 현대 금융 이론에 기반을 두고 있다.

▌ KMV 모델을 사용한 자산 총액의 시장 가치와 변동성 계산

KMV는 킬호퍼^{Kealhofer}, 맥쿤^{McQuown}, 파시체크^{Vasicek}의 머리글자를 딴 것으로 세 사람은 디폴트 위험을 전문적으로 측정하는 회사를 설립했다. KMV 방법론은 재무제표 정보와 주식시장 정보를 활용해 디폴트 확률을 계산하는 중요한 방법론 중의 하나이다. 이 절의 목표는 자산 총액(A)의 시장 가치와 해당 변동성(σA)을 계산하는 방법을 보여 주는 것이다. 여기 결과는 13장 후반부에 이용하게 된다. 기본적인 아이디어는 회사의 자본을 콜옵션처럼 간주하고 부채의 장부가를 옵션 행사 가격으로 간주하는 것이다. 간단한 예를 들어보자. 회사의 부채가 70달러, 자본이 30달러이면 자산 총액은 100달러가 된다. 다음 표를 살펴보자.

100	70
	30

자산 총액이 110달러로 증가하고 부채는 변동이 없다고 가정하자. 따라서 자본이 40달러로 증가했다. 반면 자산 총액이 90달러로 감소하면 자본은 20달러 가치가 된다. 주주들은 잔여적 청구권$^{residual\ claimer}$만 가지므로 주주 가치는 다음 식으로 표현된다.

$$E = \max(assets - debt, 0) = \max(A - D, 0) \quad \dots (6)$$

여기서 E는 자본, A는 총자산, D는 총부채 수준이다. 유럽식 콜옵션에서 다음과 같은 수익 함수가 있었음을 기억해보자.

$$\text{Payoff (call)} = \max(S_T - K, 0) \quad \dots (7)$$

여기서 S_T는 만기일 T의 주식 종가, T는 만기일, K는 행사가, *max()*는 최대 함수다. 앞 두 수식의 유사함에서 자본을 콜옵션으로 간주하고, 부채 수준을 행사 가격으로 간주할 수 있음을 알 수 있다. 적절한 표기를 사용하면 회사의 자본에 대한 다음 식을 도출할 수 있다. KMV 모델은 다음과 같이 정의된다.

$$\begin{cases} E = A * N(d_1) - e^{-rT}N(d_2) \\ d_1 = \dfrac{\ln\left(\frac{A}{D}\right) + \left(r + \frac{1}{2}\sigma_A^2\right)T}{\sigma_A\sqrt{T}} \\ d_2 = d_1 - \sigma_A\sqrt{T} \end{cases} \quad \dots (8)$$

한편 자본 변동성과 자산 총액에 대한 다음의 관계도 성립한다. 다음 식을 살펴보자.

$$\Delta = \frac{dE}{dV_A} = N(d_1)$$

$$\sigma_E = \frac{A}{E}\Delta\sigma_A = \frac{N(d_1)*A*\sigma_A}{E} \quad \dots (9)$$

d_1과 d_2는 이전 식에 의해 이미 정의됐고, 2개의 미지수 A와 σ_A에 대한 두 개의 식이 있으므로 시행착오를 통하거나 연립 방정식을 사용해 2개의 미지수를 찾을 수 있다. 결국 A와 σ_A에 대한 다음의 두 식을 풀면 된다.

$$\begin{cases} E = A * N(d_1) - e^{-rT}N(d_2) \\ \sigma_E = \frac{A}{E}N(d_1)\sigma_A \end{cases} \quad \dots (10)$$

앞 수식에서 *A* 값(자산 총액의 시장 가치) 계산에 유의해야 한다. *A* 값은 단순히 자산의 시장 가치의 합과 부채의 장부가를 합친 것과는 다르다.

다음 파이썬 프로그램은 주어진 E(자본), D(부채), T(만기), r(무위험 이자율), 자본 변동성(sigmaE)에 해당하는 자산 총액(A)과 그 변동성(sigmaA)을 계산한다. 프로그램의 기본 논리는 다음과 같다. 많은 수의 (A, sigmaE) 쌍을 입력하고 수식에 따라 E와 sigmaE를 계산한다. 이제 주어진 E, SigmaE와 계산한 E, SigmaE의 차이를 각각 diff4E, diff4SigmaE라 할 때 diff4E의 절댓값과 diff4SigmaE의 절댓값의 합 abs(diff4E) + abs(diff4SigmaE)을 최소화하는 (A, sigmaE) 쌍이 찾는 값이 된다.

```python
import scipy as sp
import pandas as pd
import scipy.stats as stats
from scipy import log,sqrt,exp
# 입력 부분
D=30.          # 부채
E=70.          # 자본
T=1.           # 만기
r=0.07         # 무위험 금리
sigmaE=0.4     # 자본 변동성
#
# 표기를 간단히 하기 위해 함수를 정의
def N(x):
    return stats.norm.cdf(x)
#
def KMV_f(E,D,T,r,sigmaE):
    n=10000
    m=2000
    diffOld=1e6                    # 아주 큰 수
    for i in sp.arange(1,10):
        for j in sp.arange(1,m):
            A=E+D/2+i*D/n
            sigmaA=0.05+j*(1.0-0.001)/m
```

```
        d1 = (log(A/D)+(r+sigmaA*sigmaA/2.)*T)/(sigmaA*sqrt(T))
        d2 = d1-sigmaA*sqrt(T)
        diff4A= (A*N(d1)-D*exp(-r*T)*N(d2)-E)/A        # 자산으로 나눔
        diff4sigmaE= A/E*N(d1)*sigmaA-sigmaE           # 이미 작은 수
        diffNew=abs(diff4A)+abs(diff4sigmaE)
        if diffNew<diffOld:
            diffOld=diffNew
            output=(round(A,2),round(sigmaA,4),round(diffNew,5))
    return output
#
print("KMV=", KMV_f(D,E,T,r,sigmaE))
print("KMV=", KMV_f(D=65e3,E=110e3,T=1,r=0.01,sigmaE=0.2))
```

출력 결과는 다음과 같다.

```
print("KMV=", KMV_f(D,E,T,r,sigmaE))
```

```
('KMV=', (65.05, 0.3287, 0.33214))
('KMV=', (142558.5, 0.1544, 0.22312))
```

부채의 장부가와 자본의 시장 가치는 175,000인데 비해 계산 결과는 142,559로 서로 다르다는 점에 주목하라. 회사의 자본은 콜옵션이므로 블랙-스콜스-머톤 모델을 사용해 결과를 한 번 더 검증해볼 수 있다.

▍ 금리의 기간 구조

5장에서 금리의 기간 구조에 대해 알아봤다. 금리의 기간 구조는 무위험 금리와 시간의 관계로 정의됐다. 무위험 금리는 대개 디폴트 위험이 없는 국채 이율로 정의된다. 많은 데이터 소스에서 현재 금리의 기간 구조를 검색할 수 있다. 예를 들어

2017년 2월 27일자 http://finance.yahoo.com/bonds에서는 다음과 같은 정보를 얻을 수 있었다.

```
US Treasury Bonds Rates
Maturity      Yield Yesterday Last Week Last Month
3 Month       0.45   0.45       0.47       0.45
6 Month       0.61   0.63       0.50       0.51
2 Year        1.12   1.16       1.16       1.20
3 Year        1.37   1.41       1.45       1.48
5 Year        1.78   1.84       1.88       1.95
10 Year       2.29   2.36       2.40       2.49
30 Year       2.93   2.99       3.00       3.08
```

금리의 기간 구조를 그래프로 그려보면 더 쉽게 이해가 간다. 다음 코드를 살펴보자.

```
import matplotlib.pyplot as plt
time=[3./12.,6./12.,2.,3.,5.,10.,30.]
rate=[0.45,0.61,1.12,1.37,1.78,2.29,2.93]
plt.title("Term Structure of Interest Rate ")
plt.xlabel("Time (in years) ")
plt.ylabel("Risk-free rate (%)")
plt.plot(time,rate)
plt.show( )
```

해당 그래프는 다음과 같다

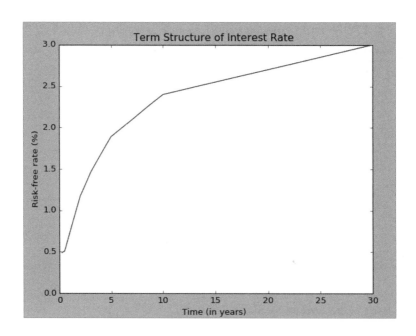

미래 이자율 변동 시뮬레이션을 위해 다음 공식에 따른 BIS 모델을 적용해볼 수 있다. 이자율 변동은 정규 분포를 따른다고 가정한다. 다음 식을 살펴보자.

$$\Delta \log(R) \sim N(0, \frac{s^2}{2}) \qquad \cdots (11)$$

여기서 Δ는 변화량, R은 금리, s는 금리의 표준 편차다. 등가 방정식은 다음과 같다.

$$\frac{\sqrt{2}}{s} \Delta \log(R) \sim N(0,1) \qquad \cdots (12)$$

이제 시뮬레이션 조율을 위해 다음 식을 사용한다.

$$logR_{i+1} = logR_i + \Delta \log(R_i) = \log(R_i) + z\frac{s}{\sqrt{2}} \qquad \cdots (13)$$

여기서 z는 안티-누적 정규 분포^{anti-cumulative normal distribution}다. 다음 코드는 `scipy.stat.norm.ppf()` 함수와 주어진 RV의 q에서의 % 포인트 함수(cdf의 역함수)를 보여준다.

```
import scipy.stats as stats
#
cumulativeProb=0
print(stats.norm.ppf(cumulativeProb))
#
cumulativeProb=0.5
print(stats.norm.ppf(cumulativeProb))
#
cumulativeProb=0.99
print(stats.norm.ppf(cumulativeProb))
```

3가지 출력 결과는 다음과 같다.

```
-inf
0.0
2.32634787404
```

관련 파이썬 코드는 다음과 같다.

```
import scipy as sp
import scipy.stats as stats
# input area
R0=0.09                    # 초기 이율
s=0.182                    # 무위험 금리 표준 편차
nSimulation=10             # 시뮬레이션 횟수
sp.random.seed(123)        # 시드 고정
#
num=sp.random.uniform(0,1,size=nSimulation)
z=stats.norm.ppf(num)
#
output=[]
def BIS_f(R,s,n):
    R=R0
    for i in sp.arange(0,n):
```

```
        deltaR=z[i]*s/sp.sqrt(2.)
        logR=sp.log(R)
        R=sp.exp(logR+deltaR)
        output.append(round(R,5))
    return output
#
final=BIS_f(R0,s,nSimulation)
print(final)
[0.09616, 0.08942, 0.0812, 0.08256, 0.08897, 0.08678, 0.11326, 0.1205,
0.11976, 0.11561]
```

▌ 디폴트 거리

디폴트 거리[DD, Distance to Default]는 다음 식으로 정의된다. 여기서 A는 자산 총액의 시장 가치이고 σ_A는 리스크다. 이 척도의 해석은 간단명료하다. DD 값이 클수록 회사는 건실하다.

$$DD = \frac{A - Default\ Point}{A * \sigma_A} \quad \cdots (14)$$

위 식에서 *Default PoinT* 값의 이상적 설정에 대한 이론은 없다. 그러나 모든 단기 부채와 장기 부채의 반을 디폴트 포인트로 설정하는 방법을 쓸 수 있다. 자산의 시장 가치와 변동성을 계산하고 나면 앞 수식을 이용해서 디폴트 거리를 계산할 수 있다. A와 σ_A는 식 (10)의 결과다. 한편 디폴트 포인트가 E와 같으면 다음 식을 얻을 수 있다.

$$DD = -\frac{\ln\left(\frac{V_A}{D}\right) + \left(r - \frac{1}{2}\sigma_A^2\right)T}{\sigma_A\sqrt{T}} \quad \cdots (15)$$

블랙-스콜스-머톤 콜옵션 모델에 따르면 DD와 DP(디폴트 확률)는 다음과 같다.

644

$$DP(Default\ Probability) = N(-DD) \quad \dots (16)$$

▍신용 디폴트 스왑

채권자는 소위 **신용 디폴트 스왑**[CDS, Credit Default Swap]을 사서 디폴트에 대비할 수 있다. CDS는 판매자에게 일련의 금액을 지불하는 대신 대출 채무 불이행 시 변제 받는다. 간단한 예를 들어보자. 15년 만기 회사채 1억 달러를 구매한 펀드가 있다. 사채 발행 회사가 도산하지 않는다면 연금 기금은 해마다 이자를 수령하고 또 만기 시 1억 달러 원금을 돌려받는다. 투자금 보호를 위해 펀드는 금융 회사와 15년 CDS 계약을 체결한다. 회사채 발행 회사의 신용등급에 따라 합의된 스프레드는 매년 80BP다. 이는 연금 펀드(CDS 구매자)는 금융 회사(CDS 판매자)에게 매년 80,000달러를 향후 15년간 지급한다. 신용 문제가 발생하면 CDS 판매자는 CDS 구매자의 손실 분만큼 보전해준다. 계약 조건이 현물 결제면 CDS 구매자는 해당 채권을 1억 달러에 판매자에게 팔 수 있다. 계약 조건이 현금 결제면 CDS 판매자는 $Max(\$100m - X, 0)$를 CDS 구매자에게 지급한다. 여기서 X는 채권의 시장가다. 채권의 시장가가 7천만 달러면 CDS 판매자는 CDS 구매자에게 3천만 달러를 지급한다. 앞의 경우 스프레드, 즉 비용은 회사채 발행 회사의 도산 확률과 밀접한 관련이 있다. 도산 확률이 높을수록 CDS 스프레드는 높아진다. 다음 표는 이런 관계를 보여준다.

표 13.6 디폴트 확률과 신용 디폴트 스왑. 디폴트 확률은 5년 누적 디폴트 확률 (P)과 5년 만기 디폴트 스왑(5Y CDS)

CDS	P	CDS	P	CDS	P	CDS	P	CDS	P	CDS	P	CDS	P
0	0.0%	100	7.8%	200	13.9%	300	19.6%	500	30.2%	500	30.2%	1000	54.1%
5	0.6%	105	8.1%	205	14.2%	310	20.2%	510	30.7%	525	31.4%	1025	55.2%
10	1.1%	110	8.4%	210	14.5%	320	20.7%	520	31.2%	550	32.7%	1050	56.4%
15	1.6%	115	8.7%	215	14.8%	330	21.2%	530	31.7%	575	33.9%	1075	57.5%
20	2.0%	120	9.1%	220	15.1%	340	21.8%	540	32.2%	600	35.2%	1100	58.6%

(이어짐)

CDS	P	CDS	P	CDS	P	CDS	P	CDS	P	CDS	P	CDS	P
25	2.4%	125	9.4%	225	15.4%	350	22.3%	550	32.7%	625	36.4%	1125	59.7%
30	2.8%	130	9.7%	230	15.7%	360	22.9%	560	33.2%	650	37.6%	1150	60.9%
35	3.2%	135	10.0%	235	16.0%	370	23.4%	570	33.7%	675	38.8%	1175	62.0%
40	3.6%	140	10.3%	240	16.2%	380	23.9%	580	34.2%	700	40.0%	1200	63.1%
45	4.0%	145	10.6%	245	16.5%	390	24.5%	590	34.7%	725	41.2%	1225	64.2%
50	4.3%	150	10.9%	250	16.8%	400	25.0%	600	35.2%	750	42.4%	1250	65.3%
55	4.7%	155	11.2%	255	17.1%	410	25.5%	610	35.7%	775	43.6%	1275	66.4%
60	5.0%	160	11.5%	260	17.4%	420	26.0%	620	36.1%	800	44.8%	1300	67.5%
65	5.4%	165	11.8%	265	17.7%	430	26.6%	630	36.6%	825	46.0%	1325	68.6%
70	5.7%	170	12.1%	270	17.9%	440	27.1%	640	37.1%	850	47.2%	1350	69.7%
75	6.1%	175	12.4%	275	18.2%	450	27.6%	650	37.6%	875	48.3%	1375	70.7%
80	6.4%	180	12.7%	280	18.5%	460	28.1%	660	38.1%	900	49.5%	1400	71.8%
85	6.8%	185	13.0%	285	18.8%	470	28.6%	670	38.6%	925	50.6%	1425	72.9%

부록 A: 데이터 케이스 #10 - Z-스코어를 이용한 디폴트 확률 예측

알트만의 Z-스코어를 사용해서 회사의 디폴트 확률을 계산할 수 있다. 스코어는 회사의 재무제표와 손익계산서에 기초한 다섯 가지 지수의 가중 평균이다. 공기업의 경우 알트만은 다음과 같은 식을 제시했다

$$Z = 3.3X_1 + 0.99X_2 + 0.6X_3 + 1.2X_4 + 1.4X_5 \quad \dots (1)$$

수식에 사용된 X_1, X_2, X_3, X_4, X_5의 정의는 다음 표에 나와 있다.

표 13.7 Z-스코어 산출에 사용된 변수의 정의

변수	정의
X1	이자 및 세전 이익/자산 총액
X2	순매출액/총자산

(이어짐)

변수	정의
X3	시가 총액/부채 총액
X4	운전 자본/총자산
X5	사내 유보 이익/자산 총액

Z-스코어 범위에 따라 공기업을 다음과 같은 4가지 분류로 나눌 수 있다. 아이들난 (1995)의 분석에 따르면 Z-스코어는 72% 확률로 디폴트 2년 전에 정확히 예측했다.

Z-스코어 범위	설명
〉 3.0	안전
2.7 to 2.99	경고
1.8 to 2.7	2년 내 디폴트 확률 높음
〈 1.80	재무 위기가 클 가능성이 높음

▌ 참고문헌

- Altman, Edward I, 1968, Financial Ratios, Discriminant Analysis and the Prediction of Corporate Bankruptcy, Journal of Finance,189-209, http://onlinelibrary.wiley.com/doi/10.1111/j.1540-6261.1968.tb00843.x/abstract

- Altman, E.I., Kishore, V., 1997. Default and returns in the high yield debt market, 1991-1996,NYU Salomon Center Special Report

- Altman, Edward I.,2000, PREDICTING FINANCIAL DISTRESS OF COMPANIES, http://pages.stern.nyu.edu/~ealtman/Zscores.pdf

- Eidleman, Gregory J.,1995,Z-Scores - A Guide to Failure Prediction, CPA Journal Online, https://www.easycalculation.com/statistics/altman-z-score.php
- Fitch, https://www.fitchratings.com/site/home.
- KMV model, https://github.com/ghlingjun/kmv-model
- Moody's website, http://www.moodys.com/
- Moody's, 2007, Introducing Moody's Credit Transition Model, http://www.moodysanalytics.com/~/media/Brochures/Credit-Research-Risk-Measurement/Quantative-Insight/Credit-Transition-Model/Introductory-Article-Credit-Transition-Model.pdf
- Standard & Poor's, http://www.standardandpoors.com/en_US/web/guest/home

▌ 연습문제

1. 미국 내에는 모두 몇 개의 신용 평가 회사가 있는가? 메이저 회사에는 어떤 것들이 있는가?

2. 리스크의 정의에는 몇 가지 유형이 있는가? 신용 리스크와 시장 리스크의 차이는 무엇인가?

3. 전체 리스크와 회사의 시장 리스크를 계산하는 방법은 무엇인가? 유관 수학 공식은 무엇인가?

4. 회사의 신용 리스크는 어떻게 산정하는가? 유관 수학 공식은 어떻게 되는가?

5. 채권의 신용 리스크와 발행 회사의 신용등급이 다를 수 있는 이유가 무엇인가?

6. 모든 조건이 동일하다면 장기 채권과 단기 채권 중 어느 것이 더 위험한가?

7. 신용 스프레드의 정의는 무엇인가? 그것이 왜 유용한가?

8. 금리 기간 구조의 용도는 무엇인가?

9. 알트만 Z-스코어에서 X1, X2, X3, X4, X5의 정의는 어떻게 되는가? Z-스코어가 높을수록 디폴트 확률이 내려가는 이유를 설명해보라.

$$Z = 3.3X_1 + 0.99X_2 + 0.6X_3 + 1.2X_4 + 1.4X_5$$

10. Z-스코어의 문제점을 파악하고 해결 방법을 제시해보라.

11. 1년 신용등급 변화 행렬은 무엇을 의미하는가?

12. 신용등급과 디폴트 확률의 관계는 무엇인가?

13. 신용등급 변화 행렬에서 주대각선(왼쪽 위에서 오른쪽 아래)에 있는 값들의 의미는 무엇인가?

14. 월마트는 액면가 1,000달러짜리 회사채 5천만 달러를 발행하고자 한다. 채권은 10년 만기다. 쿠폰 금리는 8%이고 연 1회 지급한다. 월마트는 얼마를 모집할 수 있는가? 월마트 관리자가 신용등급을 한 단계 올릴 수 있다면 얼마만큼의 추가 모집이 가능한가?

15. 다음 테이블은 신용등급과 디폴트 리스크(스프레드)의 관계를 보여준다. 테이블에서 빠진 부분(예를 들면 11년에서 29년까지 S의 값)을 채워주는 보간 프로그램을 파이썬으로 작성하라. 파이썬 데이터셋은 http://canisius.edu/~yany/python/creditSpread2014.p에서 다운로드할 수 있다.

```
import matplotlib.pyplot as plt
import pandas as pd
x=pd.read_pickle("c:/temp/creditSpread2014.p")
print(x.head())
    Rating     1     2     3     5     7    10     30
0  Aaa/AAA    5.0   8.0  12.0  18.0  28.0  42.0   65.0
1   Aa1/AA+  11.2  20.0  27.0  36.6  45.2  56.8   81.8
2   Aa2/AA   16.4  32.8  42.6  54.8  62.8  71.2   97.8
3   Aa3/AA-  21.6  38.6  48.6  59.8  67.4  75.2   99.2
4   A1/A+    26.2  44.0  54.2  64.6  71.4  78.4  100.2
```

▌ 요약

13장은 신용 리스크 분석의 기본 개념인 신용 평가, 신용 스프레드, 1년 신용등급 변화 행렬, 디폴트 확률^{PD}, 디폴트 후 회수율^{LGD}, 금리의 기간 구조, 알트만의 Z-스코어, KMV 모델, 디폴트 거리, 신용 디폴트 스왑 등을 알아봤다. 10장에서 블랙-스콜스-머톤 옵션 같은 일반 옵션과 관련 응용들에서도 대해 알아봤다. 또한 12장에서는 변형 옵션 2가지를 설명했다.

14장에서는 몇 가지 변형 옵션을 더 알아본다. 소개할 변형 옵션들은 경제적 리스크를 완화시키는 데 매우 유용하다.

14

변형 옵션

10장에서 블랙-스콜스-머튼 옵션 모델과 여러 유형의 옵션 및 선물, 기초 자산 증권을 비롯한 다양한 투자 전략을 알아봤다. 블랙-스콜스-머튼의 닫힌 해는 만기일에만 권리 행사가 가능한 유럽식 옵션에만 적용 가능했다. 미국식 옵션은 만기 전이면 언제든지 권리 행사가 가능하다. 이런 옵션들은 대개 바닐라 옵션^{vanilla option}이라 부른다. 반면 시중에서 흔한 일반 옵션에 비해 여러 가지 복잡한 특성을 가진 변형 옵션들이 있다.

예를 들어 옵션 구매자가 만기 전에 여러 번 권리 행사 가능한 경우를 버뮤다식 옵션^{Bermudan option}이라 부른다. 12장에서 두 가지 변형 옵션을 살펴봤다. 많은 변형 옵션(파생 상품)은 대개 수익 구조와 연계된 여러 트리거가 있다. 변형 옵션은 또한 특정 클라이언트와 특수 시장을 겨냥한 비표준 기초 자산을 이용하기도 한다. 변형 옵션은 주로 **창구**^{OTC, Over the Counter}를 통해 판매된다.

14장에서 다루는 내용은 다음과 같다.

- 유럽식, 미국식, 버뮤다식 옵션
- 단순 선택 옵션^{Simple chooser options}
- 샤우트^{Shout}, 레인보우^{rainbow}, 바이너리^{binary} 옵션
- 평균가 옵션^{Average price options}
- 배리어 옵션: 업인 옵션^{up-and-in options}과 업아웃 옵션^{up-and-out option}
- 배리어 옵션: 다운인^{down-and-in} 옵션과 다운아웃^{down-and-out} 옵션

▌유럽식, 미국식, 버뮤다식 옵션

10장에서 유럽식 옵션은 만기 때에만 권리 행사가 가능하고 미국식 옵션은 만기 전이면 언제든 권리 행사가 가능하다고 배웠다. 그러므로 미국식 옵션은 같은 조건의 유럽식 옵션보다 더 가치가 있다. 버뮤다식 옵션은 미리 정해진 날짜에 한 번 이상의 권리를 행사할 수 있다. 결과적으로 버뮤다식 옵션 가격은 동일 만기와 동일 행사 가격을 가진 미국식과 유럽식 옵션 가격의 중간쯤에 위치하게 된다. 다음 콜옵션들 간의 부등식을 살펴보자.

$$C_{유럽식} \leq C_{버뮤다식} \leq C_{미국식} \quad \cdots\cdots(1)$$

버뮤다식 옵션 예를 하나 들어보자. 회사가 10년 만기 채권을 발행하려 한다. 이 채권에는 발행 7년 후부터 3년 동안 매해 기말에 임의 상환할 수 있는 권리가 있다. 이 임의 상환의 특성은 8년차, 9년차, 10년차 12월에 권리 행사를 할 수 있는 버뮤다식 옵션의 성격을 내포하고 있다.

먼저 이진 모델을 이용한 미국식 콜의 파이썬 프로그램을 살펴보자.

```
def binomialCallAmerican(s,x,T,r,sigma,n=100):
    from math import exp,sqrt
    import numpy as np
    deltaT = T /n
    u = exp(sigma * sqrt(deltaT))
    d = 1.0 / u
    a = exp(r * deltaT)
    p = (a - d) / (u - d)
    v = [[0.0 for j in np.arange(i + 1)] for i in np.arange(n + 1)]
    for j in np.arange(n+1):
        v[n][j] = max(s * u**j * d**(n - j) - x, 0.0)
    for i in np.arange(n-1, -1, -1):
        for j in np.arange(i + 1):
            v1=exp(-r*deltaT)*(p*v[i+1][j+1]+(1.0-p)*v[i+1][j])
            v2=max(v[i][j]-x,0) # 조기 행사
            v[i][j]=max(v1,v2)
    return v[0][0]

#
s=40.          # 오늘의 주가
x=40.          # 행사 가격
T=6./12        # 연환산 만기일
tao=1/12       # 선택일
r=0.05         # 무위험 금리
sigma=0.2      # 변동성
n=1000         # 단계 수
#

price=binomialCallAmerican(s,x,T,r,sigma,n)
print("American call =", price)
('American call =', 2.7549263174936502)
```

이 미국식 콜의 가격은 2.75달러다. 앞 프로그램이 여러 번의 권리 행사를 반영하게 수정한 핵심 부분은 다음 두 줄이다.

```
v2=max(v[i][j]-x,0)          # 조기 행사
v[i][j]=max(v1,v2)
```

다음은 버뮤다식 콜옵션의 파이썬 프로그램이다. 주요 차이는 버뮤다식 옵션의 권리 행사일을 담은 변수 T2다.

```python
def callBermudan(s,x,T,r,sigma,T2,n=100):
    from math import exp,sqrt
    import numpy as np
    n2=len(T2)
    deltaT = T /n
    u = exp(sigma * sqrt(deltaT))
    d = 1.0 / u
    a = exp(r * deltaT)
    p = (a - d) / (u - d)
    v =[[0.0 for j in np.arange(i + 1)] for i in np.arange(n + 1)]
    for j in np.arange(n+1):
        v[n][j] = max(s * u**j * d**(n - j) - x, 0.0)
    for i in np.arange(n-1, -1, -1):
        for j in np.arange(i + 1):
            v1=exp(-r*deltaT)*(p*v[i+1][j+1]+(1.0-p)*v[i+1][j])
            for k in np.arange(n2):
                if abs(j*deltaT-T2[k])<0.01:
                    v2=max(v[i][j]-x,0)   # 잠재적 조기 행상
                else:
                    v2=0
            v[i][j]=max(v1,v2)
    return v[0][0]
#
s=40.              # 오늘의 주가
x=40.              # 행사 가격
T=6./12            # 연환산 만기일
r=0.05             # 무위험 금리
sigma=0.2          # 변동성
```

```
n=1000                    # 단계
T2=(3./12.,4./12.)        # 조기 행사 가능일
#
price=callBermudan(s,x,T,r,sigma,T2,n)
print("Bermudan call =", price)
('Bermudan call =', 2.7549263174936502)
```

▌ 선택 옵션

선택 옵션^{chooser options}은 옵션 구매자가 미리 정한 특정 기한 이전에 유럽식 콜을 할 것인지 풋을 할 것인지 결정할 수 있게 허용해준다. 단순 선택 옵션의 경우 기초 자산 콜과 풋은 동일 만기와 동일 행사 가격을 가진다. 두 가지 극단적인 경우를 생각해보자. 옵션 구매자는 구매와 동시에 결정을 해야 한다. 이 선택 옵션의 가격은 구매자가 추가 정보를 갖고 있지 않으므로 콜과 풋 가격 중 높은 가격이 될 것이다. 두 번째 극단적인 경우는 만기일에 결정하는 것이다. 콜과 풋은 같은 행사 가격을 가지므로 콜이 내가격이면 풋은 외가격일 것이고, 그 반대도 역시 마찬가지다. 따라서 선택 옵션의 가격은 콜과 풋 가격의 합이 될 것이다. 이것은 같은 만기와 행사 가격을 가진 콜과 풋을 동시에 사는 것과 같다. 10장에서 그런 투자 전략을 스트래들이라 부른다고 배웠다. 이 전략의 배경은 기초 자산 주식 가격이 큰 변동이 있을 것이라는 판단이 들지만, 그 방향성을 알 수 없을 때 유용했다.

먼저 단순 선택 옵션의 가격을 결정하는 공식을 살펴보자. 콜과 풋은 모두 동일한 만기와 행사 가격을 가진다. 만기 전에 배당은 없는 것으로 가정한다. 단순 선택 옵션의 가격 결정 공식은 다음과 같다.

$$P_{chooser} = call(T) + put(\tau) \quad \dots (2)$$

여기서 $P_{chooser}$는 선택 옵션의 가격이고 $call(T)$는 만기가 T인 유럽식 콜, $put(\tau)$는 곧 정의할 것이다. 첫 번째 $call(T)$ 옵션은 다음의 가격 공식을 만족한다.

$$\begin{cases} call(T) = SN(d_1) - Ke^{-RT}N(d_2) \\ \quad d_1 = \frac{\ln\left(\frac{S}{K}\right) + \left(r + \frac{1}{2}\sigma^2\right)T}{\sigma\sqrt{T}} \\ \quad d_2 = d_1 - \sigma\sqrt{T} \end{cases} \quad \cdots (3)$$

여기서 $call(T)$는 콜 가격, S는 오늘의 주가, K는 행사 가격, T는 연환산 만기, σ는 변동성, $N()$는 누적 표준 정규 분포다. 사실 이것은 블랙-스콜스-머톤 콜옵션 모델과 정확히 일치한다. $put(\tau)$는 다음 식으로 정의된다.

$$\begin{cases} put(\tau) = Ke^{-RT}N(-d_2^{\tau}) - SN(-d_1^{\tau}) \\ \quad d_1^{\tau} = \frac{\ln\left(\frac{S}{K}\right) + rT + \frac{1}{2}\sigma^2\tau}{\sigma\sqrt{\tau}} \\ \quad d_2^{\tau} = d_1 - \sigma\sqrt{\tau} \end{cases} \quad \cdots (4)$$

다시 말하지만 $put(\tau)$는 풋옵션 가격이다. τ는 선택 옵션 구매자가 결정을 내려야 하는 시한이다. 앞 식에 있는 d_1, d_2와 구분하기 위해 d_1^{τ}와 d_2^{τ}의 표기를 대신 사용했다. 앞 식은 블랙-스콜스-머톤 풋옵션 모델과 다르다는 점에 유의하자. T만 사용하지 않고 T와 τ를 모두 사용했다. 이제 극단적인 경우 하나를 고려해보자. 옵션 구매자는 만기일에만 결정할 수 있다 즉 $\tau=T$가 된다. 이 경우 앞 식에서 선택 옵션의 가격은 두 옵션의 합이 될 것이다.

$$P_{chooser} = call(T) + put(\tau = T) \quad \cdots (5)$$

다음 파이썬 프로그램은 선택 옵션을 위한 것이다. 지면 절약을 위해 콜과 풋을 합쳐 만들 수 있다. 다음 파이썬 프로그램을 살펴보자. 2개의 시간 변수 T와 τ를 사용한다.

```
from scipy import log,exp,sqrt,stats
def callAndPut(S,X,T,r,sigma,tao,type='C'):
    d1=(log(S/X)+r*T+0.5*sigma*sigma*tao)/(sigma*sqrt(tao))
    d2 = d1-sigma*sqrt(tao)
    if type.upper()=='C':
        c=S*stats.norm.cdf(d1)-X*exp(-r*T)*stats.norm.cdf(d2)
        return c
    else:
        p=X*exp(-r*T)*stats.norm.cdf(-d2)-S*stats.norm.cdf(-d1)
    return p
#
def chooserOption(S,X,T,r,sigma,tao):
    call_T=callAndPut(S,X,T,r,sigma,T)
    put_tao=callAndPut(S,X,T,r,sigma,tao,type='P')
    return call_T- put_tao
#
s=40.           # 금일 주가
x=40.           # 행사 가격
T=6./12         # 연환산 만기일
tao=1./12.      # 선택일
r=0.05          # 무위험 금리
sigma=0.2       # 변동성
#
price=chooserOption(s,x,T,r,sigma,tao)
print("price of a chooser option=",price)
('price of a chooser option=', 2.2555170735574421)
```

선택 옵션의 가격은 2.26달러가 된다.

▌ 샤우트 옵션

샤우트 옵션^{shout option}은 표준 유럽식 옵션과 동일한데, 특이한 성질 하나를 갖고 있다. 이 옵션 구매자는 판매자에게 만기 전에 최소 수익 $S_\tau - X$를 확정(샤우트)할 수 있다. 여기서 S_τ는 구매자가 샤우트한 시점의 주가이고, X는 행사 가격이다. 행사 가격 수준은 현물가와 일정 관계를 설정해서 지정할 수 있다. 즉, 3% 이상, 5% 이상(혹은 이하) 식으로 설정할 수 있다. 해당 파이썬 프로그램은 다음과 같다.

```python
def shoutCall(s,x,T,r,sigma,shout,n=100):
    from math import exp,sqrt
    import numpy as np
    deltaT = T /n
    u = exp(sigma * sqrt(deltaT))
    d = 1.0 / u
    a = exp(r * deltaT)
    p = (a - d) / (u - d)
    v =[[0.0 for j in np.arange(i + 1)] for i in np.arange(n +1)]
    for j in np.arange(n+1):
        v[n][j] = max(s * u**j * d**(n - j) - x, 0.0)
    for i in np.arange(n-1, -1, -1):
        for j in np.arange(i + 1):
            v1=exp(-r*deltaT)*(p*v[i+1][j+1]+(1.0-p)*v[i+1][j])
            v2=max(v[i][j]-shout,0)    # 샤우트
            v[i][j]=max(v1,v2)
    return v[0][0]

#
s=40.            # 금일 주가
x=40.            # 행사 가격
T=6./12          # 연환산 만기일
tao=1/12         # 선택 기한
r=0.05           # 무위험 금리
sigma=0.2        # 변동성
n=1000           # 단계 수
```

```
shout=(1+0.03)*s # shout out level
#
price=shoutCall(s,x,T,r,sigma,shout,n)
print("Shout call =", price)
```

▌바이너리 옵션

바이너리 옵션^{binary option}은 애셋-오어-낫싱 옵션^{asset-or-nothing option}이라고도 부르는데,
옵션이 내가격으로 만기되면 정해진 고정 금액을 지불하고, 외가격으로 만기되면
그대로 소멸해 버리는 옵션의 일종이다. 이런 특성 때문에 해를 찾기 위해 몬테카를
로 시뮬레이션을 응용할 수 있다. 파이썬 프로그램은 다음과 같다.

```
import random
import scipy as sp
#
def terminalStockPrice(S, T,r,sigma):
    tao=random.gauss(0,1.0)
    terminalPrice=S * sp.exp((r - 0.5 * sigma**2)*T+sigma*sp.
    sqrt(T)*tao)
    return terminalPrice
#
def binaryCallPayoff(x, sT,payoff):
    if sT >= x:
        return payoff
    else:
        return 0.0
# input area
S = 40.0                    # 자산 가격
x = 40.0                    # 행사 가격
T = 0.5                     # 연환산 만기
```

```
r = 0.01                  # 무위험 금리
sigma = 0.2               # 20% 변동성
fixedPayoff = 10.0        # 수익
nSimulations =10000       # 시뮬레이션 횟수
#
payoffs=0.0
for i in xrange(nSimulations):
   sT = terminalStockPrice(S, T,r,sigma)
   payoffs += binaryCallPayoff(x, sT,fixedPayoff)
#
price = sp.exp(-r * T) * (payoffs / float(nSimulations))
print('Binary options call= %.8f' % price)
```

앞의 프로그램은 시드 값을 고정하지 않았으므로 매번 수행할 때마다 다른 결과를 얻게 된다는 점에 주목하자.

▌ 레인보우 옵션

많은 금융 문제들은 여러 자산의 최댓값이나 최솟값과 연계돼 있다. 두 자산의 최댓값이나 최솟값에만 연계된 가장 간단한 옵션 예제를 살펴보자. 이런 형태의 옵션을 레인보우 옵션rainbow option이라고 부른다.

자산이 두 개 연루됐으니 먼저 이변수 정규 분포에 대해 알 필요가 있다. 다음 코드는 그 그래프를 그려준다. 원 코드는 http://scipython.com/blog/visualizing-the-bivariate-gaussian-distribution/에서 받아 볼 수 있다.


```
import numpy as np
from matplotlib import cm
import matplotlib.pyplot as plt
from mpl_toolkits.mplot3d import Axes3D
```

```
#
# 입력 부분
n = 60                          # 간격 수
x = np.linspace(-3, 3, n)       # x축
y = np.linspace(-3, 4, n)       # y축
x,y = np.meshgrid(x, y)         # 격자
#
# 평균 벡터와 공분산 행렬
mu = np.array([0., 1.])
cov= np.array([[ 1. , -0.5], [-0.5,  1.5]])
#
# x와 y를 3차원 배열로 병합
pos = np.empty(x.shape + (2,))
pos[:, :, 0] = x
pos[:, :, 1] = y
#
def multiNormal(pos, mu, cov):
    n = mu.shape[0]
    Sigma_det = np.linalg.det(cov)
    Sigma_inv = np.linalg.inv(cov)
    n2 = np.sqrt((2*np.pi)**n * Sigma_det)
    fac=np.einsum('...k,kl,...l->...', pos-mu, Sigma_inv, pos-mu)
    return np.exp(-fac/2)/n2
#
z = multiNormal(pos, mu, cov)
fig = plt.figure()
ax = fig.gca(projection='3d')
ax.plot_surface(x, y, z, rstride=3, cstride=3,linewidth=1,
antialiased=True,cmap=cm.viridis)
cset = ax.contourf(x, y, z, zdir='z', offset=-0.15,cmap=cm.viridis)
ax.set_zlim(-0.15,0.2)
ax.set_zticks(np.linspace(0,0.2,5))
ax.view_init(27, -21)
plt.title("Bivariate normal distribtuion")
plt.ylabel("y values ")
```

```
plt.xlabel("x values")
plt.show()
```

해당 그래프는 다음과 같다.

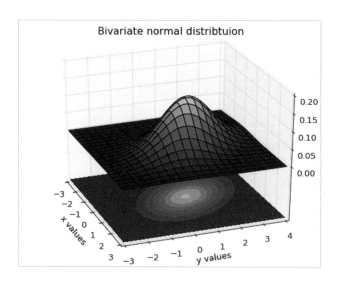

두 자산의 수익률이 상관관계가 ρ인 이변수 정규 분포를 따른다고 가정하자. 계산을 좀 더 간단히 하기 위해 만기 전은 배당이 없다고 가정한다. 두 자산 중 최솟값에 대한 콜옵션의 수익은 다음과 같다.

$$payoff \ (call \ on \ minumum \ of \ 2) = Max(\min(s_T^1, s_T^2), 0) \quad \text{... (6)}$$

여기서 $S_T^1(s_T^2)$는 주식 1(2)의 연환산 만기일 T의 종가를 의미한다. 두 자산 중 최솟값에 기반을 둔 가격 결정 공식은 다음과 같다.

$$Call(minium \ of \ 2 \ assets) =$$
$$S_1 N_2(d_{11}, d_{12}, \rho_1) + S_2 N_2(d_{22}, d_{12}, \rho_2) - Ke^{-RT} N_2(d_1, d_2, \rho) \quad \textbf{(7)}$$

여기서 $S_1(S_2)$는 주식 1(2)의 현재 주가, $N_2(a,b,\rho)$는 누적 이변수 정규 분포로 상한 값이 a와 b이고, 두 주식의 상관관계는 ρ, 행사 가격은 K다. 매개변수 d_{11}, d_{12}, d_{21}, d_{22}, ρ_1, ρ_2의 정의는 다음과 같다.

$$d_1 = \frac{\ln\left(\frac{S_1}{K}\right)+(r-\frac{1}{2}\sigma_1^2)T}{\sigma_1\sqrt{T}} \qquad \cdots (8)$$

$$d_2 = \frac{\ln\left(\frac{S_2}{K}\right)+(r-\frac{1}{2}\sigma_2^2)T}{\sigma_2\sqrt{T}} \qquad \cdots (9)$$

$$d_{11} = d_1 + \sigma_1\sqrt{T} \qquad \cdots (10)$$

$$d_{22} = d_2 + \sqrt{T} \qquad \cdots (11)$$

$$d_{12} = \frac{\ln\left(\frac{S_2}{S_1}\right)-\frac{1}{2}\sigma_a^2 T}{\sigma_a\sqrt{T}} \qquad \cdots (12)$$

$$\sigma_a = \sqrt{\sigma_1^2 - 2\rho\sigma_1\sigma_2 + \sigma_2^2} \qquad \cdots (13)$$

$$d_{21} = \frac{\ln\left(\frac{S_1}{S_2}\right)-\frac{1}{2}\sigma_a^2 T}{\sigma_a\sqrt{T}} \qquad \cdots (14)$$

$$\rho_1 = \frac{\rho\sigma_2-\sigma_1}{\sigma_a} \qquad \cdots (15)$$

$$\rho_2 = \frac{\rho\sigma_1-\sigma_2}{\sigma_a} \qquad \cdots (16)$$

먼저 이변수 누적 정규 분포를 알아보자. N2_f(d1,d2,rho)는 다음 코드와 같이 기술된다.

```python
def N2_f(d1,d2,rho):
    """cumulative bivariate standard normal distribution
    d1: the first value
    d2: the second value
    rho: correlation
    Example1:
        print(N2_f(0,0,1.)) => 0.5
    Example2:
        print(N2_f(0,0,0) => 0.25
    """
```

```
    import statsmodels.sandbox.distributions.extras as extras
    muStandardNormal=0.0                        # 표준정규 분포 평균
    distribution varStandardNormal=1.0          # 표준정규 분포 분산
upper=([d1,d2])                                 # 두 변수의 상한 값
v=varStandardNormal                             # 표기 단순화
mu=muStandardNormal                             # 표기 단순화
covM=([v,rho],[rho,v])
return extras.mvnormcdf(upper,mu,covM)
#
```

특수한 경우를 살펴보자. 단일 변수 표준 정규 분포의 입력 변수가 0일 때 기저 정규 분포는 대칭이므로 누적 표준 정규 분포는 0.5라는 것을 알고 있다. 2개의 시계열이 완전 양의 상관관계일 경우의 누적 표준 정규 분포 또한 0.5이어야 한다. 앞 결과를 살펴보라. 한편 두 개의 시계열이 상관관계가 없다면 입력이 둘 다 0일 때의 누적 표준 정규 분포는 서로 겹치므로 0.5×0.5=0.25가 될 것으로 예상된다. 앞의 N2_f() 함수를 호출해서 계산한 값도 0.25로 동일하다. 변형 옵션의 경우 관련된 파이썬 프로그램은 다음과 같다.

```
from math import exp,sqrt,log
import statsmodels.sandbox.distributions.extras as extras
#
def dOne(s,k,r,sigma,T):
    #print(s,k,r,sigma,T)
    a=log(s/k)+(r-0.5*sigma**2)*T
    b=(sigma*sqrt(T))
    return a/b
#
def sigmaA_f(sigma1,sigma2,rho):
    return sqrt(sigma1**2-2*rho*sigma1*sigma2+sigma2**2)
#
def dTwo(d1,sigma,T):
```

```python
        return d1+sigma*sqrt(T)
#
def rhoTwo(sigma1,sigma2,sigmaA,rho):
    return (rho*sigma2-sigma1)/sigmaA
#
def N2_f(d1,d2,rho):
    import statsmodels.sandbox.distributions.extras as extras
    muStandardNormal=0.0          # 표준 정규 분포 평균
    varStandardNormal=1.0         # 표준 정규 분포 분산
    upper=([d1,d2])               # 두 값의 상한
    v=varStandardNormal           # 표기 단순화
    mu=muStandardNormal           # 표기 단순화
    covM=([v,rho],[rho,v])
return extras.mvnormcdf(upper,mu,covM)
#
def dOneTwo(s1,s2,sigmaA,T):
    a=log(s2/s1)-0.5*sigmaA**2*T
    b=sigmaA*sqrt(T)
    return a/b
#
def rainbowCallOnMinimum(s1,s2,k,T,r,sigma1,sigma2,rho):
    d1=dOne(s1,k,r,sigma1,T)
    d2=dOne(s2,k,r,sigma2,T)
    d11=dTwo(d1,sigma1,T)
    d22=dTwo(d2,sigma2,T)
    sigmaA=sigmaA_f(sigma1,sigma2,rho)
    rho1=rhoTwo(sigma1,sigma2,sigmaA,rho)
    rho2=rhoTwo(sigma2,sigma1,sigmaA,rho)
    d12=dOneTwo(s1,s2,sigmaA,T)
    d21=dOneTwo(s2,s1,sigmaA,T)
    #
    part1=s1*N2_f(d11,d12,rho1)
    part2=s2*N2_f(d21,d22,rho2)
    part3=k*exp(-r*T)*N2_f(d1,d2,rho)
    return part1 + part2 - part3
```

```
#
s1=100.
s2=95.
k=102.0
T=8./12.
r=0.08
rho=0.75
sigma1=0.15
sigma2=0.20
price=rainbowCallOnMinimum(s1,s2,k,T,r,sigma1,sigma2,rho)
print("price of call based on the minimum of 2 assets=",price)
('price of call based on the minimum of 2 assets=',3.747423936156629)
```

레인보우 옵션 가격을 계산하는 또 다른 방법은 몬테카를로 시뮬레이션을 사용하는 것이다. 12장에서 언급한 것처럼 2개의 상관된 시계열 난수를 발생할 수 있다. 2단계가 필요하다. 먼저 상관관계가 0인 2개의 시계열 x_1과 x_2를 발생시킨 후 다음 식을 적용시킨다.

$$\begin{cases} y_1 = x_1 \\ y_2 = \rho x_1 + \sqrt{1 - \rho^2} * x_2 \end{cases} \quad \cdots (17)$$

여기서 ρ 는 두 시계열 사이에 사전에 정한 상관관계 값이다. 이제 y_1과 y_2 사이에 미리 정한 값으로 상관관계가 생겼다. 다음 파이썬 프로그램은 위 접근 방식을 구현한다.

```
import scipy as sp
sp.random.seed(123)
n=1000
rho=0.3
x1=sp.random.normal(size=n)
x2=sp.random.normal(size=n)
```

```
y1=x1
y2=rho*x1+sp.sqrt(1-rho**2)*x2
print(sp.corrcoef(y1,y2))
[[ 1.           0.28505213]
 [ 0.28505213   1.          ]]
```

다음은 12장에서 사용한 기법과 동일한 기법으로 두 자산 중 최솟값에 대한 레인보우 옵션의 콜 가격을 계산해보자.

```
import scipy as sp
from scipy import zeros, sqrt, shape
#
sp.random.seed(123)        # 난수 고정
s1=100.                    # 주가 1
s2=95.                     # 주가 2
k=102.0                    # 행사 가격
T=8./12.                   # 연환산 만기
r=0.08                     # 무위험 금리
rho=0.75                   # 두 주식 상관관계
sigma1=0.15                # 주식 1 변동성
sigma2=0.20                # 주식 2 변동성
nSteps=100.                # 단계
nSimulation=1000           # 시뮬레이션 횟수
#
# 1단계: 상관된 난수 발생
dt =T/nSteps
call = sp.zeros([nSimulation], dtype=float) x = range(0, int(nSteps), 1)
#
# 2단계: 콜옵션 가격
for j in range(0, nSimulation):
    x1=sp.random.normal(size=nSimulation)
    x2=sp.random.normal(size=nSimulation)
    y1=x1
    y2=rho*x1+sp.sqrt(1-rho**2)*x2
```

```
        sT1=s1
        sT2=s2
        for i in x[:-1]:
            e1=y1[i]
            e2=y2[i]
            sT1*=sp.exp((r-0.5*sigma1**2)*dt+sigma1*e1*sqrt(dt))
            sT2*=sp.exp((r-0.5*sigma2**2)*dt+sigma2*e2*sqrt(dt))
            minOf2=min(sT1,sT2)
            call[j]=max(minOf2-k,0)
    #
    # 단계 3: 합산 및 할인율 적용
    call=sp.mean(call)*sp.exp(-r*T)
    print('Rainbow call on minimum of 2 assets = ', round(call,3))
    ('Rainbow call on minimum of 2 assets = ', 4.127)
```

자산이 더 많이 포함되면 닫힌 해를 찾기가 더 힘들어진다. 다음은 주가의 최대 종가에 기반을 둔 레인 보우 콜옵션 가격을 몬테카를로 시뮬레이션을 사용해 구하는 방법이다. 기본적 원리는 쉽다. 3개 주식의 종가를 발생시키고 다음 공식을 사용해 계산된 콜옵션 수익률을 기억해둔다.

$$Call payoff(\text{max of three }) = \max(\max(s_{T,1}, s_{T,2}, s_{T,3}) - X, 0) \quad \dots (18)$$

최종 가격은 할인된 수익률들의 평균이 된다. 여기서 핵심은 서로 상관된 3개의 난수 집합을 생성하는 것인데, 유명한 촐레스키 분해를 사용한다. 상관관계 행렬 C가 있다고 가정하자. 촐레스키 분해 행렬 L는 $L^T L = C$를 만족시킨다. 상관관계가 없는 수익률 행렬 U가 있다고 가정하자. 이제 상관된 행렬 $R = UL$이 된다. 파이썬 코드는 다음과 같다.

```
import numpy as np
# 입력 부분
nSimulation=5000                    # 시뮬레이션 횟수
```

668

```
c=np.array([[1.0, 0.5, 0.3],        # 상관관계 행렬
           [0.5, 1.0, 0.4],
           [0.3, 0.4, 1.0]])
np.random.seed(123)                 # 난수 고정
#
# 상관되지 않은 난수 발생
x=np.random.normal(size=3*nSimulation)
U=np.reshape(x,(nSimulation,3))
#
# 출레스키 분해
L=np.linalg.cholesky(c)
#상관된 난수 발생
r=np.dot(U,L)
# 상관행렬 검산
print(np.corrcoef(r.T))
[[ 1.          0.51826188   0.2760649 ]
 [ 0.51826188  1.           0.35452286]
 [ 0.2760649   0.35452286   1.         ]]
```

▌ 평균가 옵션 가격 결정

12장에서 2가지 변형 옵션에 대해 알아봤다. 편의상 14장에서도 다루겠다. 따라서 독자들은 약간의 중복을 느끼게 될 것이다. 유럽식과 미국식 옵션은 경로 독립적이다. 이 의미는 옵션의 수익은 오직 주식의 종가와 행사 가격에만 달려 있다는 뜻이다. 경로 독립적 옵션의 한 가지 이슈는 만기 때의 시세 조작이다. 또 하나의 이슈는 어떤 투자가나 헤지 주체가 주식의 종가보다는 평균적인 주가에 더 관심이 있는 경우다.

예를 들어 어떤 정유소는 주원료인 원유에 대한 향후 3개월간의 가격 변동에 대해 걱정이 많다. 따라서 원유의 가격 급상승에 대한 헤지를 하고자 한다. 그러나 정유

소는 매일 엄청난 양의 원유를 소비하므로 일반 콜옵션의 종가보다는 평균 가격이 더 중요하다. 이런 경우는 옵션 평균이 더 중요하다. 평균가 옵션은 아시안 옵션의 일종이다. 평균가 옵션의 수익은 지정한 기간 동안의 기초 자산 평균가에 의해 결정된다. 두 종류의 평균이 있을 수 있는데, 각각 산술 평균과 기하 평균이다. 아시안 콜(평균 가격)의 수익 함수는 다음과 같다.

$$payoff \ (call) = Max(P_{average} - X, 0) \quad \ldots (19)$$

아시안 풋(평균 가격)의 수익 함수는 다음과 같다.

$$payoff \ (put) = Max(X - P_{average}, 0) \quad \ldots (20)$$

아시안 옵션은 변형 옵션의 기초적 형태 중 하나다. 아시안 옵션의 또 다른 장점은 종가를 기준으로 한 유럽식이나 미국식 옵션에 비해 평균가를 기준으로 해 변동성이 현저히 낮아지므로 가격이 저렴해진다는 것이다. 산술 평균을 이용한 아시안 옵션을 구현한 프로그램은 다음과 같다.

```
import scipy as sp
s0=30.                      # 오늘 주가
x=32.                       # 행사 가격
T=3.0/12.                   # 연환산 만기
r=0.025                     # 무위험 금리
sigma=0.18                  # (연환산) 변동성
sp.random.seed(123)         # 시드 값 고정
n_simulation=1000           # 시뮬레이션 횟수
n_steps=500.                # 단계 수
#
dt=T/n_steps
call=sp.zeros([n_simulation], dtype=float)
for j in range(0, n_simulation):
    sT=s0
    total=0
```

```
    for i in range(0,int(n_steps)):
        e=sp.random.normal()
        sT*=sp.exp((r-0.5*sigma*sigma)*dt+sigma*e*sp.sqrt(dt))
        total+=sT
        price_average=total/n_steps
    call[j]=max(price_average-x,0)
#
call_price=sp.mean(call)*sp.exp(-r*T)
print('call price based on average price = ', round(call_price,3))
('call price based on average price = ', 0.12)
```

▌ 배리어 옵션 가격 산정

종가에만 관련 있는 블랙-스콜스-머톤 옵션 모델과 달리 배리어 옵션은 종가 이전의 가격에도 영향을 받는다. 배리어 옵션은 중간에 트리거가 존재하는 것을 제외하면 일반 옵션과 유사하다. 인 옵션의 경우 옵션에 아무런 영향을 미치지 않는 상태로 존재하다가 기초 자산 주식의 가격이 미리 정한 가격인 녹인 배리어에 도달하는 순간 효력을 발생한다. 반면 아웃 배리어 옵션은 처음부터 유효한 상태로 존재하다가 미리 정한 가격인 녹아웃 배리어에 도달하는 순간 모든 효력이 사라진다. 경우에 따라 배리어 옵션의 효력이 발생하지 않으면 그냥 소멸하는 대신 프리미엄 일부를 일정 비율의 현금 리베이트로 주기도 한다. 배리어 옵션의 4가지 유형은 다음과 같다.

- **업아웃**: 시가는 배리어 아래에서 시작해 배리어 가격에 도달하면 녹아웃이 된다.
- **다운아웃**: 시가는 배리어 위에서 시작해 배리어 가격에 도달하는 순간 녹아웃이 된다.
- **업인**: 시가는 배리어 아래에서 시작해 배리어 가격에 도달하는 순간 유효해진다.

- **다운인**: 시가는 배리어 위에서 시작해 배리어 가격에 도달하는 순간 유효해진다.

다음 파이썬 프로그램은 유럽식 콜에 대한 업아웃 배리어 옵션을 구현한다.

```python
import scipy as sp
from scipy import log,exp,sqrt,stats
#
def bsCall(S,X,T,r,sigma):
    d1=(log(S/X)+(r+sigma*sigma/2.)*T)/(sigma*sqrt(T))
    d2 = d1-sigma*sqrt(T)
    return S*stats.norm.cdf(d1)-X*exp(-r*T)*stats.norm.cdf(d2)
#
def up_and_out_call(s0,x,T,r,sigma,n_simulation,barrier):
    n_steps=100.
    dt=T/n_steps
    total=0
    for j in sp.arange(0, n_simulation):
        sT=s0
        out=False
        for i in range(0,int(n_steps)):
            e=sp.random.normal()
            sT*=sp.exp((r-0.5*sigma*sigma)*dt+sigma*e*sp.sqrt(dt))
            if sT>barrier:
                out=True
        if out==False:
            total+=bsCall(s0,x,T,r,sigma)
    return total/n_simulation
#
```

주가의 변동을 100번 정도 시뮬레이션한다. 각 시뮬레이션은 100단계로 이뤄진다. 주가가 배리어에 도달할 때마다 수익은 0이 된다. 그렇지 않은 경우에 수익은 통상적인 유럽식 콜이 된다. 최종 가치는 녹아웃이 되지 않은 모든 콜 가격의 합을 시뮬레이션 횟수로 나눈 값이 된다. 다음 코드를 살펴보자.

```
s0=30.                    # 오늘의 주가
x=30.                     # 행사 가격
barrier=32                # 배리어 레벨
T=6./12.                  # 연환산 만기
r=0.05                    # 무위험 금리
sigma=0.2                 # (연환산) 변동성
n_simulation=100          # 시뮬레이션 횟수
sp.random.seed(12)        # 시드 값 고정
#
result=up_and_out_call(s0,x,T,r,sigma,n_simulation,barrier)
print('up-and-out-call = ', round(result,3))
('up-and-out-call = ', 0.93)
```

다운-앤-인 풋옵션의 파이썬 프로그램은 다음과 같다.

```
def down_and_in_put(s0,x,T,r,sigma,n_simulation,barrier):
    n_steps=100.
    dt=T/n_steps
    total=0
    for j in range(0, n_simulation):
        sT=s0
        in_=False
        for i in range(0,int(n_steps)):
            e=sp.random.normal()
            sT*=sp.exp((r-0.5*sigma*sigma)*dt+sigma*e*sp.sqrt(dt))
            if sT<barrier:
                in_=True
            #print 'sT=',sT
            #print 'j=',j ,'out=',out if in_==True:
            total+=p4f.bs_put(s0,x,T,r,sigma)
    return total/n_simulation
#
```

■ 배리어 인-아웃 패리티

업아웃 유럽식 콜과 업인 유럽식 콜을 사면 다음의 패리티가 유효해야 한다.

$$call_{up-and-out} + call_{up-and-in} = call \quad \dots (21)$$

논리는 아주 간단하다. 주가가 배리어에 도달하면 첫 번째 콜은 무시되고 두 번째 콜이 활성화되고. 주가가 배리어에 도달하지 않으면 첫 번째 콜은 활성화된 상태로 남아 있고 두 번째 콜은 활성화되지 않는다. 어떤 경우든 하나는 활성화돼 있다. 다음 파이썬 프로그램이 이러한 시나리오를 보여준다.

```
def upCall(s,x,T,r,sigma,nSimulation,barrier):
    import scipy as sp
    import p4f
    n_steps=100
    dt=T/n_steps
    inTotal=0
    outTotal=0
    for j in range(0, nSimulation):
        sT=s
        inStatus=False
        outStatus=True
        for i in range(0,int(n_steps)):
            e=sp.random.normal()
            sT*=sp.exp((r-0.5*sigma*sigma)*dt+sigma*e*sp.sqrt(dt))
            if sT>barrier:
                outStatus=False
                inStatus=True
        if outStatus==True:
            outTotal+=p4f.bs_call(s,x,T,r,sigma)
        else:
            inTotal+=p4f.bs_call(s,x,T,r,sigma)
    return outTotal/nSimulation, inTotal/nSimulation
```

```
#
```

일련의 값들을 입력해 업아웃 콜과 업인 콜의 합산이 바닐라 콜과 일치하는지 테스트해보자.

```
import p4f
s=40.                       # 오늘 주가
x=40.                       # 행사 가격
barrier=42.0                # 배리어 레벨
T=0.5                       # 연환산 만기
r=0.05                      # 무위험 금리
sigma=0.2                   # 연환산 변동성
nSimulation=500             # 시뮬레이션 횟수
#
upOutCall,upInCall=upCall(s,x,T,r,sigma,nSimulation,barrier)
print 'upOutCall=', round(upOutCall,2),'upInCall=',round(upInCall,2)
print 'Black-Scholes call', round(p4f.bs_call(s,x,T,r,sigma),2)
```

결과는 다음과 같다.

```
upOutCall= 0.75 upInCall= 2.01
Black-Scholes call 2.76
```

▌ 업아웃과 업인 패리티의 그래프

패리티를 표현하기 위해 몬테카를로 시뮬레이션을 사용해보자. 다음 코드는 몬테카를로 시뮬레이션을 통해 패리티의 그래프를 그린다. 시뮬레이션을 좀 더 명확히 하기 위해 의도적으로 5번의 시뮬레이션만 수행한다.

```python
import p4f
import scipy as sp
import matplotlib.pyplot as plt
#
s =9.25                    # 시각 0의 주가
x =9.10                    # 행사 가격
barrier=10.5               # 배리어
T =0.5                     # 연환산 만기일
n_steps=30                 # 단계 수
r =0.05                    # 연 수익률 평균
sigma = 0.2                # 연환산 변동률
sp.random.seed(125)        # 시드 고정
n_simulation = 5           # 시뮬레이션 횟수
#
dt =T/n_steps
S = sp.zeros([n_steps], dtype=float)
time_= range(0, int(n_steps), 1)
c=p4f.bs_call(s,x,T,r,sigma)
sp.random.seed(124)
outTotal, inTotal= 0.,0.
n_out,n_in=0,0

for j in range(0, n_simulation):
    S[0]= s
    inStatus=False
    outStatus=True
    for i in time_[:-1]:
        e=sp.random.normal()
        S[i+1]=S[i]*sp.exp((r-0.5*pow(sigma,2))*dt+sigma*sp.sqrt(dt)*e)
        if S[i+1]>barrier:
            outStatus=False
            inStatus=True
    plt.plot(time_, S)
    if outStatus==True:
        outTotal+=c;n_out+=1
    else:
```

```
    inTotal+=c;n_in+=1
    S=sp.zeros(int(n_steps))+barrier
    plt.plot(time_,S,'.-')
    upOutCall=round(outTotal/n_simulation,3)
    upInCall=round(inTotal/n_simulation,3)
    plt.figtext(0.15,0.8,'S='+str(s)+',X='+str(x))
    plt.figtext(0.15,0.76,'T='+str(T)+',r='+str(r)+',sigma=='
+str(sigma))
    plt.figtext(0.15,0.6,'barrier='+str(barrier))
    plt.figtext(0.40,0.86, 'call price ='+str(round(c,3)))
    plt.figtext(0.40,0.83,'up_and_out_call'+str(upOutCall)+
'(='+str(n_out)+'/'+str(n_simulation)+'*'+str(round(c,3))+')')
    plt.figtext(0.40,0.80,'up_and_in_call +str(upInCall)+'
(='+str(n_in)+'/'+ str(n_simulation)+'*'+str(round(c,3))+')')
#
plt.title('Up-and-out and up-and-in parity (# of simulations = %d ' %
n_simulation +')')
plt.xlabel('Total number of steps ='+str(int(n_steps)))
plt.ylabel('stock price')
plt.show()
```

해당 그래프는 다음과 같다. 앞 프로그램은 시드를 사용했기 때문에 같은 시드를
사용하는 한 누가 프로그램을 실행시키든 항상 같은 결과를 얻어야 한다.

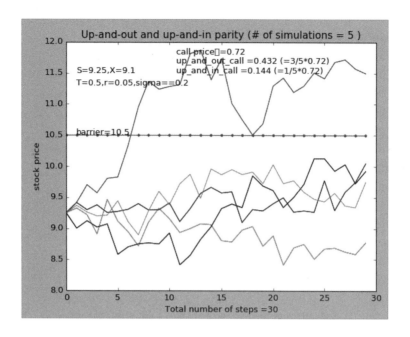

▌ 변동 행사 가격을 가진 룩백 옵션의 가격 산정

룩백 옵션은 기초 자산 증권의 가격 변동 추이와 연계돼 있다. 따라서 경로 의존 변형 옵션이라고도 불린다. 그중 하나가 변동 행사 가격이다. 행사 가격이 옵션 기간 동안 최저가일 때의 콜 수익 함수는 다음 식과 같다.

$$Payoff = Max(S_T - S_{min}, 0) = S_T - S_{min} \quad \cdots (22)$$

이 룩백 옵션의 파이썬 코드는 다음과 같다.

```
plt.show( )
def lookback_min_price_as_strike(s,T,r,sigma,n_simulation):
    n_steps=100
    dt=T/n_steps
```

```
total=0
for j in range(n_simulation):
    min_price=100000.    # 아주 큰 수
    sT=s
    for i in range(int(n_steps)):
        e=sp.random.normal()
        sT*=sp.exp((r-0.5*sigma*sigma)*dt+sigma*e*sp.sqrt(dt))
        if sT<min_price:
            min_price=sT
            #print 'j=',j,'i=',i,'total=',total
            total+=p4f.bs_call(s,min_price,T,r,sigma)
return total/n_simulation
```

앞 함수에 두 가지 모듈이 필요하다는 것을 기억하자. 그러므로 함수를 사용하기 전에 먼저 이 두 모듈을 임포트해야 한다. 다음 코드를 살펴보자.

```
import scipy as sp
import p4f
s=40.                      # 오늘 주가
T=0.5                      # 연환산 만기
r=0.05                     # 무위험 금리
sigma=0.2                  # 연환산 변동성
n_simulation=1000          # 시뮬레이션 횟수
result=lookback_min_price_as_strike(s,T,r,sigma,n_simulation)
print('lookback min price as strike = ', round(result,3))
```

한 번 수행한 결과는 다음과 같다.

```
('lookback min price as strike = ', 53.31)
```

부록 A: 데이터 케이스 #11 - 원유 헤지

정유공장은 매일 원유를 사용하고 있다. 따라서 주원료인 원유가의 불확실성에 항상 노출돼 있다. 최대 수익을 보장하는 것과 생산을 원활하게 하는 것 사이에 늘 트레이드오프가 있다. 회사는 원유가에 대해 헤지를 하는 경우와 하지 않는 모든 가능한 결과에 대해 연구하고 있다. 한해 원유의 소비는 약 2,000만 갤런이라고 가정하자. 공장은 매일 운영돼야 한다. 다음 몇 가지 전략에 대해 비교해보고 각각의 장단점에 대해 논해보라.

- 헤지 안함
- 선물을 이용
- 옵션을 이용
- 변형 옵션을 이용

미국식 옵션 같은 몇 가지 전략이 있다. 원유의 옵션 계약 상세 내용 일부는 다음 표에 있다.

표 1 원유 옵션 계약에 대한 상세내역

계약 단위(Contract unit)	거래소에서 거래되는 저유황 경질유의 풋(콜) 옵션으로 기초 자산 저유황 경질유의 선물에 대한 매도(매수) 포지션
최소 가격 변동(Minimum price fluctuation)	배럴당 1센트
견적가(Price quotation)	미국 달러, 배럴당 센트
상품 코드	CME Globex: LO, CME ClearPort: LO, Clearing: LO.
포함된 계약 (Listed contracts)	당해 년과 향후 5개년 월별 계약서 및 6월, 12월 경우 추가 3년 계약서. 당해 년 12월 계약 해지와 동시에 새로운 캘린더 해의 잔고에 대한 월별 추가 계약
계약의 해지	기초 자산 선물 계약 만기일의 3 영업일 전에 해지

(이어짐)

권리 행사 형태	미국식
지급 방식	현물
기초 자산	저유황 경질유 선물

헤지를 위해 선물을 활용한다면 다음과 같은 공식을 사용할 수 있다.

$$N = \beta \frac{V_A}{V_F} \qquad \cdots (1)$$

N은 선물 계약 수, V_A는 포트폴리오의 가치(헤지하려는 금액), β는 원자재와 기초 자산에 기반을 둔 회귀 분석의 기울기(원자재와 기초 자산이 같으면 베타는 1이 된다), V_F는 단일 선물 계약의 가치다.

- 출처: http://www.cmegroup.com/trading/energy/crude-oil/light-sweet-crude_contractSpecs_options.html?gclid=CLjWq92Yx9ICFU1MDQodP5EDLg&gclsrc=aw.ds
- 데이터 소스: Crude Oil Prices: West Texas Intermediate (WTI) - Cushing, Oklahoma (DCOILWTICO), https://fred.stlouisfed.org/series/DCOILWTICO/downloaddata
- 관련된 데이터셋 파일 crudeOilPriceDaily.pkl의 처음과 마지막 몇 줄은 다음과 같다. 이 파일은 http://canisius.edu/~yany/python/crudeOilPriceDaily.pkl에서 다운로드할 수 있다.

```
import scipy as sp import pandas as pd
x=pd.read_pickle("c:/temp/cruideOilPriceDaily.pkl")
print(x.head())
print(x.tail())
            PRICE
1986-01-02  25.56
```

```
1986-01-03   26.00
1986-01-06   26.53
1986-01-07   25.85
1986-01-08   25.87
             PRICE
2017-02-28   54.00
2017-03-01   53.82
2017-03-02   52.63
2017-03-03   53.33
2017-03-06   53.19
```

▌참고문헌

- Clewlow, Les and Chris Strickland,1997, Exotic Options, the state of the art, Thomaston Business Press

- Kurtverstegen, Simulation: simulating uncorrelated and correlated random variables, https://kurtverstegen.wordpress.com/2013/12/07/simulation/

- Zhang, Peter, 1998, Exotic Options, World Scientific, the 2nd edition

▌연습문제

1. 변형 옵션의 정의는 무엇인가?

2. 임의 상환 채권이 일반 채권에 버뮤다식 옵션을 합친 것과 같다고 주장하는 이유는 무엇인가?(발행 회사는 버뮤다식 옵션의 구매자이고, 채권 구매자는 옵션 판매자다)

3. 산술 평균에 기초해 아시안 평균 풋옵션 가격을 결정하는 파이썬 프로그램을 작성하시오.

4. 기하 평균에 기초해 아시안 평균 풋옵션 가격을 결정하는 파이썬 프로그램을 작성하시오.

5. 업인 콜(배리어 옵션) 옵션의 가격을 결정하는 파이썬 프로그램을 작성하시오.

6. 다운-아웃 풋(배리어 옵션) 옵션의 가격을 결정하는 파이썬 프로그램을 작성하시오.

7. 다운-아웃과 다운-인 패리티를 보여주는 파이썬 프로그램을 작성하시오.

8. 14장에서 단순 선택 옵션은 다음과 같은 가격 공식을 가진다는 것을 배웠다.

$$P_{chooser} = call(T) + put(\tau) \quad \dots (1)$$

여기서 T는 연환산 만기, τ는 풋과 콜 중 선택을 해야 하는 기한이다. 다음과 같은 공식이 가능한가?

$$P_{chooser} = call(\tau) + put(T) \quad \dots (2)$$

9. 주식이 복리 배당 이율 δ을 지급할 때 다음과 같은 선택 옵션 가격 결정 공식을 쓸 수 있다.

$$P_{chooser} = call(T) + put(\tau) \quad \dots (3)$$

여기서 $P_{chooser}$는 선택 옵션의 가격, $call(T)$는 만기가 T인 유럽식 옵션, $put(\tau)$는 곧 정의될 것이다. 첫 $call(T)$ 옵션에 대해 다음과 같은 가격 결정 공식이 있다.

$$
\begin{cases}
call(T) = SN(d_1) - Ke^{-RT}N(d_2) \\
\quad d_1 = \dfrac{\ln\left(\frac{S}{K}\right) + \left(r - \delta + \frac{1}{2}\sigma^2\right)T}{\sigma\sqrt{T}} \qquad \cdots (4) \\
\quad\quad d_2 = d_1 - \sigma\sqrt{T}
\end{cases}
$$

여기서 $call(T)$는 콜 가격, S는 주가, K는 행사 가격, T는 연환산 만기, σ는 변동성, $N()$는 누적 표준 정규 분포다. 사실 이것은 블랙-스콜스-머톤 옵션과 동일하다. $Put(\tau)$는 다음의 공식을 가진다.

$$
\begin{cases}
put(\tau) = Ke^{-RT}N(-d_2^\tau) - SN(-d_1^\tau) \\
\quad d_1^\tau = \dfrac{\ln\left(\frac{S}{K}\right) + (r - \delta)T + \frac{1}{2}\sigma^2\tau}{\sigma\sqrt{\tau}} \qquad \cdots (5) \\
\quad\quad d_2^\tau = d_1 - \sigma\sqrt{\tau}
\end{cases}
$$

관련된 파이썬 프로그램을 작성하라.

10. 2 주식의 오늘 가격이 각각 40달러와 55달러이고, 이 두 주식의 표준 편차가 각각 0.1과 0.2이다. 이들의 상관관계는 0.45다. 이 두 주식의 최대 종가에 기초한 레인보우 콜옵션의 가격은 얼마인가? 행사 가격은 60달러이고 만기는 6개월, 무위험 금리는 4.5%다.

11. 단일 변수 누적 표준 정규 분포와 이변수 누적 표준 정규 분포의 차이와 유사점을 설명하라. 단일 변수 표준 정규 분포에 대한 N_f()와 이변수 표준 정규 분포에 대한 N2_f()는 다음의 파이썬 코드로 나타낼 수 있다.

```
def N_f(x):
    from scipy import stats
    return stats.norm.cdf(x)
#
def N2_f(x,y,rho):
```

```
import statsmodels.sandbox.distributions.extras as extras
muStandardNormal=0.0              # 표준 정규 분포의 평균
varStandardNormal=1.0             # 표준 정규 분포의 분산
upper=([x,y])                     # 두 변수의 상한
v=varStandardNormal               # 표기 간소화
mu=muStandardNormal               # 표기 간소화
covM=([v,rho],[rho,v])
return extras.mvnormcdf(upper,mu,covM)
```

12. 서로 상관된 두 자산의 종가 중 최대치에 기초한 콜옵션의 가격을 산정하는 파이썬 프로그램을 작성하라.

$$Call(maximum\ of\ 2) = part1 + part2 - part2 \qquad \cdots (6)$$

$$\begin{cases} part1 = S_1 N_2(d_{11}, -d_{12}, -\rho_1) \\ part2 = S_2 N_2(d_{22}, -d_{21}, -\rho_2) \\ part2 = Ke^{-RT}[1 - N_2(-d_1, -d_2, \rho)] \end{cases} \qquad \cdots (7)$$

S_1, S_2, d_1, d_2, d_{11}, d_{12}, d_{21}, d_{22}, $N_2()$ 함수의 정의는 14장에서 찾을 수 있다.

13. 몬테카를로 시뮬레이션에 기초해 서로 상관된 두 자산 중 최저 종가에 관한 풋옵션의 가격을 산정하는 파이썬 프로그램을 작성하라.

14. 14장에서 미국식과 버뮤다식 옵션에서 입력 값 s=40, x=40, T=6./12, r=0.05, sigma=0.2, n=1000, T2=(3./12.,4./1)이다. 조기 상환이 가능한 몇 개의 날짜로 이뤄진 옵션은 같은 결과를 나타내는가? 이유는 무엇인가?

15. 버뮤다식 풋옵션 가격을 산정하는 파이썬 프로그램을 작성하라.

16. 5가지 자산 중 최소 종가에 기초한 레인보우 콜옵션의 가격을 산정하는 파이썬 프로그램을 작성하라.

▌요약

10장에서 다룬 옵션들은 주로 바닐라 옵션으로 닫힌 해를 가진 블랙-스콜스-머톤 옵션 모델이었다. 바닐라 옵션에 더해 여러 변형 옵션들이 있다. 14장에서는 여러 변형 옵션을 알아봤다. 버뮤다식 옵션, 단순 선택 옵션, 샤우트와 바이너리 옵션, 평균 가격 옵션, 업인 옵션, 업아웃 옵션, 다운인 옵션, 다운아웃 옵션을 알아봤다. 유럽식 콜의 경우 옵션 구매자는 만기 시에만 권리 행사가 가능하지만 미국식 옵션 구매자는 만기 전 언제라도 권리를 행사할 수 있다. 버뮤다식 옵션은 만기 전 몇 차례 권리 행사를 할 수 있다.

15장에서는 전통적인 표준 편차와 하방 부분 표준 편차^{LPSD} 같은 변동성 척도에 대해 알아본다. 리스크 척도로 표준 편차를 사용하는 것은 주식 수익률이 정규 분포를 따른다는 가정에 기초하고 있다. 이 때문에 몇 가지 정규성 검정 방법을 소개한다. 그리고 변동성 클러스터를 시각적으로 보여준다. 큰 변동성 뒤에는 주로 변동성이 큰 기간이 따라오고 낮은 변동성 뒤에는 변동성이 낮은 기간이 따라온다. 이런 현상을 다루기 위해 엥겔^{Angel}의 ARCH$^{Auto\ Regressive\ Conditional\ Heteroskedasticity,\ 자기\ 회귀\ 조건부\ 이분산성}$ 프로세스와 이의 연장선상으로 볼레슬레브^{Bollerslev}(1986)에 의해 제안된 GARCH(일반화 ARCH) 프로세스에 대해 알아본다. 이의 그래프 표현도 15장에서 다룬다.

15

변동성, 내재적 변동성, ARCH, GARCH

금융은 미래를 정확하게 예측할 수 없으므로 위험은 불확실성으로 정의한다. 주가는 로그 정규 분포를 따르고 수익률은 정규 분포를 따른다는 가정하에 위험은 표준 편차 또는 주식 수익률의 분산으로 정의할 수 있다. 이것이 일반적인 변동성(불확실성)의 정의이기도 하다. 정규 분포는 대칭이므로 평균으로부터 양의 편차는 음의 편차와 동일한 방식으로 처리한다. 이것은 음과 양을 서로 다르게 취급하는 일반적인 사고와는 다소 어긋난다. 이를 극복하기 위해 방법으로 소르티노(1983)는 하방 부분 표준 편차를 제안했다. 대부분의 경우 시계열의 변동성은 일정하다고 가정한다. 실제로는 당연히 그렇지 않다. 또 다른 관찰은 변동성 군집화^{volatility clustering}인데 이는 높은 변동성 다음에는 대개 변동성이 높은 기간이 뒤따라온다는 것을 의미하며, 이는 변동성이 낮은 경우에도 마찬가지로 변동성이 낮은 기간이 뒤따라온다.

이 패턴을 모델링하기 위해 엥겔Angel(1982)은 자기 회귀 조건부 이분산성ARCH, Auto Regressive Conditional Heteroskedasticity 과정을 개발하고 볼레스레브Bollerslev(1986)는 이를 GARCH(일반화 ARCH) 과정으로 확장했다. 15장에서 다루는 내용은 다음과 같다.

- 전통적인 변동성 척도(표준 편차) 정규성 가정에 근거
- 정규성 검정 및 두터운 꼬리
- 하방 부분 표준 편차와 소르티노 지수
- 두 기간의 변동성 동등성 테스트
- 이분산성heteroskedasticity 테스트, 브뢰쉬Breusch와 파간Pagan
- 변동성 미소와 왜도
- ARCH 모델
- ARCH(1) 프로세스 시뮬레이션
- GARCH 모델
- GARCH 프로세스 시뮬레이션
- 변형 garchSim( )을 사용한 GARCH(p,q) 프로세스 시뮬레이션
- 글로스텐Glosten, 자가나산Jagannathan, 런클Runkle에 의한 GJR_GARCH 프로세스

▌일반적 변동성 척도: 표준 편차

대부분의 금융 교과서는 수익률의 표준 편차를 리스크 척도로 사용한다. 이것은 수익률이 정규 분포를 따른다는 가정을 근거로 한다. 표준 편차와 분산은 모두 불확실성을 측정하기 위해 사용할 수 있다. 표준 편차는 보통 변동성이라 칭하기도 한다. 예를 들어 IBM의 변동성이 20%라는 의미는 연간 표준 편차가 20%라는 의미다. 다음 프로그램은 IBM을 예제로 선택해서 연환산 변동성을 계산한다.

```
import numpy as np
from matplotlib.finance import quotes_historical_yahoo_ochl as getData
#
ticker='IBM'
begdate=(2009,1,1)
enddate=(2013,12,31)
p =getData(ticker, begdate, enddate,asobject=True, adjusted=True)
ret = p.aclose[1:]/p.aclose[:-1]-1
std_annual=np.std(ret)*np.sqrt(252)
print('volatility (std)=', round(std_annual,4))
('volatility (std)=', 0.2093)
```

▌ 정규성 검정

사피로-월크 테스트는 정규성 검정이다. 다음 파이썬 프로그램은 IBM 수익률이 정규 분포를 따르는지 검증한다. 야후 금융에서 최근 5개년 데이터를 받아 사용한다. 귀무가설은 IBM의 일별 수익률은 정규 분포를 따른다는 것이다.

```
import numpy as np
from scipy import stats
from matplotlib.finance import quotes_historical_yahoo_ochl as getData
#
ticker='IBM'
begdate=(2009,1,1)
enddate=(2013,12,31)
p =getData(ticker, begdate, enddate,asobject=True,adjusted=True)
ret = p.aclose[1:]/p.aclose[:-1]-1 #
print('ticker=',ticker,'W-test, and P-value')
print(stats.shapiro(ret))
('ticker=', 'IBM', 'W-test, and P-value')
(0.9295020699501038, 7.266549629954468e-24)
```

출력 결과의 처음 값은 테스트 통계량이다. 두 번째는 P-값이다. P-값이 거의 0이 므로 귀무가설은 기각된다. 즉, IBM의 일별 수익률은 정규 분포를 따르지 않는다.

정규성 테스트를 위해서는 앤더슨-다링 테스트를 이용하기도 한다. 이 방법은 관측치가 특정 분포를 따르는지 테스트하는 콜모고로프-스미노프 테스트를 변형한 것이다. stats.anderson() 함수는 정규 분포, 지수 분포, 로지스틱, 검벨(극치 타입 I) 분포를 테스트한다. 디폴트 테스트는 정규 분포다. 함수를 호출한 테스트의 결과는 다음과 같다.

```
print(stats.anderson(ret))
AndersonResult(statistic=inf, critical_values=array([ 0.574, 0.654, 0.785,
0.915, 1.089]), significance_level=array([ 15., 10., 5., 2.5, 1. ]))
```

여기에는 3가지 집합이 있다. 앞 출력에서 보는 것처럼 앤더슨-다링 통계량, 임계값의 집합, 또 15%, 10%, 5%, 2.5%, 1% 등의 해당 신뢰 수준의 집합이 그것이다. 1%의 신뢰 수준(3번째 집합의 마지막 값)을 선택하면 임계값은 두 번째 집합의 마지막 값인 1.089가 된다. 통계치 값이 14.73이므로 임계값인 1.089보다 매우 높고 따라서 귀무가설은 기각된다. 결국 앤더슨-다링 테스트도 사피로-윌크의 테스트와 같은 결론을 도출한다.

▌ 두터운 꼬리 계산

정규 분포의 큰 특징 중 하나는 첫 두 모멘트인 평균과 표준 편차만으로 전체 분포를 완전히 정의할 수 있다는 것이다. 주식의 n개 수익률에 대해 첫 4개의 모멘트는 다음의 식들로 정의된다. 평균은 다음과 같이 정의된다.

$$\bar{R} = \mu = \frac{\sum_{i=1}^{n} R_i}{n} \qquad \dots (1)$$

690

(표본) 분산은 다음 식으로 정의된다. 표준 편차 σ는 분산의 제곱근이다.

$$\sigma^2 = \frac{\sum_{i=1}^{n}(R_i - \bar{R})^2}{n-1} \qquad \cdots (2)$$

다음 식으로 정의되는 왜도는 분포가 왼쪽이나 오른쪽으로 치우쳐 있는지를 알려주는 척도다. 대칭인 분포에서 왜도는 0이 된다.

$$왜도 = \frac{\sum_{i=1}^{n}(R_i - \bar{R})^3}{(n-1)\sigma^3} \qquad \cdots (3)$$

첨도는 4 지수승이므로 극치 값에 대한 영향을 잘 표현해준다. 2가지 형태의 정의가 있는데 3을 차감한 것과 그렇지 않은 것이 있다. 다음 두 식을 참고하라. 식 4(B)에서 3을 차감한 이유는 정규 분포에서 식 4(A)로 계산한 첨도의 결과가 3이기 때문이다.

$$첨도 = \frac{\sum_{i=1}^{n}(R_i - \bar{R})^4}{(n-1)\sigma^4} \qquad \cdots (4A)$$

$$첨도 = \frac{\sum_{i=1}^{n}(R_i - \bar{R})^4}{(n-1)\sigma^4} - 3 \qquad \cdots (4B)$$

어떤 책은 식 (4B)를 초과 첨도라고 불러서 두 식을 구별하기도 한다. 그러나 식 4(B)에 기반을 둔 많은 함수들이 여전히 첨도라는 이름을 그대로 사용하고 있다. 표준 정규 분포는 평균이 0이고 단위 표준 편차를 가지며, 왜도와 첨도가 각각 0(식 4B 기준으로)이다. 다음 출력은 이 사실을 검증해준다.

```python
import numpy as np
from scipy import stats, random
#
random.seed(12345)
ret=random.normal(0,1,50000)
print('mean =',np.mean(ret))
```

```
print('std =',np.std(ret))
print('skewness=',stats.skew(ret))
print('kurtosis=',stats.kurtosis(ret))
('mean =', -0.0018105809899753157)
('std =', 1.002778144574481)
('skewness=', -0.014974456637295455)
('kurtosis=', -0.03657086582842339)
```

평균, 왜도, 첨도가 모두 0에 가깝고 표준 편차는 1에 가깝다. 다음은 S&P500의 일별 수익률을 기반으로 4개 모멘트를 계산해보자.

```
import numpy as np
from scipy import stats
from matplotlib.finance import quotes_historical_yahoo_ochl as getData
#
ticker='^GSPC'
begdate=(1926,1,1)
enddate=(2013,12,31)
p = getData(ticker, begdate, enddate,asobject=True, adjusted=True)
ret = p.aclose[1:]/p.aclose[:-1]-1
print( 'S&P500      n =',len(ret))
print( 'S&P500      mean =',round(np.mean(ret),8))
print( 'S&P500      std =',round(np.std(ret),8))
print( 'S&P500      skewness=',round(stats.skew(ret),8))
print( 'S&P500      kurtosis=',round(stats.kurtosis(ret),8))
```

관측 데이터 총 개수인 n까지 포함한 앞 프로그램의 5개 출력은 다음과 같다.

```
('S&P500\tn\t=', 16102)
('S&P500\tmean\t=', 0.00033996)
('S&P500\tstd\t=', 0.00971895)
('S&P500\tskewness=', -0.65037674)
```

```
('S&P500\tkurtosis=', 21.24850493)
```

출력 결과는 Cook Pine Capital의 <Study of Fat-tail Risk> 논문 결과와 유사하다. PDF 형태의 논문은 http://www. cookpinecapital.com/assets/pdfs/Study_of_Fat-tail_Risk.pdf에서 다운로드할 수 있다. http://www3.canisius.edu/~yany/doc/Study_of_Fat-tail_ Risk.pdf에서도 다운로드할 수 있다. 논문의 주장을 인용하면 S&P500 일별 수익률은 왼쪽으로 치우쳐 있고(음의 왜도) 두터운 꼬리(첨도가 0이 아니라 38.22다)를 갖고 있다고 결론을 내릴 수 있다.

■ 하방 부분 표준 편차와 소르티노 지수

이 개념은 이미 알아봤다. 그러나 완결을 위해 15장에서 다시 한 번 언급하기로 한다. 위험 척도로 수익률의 표준 편차를 이용할 때의 하나의 문제는 양수의 편차도 나쁜 것으로 해석한다는 점이었다. 두 번째 쟁점은 편차를 구할 때 무위험 금리 같은 고정된 벤치마크가 아니라 평균으로부터 계산했다는 점이다. 이런 점을 극복하기 위해 소르티노는 하방 부분 표준 편차를 이용하는 방법을 제안했고, 다음 식처럼 무위험 금리로부터 음수 초과분만을 제곱해 편차를 계산한 식으로 정의된다. 해당 식은 다음과 같다.

$$LPSD = \frac{\sum_{i=1}^{m}(R_i - R_f)^2}{m-1}, \quad \text{여기서} R_i < R_f \quad \cdots (5)$$

이 식은 무위험 금리를 사용하므로 시계열 데이터 중 무위험 금리를 포함하고 있는 파마-프렌치 데이터셋을 생성할 수 있다. 우선 일별 요인을 http://mba.tuck.dartmouth.edu/pages/faculty/ken.french/data_library.html에서 다운로드한 다음 압축을 풀고 텍스트 파일 끝부분의 데이터가 아닌 부분을 삭제한다. 최종 텍스트 파일은 C:/temp/에 저장돼 있다고 가정한다.

```python
import datetime
import numpy as np
import pandas as pd
file=open("c:/temp/ffDaily.txt","r")
data=file.readlines()
f=[]
index=[]
#
for i in range(5,np.size(data)):
    t=data[i].split()
    t0_n=int(t[0])
    y=int(t0_n/10000)
    m=int(t0_n/100)-y*100
    d=int(t0_n)-y*10000-m*100
    index.append(datetime.datetime(y,m,d))
    for j in range(1,5):
        k=float(t[j])
        f.append(k/100)
#
n=len(f)
f1=np.reshape(f,[n/4,4])
ff=pd.DataFrame(f1,index=index,columns=['Mkt_Rf','SMB','HML','Rf'])
ff.to_pickle("c:/temp/ffDaily.pkl")
```

최종 데이터셋의 이름은 ffDaily.pkl이다. 데이터셋을 직접 생성해보는 것도 좋은 연습이다. 데이터셋은 http://canisius.edu/~yany/python/ffDaily.pkl에서 다운로 드할 수 있다. 최근 5개년 데이터를 사용해(2009년 1월 1일부터 2013년 12월 31일) IBM의 LPSD를 다음과 같이 구할 수 있다.

```python
import numpy as np
import pandas as pd
```

```
from scipy import stats
from matplotlib.finance import quotes_historical_yahoo_ochl as getData
#
ticker='IBM'
begdate=(2009,1,1)
enddate=(2013,12,31)
p =getData(ticker, begdate, enddate,asobject=True,adjusted=True)
ret = p.aclose[1:]/p.aclose[:-1]-1 date_=p.date
x=pd.DataFrame(data=ret,index=date_[1:],columns=['ret'])
#
ff=pd.read_pickle('c:/temp/ffDaily.pkl')
final=pd.merge(x,ff,left_index=True,right_index=True)
#
k=final.ret-final.RF
k2=k[k<0]
LPSD=np.std(k2)*np.sqrt(252)
print("LPSD=",LPSD)
print(' LPSD (annualized) for ', ticker, 'is ',round(LPSD,3))
```

다음 출력은 IBM의 LPSD가 14.8%임을 보여준다. 앞 절에서 살펴본 20.9%와 큰
차이가 난다.

```
('LPSD=', 0.14556051947047091)
(' LPSD (annualized) for ', 'IBM', 'is ', 0.146)
```

▌ 두 기간의 동일 변동성 테스트

1987년 10월의 극적인 주식시장의 폭락을 모두 기억할 것이다. 특정 주식을 선택해
1987년 10월 전후의 변동성을 테스트해볼 수 있다. 예를 들어 포드 자동차(종목 코드
F)의 1987년 시장 폭락 전후의 등분산 검정을 해보자. 다음 파이썬 프로그램은 ret_f()

함수를 정의하고, 야후 금융에서 일 주가 데이터를 검색하고 일별 수익률을 계산한다.

```python
import numpy as np
import scipy as sp
import pandas as pd
from matplotlib.finance import quotes_historical_yahoo_ochl as getData
#
# 입력 부분
ticker='F' # 종목 코드
begdate1=(1982,9,1)     # 기간 1 시작일
enddate1=(1987,9,1)     # 기간 1 종료일
begdate2=(1987,12,1)    # 기간 2 시작일
enddate2=(1992,12,1)    # 기간 2 종료일
#
# 함수 정의
def ret_f(ticker,begdate,enddate):
    p =getData(ticker, begdate, enddate,asobject=True, adjusted=True)
    ret = p.aclose[1:]/p.aclose[:-1]-1
    date_=p.date
    return pd.DataFrame(data=ret,index=date_[1:],columns=['ret'])
#
# 함수 2회 호출
ret1=ret_f(ticker,begdate1,enddate1)
ret2=ret_f(ticker,begdate2,enddate2)
#
# 출력
print('Std period #1   vs. std period #2')
print(round(sp.std(ret1.ret),6),round(sp.std(ret2.ret),6))
print('T value ,p-value ')
print(sp.stats.bartlett(ret1.ret,ret2.ret))
```

다음 출력 결과에 보듯 매우 높은 T-값과 0에 가까운 P-값은 두 기간에 대해 주식의 변동성이 같다는 귀무가설을 기각한다. 해당 출력은 다음과 같다.

```
Std period #1    vs. std period #2
(0.01981, 0.017915)
T value ,      p-value
BartlettResult(statistic=12.747107745102099, pvalue=0.0003565601014515915)
```

▌ 이분산성 테스트, 브뢰쉬와 파간

브뢰쉬와 파간$^{Breusch \ and \ Pagan}$(1979)은 다음과 같은 귀무가설을 검정할 테스트를 디자인했다. "회귀로부터의 잔차는 모두 균질하다. 즉 일정한 변동성을 가진다." 다음 수식은 그 논리를 보여준다. 우선 x에 대한 y의 선형 회귀 분석을 수행한다.

$$y_t = \alpha + \beta x_t + \epsilon_t \quad \cdots (6)$$

여기서 y는 종속 변수, x는 독립 변수, α는 절편, β는 계수, ϵ_t는 오차 항이다. 오차 항(잔차)을 구했으면 두 번째 회귀 분석을 수행한다.

$$\epsilon_t^2 = \gamma_0 + \gamma_1 x_t + v_t \quad \cdots (7)$$

앞 회귀 분석 결과 찾은 예측치가 f이면 브뢰쉬-파간(1979)의 척도는 다음과 같고, 자유도 k를 갖는 $\chi 2$ 분포를 따른다.

$$BP = \frac{1}{2} \sum_{i=1}^{n} f v_i^2 \quad \cdots (8)$$

다음 예제는 lm.test(선형 회귀 테스트)라고 불리는 R 패키지에서 빌려온 것이고, 저자는 호돈과 동료들$^{Hothorn \ et \ al}$(2014)이다. 우선 독립 변수 x에 대한 종속 변수 y_1과 y_2의 시계열 데이터를 생성한다. 설계한 대로 y_1은 일정한 분산(표준 편차)을 지닌 균질성을 가진다. y_2는 비균질이며 분산이 일정하지 않다. 변수 x는 다음과 같은

100개의 값을 가진다.

$$x = [-1, 1, -1, 1, \ldots, -1, 1] \quad \ldots (9)$$

이제 각각 100개의 난수를 써서 2개의 오차 항을 생성한다. 오차 항 *error*1의 100개 값은 표준 정규 분포로부터 생성한다. 즉, 평균이 0이고 표준 편차가 단위 값을 가진다. 오차 항 *error*2의 100개 값은 평균이 0이고 표준 편차가 2인 정규 분포로부터 생성한다. 시계열 y_1과 y_2는 다음과 같이 정의된다.

$$y_1 = x + error1 \quad \ldots (10)$$
$$y_2 = x + e_{1,i}[i = 1, 3, \ldots 99] + e_{2,i}[i = 2, 4, 6, \ldots 100] \quad \ldots (11)$$

y_2의 홀수 번째 항은 오류 항이 *error*1에서 도출되고 짝수 번째 항은 *error*2에서 도출된다. lm.test에 관련된 더 많은 정보가 있는 pdf 파일이나 R 패키지에 대해 알고 싶다면 다음과 같은 6단계를 거치면 된다.

1. http://www.r-project.org에 접속한다.
2. Download, Packages 아래에 있는 CRAN을 클릭한다.
3. 가까운 서버를 고른다.
4. 화면 왼쪽의 Packages를 클릭한다.
5. 리스트를 고르고 lm.test를 검색한다.
6. lm.test에 관련된 링크를 클릭한 뒤 PDF 파일을 다운로드한다.

관련된 파이썬 프로그램은 다음과 같다.

```
import numpy as np
import scipy as sp
import statsmodels.api as sm
#
def breusch_pagan_test(y,x):
```

```
    results=sm.OLS(y,x).fit()
    resid=results.resid
    n=len(resid)
    sigma2 = sum(resid**2)/n
    f = resid**2/sigma2 - 1
    results2=sm.OLS(f,x).fit()
    fv=results2.fittedvalues
    bp=0.5 * sum(fv**2)
    df=results2.df_model
    p_value=1-sp.stats.chi.cdf(bp,df)
    return round(bp,6), df, round(p_value,7)
#
sp.random.seed(12345)
n=100
x=[]
error1=sp.random.normal(0,1,n)
error2=sp.random.normal(0,2,n)
for i in range(n):
    if i%2==1:
        x.append(1)
    else:
        x.append(-1)
#
y1=x+np.array(x)+error1
y2=sp.zeros(n)
#
for i in range(n):
    if i%2==1:
        y2[i]=x[i]+error1[i]
    else:
        y2[i]=x[i]+error2[i]
print ('y1 vs. x (we expect to accept the null hypothesis)')
bp=breusch_pagan_test(y1,x)
#
print('BP value,    df,p-value')
```

```
print 'bp =', bp
bp=breusch_pagan_test(y2,x)
print ('y2 vs. x(we expect to rject the null hypothesis)')
print('BP value,    df,p-value')
print('bp =', bp)
```

x에 대해 y의 회귀 분석을 수행한 결과로부터 잔차는 균질하고 분산이나 표준 편차는 일정하다는 것을 확인했다. 따라서 귀무가설을 받아들인다. 오류 항을 비균질로 설계한 y2를 x에 대해 수행한 회귀 분석도 마찬가지고, 따라서 이 경우는 귀무가설을 기각한다. 관련된 출력 결과는 다음과 같다.

```
y1  vs. x    (we expect to accept the null hypothesis)
BP  value,   df,p-value
bp = (0.596446, 1.0, 0.5508776)
y2  vs. x    (we expect to rject the null hypothesis)
BP  value,   df,p-value
('bp =', (17.611054, 1.0, 0.0))
```

▌변동성 미소와 왜도

분명 모든 주식은 단 하나의 변동성만을 가져야 한다. 그러나 내재적 변동성을 계산할 때는 행사 가격에 따라 내재적 변동성 값은 달라질 수 있다. 좀 더 구체적으로 설명하면 내재적 변동성이 외가격, 행사 가격, 내가격 중 어디에 기초하고 있는지에 따라 많이 다르다. 변동성 미소는 내려가다가 행사 가격 때부터 다시 올라가는 모양을 하고 있지만, 변동성 왜도는 내려가거나 올라가는 한 방향의 경사를 가진 형태다. 중요한 것은 투자가의 감정과 수요 공급 과정이 변동성 왜도에 근본적인 영향을 끼친다는 것이다. 그러므로 변동성 미소와 왜도에 대한 정보는 투자가나 펀드 매니저가 콜이나 풋 중에 무엇을 선호하는지에 대한 정보를 제공한다. 먼저 야후 금융에 접속하고, 콜과 풋옵션에 대한 데이터를 다운로드하자.

1. http://finance.yahoo.com에 접속한다.
2. IBM과 같은 종목 코드를 입력한다.
3. 중간에 있는 Options를 클릭한다.
4. 콜과 옵션에 관한 데이터를 복사한다.
5. 콜과 옵션을 두 파일로 분리한다.

만기가 2017년 3월 17일인 데이터를 사용하려면 필자의 웹 페이지 http://canisius. edu/~yany/data/calls17march.txt, http://canisius.edu/~yany/ data/puts17march. txt에서 다운로드할 수 있다.

콜옵션에 대한 파이썬 프로그램은 다음과 같다.

```python
import numpy as np
import pandas as pd
import matplotlib.pyplot as plt
infile="c:/temp/calls17march.txt"
data=pd.read_table(infile,delimiter='\t',skiprows=1)
x=data['Strike']
y0=list(data['Implied Volatility'])
n=len(y0)
y=[]
for i in np.arange(n):
    a=float(y0[i].replace("%",""))/100.
    y.append(a)
    print(a)
#
plt.title("Volatility smile")
plt.figtext(0.55,0.80,"IBM calls")
plt.figtext(0.55,0.75,"maturity: 3/17/2017")
```

```
plt.ylabel("Volatility")
plt.xlabel("Strike Price")
plt.plot(x,y,'o')
plt.show()
```

앞 프로그램에서 입력 파일은 콜옵션이다. 콜옵션에 대한 변동성 미소 그래프는
다음과 같다. 또 다른 스크린샷은 내재적 변동성과 행사 가격과의 관계를 보여준다.
프로그램은 전과 완전히 동일하지만 입력 파일만 다르다. 15장 마지막에 앞 프로그
램과 연계된 데이터 케이스가 있다. 다음 그림은 콜 데이터에 기반을 둔 변동성
그림이다.

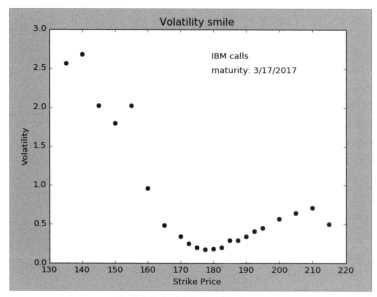

콜 데이터에 기반을 둔 변동성 미소

유사하게 다음의 변동성 미소는 풋 데이터에 기반을 둔 것이다.

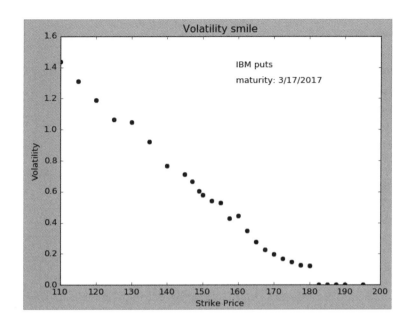

변동성 군집화의 그래프 표현

관측치 중에 변동성 군집화로 분류된 게 있는데, 높은 변동성 뒤에는 대개 변동성이 높은 기간이 따라오고 낮은 변동성 뒤에는 변동성이 낮은 기간이 따라온다는 의미다. 다음 프로그램은 S&P500의 1988년부터 2006년 사이의 일별 수익률을 기반으로 군집화 현상을 보여준다. 1988년을 x축에 표시하기 위해 1988 전에 몇 개월을 인위적으로 포함시켰다는 점에 주목하자.

```
import numpy as np
import matplotlib.pyplot as plt
from matplotlib.finance import quotes_historical_yahoo_ochl as getData
#
ticker='^GSPC'
begdate=(1987,11,1)
```

```
enddate=(2006,12,31)
#
p = getData(ticker, begdate, enddate,asobject=True, adjusted=True)
x=p.date[1:]
ret = p.aclose[1:]/p.aclose[:-1]-1
#
plt.title('Illustration of volatility clustering (S&P500)')
plt.ylabel('Daily returns')
plt.xlabel('Date')
plt.plot(x,ret)
plt.show()
```

이 그래프는 비셔^{M.P.Visser}의 그래프에서 영감을 받은 것이다. https://pure.uva.nl/ws/files/922823/67947_09.pdf를 참고하라. 앞 코드에 해당하는 그래프는 다음과 같다.

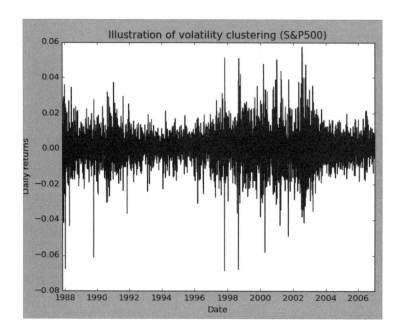

▌ ARCH 모델

앞의 주장에 따르면 주식 수익률의 변동성이나 분산은 일정하지 않다. ARCH 모델에 따르면 이전 계산의 오차 항을 이용해 다음 변동성 혹은 분산을 예측할 수 있다. 이 모델은 2003년 노벨 경제학상을 수상한 로버트 엥겔Robert F. Engle에 의해 개발됐다. ARCH(q) 모델의 공식은 다음과 같다.

$$\sigma_t^2 = \alpha_0 + \sum_{i=1}^{q} \alpha_i \varepsilon_{t-i}^2 \quad \dots (12)$$

여기서 σ_t^2는 시각 t의 분산, α_i는 i번째 계수, ϵ_{t-i}^2는 기간 $t-i$의 오차 항의 제곱, q는 오차 항의 차수다. q가 1이면 가장 간단한 ARCH(1) 프로세스가 되고, 다음과 같이 공식이 간단히 정리된다.

$$\sigma_t^2 = \alpha_0 + \alpha_1 \epsilon_{t-1}^2 \quad \dots (13)$$

▌ ARCH(1) 프로세스 시뮬레이션

ARCH(1) 프로세스 시뮬레이션을 통해 높은 변동성은 대개 높은 변동성 기간을 수반하고, 낮은 변동성은 낮은 변동성 기간을 수반한다는 변동성 군집화에 대해 좀 더 이해해보자. 다음 코드는 이런 현상을 반영한다.

```
import scipy as sp
import matplotlib.pyplot as plt
#sp.random.seed(12345)
n=1000          #  관측치 개수
n1=100          # 최초 몇 개의 관측치 제거
n2=n+n1         # 두 수의 합산
#
a=(0.1,0.3)     # ARCH (1) 계수 alpha0, alpha1, 식 (3) 참조
```

```
errors=sp.random.normal(0,1,n2)
t=sp.zeros(n2)
t[0]=sp.random.normal(0,sp.sqrt(a[0]/(1-a[1])),1)
for i in range(1,n2-1):
   t[i]=errors[i]*sp.sqrt(a[0]+a[1]*t[i-1]**2)
   y=t[n1-1:-1]          # 최초 n1 관측치 제거
#
plt.title('ARCH (1) process')
x=range(n)
plt.plot(x,y)
plt.show()
```

다음 그래프에서 높은 변동성은 실제로 높은 변동성 기간을 동반하고, 이 현상은
낮은 변동성 주기에도 똑같이 적용되는 것을 볼 수 있다.

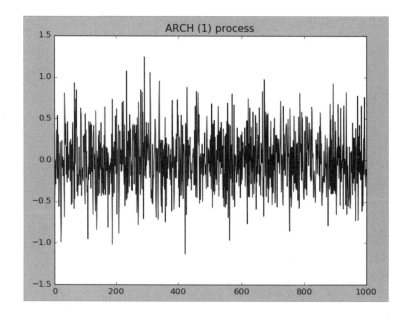

▍GARCH 모델

일반화된 ARCH^{GARCH}는 볼레스레브^{Bollerslev}(1986)가 ARCH 개념을 확장시킨 것이다. GARCH(p,q) 프로세스는 다음과 같이 정의된다.

$$\sigma_t^2 = \alpha_0 + \sum_{i=1}^{q} \alpha_i \epsilon_{t-i}^2 + \sum_{i=1}^{p} \beta_i \sigma_{t-i}^2 \quad \dots (14)$$

여기서 σ_t^2는 시각 t의 분산, q는 오차 항의 차수, p는 분산의 차수, α_0는 상수, α_i는 시각 $t-i$일 때 오차 항의 계수, β_i는 시각 $t-i$의 분산 계수다. 당연히 가장 간단한 형태는 p와 q를 모두 1로 설정한 GARCH(1,1)이고 다음과 같이 정의된다.

$$\sigma_t^2 = \alpha_0 + \alpha_1 \epsilon_{t-1}^2 + \beta \sigma_{t-1}^2 \quad \dots (15)$$

▍GARCH 프로세스 시뮬레이션

ARCH(1)에 관련된 앞 프로그램에 기초해 GARCH(1,1) 프로세스를 다음과 같이 시뮬레이션할 수 있다.

```python
import scipy as sp
import matplotlib.pyplot as plt
#
sp.random.seed(12345)
n=1000              # 관측치 개수
n1=100              # 최초 몇 개의 관측치 제거
n2=n+n1             # 두 수의 합산
#
a=(0.1,0.3)         # ARCH 계수
alpha=(0.1,0.3)     # GARCH (1,1)계수 alpha0,alpha1, 식 (3) 참조
beta=0.2
errors=sp.random.normal(0,1,n2)
```

```
t=sp.zeros(n2)
t[0]=sp.random.normal(0,sp.sqrt(a[0]/(1-a[1]))),1)
#
for i in range(1,n2-1):
    t[i]=errors[i]*sp.sqrt(alpha[0]+alpha[1]*errors[i-1]**2+beta*t[i-1]**2)
#
y=t[n1-1:-1] # drop the first n1 observations plt.title('GARCH (1,1) process')
x=range(n)
plt.plot(x,y)
plt.show()
```

솔직히 말해 다음 그래프는 ARCH(1) 프로세스 그래프와 매우 유사하다. 해당 그래프는 다음과 같다.

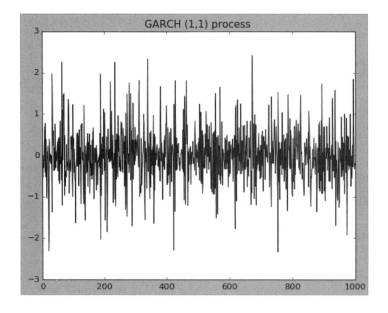

▌ garchSim()를 이용한 GARCH(p,q) 프로세스 시뮬레이션

다음 프로그램은 R의 fGarch 패키지에 있는 garchSim( ) 함수에 기반을 둔 것이다. fGarch의 제작자는 디테름 부얼츠[Diethelm Wuertz]와 요한 차라비[Yohan Chalabi]다. 관련 매뉴얼은 다음과 같은 단계를 거쳐 다운로드할 수 있다.

1. http://www.r-project.org에 접속한다.
2. Download, Packages 아래 CRAN을 클릭한다.
3. 가까운 서버를 찾는다.
4. 왼쪽 창의 Packages를 클릭한다.
5. 리스트를 선택하고 fGarch를 검색한다.
6. fGarch 관련 PDF 파일을 다운로드한다.

R 프로그램에 기반을 둔 파이썬 프로그램은 다음과 같다.

```python
import scipy as sp
import numpy as np
import matplotlib.pyplot as plt
#
sp.random.seed(12345)
m=2
n=100                   # n은 관측치 개수
nDrop=100               # 초기 몇 관측치는 제거
delta=2
omega=1e-6
alpha=(0.05,0.05)
#
beta=0.8
mu,ma,ar=0.0,0.0,0.0
gamma=(0.0,0.0)
order_ar=sp.size(ar)
order_ma=sp.size(ma)
```

```python
order_beta=sp.size(beta)
#
order_alpha =sp.size(alpha)
z0=sp.random.standard_normal(n+nDrop)
deltainv=1/delta
spec_1=np.array([2])
spec_2=np.array([2])
spec_3=np.array([2])
z = np.hstack((spec_1,z0))
t=np.zeros(n+nDrop)
h = np.hstack((spec_2,t))
y = np.hstack((spec_3,t))
eps0 = h**deltainv * z
for i in range(m+1,n +nDrop+m-1):
    t1=sum(alpha[::-1]*abs(eps0[i-2:i]))# 역
    alpha =alpha[::-1]
    t2=eps0[i-order_alpha-1:i-1]
    t3=t2*t2
    t4=np.dot(gamma,t3.T)
    t5=sum(beta* h[i-order_beta:i-1])
    h[i]=omega+t1-t4+ t5
    eps0[i] = h[i]**deltainv * z[i]
    t10=ar * y[i-order_ar:i-1]
    t11=ma * eps0[i -order_ma:i-1]
    y[i]=mu+sum(t10)+sum(t11)+eps0[i]
    garch=y[nDrop+1:]
    sigma=h[nDrop+1:]**0.5
    eps=eps0[nDrop+1:]
    x=range(1,len(garch)+1)
#
plt.plot(x,garch,'r')
plt.plot(x,sigma,'b')
plt.title('GARCH(2,1) process')
plt.figtext(0.2,0.8,'omega='+str(omega)+', alpha='+str(alpha)+',beta=
'+str(beta))
```

710

```
plt.figtext(0.2,0.75,'gamma='+str(gamma))
plt.figtext(0.2,0.7,'mu='+str(mu)+', ar='+str(ar)+',ma='+str(ma))
plt.show()
```

앞 프로그램에서 omega는 식 (10)에서의 상수를 의미하고, alpha는 오차 항, beta는 분산과 연계돼 있다. alpha[a,b]에는 2개의 아이템이 있는데 a는 t-1, b는 t-2다. 그러나 eps0[t-2:i]는 t-2와 t-1을 나타낸다. alpha와 eps0 항이 서로 일치하지 않는다. 따라서 a와 b 안의 아이템 순서를 뒤집어야 한다. 이것이 alpha[::-1]를 사용한 이유다. mu, ar, ma 등의 많은 변수 값이 0이므로, GARCH 시계열은 eps와 동일하다. 따라서 다음 그래프에는 2개의 시계열만 표시한다. 높은 변동성은 GARCH이고, 다른 하나는 표준 편차다.

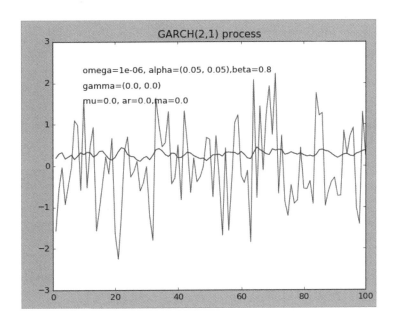

글로스텐, 자가나단, 런켈의 GJR_GARCH

글로스텐[Glosten], 자가나단[Jagannathan], 런켈[Runkle](1993)은 GARCH 프로세스의 비대칭성을 모델링했다. GJR_GARCH(1,1,1)은 다음 식으로 정의된다.

$$\sigma_t^2 = \omega + \alpha\epsilon_{t-1}^2 + \beta\sigma_{t-1}^2 + \gamma\epsilon_{t-1}^2 I_{t-1} \quad \cdots (16)$$

여기서 $\epsilon_{t-1}^2 \geq 0$이면 I_{t-1}=0이고 $\epsilon_{t-1}^2 \leq 0$이면 I_{t-1}=1이다. 다음 코드는 케빈 쉐퍼드[Kevin Sheppard]가 만든 코드를 기반으로 작성했다.

```python
import numpy as np
from numpy.linalg import inv
import matplotlib.pyplot as plt
from matplotlib.mlab import csv2rec
from scipy.optimize import fmin_slsqp
from numpy import size, log, pi, sum, diff, array, zeros, diag, dot, mat,
asarray, sqrt
#
def gjr_garch_likelihood(parameters, data, sigma2, out=None):
    mu = parameters[0]
    omega = parameters[1]
    alpha = parameters[2]
    gamma = parameters[3]
    beta = parameters[4]
    T = size(data,0)
    eps = data-mu
    for t in xrange(1,T):
        sigma2[t]=(omega+alpha*eps[t-1]**2+gamma*eps[t-1]**2*(eps[t-
1]<0)+beta*sigma2[t-1])
        logliks = 0.5*(log(2*pi) + log(sigma2) + eps**2/sigma2)
    loglik = sum(logliks)
    if out is None:
        return loglik
    else:
```

```python
        return loglik, logliks, copy(sigma2)
#
def gjr_constraint(parameters,data, sigma2, out=None):
    alpha = parameters[2]
    gamma = parameters[3]
    beta = parameters[4]
    return array([1-alpha-gamma/2-beta])      #제약조건 alpha+gamma/2+beta<=1
#
def hessian_2sided(fun, theta, args):
    f = fun(theta, *args)
    h = 1e-5*np.abs(theta)
    thetah = theta + h
    h = thetah-theta
    K = size(theta,0)
    h = np.diag(h)
    fp = zeros(K)
    fm = zeros(K)
    for i in xrange(K):
        fp[i] = fun(theta+h[i], *args)
        fm[i] = fun(theta-h[i], *args)
        fpp = zeros((K,K))
        fmm = zeros((K,K))
    for i in xrange(K):
        for j in xrange(i,K):
            fpp[i,j] = fun(theta + h[i] + h[j], *args)
            fpp[j,i] = fpp[i,j]
            fmm[i,j] = fun(theta-h[i]-h[j], *args)
            fmm[j,i] = fmm[i,j]
            hh = (diag(h))
            hh = hh.reshape((K,1))
            hh = dot(hh,hh.T)
            H = zeros((K,K))
    for i in xrange(K):
        for j in xrange(i,K):
            H[i,j] = (fpp[i,j]-fp[i]-fp[j] + f+ f-fm[i]-fm[j] +
```

```
fmm[i,j])/hh[i,j]/2
        H[j,i] = H[i,j]
    return H
```

모든 초기 변수, 상수, 경계 값들을 다음과 같이 포함해서 GJR_GARCH( )라는 함수를 작성할 수 있다.

```
def GJR_GARCH(ret):
    import numpy as np
    import scipy.optimize as op
    startV=np.array([ret.mean(),ret.var()*0.01,0.03,0.09,0.90])
    finfo=np.finfo(np.float64)
    t=(0.0,1.0)
    bounds=[(10*ret.mean(),10*ret.mean()),(finfo.eps,2*ret.var()),t,t,t]
    T=np.size(ret,0)
    sigma2=np.repeat(ret.var(),T)
    inV=(ret,sigma2)
    return op.fmin_slsqp(gjr_garch_likelihood,startV,f_ieqcons=gjr_
    constraint,bounds=bounds,args=inV)
#
```

동일한 결과의 반복을 위해 random.seed( ) 함수를 사용해 유니폼 분포에서 생성되는 난수 값을 고정시켰다.

```
sp.random.seed(12345)
returns=sp.random.uniform(-0.2,0.3,100)
tt=GJR_GARCH(returns)
```

이 출력 5개의 의미는 다음 표를 참고하라.

714

표 15.1 5개 출력의 정의

#	의미
1	최적화 종료 코드
2	목적 함수의 최종 값
3	반복 횟수
4	함수 평가
5	기울기 평가

여러 종료 모드에 대한 설명은 다음 표와 같다.

표 15.2 종료 코드

종료 코드	설명
−1	기울기 평가 필요(g와 a)
0	최적화 성공적 종료
1	함수 평가 필요(f와 c)
2	독립 변수보다 제약조건 등식이 더 많음
3	LSQ 서브 문제에 반복 횟수가 3*n회 보다 많음
4	부등식 제약조건이 모순
5	LSQ 서브 문제에 특이 행렬 E가 있음
6	LSQ 서브 문제에 특이 행렬 C가 있음
7	랭크−부족 등식 제약조건 서브 문제 HFTI
8	직선 탐색을 위한 양의 방향 도함수
9	반복 횟수 한계 초과

마지막 매개변수 값들을 보여주기 위해 다음 코드를 이용해 결과를 출력했다.

```
print(tt)
Optimization terminated successfully.   (Exit mode 0)
            Current function value: -54.0664733128
            Iterations: 12
            Function evaluations: 94
            Gradient evaluations: 12
[   7.73958251e-02   6.65706323e-03    0.00000000e+00    2.09662783e-12
    6.62024107e-01]
```

▌ 참고문헌

- Engle, Robert, 2002, DYNAMIC CONDITIONAL CORRELATION – A SIMPLE CLASS OF MULTIVARIATE GARCH MODELS, Forthcoming Journal of Business and Economic Statistics, http://pages.stern.nyu.edu/~rengle/dccfinal.pdf.

부록 A: 데이터 케이스 #12 – VIX 콜을 이용한 포트폴리오 헤지

CBOE 변동성 지수VIX, Volatility Index는 S&P500 지수SPX에 기반을 둔 것으로 미국 주식의 대표 지수이면서 폭넓은 행사 가격 범위에 대해 SPX 풋과 콜 가격의 가중 평균을 계산해 예상 변동성을 계산한다.

SPX 옵션 포트폴리오와 변동성 익스포져를 복제하기 위한 스크립트가 제공되면서 이 방법론은 VIX를 추상적인 개념에서 주식 거래와 변동성 헤지의 실질적인 표준으로 탈바꿈시켰다.

2014년 CBOE는 VIX 지수에 SPX 월별 옵션 시계열 데이터를 포함시키면서 그 의미가 한층 강화됐다. SPX 주중 데이터를 포함시킴으로써 VIX 지수가 표현하려고 목적

했던 기대 변동성의 30일 타겟 프레임에 가장 잘 정교하게 부합하는 S&P500 지수 옵션 시계열 데이터와 같이 VIX 지수를 계산할 수 있게 됐다. SPX 옵션을 만기 전 23일 이상 37일 이하에 이용하면 VIX 지수는 항상 S&P500 변동성 기간 구조를 따라 두 지점을 보간해 나타낸다.

참고문헌

http://www.theoptionsguide.com/portfolio-hedging-using-vix-calls.aspx.

http://www.cboe.com/micro/vix/historical.aspx.

https://www.tickdata.com/tick-data-adds-vix-futures-data/.

부록 B: 데이터 케이스 #13 - 변동성 미소와 의미

이 데이터 케이스에는 몇 가지 목표가 있다.

- 내재적 변동성 개념의 이해
- 내재적 변동성이 행사 가격에 따라 달라질 수 있음을 이해
- 데이터를 가공하고 관련 그래프를 그리는 방법 배우기
- 변동성 미소의 의미 이해하기

데이터 소스는 야후 금융이다.

1. http://finance.yahoo.com에 접속한다.
2. IBM 같은 종목 코드를 입력한다.
3. 중앙의 Options를 클릭한다.
4. 콜과 풋옵션에 대한 데이터를 받아온다.
5. 두 개의 파일로 분리한다.

다음 회사들을 살펴보자.

회사명	종목 코드	회사명	종목 코드
IBM	IBM	델	DELL
마이크로소프트	MSFT	GE	GE
패밀리 달러 스토어	FDO	구글	GOOG
월마트	WMT	애플	AAPL
맥도널드	MCD	이베이	EBAY

각 주식에 대해 여러 개의 만기가 있음을 주목하자. 다음 화면을 살펴보자.

샘플 파이썬 프로그램은 다음과 같다. 입력 파일은 필자의 웹사이트 http://canisius.edu/~yany/data/calls17march.txt에서 다운로드할 수 있다.

```
import numpy as np
import pandas as pd
import matplotlib.pyplot as plt
infile="c:/temp/calls17march.txt"
```

```
data=pd.read_table(infile,delimiter='\t',skiprows=1)
x=data['Strike']
0=list(data['Implied Volatility'])
n=len(y0)
y=[]
for i in np.arange(n):
    a=float(y0[i].replace("%",""))/100.
    y.append(a)
    print(a)
#
plt.title("Volatility smile")
plt.figtext(0.55,0.80,"IBM calls")
plt.figtext(0.55,0.75,"maturity: 3/17/2017")
plt.ylabel("Volatility")
plt.xlabel("Strike Price")
plt.plot(x,y,'o')
plt.show()
```

▌ 연습문제

1. 변동성의 정의는 어떻게 되는가?

2. 리스크(변동성)는 어떻게 측정하는가?

3. 널리 사용되는 리스크(표준 편차)와 관련된 이슈는 무엇인가?

4. 주식 수익률이 정규 분포를 따르는지 어떻게 테스트할 수 있는가? 다음 표의 주식에 대해 각각이 정규 분포를 따르는지 테스트해보라.

회사명	종목 코드	회사명	종목 코드
IBM	IBM	델	DELL
마이크로소프트	MSFT	GE	GE
패밀리 달러 스토어	FDO	구글	GOOG
월마트	WMT	애플	AAPL
맥도널드	MCD	이베이	EBAY

5. 하방 부분 표준 편차가 무엇인가? 그 응용은 무엇인가?

6. 5개의 주식으로 델, IBM, 마이크로소프트, 시티그룹, 월마트를 선택하고 최근 3년 일별 주가를 기반으로 표준 편차와 LPSD 값을 비교하라.

7. 주식의 변동성은 늘 일정한가? 이 가정을 테스트하기 위해 IBM(IBM)과 월마트(WMT)를 테스트해보라.

8. ARCH(1) 프로세스는 무엇인가?

9. GARCH(1,1) 프로세스는 무엇인가?

10. GARCH(1,1) 프로세스를 IBM과 월마트에 적용하라.

11. 콜과 풋의 변동성 미소를 모두 보여주는 파이썬 프로그램을 작성하라.

12. 서로 다른 만기일에 따른 변동성 미소를 그리는 파이썬 프로그램을 작성하라. 즉, 여러 개의 스마일을 함께 그려보라.

13. 브뢰쉬-파간 테스트를 사용해서 IBM의 일별 수익률이 균질하다는 귀무가설을 테스트하라.

14. 주식의 변동성이 일정한지 어떻게 테스트할 수 있는가?

15. 두터운 꼬리의 의미는 무엇인가? 왜 신경 써야 하는가?

16. 옵션 데이터를 다운로드하는 파이썬 프로그램을 작성하라.

17. 모든 만기일을 다운로드하는 방법을 설명하라.

▌ 요약

15장에서는 몇 가지 주제, 특히 변동성 척도와 ARCH/GARCH에 대해 알아봤다. 변동성 측정을 위해 먼저 가장 보편적인 정규성 가정에 기반을 둔 표준 편차를 알아봤다. 그러나 정규성 가정이 틀릴 수 있다는 것을 보이기 위해 사피로-윌크와 앤더슨-다링 같은 정규성 검정 방법을 소개했다. 실제 벤치마크 주식에 대한 정규 분포의 두터운 꼬리를 보이기 위해 여러 그래프를 예로 보여줬다. 변동성은 일정하지 않다는 것을 보이기 위해 두 기간의 분산을 비교했다. 그 뒤 이분산성을 테스트하는 브뢰쉬-파간 기법을 수행하는 파이썬 프로그램을 살펴봤다. ARCH와 GARCH는 시간의 변동성 변화를 묘사하기 위해 널리 사용된다. 이 모델에 대해 ARCH(1)과 GARCH(1,1) 프로세스 같은 단순화된 형태를 알아봤다. 그래프 표현과 함께 GJR_GARCH(1,1,1) 프로세스를 해결하기 위해 케빈 셰퍼드의 파이썬 코드도 포함시켰다

| 찾아보기 |

ㅎ

A

에이콘출판의 기틀을 마련하신 故 정완재 선생님 (1935-2004)

파이썬으로 배우는 금융 분석 2/e

금융의 기초 개념 이해부터 예제를 통한 계산 활용까지

발 행 | 2018년 1월 2일

지은이 | 유씽 얀
옮긴이 | 이 병 욱

펴낸이 | 권 성 준
편집장 | 황 영 주
편 집 | 이 지 은
        조 유 나
디자인 | 박 주 란

에이콘출판주식회사
서울특별시 양천구 국회대로 287 (목동)
전화 02-2653-7600, 팩스 02-2653-0433
www.acornpub.co.kr / editor@acornpub.co.kr

한국어판 © 에이콘출판주식회사, 2017, Printed in Korea.
ISBN 979-11-6175-075-0
ISBN 978-89-6077-210-6 (세트)
http://www.acornpub.co.kr/book/python-finance-2e

이 도서의 국립중앙도서관 출판시도서목록(CIP)은 서지정보유통지원시스템 홈페이지(http://seoji.nl.go.kr)와
국가자료공동목록시스템(http://www.nl.go.kr/kolisnet)에서 이용하실 수 있습니다.(CIP제어번호: CIP2017030851)

책값은 뒤표지에 있습니다.